■ 刘守刚 编著

公共经济与管理·财政学系列

中国财政史十六讲
——基于财政政治学的历史重撰

Lectures on History of Public Finance in China

（第二版）

复旦大学出版社

公共经济与管理系列丛书编委会

主　任　刘小兵
副主任　方　芳　何精华
编　委（按姓氏笔画排序）
　　　　　　方　芳　王　峰　刘小兵　朱为群
　　　　　　李　华　任晓辉　陈　杰　何精华
　　　　　　岳　崟　赵永冰　陶　勇

目　录

第一讲　导论 …………………………………………………………… 1

第二讲　财政的城邦时代及其现实转型 ………………………………… 19
　第一节　城邦时代的国家状况 ……………………………………… 19
　第二节　春秋战国时期封建制瓦解与帝国制度萌芽 ……………… 24
　第三节　城邦时代的财政及其转型 ………………………………… 31

第三讲　财政帝国的竞争性方案构想 …………………………………… 39
　第一节　商鞅变法及其重农立国主张 ……………………………… 40
　第二节　管仲学派的商贸立国构想 ………………………………… 52
　第三节　商鞅方案与管子方案的评价 ……………………………… 63

第四讲　舍地税人的家财型财政在第一帝国的成形 …………………… 68
　第一节　第一帝国财政形成的制度环境 …………………………… 69
　第二节　第一帝国对家财型财政的重构 …………………………… 76
　第三节　汉武帝对第一帝国财政制度的完成 ……………………… 81

第五讲　帝国初兴时期财政理论的反思 ………………………………… 87
　第一节　《盐铁论》这本书 …………………………………………… 88
　第二节　财政支出规模是大好还是小好？ ………………………… 92
　第三节　工商业是否可成为国家的财政收入来源？ ……………… 94
　第四节　如何管理暴利性资源商品？ ……………………………… 96

第五节　《盐铁论》中其他重要财政问题 ················· 98

第六讲　第一帝国的衰亡与财政救治 ····················· 105
　　第一节　第一帝国的制度病变与豪强的兴起 ············· 105
　　第二节　挽救帝国的财政努力与帝国崩溃后的财政遗产 ··· 111
　　第三节　帝国崩溃后的财政探索 ······················· 117

第七讲　税地财政在第二帝国的实现 ····················· 128
　　第一节　新帝国的财政基础 ··························· 128
　　第二节　两税法改革与第二帝国财政制度的初步成形 ····· 135
　　第三节　唐宋间财政制度的进一步发展 ················· 142

第八讲　国家生存竞争下第二帝国的税商探索与失败 ······· 147
　　第一节　宋帝国财政运行的总体环境 ··················· 148
　　第二节　宋代财政的特色 ····························· 153
　　第三节　王安石变法对帝国财政边界的挑战 ············· 159
　　第四节　财政视野下第二帝国的衰亡 ··················· 165

第九讲　帝国成长时期财政思想的争论 ··················· 171
　　第一节　国家治理中的保守主义与激进主义之辩 ········· 172
　　第二节　对财政危机的不同态度 ······················· 176
　　第三节　对财政制度作为治国平衡手段的争辩 ··········· 181
　　第四节　治国理财官员的选择与使用 ··················· 188

第十讲　第三帝国成熟而低弹性的财政收入体系 ··········· 194
　　第一节　第三帝国财政的制度环境 ····················· 194
　　第二节　帝国正式财政收入体系的重建 ················· 198
　　第三节　役归于地与帝国正式财政收入体系的完成 ······· 205
　　第四节　非正式财政收入体系与帝国财政收入的弹性 ····· 208
　　第五节　第三帝国的财政收入体系与内在紧张 ··········· 213

第十一讲　第三帝国消极主义职能观支配下的财政支出体系 · 217
　　第一节　量入为出：第三帝国财政支出的总原则 ········· 218
　　第二节　日趋成熟帝国中的军事支出 ··················· 220
　　第三节　再分配特征明显的经济和社会支出 ············· 222
　　第四节　日形桎梏的皇室费用与官俸支出 ··············· 227
　　第五节　僵化的支出安排与潜在的危机 ················· 230

第十二讲	第三帝国不断集权却难以理性化的财政管理体系	234
第一节	货币作为财政管理工具之发展	234
第二节	财政在内部管理制度上的完善	238
第三节	财政对目的性国家的管理	243
第四节	雍正帝财政管理改革及其限度	251
第五节	难以理性化的财政管理与帝国财政转型的动因	255

第十三讲	晚清财政转型与工具性国家的现代变革	260
第一节	财政大危机与帝国财政的终结	260
第二节	家财帝国向现代转型的思想探索	270
第三节	晚清工具性国家的变革：以度支部为例	277

第十四讲	目的性国家的变化与民国财政转型的失败	285
第一节	利益原则的合法化	285
第二节	现代重商主义的兴起	289
第三节	民国时期财政转型的继续与最终失败	293

第十五讲	现代家财型财政的兴衰与税收国家的再造	303
第一节	财政重构的总体环境与思想渊源	304
第二节	现代家财型财政的兴衰	308
第三节	税收型财政的再建与现代财政的基本成形	314

第十六讲	中国国家成长的财政逻辑	323
第一节	"双轨"的帝国家财型财政	323
第二节	通向现代国家的财政道路	330
第三节	中国国家成长的财政动因	338

参考文献 … 344

第一讲

导　论

国家为公共需要而筹集与使用人力、物力、财力等资源的活动,通常称为"财政"。财政的重要性,自古以来就受到人们的重视。正如宋代学者苏辙在《上皇帝书》中的名言所表达的,"财者,为国之命而万事之本。国之所以存亡,事之所以成败,常必由之"。

我们的课程名称为"中国财政史",这是一门针对财政学专业开设的课程。本教材是通过讲解中国数千年财政制度与财政思想的变化,来帮助学习这门课程的学生以及更多对此领域感兴趣的读者,从财政视角掌握中国国家成长的基本脉络,洞悉千百年来中国人用财政工具治理国家的秘密。本教材的编著者认为,要达到这样的目的,需要基于财政政治学来"重撰"中国财政史。

作为导论,接下来本讲将简单交代本教材的旨趣、相关概念与理论,以及框架安排,以便引导读者掌握打开"中国财政史"大门的基本钥匙,从这里进入此门课程。

□ 一、本教材的旨趣：基于财政政治学重撰中国财政史

1986年,法国后现代主义哲学家让-弗朗索瓦·利奥塔在美国威斯康星大学发表"重撰现代性"演讲时说,所谓的"重撰"主要有两层意思：(1)回归到起点；(2)进行深加工。本教材对中国财政史的"重撰",就包括了"回归到起点"与"进行深加工"这两方面的含义。

就中国财政史而言,所谓"回归到起点",主要是指让财政学回归到政治学学科中去。财政学目前是"应用经济学"之下的二级学科,不过众所周知的是,财政活动并非单纯的经济活动,它不但具有经济属性,同时还有政治属性。在研究财政活动的经济属性时,经济学方法当然适用；但就财政活动的政治属性进行研究时,单纯运用经济学的方法就显得捉

襟见肘。在曾经开创现代财政学的经典作家那里,有一种相同或相似的看法,那就是财政学是属于政治学的或至少是介于经济学和政治学之间的。如英国财政学者道尔顿在1922年就明确提出,财政学是介于经济学与政治学之间的一种科学①。德国古典财政学大家瓦格纳的看法是,财政是独立于私人经济的活动,与其说是属于一般的经济理论,不如说是属于政治理论和公共管理理论,即财政学应该是属于政治学的②。财政是重要的国家治理工具,中国历史上有极为丰富的与此相关的政治实践,因此中国财政史研究与教学的一项重要任务是,探索财政治国的相关智慧。正如南宋学者叶适所言,"财用,今日之大事,必尽究其本末,而后可以措于政事。欲尽究今日之本末,必先考古者财用之本末。盖考古虽若无益,而不能知古则不知今故也"(《叶适集》第4卷)。显然,若将财政学限定在经济学学科范围内,是无法完成总结与传授财政治国理论与实践经验任务的。

就中国财政史而言,所谓"进行深加工",主要是指运用理论(特别是政治学理论)框架来概括和解释极其丰富的中国财政史料,就像赵云旗先生说的,"把财政史教学的重点转移到解释财政学发展的规律上来"③。中国财政史教学和研究的重点应该是,运用理论尤其是政治学理论来解释财政史料,概括中国财政发展规律和治国理财的政治智慧。以此为指引,《中国财政史》教材就要改变过去史料堆砌和叙述框架陈旧的写法,要像葛兆光在评论中国思想史写法时说的,"改变过去的传统写法和充满训导性的教科书式的章节结构"④。因此,中国财政史的撰写,应该探索以阐释(即"深加工")为主的写法,在进行阐释时运用的理论又以政治学理论为主。我们应该像黄仁宇先生提倡的"大历史"那样,不再堆砌财政收支与管理的历史资料,而是"广泛的利用归纳法将现有的史料高度的压缩,先构成一个简明而前后连贯的纲领框架"⑤,然后在此基础上将其与理论逻辑、与他国历史经验进行对照,最后提出治国理财的规律与历史智慧。这样的课程,将有助于人们洞察历史和把握规律。

这里也许需要给财政政治学作一个简单的界定。所谓财政政治学,就是研究财政活动中的政治问题的学科,或者说用政治的眼光来考察财政活动的学科。所谓政治的眼光,涉及对政治的理解。在学术界,对此意见并不统一,也不可能统一。不过总体而言,将政治活动理解为权力活动、视政治过程为权力的配置与实现过程是一种比较通行的见解。因此本教材将政治的眼光理解为权力的眼光,从权力的来源(是否具有合法性?)、权力的目标(是否符合公共性?)、权力的静态配置(是否实现规范性?)、权力的动态运行(是否达到有效性?)等多方面来理解政治活动。这样的话,财政政治学的内容,就是在财政的收支活动与管理过程中,考察财政的权力来源、权力目标、权力配置、权力运行等多个方面,而这些又涉及财政权的合法性、公共性、规范性、有效性等多个方面。就本教材而言,基于财政政治学重撰中国财政史,其核心在于从财政视角考察国家的变迁。对于呈现在财政视

---

① 朱柏铭:"中国财政学的革命",《经济学家》2000年第2期。
② 张馨、杨志勇、郝联峰、袁东:《当代财政与财政学主流》,东北财经大学出版社2000年版,第17页。
③ 马金华、许敏:《财政史研究》(第一辑),中国财政经济出版社2008年版,第22页。
④ 葛兆光:《中国思想史》(导论),复旦大学出版社2001年版,"内容提要"。
⑤ 黄仁宇:《中国大历史》,生活·读书·新知三联书店1997年版,中文版自序。

野中的国家,不妨称其为"财政国家"。

> **专栏 1.1　财政政治学简史**
>
> 　　从西方学术史来看,早在19世纪80年代意大利财政学者那里,财政政治学的名称已经开始使用,当时他们将财政学科划分为三个分支:财政政治学、财政经济学、财政法学。不过这样的学科划分和意大利财政学一样,并未对后世财政学发展产生多大影响。当然,对财政活动中所包含的政治属性展开研究,可以追溯得更早,如孟德斯鸠、洛克等人的著作中就可以找到很多。19世纪德国学者从国家学出发研究用财政手段来实现社会整体的福祉,英国学者运用政治经济学方法探讨税收与公债问题,也都带有强烈的政治学取向。
>
> 　　研究财政领域中的政治问题,在1917—1918年葛德雪、熊彼特等人那里,都自称为"财政社会学"。葛德雪和熊彼特作为创始人,之所以使用"财政社会学"一词,是基于欧陆传统形成的。在他们那个时代,欧陆传统中的"社会学",与今天的学科体系下学界所使用的名称"社会理论"甚至"社会科学"而非"社会学"更为接近。就是说,熊彼特他们使用的社会学,是理解、解释或识别大规模社会变迁的学说,关注的是社会制度的起源、发展、危机、衰落或进步等主题。在今天国内学界,这些主题更多地被归入政治学(或者政治社会学)学科内,因此合适的名称应该是"财政政治学"。
>
> 　　自20世纪30年代,在西方可归为财政政治学的学术活动一度衰落,直至20世纪70年代开始恢复,并分别使用了"财政社会学"和"财政政治学"这两个名称:前者如贝克豪斯和瓦格纳主编的《2003年财政学手册》、艾萨克·马丁等人于2009年主编的《新财政社会学》论文集;后者如奥康纳在他那本于20世纪70年代风行一时的《国家的财政危机》一书中明确提出的,要建设"财政政治学",还有像加斯帕等人2017年主编的论文集也以《财政政治学》为名。此外还有其他一些学者,在研究财政活动、历史事件等内容时,分别使用过税收政治学、支出政治学、预算政治学等名称,其成果也构成了财政政治学领域的进展。

　　这里需要交代的是,财政权一般让人直接感受到的是它的强制性而不是公共性。不过,能让强制变得合法的唯一途径,就是被强制者自己也会同意这种强制;而被强制者之所以会同意,是因为强制力量的运用确实是为了公共的需要。在人类历史的长河中,装载强制力的国家机器有多种形态,掌握这种强制力的统治者也有不同的表现,越是在人类发展初期,公共性可能越不明显,让人只看到强制性;而越是到现代,这样的公共性就越发地凸显,强制性反而隐没在背后。换言之,强制力应该受到公共性的约束,只有到人类历史发展的后期,人们才会越来越明白这一点,国家制度也会愈来愈体现出这一点。具有公共性的强制力,我们称为公共权力,人类的历史可以看作是一部公共权力的实现史。

　　总之,本教材的旨趣就是,从财政政治学视角来"重撰"中国财政史。这样的重撰,需要在高度概括财政史料的基础上进行理论的分析,发展出能提供洞见的新框架,并依此总结历史发展的规律与财政治国的智慧。由此形成的本教材,将提供认识中华国家成长的三条线索:(1)财政要素在历史长河中的变迁史;(2)中华国家在不同发展阶段的成长史;(3)公共权力在人类自我探索过程中的实现史。

二、概念与理论之一:财政收入与财政类型

从财政活动的内在环节来说,可自然地分为收入、支出与管理等活动,对国家而言这三种活动各有不同的政治意义。相对于支出与管理活动而言,财政收入活动具有更强的政治意义。在国家发展的不同历史阶段或者在不同类型的国家中,财政收入有不同的形式;而不同的财政收入形式,对国家治理、经济组织运行、社会结构变化、精神文化发展甚至国家命运变幻都会产生影响[①]。

专栏 1.2　财政支出与财政管理的政治意义

本教材的正文将比较详细地讨论财政收入的政治意义,在这里简单介绍一下财政支出与财政管理的政治意义。

就财政支出而言,不同的财政支出方向,反映出不同国家的职能特征以及国家发展的阶段。例如,军事支出与官俸支出是下文将讨论的国家类型中帝国时期最重要的支出方向,反映了帝国时期对外对内的主要职能;而在下文所说现代国家的国家类型中,经济支出和福利支出更为重要,突出反映了现代国家相对于帝国的不同职能取向。

就财政管理活动而言,财政管理的方式集中反映了政治权力运行时所具备的有效性与合法性的特征。大致上,财政管理的有效性在帝国从初期至晚期,直至现代国家阶段,随着国家机器的变化而处于增强过程中;而合法性显然在不同类型的国家随主导性价值的变迁而有不同。显然,在现代国家阶段,以公众同意为合法性基础的财政管理方式(即现代预算)才得以实现;同时,在此种合法性支持下,借助于现代技术与管理手段,这种财政管理方式也获得了高度的理性(有效性)。

正如马克思所说,"人体解剖对于猴体解剖是一把钥匙。反过来说,低等动物身上表露的高等动物的征兆,只有在高等动物本身已被认识之后才能理解"[②],为了认识财政收入所包含的政治意义,我们将从讨论它的现代形式开始。在现代国家,财政收入在形式上有税收、公债、国有财产收入、特别租金等多种。而在传统国家,财政收入的形式更多,有些消失在历史长河中,有些则发展为现代财政收入的某种形式。

(一) 税收

税收是最为常见也最为典型的财政收入形式,以至于有时候学者将所有的财政收入形式都简单地称为"税收",并将征取财政收入的活动简单地称为"征税"。显然。这些学者使用的是一种广义的"税收"概念。相比之下,财政学教科书对税收的定义要窄一些,一般将其界定为"政府凭借政治权力强制地、无偿地、固定地获取财政收入的一种形式",以

[①] John L. Cambell, *The State and Fiscal Sociology*, Annual Review of Sociology, 1993, Vol. 19.
[②] 《马克思恩格斯选集》(第2卷),人民出版社2012年版,第753页。

此与自愿性、交换性或临时性的财政收入形式区分开。

不过，如果接受财政学教科书对税收的定义，那就没有办法将税收与政府收费区别开来，也不能将国家收取的税收与黑社会收取的所谓"保护费"区别开来。因此，为了区别于政府收费或"保护费"，税收的定义应该更窄一些。从现代政治学的观点看，税收是基于社会公意而形成的立法权，对公众的收入或财产进行普遍、平等、直接、规范地征收而形成的财政收入，其使用方向是公共服务，其征收与使用过程应由预算控制并最终决定于民众。

采用这一定义的税收，显然完全不同于所谓的"保护费"。因为"保护费"只是凭借赤裸裸的暴力来强取，在形式上谈不上普遍、平等、直接、规范，在使用时不会为公众服务，而其征收和使用过程更不会控制于民众。按此定义的税收，显然也不同于政府收费。虽然与税收相比，政府收费的执行主体也是政府，收费形成的钱款在使用上也具有一定的公共性，但两者是相当不同的。税收是对公众私人财产的一种普遍性征收，这种对财产权的"侵犯"，只有基于公意而形成的立法部门才有权进行。由立法权来决定税收，在性质上相当于公众自己同意拿出一部分财产用于共同事业。行政部门只是立法部门所做决定的执行者，行政权在行使过程中，应执行公意但并不等于它就是公意，因此行政部门无权直接征收公众的财产。不同于税收的是，政府收费只是或者只应是行政部门就自己提供给特定民众的特定商品或服务，以收取费用的形式来弥补部分成本。这种收费源于政府的行政权，其收支过程也由行政权加以控制（最终当然也受立法权监督）。与源于立法权的税收不同，政府收费不是社会公意的反应，本质上它是一种行政部门与民众之间的交易行为，具有一定的"特殊"性：收费领域极其有限与特别，收支之间的关系也特定（收费必须用于涉及的政府服务，不能用来提供一般性公共服务）。因此，在现代国家，政府不能一般性地以收费来代替税收。

需要说明的是，上述对税收的讨论，说的都是现代税收。在传统国家中的税收，可能不完全具备上述特征。在这样的国家，税收很有可能类似于黑社会的保护费（单纯凭借武力而征收），或者政府可能大规模地以收费来代替税收。显然，只有在现代国家，税收才能最大限度地区别于保护费或者收费。也就是说，作为完成的形式，现代税收才是真正的税收。

从类型上来说，以税收为主体收入形式的财政，可以称为税收型财政。在财政政治学看来，与其他收入形式相比，以税收为主要财政收入形式的国家，更有可能建立起负责任的代议制政府。这一税收推动代议民主制发展的观点，被称为财政社会契约命题①。

如前所述，只有现代税收才是真正的税收，因此税收型财政是现代财政的标志，进而构成现代国家的财政象征。现代财政具有如下的特征：（1）收入来源具有公共性，即主要来自现代税收（以及基于税收的公债）；（2）支出方向具有公共性，即财政资源主要用于公共利益或公共目的，用来提高大众的安全和福利，保障社会的安全和正常运转；（3）管理过程具有公共性，即财政收支过程透明公开，事先由预算控制，而预算又控制在代议制机构手中，并最终由社会公众控制。由于上述"公共性"特征，现代财政常被人称为"公共财

---

① 刘守刚："财政类型与现代国家构建"，《公共行政评论》2008年第1期。

政"。显然,在传统国家,即使财政偶尔可能会以税收为主要收入形式(如此可勉强称为"税收型财政"),但它并非今天的公共财政。正如上文一再强调的,严格意义上的税收是现代国家才有的事物。因此,如果不做说明,本教材所说的税收型财政,均指现代国家中的财政类型。

(二) 公债

公债是政府在收不抵支以至于出现赤字的情况下,通过举借债务的方式获得的财政收入。与税收相比,公债必须建立在债权人、债务人地位平等以及债权人自愿的基础上。严格地说,公债是现代国家才有的财政收入形式。在传统国家,虽然也曾出现过君主以个人名义举借的债务,但这实际上是"私"债,而不是今天的公债。这是因为,只有经民众选举产生的代议制政府,才有权以公共名义举借债务,这样的债务才能被视为是为了全体民众而举借的"公"债。

政府举借债务的行为,深刻地影响了国家的政治发展。因为即便最好的税收制度,也无法让一个国家的财政收入在短时期内大幅地增长,所以各国在战争时期获胜的能力,就取决于国家借款的能力,或者说迅速的、低成本的资金融通能力。国家的借款能力既取决于该国税收基础的健康程度,更重要的是它还取决于该国政治制度的民主程度,即是否已建立代议民主制。为什么代议民主制度在公债领域如此重要?这是因为,在代议民主制下,公债持有者、纳税人、立法机构成员三者之间身份与利益在相当大程度上是重合的。这样,相关财政信息就会透明公开,公众与政府之间具有高度的信任感,贷款人也有理由相信借钱的政府在未来能用税收偿还债务。只有这样的国家,才能以更为合适的方式获取债务收入、汲取财政资源,并因此在国家制度构建与国家间生存竞争方面更加成功。另外,公债也是原始资本积累或基础设施投资的重要工具,并因此对工商业经济发展与现代国家的形成产生重要影响。马克思曾对公债影响英国原始资本积累进行过精辟的论述,大意是以英格兰银行为代表的金融资本家,他们以购买公债券的形式向政府提供贷款,并以收到的公债券为基础铸造货币、发行银行券(即创造信用货币),再用吸收来的存款(银行券)向公众发放贷款(办理期票贴现、发放抵押贷款等),从而以微小的代价完成了资本积累的过程,促进了现代社会的形成,在征税、发行公债等过程中政府也完成了自身的制度建设①。

以公债收入为主体收入形式的财政,可称为公债型财政。一般说来,公债型财政只会出现在特殊时期(如战争期间或严重经济危机时期)。如果没有健康的税收为基础,公债型财政会崩溃,并带来严重的经济与社会后果。

(三) 国有财产收入

国有财产收入,指的是由政府以国家共同体的名义拥有、支配或转让财产所获得的各种收益。在名称上国有财产收入只是一个,但在收益来源和性质上却不是单一的。持有国有财产而获得的财政收入,在性质上可能是垄断租金(政府以行政特权创设垄断地位而获得的超额利润),可能是经营利润(政府不依靠特权而依靠"企业家才能"获得的正常利

---

① 刘守刚:"财政类型与现代国家构建",《公共行政评论》2008年第1期。

润),也可能是使用费或普通租金(政府将自己控制的财产使用权出借而获得的收益);另外,出售或转让国有财产,也可能产生收入即所有权转让收入。在国有财产收入的上述收入来源中,最有可能也最为常见的收益,实际上是垄断租金。

在接下来说到的帝国这一国家类型中,君主凭借自己对土地的所有权,并依托于政治权力而向土地耕种者收取田租,由此获得的也是一种国有财产收入。比如封建时代的西欧,君主的财政收入主要为自有领地中庄园的地租收入,包括农奴提供劳役所生产的农作物、自由农缴纳的实物地租,以及民众缴纳的部分森林采集物和捕获物等。在从秦到清的帝国时期,政府都依托于君主对土地的产权,向帝国境内的土地征收田赋,这也是一种国有财产收入。当然,对"田赋"这样的收入在性质上到底属于"租"还是"税",学界的意见并不一致,而这又主要源于对帝国时期土地所有制性质的不同认定。若认为帝国时期的土地为私有制,则田赋的性质为"税"(农民耕种私田而缴税);若认定此时土地为国有(或帝有)制,则可定性为"租"(农民耕种公田而缴租)。本教材在后续章节中将说明,田赋在性质上介于"租"与"税"之间,由于帝国时期土地性质的变化,越在帝国前期它的"租"的性质就越强,而越到帝国后期,"税"的性质就越强。

在现代国家,以国有财产收入为形式来获得财政收入也比较常见。特别是在曾实行计划经济的社会主义国家,财政上曾经一度主要依靠国有工商企业上缴利润。这些上缴成为财政收入的国有工商企业利润,有经营利润、垄断租金等成分,也有利用工农产品价格剪刀差、工人低工资、压低折旧费与资源补偿费等形式获取的其他性质的收入[①]。

在当代中国,国有财产收入主要有以下几种,在性质上也各不相同。

(1) 土地出让金　当前中国各地方政府所高度依赖的土地出让金收入,并非单纯的土地使用费。因为政府垄断了土地所有权,作为唯一的出售者在转让土地使用权时获得的土地出让金,在性质上就兼有垄断租金与使用费两种。

(2) 自然垄断性质国有企业的利润　以经营稀缺性自然资源(如石油)为业务的国有企业,或者因拥有管网设施而具有自然垄断性质的国有企业,它们获得的利润也不是正常利润,在性质上兼有垄断租金与经营利润两种。

(3) 行政垄断性质国有企业的利润　在非自然垄断领域,政府通过制造行政垄断(如在出租车行业设立许可制,在石化行业设立准入制等),以额度配置、专营权拍卖或企业分红利等方式,获得高额收益。这种收益在性质上主要是垄断租金,可能也有部分经营利润。

可见,国有财产收入在性质上混合了公权力与私权利的性质,因而对现代政治发展而言,它不是一种有利的财政收入工具。如果一国政府比较多地依靠国有财产来获取财政收入,将会混淆公权力和私权利的区分,干扰公共权力的运行,影响市场经济的运转,造成公共权力私有化等问题。

以国有财产收入为主要收入形式的财政,在类型上可称为家财型财政。之所以使用"家财型"一词,主要强调它的收入来源是政府拥有或支配的财产,主体与财产之间存在着

---

① 刘守刚:"现代家财型财政与中国国家构建",《公共行政评论》2010年第1期。

所有权关系或支配关系,在性质上是公权与私权的混合体(即统治权与所有权合一)①。本教材所使用的"家财型财政"一词,包含了三种互有区别的财产所有或支配方式:西欧封建时代的家庭式、中华帝国时期的家国式和1978年前中国的国-家式。本教材用"家庭式"和"家国式"两词来区分西欧封建君主与中华帝国君主在土地产权方式上的差别:前者仅将全国的部分领土作为自有领地并依此获取财政收入(即中世纪财政原则所说的"国王靠自己的土地收入生活"),而将其他土地分给各级贵族作为领地,国王家庭与贵族家庭在土地产权方式上几乎是一致的;后者则宣布全天下土地为自己(及家庭)所有,其他人占有并耕种其中部分土地只是源于君主的许可(出自"皇恩"),在君主的眼中家、国为一体。现代家财型财政,指的是1978年前中国以国有工商企业收入上缴为主要收入形式的财政。由于在当时,一国被作为一家(社会主义大家庭内消灭了私人产权),因而称其为国-家式。当然,上述三种家财型财政的相似性只在于收入来源,从政治性质看是相当不同的。这样三种家财型财政,可见表1.1的比较。

表1.1 三种家财型财政的比较

	西欧封建制家财型财政（家庭式）	中华帝国家财型财政（家国式）	现代家财型财政（国-家式）
产权方式	君主家庭拥有部分土地并依此获得财政收入,与其他贵族家庭对土地的拥有相互区分	君主以家国一体(家天下)方式,宣布该家庭对天下所有土地的所有权或支配权	执政党以大家长身份对全部财产行使支配权,全体人作为家庭成员而整体地拥有所有权
收入形式	封建君主自有土地产生的财产收益	帝国内一切耕地上缴的田赋、非耕地上缴的其他形式的收益	国有工商企业上缴的收入
支出方向	封建君主个人及其家庭的消费或其他事业	外朝财政主要用于帝国国家维持,内廷财政用于皇室家族	主要用于国有企业的简单再生产和扩大再生产,以实现国家现代化
管理过程	封建君主自行支配	由充当大家长角色的君主支配,但外朝财政具有一定的公共性	等同于以执政党或领袖为家长的"家庭管理"

(四) 特别租金

特别租金一词,在现代财政中指的是贫穷的外围国家(第三世界国家)从富裕的核心国家(欧美国家)获取的部分经济剩余,并特别地主要指以下两种形式的收入:一种是自然资源租金,这是因某种资源对富裕的核心国家特别有价值而获得的租金,这些资源有矿产、钻石、木材等,当然还有石油;另一种是战略租金,主要是由有效的战略地位带来的各种形式的国外军事援助和经济资助,所谓有效的战略地位包括控制海洋运输要害地如运河,以及在军事联盟中处于重要地位等。在帝国时期,霸权国从周边弱国勒索所获得的

---

① 对"家财型财政"这一名称的选择,可参见刘守刚:"家财型财政的概念及其运用",《经济与管理评论》2012年第1期。

"贡金",或者近代早期西班牙人从美洲掠夺获得的金银,也都是特别租金收入,只是这样的特别租金在现代比较少见。

以特别租金为主体收入的财政可称为"租金型财政"。与征税获得财政收入相比,一个国家如果主要依靠租金而存活,那么国家机器与社会集团之间就缺乏谈判与交易的机会。这样的国家,不能形成有效的治理结构,难以创造人群之中的共同体(民族)意识,也不能建立起强有力约束政府权力的制度。换言之,若一国依靠租金作为主要的财政收入来源,那对它的政治发展不利[①]。

三、概念与理论之二:税柄与国家类型

以上讨论的主要是现代国家的财政收入形式,接下来探讨一下古代国家的财政收入形式。要知道,国家具有不同的类型,在从古至今的历史时空中不同类型的国家呈现出阶段性发展的特点;而每一种类型的国家,都在寻找适合自己的财政收入形式以支持自己。因此,在不同的国家发展阶段,财政的表现形式也不同,并因此体现出公共权力的不同实现程度。于是,财政的历史发展与国家的成长阶段、公共权力的实现程度不可分割地联系在一起。

(一) 不同的税柄

国家要获得财政收入总要依托某种工具,现代财政把这种依托工具叫"税柄"。柄就是把手,运用"门把手"我们可以打开沉重的大门,依靠税柄我们就能获得财政收入。

如果从广义上将所有财政征收都称为"税",那么根据税柄而获取财政收入的活动,就可以分为税人、税地、税商三种:以人口为税柄被称为税人,在财政收入上就是让人亲身服劳役或者按人头征税;以土地为税柄就是税地,在财政收入上就是按土地的面积来征收粮食或货币,中国传统财政将其称为"履亩而税";以工商业活动为税柄就是税商,在财政收入上就是针对商品交易额、工商业从业者的财产与收益征税,或者采用许可、官营等形式分享或独占商业活动的收益。

在中国古代历史上,三种税柄实际上都在使用,不过在不同的国家发展阶段,会以某种特定的税柄为主体方式。不同的税柄运用,决定了财政制度的不同类型、运行效果及其变迁动力。

(二) 三种国家类型

为了进一步说明问题,此处需要交代一下本教材对国家类型和发展阶段的划分。

国家是以公共权力为核心的共同体,构成国家的就有三个基本的要素,即人口、土地和公共权力。根据这三个要素,我们可以把不同时空中具有不同形态的国家概括为三种类型:城邦、帝国和现代国家。这三种国家类型,分别以上述三种基本要素中的一种作为自己的支撑点:城邦以人口为支撑点,帝国以土地为支撑点,现代国家以公共权力为支撑点。

城邦一般存在于人类生活的早期,相对于当时近乎无限的土地资源来说人口特别稀

[①] 有关特别租金及其政治影响的讨论,可参见 Mick Moore, Revenues, State Formation, and the Quality of Governance in Developing Countries, *International Political Science Review* 2004, 25(3).

第一讲 导论

缺,于是在人口聚居点之外筑墙保卫自己,形成以人口为支撑点的城邦。在城邦中,必然要有公共权力才能维持秩序、保障发展。只不过此时的公共权力主要由宗族、宗教或军队的首领的人格来承载,于是公共权力表现为结合了统治权与个人魅力的权威。或者说,一个群体中具有人格魅力的人,行使着公共权力,此时公共权力表现出高度的私人性。像传说中的大禹,他因为治水的功绩和多年管理的能力,而成为共同体的领袖。我国商代和西周时期的众多诸侯国,应该属于这种意义上的城邦。在城邦国家中,人们聚居在一起;聚居地之间相对孤立,呈点状分布,国与国之间应该还没有明确的疆土边界。

城邦之后的国家类型或者说发展阶段叫帝国。这是由于在城邦后期,随着人口繁衍,土地资源相对于人口来说开始稀缺,为了满足人对土地的欲求,此时必须要有新的国家类型产生,要么对外夺取土地,要么对内更有效率地使用土地。于是,以土地为支撑点形成了新的国家类型——帝国。在帝国内,公共权力与土地财产权结合在一起成为君权,或者说公共权力借由君权来表现自己,君主拥有土地的所有权并因此获得统治权。在中国,从战国至晚清,都属于帝国时代,此时占有土地的人拥有统治该土地上人口的公共权力,中国的古人把它称为"打天下者坐天下"。在帝国时期,依托于君权形成的官僚组织辅助君主实现对内的和平秩序和对外的扩张防卫,此时的公共权力已表现出一定的公共性,但仍与统治者人身或者其家族联系在一起。

到了帝国晚期,经过长年累月争夺土地的战争,在战争的铁砧板上打造出各国间领土的边界。在逐步固定的领土上,人口也相对固定,国家难以依靠向外扩张来处理人与自然的关系,只能更多地依靠制度创新来协调内部关系。特别地,此时工商业经济发展使得整个共同体超越了农耕经济的层次,而工商业经济活动又高度依赖于个人的努力,需要国家为其确立私人产权关系与自愿交换制度。与此同时,由君主个人行使公共权力这一制度的弊病也日益突出。不断集权的君主,他作为个体的能力与欲望,对共同体的生存发展造成的可能危害越来越大。此时共同体的要求是,由基于个人权利并经公众同意而形成的组织来行使公共权力。此时,公共权力由制度化的各级组织来承载,而各级组织(其核心是代议制组织)又是经民众同意而设立的,这样的公共权力在今天被称为"主权",表现为脱离了个人的人身而由组织来行使,因而最具有公共性。自晚清开始,中国逐渐走出帝国,不断转型成为以公共权力为支撑点的现代国家。

可见,在以上三个不同国家发展阶段或者说不同国家类型中,公共权力表现为一个不断自我实现的过程,即统治权不断地公共化,人类最终实现自我的统治。参见表 1.2 的概括。

表 1.2 公共权力在不同国家类型中的表现

国家类型	承载体	表现形式	权力运转的推动力
城邦	人格	权威(因血缘、神性或技能等魅力而获得)	神意或传统
帝国	财产	君权(君主因占有土地财产而获得)	君主的意志
现代国家	组织	主权(基于公意而由定期选举确认)	民众的要求

(三) 不同国家类型中的财政收入形式

总体而言,一个国家的主体财政收入形式与国家类型是高度相关的。

在以人口为支撑点的城邦,主要依靠税人来获取财政收入,比如说征收人头税或者让民众亲身服役。以西周时的周天子为例,他的主要财政收入来自千里王畿内民众的亲身服役,比如军事服务、耕种公田(古人称为"借民力以助公田")、为公共工程提供劳役等。除了税人之外,周天子还能获得他分封的诸侯国以及臣服于他的一些部落上缴的贡物。在周天子之下,各诸侯的财政收入大体相同。本教材将城邦时代的财政类型称为"贡助型",以强调来自力役的"助"和来自臣服者的"贡"两种主体收入形式。

专栏1.3　财政史中的"贡""助""彻"

对"贡""助""彻",孟子在《孟子·滕文公上》中有一段常被人引用的说法:"夏后氏五十而贡,殷人七十而助,周人百亩而彻,其实皆什一也",似乎表明这是三个王朝依次实行的三种不同财政收入方式。在历史上,"贡"可能"源于先人自愿而虔诚的祭祀,随后演变为本部落劳动者的自愿上贡,及其外部落的贡献"①,这样一种财政收入方式可能延续到夏之后的王朝。在财政史中一般的说法是,"助"是商代实行的一种"借民力以助耕公田"的财政收入方式,到了周代(至少在周初)也广泛存在。而"彻"即"周人百亩而彻",意思是不分公田与私田,一概取10%为财政收入,事实上要到周代的春秋战国时期才真正实行。

需要说明的是,本教材定义的"贡助型财政",与"贡、助、彻"三种财政收入形式有关系但不尽相同。贡助型财政中说的"贡",取的是上文"集体性上缴物资(或货币)"的含义,而"助",取的是"借助民力"之义。

在以土地为支撑点的帝国时代,财政收入主要依靠税地,比如说依照土地面积并在区分土地等级的基础上,以实物或货币形式缴纳田租。如前所述,帝国时代的这种财政类型可称为"家财型财政",意思是帝国君主获得财政收入主要来自自己在法理上对天下土地的拥有或支配,收入来自"家财",治国也如治家,由此名称也可突出家国一体的帝国制度的特征。对于这样的家财型财政,将在后续章节中再详细讨论它的具体内容。

作为现代国家,财政收入主要依靠税商,围绕工商业活动而对私人财产与收益征税,获取税收收入。如前所述,这样的财政类型被称为"税收型财政"。

当然,上面说的三种税柄与国家发展阶段之间的联系,是大致对应的,但并非唯一的。后面将会说到,在中华帝国时期虽以税地为正宗,但有时也会严重地依赖税人或者税商,或者采用某种混合的形式。只不过,税地在理念上始终是中华帝国的正统财政收入形式,家财型财政也是中华帝国的核心制度,它贯穿了帝国成长与转型的始终。从财政上看,帝国成长表现为家财型财政的兴起、变革与成熟的过程,而帝国转型则表现为从家财型财政向税收型财政转型的过程。正因如此,本教材将帝制时期的中国称为"家财帝国"。

---

① 黄天华:《中国税收制度史》,华东师范大学出版社2007年版,第12页。

四、概念与理论之三：国家转型、国家成长、财政逻辑

本教材要借助于讲解财政史来透视中国的国家成长，在此处就需要对国家转型、国家成长及其财政逻辑做一些交代。

（一）国家转型与国家成长

从人类历史来看，前述三种国家类型，即城邦、帝国和现代国家，大体上有一个先后更替的过程，因而存在着国家类型的转换，即国家转型。为了进一步说清楚国家转型，有必要从国家这一概念的环节来加以把握。国家是以公共权力为核心的共同体，因此国家的概念内在地包含以下两个环节。

（1）行使公共权力的机构或者说政权体系，即一种组织机构意义上的国家。在此意义上，广义的政府（包括行政、立法、司法等部门）可以作为同义词来使用，过去学界常用的"国家机器"一词显然也很准确。事实上，将国家理解为组织或工具，在学术界是一种常见现象，因此学术文献中使用的"国家"一词，大多指这一含义。

（2）特定时期某个地理空间中由公共权力支配的稳定人群共同体，即一种共同体意义上的国家。在此意义上，一个在历史发展过程中形成的长期稳定的共同体，被认为是一个"国家"，尽管在历史上它可能曾被不同的政权组织支配过。

上述对"国家"概念两个环节的说法，事实上抓住了国家的不同侧面，即前者强调政权组织，后者强调人群共同体。现实中的国家和完整的国家概念，肯定是这两个环节的统一，其统一的结合点就是公共权力。为了在后面分析时更为明确，在此处将公共权力支配的稳定人群共同体称为"目的性国家"，这是因为稳定的人群共同体拥有价值与利益等实质性目的，也因此是政权体系服务的对象，同时契合德国哲学家康德所主张的"人是目的"这一现代价值；而将行使公共权力的政权体系称为"工具性国家"，意在强调其作为组织或机构，没有具体的价值与利益目的，只是履行着工具性的功能（即为目的性国家服务）。由于学术界将工具性国家直接称为"国家"是常见现象，下文在不引起误解的情况下，也会将工具性国家直接称为"国家"。

> **专栏 1.4　目的性国家与社会**
>
> 需要交代的是，这里说的"目的性国家"，与通常使用的概念"社会"所指对象基本相同，都指的是具有一定价值与利益取向的人群。
>
> 之所以不直接采用"社会"这一名词，是因为想强调二者之间有性质的不同。用卢梭的术语来表达就是，目的性国家依"公意"而形成，具有普遍性并受公共权力的支配，而"社会"依"众意"而形成，不具有普遍性、不受或至少不强调受公共权力的支配，比如我们常用的名词"国际社会"。因此，在指向人群共同体而又不强调普遍性及受公共权力支配时，也可采用"社会"一词。

马克思曾经断言："国家制度只不过是政治国家和非政治国家之间的妥协，因此它本身

必然是两种本质上相异的权力之间的一种契约。"①在马克思这句话中的"政治国家",指的是行使公共权力的政权体系,就是本教材所用的"工具性国家";而"非政治国家",说的是由公共权力支配的稳定人群共同体,就是本教材所用的"目的性国家";而马克思所说的"协调",本教材接下来将其表述为"互动"。这样,马克思刚才的断言,就可以重新表述为:工具性国家运用权力去管理、塑造和提升目的性国家;而目的性国家在利益和价值两方面,对工具性国家的功能发挥与组织设置提出要求,在极端的时候干脆加以再造(即革命);二者互动的结果(即马克思说的"契约"),就是现实的国家制度,或者说一系列权力运作的规则与程序。

如果从权力的有效性和合法性两个维度来衡量工具性国家与目的性国家的特性,可以理解如下:工具性国家最为重要的特性是有效性(或者称为"理性"),即作为高效率的工具发挥作用,这种有效性既来自工具性国家(其人格化为统治者)的有意识努力,也来自目的性国家(其人格化为被统治者)的要求;目的性国家最为重要的特性则是合法性,即人群共同体的自我认同以及被统治者对统治者的认同,这样的认同既源自目的性国家(被统治者)自身的利益与价值,又来自工具性国家(统治者)有意识的塑造。

运用工具性国家/目的性国家这样的分析框架,可以看出,所谓的"国家成长"包含着以下两个方面的内容:一方面是目的性国家的缓慢变化,如生产生活方式的变化、人口繁衍、思想演进与价值观变化等;另一方面则是工具性国家的显著发展。从这个角度理解的国家成长,显然包括国家转型在内,并且国家转型是国家成长的关键环节。当然,国家成长也可作较为狭义的理解,即将其理解为在一个国家类型内的发展变化。所谓工具性国家的显著发展,主要指政权组织(或者说国家机器)的重大改进,体现为如下四个方面的一部分或全部:政府规模扩大;政治权力渗透性增强;机构设置和人员配置合理化;政府职能扩张等。由于目的性国家的发展是在长时段中缓慢进行的,因此若不特别指出,本教材所说的国家成长是指在目的性国家缓慢演进的基础上工具性国家取得了重要的进展。

(二)国家成长的财政逻辑

财政制度,既是上述工具性国家与目的性国家互动产生的结果,同时又成为工具性国家与目的性国家进一步互动的渠道、平台或者说中介。通过财政制度,工具性国家与目的性国家进行着如下的互动:工具性国家管理目的性国家中的经济与社会活动,调整相关主体的利益关系与价值要求,在财政上体现为税收种类水平、财政支出活动与财政管理行为;与此同时,目的性国家为工具性国家输送物质资源,对其职能发挥提供相应的信息与要求,体现为财政收入上缴、财政资金给付等活动中公众的服从程度与批评意见的表达程度。

事实上,工具性国家与目的性国家经由财政制度这一中介发生的互动,更为重要的体现是,二者经由互动而达到的共同成长。就是说,通过财政制度,在互动过程中,工具性国家在接受目的性国家的供养与要求过程中,不断地发生变化,如调适其组织与制度安排,越来越积极地回应民众在价值和利益方面的呼声,自身也慢慢地摆脱单纯征服者的形象,不断地在财政上增加对目的性国家的服务;目的性国家在工具性国家的支配下,逐渐在财政领域形成服从与秩序,并在价值与利益方面得以整合与提升。二者互动如果能产生如

---

① 《马克思恩格斯全集》(第3卷),人民出版社2002年版,第73页。

此的变化及关系的协调,那就构成了国家整体的成长;但二者的关系如果无法协调,那就会带来国家整体的失败与停滞。

以上所说的是工具性国家与目的性国家经由财政制度发生互动,推动了国家成长甚至国家转型。若以现代国家的成长过程为考察对象,可以发现它的财政制度在收入、支出及管理等几个方面都有相当大的变化①。或者说,财政制度方面以下的变化体现了现代国家的成长,本教材将其称为"国家成长的财政逻辑":

(1) 财政收入来源的发展,即从家财型发展为税收型,这不但体现了国家制度的理性化(更为有效地获取财政收入),也体现了政治权力的公共化(收入建立在更为广泛的公众基础上);

(2) 财政支出方向的发展,即从以军事支出(或行政管理支出)为主转向以社会保障支出为主,这体现了政治权力所发挥的职能向公共性方向的重要进展;

(3) 财政管理方式的发展,即从家庭管理方式向预算管理方式转变,这不但增强了约束政治权力运行的制度理性化特征,更为重要的是体现了其公共化(在现代国家一般称为"民主化")的特征。

就是说,现代国家成长的财政逻辑,表现为上述财政收入来源、财政支出方向及财政管理方式三个方面的发展。以此作为参照对象,后续章节在讨论帝国时期国家成长的财政逻辑时,也从这三个方面进行。

(三) 小结

在工具性国家/目的性国家这样的概念体系下,可以将前述国家类型、财政类型等内容,总结为表1.3。

表1.3 国家类型的概念环节与现实表现

国家类型	支撑要素	表现形式	目的性国家层面	工具性国家层面	现实中的国家	税柄的运用/财政类型
城邦	人口	规模较小的人群团体,可能生活在城墙内	维持自给自足的农耕(或游牧)生活,重视公共生活中人的德性	具有简单的政府组织机构,公共权力往往与军事权、宗教权或族权结合在一起,表现为某种高度私人性的权威	古希腊城邦、商代及西周时期的诸侯国	税人/贡助型财政
帝国	土地	经过征战而形成的规模巨大的共同体,具有延展性的版图结构	满足人对土地的欲求及生活方式,过农耕或游牧生活,重视家庭与家族的伦理	以君主为中心,具有中央集权性质的官僚组织体系,公共权力表现为结合君主身的君权	秦至清的中华帝国、罗马帝国、奥斯曼帝国	税地/家财型财政

---

① 刘守刚:"略论西欧财政演进过程中公共性的成长与形成",《现代财经》2010年第3期。

续表

国家类型	支撑要素	表现形式	目的性国家层面	工具性国家层面	现实中的国家	税柄的运用/财政类型
现代国家	公共权力	在相对固定的土地基础上，由组织化的公共权力统摄领土与人口，具有民族认同感	在私人产权与自愿交换基础上，追求工商业经济的发展，重视实现人对个人权利的追求	一般具有由民众自愿选择形成的公共权力组织形式（即代议制政府），公共权力表现为组织化的主权	美国、现代英国、现代法国	税商/税收型财政

五、本教材的安排

著名学者熊彼特曾经这样强调财政史的重要性："一个民族的财政史，是这个民族总体历史的关键组成部分……财政史上的事件提供了洞察社会存在和社会变化的规律、洞悉民族命运变迁力量的机会，同时也能由此透彻地把握社会实在的条件，特别是组织的形式以及它们成长和消失的方式。"① 本教材将基于财政政治学来叙述中国财政思想与制度变迁的历史，在一定程度上就是在回应熊彼特赋予财政史的使命，即"洞察社会存在和社会变化的规律、洞悉民族命运变迁力量的机会"。具体而言，本教材将尝试着通过叙述中国财政史的内容，回答以下三个方面的重要问题：(1) 维持中华国家长期发展的财政机制是什么？(2) 从财政上看，中国走向现代国家的道路有什么独特性？(3) 中国国家成长的财政动因是什么？

为此本教材将做如下安排，以便展开全书的叙述。

（一）叙事主角

传统中国财政史的叙事主角是王朝，它讲述每一个王朝的财政状况（收入、支出与管理情况）。这样的框架在安排相关史料时比较方便，也有利于读者按字典方式查找相关的内容。但此种方式的缺点也很明显，那就是在形式上显得呆板僵硬，在内容安排上也容易失衡或重复，因为不是所有的王朝在财政史上都同等重要（如秦、隋等王朝过于短暂），不是所有的王朝在制度建设方面都有值得书写的新意（如东汉相对于西汉，清相对于明），因此本教材并不打算对每一个王朝的财政情况都展开叙述。更为重要的是，以王朝为叙事主角，似乎看不出鲜活的、有机的财政制度成长与思想演进，看到的似乎只是博古架上一个个僵死的文物。

本教材的叙事主角是帝国，并把在中国这一地理空间上存在的帝国称为"中华帝国"。从世界范围来看，中华帝国是帝国这一国家类型中发展得最为成熟的代表，它帮助了身处其中的人群克服种种的生存危机，不断地发展自己的文明。

当然，中华帝国是一个总的名称，在历史上它以不同王朝的面貌出现，也经历了不同

---

① Joseph Schumpeter, *The Crisis of the Tax State*, in *The economics and sociology of capitalism*, edited by Richard Swedberg, Princeton University Press, 1991.

的发展阶段。本教材按照其内部发展轨迹，把中华帝国比较典型的阶段（统治期较长、统治比较稳固的王朝），依照制度发展阶段上的重大差异，划分为第一帝国（西汉与东汉王朝）、第二帝国（唐、宋王朝）和第三帝国（明、清王朝）。这一分法参考了黄仁宇先生的说法，不过也有所不同，因为他区分的三个帝国分别是：第一帝国包括秦汉王朝，第二帝国包括隋唐宋王朝，第三帝国包括明清王朝①，而且他没有指明区分的标准。在本教材所区分的三个帝国中，君相关系、指导思想、人才选拔机制、财政制度等四个方面存在着足以区分彼此的差异。而且还需要指出的是，三个帝国的划分，实际上也反映了中华帝国从初生到成长再到成熟三个有机生长的阶段。

具体可参见表 1.4 的内容。

表 1.4 中华帝国的三个阶段

	第一帝国（帝国初生期）	第二帝国（帝国成长期）	第三帝国（帝国成熟期）
君相关系	皇权、相权相对分开，宰相为政府领袖，皇权不断设法控制相权	相权一分为三（尚书、中书、门下），群相代替独相，政府制度较健全	宰相职位被废，皇帝兼政府首脑，内阁（清中后期增加了军机处）辅助皇权运行
指导思想	引儒家学说柔化法家制度，司法上引经决狱，儒学中的今古文经学黄金期	在立法层次上高度融合礼法，理学经由韩愈到朱熹的努力而发展	程朱理学成为官方标准意识形态
人才选拔机制	中央太学培养，地方郡国察举后由中央考试选拔，官员私人征辟盛行	开创科举作为官员初仕的路径，制度不断调整，诸科最终合一，内容最后限于经义	科举制度日趋严密，考试内容固定在四书五经，文体格式也定型为八股
财政制度	舍地而税人，财政上先对人授地再通过税人来获得主要财政收入，力役繁重	通过两税法确立税地财政，同时税商收入逐渐重要起来，力役处于制度化消灭过程中	回归以税地为正宗财政收入不动摇，力役在制度上逐渐消失

（二）中国财政史的"开头"

就国家类型来说，从全球比较的眼光看，古代中国在城邦国家的发展上并不典型，而在帝国国家的发展方面则具有丰富性与典型性。因此本教材把叙述重点落在帝国这一国家类型所对应的历史时期，在叙述的时间范围上大致从西周王朝开始，直到晚清、民国乃至当代。

也就是说，本教材基本上略去了传统中国财政史教材对夏、商两个王朝甚至夏之前财政的讨论。之所以这样做，原因有二：一是因为夏、商王朝特别是夏之前的财政史料过于缺乏，尤其夏王朝的存在至今仍无确切的考古学证据；二是因为后世帝国在财政原则上基本源于周王朝奠定的基础，而与夏、商王朝关系不大。下面分述之。

传统的中国财政史教材，一般都会从讨论国家诞生之前的原始财政开始，接下来再讨论一下夏、商两代王朝的财政状况，以此作为财政史的"开头"。本教材限于写作的目的与

---

① 黄仁宇：《放宽历史的视界》，生活·读书·新知三联书店 2001 年版，第 152 页。

史料的原因,不打算探讨国家诞生之前的财政问题。对原始社会的财政进行"臆测"当然有一定的研究意义,但毕竟不足为凭。就国家的诞生而言,在中国这一地理空间中,最早的国家形成于何时何地,迄今为止并无确切的历史证据。特别是古史传说中所谓的"五帝"(即夏王朝诞生前的五位帝王)时期,是否可以算作国家,学者们的意见不一。即使是被无数先秦典籍记载过的夏王朝,虽然已有少量的考古依据,但迄今仍未得到可靠的考古支持。特别地,在商代甲骨文卜辞中几乎未见到有关夏的确切文字记录。商王朝的存在自然毫无疑问,但有关商王朝财政国家的情况,史料也不丰富。

众所周知的是,后世中华帝国的制度经验和心理基础,来自西周初年按宗法原则所建构起来的"家天下"制度而非商代的政治制度。比如说,商代并未确立起嫡长继承制,周国及周王朝才真正确立嫡长继承制,"只有到嫡长子继承制及宗法制确立以后,'家天下'的国家制度才进一步完善了"①。换言之,周王朝的制度,虽然可能借鉴了一点商的制度经验(及教训),但其制度主体具有独立的来源,并在周商革命之际进行了重大的改革,这才形成了影响后世的家天下国家制度。正如王国维先生强调的,"中国政治与文化之变革,莫剧于殷周之际"②。比如说,在意识形态方面,周王朝以"德"为核心(不同于商代以鬼神为核心),这是后世中华帝国制度的价值基础。基于以上原因,本教材从周代开始叙述中国财政史,并将周王朝作为"开头"。

(三) 结构安排

除了"开头"外,本教材在结构安排上与传统中国财政史教材也有一些不同之处,不再将奴隶社会、封建社会这样的传统说法作为大的分期标准,也不再用王朝作为叙述史料的章节标准。如前所述,本教材在编排时,将以帝国为叙事主角,将中华帝国的酝酿、初生、成长、成熟与转型等作为时间线索,并在这样的线索下概述中国财政史的发展进程,集中于考察帝国财政中产权制度、收入来源、支出责任、管理方式的建构及其在历史长河中的变迁,以便最终揭示财政变迁与国家成长之间的关系。

以帝国为叙事主角,在结构上本教材就自然形成了帝国产生前(即商周城邦时代)、帝国运行期(包括从秦至清各王朝,以第一、第二、第三共三个帝国阶段为叙述主体)、帝国向现代转型期(晚清直至当代)三个历史时期。这样,本教材的章节结构安排大体如下:第一讲(即本讲)为导论,第二讲、第三讲说明帝国建立前城邦财政的状况及向帝国财政的制度过渡与思想竞争,第四至第六讲阐释第一帝国及其崩溃时期的财政变迁与理论思考,第七至第九讲阐释第二帝国时期的财政探索状况与政策争议,第十至第十二讲阐释第三帝国时期财政的总体成熟状况及内蕴的转型动因,第十三至第十五讲阐释帝国财政在晚清、民国乃至新中国时期向现代财政的转型路径与思想变化,第十六讲为本教材的结论。由此可见,将帝国作为叙事主角来安排篇章结构,可以方便地交代财政制度变化的前因后果、思想成长的运动轨迹,也有利于揭示其中蕴含的逻辑特征与历史智慧。

---

① 沈长云、张渭莲:《中国古代国家起源与形成研究》,人民出版社2009年版,第310页。
② 王国维:"殷周制度论",载于《王国维全集》(第8卷),浙江教育出版社2009年版,第302页。

 **重点提示**

1. 基于财政政治学而重撰的中国财政史，将提供认识中华国家成长的三条线索：(1) 财政要素在历史长河中的变迁史；(2) 中华国家在不同发展阶段的成长史；(3) 公共权力在人类自我探索过程中的实现史。

2. 根据财政主体收入形式，可以在类型上将财政区分为税收型财政、公债型财政、家财型财政、租金型财政等多种，其中税收型财政是现代国家的财政收入形式。在现代国家，若以其他形式而非税收为主体财政收入，对政治发展不利。

3. 在国家类型中，城邦以人口为支撑点，帝国以土地为支撑点，现代国家以公共权力为支撑点，分别从税人、税地、税商来获取自己的正统财政收入，公共权力表现形式也从城邦时期的权威变为帝国时期的君权然后再变为现代国家的主权。

4. 从国家的两个概念环节（工具性国家与目的性国家）来把握国家，可以比较清楚地认识经由财政制度而发生的工具性国家与目的性国家的互动，以及由此互动所推动的国家成长或国家转型。

5. 以帝国而非王朝作为财政史的叙事主角，更容易认识帝国财政制度变化及思想成长的过程，也能更好地进行历史阶段的划分。

 **思考题**

1. 对于中国财政史而言，"重撰"有何意义？
2. 理论上国家类型可以分为几类？各自以什么样的税柄来获取主要财政收入？
3. 在概念环节上将国家划分为工具性国家和目的性国家，对于分析国家转型有什么意义？
4. 财政应该怎样划分类型？财政转型与国家转型有什么关系？
5. 你认为夏、商两代王朝，对后世中华帝国及其财政制度的发展有何影响？
6. 你是否觉得以帝国为叙事主角，能更好地展开中国财政史的探讨？

第二讲

财政的城邦时代及其现实转型

从国家类型来看,周王朝初期的国家大致可归为以人口为支撑点的城邦。按照传统史籍上的说法,商朝建立时,有诸侯三千,而周朝建立时,"所封四百余,服国八百余"。这些所谓的诸侯或封国,应该都是一些以人口聚居为特征的城邦。当然,"城邦"是本教材使用的术语,也有些学者将其称为"邦国"。春秋战国是周王朝乃至中华国家史上的关键时间段,在此期间,经济、政治、文化等都发生了剧烈的变化,中华国家也由此实现了从城邦向帝国的转型。换言之,在春秋战国之前,就国家类型而言中国处于城邦时代;而在此之后,中国进入了帝国时代。从战国中后期开始特别是在秦始皇统一天下后,帝国的根本原则在中国这一地理空间中不断地展现出来,并进而形成光辉灿烂的中华帝国。

应该看到,在财政上展现为家财帝国的中华国家,其制度并非突然出现的,而是在城邦时代奠定的基础上,在现实力量的作用下,经历了长期的构想与试验后才慢慢形成的。本讲的目的,就是介绍在国家制度方面西周初年为后世奠定的历史基础,并进而概括从城邦向帝国转型之际财政变迁的基本脉络。

第一节 城邦时代的国家状况

西周初年,在广袤的中华大地上散落的仍是一些人口聚居地,国与国之间应该尚未有明确的疆土边界。只是在商周鼎革之际,周武王及周公借助于军事力量,通过分封建制的行为,确立了一个虽简陋但统一的、行使政治权力的政府或者说工具性国家。后来的史书将这一分封建制行为概括为"天子建国,诸侯立家,卿置侧室,大夫人有贰宗,士有隶子弟"(《左传·桓公二年》),就是说,天子将土地分封给诸侯,让其建立侯国;诸侯设立采邑,分封给卿大夫;卿也可以将封地再次分封给其下的卿或大夫(置侧室);大夫也可以分封所属的大夫或家大夫(有贰宗);士可以以其子弟为仆隶。在后世被反复提起的这一封建制度,是周王室在城邦时代为中国人建立起来的国家制度,它成为后世中华帝国的制度源头与文化心理基础。

一、工具性国家层面上的封建制度

在西周初年建立起来的封建制度,是周王室在总结商代政治制度教训和自己国家建设的经验基础上形成的,它既满足了工具性国家对目的性国家的征服与统治要求,又充分考虑到目的性国家的现实状况,既是一种可行的官吏制度,又是一种可能的财政制度。在这一封建制度中,最有价值的地方是将商代实质性的部落联盟关系转变成君天子臣诸侯的统治关系。虽然在过去的历史著作中也出现过"夏分封"和"殷分封"的说法,但夏、商时期的分封即使存在,也应该"只是夏商部族自身的分裂繁衍,与周的封建并不是一事"[①]。

(一)西周封建制度所完成的历史任务

从工具性国家层面上看,西周初年的封建制度在国家治理方面,完成了以下两个方面的历史任务。

1. 满足了统治的要求

首先,封建制建立起周王对天下土地和人口的统治关系。封建制度,是"周人发明的一项旨在加强对新征服地区统治的措施"[②],通过周王给诸侯授民、授疆土的形式,明确了全部土地为周王所有、土地上所有人口都必须接受周王的统治的要求,即"溥天之下,莫非王土;率土之滨,莫非王臣"(《诗经·小雅·北山》)的原则。当然,从后世的眼光看,分封行为在制度上宣布周天子对全部土地的产权并因而建立起对附着于土地的人口的统治权,"纯粹是周人对天子主权的一种夸张"[③]。不过,要看到的是,这一行为确立了工具性国家所行使的公共权力可以支配境内所有的土地及人口的原则,进而奠定了后世中华国家大一统的历史与心理基础。

其次,封建制完成了权力资源的配置。由周天子主持,通过土地的层层分封建立起来的封君封臣关系,实质上是在当时的条件下,通过土地产权的授受来实现政治制度的建构与权力资源的分配(包括财政上的权利义务关系)。受封的诸侯国国君在其封国内,可以自由行使他的统治权,对周王所尽义务主要有:定期缴纳贡赋、为王服兵役(平乱、征讨其他诸侯)、在王廷任官以提供亲身的服务(只有一部分诸侯需要这样做),以及新立国君必须得到周王的册命(表示他和周王之间有君臣关系)等。通过对上述封建行为的复制,各国诸侯也建立起国君与卿、大夫之间的关系,同样卿、大夫与士之间也建立起类似的关系,最终实现权力资源在各个主体间的配置。

[①] 沈长云、张渭莲:《中国古代国家起源与形成研究》,人民出版社2009年版,第306页。
[②] 同上书,第305页。
[③] 程念祺:《国家力量与中国经济的历史变迁》,新星出版社2006年版,第94页。

2. 考虑到了现实的状况

现实的状况至少有以下两个方面，需要在制度建构时加以考虑。

一方面，在当时的中国大地上，已有一些稀稀落落散布的人群聚居地（同样也是所谓的"诸侯国"）。对于这一现实，封君封臣关系用制度的形式承认并保障这样的诸侯（多为殷商时代的遗族和仆从诸侯）的现状与利益。与此同时，周人还将自己的近亲近族，以新封诸侯的形式，向东方进行武装殖民，以扩张本族势力并实现就近监控原住民的目的。钱穆先生将这一过程描述如下："西周本是一个农耕部族，他们征服了殷朝，遂把他们的近亲近族，一批批分送去东方，择定交通及军事要冲，圈地筑城，长期屯驻。一面耕垦自给，一面建立起许多军事据点。原有的殷代遗下的几许旧的城郭与农耕区，被包络在这一个庞大交通网与许多军事据点之内的，也只有接受他们的新制度，成为他们统属下的诸侯国了。"①

另一方面，基于人群聚居地的血缘相近特征和当时较为普遍的宗法文化，封建制采用了宗法制，将原始的血缘传承关系演变成为政治统治的原则。例如，各级领主之间彼此有着浓厚的宗族关系，形成了统治西周的宝塔式宗族贵族统治阶层。同时，在受封的各级贵族中，爵位和土地世代相袭传承，嫡长子继承上代的贵族身份（即嫡长继承制）；在宗族中，嫡长系统是大宗，而庶子系统是小宗，小宗必须服从大宗。与上述宗法制相关联的，还有宗庙祭祀制度、族墓制度、姓氏制度等，这些制度后来被统称为礼制。在这样的封建制度中，周天子与诸侯、诸侯与卿大夫、卿大夫与士的关系，既是政治权力关系，也是血缘宗法关系。周王不仅是君主，还是宗主；在血缘关系中处于不同等差地位的每个家族，同时也是国家政治结构的不同环节。由此建立起来的家国一体秩序，"就是把父、长子关系为纵轴、夫妇关系为横轴、兄弟关系为辅线，以划定血缘亲疏远近次第的'家'，和君臣关系为主轴、君主与姻亲诸侯的关系为横轴、君主与领属卿大夫的关系为辅线，以确定身份等级上下的'国'重叠起来"②。

（二）西周封建制度的历史地位

从国家类型的视角看，西周的封建制度虽然通过对土地的占有和转让实现了统治、分配了权力，但只是在理念上部分地实现了将权力的承载体从人格转向土地财产，还没有真正建立起实质性的以土地为支撑点的国家，就是说并未进入帝国时代。然而，应该看到的是，基于当时的现实状况建构起来的这一确立统治关系的封建制度，却是后世"家国一体"的中华帝国的制度渊源。

同属城邦时代的古希腊，与此相比则颇为不同。古希腊城邦不存在具有"统一"外观形式的工具性国家笼罩其上（只因共同的对奥林匹斯山众神的崇拜而取得某种有机的相互联系），它们彼此独立，政治制度趋于多样化，不存在浓厚的血缘色彩与宗法关系。

相对而言，中世纪西欧的封建制度，在形式上与西周封建制比较相似，这也是用"封建制"来翻译英文"feudalism"的原因所在。但在实质上，二者还是有很大的不同。在西欧封建制下，政治权力来源和分配纯粹依赖于土地而没有宗法色彩；国王只是封建形成的众领

---

① 钱穆：《国史新论》，生活·读书·新知三联书店2001年版，第2页。
② 葛兆光：《中国思想史》（第一卷），复旦大学出版社1998年版，第107页。

主中的第一人,由国王分封形成的大领主再次分封形成的小领主并不对国王效忠(即法国国王曾宣称的"我的附庸的附庸,不是我的附庸"),就是说西欧封建初期的国王并未建立起针对全国的领土与人口的统治关系。

二、目的性国家层面上的人口聚居状况

如果说上述封建制度体现出来的主要还是工具性国家的内容,那么在这种封建制笼罩下的目的性国家是什么样子呢?

在分封制下,似乎理念上所有的土地都已被分掉,没有无主的土地,而且各诸侯国疆域范围明确。但在当时尤其是在西周初年,这只能是一种想象而非真实。封建制笼罩下的大地上,除了部分地区(如王畿)外,绝大多数诸侯国应该都呈点状分布,这些点由一座(少数可能超过一座)城邑及其毗邻的土地构成,一般处于交通及军略要地。与古希腊城邦相比,相似之处在于它们都是一个个相对孤立的城市构成的人口聚居地;不同之处在于,中国的这些城邦散落在中原大地上,以农业为主,而古希腊城邦有很多位于河流入海口,商业发达。

(一) 三类人群共同体

这样的聚居地,作为人的共同体,依据与被分封的诸侯的亲疏关系,形成以下三类不同的群体。

1. 国人

"国"最早的含义是指受封者所居住的城池,因此国人就是住在城池里的人。到了后来,随着人口扩张,越来越多的国人迁移到城外新开辟地区(原来的荒野)居住,国人的含义也有所扩大。大体上,"国人"居住在城邑或近郊地区,多数是从原来周部落所在地或者从被征服的原殷商故地迁徙而来,或者是他们的后裔。国人平时耕种国家分配的"份地",承担的义务主要是军役,即在战争爆发时加入战斗。古代典籍中记载着大量这样的事例,即在战争爆发时,"国人"集中到太庙前,从那里领取武器(或自带武器装备),并参加誓师等多种仪式活动,然后出征。"国人"还享有一系列的特权,如财政负担较轻(仅在诸如战争时提供草料等有限义务)、有权获得官学教育、诸侯国主在做出重要决定时要咨询他们的意见等。

2. 野人

野人的居住地一般离城邑有一定距离,他们基本上是周部落移民到来之前的原住民(或其后裔),接受周王派来的统治者的统治。野人与国人的区别是,他们没有服军役的义务,但财政负担较重,也不能像国人那样享有官学教育与政治上的特权。对国人与野人在居住地和管理方式上进行区分的制度,一般被称为国野制(或都鄙制),它是后世社会组织和基层政权建设的基础。在与下文中所说的夷人相区别时,"国人"与"野人"合称为"华夏(人)"或"夏(人)"。

3. 夷人

夷人是未纳入王化的当地原住民,或者因各种原因从城邑中逃跑出来的人。对这些人,诸侯国的统治者未能进行有效的统治。此处"夷人"的说法是一种统称,一般的说法是

"东夷、西戎、北狄、南蛮"。从东西南北来分别命名，似乎表明他们居住在周的四境之外，并构成各自独立不同的群体。事实上，不同的称呼指称的都是未服"王化"的人群，这些人至少一开始有许多散居或出没在诸侯国境内或者诸侯国间的大片荒野之中，远离城邑，大多过着迁移性的狩猎或采集生活，也有一部分可能已从事农耕。其中有一些夷人可能已有自己的政权组织，但不受周天子的承认。随着周人势力的增强，夷人要么被不断地同化（以至于逐渐成为野人），要么向四境迁移并渐渐建立自己的政权组织。到了春秋后期，中原地区戎、狄、蛮、夷等名字逐渐在地理上消失，华夏成为中原地区的主体。大体上，夷人与国人、野人的区分，相当程度上只是出于经济社会组织和文化的上区分，而不是人种的差别。一般来说，经济社会上的区分，是耕稼城郭诸邦与游牧部落的不同，文化生活上的界限则主要为是否遵从周礼，即钱穆所谓的"诸夏用夷礼则夷之，夷狄用诸夏礼则诸夏之"①。

（二）生产方式的组织

在人群区分的基础上，生活和生产的组织按以下两种方式进行：一方面，人与人主要按血缘原则聚居，并按宗法原则组织在一起，秩序的协调主要表现在礼制中；另一方面，按照所谓的"井田制"原则分配土地、从事生产。

生活的组织，此处不予讨论。就生产的组织而言，一般的说法是井田制。对井田制，传统的说法如下：国家以周天子的名义将天下一切土地的产权，清晰界定给各诸侯贵族；然后大大小小的诸侯和贵族将可耕地平均分配给农民，每一家受田百亩，这是所谓"私田"，八家又共耕"公田"百亩（其收获物以祭祀所用为名上交给诸侯贵族），作为受田的义务；私田、公田组成"井"字形，四周为私田，中间为公田；受田并非终身，一般二十岁受田，六十岁归还给公家。

以今天的眼光看，由于山川、河流和地形等原因，很少有土地能够以井田形式来划分。因此，当今学术界的主流看法是，井田制在相当程度上只是后人的一种想象，是对当时村社共同体共有共耕土地制度的一种反映②。在当时，农业生产活动和村社内部事务（定期的土地分配、沟洫整理、公田劳动、贸易和手工业生产等），应该是由聚居人口的村社共同体集体承担的，诸侯贵族无需承担直接组织和管理农业生产的义务，而是将其简单地交给村社共同负责。同时，村社共同体成员集体承担为诸侯贵族无偿耕种部分土地的义务，并上缴收获物。就是说，将名义上为贵族所有的耕地，区分为"私"田和"公"田，私田上出产的农产品归耕种者村社共有，公田上出产的产品归领主们所有。有些时候，耕种者还需以私田上出产的农产品向领主们缴纳一定比例的贡赋（如战争时期缴纳一些粮食和草料），以及为领主们无偿提供一些力役服务（公共工程或战争时的劳役）等。

那些非耕地，包括草原、牧场、泽地、猎区、鱼池、山地、森林、矿场、盐池等，在名义上也属于封君所有。但至少在西周初期，贵族事实上无力对其进行管理，而更多地依传统习惯由村社农民共同使用。就是说，任由农民们到这些地方捕鱼、伐木、烧炭、煮盐等。

---

① 钱穆：《国史大纲》（上册），商务印书馆1996年版，第57页。
② 程念祺：《国家力量与中国经济的历史变迁》，新星出版社2006年版，第7页。

第二节　春秋战国时期封建制瓦解与帝国制度萌芽

西周初的封建制,建立在当时的历史条件上。随着人与自然关系的变化以及国家间竞争关系的加强,到了西周末东周初,原来封建制的条件或基础大大改变,封建制也因此逐步瓦解。在此期间,就国家类型而言,中华国家开始从以人为支撑点的城邦逐渐向帝国转型。各诸侯国纷纷变法,努力探索即将来临的帝国制度形态,其中以秦在帝国制度建构方面最为成功。

一、封建制瓦解的现实

到了春秋战国时代,在现实中出现了下述三个方面的变化:人与自然关系调整;边疆国家兴起;集权型政制形成。这些变化既是封建制无法继续维持的表现,其本身又成为封建制进一步瓦解的原因。

(一) 人与自然关系的调整

西周初年实行封建制,一个重要的原因是当时的人群以聚居的形式散落在大地上,而分封制更适应这样的现实状况。可到了春秋战国时代,人与自然关系发生了变化,这些变化表现在两个方面:一是由人口繁衍带来的变化,二是由生产技术重大进步带来的变化。这些变化的发生,推动了封建制在现实中的瓦解。

西周初年建构起来的封建制,在当时的历史条件下能够比较有效地保障聚居人群的生存与发展。可用来加以衡量的一个鲜明的指标就是人口的不断增加,到春秋战国之际中原大地上人口已大致达到 2 000 万。随着人口的繁衍,在土地边际报酬递减规律的作用下,耕地上的人均产量越来越低。就是说,人口数量开始对原有耕地资源产生越来越大的压力,于是人们不得不纷纷涌向那些未曾开发的土地,对其加以开垦,从而形成了大量在原有产权体系之外的"私田",这样土地产权关系的现实离原来的"井田制"愈来愈远。随着土地的大规模开发,未开发土地数量大大减少,于是突破原先土地分封的界限,通过对外扩张以增加土地成为普遍性的要求:一般的民众要求获得更多的土地(即外延增长的方式)来养活日益增长的人口,下级领主要求更多额外的土地以便形成脱离上级领主产权体系的"私田",而国君则需要更多的领土以增强国力。

生产技术的重大进步,指的是此时生产工具水平已大大提高,其标志是战国时期铁器投入了使用,另外还有诸如水利灌溉工程得到开发、耕作技术和劳动技巧得以改进等。在这样的条件下,生产效率越来越取决于劳动者对生产工具使用的努力程度。原先向领主提供劳役的集体耕作制度,日益显得落后,无法以足够低的监督费用让劳动者提供有效率的劳动。这一状况,在古代典籍中屡有反映。如"民不肯尽力于公田"(《春秋公羊传·宣公十五年》),以及"今以众地者,公作则迟,有所匿其力也;分地则速,无所匿其力也"(《吕氏春秋·审分篇》)。相比之下,小农家庭作为农业生产单位更有效率,也因此日益成为基本的单位。此时,五到八口之家的小农家庭,可以相对有效地耕种"百"亩之田(相当于后世的32亩左右)。杨宽先生指出,与西方直到14世纪由于水力鼓风机的采用才使得冶炼铸铁技术推广不同,中国在公元前6世纪的春秋晚期即能够冶铸白口生铁(得益于冶铸青铜器的鼓风设备),并以此来铸造铁器农具。因此,从战国开始,中国人就能以家庭为单位进行农业生产①。这样的小农生产方式,事实上一直保持到清末,并进而对古代中国人的生活方式、制度结构、文化价值等产生影响。就是说,在中国形成以家庭为基础的社会文化和政治制度,起决定性作用的是以家庭为单位的小农经济这一物质文明基础。上述变化,也要求对原有的封建制度进行调整,并以家庭生产方式为基础重构经济和社会制度,从而通过效率的提高(即内涵增长方式)来养活更多的人口。

(二) 边疆国家的兴起

公元前771年,西周的国都镐京陷落,第二年周王室与西周贵族宗族东迁至洛邑。这一标志着春秋时期开端的历史事件,事实上为各地方政权提供了一个完全不受中央控制的自由竞争空间,或者说为各国间展开领土争夺战减少了约束②。于是,原有的封建秩序开始不断地被突破,其中最为突出的表现就是边疆国家的兴起。

本来,在封建制的安排下,各诸侯国是难以扩张领土的。首先,在权力上,未经周王许可,诸侯国无权扩大自己的领地。其次,在现实中,诸侯国扩张还受到以下两个条件的制约:一是在王室力量独大及姬姓诸侯占优的前提下,诸侯国之间实力相对均衡(谁也征服不了谁);二是在宗法制下,"亲亲尊尊"的宗法理念能够发挥巨大的道德约束作用。在封建制初期,上述两个现实条件是完全具备的。周王室直接统治的范围极大(王畿"千里"而公侯国统治范围一般只有"百里"),姬姓诸侯占了大多数(《荀子·儒效》中说,"周公屏成王而及武王……兼制天下,立七十一国,姬姓独居五十三人"),封国又集中分布在水土肥沃的河南地区③,这就使得姬姓诸侯相对于其他诸侯,势力比较强大。同时,由于国与国比较邻近,加上分封时间不长,宗法原则仍有较大的约束作用。

随着时间的流逝,情况发生了变化。首先,周王室本身的力量迅速下降,特别是王室东迁后,王廷实力无法维护既有的封建秩序。平王东迁,既是王室力量衰落的标志,因为王室无力抵御犬戎与部分诸侯对国都的入侵,同时它又进一步导致了王室力量的衰落(东都附近的王畿过于狭小、能提供的经济与人力资源有限),在与郑国的资源争夺战失败后,周王室的地位便下降为一般的诸侯国了。其次,宗法理念对诸侯国的影响越来越有限,即使经过通婚等手段加强彼此的血缘关系,但数代人之后,亲亲尊尊关系很难对各诸侯国主的行动产生大的激励与约束作用。

边疆国家的兴起,还有一个重要的原因是诸侯国之间实力均衡的制约因素消失,特别地,姬姓诸侯势力不再占优。姬姓诸侯势力不再占优,原因在于它们被集中分封在肥沃的中原地区。在宗法原则及彼此势力均衡的制约下,这些国家很难通过兼并战争获得成长。与此相对照的是,被分封在边疆的诸侯国,面对的主要是蛮夷,扩张领土既占有道义上的

---

① 杨宽:《战国史》,上海人民出版社2003年版,第8—9页。
② 李峰:《西周的灭亡——中国早期国家的地理和政治危机》,徐峰译,上海古籍出版社2007年版,第338页。
③ 周谷城:《中国政治史》,中华书局1982年版,第20—30页。

高地(攻打"非我族类"的异类),又具有力量上的优势,因而获得成长的良机。在后来出现的战国七雄中,秦、楚、齐、燕都是这样的边疆国家,而赵、魏、韩三国原属的晋国,也是这样的边疆国家。

于是,以边疆国家为代表的各诸侯国之间的领土争夺战,便如火如荼地展开了。原来以人为支撑点的城邦,国家活动以移民、聚居、宗法团结为主,此时转向以土地为支撑点的帝国,国家活动主要是以夺取土地(及附属人口)为目的的争霸灭国。传统的说法是,此时从德治时代转到了霸道时代。春秋时,齐桓公并国三十五,而楚庄王兼国三十九。战国时,诸侯国间的兼并战争更加激烈,从诸侯林立减并至七国争雄。

(三) 集权型政制的来临

边疆国家的兴起,既是此时封建制松弛以至于无力约束各诸侯国的后果,又因其加剧了国家间竞争而推动了政制的集权化与封建制的持续瓦解。这是因为,要赢得国家间生存竞争的胜利,就需要尽可能集中人力、财力,而要集中人力财力,就必须进行基本制度的变革。晋惠公(公元前650—前637年在位)时期,晋为秦所败,割让黄河以西的领土。面对这一不利形势,晋国贵族鼓励国人和野人前去荒野地区开垦土地(即史书记载的"作爰田"),并向这些新垦土地征收税赋。同时,晋国还开始从这些开荒者中征召士兵以扩大兵源,这使国人和野人之间的传统界限变得模糊起来(原来只有国人才从军打仗)。这一历史事件,特别典型地揭示出国家间竞争对于土地制度和财政制度改革的推动作用,并进一步显示出封建制瓦解的现实。

到了战国时代(战国开始的时间,不同的学者分别定为公元前481年、公元前475年或公元前468年),基本制度的变革进一步加剧,这体现为以土地产权为核心的财政制度和以官吏选用为核心的行政制度两个方面。财政制度的变革,将在下文予以探讨。而行政制度方面的变革,突出表现在创造了一种集权型体制,其中包括郡县制(代替国野制)和文官科层制(代替世卿世禄制)等。

1. 郡县制代替国野制

就地方政权体系而言,原来在封建制下实行的是国野制(或称都鄙制)。如前所述,"国"指国人居住的城市,"野"是野人居住的城外农村,这样一种地方组织制度最初只是一种简单的聚居区分。后来,各国在"国""野"不同聚居区不断地完善基层政权,并对民众实行编组管理。如史书中记载的,管仲在齐国"参(三)其国而伍其鄙"(《国语·齐语》)。在春秋中后期,一些国家(最早是晋国)在新占领地区推行由国君直接管理的县、郡管理体制。"郡"一开始设在边境,区域虽大但人口稀少,地位比县低。到战国时期,随着边郡的繁荣,中央开始在郡之下分设县,从此郡在建制地位上高于县,逐渐形成郡、县两级地方组织。郡县制与原来的分封制最大的不同是,郡、县长官"当则可,不当则废",可由国君随意任免,而且地方严格地服从中央。对郡县制之下的乡邑百姓,也实行了一定程度的组织化管理,如秦国"令民为什五,而相牧司连坐"(《史记·商君列传》)。

2. 文官科层制代替世卿世禄制

周初中央官职或各诸侯国的官职,大都由贵族兼任且世袭(世卿制),而且文职武职未实现职业化分工。作为贵族的官员,从其封地获得供养而没有专门的薪俸(可获得偶然性赏赐)。到了春秋末年,随着相与将的出现,文武二职开始分途,并且职官制度从世卿制转为任官制,官员由国君直接任命而不再由贵族世袭,下级必须服从上级。此时国君任命官员虽也赐予爵位,但这种爵位除表示政治等级之外,主要是作为薪俸的标准(以粮食或货币来支付)。对这样的官员,国君一般不再封给采邑;即使获得采邑,一般也只食其租税,采邑的行政权归中央政府。

除了以上两个方面外,集权型政制还体现为以军功制代替身份制(官职爵位的取得不依出身而靠战功)、以法治国代替以礼治国,以及实行严格的户籍制(对聚居人口实行严格管理以此作为纳粮当兵的基础)和统一度量衡制等。

上述对国家基本制度的变革,一般被称为"变法"。"变法",首先由分晋后新立的、处于"四战之地"的魏国发起。魏文侯(公元前445—公元前396年在位)时期,在李悝(公元前405年任相)主持下,魏国以法家思想为指导发起改革。魏国因改革而实力大增,并因此支配了战国格局近半个世纪之久。这一成绩迫使其他诸侯国家纷纷跟进,特别是吴起入楚、商鞅入秦,都是承袭魏国已有的经验而进行的"变法",这样就在主要的诸侯国家中引发了改革的浪潮。大规模改革在赵国开始于公元前403年,在楚国开始于公元前390年前后,在韩国开始于公元前355年,在齐国开始于公元前357年左右,秦国则在公元前356年和公元前350年分别进行了两次改革①。

二、作为帝国制度标志的"王制"

在人与自然关系调整的基础上,在国家间生存竞争的压力下,各诸侯国纷纷地变革自己的基本制度。因这些巨大变化的发生,明清之际王夫之将战国时期称为"古今一大变革之会"(《读通鉴论》卷末《叙论四》)。这种变化既体现在目的性国家中生产生活方式的变化,又体现为新的工具性国家的形成。就是说,从今天的眼光看,战国时期的政制变革,事实上标志着从以人为支撑点的城邦向以土地为支撑点的帝国的转型。由此建立起来的基本制度是后世中华帝国制度的雏形,其突出的标志就是在各诸侯国建立的王制。

(一)战国"王制"

战国时期,各诸侯国主纷纷改称原来周天子才能用的称号"王","王"也因此成为各国君主的统一称呼。称"王",不仅意味着各国对周初封建制以及对周天子权威的彻底否定,更为重要的是,它标志着一种新的政治制度的确立和新的国家类型即帝国的产生。就是说,虽然同样称为"王",战国时的王制与西周初的王制在性质上相当不同,二者处于不同类型的国家中:在战国时期,君主都称王,且彼此承认自己的统治权只及于领土范围内,而不再是西周初期泛泛的"溥天之下,莫非王土"(《诗经·小雅·北山》),表明了此时君主依托于自己实际控制的土地所有权而建立统治权;战国时期的"王",是对领土范围内所有臣民都拥有统治权,而西周"王"的统治权其实只在"千里王畿"之内,对其他诸侯国实际上只有宗主权。

战国时期的王制,其立足的产权关系也有了很大的变化,显露出帝国的特征,其中最

---

① 赵鼎新:《东周战争与儒法国家的诞生》,华东师范大学出版社、上海三联书店2006年版,第51页。

为重要的是,国家共同体对土地和人口的支配权落实到了君主个人及其家族身上。或者用今天的法律语言来描述就是,以君主的个人所有制(或君主家庭所有制)形式,来实现国家共同体对土地及其附着人口的支配权,或者说国家的公共权力借由君权来表现自己。当然,国君不可能亲自管理庞大的领土,于是发展出前已述及的科层制、郡县制等制度,并借助于土地的私人占有制度来实现土地有效率的使用。所谓土地的私人占有制度,是指此时的土地被配置给了一家一户的小农来耕种,由农户家庭自主地决定土地的耕种和收获过程。在这样的土地私人占有制度下,农户家庭耕种的土地可能直接来自国家,这样的农户就是自耕农,也可能来自地主,这样的农户就是佃农。应该承认,在当时的历史条件下,这种以君主个人所有及个人负责的产权制度与政治制度,在效率上优于城邦时代的共有共用制和等级领主制。

此时的王,事实上有三重身份:(1) 作为自然人的自己;(2) 作为王室家族的代表;(3) 作为国家共同体的代表。于是,三重身份就形成了以王为中心、层层向外的同心圆的结构,从王个人逐渐扩大到王室(王家宗族),最后扩展至整个国家。在这样的结构中,家是国的基础,国是家的放大,而王既是王室家族的中心,又是国家的中心,从而成为家与国统一的关键,协调着其中的关系,并进而形成家国一体的政制。

"化家为国"和"化国为家"这样两个通俗的说法,就体现了上述君主以"王"的名称所代表的各种关系。"化家为国",体现了帝国国家的建构方式与过程,就是说,以王为代表的王室家族,由于掌握着工具性国家而拥有巨大的力量,征服了目的性国家,并对其进行塑造,以创造服从与秩序,从而完成从"家"到"国"的转化。"化国为家",体现了目的性王国对工具性王国的要求,就是说要求国家治理遵照当时目的性国家中最具合法性的宗法原则,治国方法要模仿治家方式,君主和各级官僚应该以父母对子女的方式来对待万民。由于父亲对待子女,既有苛刻管理的一面,也有温情慈爱的一面,因此君主对待百姓也应该恩威并重。中华帝国后来发展出来的儒法共治的治国方式,正是基于这一基础而形成的。

(二)"王"对目的性国家和工具性国家二者关系的协调

在这样的雏形帝国中,大家长的角色与责任,着落点理所当然的是"王"(秦统一天下以后改称"皇帝")。

此时的"王",既是工具性国家与目的性国家互动形成的制度结果,又进一步地成为二者互动的制度渠道。"王"既是工具性国家的最高首领,掌握着有力的工具(军事力量、官僚组织等),对国内土地及其人口实施有效的控制;又是目的性国家的代表,代表着普遍性的家庭、家族式生活方式和宗法原则。"王"沟通着两个国家:作为军事力量与官僚组织的首领,掌握着工具性国家,要求集中权力以提高效率,并被要求对国内的服从与秩序负责;作为真实的王室家族的族长和象征性的国家共同体最大的家长,被要求对目的性国家中的福利责任负责,对国内所有的家族和宗族负责,确保宗法关系和生产生活方式的持续。

"王"的地位获得,也具有双重性。一方面,它是运用工具性国家力量对目的性国家进行征服的结果,传统术语"打天下者坐天下"就反映了这一事实。另一方面,"王"又必须服从目的性国家的要求,尊重宗法原则,王位实行"嫡长继承制",国家治理尊奉"以孝治天下",就反映了目的性国家中的宗法原则。当然,作为自然人的"王",他的欲望与要求,与工具性国家及目的性国家的要求有时会一致,有时并不一致。此时,君主的"私"欲与工具性国家及目的性国家的"公"要求,存在着可能的冲突,这就为后世帝国政治的演变埋下了伏笔。

三、秦对帝国制度的探索

公元前221年,秦统一天下并建立起大一统的帝国。由秦建立起来的基本政治制度,也就成为后世帝国制度的原型。

(一)秦为帝国制度奠基

为什么秦能统一天下?为什么大一统成为后世中华国家的特征,而欧洲自罗马帝国崩溃后再也不能统一?这两个问题,一再考问着历代学者。对这样的问题,此处无法进行详细的探讨,只是要提醒注意,大一统的政治秩序是由秦为中华帝国奠定的。与此同时,秦创造的诸多制度也是后世帝国的制度基础。

简单地说,秦之所以能统一天下,与以下有利因素有关:作为后起之秀和边疆国家,秦的宗室与贵族力量相对于其他诸侯来说较弱,王权比较强大,因此最能接受理性化的制度,并锻造出最好的工具性国家(包含军制、官制和法制等内容);与此同时,秦国也处于极为有利的区位环境中(农业发达、本土安全、独面向东、远交近攻等)。

还应该强调的是,秦建立的统一帝国与罗马帝国有很大的不同。前者是中华国家自身发展的结果,虽通过秦的军事征服而完成统一,但并非来自外来的征服,因为秦与其他各国处于同一文明体系中,文化上彼此认同。后者则是罗马城邦凭借武力征服四周不同文明而形成的。钱穆先生在解释为何统一是中国历史的常态而罗马衰落后欧洲再无统一帝国这一问题时,给出了相似的答案:"秦、汉统一政府,并不以一中心地点之势力,征服四围,实乃由四围之优秀力量,共同参加,以造成一中央。……罗马如于一室中悬巨灯,光耀四壁;秦、汉则室之四周,遍悬诸灯,交射互映;故罗马碎其巨灯,全室即暗,秦、汉则灯不俱坏光不全绝。"①

为什么公元前221年中国就能建立起统一帝国并长期维续,以至于不少学者将其称为"早熟"或"早慧"呢?历史学家们提出了多种解释,如集体安全的需要(防备游牧民族入侵)、化解风险的要求(赈灾、治水等以便消除自然灾害影响)、实现规模收益的驱动(促进商品流通与地域分工)等。对这样的问题,本教材不再进行讨论,只是强调指出,大一统的产生源自中华国家的内在要求。

除了上述"统一"这一特征外,秦对后世帝国政制的重要影响,还表现在对帝国政制理性特征的发展上。这可从以下三个方面来考察②。

第一,皇帝制度。"皇帝"是秦始皇亲自选定的称呼,它是对"王"的发展,以表明君主

---

① 钱穆:《国史大纲》(上册),商务印书馆1996年版,引论第14页。
② 以下对秦帝国政制和对帝国官僚制的描述与分析,参考了谷宇的研究(谷宇:《轴心制度与政治体系》,复旦大学博士论文2007年)。

在国内独享的至高无上的权力和地位。也就是说,此时国家的公共权力以君权形式表现出来,与皇帝的人身结合在一起(也可称作"皇权")。君权的内容包括:皇帝以个人的身份,宣布对全国土地的产权;皇帝个人独享最高立法权、最高司法权、最高行政权、最高军事指挥权和最高祭祀权。这样,围绕皇帝个人而建立的皇帝制度,成为帝国政制的核心。皇帝制度的目的,是以确保君主最高地位的形式,来保障他所代表的公共权力。由于君权代表了公共权力,因而具备了以下特征:(1)神圣性,即君权代表了共同体结合所具有的超越于个体的某种神性,国家的运行必须以之为前提,不得被质疑;(2)始源性,即君权是国家一切权力的源泉,所有其他人或机构掌握的权力都源于君权,并服从、服务于君权;(3)至高性,君权高于所有其他人或机构的权力,在地位上是最后、最高的裁决者;(4)不可分割性,即君权具有唯一性,不能分割也不可转让,只可进行委托并能随时收回等。总之,君权是帝国的核心,君权的瓦解,就意味着公共权力的瓦解以及国家的解体;而君权的重建,也意味着国家的重建。

第二,官僚制度。皇帝占据帝国的最高位,君权是帝国的核心,但皇帝行使君权,必然要依赖于官僚机构。如前所述,官僚制度在战国时期就已经发展出来,在秦统一后得到进一步的发展,在官职设置上就是中央政府的三公九卿制。具体地说,三公是丞相、太尉和御史大夫,分别行使民政权、军事权和监察权,实行专业化分工和相互的监督,九卿指的是如下九种职位:奉常(掌管宗庙祭祀礼仪)、郎中令(掌管宫内传达和警卫)、卫尉(掌管宫门的警卫)、太仆(掌管车马)、廷尉(掌管司法)、典客(掌管外交)、宗正(掌管国君宗族)、治粟内史(掌管租税)、少府(掌管山海池泽,供养国君)等。官僚制度在运行上具体体现在至少以下几个方面:(1)以法治国,法令成为政治运行中的唯一标准;(2)文吏治国,文书图籍、档案簿记等文本是文吏从事行政活动的基础;(3)按考试任官,凭功绩升迁。

第三,郡县制度。郡县制是地方基层行政组织并因此成为社会控制体系,它是在战国时期发展起来的,到秦统一后推广到全国。此时,郡县组织已基本完善。县的组织,基本上和中央政府组织相似,每县设令(一县之长)、丞(主管民政)和尉(主管军事)。县以下,有乡、里等基层组织,乡的官吏有三老、廷掾等,里有里正。这样,从中央政府到郡,从郡到县,从县到乡,每一个角落都有组织和制度在支持国家权力的渗透。"书同文,车同轨"以及统一度量衡制,正是在此基础上实施起来的,并进一步地成为国家治理的工具。

秦统一及其建立的皇帝制度、官僚制度和郡县制度,是中华帝国政制史上的伟大成就,对后世帝国的影响是全面而深刻的。它奠定了中华帝国基本的工具性特征,在工具性方面后世所做的只是不断地调整、巩固与加强,而未有根本性的改变,此所谓"百代都行秦政法"。从此,一个大一统的、以皇帝的君权为核心、以官僚制度为中轴、以郡县制为结构的中华帝国,深入人心,并成为中华帝国政制的正统。

(二)秦建构的帝国政制的缺陷

虽有如上的成就,但秦所建构起来的帝国政制,仍存在内在的缺陷,还不是一个成熟的制度。就制度缺陷而言,至少有以下几个方面。

首先,皇帝制度的价值未经论证,其权力合理行使的方式也未多讨论。秦始皇即秦国王位,来自血缘继承原则,他的皇帝地位因军事力量而获得,不需要也不可能去论证其合法性。但从国家制度建构而言,必须予以论证。同时,由于公共权力与君权合一,国家最高权力未从元首的身份中分离出来,这样的权力行使是否合理将极大影响共同体的安全,"一人有庆,兆民赖之"(《尚书·吕刑》)。如果皇帝行使权力不当,将会带来极大的灾难。因此,这就需要探讨皇帝行使权力的方式。

其次,官僚制度运行缺乏价值引导。由于在施政过程中,各级官吏掌握着大量的自由裁量权,怎样约束各级官员在运行权力时不伤害民众?怎样的官僚行为能让民众对国家产生义务感,以便降低权力运行的成本?这些都需要在理论中加以解决,需要有意识形态的创造。另外,官僚制度既是国家管理的工具,也是分配国家权力与资源的工具,怎样在各大利益集团(宗室集团、军功集团、知识精英、经济精英)中分配职位,以便既能运用各集团的资源为国家服务,又可对其进行控制以免妨碍公共权力的运行?这些问题也需要在理论和实践中加以回答。

最后,郡县制和社会控制体系的运行也有问题。由于帝国庞大,管理技术与能力欠缺,怎样在保证郡县对中央的忠诚的同时,把足够的权力委托给它们使之具有生命力,以便能够因地制宜地解决地方问题?怎样取得民众的合作,以低成本的方式来实现安全与秩序?

(三)小结

总之,秦帝国对中华帝国的意义,主要在于锻造出工具性国家,实现了工具性国家对目的性国家的征服。在征服之后,通过秦始皇的努力,工具性国家又努力去塑造当时的目的性国家,创造统一、服从与秩序。只有从这个角度出发,才能理解秦始皇巡视全国、实行"书同文、车同轨",甚至"焚书坑儒"的历史意义。但是,这一工具性国家仍不成熟,还有待于目的性国家对工具性国家的反向塑造,以便纠正其中的制度弊病,赋予价值与利益。中华帝国制度的成熟,还需要目的性国家与工具性国家进一步地展开互动。

第三节　城邦时代的财政及其转型

在从城邦向帝国转型过程中,发生变化的基本制度除了上述行政制度外,还有为国家活动提供资源的财政制度。在春秋战国这一时期,西周初年通过封建而形成的城邦财政制度不断地顺应目的性国家的发展,努力地为正在形成中的帝国提供财政的支持。随着城邦时代的结束与帝国时代的来临,财政类型也从周初城邦的贡助型初步转变为帝国的家财型。

一、城邦时代以人为支撑点的贡助型财政

在周初封建制下的各诸侯国,说是国家,其实只不过是稀稀落落散布在广袤大地上的人群聚居地,因而在国家类型上属于以人口为支撑点的城邦。在这样的城邦中,财政制度形态表现为城邦时代特有的以"人口"为支撑点的贡助型财政。在这样的财政类型下,力

役是最为重要的财政收入形式,用于祭祀的费用是最为重要的财政支出,而财政管理中公私不分是常见的现象。

(一) 依"人"为原则、以力役为形式组织财政收入

按照周初分封原则并受城邦时代的现实约束,周天子的财政收入主要有两种形式。一种形式是以"贡"的形式,从不同等级的诸侯或臣服国家那里获得的数量不等的实物性财政收入,这在财政总收入中的比重多数时候应该不大。"贡"的缴纳,遵循"任土作贡"(当地出产什么就进贡什么)原则,其作为君臣关系的象征意义应该大于财政收入的实质意义。诸侯(或方国、部落)缴纳的土特产品,古籍上有多种记载,如宾、献、来享、贡等,此处称其为"贡"是一种统称。另一种是以"助"的形式,从生活于封地(即"千里王畿")上的民众那里获得力役性质的财政收入,这应该是周天子的主要收入。各级诸侯和卿大夫所获得的财政收入,与周天子相类似。这是城邦时代以"税人"为主要特征的财政状况。

当然,力役性质的财政收入,又根据人的身份不同,表现为不同的种类。中下贵族和国人,住在城内,为自己的上级贵族提供的主要是军役(军事服务),即在战时作为战士提供兵役服务(至少在初期可能需要自带武器)。野人住在郊外,主要为贵族提供劳务,无偿耕种(为贵族提供农产品的)"公田",即传统中所谓的"借民力以助公田"。大体上,在周初,国人只服兵役,不需要缴纳车、马、兵、甲等军事费用(军事费用与祭祀、禄食等行政费用,同出于公田收入),战时可能需要缴纳食草等部分实物(即所谓为军事目的而征收的"赋")。而野人没有资格服兵役,只能提供劳务,在"公田"上劳作。国人和野人,可能还需要为公共工程共同提供劳役。按《周礼·地官司徒》记载,在城郭地区的劳役提供者(即国人)为20至60岁、在郊野地区者(即野人)为15至60岁的夫男,免役者为国中贵者、贤者、服公事者、疾者。需要交代的是,经现代学者考证大体成书于战国(甚至有可能成书于汉初)的《周礼》,对周初财政的上述描述是否准确反映了当时的现实,是有一定疑问的。

除了力役外,《周礼》还记载西周时一些其他财政收入形式。如"九赋",从内容上看大体接近于土地税或杂税,还有"军赋",即为军队提供马、牛和兵车。但这样的记载并不能确定就是周初的真实历史状况;而且,即使在现实中存在,数量上也应该不大。

如果孟子在《滕文公上》中的名句反映真实财政负担的话("夏后氏五十而贡,殷人七十而助,周人百亩而彻,其实皆什一也"),那么财政负担率约10%。这也是中国传统治国思想中理想的财政负担水平,正如美国学者亚当斯注意到的,10%的财政负担率被儒家学者视为"理想的公平税收制度"[①]。

(二) 财政支出项目简单,祭祀支出突出,军费支出与官俸支出不明显

在封建制原则下,财政支出项目简单而明确,主要是祭祀支出、国君家庭消费和公共工程支出等。祭祀天地神鬼和祖宗先辈的支出,显然最重要,反映出祭祀在周王朝国家运行中的重要性,正如名言"国之大事,在祀与戎"(《左传·成公十三年》)所反映的历史状况。此时祭祀支出与国君家庭支出,大多为实物形式,因而直接用实物性财政收入来支付。公共工程支出,也大多由民众亲身服役来完成。

---

① 亚当斯:《善与恶——税收在文明进程中的影响》,中国政法大学出版社2013年版,第49页。

在分封制下,被封诸侯有义务拱卫王室,得到土地的民众(主要是国人)也有义务自备武器为诸侯打仗。在这种亲身服役的情况下,后世作为沉重负担的军事支出,至少在周初并不明显。

辅助周王和诸侯实施统治的官吏,基本上也不拿俸禄。他们依爵位不同获得不等的土地,以土地收入作为禄食,官职、爵位和土地在特定贵族家族的宗主之间"世袭",这就是世卿世禄制。在这种制度下,周初国家财政也没有明确的官俸支出项目。不过这一财政支出方式带来了一个困境,那就是国君(周王或各诸侯国主)赏赐给官员的土地越多,自己留存的土地就越少,进一步赢取官员忠诚与效力的能力就越小。这就为俸禄制代替分封制埋下了伏笔。

(三)财政管理上公私不分和"式法制财"

由于这一时期的国家只是民众聚居地,君主家庭规模小,政府结构非常简单,君主的公务活动与私人活动往往不分。在财政管理上的表现就是,至少在周初,国家财政与王室财政(或封君财政)区分不明显。

周王与各诸侯各有财源,各自支出,天子取于王畿,诸侯取于封地。由于财政收入大多采用实物形式,而且常有特定形式的"贡物"来支持,因此形成了这一时期特有的"式法制财"。所谓式法制财,源于《周礼》中说的"颁财,以式法授之",即具体收支项目互相对应且保持平衡,特定的收入用于特定的支出项目,收支对口、专物专用。按《周礼》的记载,国家经常性收支项目以九赋收入供九式支出:关市之赋,以待王之膳(羞)服;邦中之赋,以待宾客;四郊之赋,以待稍(刍)秣;家削之赋,以待匪(fēn)颁;邦甸之赋,以待工事;邦县之赋,以待币帛;邦都之赋,以待祭祀;山泽之赋,以待丧纪(荒);币(弊)余之赋,以待赐予(好用)。(《周礼·天官冢宰·大府》)不过,正如前面提及的,《周礼》到底在多大程度上反映周初的真实情况,并不能确定。只能说,由于当时实物财政的特点,在现实财政活动中应该存在着大量的专物专用的情况。

值得一提的是,《周礼·天官冢宰》中对西周时期财政制度中的会计体制进行了详尽的描述,这应该部分地反映了当时的财政管理制度状况。比如,它说西周时主管会计的部门是"司会",会计工作中有专门的票据(参互、月要、岁会)等,还说有上计的法定时间,即三年大计群吏,也有平衡财政收支及会计考核的部门和人员(职内、职岁)等。

直到西周后期,在政治观念上才开始将王室与国家进行区分,并相应地在制度上出现内廷与外朝的划分。随之财政管理上慢慢区分出内廷财政(王室财政)与外朝财政(国家财政),并分别加以管理。

二、转向以"土地"为支撑点获取财政收入

如前所述,随着人与自然关系的变化,以"人"为支撑点的城邦国家,在目的性国家层面发生了巨大的变化并因此对工具性国家的变革提出了要求。显然,在国家制度方面,此时再坚持原有的财政制度也已不合适。于是,在春秋时期,财政制度出现了重大的变化,集中表现为原来各级领主依"人"为支撑点、以力役为主要形式获得财政收入,逐渐变为以土地为支撑点来设计产权归属、组织财政收入。当然,在这一过渡过程中,可能还有一些

其他方法曾被用来组织财政收入,如周厉王时"择其善亩谷最好者税取之"(《春秋公羊传·宣公十五年》),就是说,领主获得的财政收入不再由公田提供,而来自挑出来的庄稼长得最好的那块田地。这样做显然比起原来只收取公田出产物要有效得多,只是管理成本仍然过高。于是,土地产权与财政制度在现实中不断地调整,以适应目的性国家与工具性国家中出现的种种变化。

(一) 土地产权的变化

在春秋时期,土地产权方面的基本变化如下所述。

1. 针对耕地实行"通公私"

各国纷纷废除原来在耕地方面实行的各级领主所有制,不再遵行分封所需的受田还田程序,取消公田和私田的划分方法,将所有的耕地(包括原来游离于国家控制之外的新辟私田)一律规定为君主所有。与此同时,打破原先实质性的土地村社共有制,允许私人占有与使用土地,鼓励农民自由增辟耕地。这样就建立起一种家财型产权方式,就是说,君主将原来名义上自己拥有的土地产权落到实处,无论是原有耕地还是新辟耕地一律归国君所有,以君主个人所有的方式建立起类似于今天主权国家所拥有的土地终极所有权;各贵族领主在承认君主权力的同时,有权占有自己封地中原来按习惯公用的土地,对其行使真正的控制权与收益权(但在封地中原有的统治权慢慢被剥夺),成为类似于今天意义上的只拥有经济权利的地主;在农民家庭中,自耕农对于国君所拥有的土地(特别是新开的耕地),拥有类似于今天的永久使用权,佃农对所耕种的地主土地,在相当程度上拥有今天意义上的使用权。

公元前645年,晋惠公作爰田(承认国人开垦的私田为合法)、作州兵(承认国人野人在国野之间开垦的荒地合法,但要求负担军赋),开启了春秋时代田地私人占有合法化的先河。此后,各国陆续跟进,如鲁国"初税亩""作丘甲""用田赋",楚国"量入修赋",郑国"作丘赋"等。起先,各诸侯国对国人的耕地特别是私田,承认私人占有的状态,后来将这一政策进一步推广到野人。这样,无论是国人还是野人,都成为国家编户管理的、占有耕地的小农。当然,上述产权体系方面的变化,并非一蹴而就,直至战国结束,贵族在自己封地内的统治权也未彻底丧失。

2. 针对非耕地"设禁地"

对于非耕地(草原、牧场、泽地、猎区、鱼池、山地、森林、矿场、盐池等),国君也宣布并落实自己的所有权。在现实中的表现就是,君主将大量非耕地划为"禁地",禁止民众自由进入。在事实上无法禁止民众到禁地的情况下,由原来的按习惯共用,转为容许民众进入禁地,但对他们从禁地获得的出产物(或在此基础上加工而成的商品)进行财政征收。史上有名的事件是:周厉王时期,对原先一直由国人无偿使用的山林湖泊开始征税("专山泽之利"),引起国人的不满。厉王对这种不满采取高压政策,最终激发起大规模的国人暴动。

部分非耕地,可能一开始控制在贵族手中,他们向使用者收取租金或其他形式的费用。但随着国君逐步确立起对国内土地的产权,向禁地出产商品进行财政征收的权力逐渐为君主所垄断。

（二）财政制度的变革

春秋时期土地产权制度的上述变化，在效率上是一种巨大的进步。它适应了劳动工具和生产技术的变化，激发了农户的生产积极性。各诸侯国也因此获得了远超以往的财政收入，国家实力得以竞争性地提升。

在如上土地产权制度变革的基础上，财政制度也发生了巨大的变化。西周时期以力役形式获得的财政收入中，有一部分是"借民力以耕公田"而获取的农产品实物收入（用于支付祭祀、禄食等行政费用），另一部分是直接获得的以兵役等形式提供的实物性收入。到西周后期直至春秋期间，随着战争规模扩大，本来只限于国人的兵役制度，慢慢扩大到了整个农民阶层。与此同时，随着人口的增加和公共事务的增多，政府规模也不断地扩大。

这样，原先以力役为主要形式的财政收入制度已不再可行，于是开始征收"赋"和"税"。从历史渊源来说，赋本为军役与军用品征发之专名。在周宣王废止籍田制度以前，人民（国人）只服兵役而不缴纳车马兵甲等军需费用，只有到战时才要缴纳一定数量的粮食和饲草（即"赋"）。随着国家间战争的频繁，以及土地私人占有制度的演变，国家逐渐以军赋（征调军需品或要求服兵役）为名，依托于人口不断地进行财政征收。由于当时授田制度（一夫授田百亩）的存在，按田亩征收与按人口征收是等价的，因此军赋征发对象转移于田，并且与田地的收获状况联系起来，"田赋"之名由此而生，如公元前493年鲁国的"用田赋"。但在春秋后期，另外还存在亩税（或田税），它源于公田，即以前的"九一而助"、后来的"彻"取田亩（"什一而彻"），征收的目的在于支付行政费用。这样，田赋与亩税并列，都依托于田地，按亩征收（即"履亩而税"）。到战国之时，赋与税逐渐混为一物①。在不同的国家或不同的时期，它被分别称为"田赋""田税"，有时也被称为"田租"。本教材在叙述时若非引用原文，尽可能使用"田赋"一词。

"履亩而税"既是上述耕地产权"通公私"在财政上的后果，又进一步地巩固了由"通公私"所建立的产权体系。事实上，"通公私"这一做法，本来就是由财政需要推动的。这是因为，原来村社共耕"公田"，由于效率问题（"民不肯尽力于公田"）而致其所提供的财政收入严重不足。于是，诸侯国君就不再区分公田、私田，而取每一家耕作田地所产粮食的一部分作为财政收入。就是说，在财政上，田不再区分公与私，人也不问国人还是野人，一律根据所耕种土地的面积，收取部分出产物作为财政收入。这一做法，特别适用于已得到开发的原有荒地。按照习惯，荒地虽名义上也归国君所有，但在性质上却为"私"田，国君无权对其进行财政征收。"通公私"后，荒地开垦形成的私田就可以进行财政征收。这一行为不但确认了耕种者的使用权，而且将统治者的产权落到了实处。从此，国君对国内的耕地统一按亩征收财政收入，认亩不认人，这就是"履亩而税"。农民要么是自耕农，根据自己占有的土地面积向国家上交财政收入；要么是佃农，向地主缴租金，而地主根据土地面积承担相应的财政义务（在实践中这部分负担可能会被转嫁出去）。

由"设禁地"而来的财政征收，最初在环节上可能有两个：一是在交通要路设关卡对来源于禁地的自然商品收取过税，二是在市场对销售这些自然商品或其加工物收取住税

---

① 叶振鹏：《20世纪中国财政史研究概要》，湖南人民出版社2005年版，第27页。

（销售税或财产税）。从税柄来说，这二者都是税商。需要说明的是，针对这些禁地（山海池泽等）出产的自然商品进行财政征收，形式上与今天的商品税相似，在相当程度上它也是后世商品税的基础，因此传统财政学教材将其简单地称为工商税收或工商杂税，本教材也将遵从这一说法。但需要指出的是，这种财政征收与现代商品税在性质上其实是不同的。现代商品税，实质上是利用公共权力对私经济行为（生产或销售）进行的征收，收入源于公权力对私人财产权的部分"剥夺"，因而公共性特征强。过税或住税，则是对产权属于君主（国家）的商品，在其生产、运输或消费环节进行的财政征收，其基础是君主对土地的产权，因而在权力特征上源于私权或特权而不是公权，其公共性特征在最初甚至弱于田赋。从历史上看，过税或住税这样的财政收入在很多时候（尤其在早期）被归入君主的内库，而不像田赋那样作为国家的正项财政收入。

财政征收所涉及的商品，又可分为两类：一类是消费的需求价格弹性较小的必需商品，如盐、铁、酒（以及后世的茶、烟等），这些是人类生存不可或缺的商品或者是有一定致瘾性的商品；另一类为消费的需求价格弹性较大的一般商品，如衣物、器具等。对于这两种商品，财政征收上也有所区别。必需商品，后来财政上往往以谋取官营垄断利润、收取许可费或者征收特别商品税等形式来获取收入。一般商品，财政上往往用前面提及的过税（过关卡时征收）或住税（对商铺或商人征收）等形式来获取收入。

（三）以土地为支撑点的财政类型进一步地发展

到了战国时期，在人与自然关系变化及国家间生存竞争的影响下，春秋时期就开始的土地产权制度和财政制度得以进一步地发展。

一方面，各国纷纷实行大规模地按户授田制度，以农户为基本生产单位的生产方式成为主导的形式。战国时期，七大强国总人口不过两千万，除了地处中原的魏、韩等国人口密度较大外，多数地方地广人稀，荒地很多。因此，君主政权可以推行按户授田制度。这种授田，在当时生产技术水平约束和井田制理想的影响下，以"百亩"为定额（大致相当于后世的 32 亩），8 口之家耕作，每人平均约 4 亩①。在此基础上形成的小农生产方式，是两千年来中华帝国不断兴衰、重生的基础。小农以家庭为单位耕种大致相同的土地（来自国家分配或租种地主土地），上缴租税，定期服兵役和劳役。除此之外，农户家庭的生产和生活是高度自主的，能够自己加以安排，并拥有住屋、家畜、生产工具以及生产生活上必需的财物等。这种以家庭为单位的生产生活方式，是中华帝国构建政治、经济、文化等制度的基础，也是家财型财政得以运行的根本或基础。

另一方面，伴随着前述政治行政制度的改革，财政管理方式和水平也相应变化。君主通过科层制和郡县制，向境内所有的土地和人口征收赋税、征发徭役，从而稳固了新的以土地为支撑点的财政制度。

就这样，春秋时就已开始的财政转型到了战国时期得到进一步地巩固，以人为支撑点的城邦财政进一步地转向了以土地为支撑点的帝国财政，正统财政收入从税人转向了税地。

---

① 杨宽：《战国史》，上海人民出版社 2003 年版，第 9 页。

三、帝国财政制度的原点

随着列国中秦国统一天下,秦国实施的财政制度也就成为帝国财政制度的原点。具体地说来,秦为帝国财政所奠定的制度原点至少有如下几个方面。

第一,在土地归君主所有的产权制度基础上获取帝国的财政收入。产权制度的安排,是以君主对土地拥有产权的形式,建立起国家对所有土地(及人口)的终极所有权与支配权。也就是说,土地分封形成的各级领主制被彻底废除,国家能够统一地支配土地的使用,并建立起控制人口的户籍制度。在这样的产权制度下,所有的土地都控制在国家(君主)手中,民众对土地的权利来自国家授予,并因此向国家承担财政义务。民众的主要财政义务是,就占用耕地而缴纳田赋和承担徭役(军役和力役),其中田赋是最为重要的财政义务形式。另外,民众还需要就非耕地所出产商品而承担过税或住税等负担。

第二,应对帝国主要职能而形成财政支出的项目。帝国的职能,首先是维持工具性国家,包括作为帝国象征和履行产权责任的王(皇)室,维护国家统一和安全的军事机器,支持从事帝国内部治理的官僚组织。为了完成上述职能,主要的财政支出项目有王(皇)室支出(用于君主家庭消费、祭祀、宫殿营造等)、军费支出、百官俸禄支出。帝国的职能,其次是为目的性国家服务,即以必要的经济和社会支出来履行必要的服务职能,如兴修水利、平准市场以及赈济灾荒等行为,为此形成下文将探讨的再分配性质的财政支出。当然,秦代在经济和社会方面的支出还很少。按照侯家驹先生的说法,秦在社会支出方面极少。秦始皇"少恩而虎狼心",鲜有爱民、慈民之行动,故于三年、十七年与十九年,秦国发生大饥,均未采取救济行动①。这也正反映出秦代工具性国家发达,而目的性国家反向塑造不足的现实。

第三,以大家庭方式管理财政,即区分自用部分(王室财政)和公用部分(国家财政),采用不同方式加以管理。前者作为"私奉养",主要以王室领地的收入与来自非耕地(禁地)的收入供王室消费。后者"赋于民",主要以田赋力役等正税来维持政府。在管理上,后者比起前者来渐趋严格。这一管理方式,适应了家国一体的帝国政制以及帝国君主的多重身份。

重点提示

1. 周初封建制度,既满足了工具性国家对目的性国家的征服与统治要求,又充分考虑到目的性国家的现实状况,既是一种可行的官吏制度,又是一种可能的财政制度。

2. 西周时期的城邦,作为人的共同体,依据与被分封的诸侯的亲疏关系,形成三类不同的群体:国人、野人、夷人。

---

① 侯家驹:《中国经济史》,新星出版社2008年版,第241页。

3. 到了春秋战国时期,在现实中出现了三个方面的变化:人与自然关系调整、边疆国家兴起和集权型政制形成。这些变化既是封建制无法继续维持的表现,其本身又成为封建制进一步瓦解的原因。

4. 战国时期,各诸侯国主纷纷改称原来周天子才能用的称号"王","王"也因此成为各国君主的统一称呼。称"王",不仅意味着各国对周初封建制以及对周天子权威的彻底否定,更为重要的是,它标志着一种新的政治制度的确立和新的国家类型即帝国的产生。

5. 城邦时代的财政制度,在形态上表现为该时代特有的以"人口"为支撑点的贡助型财政。在这样的财政类型下,力役是最为重要的财政收入形式,用于祭祀的费用是最为重要的财政支出,而财政管理中公私不分是常见的现象。

6. 在春秋时期,财政制度出现了重大的变化,集中表现为原来各级领主以"人"为支撑点、以力役为主要形式获得财政收入,逐渐变为以土地为支撑点来设计产权归属、组织财政收入,开始征收"赋"和"税"。

思考题

1. 在你看来,中国西周初年的城邦时代有什么值得注意的特色?
2. 中国的城邦时代是怎样向帝国时代转型的?
3. 秦统一天下对后世中国历史发展有何意义?
4. 你认为,中国是"早慧"的文明吗?
5. 春秋战国时期,财政类型发生了怎样的转换?
6. 从历史角度看,皇帝制度有何意义?它是怎样从战国时期的王制发展起来的?

第三讲

财政帝国的竞争性方案构想

在春秋战国时期，中华国家正从以人口为支撑点的城邦转向以土地为支撑点的帝国，并就此奠定了2000多年帝国制度与国家治理的基础。对于当时的各诸侯国而言，如何改变旧有的制度并构建出新的制度，以便在短期内迅速提升国力、赢得国家间的生存竞争，进而获得统一天下的机会，是那个时代君主与政治家面临的最重要难题。

在春秋战国那样的时代背景下，以商鞅、管仲为代表的思想家登上历史舞台。他们通过对时代问题与历史经验的透彻把握与深入思考，提出了自己的治国理论，并积极参与国家制度改革与实际治理活动。秦统一天下后，秦国采用的包括财政制度在内的国家制度也就成为后世帝国的原型。众所周知，秦为帝国提供的国家制度基础，是由商鞅变法完成的。在商鞅变法之前，秦国是战国七雄中实力最弱、最为落后的国家，也因此常被东方六国视为"夷狄"，甚至不让它参加诸侯间的会盟。但在商鞅变法后，秦国一跃而成为战国中最强的国家。因此，商鞅变法在秦国国家转型乃至整个中华帝国的形成过程中都发挥了突出的作用，商鞅及其后学也留下了让后世毁誉不一的治国理财经典《商君书》。管仲相齐，只用了七年时间就让齐国实现中兴，几乎没用什么战争手段，就让齐国称霸于诸侯，由此可见管仲在治国理财方面的能力之高超。管仲去世后承袭管仲治国思想的后人（多数应为战国时期学者，可称为管仲学派①）继承了管仲在治国理财方面的经验与思想，并加以发挥，最终在《管子》一书中表达出独具特色的帝国构建设想与治国理财艺术。

本讲主要借助于《商君书》和《管子》这两个文本，来说明自春秋时开始直至战国甚至

---

① 谢浩范、朱迎平：《管子全译》，贵州人民出版社1996年版，前言。本章下文引用《管子》，均采用这一版本，不再一一注明版本信息，而以文中夹注形式标出篇名。

晚至汉代才形成的两种竞争性构建财政帝国的方案。这样两个方案,在明面上《商君书》的重农立国方案获得了历史性胜利,成为正统治国理财原则,但是《管子》的商贸立国方案作为暗线始终留存在后世帝国治理的思想与实践中,并偶尔浮出水面成为主导原则。需要说明的是,在春秋战国时期构想未来帝国制度与治理原则的有许多学者、学派,并产生过众多的经典著作。本讲只是以这两部经典为例,来说明中华国家在从城邦向帝国转型之际伟大学者曾经的构想,直至今日这些构想仍在国家治理活动中留有痕迹。

第一节 商鞅变法及其重农立国主张①

本节将以商鞅变法行为与《商君书》中的思想表述为例,来说明在帝国来临之前那个时代以商鞅为代表的一派杰出思想家与政治家对帝国的设想与筹建。现存共26篇内容的《商君书》,基本反映了商鞅以及遵奉商鞅的后学的主要理论主张。

制度必须成体系才能真正地发挥作用,商鞅在变法期间为帝国设计的制度,坚持了系统化的原则:既有价值取向的指导,又有组织基础的支撑,还综合考虑了财经、行政、文化教育等各方面的体制因素,并使它们互相补充和配合。由此形成的帝国制度体系,在秦国、秦王朝乃至后世历代王朝都发挥了显著的影响。

专栏3.1　商鞅及其变法行为

商鞅(约公元前390—前338年),出生于卫国,是卫国公子(国君儿子中除继承人"世子"之外的儿子)的儿子,因此又称卫鞅或公孙鞅。因他后来从秦国君主那里获得的封地在"商"而被称为商鞅,或被尊称为商君。

商鞅"少好刑名之学",青年时期到魏国谋生。此时的魏国,因大力推行李悝的变法措施而取得显著成效。在耳濡目染之下,年轻的商鞅也渐渐形成了自己更为成熟的有关国家治理的思想体系。不过在魏国,商鞅并未得到重用,因秦孝公求贤,他携带着李悝的《法经》离魏至秦。在秦国,商鞅主持了两次变法活动,第一次开始于公元前356年,第二次开始于公元前350年。变法的内容涉及政治、经济、军事与社会各方面,其中财政制度的内容是变法的核心。

商鞅变法取得了极大的成功,硬生生地将战国中实力最弱的秦国,提升为最强悍的国家。当然,商鞅个人的下场并不美妙,因变法时得罪太子而在太子即位后不得不逃亡,却又因法治的成功而在秦国无处可逃,最终留下"作法自毙"的成语故事而凄惨收场。后世无数以变法为使命的政治家,在钦慕商鞅成功的同时,也为其结局洒泪。

---

① 本节部分内容改写自笔者指导的硕士研究生董爽的毕业论文(董爽著:《商鞅变法与帝国基础的形成》,上海财经大学硕士论文2016年)。

一、商鞅变法为帝国立基：价值取向①

任何制度构建都是在一定的价值基础上进行的，正确的或者说符合时代要求的价值取向是制度变革成功的前提。春秋战国时期是中国古典思想流派精彩纷呈的历史时期，对于人性本质、社会现状与未来选择，各家各派都有自己的主张，其中最有影响的思想流派有墨家、儒家、道家和法家等。商鞅的思想一般被归为法家，下文将从比较的视角来概括商鞅发动制度变革所立基的价值取向。

（一）商鞅的"利己"人性基础：与墨家的"兼爱"相对

商鞅变法的目的，是为秦国赢得国家间的生存竞争而构建起一套有效的制度体系，这样的制度体系后来在现实中逐渐演变成帝国制度。对商鞅来说，他在当时面临的问题是，应该以怎样的人性基础来构建制度？

对这一问题，春秋战国时期各派学说大体都有自己的回答，其中墨家提倡的"兼爱"可能最负盛名。在墨子看来，当时秩序混乱、战争频发的根源在于人与人之间互不相爱，"父自爱也不爱子，故亏子而自利，兄自爱也不爱弟，故亏弟而自利，君自爱也不爱臣，故亏臣而自利。是何也？皆起不相爱，虽至天下之为盗贼者亦然。盗爱其室，不爱其异室，故窃异室以利其室。贼爱其身不爱人，故贼人以利其身。此何也？皆起不相爱。诸侯各爱其国，不爱异国，其攻异国以利其国，天下之乱物，具此而已矣。察此何自起？皆起不相爱"（《墨子·兼爱上》）。不相爱的根源在于"自爱"，"今诸侯独知爱其国，不爱人之国，是以不惮举其国以攻人之国。今家主独知爱其家，不爱人之家，是以不惮举其家以篡人之家。今人独知爱其身，不爱人之身，是以不惮举其身以贼人之身"（《墨子·兼爱上》）。因此，天下大乱的罪魁祸首根源于"自爱"，而"自爱"的实际内容就是"自利"。墨子认为，兼相爱、交相利是解决社会纷争最有效的途径，"视人之国若视其国，视人之家若视其家，视人之身若视其身。是故诸侯相爱则不野战，家主相爱则不相篡，人与人相爱则不相贼"（《墨子·兼爱下》）。他的结论是，"天下兼相爱则治，交相恶则乱"（《墨子·兼爱下》）。

从今天的眼光看，墨子推崇的人性是"应然的"而不是"实然的"，他并没有从人性的实际状况出发来构建制度。对于这样的看法，商鞅显然是不以为然的，他觉得现实中的人性并不是或者说做不到"兼相爱"，"利己"才是现实的人性，制度建构应以此为基础。他说，"古之民朴以厚，今之民巧以伪"（《开塞》），在今天的现实中，"民之性，饥而求食，劳而求佚，苦而索乐，辱则求荣，此民之情也"（《算地》）。人性的真实就是追名逐利，"故民生则计利，死则虑名"（《算地》），"民之欲富贵也，共阖棺而后止"（《赏刑》）。名利在哪里，人们就会往哪里去，"名利之所凑，则民道之"（《算地》），"民之于利也，若水如下也，四旁无择也"（《君臣》）。

在商鞅看来，人性好利并不是坏事，制度构建时可以以此为基础来实现国家治理的目的，"民之生，度而取长，称而取重，权而索利。明君慎观三者，则国治可立，而民能可得"

---

① 这一部分中引用《商君书》的文字，主要参考石磊：《商君书》，中华书局2009年版。接下来凡引用自该著作的文字，只用文中夹注方式标明篇名，不再交代版本信息。

(《算地》)。具体来说，就是可以通过"赏罚"机制来引导人们的利己行为，"人君不可以不审好恶。好恶者，赏罚之本也。夫人情好爵禄而恶刑罚，人君设二者以御民之志，而立所欲焉。夫民力尽而爵随之，功立而赏随之"(《错法》)，"是以明君之使其臣也，用必出于其劳，赏必加于其功。功赏明，则民竞于功。为国而能使其尽力以竞于功，则兵必强矣"(《错法》)。就是说，在商鞅看来，制度建构和国家治理应以利己为人性基础，因势利导，比如说用田地和房屋来引诱更多的民众为国家服务，民众得利的同时国家也从民众那里得到了徭役、赋税和兵源，从而实现了富国强兵。在变法时，商鞅一再主张，应该基于这样的人性来实现"壹民于农战"的目的，即堵塞农战以外的一切获得名利的途径("利出一孔")，将获得名利的途径限于农战，"利出于地，则民尽力；名出于战，则民致死"(《算地》)。

(二) 商鞅的"进化史观"：与儒家的"退化史观"相对

春秋战国之际，战争频频发生，政治秩序处于崩溃的边缘。诸子百家对动荡不安的现状极为不满，积极地出谋献策以拯救时局。以儒家为代表的学者持有一种退化的历史观，认为今不如昔，因此主张拯救时局的关键是恢复三代之治。而以商鞅为代表的学者则认为，历史是在不断地向前发展的，应该彻底抛弃"今不如昔"的范式，转而采用进化史观。商鞅变法正是以此为基础，才建构出未来帝国的制度雏形。

先秦儒家"祖述尧舜、宪章文武"，带有鲜明的复古主义的思想倾向。孔子政治思想的出发点为"从周"，奉西周的政治为规范，总是把他所设想的理想社会与鼎盛时期的西周相联系。在孔子看来，天下动荡、秩序紊乱的原因在于周礼的废弃，所以他极力主张尊周室、敬主君，恢复"天下有道"的局面。而孟子的复古主张则可概括为"法先王"，即认为先王的道德标准及其所建立的制度都是无可挑剔的，应该效仿"欲为君，尽君道；欲为臣，尽臣道。二者皆法尧舜而已矣"(《孟子·离娄上》)。在他看来，为政必须"尊先王之法"(《孟子·离娄上》)。

商鞅用两种不同的分期方法分析了历史的发展过程，以说明他的进化历史观。一种曾被梁启超注意过，那就是在《开塞》中以社会组织为标准来进行分期①，并对社会进化发展过程与国家起源给予清晰的说明："天地设而民生之。当此之时也，民知其母而不知其父，其道亲亲而爱私。亲亲则别，爱私则险。民众，而以别、险为务，则民乱。当此时也，民务胜而力征。务胜则争，力征则讼，讼而无正，则莫得其性也。故贤者立中正，设无私，而民说仁。当此时也，亲亲废，上贤立矣。凡仁者以爱利为务，而贤者以相出为道。民众而无制，久而相出为道，则有乱。故圣人承之，作为土地、货财、男女之分。分定而无制，不可，故立禁；禁立而莫之司，不可，故立官；官设而莫之一，不可，故立君。既立君，则上贤废而贵贵立矣。然则上世亲亲而爱私，中世上贤而说仁，下世贵贵而尊官。"(《开塞》)就是说，商鞅将人类的历史划分为"上世""中世""下世"三个阶段。在上世，"民知其母而不知其父"，人们"亲亲而爱私"，但是"亲亲则别，爱私则险"，"民众，而以别、险为务，则民乱"。为了消除这一混乱，贤者出现，"立中正，设无私，而民说仁"，于是进入了中世。可是"民众而无制，久而相出为道，则有乱"，"贤者"与"仁者"不断争斗，社会又陷入了一片混乱。这

---

① 梁启超：《先秦政治思想史》，天津古籍出版社2003年版，第183页。

样就进入了"下世",由圣人来明定"土地、货财、男女之分",为了保证"分"就"立禁",创立法律制度之后,就"立官"来贯彻实行,设立官吏之后需要有人从整体上加以掌控,于是就"立君",此时的社会"贵贵而尊官"并因此形成秩序。换言之,通过对"明分""立禁""立官""立君"等过程的描述,商鞅说明了国家诞生的过程和社会进化的历史。上世、中世、下世,"此三者非事相反也,民道弊而所重易也,世事变而行道异也"。在《画策》中,商鞅对人类历史还有另一种分期方法,即以生产方式为标准,将人类历史划分为昊英时代、神农时代和黄帝时代:昊英时代,"伐木杀兽,人民少而木兽多";神农时代,"男耕而食,妇织而衣,刑政不用而治,甲兵不起而王";黄帝时代,制订了"君臣上下之义,父子兄弟之礼,夫妇妃匹之合;内行刀锯,外用甲兵"。据此,商鞅描绘出了生产力与人类制度发展所遵循的进步方向。

以上述社会进化史观为基础,商鞅指出,在当时的大争之世,儒家主张的周代礼制已经不符合现实社会发展的需要,"法治"才是符合时代发展的明智之举。因此,他极力主张变法。在回应甘龙反对变法的意见("圣人不易民而教,知者不变法而治。因民而教者,不劳而功成。据法而治者,吏习而民安"〔《更法》〕)时,商鞅说,"前世不同教,何古之法?帝王不相复,何礼之循?"(《更法》)时代不同,面临的情况就不同;应根据每个时代变化的实际采取不同的治国办法,"治世不一道,便国不必法古"(《更法》)。

(三)商鞅的"法治"治国方略:与儒家的"德治"相对

在春秋战国这一国家生存竞争时期,什么才是合适的治国方略?诸子百家学者纷纷给出了自己的答案,其中儒家提倡的"德治"和法家提倡的"法治"形成了鲜明的对比。这样的对比,一直回响在帝国二千多年有关国家治理的讨论中。

面对当时社会的动荡不安和列国间争战不休,儒家主张恢复礼制、以德治国,从而重建社会政治秩序。孔子认为,治国应从每个人遵守礼的要求开始,以此作为立身之本,"不学礼,无以立"(《论语·季氏》),这样每个人都要自觉地遵守礼的约束,"非礼勿视,非礼勿听,非礼勿言,非礼勿动"(《论语·颜渊》)。统治者要遵循礼的规范,"克己复礼"以治理国家,即所谓"礼治"。儒家的礼治也即"德治",实行德治最为重要的措施是对统治者和民众进行教化,使其"志于道,据于德,依于仁,游于艺"(《论语·述而》)。特别重要的是,统治者要用自己的道德品质与实际行动树立榜样,"其身正,不令而行;其身不正,虽令不从"(《论语·子路》)。在具体的德治主张上,以孔子为代表的儒家学者主张,国家要实行富民和均平政策,在财税政策上要轻徭薄赋、改善民生。

商鞅认为,在战争频繁的时代,德治不能帮助秦国迅速崛起,只有依法治国才是强大秦国的唯一道路,"以法治者,强;以政治者,削"(《去强》),只有通过法治才能达到天下大治的目的。这是因为,只有法才能定分止争("一兔走,百人逐之,非以兔也。夫卖者满市,而盗不敢取,由名分已定也。故名分未定,尧、舜、禹、汤皆如鹜焉而逐之;名分已定,贪盗不取"〔《定分》〕),只有法才能胜民("民胜法,国乱,法胜民,兵强"〔《说民》〕)。要实行法治,在商鞅看来,就必须做到:第一,让全体臣民知法,而知法不仅需要法律条文本身明白易懂,"圣人为法,必使之明白易知","万民皆知所避就,避祸就福而皆以自治"(《定分》),而且要设置法官法吏"以为天下师",如此"天下之吏民无不知法者"(《定分》);第二,在执法过程中要实行"刑无等级",比如商鞅在秦国"法令必行,内不私贵宠,外不偏疏远。是以令行而禁止,法出而奸息"(《史记·商君列传》);第三,实行轻罪重刑,让人们连轻微的罪行都不敢犯,"故禁奸止过,莫若重刑"(《赏刑》);第四,任法必专,以法度作为政治生活的唯一标准,不被私议善行动摇,"故立法明分,而不以私害法,则治"(《修权》)。

显然,在商鞅那个时代,儒家所津津乐道的仁义与德治,很难真正保护那个时候的国家在竞争中生存下来,也根本无力解决现实世界的迫切问题,即人口对土地的要求。相比之下,商鞅主张的法治,更具有现实的可能性。正如韩非子记载的一个故事,齐国对欲劝阻自己入侵鲁国的孔门弟子子贡说:"子言非不辩也,吾所欲者土地也,非斯言所谓也"(《韩非子·五蠹》)。当然,在统一帝国及和平环境下,儒家的德治作为价值理性,可以为国家治理赢得合法性,这也是汉武帝时期儒术上升为帝国正统意识形态的原因所在。

(四) 商鞅的"竞争性"对外战略:与道家的"与人无争"相对

春秋战国时代遵循弱肉强食、优胜劣汰的丛林法则,各诸侯国不停地进行较量。如何看待战争以及对外关系,是各思想流派争论的一个中心话题。在其中一端,代表者道家主张"与人无争",坚持"无为而治""小国寡民";而在另一端,商鞅则明确主张"竞争性"的国家战略,坚持战争是解决问题的途径。

道家的代表人物老子认为,列国纷争是因为人们沿着"有为"的道路行事,"有欲""有争""有知"引起了社会祸乱不断地发生。因此,要想平定祸乱,必须先铲除一切祸乱之源,把人们从"有为"的道路引到"无为"的道路上,践行"与人无争"。首先,在国内要使民无所争,要毁掉一切代表财利的器具,让人无法"贵难得之货",同时统治者要实行不"尚贤"(《老子》第三章)、"不以智治国"(《老子》第六十五章)的政策,以避免争斗。其次,在对外方面要慎征伐,因为战争具有极大的破坏性("师之所处,荆棘生焉。大军之后,必有凶年",《老子》第三十章),只有在无可奈何的时候才能打仗,"兵者,不详之器,非君子之器,不得已而用之"(《老子》三十一章)。最后,老子崇尚的天下(国际社会)秩序是小国、寡民、彼此隔绝("小国寡民,使有什伯之器而不用,使民重死而不远徙。虽有舟舆,无所乘之。虽有甲兵,无所陈之。使民复结绳而用之。甘其食,美其服,安其居,乐其俗,邻国相望,鸡犬之声相闻,民至老死不相往来"〔《老子》第八十章〕)。

以老子为代表的道家所提倡的对外战略,理所当然地受到商鞅的反对。在他看来,这是一个弱肉强食、武力征伐的时代,"不胜而王、不败而亡者"(《画策》)的现象从未发生过,在今天更是非积极参战并取得胜利就不能称王天下,"名尊地广,以至王者,何故?名卑地削,以至于亡者,何故?战罢者也"(《画策》)。因此,他认为战争是不可避免的,弱小的秦国要想迅速崛起、称霸天下,就必须积极地应战,用战争来消灭战争。商鞅进一步认为,战争还可以有效地维护国内的统治,无论国家贫富、强弱都要把战争当作治理国家的必要手段,"国贫而务战,毒生于敌,无六虱,必强。国富而不战,偷生于内,有六虱,必弱"(《靳令》),"国强而不战,毒输于内,礼乐虱官生,必削;国遂战,毒输于敌,国无礼乐虱官,必强"(《去强》)。那么,如何才能取得战争的胜利?商鞅的回答是必须奖励耕战,因为耕可养战(为战争提供物质基础和"朴""穷"的士兵),战又促农(用战争来消耗民力、财力和物力,民众为了生存下去不得不再次努力地进行农业生产)。

（五）商鞅在价值取向方面为帝国奠基

商鞅阐明的价值取向，为当时秦国的变法进行了有力的辩护，也为后世二千年帝国制度的设计与运行奠定了基础。不过，商鞅所代表的法家思想所包含的价值取向，毕竟过于严酷。秦亡汉兴的结果，使得汉初统治者逐渐采用儒家价值来柔化法家制度。但是，法家所采用的价值取向毕竟是帝国制度的内在要求，因而始终隐伏在后世帝国制度运行之中，构成"明儒暗法"的基本价值取向以及礼法融合的制度精神。

二、商鞅变法为帝国立基：组织基础

国家治理的对象是人，只有把人组织起来才能实现治理的目标。商鞅在秦国原有的国家组织基础上加以变革，形成了在战国时代颇为有效的民众组织和统治集团组织，从而为秦统一六国及后世帝国治理奠定了组织的基础。

（一）民众组织

商鞅发起了两次变法，两次都进行了户籍制的改革。他认为，国家要想强盛，就需要了解十三个数目（国家的粮仓和总人口的数目，壮男和壮女的数目，老人和弱者的数目，官吏和学士的数目，靠言谈游说吃饭的人的数目，靠利益谋生的人的数目，马、牛和牧草的数目〔《去强》〕）。如果不了解这十三个数目，即便拥有富饶的土地、繁多的人口，国家也只会越来越弱直至被侵略。通过变法，商鞅建立起严密的户籍制度并在户籍制基础上实施连坐、分户等制度，从而很好地掌握了这十三个数目，并将民众（及掌握在民众手中的资源）组织成可加利用的有效力量。

商鞅建立的户籍制，首先是户口登记制，即把全国范围内的人口都登记在官府的户籍簿中（"四境之内，丈夫女子皆有名于上"〔《境内》〕）。登记时要把姓名、身份（爵位与社会身份）、籍贯、性别、婚姻状况、身体自然状况（体貌与年纪）都记录在内，甚至还需要登记家庭财产，包括田宅、牲畜、器用等。登记的户口若出现变动情况，也需要及时更正，如需要登记户口的自然变动情况、迁徙情况。其次，商鞅划分户籍种类，实行严格的分类管理。大致上，秦国的户籍有七类：普通民户籍（最基本的户籍，涉及的人口最多）、徒籍（有罪刑徒的户籍）、役籍（服役士兵的户籍）、高爵者籍（民间拥有大夫以上爵位的人的户籍）、私奴籍（私家奴以相对独立的形式附注于主人家籍）、宗室籍（王室宗亲的户籍）、市籍（商人的户籍）。对不同性质的人口进行详细分类，目的是分类管理，其中农民和士兵在管理中是最为重要的对象。最后，商鞅还对违反户籍管理的行为，实行严格的惩罚措施。

为了更好地掌握物质与人力资源，商鞅还实行分户令。一开始，他用财政手段强力推行小家庭的户籍制，"民有二男以上不分异者，倍其赋"（《史记·商君列传》）。后来，他直接颁布法令禁止父子、兄弟同室而居（"令民父子、兄弟同室内息者为禁"〔《史记·商君列传》〕）。显然，一夫一妻的个体家庭结构，容易被国家管理，也更能适应当时的生产力状况。

以户籍制为基础，商鞅建立起什伍连坐制度，编织全民的组织与监督网。他"令民为什伍，而相牧司连坐"（《史记·商君列传》），即在最基层实行十户人家为一什、五户人家为一伍的组织形式，相互监视、检举不法行为，对不告奸甚至有意藏匿的人给予惩罚（"不告奸者腰斩，告奸者与斩敌首同赏，匿奸者与降敌同罚"《史记·商君列传》）。

对于动员资源参与国家间生存竞争而言,在户籍制基础上形成的乡里什伍制是非常有效的组织形式。所有的民众都被组织在什伍网络中并体现在户籍上:占有田宅的人,户籍上必然有名字,国家就可以根据户籍上的土地占有量和人口数量来征收田租、户赋("举民众口数,生者著,死者削,民不逃粟,野无荒草,则国富,国富则强"〔《去强》〕),还可根据户籍上的年龄信息派发男子的徭役和兵役,甚至能保证应役者的身体素质(户籍登记中有此信息)。如此以户籍制为基础的乡里什伍制,也为后世基层组织的建设立下了起点。

(二)统治集团的组织:军功爵位制

任何政治共同体都必然存在着统治者,统治者组成的统治集团是在政治上占主导地位的集团,它掌握着政治权力,决定了国家的治理能力和民众的生存状况。因此,统治集团的组织形式与效能,直接地决定了一个国家的发展状况。商鞅在变法过程中,主要运用军功爵位制将秦国统治集团组织起来,以便有效地统率民众参与那个时代国家之间的生存竞争。

不同于西周时期大多依据血缘原则建立的封建制,军功爵位制,顾名思义是根据军功的大小来授予相应的爵位,并赋予相应的统治特权。事实上,在春秋战国之际,许多诸侯国都在不同程度上先后推行了军功爵位制,只不过以商鞅变法下的秦国执行得最为坚决,军功爵位制也最为完备。《商君书·境内》记载了军功爵位制的内容,大致上为十四级军功爵位制(自一级至十四级分别为:公士、上造、簪袅、不更、大夫、官大夫、公大夫、公乘、五大夫、客卿、正卿、大庶长、左更、大良造),后来十四级军功爵又发展为二十级军功爵位制。普通吏民所获得的爵位,一般不能超过第八级公乘,若因此有多出来的军功可转给他人,这样的爵位又被称为"民爵"。相应地,公乘以上的爵位称为"官爵",获得者是那些已为统治集团的成员或因此进入统治集团的人。因此,军功爵位制的实质,是依军功大小将国家掌握的名利价值与权力资源按爵位大小分配出去,如田宅、奴仆("庶子")、减免刑罚、减轻徭役负担、拜官除吏等。

细究而言,军功爵位制中"民爵"的目的,主要是为了奖励军功、提升军队战斗力,与此同时也将一部分民间精英选拔进入统治集团(从"民爵"晋升入"官爵")。凡是立军功的,都按照所立军功的比率赏赐爵位,"有军功者,各以率受上爵。为私斗者,各以轻重被刑大小"(《史记·商君列传》)。宗室贵族不能凭借血缘关系而受爵,如果没有在战场上立下功劳,甚至要被除去宗室籍("宗室非有军功者,不得为属籍"〔《史记·商君列传》〕)。立下军功后,商鞅制定了一套严格的军功爵论定程序,即劳(展示功劳)、论(评功论赏)、赐(拜爵、赏赐田宅财物)三道程序,以加强制度的严肃性。

而就军功爵位制中公乘以上的"官爵"而言,其实质是统治集团的一种组织方式,即以军事等级制将参与统治的少数人组织起来,并施加相应的激励与约束措施,完成对外征战和国家治理的目的,"尊卑爵秩等级,各以差次名田宅,臣妾衣服以家次。有功者显荣,无功者虽富无所芬华"(《史记·商君列传》)。正因如此,在七国中秦国统治集团组织得最为高效,行政效率及官吏清廉度亦为各诸侯国之最。到战国晚期荀况游秦时,还盛赞秦"百吏肃然,莫不恭俭敦敬,忠信而不楛(kǔ,粗劣)",秦朝廷"听决百事不留,恬然如无治者"(《荀子·强国》)。

（三）商鞅在组织方面为后世帝国奠基

商鞅在秦国进行变法时建立的乡村基层组织即乡里什伍制,到后世帝国大多得以保留或在此基础上加以改进,如汉代的乡里什伍制、唐代的乡里保邻制、宋代的保甲法、明代的里甲制等。在统治集团组织方面,军功爵位制在汉初仍得以保留。但这一战争时期的制度毕竟不适用于和平时期,于是在统一帝国时期逐渐发展为官、爵分离制度,即"官以任能、爵以赏功"的统治集团组织形式。不过,组织形式的变化并没有改变军功爵位制所包含的绩效导向的组织精神,这种精神比起封建制时期的血缘原则显然更符合帝国官僚制发展的要求。

三、商鞅变法为帝国立基：体制结构

商鞅变法所建构出来的制度体系,除了价值取向与组织基础外,还包括商鞅在秦国组建的完整的体制结构,该结构涵盖财经体制、地方政府体制和文化教育体制等方方面面。统一六国后,秦王朝继承和发展了商鞅变法所建立的体制结构,并在此基础上发展出大一统帝国的体制结构。

（一）财经体制

商鞅在秦国变法期间,至少进行了三个方面的财经体制改革,分别是确立土地产权基础、构建实物性财经体制以及统一度量衡制等。

1. 进一步确立帝国的土地产权基础

帝国的支撑点在土地,建构土地产权制度是帝国国家制度建设的前提。商鞅吸取了以魏国为代表的土地产权改革经验,在秦国土地分封制不断瓦解的现实基础上,进一步地确立了君主对全国土地的产权及私人对土地的占有制度。《史记·商君列传》中说商鞅在秦国"为田开阡陌封疆",这一做法被概括为"废井田、开阡陌"。虽然学术界对于"废井田、开阡陌"等具体字义有些争议,但它包含的大体内容还是比较清楚的,那就是：进一步地废除过去村社对土地的共有共耕制,鼓励开荒,允许土地买卖(废止"田里不鬻"政策),从而在巩固确认君主对土地产权的基础上,加强私人对土地的占有。为了申明君主的产权,商鞅在变法过程中还对全国土地进行了重新丈量,以便清查旧的封君贵族所隐匿的田产。

唐代学者杜佑在《通典》中这样描述商鞅的"废井田、开阡陌"措施："周制,步百为亩,亩百给一夫。商鞅佐秦,以一夫力余,地利不尽,于是改制二百四十步为亩,百亩给一夫矣"(《通典·州郡四》)。这样,重新设定的每亩面积比周制大一倍有余,使秦国可以人尽其力、地尽其用。为配合由此形成的土地制度,商鞅还推行了两项行之有效的政策,即计户授田制及军功爵赏田制。通过这样的变法行动,商鞅为后世帝国土地产权制度奠定了坚实的基础。

2. 构建实物性财经体制来形成竞争性国家

在上述土地产权基础上,土地出产物成为财政收入的主要来源,也是一个国家参与国家间竞争的主要依仗。尤其在战争期间,粮食、布帛以及人力等实物性财政资源,是决定成败的关键。在此前提下,商鞅认为,重农是帝国国家治理的不二选择,"国不农,则与诸侯争权不能自持也,则众力不足也。故诸侯挠其弱,乘其衰,土地侵削而不振,则无及已"(《农战》)。因此,"圣人知治国之要,故令民归心于农"(《农战》)。

在这样的思想支配下,商鞅以粟帛等实物形式来建构起财经活动体制,积极鼓励民众从事农业生产,具体的政策有:(1)对致力于农业生产的人免除徭役,对不肯努力进行农战、务农不力的人没为官奴,即"僇(lù)力本业,耕织致粟帛多者复其身。事末利及怠而贫者,举以为收孥(nú)"(《史记·商君列传》);(2)用免除徭役、赐给田宅等奖励措施,招徕"土狭而民众"的三晋(赵、魏、韩)之民务农垦荒,"徕三晋之民,而使之事本"(《徕民》);(3)提高粮食价格以吸引人们从事农耕("欲农富其国者,境内之食必贵……食贵则田者利,田者利则事者众"〔《外内》〕),并对百姓实行"以粟出官爵"的制度,鼓励人民用余粮向国家买爵位("民有余粮,使民以粟出官爵。官爵必以其力,则农不怠"〔《靳令》〕);(4)减轻民众负担,让财政负担尽可能做到公平,以鼓励民众积极地从事农业生产("官属少,征不烦,民不劳,则农多日"〔《垦令》〕;"訾粟而税,则上壹而民平"〔《垦令》〕)。

为了构建这样的实物性财经体制,商鞅还通过种种"抑商"措施来减少商业或商人掌握的具有流动性、不易被国家控制的社会资源。虽然商鞅也认识到商业的重要性,"农、商、官三者,国之常官也。农辟地,商致物,官法民"(《弱民》),但在中国思想史上却比较早地提出了崇本抑末(即重农抑商)的主张。他认为,国家治理应以农业为本,"农之用力最苦而赢利少,不如商贾、技巧之人"(《外内》),而商贾、技艺、游谈等为"末业",所以应该"事本抑末"。商鞅说,"农少、商多,贵人贫、商贫、农贫。三官贫,必削"(《去强》)。就是说如果商业过分发展,就没有人愿意耕田务农、参加战争,而这样的话就会造成国家的削弱。为此,商鞅采取了一系列抑商的政策,具体包括:(1)对粮食"使商无得籴,农无得粜"(《垦令》),即规定商人不得买卖粮食,而农夫只能通过耕种获得粮食;(2)"重关市之赋""贵酒肉之价"(《垦令》),即对商业活动征收重税并提高酒肉等商品的价格,减少人们对商业的投机和对酒肉的消费;(3)在徭役方面实行"农逸而商劳"(《垦令》),即对农民和商人差别对待,让农民少服徭役、商人多承担徭役负担等。

3. 统一度量衡制

在商鞅那个时代,各诸侯国之间甚至在一国之内,都执行着不同的度量衡制。显然,度量衡制不统一所造成的混乱,严重制约了社会经济的发展,也不能满足国家的内在治理要求。

商鞅统一度量衡,主要是颁布"平斗桶、权衡、丈尺"(《史记·商君列传》)的法令,即分别对容积、重量和长度的度量标准做出了严格的规定,其中尤以"丈尺"的改革最为突出。商鞅将西周的百步为小亩的单位,改为六尺为一步、二百四十步为一亩的单位,这一标准被沿用了2 000多年。为了确保度量衡的精准化,商鞅还推出了相关举措,如向地方政府颁布度量衡标准器(要求用标准器检验和校正各地的度量衡)、制定严格的惩罚措施等。秦统一六国后,秦始皇继承和发展了商鞅的度量衡制,并向全国加以推广。

度量衡的统一显然方便了货物的流通,并因此加强了全国各地间的经济联系和彼此的认同,也方便统治者进行有效的财政征收活动。在此基础上,秦国及其后的秦王朝,又进行了货币和文字等其他具有重要历史意义的统一工作。

(二)地方政府体制

在秦国原有的基础上,商鞅广行县制以取代分封,为后来秦始皇实行"废分封、行郡县"奠定了基础,并进而形成帝国2000多年基本的地方政府体制。

战国时期,郡或者县作为行政单位,在各诸侯国一开始主要于边境地区实行,以便国君对新扩张的领土实行直接的中央控制。商鞅第一次变法成功后,秦国实力增强,也因此取得了一系列军事上的胜利,领土随之迅速扩张。为了便于中央对地方的控制并削弱贵族的特权,商鞅在第二次变法中推行县制。商鞅首先选择泾渭汇流的三角地带作为推行县制的试点,以此作为根据地将县制推广到秦国全境。到秦孝公十二年,"并诸小乡聚,集为大县,县一令,四十一县"(《史记·秦本纪》),孝公十三年时,"初为县,有秩史"(《史记·六国年表》)。通过商鞅变法,县制在秦国得以普遍推行,且较为成熟和完备,秦国的地方政府体制就此走上了正轨。关于县级单位的设置,汉代完全承继,规定如下:"县令、长,皆秦官,掌治其县,万户以上为令,秩千石至六百石;减万户为长,秩五百石至三百石;皆有丞、尉,秩四百石至二百石,是为长吏;百石以下,为斗食佐史之秩,是为少吏"(《汉书·百官公卿表》)。县制与分封制相比最大的特色是,县令和县丞由中央直接任免、调任、升迁,不能终身任官,更不能世袭官位。这样,以流官替代世官,以官禄取代世禄,有效地把过去分散的地方权力集中于君主手里,加强了中央在制度上的集权,奠定了后世帝国的基本地方行政结构。

在商鞅之后,由于县的数量不断增加,秦惠文君十年时,开始在秦国县以上设置郡。由此,郡县制在秦国得以成形并逐渐发展起来。不过此时的秦国尚未彻底废除分封制,只是受封者与西周时的封侯已大不相同,他们可以取得封地的赋税,但几乎不掌握封地的政权与兵权。秦统一六国后,秦始皇更进一步地废分封、行郡县。

(三)文化教育体制

为了实现对外征战的胜利和对内秩序的维护,商鞅公开地提出弱民、愚民的措施。他的弱民举措主要体现在财经体制中,而他的愚民政策主要体现在他的文化教育体制中,其核心内容为"燔诗书而明法令"。

在文化方面,商鞅明确提出,诗、书、礼、乐这样的传统文化无助于国家治理,反而是毒害国家的六种虱子,"六虱:曰礼、乐;曰诗、书;曰修善、曰孝弟;曰诚信、曰贞廉;曰仁义;曰非兵、曰羞战。国有十二者,上无使农战,必贫至削。十二者成群,此谓君之治不胜其臣,官之治不胜其民,此谓六虱胜其政也。十二者成朴,必削。是故兴国不用十二者,故其国多力,而天下莫能犯也。……六虱成群,则民不用"(《靳令》)。他还详细分析了作为"六虱"之一的"诗、书",对国家有百害而无一利,"农战之民千人,而有《诗》《书》辩慧者一人焉,千人者皆怠于农战矣"(《农战》)。与此相反,他认为法治才是治国的根本,主张效仿古代贤明的国君实行法治,"古之明君,错法而民无邪,举事而材自练,赏行而兵强。此三者,治之本也,夫错法而民无邪者,法明而民利之也"(《错法》)。因此,他在第一次变法时,就要求焚烧儒家的经典《诗》《书》,同时制定法律条文,实行依法治国。到后来秦始皇时期,更进一步地酿成史上著名的"焚书坑儒"事件。

在教育方面,商鞅提倡以农战为教和法制教育。他认为农战关系着国家的强弱,"国之所以兴者,农战也"(《农战》),希望通过教化民众使他们明白,农战才是唯一重要的,"君修赏罚以辅壹教,是以其教有所常,而政有成也"(《农战》)。如此一来,民众将专心于农战,国家自然会越来越强。商鞅还首创了法制教育,他要求法律条文必须明白易懂并广布国内,让全体臣民熟知法律规则,还设置法官法吏,让民众跟从法官法吏学习法律条文。到韩非子时期,商鞅的文化教育思想被进一步总结为"明主之国,无书简之文,以法为教;无先王之语,以吏为师"(《韩非子·五蠹》)。到秦统一天下后,"以法为教、以吏为师"成为明确的教育政策。

(四)商鞅在体制方面为帝国奠基

商鞅开创的财经体制基本上得以保留,如君主拥有产权但由私人占有的土地制度、重农抑商的做法和统一度量衡的措施等。地方政府体制在后世帝国保留得更多,县作为地方治理的基本单位保持了近两千年的稳定。文化教育方面,"燔诗书而明法令"的做法虽然在汉代调整为"罢黜百家、独尊儒术",但由政府出面负责对民众进行教化的精神实质并未改变,更因科举制的举办而将教育机制、选官机制与政治社会化过程高度地融合在一起。这一做法,鲜明地区别于世界同时期其他的帝国。

四、商鞅变法中的重农立国方略

如上所述,通过商鞅变法,秦国在价值取向、组织基础和体制结构方面,形成了一套制度体系,从而锻造出最为理性化的工具性国家,并运用工具性国家来塑造目的性国家。《史记·商君列传》对此的记载是,秦国行新法后十年,"秦民大悦,路不拾遗,山无盗贼,家给人足。民勇于公战,怯于私斗,乡邑大治"。

这里需要特别探讨的是商鞅变法中奉之为方略的"重农立国"主张。重农立国措施,前文在论述"构建实物性财经体制来形成竞争性国家"时已有所讨论。在《商君书·垦令》篇中,也可以看到大量的关于重农抑商的内容。比如,用官爵来奖赏务农,用法令禁止农民弃农经商,即"无以外权任爵与官,则民不贵学问,又不贱农","使民无得擅徙","使商无得粜,农无得籴","令送粮无得取僦(jiù,雇车),无得反庸(反庸,返回时受雇搭载私货)"。这样,农民只有努力耕田才能获得粮食,而增产的粮食可用来提高爵位甚至任官。在《垦令》中,还有一项有利于农民的措施就是"訾粟而税",就是说根据农民收获状况来收取田税,相当于分成制。这样,丰年时政府可以多收租税,凶年时农民可以少交租税,这对农民显然有利。对于商人,《垦令》规定提高商人的税收负担,让商人更多地负担国家的徭役和兵役,提高部分消费品的价额,废除旅店并严格管理军市等,即"重关市之赋","以商之口数使商,令之厮、舆、徒、童者必当名","命其商人自给甲兵,使视军兴","贵酒肉之价,重其租,令十倍其朴","废逆旅","令军市无有女子……轻惰之民不游军市"。可见,重农抑商的目的是将所有的人力物力都投入农战,以赢得战争的胜利。

商鞅的重农抑商主张,今人显然已不会支持。也因此,今人对帝国时期重农抑商政策的历史地位,评价往往不高。需要追问的是,在当时商鞅为什么主张重农抑商,并以之作为治国的方略呢?

事实上,不仅商鞅等人主张重农抑商,古希腊人也有类似的主张,这在根本上是由那时农耕经济的环境决定的。在古希腊,农业与农民受到普遍的称赞与重视,其原因如下:第一,粮食耕种关系民生,因此值得尊重;第二,勇敢的农民就是优秀的士兵,长期的田间劳作锻炼了他们的作战能力；第三，生活和劳动都被束缚在土地上的农民是一个严守本分、相对稳定的阶级①。对照《商君书》可以发现，古希腊人指出的第一和第三两个方面，也是商鞅重点考虑的内容。就是说，商鞅认识到，只有重农才会生产出足够的粮食，农民相对于商人来说更为淳朴、更易于统治。

就重农与粮食生产而言：显然，战争是对社会秩序的大规模破坏，商业经济活动将因此受到极大的影响，以至于战争期间会出现有货币无实物的状况。因此，在战争时期，粮食等物资相对于货币来说更为关键。商鞅强调，如果重货币而轻视粮食，就会"金生而粟死，粟生而金生。本物贱，事者众，买者少，农困而奸劝，其兵弱，国必削至亡"（《去强》）；而如果重视粮食的话，货币最终并不会少，"国好生粟于竟内，则金粟两生，仓府两实，国强"（《去强》）。如果战争频繁且持续下去，不但会消耗现有粮食等物资，而且在兵农合一之下无人耕作田地，粮食出产就会减少，此时粮食就成为赢得战争最为重要的砝码。所以，对于治国理财而言，有一项重要的工作就是做好土地与农业规划，努力增产粮食，"此其垦田足以食其民，都邑遂路足以处其民，山林、薮泽、谿(xī)谷足以供其利，薮泽堤防足以畜。故兵出，粮给而财有余；兵休，民作而畜长足。此所谓任地待役之律也"（《算地》）。要提高粮食产量，至关重要的是，要想办法用利来诱使民众努力耕田，则国家必能富强，"民之欲利者，非耕不得；避害者，非战不免。境内之民莫不先务耕战，而后得其所乐。故地少粟多，民少兵强。能行二者于境内，则霸王之道毕矣"（《慎法》）。

就务农会使民众淳朴而言：商鞅反复强调，相对于商人来说，农民头脑比较单纯，更有利于国家内部治理，也更容易接受命令去作战。他说，"归心于农，则民朴而可正也，纯纯则易使也，信可以守战也"（《农战》），"属于农，则朴；朴，则畏令"（《算地》）。当然，除了让民众致力于耕田外，还要堵塞其他获利的渠道，唯有致力于耕战才能获利，"私利塞于外，则民务属于农"（《算地》），"入使民属于农，出使民壹于战"（《算地》），这样民众的心思才会单纯，"民壹，则农；农，则朴；朴，则安居而恶出"（《算地》）。黑格尔也曾对农民（他称为第一等级）表达过类似的看法，他认为农民的劳动与成果是"与个别固定的季节相联系，又由于收成是以自然过程的变化为转移"，因此农民"保持着一种不大需要以反思和自己意志为中介的生活方式"②。就是说，不需要多思考，才可保持着单纯的思想。相形之下，中外思想家的传统看法也都认为，商人头脑复杂、道德水平低，会躲避国家的耕战义务。西塞罗就说过，"那些向商人购买货物又随即卖出的人也应该被认为是可鄙的，因为他们若不进行欺骗，便不可能有任何获利。要知道，没有什么比撒谎更可耻"③。

总之，在战国那个大争之世，重农立国方案确有其合理之处，它能为长期战争提供粮食与战士，进而赢得国家生存竞争的优势，尤其是对于秦这样原本商业比较落后的国家而言更是如此。需要交代的是，本来"重农"是商鞅等法家学者的主张，但后来却成为儒家学派的思想内容，并进而成为帝国治理的正统意识形态。在第五讲将论及的"盐铁会议"上，公卿大夫虽肯定商鞅积极的变法态度与国家垄断资源的措施，却认为不应重农而应像《管

---

① 王萍：《从清教神坛到福利国家》，中央编译出版社2016年版，第35页。
② 黑格尔：《法哲学原理》，商务印书馆1961年版，第212页。
③ 西塞罗：《论义务》，中国政法大学出版社1999年版，第143页。

子》中提倡的那样,从工商业发展来获取财政资源;而文学贤良虽然反对商鞅的变法行为与国家垄断资源的做法,却高度赞成重农立国的措施,反对下文所述《管子》中的商贸立国方案。

第二节 管仲学派的商贸立国构想

与商鞅提出的帝国构建方案相反,在《管子》一书中,设想的是以商贸手段来完成帝国制度构建并赢得国家间生存的竞争。可见,在中国古代史上,并非没有人设想过以商贸政策来构建帝国。这样两种不同的帝国建构方式,在春秋战国时期,事实上就已被当时最为杰出的中国思想家设想出来。只不过从竞争结果来看,重农立国方案因秦统一天下而获得了胜利,而重商立国未能成功。

本节基于《管子》一书尤其是其中《轻重篇》的内容,概括其中包含的运用商贸手段构建帝国并实施国家治理的战略构想,然后简单说明这些构想在后世帝国发展中的命运。

专栏 3.2　管仲及《管子》

管仲(?—公元前 645 年),姬姓,名夷吾,字仲,是春秋时期齐国著名的政治家、军事家。有关他的生平,司马迁在《史记·管晏列传》中是这样说的:"管仲夷吾者,颍上人也。少时常与鲍叔牙游,鲍叔知其贤。管仲贫困,常欺鲍叔,鲍叔终善遇之,不以为言。已而鲍叔事齐公子小白,管仲事公子纠。及小白立为桓公,公子纠死,管仲囚焉。鲍叔遂进管仲。管仲既用,任政于齐,齐桓公以霸,九合诸侯,一匡天下,管仲之谋也。"管仲在齐国发动了经济、政治和军事改革,在为政时他"善因祸而为福,转败而为功,贵轻重,慎权衡",以至于在短短时间内就让齐国实现了"通货积财,富国强兵"(《史记·管晏列传》)。

《管子》一书在今天仅存76篇,对于这本书以及它的作者,目前还有许多疑问。迄今为止,学术界通行的见解是,它并非一人之作,也非一时之书。该书的思想内容包罗万象、博大精深。《汉书·艺文志》把它列为道家,陈鼓应先生也将其归为体现黄老之学的道家,认为它的内容虽然兼备道、法、儒、阴阳等各家之说,但是"以道家哲学思想为理论基础"[1]。不过,历代学者大多将《管子》一书作为法家著作来看待。在汉武帝推行"独尊儒术"政策后,被认为是法家著作的《管子》,在思想上屡遭贬斥,地位远不及儒家经典著作。不过,与思想上的贬斥不同,在历代治国理财的实践中,这本书仍然得到统治集团的青睐。尤其在唐代,出现了魏徵的《管子治要》、杜佑的《管子指略》、尹知章的《管子注》等多部著作。在宋、明、清等王朝期间,也有不少学者对《管子》加以校注与研究。到近代中国国家面临生存危机之际,以梁启超为代表的学者,大力肯定管仲化故从新、开拓进取的精神,竭力抬高《管子》一书的地位。在梁启超所著的《管子评传》中,他甚至因

---

[1]　陈鼓应:《管子四篇诠释》,中华书局 2015 年版,第 9 页。

管子学派的商贸立国构想而略带夸张地称赞管子为"中国之最大政治家,而亦学术思想界一巨子也"。

一、以掌控资源作为商贸立国的条件

管仲以及管仲学派活动的时期,依然是农业经济占优而非机器工业生产的时代。因此,以商贸手段立国的前提,是国家(或君主)手中必须掌握基于粮食与自然资源而形成的商品。在《管子》一书中,可以用商贸手段来操作并进而实现对内治理、对外争霸甚至统一天下的资源,主要有四项:粮食、货币、盐铁与市场渠道。当然,掌握这些资源,不仅可用于商贸操作,实现国家治理("货多事治,则所求于天下者寡矣,为之有道"〔《乘马》〕),而且可以实现"利出一孔"以便吸引民众归附(对此商鞅同样提倡),"故予之在君,夺之在君,贫之在君,富之在君。故民之戴上如日月,亲君若父母"《国蓄》)。不过,管仲学派主张的靠商业手段来实现利出一孔,比起商鞅的强制手段,明显要缓和得多,这也是商贸立国战略不同于重农抑商政策的一个突出表现。

(一)粮食资源

在春秋战国时期,粮食对于国内治理和对外争霸的重要性是不言而喻的。对此,《商君书》中多处进行讨论。《管子》也强调,"彼守国者,守谷而已矣"(《山至数》)。粮食对于百姓而言,尤为重要,"五谷食米,民之司命也"(《国蓄》)。因此,治国的关键在于积粟,"是以先王知众民、强兵、广地、富国之必生于粟"(《牧民》),"不生粟之国亡,粟生而死者霸,粟生而不死者王"(《治国》)。

粮食多,好处在哪里?《管子》说,粮食多,民众的道德水平就会因此提高("仓廪实,则知礼节;衣食足,则知荣辱"〔《牧民》〕),军事力量也因此增强("甲兵之本,必先于田宅"〔《侈靡》〕)。粮食多,可以用来吸引外国民众投奔,它也是各种财富归集乃至开疆拓土的关键("粟也者,民之所归也;粟也者,财之所归也;粟也者,地之所归也。粟多则天下之物尽至矣"〔《治国》〕)。粮食多,还可以用来调控市场、抑制兼并("凡谷者,万物之主也","故人君御谷物之秩相胜,而操事于其不平之间"〔《国蓄》〕)。

那么国家怎样才能有效地掌握更多的粮食?《管子》建议,先要尽可能生产更多的粮食,办法至少有以下几项。

第一,君主施政要从民所欲,让民众有积极性,"故从其四欲,则远者自亲"(《牧民》);要使民以时,以免耽误农时,"彼王者不夺农时,故五谷丰登"(《臣乘马》)。

第二,要禁末作文巧,以增加劳动力,"末作文巧禁则民无所游食,民无所游食则必农"(《治国》)。

第三,要设法防止高利贷侵害农民利益,"夫以一民养四主,故逃徙者刑而上不能止者,粟少而民无积也"(《治国》)。

第四,要设法让士、农、商、工四民负担均衡,"是以民作一而得均。民作一则田垦,奸巧不生。田垦则粟多"(《治国》)。

第五,重视土地("地者,万物之本原,诸生之根菀〔wǎn〕也"〔《水地篇》〕),要按不同土地类别做好国土规划("有山处之国,有氾(fàn)下多水之国,有山地分之国,有水洪(yì)之国,有漏壤之国"〔《山至数》〕),然后分别加以管理。

在粮食生产的基础上,国家不是依赖横征暴敛而是巧用谷、币、货物的关系来进行市场操作,以便把更多的谷物掌握在手中,这一点下文再讨论。一旦君主掌握了粮食资源,就可以将其用于国家治理并立于不败之地,"彼人君守其本委谨,而男女诸君吾子无不服籍者也"(《国蓄》)。

(二)货币资源

管仲学派强调,国家必须掌握货币资源。在那个时代,货币显然还是商品货币。正如《国蓄》篇所列举的,主要有三种货币,"以珠玉为上币,以黄金为中币,以刀布为下币"。《管子》特别强调,国家一定要掌握这些货币资源,才能达到治理国家的目的,"三币握之则非有补于暖也,食之则非有补于饱也,先王以守财物,以御民事,而平天下也"(《国蓄》)。

运用货币治国,最为重要的是利用货币、谷物与货物之间的关系进行经济社会的调控,"人君操谷、币、金衡,而天下可定也"(《山至数》),"黄金刀币,民之通施也。故善者执其通施以御其司命,故民力可得而尽也"(《国蓄》)。特别在《轻重》诸篇中,管仲学派多次提到了"人君铸钱立币",即君主必须掌握货币的发行权。

(三)盐铁等资源

管仲学派也强调了国家掌握盐铁等资源的重要性。与其他诸侯国相比,齐国的耕地资源并不丰富,但因所处的半岛地形而拥有广阔的海岸和滩涂,这意味着齐国可以充分发展海洋经济,尤其是开发鱼盐资源,这是其他诸侯国无可比拟的优势。事实上,海洋资源早在齐国始祖吕尚(俗称姜子牙、姜太公)时代即已得到开发,政府从中大获其利,这一获利方法也因此常被后世称为"太公之术"。

在《海王》篇中,管仲学派将"官山海、正盐策"作为特别的措施提出,主张齐国要对盐业、铁矿等消费弹性低的资源商品实行统一管理,以发展相应的产业。既然家家户户、男女老少都要吃盐用铁,国家就可通过垄断并加价出售来获取财政利益,"百倍归于上,人无以避此者"(《海王》)。

除了盐铁等自然资源外,《管子》还主张对其他自然资源也实行国家垄断,"故为人君而不能谨守其山林、菹(jū)泽、草莱,不可以立为天下王"(《轻重甲》)。

当然,从真实的历史看,盐铁这样的资源在齐国多大程度上实现了专卖实属有疑问,有学者因此认为《海王》篇为汉代学者的著作。需要指出的是,管仲学派此处提倡的"官山海",未必是汉代桑弘羊主张的以官营来全面垄断盐铁资源的政策,因为《管子》中反复提出要跟商人合作而不应实施全面垄断,"故善者不如与民,量其重,计其赢。民得其十,君得其三"(《轻重乙》)。

(四)市场资源

管仲学派强调,国家必须掌握市场渠道。渠道也是资源。在齐国这样因处于四通八达的交通所在而商品经济一直比较发达的国家,市场的重要性不言而喻("市者,天地之财具也。而万人之所和而利也,正是道也"〔《问》〕)。

国家掌握市场渠道,自然不能靠强制性力量,而要依靠公共服务,比如《轻重乙》建议为商贾立客舍。管仲在齐国主要靠设立市场、减轻关税、提供优质服务、鼓励外贸四大政策来达到"天下商贾齐归若流水"的目的。《问》中对国家掌握市场渠道的建议是:"征于关者,勿征于市;征于市者,勿征于关。虚车勿索,徒负勿入,以来远人,十六道同身。"

另外,管仲还通过设立6个工商乡(另外还设15个士农乡)来优待工商,优待措施包括不服兵役。这样可以让工商业者集中精力发展工商业,并有利于他们教导子女、互相切磋技艺、交流经验与信息等(《小匡》)。

二、以商贸为手段来调控国内经济与社会

此处所说的用来调控国内经济与社会的商贸手段,在《管子》一书中被称为"轻重术"。运用轻重术,自然离不开市场;商贸手段只有在市场存在的前提下,才能用于国家治理。因此,《管子》一书对市场作用的重视,在中国古代经典著作中是罕见的。它认为货物价格应由市场自由买卖决定,("市者,货之准也"〔《乘马》〕),国家可以从市场获取国家治乱的信息("市者,可以知治乱,可以知多寡,而不能为多寡。为之有道",《乘马》),并坚决主张政府不能固定市场价格,衡数(即供求平衡关系)"不可调(调,固定),调则澄(澄,静止),澄则常(常,固定),常则高下不二(高下不二,没有涨跌),高下不二则万物不可得而使固(使固,利用)"(《轻重乙》)。在市场条件下,可以从以下几个方面入手来实施国家治理。

(一) 用商贸手段掌握粮食

以商贸为手段调控经济与社会,首先体现为国家要尽可能地运用商贸手段来掌握粮食。在前述建议国家要采取措施增加粮食产量的基础上,《管子》倡导用谷、币、货物三者之间关系,通过市场买卖来尽量积储粮食,并通过提高粮价来激发相关主体的积极性,"君有山,山有金,以立币,以币准谷而授禄,故国谷斯在上。谷贾什倍,农夫夜寝蚤(通"早")起,不待见使;五谷什倍,士半禄而死君,农夫夜寝蚤起,力作而无止"(《山至数》)。

管仲学派还设想,利用粮价季节变化,在收获季节低价购买粮食并囤积,在青黄不接时再高价出售,以达到民众依赖国家粮储、大夫无法操控的目的,这样"出实财,散仁义,万物轻"(《山至数》)。

在《山至数》中,管仲学派还具体设想国家用货币贷款形式来增加财政收入并获取民众手中的粮食:第一年在青黄不接、粮价高企时给贫民发放货币形式的贷款,到秋收粮价下跌时要求按货币数字归还粮食并支付利息;第二年在青黄不接时再将粮食贷给百姓,并在秋收时要求按市价将粮食折为货币归还国家(还粮食也可以)并支付利息,这样国库就能增加粮食仓储或增加收入。君主有了粮食,才有能力实施有效的国家治理。

(二) 用商贸手段获取财政收入

以商贸为手段来治理国家、调控经济与社会,其次体现为可用此手段获取财政收入供国家之用。财政收入是运行国家不可或缺的手段,因此管仲学派并不赞成轻税政策。在他们看来,"彼轻赋税则仓廪虚,肥(通"肶",薄)籍敛则械器不奉(供应)。械器不奉,而诸侯之皮币(指帛)不衣;仓廪虚则侳(通"士")贱无禄"(《山至数》)。

不过,管仲学派更不支持为了增加财政收入而对农民索取重田赋、对商贾征收高关税,甚至对房屋、树木、六畜征税,他们尤其反对的是临时加税。在他们看来,最好的财政

征收手段是"见予之形,不见夺之理"(《国蓄》)。若能这样做的话,"是人君非发号令收啬(敛取)而户籍也,彼人君守其本(粮食生产)委(粮食储备)谨,而男女诸君吾子无不服籍者也"(《国蓄》)。

《管子》中为此提出来的方法有:

一是通过"官山海"等措施,对盐、铁、林木资源实行某种形式的专卖措施,以商品加价方式在自愿买卖掩盖下实现财政征收;

二是运用货币等手段,通过贷款、钱货关系等形式获取增值;

三是利用市场差价和其他因信息不对称而导致的巨额价差来进行买卖,获取盈利。

以上三种获取财政收入的机会,《管子》都将其称为"轻重之术"。在书中,管仲学派尤其推崇第三种方式,即利用"物多则贱,寡则贵,散则轻,聚则重"来"以重射轻,以贱泄平"(《国蓄》),即在物价低时高价买入,物价高时低价卖出。

由于货币数量完全垄断于国家手中,于是利用钱、谷、货等关系,国家就可以操控商品价格、调节商品流通,即"人君知其然,故视国之羡不足而御其财物。谷贱则以币予食,布帛贱则以币予衣。视物之轻重而御之以准,故贵贱可调而君得其利"(《国蓄》)。

(三)用商贸手段调节收入分配

以商贸为手段来治理国家、调控经济与社会,还体现在调节贫富阶层的收入与财富上。显然,古今同理的是,贫富差距过大会造成社会势力失衡,并进而影响到国家的稳定。"民人之食,人有若干步亩之数,然而有饿馁于衢闾者何也? 谷有所藏也。今君铸钱立币,民通移,人有百十之数,然而民有卖子者何也? 财有所并也。故为人君不能散积聚,调高下,分并财,君虽强本趣耕、发草立币而无止,民犹若不足也"(《轻重甲》)。《国蓄》篇说明,社会财富分配不均是现实的客观存在,并列举了几个原因:农时的季节性;年岁的丰歉和财政征收的缓急;民智不齐;少数人蓄意操控、百般盘剥等。对于这样的差距,如果"人君不能调",那么"民有相百倍之生也"(《国蓄》)。

如何调节这样的贫富差距呢? 《管子》虽然认为需要由国君进行筹划并利用法制手段加以纠正,"法令之不行,万民之不治,贫富之不齐也"(《国蓄》),但主要的方法应该是运用商贸手段,"故凡不能调民利者,不可以为大治;不察于始终,不可以为至矣"(《揆度》)。比如,国家通过调剂物资、确保粮食的供应等,来干预市场的运行,以防止巨贾商家豪夺百姓并保障民众的正常生活生产。还有,国家将手中掌握的粮食、物资或者货币,在农忙或青黄不接之时贷放、赊售或租借给贫困农民,实现以丰补歉、调剂民食。国家也可以利用建设公共工程等手段来实现以工代赈,甚至主张扩大公共支出达到侈靡的境地来救济贫民,即下文将说到的侈靡之术。

(四)重视商业与商人阶层

以商贸手段治国,还体现在《管子》对商人这一社会阶层的重视上,这在中国古代学者的作品中是少有的。在国家治理及争霸于天下的过程中,为了富国强兵,管仲鼓励百姓将各种农副产品"鬻之四方",大力发展商业,高度肯定市场对于农业生产的积极促进作用,"市者,天地之财具也,而万人之所和而利也"(《侈靡》),"市也者,劝也,劝者,所以起本事"(《侈靡》)。

与此同时，管仲学派还极力抬高商人的社会地位，采取了与商鞅重农抑商极不相同的策略。《管子》将商人与士、农、工一道称为国家柱石，"士农工商四民者，国之石民也"（《小匡》），并高度肯定商人在买卖活动中的智慧以及对于经济的积极作用，"今夫商群萃而州处，观凶饥，审国变，察其四时而监其乡之货，以知其市之贾。负任担荷，服牛辂马，以周四方。料多少，计贵贱，以其所有，易其所无，买贱鬻贵。是以羽旄不求而至，竹箭有余于国，奇怪时来，珍异物聚"（《小匡》）。

三、以商贸为手段赢得对外战争的胜利

在诸侯林立的现实世界，如何才能实现争霸乃至统一天下，完成帝国内在的使命？商鞅的想法简单直接，那就是要有足够多的粮食及有积极性的战士。《管子》重视粮食，也重视战士（"国富者兵强，兵强者战胜，战胜者地广"〔《治国》〕）。但是《管子》认为，仅靠粮食无法争霸，争霸乃至统一天下也未必需要战争手段，而可以采用商贸手段来达到目的。

在《地数》中，管仲学派甚至认为，在诸国林立的环境中，仅仅粮食多是危险的，"夫本富而财物众，不能守，则税于天下。五谷兴丰，巨钱（当为"吾贱"）而天下贵，则税于天下，然则吾民常为天下虏矣。夫善用本者，若以身（疑为"舟"）济于大海，观风之所起，天下高则高，天下下则下，天下高我下，则财利税于天下矣。"就是说，管仲学派主张的是，应该更多使用商贸手段、发动贸易战，来实现对外争霸乃至统一天下。

《管子·轻重》诸篇中记载了许多精彩的"贸易战"。后世学者普遍认为，这些贸易战大多应该属于纯粹的设想而非历史的真实。虽然帝国时期传统的学者对这些设想大多评价不高，甚至认为粗鄙不堪，但站在熟悉贸易战的今人立场来看，我们不得不叹服其中存在的天才与智慧。

纵观这些事例，管仲以商贸手段来赢得对外争胜，至少可分为两类。

一类以《轻重丁》中记载的"石璧谋""菁茅谋"为代表。这类计谋利用齐国的霸主地位（能接近周天子），再利用周天子尚存的礼节性权威为齐国谋取巨额利润。比如在著名的"石璧谋"中，管仲先命齐国能工巧匠制造一批不同规格的石璧，再让周天子下令让齐王率天下诸侯朝拜周王室宗庙，前提是要以周王室的"彤弓"和齐国的"石璧"为入场券。于是天下诸侯纷纷携带各国财货珍宝来齐国换取石璧，齐国很快就填补了葵丘会盟后产生的财政亏空。"菁茅谋"也采取了类似的手段，只不过是让诸侯参加周天子封禅仪式时，必须花重金换取周王室贡品"菁茅"用作祭祀垫席，使得周天子在几天之内赚了大笔财富，"七年不求贺献"。这样做，不但帮助了周天子，也提高了齐国的霸主地位，从而解决了齐桓公的问题——"天子之养不足，号令赋于天下则不信诸侯，为此有道乎"（《轻重丁》）。

另一类是齐国凭借雄厚的财力，从敌国大量买入特定商品、破坏其经济生产周期，从而用经济手段控制敌国。《轻重戊》中记载的"衡山谋"就是此类战略的典型。首先，管仲建议齐王"贵买衡山之械器而卖之"，蓄意引发周边各国对衡山国兵器的抢购热潮，使得衡山之民"释其本，修械器之巧"。所谓"本"，正是指农业。随后，齐国以高于赵国国内粮食收购价的价格，前往赵国收购粮食，使得包括衡山国在内的许多国家纷纷向齐国卖粮，如此持续数月后，齐国突然宣布闭关，停止与周边国家的一切经贸往来。此时的衡山国，农

业生产周期已经被兵器生产所打乱,国内存粮又多被卖至齐国,国力被消耗殆尽。面对即将被齐鲁两国瓜分的局势,衡山国"内自量无械器以应二敌,即奉国而归齐矣"。在《轻重甲》中的设想是,以四夷所产宝物(吴越的珠象、朝鲜的皮货、昆仑之虚的璆〔qiú〕琳琅玕、禺氏的白璧)为货币,抬高它们的价值,这些国家的人与商品,就会远道而来。于是,通过这样的经济手段,达到了征服或吸引敌国的目的:"故物无主,事无接,远近无以相因,则四夷不得而朝矣。"在《轻重戊》中,还提出了一个以粟制敌的谋略。就是说,用巧妙的手段(高价收购敌国"鲁梁"的纺织品绨〔tí〕),扰乱敌国农业生产(鲁梁君主让百姓放弃粮食生产而专门织造绨),使之粮食匮乏,不得不依赖我方,从而达到降服敌国的目的。《轻重乙》还设想,齐国反复运用盐粮价格关系,让自己国家愈富而各国愈贫。《轻重戊》中则设想了齐国利用治柴征服莒、利用田鹿征服楚、利用狐皮征服代等事例,这些都属于用商贸手段达到争胜于天下的例子。

四、商贸立国的艺术手段:货币、无形之税、侈靡之术

管仲在齐国"通货积财、富国强兵"的功绩,令后世治国者艳羡不已。《管子》一书中表述的商贸立国思想以及具体的操作艺术,也得到后世学者的高度重视。在管仲学派的治国理财艺术中,值得后世关注的,除了与其他学派学者相同的地方,如要重视土地问题("地者,政之本也,是故地可以正政也。地不平均和调,则政不可正也"〔《乘马》〕)、强调财政征收要有节制("取于民有度","不夺民财",《五辅》;"富上而足下"〔《小问》〕)外,最为重要的是提倡用艺术性手段来从事治国理财活动,这在其他学者的著作中非常少见。接下来对《管子》一书中提及的三个治国理财的艺术手段作一些探讨,这些艺术手段事实上属于商贸立国方略的具体形式。

(一) 货币艺术

在中国古代治国理财的经典著作中,《管子》一书也许不是最早但却是最为详细、最为完备地提出货币理论并倡导以此实现国家治理的著作。正如张友直指出的,《管子》一书事实上完整地提出了货币起源与本质、货币种类与本位、货币职能与作用以及货币数量价值论等货币思想①。接下来本讲不讨论这些货币思想,而只看管仲学派如何运用货币艺术于治国理财过程之中。

对于货币在国家治理中的作用,《管子》给予高度的评价,认为货币"握之则非有补于暖也,食之则非有补于饱也,先王以守财物,以御民事,而平天下也"(《国蓄》)。事实上,在《管子》看来,货币就是为治国而兴起的:一方面,货币起源于国家的债务,如"汤七年旱,禹五年水,民之无糧(zhān,粥)有卖子者。汤以庄山之金铸币,而赎民之无糧卖子者;禹以历山之金铸币,而赎民之无糧卖子者"(《山权数》),就是说国家通过发行货币来获取债务性收入,以赈济民众、赎回人口;第二,货币是国家为了方便民众交换而指定或制造的,"玉起于禺氏,金起于汝汉,珠起于赤野,东西南北距周七千八百里。水绝壤断,舟车不能通。先王为其途之远,其至之难,故托用于其重,以珠玉为上币,以黄金为中币,以刀布为下币"

---

① 张友直:《〈管子〉货币思想考释》,北京大学出版社2002年版,第11页。

(《国蓄》)。

当然,更为后世学者珍视的就是《管子》一书所表达的用货币手段来调控经济的艺术,"人君操谷、币、准衡,而天下可定也"(《山至数》)。这一艺术在《管子》中被表达为轻重之术,前文已有涉及。大致上,运用货币艺术治理国家,至少可以达到以下目的:调动民众生产的积极性("黄金刀币,民之通施也。故善者执其通施以御其司命,故民力可得而尽也"〔《国蓄》〕);调节市场均衡关系,平抑物价("遍有天下,则赋币以守万物之朝夕,调而已"〔《山至数》〕);将粮食资源掌握在国家手中并借此增加财政收入("视物之轻重而御之以准,故贵贱可调而君得其利"〔《国蓄》〕)。

管仲学派还主张,应将俸禄和赋税全部货币化。"士受资以币,大夫受邑以币,人马受食以币,则一国之谷资在上,币货在下"(《山至数》)。这样做的好处至少有两个方面:一不用再实行土地分封制度,以避免分封制下的争夺乃至战争,"故伏尸满衍,兵决而无止。轻重之家复游于其间。故曰:毋予人以壤,毋授人以财(自然资源)"。二使得货币铸造和发行的权力掌握在国家手中,而各级官吏与民众在经济社会活动中使用货币,实质上意味着对国家权力的认可与服从,从而实现秩序,"圣人理之以徐疾,守之以决塞,夺之以轻重,行之以仁义,故与天壤同数。此王者之大辔也"(《山至数》)。

(二)无形之税艺术

在财政征收无可避免的前提下,怎样有效地获取财政收入以"取民不怨"?这是征税艺术的问题,用法国路易十四时期著名的大臣科尔贝尔的话来说,就是做到"拔鹅毛时让鹅尽可能地少叫"。

在税收方面,管仲学派首先不赞成君主的横征暴敛或者强制性手段,认为它会带来极大的危害,"重赋敛,竭民财,急使令,罢民力,财竭则不能毋侵夺,力罢则不能毋堕倪。民已侵夺堕倪,因以法随而诛之,则是诛罚重而乱愈起"(《正世》)。《管子》主张,民富是国富的前提和保证,"民富君无与贫,民贫君无与富"(《山至数》),因此在财政征收方面主张"公轻其税敛,则人不忧饥;缓其形政,则人不惧死;举事以时,则人不伤劳"(《霸形》)。他们尤为反对临时性的税收,认为危害极大,"今人君籍求于民,令曰十日而具,则财物之贾什去一;令曰八日而具,则财物之贾什去二;令曰五日而具,则财物之贾什去半;朝令而夕具,则财物之贾什去九"(《国蓄》)。不过,管仲学派并不一味地支持轻税政策。对于征税尤其是从农业方面征税,管仲学派的建议是,要适合农民的负担能力,"案亩而税"(《大匡》),"相地而衰征"(《霸形》)。

管仲学派提出且为后世推崇的征税艺术,是他们关于无形之税的主张,即让民众"见予之形,不见夺之理"(《国蓄》)。是否可能获取一种无形之税?管仲学派的回答是肯定的,这一想法在《盐铁论》中被桑弘羊等汉代治国者进一步表达为"民不加赋而国用饶"。

在《国蓄》篇中,管仲学派发现传统的五种征税方式(房屋税、牲口税、土地税、人头税和户税),都存在着一定的弊端,"夫以室庑籍(以室庑籍,征房屋税),谓之毁成(成,指房屋);以六畜籍,谓之止生;以田亩籍,谓之禁耕;以正人籍(以正人籍,按人征税),谓之离情(离情,背离人情,因民众不愿多生育);以正户籍,谓之养赢(养赢,一户之下人口会很多)"。因此,他们主张运用国营商业买卖来获取财政收入,因为这样可以获取无形税收。

在《国蓄》篇中，管仲学派设想，国家先在丰年以低价大量收购粮食，之后于平年将每石粮加价十钱，于荒年每石加价二十钱，这样从一个三口之家，平年每月可获得九十钱收入，荒年每月一百八十钱。这样的财政收入方式，寓形于商品买卖之中，自然是无形的。《管子》中还反复强调，国家可以利用粮食、货币、货物三者间关系，通过市场买卖或者货币借贷来获取财政收入。只要在粮食与货币两种形式之间进行灵活的切换，国家就能掌控国内的大部分财富。

最为后世学者重视也在中华帝国时期广泛采用的无形之税，是基于盐铁等国营而实施的专卖措施。在《海王》篇中，管仲学派提倡计口授盐，通过加盐价来获利。当然，在春秋战国诸国林立的时代，全面垄断的盐专卖政策事实上很难行得通。在现实历史中，直到汉武帝时期才真正能够实施盐铁的全面官营垄断专卖。

（三）侈靡之术

在春秋战国乃至后世很长一段时间，农业经济一直占主导地位，量入为出、勤俭节约既是家庭财务原则（秋收粮食在交完租税、留够第二年种子粮后才能用于消费），也是国家财政的运行原则（以收入有限性控制君主开支的权力）。特别地，兼具公、私二重性的君主，若私人消费过于奢侈往往会损及公共的利益，"多营于物而苦其力、劳其心，故困而不赡，大者以失国，小者以危身"（《禁藏》），甚至因此败坏社会的道德，"国侈则用费，用费则民贫，民贫则奸智生，奸智生则邪巧作。故奸邪之所生，生于匮不足；匮不足之所生，生于侈；侈之所生，生于毋度。故曰，审度量，节衣服，俭财用，禁侈泰，为国之急也"（《八观》）。《管子》强调，君主、大臣及民众如果能够节约不奢侈，就可以将节余储蓄起来防备饥荒（"纤啬省用，以备饥馑"〔《五辅》〕），甚至防祸得福（"故适身行义，俭约恭敬，其唯无福，祸亦不来矣；骄傲侈泰，离度绝理，其唯无祸，福亦不至矣"〔《禁藏》〕）。因此，君主的私人消费一定要节制，"是故主上用财毋已，是民用力毋休也。故曰：台榭相望者，其上下相怨也"〔《八观》〕。

不过，与儒家学派一味主张节俭的意见不同，管仲学派认为，在特定条件下，侈靡并非坏事，侈靡之术甚至可以成为国家治理的艺术。他们认为，一味地节俭会使事情办不成或者公共目的无法达成，"用财啬则不当人心，不当人心则怨起，用财而生怨，故曰费"（《版法解》），"简则伤事，侈则伤货"（《乘马》）。这是因为，施政办事要从民所欲，"饮食者也，侈乐者也，民之所愿也。足其所欲，赡其所愿，则能用之耳"（《侈靡》）。为此，《管子》中辟出专门一篇《侈靡》来加以讨论。在该篇中，管仲学派认为，侈靡消费可以促进生产，在饮食、车马、游乐、丧葬等方面的奢侈行为可以带动生产，"不侈，本事不得立"（《侈靡》），甚至可以"雕卵然后瀹（yuè，煮）之，雕橑（liáo，屋椽）然后爨（cuàn，烧火做饭）之"（《侈靡》）。他们还认为，侈靡可以促进就业，"富者靡之，贫者为之"（《侈靡》），这大致相当于18世纪法国思想家孟德斯鸠的名言"富人不挥霍，穷人就饿死"。特别是在遇到水旱等自然灾害、百姓生活困难的情况下，君主的侈靡消费与侈靡品生产可为贫苦百姓提供谋生机会，"若岁凶旱水泆，民失本，则修宫室台榭，以前无狗后无彘者为庸。故修宫室台榭，非丽其乐也，以平国策也"（《乘马数》）。

对《管子》运用侈靡之术于国家治理之中，章太炎先生称赞道："《管子》之言，兴时化者,莫善于侈靡,斯可谓知天地之际会,而为《轻重》诸篇之本,亦泰西商务所自出矣。"① 管仲学派的这一观点,在中国古代治国理财思想中是非常突出的。在第五讲将要讨论的"盐铁会议"上,桑弘羊对此加以特别的肯定,并发挥道:"不饰宫室,则材木不可胜用;不充庖厨,则禽兽不损其寿。无末利,则本业无所出;无黼黻(黼 fǔ 黻 fú,礼服上所绣的华美花纹),则女工不施。"(《盐铁论·通有》)不过桑弘羊的这一观点,也遭到了参加"盐铁会议"的文学贤良的猛烈抨击,在后世帝国国家治理中这一侈靡之术始终处于被压制的状态。

五、商贸立国的原则:国家的公共性

国家是以公共权力为核心的共同体,公共性是国家的内在要求。不过,在帝国时代,公共权力表现为君权,一种集中到君主个人手中的权力。虽然此时的权力表现为君主的个人权力,但并不因此改变它内在的公共性。作为一流政治家的管仲和杰出思想流派的管仲学派,对此有深刻的认识。表现在《管子》一书中,那就是存在着大量对于国家、君主职位、权力的公共性的认识,以此作为商贸立国需要遵循的根本原则。

(一)国家之公:为民、利民

在管仲乃至后世帝国,君权是国家权力的表现形式,君主具有公私二重性,即作为国家的代表时为公,作为个人又是私的。管仲自己之所以没有为早先辅佐的公子纠而死,反而投靠了原处于敌对方的公子小白(即后来的齐桓公),是因为他意识到了君主的这两重属性。他说,"夷吾之所死者,社稷破、宗庙灭、祭祀绝,则夷吾死之。非此三者,则夷吾生。夷吾生则齐国利,夷吾死则齐国不利"(《大匡》)。就是说,管仲认为自己服务的是公的国家(齐国)而非私的个人(君主)。

在这里,与《商君书》相似,《管子》也从国家起源的目的来论证国家的正当性或者说国家所应该具有的公共性。在《君臣下》篇中,管仲学派提出了自己的国家起源理论:"古者未有君臣上下之别,未有夫妇妃匹之合,兽处群居,以力相征。于是智者诈愚,强者凌弱,老幼孤独不得其所。故智者假众力以禁强虐,而暴人止。为民兴利除害,正民之德,而民师之。是故道术德行,出于贤人。其从义理兆形于民心,则民反(反,同"返")道矣。名物处,是非分,则赏罚行矣。上下设,民生体,而国都立矣。是故国之所以为国者,民体以为国;君之所以为君者,赏罚以为君。"这一段极为出彩的文字,道尽了国家公共性的本质,那就是说国家一定是为了民众而成立,君主乃是为了民众而设立的职位。

在这样的国家起源论背景下,管仲学派指出,所谓公的国家就是齐国百姓或者更抽象地说是人,"齐国百姓,公之本也"(《霸形》),"人不可不务也,此天下之极也"(《五辅》)。因此,国家以及国家的代表君主,必须为民众服务,这是真正的公共性,也是国家实现善治并进而争霸于天下的条件。《管子》说,"君人者,以百姓为天。百姓与之则安,辅之则强,非之则危,背之则亡"(《说苑》),"夫霸王之所始也,以人为本,本理则国固,本乱则国危"(《霸言》),"与其厚于兵,不如厚于人"(《大匡》)。

那么,如何才能服务民众并进而实现国家的善治呢?《管子》的说法非常明确,"得人

---

① 章太炎:"喻侈靡",载于《章太炎选集》,上海人民出版社1981年版。

之道,莫如利之"(《五辅》),"先王者,善为民除害兴利,故天下之民归之"(《治国》),"爱之、利之、益之、安之,四者道之出。帝王者用之,而天下治矣"(《枢言》)。只有顺应民心,为民谋利,才能体现国家之公并达到善治的目的,《管子》对此一再地教导:"与天下同利者,天下持之。擅天下之利者,天下谋之。天下所谋,虽立必坠;天下所持,虽高不危。故曰安高在乎同利。"(《版法解》)而要顺民心,要为民谋利,就必须了解民众的利之所在,或者说民众实际上是什么样子的。

与商鞅相似,管仲学派也不是按照民众的"应然"去想象他们的样子,而从"实然"出发来分析人性,认为人实际上是自利的,必须承认民众私利的正当性。事实上,只有真正承认民众之私才能凸显国家之公。管仲学派认识到:"夫凡人之情,见利莫能勿就,见害莫能勿避。其商人通贾,倍道兼行,夜以续日,千里而不远者,利在前也。渔人之入海,海深万仞,就波逆流,乘危百里,宿夜不出者,利在水也。故利之所在,虽千仞之山,无所不上;深源之下,无所不入焉。"(《禁藏》)显然,求利为富是人的本性,"百姓无宝,以利为首。一上一下,唯利所处。利然后能通,通然后成国。利静而不化,观其所出,从而移之"(《侈靡》)。就是说,要服务民众并进而实现国家善治,就必须从求利的人性出发,诱导民众去求利求富,"故善者势(当为"执")利之在,而民自美安,不推而往,不引而来,不烦不扰,而民自富。如鸟之覆卵,无形无声,而唯见其成"(《禁藏》)。事实上,这样的看法在《管子》起始篇中就已经明确地指出:"民恶忧劳,我佚乐之;民恶贫贱,我富贵之;民恶危坠,我存安之;民恶灭绝,我生育之。能佚乐之,则民为之忧劳;能富贵之,则民为之贫贱。能存安之,则民为之危坠;能生育之,则民为之灭绝。……故从其四欲,则远者自亲;行其四恶,则近者叛之。故知予之为取者,政之宝也。"(《牧民》)

从这样的人性起点出发,管仲学派提出了非常不同于后来占统治地位的儒家的治国方略,后来二千多年历史中这样的方略事实上也在持续回响。那就是,强调利在义先、将求利求富作为民众道德提高的条件,"仓廪实则知礼节,衣食足则知荣辱"(《牧民》)。虽然与商鞅从相同的人性出发,但管仲学派得出的结论并不相同:在一定程度上,商鞅主张弱民、贫民;而管仲学派提出,"善为国者,必先富民,然后治之",因为"民贫则难治也"(《治国》)。对此,《管子》中给予了翔实的说明,并因此成为千百年来中国人治国理财的经典名言:"凡治国之道,必先富民。民富则易治也,民贫则难治也。奚以知其然也?民富则安乡重家,安乡重家则敬上畏罪,敬上畏罪则易治也。民贫则危乡轻家,危乡轻家则敢凌上犯禁,凌上犯禁则难治也。故治国常富,而乱国常贫。"(《治国》)"富民"于是成为最为重要的治国方略,根据这样的理念,《管子》一书提出了众多的富民措施,从而使自己在中国古代治国理财经典中独具一格。

(二)权力的公共性:服务于民生

在国家治理的过程中,强制性权力的运用是必不可免的。为此《管子》也给予高度的重视,强调"威不两错,政不二门"(《明法》),要求民众尊重权力的严肃性,"如天地之坚,如列星之固,如日月之明,如四时之信然,故令往而民从之"(《任法》)。但是,管仲学派绝不认为这样的权力运用是为君主一人服务的。他们斥责那些为一己之私运用权力的君主,"地之生财有时,民之用力有倦,而人君之欲无穷。以有时与有倦,养无穷之君,而度量不生于其间,则上下相疾(仇视)也"(《权修》)。在《管子》看来,权力的运用必须出于公共的目的,用今天的语言来说,就是必须承担起积极的服务职能,"官不理则事不治,事不治则货不多"(《乘马》)。

管仲学派对于国家公共性及权力运用公共性的强调,在春秋战国时期乃至中国古代史上都是非常超前与突出的。在管仲他们看来,理想的权力行使,既要维持民众基本的秩序,又要通过向民众提供服务来促进生产,"不能调通民利,不可以语制为大治"(《国蓄》)。管仲学派心目中的服务职能有:第一,国家必须积极地干预经济活动,通过生产的扩大以创造更多的财富;第二,国家必须积极介入分配过程中,实现社会一定程度的公平。

国家积极地干预经济活动,前面在讨论用商贸手段调控经济与社会时说过,此处不再多说。最能体现权力公共性的,是管仲学派主张的国家对收入分配职能的承担("天下不患无财,患无人以分之"〔《牧民》〕),以及在那个时代就对全面社会保障制度的构想,"赐鳏寡,振(通"赈")孤独,贷无种,与无赋,所以劝弱民"(《禁藏》),从而实现"饥者得食,寒者得衣,死者得葬,不资者得振"(《轻重甲》)。这样做,民众才会真正认可权力的公共性并对国家保有极高的认同感,"戴上如日月,亲君若父母"(《国蓄》)。

第三节 商鞅方案与管子方案的评价

由以上两节可知,商鞅变法及《商君书》中推崇的立国与治国方略是重农抑商;与《商君书》形成鲜明对比的,是《管子》一书推崇运用商贸手段构建并治理国家,它反映了中华帝国构建与国家治理的另一种可能道路。作为方略,重农抑商后来成为帝国的根本原则与正统标志。今天的我们已无法知道,历史是否有可能让齐国通过商贸手段统一天下,并构建起体现管仲学派想法的别样中华帝国。不过,需要交代的是,管仲学派倡导的商贸立国方略也始终隐伏在帝国国家治理之中,直至在晚清开始的中国国家转型活动中成为现代重商主义的先导。

一、商鞅的历史地位与治国方案

商鞅变法后,一向被视为夷狄的秦国一跃而成为富强国家,进而奠定了秦国统一天下的物质与制度基础。不过,在秦亡以后,对于商鞅(乃至对秦帝国)一直存在着两种截然不同的评价:一派肯定商鞅在治国理财方面的贡献,正如《盐铁论》中桑弘羊的说法:"秦任商君,国以富强,其后卒并六国而成帝业"(《非鞅》),而另一派则指斥商鞅个人的道德缺陷(司马迁在《史记·商君列传》中说他"天资刻薄""挟持浮说""少恩"),批评他有关治国理财的方案缺乏价值基础,正如《盐铁论》中文学的评价:"今商鞅弃道而用权,废德而任力,峭法盛刑,以虐戾为俗,欺旧交以为功,刑公族以立威,无恩于百姓,无信于诸侯,人与之为怨,家与之为雠"(《非鞅》)。即使到了宋代这一面临国家间激烈生存竞争的时代,苏轼仍从这两面在《商君功罪》一文中评价商鞅:"商君之法,使民务本力农,勇于公战,怯于私斗,食足兵强,以成帝业。然其民见刑而不见德,知利而不知义,卒以此亡。故帝秦者,商君也;亡秦者,亦商君也。"(《东坡全集》第92卷)宋代之后,更多学者甚至根本不提商鞅的功绩,而只集中抨击他个人或者他主张的治国方略的道德缺失。直到近代,章太炎才摆脱了这些传统看法,为他叫屈,认为"商鞅之中于谗诽也二千年,而今世为尤甚"①。

在今天,我们当然应该认识到,商鞅在治国理财过程中运用简单粗暴的手段去处理意识形态、强调以力以刑服人而忽视运用恩德去感化人,这些做法确实成问题(甚至在当时的背景下也是有问题的)。不过,考虑到这一点之后,我们应该如何给商鞅定位?大体上,将商鞅定位为他那个时代的"立法者"是不错的。

如前所述,由于人与自然关系的变化(人口增长对土地资源造成压力),春秋战国之际的中国需要一种新的制度类型来处理人与自然的关系以便赢得最大化生存的机会。这样,依托于土地、以所有权与统治权合一的君权为核心的帝国,实属那个时代内在的要求,以便帮助现有的人口对外夺取额外的土地、对内采用更有效率的制度结构来处理人口与资源的关系。这样一种历史的内在要求,那个时代的人群(尤其知识分子)只能模模糊糊地感觉到,却未必能加以表达或表达出来的未必准确,又或者即使能够准确表达也未必能予以实施。因此,商鞅与秦孝公的因缘际会,相互配合着实施了秦国变法行为,并进而为整个中华共同体立了法。从这个意义上说,将商鞅评价为"一个具有'高人之行'、'独知之虑'的政治家与改革家","一个正直而杰出的法治实践家","一个杰出的法治理论的奠基者"②并不过分。

仅就治国理财而言,商鞅在理论上的最大贡献在于透彻地阐述了"力"的原则。如前所述,国家在最本质意义上就是以公共权力为核心、受公共权力支配的共同体;没有权力,共同体无法对内维持秩序、对外保护安全。因此,国家的生存发展、治国理财的实施,都离不开"力"或者说权力的原则。只不过,在不同的发展阶段,公共权力的表现形式不同。在城邦,公共权力表现为权威,而权威更依赖于声望、传统与说服(即德治),因而在城邦运行过程中显现出来的常常并非硬的权力关系,而是儒家学者反复鼓吹的德礼之治。可人群共同体要获得更大的生存机会,就不能停留在城邦状态;在探索更有利于生存的国家类型过程中,"力"的原则就不得不凸显出来。商鞅认识到了这一点,并表达在《商君书》中。他说,"国之所以重、主之所以尊者,力也"(《慎法》),"刑生力,力生强,强生威,威生惠,惠生于力。举力以成勇战,战以成知谋"(《去强》)。他认识到,用强力使人屈服才是"汤武革命"的实质。因此,商鞅揭示的是国家以公共权力为核心的普遍政治原理。

商鞅提倡力的原则,从而以强力为根基,再辅之以刑赏、农战、排儒、弱民等手段构建起强国之术,是不是意味着他就是一个帮助自私君主荼毒天下的帮凶呢?这样的帮凶在历史上比比皆是,商鞅的许多说法也确实可以这样去理解或者被后世君主这样利用。但作为帝国来临时代的立法者和伟大的政治学家,商鞅并非如此简单。事实上,商鞅赞成的是运用君主专制的手段(即帝国政制)来为那个时代人群的生存服务,并非纯粹为君主的

---

① 赵明:《大变革时代的立法者——商鞅的政治人生》,北京大学出版社2013年版,第8页。
② 张觉等:《商君书导读》,中国国际广播出版社2008年版,第27—28页。

私心效力；或者说，正如帝国政制设计的目的（将所有权与统治权合一），利用的是君主为个人、家族的私心来激励他为天下之人服务。商鞅个人事实上是反对君主单纯为个人私心而运用权力的，他说："故尧、舜之位天下也，非私天下之利也，为天下位天下也。论贤举能而传焉，非疏父子、亲越人也，明于治乱之道也。故三王以义亲，五霸以法正诸侯，皆非私天下之利也，为天下治天下。是故擅其名而有其功，天下乐其政而莫之能伤也。今乱世之君、臣，区区然皆擅一国之利而管一官之重，以便其私，此国之所以危也。故公私之交，存亡之本也。"（《修权》）

需要说明的是，将商鞅视为伟大的立法者，并非说明他毫无缺陷。前文已提及，商鞅的学说与商鞅个人的治国理财行动，确实缺乏价值理性，未能用当时人能接受的、基于家庭生产生活形成的伦理（即德礼）来柔化刚硬的统治关系。特别是他在施政过程中采用了过多的简单粗暴的手段，如焚烧诗书、连坐酷刑、鼓励告密等。事实上，上述这些缺陷，当时的人已有认识，并在汉代逐步得以纠正，最终形成了"明儒暗法"的帝国国家治理原则。

二、《管子》中商贸立国方案的后世发展

在战国那个大争之世，《管子》的商贸立国方案虽然因齐降于秦而失去治国指导原则的地位，再加上汉代独尊儒术之后因《管子》被视为法家著作而受排斥，但是历代都不乏肯定和推崇《管子》一书及其治国方案的学者。之所以如此，至少有三个方面的原因：第一，肯定管仲治理齐国时的政治主张和经济思想，试图从管仲的言行中总结治国理财的方略，尤其是他开发利用工商业资源的做法；第二，推崇管仲的改革勇气与改革策略，设法学习管仲革弊创新的做法，以尽快帮助自己的国家赢得生存竞争或实现王朝中兴，并因此奠定个人的历史地位；第三，认识到《管子》一书中包含的儒、法、道、墨、兵、农、纵横、阴阳等诸家丰富的思想资源，希望从该书学习和开发这些思想资源。

管仲学派倡导的商贸立国原则，在后世帝国治理中作为正统"重农抑商"原则的对立面，事实上包含了两个方面的含义：一是用商业手段处理国家与民众的关系，包括用货币财政代替实物财政、运用利益诱导（自愿交易）等手段完成国家治理任务；二是重视商业活动，包括私商经营活动与官商经营活动（含手工业在内）。在帝国农业经济时代，"重农"或者说重视粮食生产、抬高农民的法律地位，在理念上对各家各派学者而言其实都没有异议，当然在现实中真实状况如何那是另一回事。管仲学派倡导的用商业原则处理国家与民众的关系，虽然在实践中历代王朝都在使用，但在理念上一直有儒家学者从重农抑商原则高度加以反对。这些人更加反对政府对私商或官商经营活动的重视，视为不可原谅的"重商"行为。不过，在帝国一些特殊时期，治国者会更多吸取管仲学派商贸立国的主张，变得更加"重商"，这样的变化不妨称为"重商变异"。

根据国家对商业活动态度的不同，帝国二千多年在处理私商与官商经营活动时至少有以下三种表现：（1）既抑私商也抑官商，就是说全面压制工商业活动，既贬低私商的社会地位，也排斥国家用官营商业从工商业获取财政收入；（2）抑私商扬官商，就是说抑制私人从事工商业活动，但国家积极发展官营工商业以获取财政收入或达到其他目的；（3）私商与官商并重，就是说既鼓励私人从事工商业活动，国家也发展官营工商业，从而

用税收形式或商业手段获取财政收入并达到其他目的。第一种表现实际上是全面抑商的状态,从理论上来说最符合"重农抑商"的要求,也因此被后世儒家学者视为帝国最为正统的治国原则。第二种、第三种表现都被正统儒家学者视为"重商",认为违背了重农抑商原则。但这两种表现充其量只是重商变异,突出体现在汉武帝改革时期与王安石变法时期。只有在晚清洋务运动之后才真正兴起了现代的重商主义,这已不属于重商变异而意味着重商转型。从逻辑上说,还存在第四种对待商业活动的态度,即扬私商抑官商。不过这样的态度在现实中只存在于现代自由主义经济体中,在帝国时期乃至今日中国都未出现。大体上,由商鞅变法为秦国奠定的重农抑商原则在帝国国家制度构建与治国理财活动中始终占据上风,成为主导后世帝国二千多年的正统原则。管仲学派提倡的商贸立国方略虽然处于被压制状态,但始终隐伏在帝国制度运行之中,在特殊时期(如接下来的章节会说到的汉武帝时期、王安石变法时期的重商变异,晚清开始的重商转型)才成为主导性原则。

三、复线的历史

本讲通过讲解《商君书》和《管子》各自包含的立国方案,在一定程度上尝试着呈现出历史的复杂状况。历史并非只遵循一条道路前进,而存在多种可能的路径;对人物的评价也不能单一化,更不能犯时代误置的错误,生硬地套用今天的标准去评价古人的想法。对此,我们需要注意以下三点。

第一,历史的发展并非只有一种可能。《商君书》与《管子》中立国方案的竞争,虽然因秦灭齐统一天下而使得重农立国方案成为后世帝国治理的正统方案,但并非说商贸立国方案就一定是错的或者相比于前者竞争力更弱。秦、齐两国究竟谁能统一天下,从历史可能性看未必是确定的。如果齐统一天下,那么呈现在现实中的中华帝国可能会有另一种样态。

第二,对商鞅的评价也不能简单化。商鞅提出的治国理财方案中固然有维护君主权力的一面,有许多内容也确实可以归之于专制主义而招致今人的痛恨。但是不能不看到,《商君书》与《管子》一样认识到了国家所包含的公共性根本,商鞅同样强调"为天下位天下""为天下治天下"。在商鞅那个时代,构想一个集中所有权与统治权为一体的君权并依此治理国家,以便赢得人群最大化的生存机会,这样的方案仍是积极的,商鞅本人也无愧于时代立法者的称号。

第三,历史中明线与暗线交错在一起。秦统一天下后,重农立国方案固然成为明线的历史,成为正统的治国原则,但不能不看到,商贸立国方案始终未曾消失,它隐伏在帝国历史发展之中成为暗线,往往在帝国危机时刻浮现出来主张自己,直至晚清时期上升为主导性的治国原则。

重点提示

1. 制度必须成体系才能真正地发挥作用,商鞅在变法期间为帝国设计的制度,坚持了系统化的原则：既有价值取向的指导，又有组织基础的支撑，还综合考虑了财经、行政、文化教育等各方面的体制因素，并使它们互相补充和配合。

2. 本来"重农抑商"是商鞅等法家学者的主张，但后来却成为儒家学派的思想内容，并进而成为帝国治理的正统意识形态。

3. 在《管子》一书中，设想的是以商贸手段来完成帝国制度构建并赢得国家间生存的竞争。可见，在中国古代史上，并非没有人设想过以商贸政策来构建帝国，重商立国也无需等到二千年后再由什么人提出来。

4. 商鞅赞成的是运用君主专制的手段（即帝国政制）来为那个时代人群的生存服务，并非纯粹为君主的私心效力。与《商君书》相似，《管子》也从国家起源的目的来论证国家的正当性或者说国家所应该具有的公共性，它提出了非常不同于后来占统治地位的儒家的治国方略，那就是，强调利在义先、将求利求富作为民众道德提高的条件。

 思考题

1. 商鞅变法中为帝国奠定的价值取向有什么样的独特性？
2. 如果你穿越到战国时代，在《商君书》与《管子》提出的立国方案中，你更赞成谁？你可以根据后世的见识对自己选中的方案进行补充吗？
3. 商鞅变法中的军功爵位制有什么样的历史作用？它与后世帝国统治集团的组织有什么相同与不同之处？在世界其他地方同时期还有什么样的组织统治集团的方式？
4. 为什么说《商君书》与《管子》都认识到了国家与政治权力的公共性？
5. 你认为《管子》中商贸立国方案在那个时代有成功的可能吗？
6. 除了《商君书》与《管子》的立国方案外，你还能想到其他学派的立国方案吗？

第四讲

舍地税人的家财型财政在第一帝国的成形

秦依靠强悍的武力,建立起统一的国家,初步奠定了中华帝国的基础。不过,从后世的眼光看,秦并未真正完成构建帝国的历史任务,工具性国家与目的性国家之间还存在着紧张的关系。秦帝国灭亡后,在刘项战争中平民刘邦的胜利,在中华国家发展史中显然具有标志性意义。正如钱穆先生评价的:"秦室本是上古遗留下来的最后一个贵族政府,依然在其不脱贵族阶级的气味下失败,依然失败在平民阶级的手里。秦之统一与其失败,只是贵族封建转移到平民统一中间之一个过渡。"①秦末的战争,在相当程度上是目的性国家对工具性国家的反抗和反向塑造。最终,通过汉初统治者对工具性国家的重建,以及汉代知识分子以儒术来柔化工具性国家,大体实现了目的性国家与工具性国家的协调,由此兴起了中华帝国史上的第一帝国。

在目的性国家与工具性国家二者间互动的基础上,第一帝国制度逐渐成形;在此过程中,家财型财政也在秦代奠定的制度原点上,于汉初国家制度建构过程中得以恢复和调整,并完成于汉武帝时期的财政改革进程中,从而形成了颇具特色的第一帝国财政制度。在财政制度方面,第一帝国区别于其他时期的关键特征是"舍地而税人",即财政收入虽然名义上以土地为基础来获取,但实践中却仍以人头税为主要的形式。换言之,虽然帝国的支撑要素是土地,正统财政收入来自税地,但由于帝国初创,制度和能力都不足,因而在财政方面仍残留着城邦时代的特征,在一定程度上仍以"人"为中心组织财政收入,实行税人。

---

① 钱穆:《国史大纲》(上册),商务印书馆1996年版,第127页。

第一节　第一帝国财政形成的制度环境

在战争的废墟上,汉初重建了工具性国家。开国后的几位皇帝,在"马上可得天下,马上不能治天下"的提醒下,不断地吸取历史上的经验教训,逐渐完善帝国制度,从而开启了第一帝国时代。大体上,第一帝国制度的完善,是下述两个方面相互调适的结果:一方面是工具性国家在自身发展基础上,利用理性与法制,去要求和塑造目的性国家;另一方面则是目的性国家为工具性国家提供价值诉求和资源支持,使其逐渐合法化和稳固化。前一个方面,正如钱穆先生对汉初变化的描述所显示的,"渐渐有所谓'吏'出现,用朝廷法令来裁抑社会上的游侠与商人。功臣、列侯、宰相、大臣,亦不断受朝廷法令制裁。中央统一政府之权力与尊严,逐渐巩固"①。后一个方面,正像《剑桥中国秦汉史》的一位作者荷兰汉学家何四维(A. F. P. Hulsewé)注意到的,第一帝国具有两种似乎矛盾的特性:"早期中国的法,是一种完完全全的古代社会的法。它的古代性甚至到了表现出某些属于所谓'原始'思想特质的程度;而在其他方面,则从现代意义上说是纯理性主义的"②。他的意思是,汉代这样的国家,构建工具性国家时体现出了高度的理性,与此同时工具性国家还体现出从目的性国家而来的、实际上渊源于周代的伦理基础(因此而显得"原始")。

一、第一帝国工具性国家的总体进展

汉承秦制,在工具性国家层面上,汉帝国继承了秦在皇帝制度、官僚制度和郡县制度等方面的成果,但又有明显的改进。

(一)"白马之盟"在中华帝国制度史上的意义

比较汉帝国与秦帝国的建国方式,可以发现最为突出的差别是开国皇帝即位方式的不同。从形式上看,刘邦即皇帝位,开创汉帝国,其方式不像秦始皇那样来自传统(血缘继承),而相当程度上来自个人的魅力。据《汉书》第1卷的说法,刘邦是被当时各路诸侯王推举为帝的,推举者所用的理由是:"先时秦为亡道,天下诛之。大王先得秦王,定关中,于天下功最多。存亡定危,救败继绝,以安万民,功盛德厚。又加惠于诸侯王有功,使得立社稷。地分已定,而位号比拟,亡上下之分,大王功德之著,于后世不宣。昧死再拜上皇帝尊号。"换言之,汉帝国的基础来自刘邦的个人魅力(军功、恢复秩序的能力以及为追随者施加恩惠),而这一魅力可用传统理念中的"德"这一词来概括。"德"的传统以及推翻旧朝建立新朝的行动,与并不遥远的周朝相呼应,从而为汉帝国的统治在一开始就找到具有深厚历史渊源的价值基础。虽然汉与周的国家类型并不相同,但汉帝国接续了周王朝的价值传统,对中国人来说仍具有非常重要的意义。正如李峰对西周遗产的评价所说的:"纵

---

① 钱穆:《国史大纲》(上册),商务印书馆1996年版,第129页。
② 崔瑞德、鲁惟一:《剑桥中国秦汉史》,杨品泉等译,中国社会科学出版社1992年版,第496页。

观历史,西周国家留给中国及其人民的重要影响或许更多是文化和心理上的,而不是历史上的。一个民族的自我意识是一个可以根据历史原因得到最好解释的重要文化现象。在西周王朝灭亡后的数世纪中,我们实际上目睹了这种以华夏观念为代表的文化自我意识的兴起。"[1]

高帝十二年,刘邦刑白马,与诸大臣和将领盟誓曰:"非刘氏不得王,非有功不得侯,不如约,天下共击之。"这一盟约在中华帝国史上具有极其重要的意义,至少以下两个方面的原则与特征,为后世中华帝国所共有。

1. 将君位奠定在可撤销的契约基础上

白马之盟(盟誓),"既不言制也不言诏,⋯⋯明言其为约,其性质不是皇帝之命令,而是君臣间的约信"[2]。这种盟誓在形式上是君主与功臣之间的约定,在实质上是工具性国家与目的性国家之间的契约,其基础和前提是联系工具性国家与目的性国家的君主自身所具备的魅力,或者说所具有的"德"性,而契约是可以撤销的。此后,中华帝国每一代王朝建立,都不仅仅由于其武力基础(工具性国家特征),而且还在于以君主为首的统治集团具备了德性基础(目的性国家的要求)。一个王朝是否能够生存,不仅仅看它的统治者是否符合血统原则,也不仅仅看工具性国家是否强大,更为重要的是要考察它的德性基础。如果君主仍有德性,这一契约就仍然存在,该王朝就仍能生存;而一旦君主丧失德性,则契约就被解除,该王朝就要灭亡。汉初为中华帝国奠定的这种契约,带来一个有益的后果,那就是为帝国延续找到一种自然机制,即通过王朝的崩溃和统治集团的更换,来实现帝国的存续。这也是中华帝国能够维持两千年生命的重要原因之一。

2. 帝国权力分配采用血缘制和功绩制两种原则

白马之盟,实际上是一种权力分配方案。它表明,最高统治权(皇权)由皇族垄断,以封同姓王(地位上高于所有官僚)为形式,通过血缘关系来承继;一般统治权由官僚掌握,以封侯为形式,通过功绩原则来分配。同姓封王,实际上是将周代建立在血缘基础上的统治原则,成功地进行了转化,以确保行使公共权力的君权之稳固。在后世帝国中,同姓封王为惯例,异姓王并非常态。而功绩原则,在王朝初期显然主要为军功,在王朝中后期主要为治理业绩或个人能力。这样,在原则上就进一步确立了秦代奠基的皇帝制度和官僚制度的地位。就是说,围绕着皇位继承和皇权运行,以血缘为原则构建起了最高权力的转移与运行制度;围绕着官僚的录用与升迁,以功绩为原则建立起了官僚治理权的授予与激励约束制度。帝国制度中两种不同原则的运行,对后世帝国国家治理带来了深远的影响。

(二) 皇帝制度的改进

汉初继承了秦代的皇帝制度。这既是征服天下的军事集团首领的个人要求,又与当时社会经济基础上形成的家庭结构与宗法文化相适应,同时还为公共权力的转移提供了制度化的稳定渠道。要注意的是,在工具性国家与目的性国家互动基础上,汉代皇帝制度又有了改进。

---

[1] 李峰:《西周的灭亡——中国早期国家的地理和政治危机》,徐峰译,上海古籍出版社2007年版,第323页。
[2] 李开元:《汉帝国的建立与刘邦集团——军功受益阶层研究》,三联书店2000年版,第133页。

第一，皇室家族的力量得以加强。皇室家族包括宗室（同姓兄弟、叔伯子侄等）与外戚（皇帝祖母族、母族、妻族和皇室公主的夫族等）两部分。秦失天下，汉初总结出来的一个教训是对待皇室家族过于苛刻，甚至将其屠戮尽净，宗室不能成为卫护皇权的力量，而身为家族代表的皇帝也得不到家族的帮助。所以，汉初高祖纠正秦代的弊病，大封同姓王，以期巩固皇室。但利用宗室力量卫护皇权，也带来一个问题。由于同姓宗室有继承皇位的资格，因此宗室力量可能会威胁皇帝个人的地位，也因此会给公共权力的行使与转移带来不确定的因素。景帝时的"七王之乱"，正是在这一背景下发生的。西汉中期开始，帝国对宗室的力量逐渐从利用走向限制、打压，最终走向"养而不用"。"削藩""推恩令"及"食禄不治民"等政策和制度，正是在这一背景下实施和建立的，目的在于逐渐降低宗室力量对皇权的威胁。到西汉后期特别是到了东汉，没有皇位继承资格的外戚力量，得到了长足的发展。外戚力量依附于皇权，同时可以卫护皇权，特别是在幼年皇帝当政期间。但是，皇权不仅仅是个人权力，它还代行公共权力，外戚专权使得皇权运行出现私人化倾向。没有能力的外戚仅仅凭借裙带关系便掌握了国家权力，甚而对皇位产生觊觎之心，这既违背了公共利益又威胁了皇帝制度。因此，汉初对皇室制度的改进，既有成功之处，也为其失败埋下了伏笔。

第二，加强内（中）朝建设。秦所建立的皇帝制度，其基础是皇室家庭拥有天下，以君权代行公共权力，皇帝个人凭借大家长的角色，有权处理国内一切事务。但是君主家庭事务毕竟与公共事务有区别，君主单凭个人也不可能真正治理天下。于是汉初对皇帝制度进行了改革，实行皇权与相权相当程度的分离，丞相成为政府的领袖，以政府集体的力量来处理公共事务。丞相府既是重要的决策机构，又是执行机构，领导各级政府的政务活动。但是，相权过大又会威胁皇权的地位和帝国的稳定，同时皇权毕竟掌握着最高决策权，在处理紧急事务时皇权与相权分离会带来效率不足的问题，这就需要对皇权和相权之间的关系进行调整。于是从汉武帝开始，由宦官传达、亲信参与的内朝（亦称中朝）机构发展起来，以便与相权取得平衡，并获得处理紧急事务时的灵活性。这样做，既加强了皇权，又使得国家政权机构专业化、公共化。内朝机构的发展及以宦官为代表的内廷私臣的发展，具有积极的意义，正像钱穆先生注意到的，它使得王廷逐渐与朝廷分离，三公九卿等官员从皇帝私臣逐渐变成为国家政务官。在他看来，这是因为秦汉朝廷初期都是从家庭状态中蜕化而出，大臣都是皇帝的私臣而非国家之政务官，而以宦官为代表的内廷机构的发展，使得"王室与政府之性质既渐分判明晰"[①]。不过，由此也生发出一个问题，那就是宦官专权对皇权可能产生威胁并侵蚀公共权力。

专栏 4.1　内外朝机构的发展简史

从内外朝机构发展历史看，"尚书"原是皇帝的近侍，少府所管理的六尚之一。除尚书外，其他五尚为尚衣、尚冠、尚食、尚浴、尚席。汉武帝时期，皇帝组织起以大将军（兼录尚书事）为首，尚书、侍中等参与的"中朝"机构。因其在宫内办事，又称内朝，与之相对立的

---

① 钱穆：《国史大纲》（上册），商务印书馆 1996 年版，第 167 页。

丞相府也就变成了外朝。这样中朝慢慢成为决策机构,外朝成为执行机构。到了东汉光武帝时期,尚书台组织进一步扩大,权力也随之加强,慢慢成为正式机构。

在尚书机构成为正式决策机关后,中官也渐渐正式化,成为外朝机构的一部分,而不能整天陪伴在皇帝的身边。于是,比尚书等更为亲近皇帝的官员——中书(皇帝的秘书),又慢慢组成真正的决策机构。随着中书逐渐成为最高决策机关,中书机构(中书省)又与皇帝拉开了距离,成为外朝机构,并与尚书一道成为后世三省制的组成机构。

(三)官僚制度的改进

官僚制度不仅是贯彻皇帝意志、治理国家的工具,也是分配政治权力与经济资源的手段,同时还是工具性国家与目的性国家互动的平台。在秦代,官吏大多为公室培养的熟悉文法的刀笔吏,代表着工具性国家对目的性国家赤裸裸的征服关系。秦亡汉兴后,在帝国重建过程中官僚制度也得以重建。这种重建,体现在两个方面:一是实现了从军功官僚向文职官僚的成功转型,另一个是达成了工具性国家与目的性国家的和解。

汉帝国兴起,军功集团显然出力甚巨,因此最初国家权力的分配也根据军功大小来进行。汉初,高级官吏职位几乎全部为军功集团所垄断。随着功臣勋戚的老病故去,其子弟又通过郎官制度(在皇帝身边任职后外放)继续获取权力资源。但随着帝国的持续稳定,国家治理事务日趋复杂,出现了对文职官吏及其服务越来越大的需要。于是,一方面官职不得不向读书人开放,以获取治理国家的智力资源,另一方面必须按照文职官员的成绩给予升贬与奖罚,以便激励和约束他们完成国家治理的任务。这样,到汉代中期,官僚制度基本上完成了向文职官僚的转型。大致上,军功集团的后代仍占有爵位上的优势,但官位已大多掌握在读书人手中。官和爵的分离,为后世帝国从爵本位到官本位的转变,以及后来的"官以任能、爵以赏功"制度原则奠定了基础。所谓从爵本位到官本位的转化,按阎步克先生的说法就是,权势、地位、声望和利益的获得,周代以"爵"为本位,秦汉以"爵—秩"为本位,到曹魏末年以后以"官(行政级别)"为本位①。

官僚制度是工具性国家与目的性国家互动的一个平台。在秦代,两者关系紧张,工具性国家对目的性国家采取征服的态度,目的性国家则对工具性国家抱有敌视的心理。到汉代,两者才开始慢慢实现和解。其和解,一方面体现为工具性国家对目的性国家不再采取征服的态度,而是"休养生息"与"无为而治",另一方面体现为从目的性国家中选拔大量人员参与到国家治理中。这种选拔,有的是"因赀选官",即把经济精英转化为支持国家的人力和智力资源;有的是"因才选官",将知识精英吸纳到国家体制内,成为支持国家的力量。后一个选拔方式尤为重要,它与意识形态(儒家思想)的建立紧密联系在一起,即只从儒家学者中选拔官员("罢黜百家、独尊儒术"),将教育制度、选官制度和政治社会化过程紧密结合为一体,从而奠定了后世中华帝国的官僚制度。当然,汉代选官制度有一个发展过程。在一开始,政府选官主要依靠郎官制度,另外还设立专门培养人才的太学,而从其他渠道选官也有,但并非经常地进行:如由在职官员临时举荐,不定期地要求乡里推举

---

① 阎步克:《从爵本位到官本位》,生活·读书·新知三联书店2009年版,第218页。

（即地方察举），对有名气者由皇帝或有资格官员征辟等。到了后来，汉政府逐渐采用定时定额方式从各郡县选拔人才（即察举制），从而形成相对完善的选官制度。需要指出的是，此时征辟制并没有消失，尤其是各级官员的属吏，一般都由官员自行征辟。

专栏 4.2 **汉代察举制**

在汉代，一开始由皇帝不定期地下诏求贤，要求地方推举贤良或文学，后来又有孝廉的推举。至东汉初，地方举茂材、孝廉定为每年进行。之后孝廉成为察举的唯一项目，并在各地有定额限制（按人口比例）。自92年开始，有20万居民的郡、国每年可推举2名孝廉作为候选人，人口少于20万的每两年举荐1名，少于10万的每三年举荐1人。

钱穆先生对这一制度有很高的评价，他说："此项制度之演进，一面使布衣下吏皆有政治上的出路，可以奖拔人才，鼓舞风气；一面使全国各郡县常得平均参加中央政局，对大一统政府之维系，尤为有效。而更重要的，则在朝廷用人，渐渐走上一个客观的标准，使政府性质确然超出乎王室私关系之上而独立。"[①]

（四）郡县制度的改进

秦以郡县治天下，虽然符合了公共权力的内在需求，解决了世袭制下人员不流动造成的官僚低效，以及权力私有等问题，但就当时的帝国现实而言，郡县制也有如下不利之处。

（1）在各地情形差异极大、大量土地尚未开发、文化不发达的情况下，以任期性、流动性的官员，在同一法令和制度条件下治理地方，事实上不能适应各地实际情况，而可能阻碍地方经济文化发展；

（2）由于统一帝国刚刚建立，统一理念尚未在各地民众心中扎根，因而民众在心理上不能接受遥远异地的中央政权的统一治理，分离趋势始终存在；

（3）在当时宗法社会条件下，在确保嫡长子作为大宗的前提下，利益在诸子之间共享，这是基本的宗法制要求和民情心态，而郡县制则有违这种传统习惯。

在此情况下，汉初结合了秦代郡县制和周代的封国制，建立起郡国制，即把国土一部分划为中央直接管辖区并实行郡县制，把国土的其他地区分封给宗室或功臣作为诸侯国世袭治理。在各诸侯国，国君享有一定程度的独立性，有权任命大部分官员。这样的郡国制在汉初有积极的意义，它使得诸侯国中常任的统治者能从各地民情地况出发实施治理。由此，当地的资源得到开发，经济和文化发展也能得到促进。同时，地方民众对就近的统治者会产生依附感，如此就能通过诸侯国的统治者和中央统治者的血缘或臣服关系而将整个帝国结合在一起。

不过，郡国制也内在地蕴含了分裂的因素，当诸侯国实力增长到一定程度时，就可能威胁中央的地位和统一的局面。景帝时"七国之乱"正是在此基础上爆发的，也因此威胁到帝国的稳定。"七国之乱"平息后，诸侯的权力逐渐被裁抑，其独立性受到严格的限制，

---

① 钱穆：《国史大纲》（上册），商务印书馆1996年版，第175页。

相当程度上仅"衣食租税而已"(《汉纪》第9卷),无权治民补吏,诸侯国高级官吏的任命由中央政府统一进行。汉武帝时期,又令诸侯将其封地推恩分给子弟,诸侯国名存实亡,郡县制成为主导的国家结构形式。诸侯国作为一种制度,一直持续到东汉时期,但大约从公元前100年起,国与郡之间的区别就逐渐失去意义。为了强化中央对郡县的监督,自公元前106年,朝廷划分帝国为十三个州(公元前89年设第十四个州),设刺史负责监察。东汉起,刺史的权力扩张超过了原来制度的规定。到东汉的最后几十年里,刺史行使的民政、财政及军事的权力已相当大,成为足以破坏中央政府控制郡国行政的力量。

□ 二、目的性国家中的德性伦理对工具性国家的柔化

自秦开始的统一帝国,其形成方式表现为君主掌握的工具性国家,以力的原则实现对天下的征服,并因这种对土地的占领而拥有对民众的治理权力,即所谓"居马上得天下","打天下者坐天下"。不过,这只是中华帝国形成的一个侧面。从另一个侧面来说,在中国这样的地理空间中形成统一帝国,有其内在的原因。这种内因就是目的性国家提出来的一些要求,如集体安全(防备游牧民族入侵)、化解风险(消除自然灾害的影响)、实现规模收益(如促进商品流通)等。因此,第一帝国制度在现实中的成形,是二者如下互动的结果:工具性国家根据目的性国家的要求而完善,如上文所述的皇帝制度、官僚制度和郡县制度方面的改进;目的性国家也为工具性国家的存在提供资源支持,除了财政资源外还有道义资源,即为工具性国家的运行提供德性伦理的支持。这种德性伦理,就是现代所谓的"意识形态"。

意识形态的产生,既是工具性国家在一定程度上选择的结果,即寻找能够为自己的存在提供支持的理论,并以工具性力量要求民众接受这一理论,从而实现所谓的"政治社会化";同时它也是目的性国家一定程度的主动行动的体现,即目的性国家从自己当前的生存方式、文化意识出发,对工具性国家进行一定的约束与柔化。就是说,要建立成功的帝国,就需要实现价值理性与工具理性的统一;而要实现这种统一,就要求在理论上解决以下两个问题:(1)以君权为形式的公共权力所确立起来的制度为什么是合理的(帝国因此可以得到辩护)?(2)君权的行使需要遵循什么原则(以避免伤害帝国的长治久安)?这两个问题的答案,是以董仲舒为代表的儒家学者,在继承儒术(孔子所阐明的周代礼制原则)并融合帝国诞生前各家各派思想的基础上,创造性地发展出来的。

君权及其确立的制度为什么是合理的?这一问题在先秦时代的各派学者如慎子、荀子和韩非子等人那里都有回答。如《慎子·威德》中的名言:"立天子以为天下,非立天下以为天子也。立国君以为国,非立国以为君也。"《荀子·大略》中说:"天之生民,非为君也。天之立君,以为民也。"《吕氏春秋·贵公》中说:"天下,非一人之天下也,天下之天下也。"在第三讲提到的《商君书》《管子》中,也有类似的表述。这些先秦时代的学者,敏锐地察觉到即将来临的帝国,从而在理论上提出了一系列制度原则来为未来的帝国立法,进而构成后世中华帝国意识形态的宝贵基础。他们论证的基本理路是:在没有国家、没有君主的状态中,人们的生存十分悲惨,所以有圣人出现,发明实用技术和社会制度,创造优良秩序,从而使人类能够生存下去,圣人也因此被立为国君,获得统治人民的权力。在先秦

时代的学者(特别是儒家学者)看来,作为圣人出现的君主,像一个智慧而仁慈的大家长,有权管治子女,同时也为子女的福利负责。其实早在《吕览·序意》中,就记载了黄帝对颛顼(zhuān xū)的教导,要后者"作民父母"。这一观念是中国古代文献中最常见的社会政治理论,即用父母与子女的关系,来理解统治者与被统治者的关系,以"君父"为帝王来定位,以臣子、子民来为民众定位,用子女对父母的服从关系来说明被统治者对统治者的服从关系。或者说,从生物社会学来寻找政治义务的依据。当然,这一理论在世界各国政治理论文献中并不少见,如洛克在《政府论》上篇曾大加批判的菲尔麦,就是如此立论的。不过,像中国古代这样以家庭方式成功建构起"天下一家、家国一体、君父一体、忠孝一体"的帝国,还是比较特别的。因此,君权及其确立的制度,是(相当于家长的)君主为了(相当于子女的)民众的福利而确立的,是合理的并应得到遵从。但是,这样的思想过于实用化,不能将君权建立在无可置疑的基础上,不能因此而稳定帝国的秩序。为了帝国政治的需要,就要从当时人的思想状况出发,用不可动摇的权威来保障君权,使服从君主成为既定的前提和内在的义务。为此,以董仲舒为代表的儒家学者,从"天人感应论"出发,提出"君权天予",以当时人对天道权威的敬畏来确保君权的地位,从而"为一个世俗的统治者在宇宙体系中提供了一个公认的位置"①。董仲舒指出,"体国之道,在于尊神。尊者,所以奉其政也;神者,所以就其化也。故不尊不畏,不神不化"(《春秋繁露·立元神》)。就是说,要求人们像服从天意那样,绝对服从君权,服从君权所确立的社会制度,即"受命之君,天意之所予也"(《春秋繁露·深察名号》),"是故仁义制度之数,尽取之天"(《春秋繁露·基义》)。

专栏4.3 合法性与王朝国家的合法性

合法性是政治学中的一个重要概念,又称正当性、正统性或义理性,它是指政治权力以非强制性手段维持统治秩序的能力,可用来衡量民众对现存政治秩序和政权的信任、支持和认同。

按照张星久的说法,中国古代政治合法性辩护有三个层次:君主制政体的合法性、政权(一姓王朝)的合法性和君主本人的合法性②。三个层次的合法性问题,贯穿了帝国政治的始终。董仲舒在此处论证的,基本集中于君主制政体的合法性,而前文说的"德"论证的是政权的合法性,皇位嫡长继承原则主要针对的是君主本人的合法性。

那么,君主行使权力需要遵循什么样的原则呢?首先,君权的行使不能伤害上天设立君权的目的,即要安民。董仲舒用天意来装饰君权,至少一部分目的在于强调帝国君主的使命,"天之生民非为王也,而天立王以为民也。故其德足以安乐民者,天予之;其恶足以贼害民者,天夺之"(《春秋繁露·尧舜不擅移汤武不专杀》)。也就是说,作为绝对前提的天,确保了君权的地位,但君权的目的仍是为了安民,要重民、畜众、保民。如果不能达成这一目的,则君主就失去了合法性。董仲舒用先秦时代的"五德终始"来解释这一点,即每

---

① 崔瑞德、鲁惟一:《剑桥中国秦汉史》,杨品泉译,中国社会科学出版社1992年版,第165页。
② 张星久:"论帝制中国的君权合法性信仰",《武汉大学学报》2005年第4期。

个王朝占据五行中的一德,一旦不能保民,君主就失去"德",天命也将转移到他人身上,即通过家族王朝的转移来实现政治制度的更新与秩序的重建。相对于将血缘关系作为君权几乎唯一合法性的国家来说,"天命观"及"德性转移"是中华帝国政治的特别之处,也是其成功之处,因此"自三代迄明清,这是公认的'设君之道',上至帝王将相,下至士子庶民,诵之论之者比比皆是,公然反对者则绝无仅有"①。其次,既然君权天予,天自然高于君,君主的政治实践就必须体察天意,要"顺天理物"。体察天意主要体现为"谴告说","灾者,天之谴也;异者,天之威也"(《春秋繁露·必仁且智》)。就是说,天出灾异,人君就要进行政治反省,要反思自己有没有伤害民众;如果伤害民众而不自知,则君权就失去合法性,王朝就该终结。所以说,"国家将有失道之败,而天乃先出灾害以谴告之;不知自省,又出怪异以警惧之;尚不知变,而伤败乃至"(《汉书·董仲舒传》)。董仲舒强调,《春秋》书日蚀星陨、山崩地裂等,其用意在"以此见悖乱之征",警告人主,"亦欲其省天谴而畏天威,内勤于心志,外见于事情,修身审己,明善心以反道者也"(《春秋繁露·二端》)。因此,每一次自然灾异发生,都是君主反省施政得失的时机,帝国也由此获得纠错的机会,以便保证其不断地延续。

总之,以董仲舒为首的儒家学者,在综合先秦时代学者对即将来临的帝国所进行的思考基础上,结合秦帝国的经验教训,提出了适应于统一帝国的意识形态。正如葛兆光的评价:"到了汉代,实际成功的却是以经典为依据的道德教育加上以法律为依据的外在管束的所谓'王霸道杂之'的方式,……它一方面使得中国的政治意识形态和政治运作方式兼容了礼乐与法律、情感与理智,一方面使得中国的知识阶层被纳入了王朝统治的范围之内,改变了整个中国知识阶层的命运。"②当然,儒家思想之所以能够成为帝国制度的价值基础或合法性依据,是因为儒学倡导的"周礼"或"圣人之道"是周代各诸侯国长期共同享有的文化价值,契合"一个民族的习俗和习焉而不察的思维方式"③。儒家学者对前述两个问题相对成功的回答,也使得周礼代表的德性原则成功柔化了工具性国家,使中华帝国呈现出后世所称的"儒表法里"的制度形态,并最终成为影响深远的标准制度。

第二节 第一帝国对家财型财政的重构

汉初在工具性国家与目的性国家互动的基础上,建成了一个家国一体的帝国。帝国以土地要素为其支撑点,土地的产权方式是帝国财政制度建构与运行的核心,土地出产物是主要的财政收入来源。汉初统治者在改进帝国制度的过程中,也以土地为支撑点重构了财政制度。换言之,战国至秦已初步于现实中呈现的以税地为正宗的家财型财政,在汉初统一帝国中再次展现出来。不过,由于帝国初兴,管理能力欠缺,这种家财型财政不得

---

① 刘泽华:《中国传统政治哲学与社会整合》,中国社会科学出版社2000年版,第210页。
② 葛兆光:《中国思想史》(第1卷),复旦大学出版社1998年版,第378页。
③ 干春松:《制度化儒家及其解体》,中国人民大学出版社2003年版,第13页。

不采取"舍地而税人"的方式,从而形成了颇有特色的第一帝国财政制度。

一、家财型的土地产权方式

如前所述,战国时期各诸侯国(尤其是秦国)的土地产权制度是,依托于君权,以君主的名义,建立起国家对一切土地(及人口)的所有权。秦统一天下后,一方面到处宣扬"六合之内,皇帝之土""人迹所至,无不臣者",另一方面下令"黔首自实田",即每个人可自行占据荒地但须向国家申报自己占有的田地,并照此缴纳田赋,从而在确立君主产权的基础上承认地主和自耕农对土地的占有。汉初,由于长年战争,土地荒芜,人口稀少,政府实行了大规模的授田制。授田的基本标准是,一夫百亩,有军功者按爵位从低到高依次增加。按照《户律》规定,大致如下:关内侯九十五顷,大庶长九十顷,驷车庶长八十八顷,大上造八十六顷,少上造八十四顷,右更八十二顷,中更八十顷,左更七十八顷,右庶长七十六顷,左庶长七十四顷,五大夫二十五顷,公乘二十顷,公大夫九顷,官大夫七顷,大夫五顷,不更四顷,簪袅三顷,上造二顷,公士一顷半,公卒、士五(伍)、庶人各一顷,司寇、隐官各五十亩;不幸死者,令其后先择田,乃行其余。授田制度的实质,一方面是将无主荒地配置给小农家庭,使其得到有效率地开发,另一方面通过授田行为,明确君主对土地的产权。第一帝国家财型土地产权制度,由此得以建立起来。

在财政史中有个问题一直有争议,那就是:战国(或至少秦汉)以后中国的土地制度到底是私有制还是公有制?在传统上,多数学者认为秦汉之后中国建立起了土地私有制或者说土地的地主私有制。但同样传统的一种看法坚持认为,此时的土地为君主所有制(或王有制),这种所有制又被人认为是公有制(国有制)。之所以认为是公有,跟"公"字的含义演变有关。在春秋战国时期,"公"字最初的含义是统治者(王)的事情或政府之事,后来衍生出公众事务的意思,并逐渐指称"普遍"或"全体"的意义①。于是土地的君主所有制就具有了公有含义,并与"王者无私"一道成为极受推崇和广为接受的观念。以今天的眼光看,这种所有制关系在本质上是把土地所有权从属于国家主权,把所有制关系意识形态化,就是说认定一切土地都是君主或国家的②。第三种看法则认为,帝制时期的中国,以皇帝为代表的国家,对土地行使着介于今天领土权和私有权之间的模糊权益③。

事实上,用今天来源于罗马法的具有绝对排他性的"所有权"(私有或国有)术语,套用于中华帝国时期的土地产权实践,本身可能有欠妥当,因为它既具有"私"的样子又具有"公"的样子。在帝国的理念中,皇帝将帝国看成一个大家庭,自己无可置疑地行使着大家长的权力,是民众的"君父",有权支配家庭中所有的财产;在管理上,家庭财产被区分为自用与公用两部分,自用部分留给家长自己使用,公用部分由其他家庭成员共同使用与享受;民众是在大家长支配下的小家庭,可以支配经家长允许属于公用的部分财产(土地),其拥有土地出于君父之恩惠,而不是今天法律上不可侵犯的权利;处于中间层次的,是民众的"父母官"(在等级上低于皇帝)即官僚,根据皇帝的授权,可以调整民众对土地的占有

---

① 陈弱水:《公共意识与中国文化》,新星出版社2006年版,第74—79页。
② 程念祺:《国家力量与中国经济的历史变迁》,新星出版社2006年版,序。
③ 刘玉峰:《资政通鉴——中国历代经济政策得失》,泰山出版社2009年版,第6页。

方式(即"为民制产")。因此,在土地产权方面,民众之间有较清晰的边界,可以进行买卖和租赁,这使土地产权呈现出今天"私有"的样态;而民众与政府之间并没有清晰的边界,政府有权调整臣民对土地的占有状况,因而又使土地产权呈现出今天"国有(或公有)"的样子。就是说,民众占有的土地,既是民众自己的,又是君父(国家)的。这样的土地产权方式,同时受到儒家宣扬的"家国一体"的意识形态支持。它表现在后世帝国实践中,就是政府可以频繁地调整田制(宋代以后的政府一般"不立田制"但仍保留调整田制的权力),以此作为承担赋役的基础,其原因在于"人民是必须依赖土地为生的。既然国家已自命为土地的所有者,并以此为根据向人民征派赋役,那么它就有责任保证人民能够平均占有土地,平均负担赋役"①。

由这样的土地占有关系而形成的财政类型,就是帝国家财型财政。帝制时期的主要财政收入田赋,也因此在经济性质上更多地属于"租",而非(至少不完全是)来源于私有收益的"税"。土地实际占有者因耕种国有(帝有)的土地,而向政府交租;佃农向地主交租并通过地主向皇权政府交租,或者说由政府与地主瓜分地租。不过,由于将田赋称为"税"是一种常见的说法,本教材此处指出的只是就性质或现代术语而言田赋属于"租",无意也无法一一指明或纠正将田赋甚至政府的一切财政征收活动都称为"税"的说法。事实上,本教材还采用了"税地"这一方便的说法来说明帝国财政的正统收入形式。

二、"舍地而税人"的财政收入方式

田赋是帝国时期针对土地出产物依托田亩面积而征收的财政收入,这样的税地收入是帝国时期的正统形式。如前所述,本来为军事费用而进行的财政征收(与兵役合在一起)被称为"赋",为行政费用而进行的财政征收被称为"税",即所谓"赋共(供)车马甲兵士徒之役,充实府库赐予之用;税给郊社宗庙百神之祀,天子奉养、百官禄食庶事之费"(《汉书·食货志》)。在春秋战国时期土地产权"通公私"的前提下,再加上国家逐渐主动地授田给农户家庭,税与赋就都依托于田亩而征收。于是,在现实中"赋"和"税"逐渐混用而不分,统称为"田赋"或"田税"。

秦帝国建立之后,田赋征收采用统一的比率(一般认为是十分之一),根据百姓实际占有的土地和出产进行征收,在性质上这属于分成制租金。到了汉初,帝国大幅度降低了田赋的比率,一开始规定依照田地出产"十五税一",到文帝时进一步减轻,景帝二年规定为"三十税一",这一比例在法律上一直实行到西汉末年。不过,在汉帝国广袤的国土上,在当时的经济技术条件和管理能力下,事实上既做不到对土地的全面清丈,更做不到按土地实际收益进行分成。因此,汉初降低田赋征收比率,固然有吸取秦帝国财政负担重的教训,让利于民并"与民休息",但更多的应该是因实际征收困难而采取的妥协措施。而且,以今天的眼光看,汉初的低田赋水平也不值得过去史书那样的夸赞。这是因为,国家要履行职能,必然要求有一定的财政收入保障;财政收入水平过低,要么以削弱国家职能为代价,要么在现实中发展出大量非规范的收入来补充。

---

① 程念祺:《国家力量与中国经济的历史变迁》,新星出版社2006年版,第82页。

至少到汉武帝末年,所谓三十税一依率计征的分成制田租,在现实中就已变成每亩缴纳固定数额的定额租金制①。不过,即使按定额形式征收田赋,也同样涉及土地丈量等技术和管理难题,再加上田赋低导致国用不足,于是汉初的财政制度出现了一个重大变化,那就是发展出人头税作为主要收入形式。这是因为人口总是呈现集中居住的态势,比较容易计算数字,征税时也可受到当时户籍制度的支持。户籍制度的起源很早,至少在战国时,各国政权就已把全国人口编入国家的户籍,第三讲说到商鞅变法时秦国就把个体小农编成五家为一伍的组织,从而把户籍编制和田地登记结合起来,实行国家的直接统治。显然,户籍制度的实行,为计口授田、收取地租、征发徭役、征收户赋等奠定了基础。需要强调的是,户籍编制,不仅是为了征收赋税和征发徭役,更是为了管理的需要,即把农民强制性束缚在土地上,以便于国家掌控人口资源。可以理解的是,当时对人口统计的准确性肯定要高于对田地统计的准确性。秦国更是如此,秦献公5年就"初为户籍",秦始皇16年"初令男子书年"(明令男子必须把户口年纪著于户籍)。到了汉代,户籍更加严密,又叫"户版""名数",内容包括户主姓名、籍贯、住址、爵位、职业、年龄、妻、子、兄弟、姊妹,以及牛马、田宅、奴婢、车辆的数量和价值,有的还登记身长、肤色等。

人头税的征收是这样的。在西汉,针对成年人(十五至五十六岁)征收算赋(每人120钱,商人和奴婢240钱),针对儿童(七至十四岁)征收口赋(每人23钱,其中20钱以"食天子",属于皇室财政;3钱为汉武帝时加征"以补车骑马",作为算赋的补充,是军备基金,属于国家财政)。通过算赋、口赋及下文将述及的更赋等人头税形式所获取的财政收入,事实上超过了田赋("租"),史称"轻租重赋"。

人头税最大的优点在于简便,只需计算各家各户的人口,就可征税。同时,为了均平人头税负担,政府在一定程度上还推行根据户赀来缴纳户赋的政策(即"据赀征赋")。户赀同时也是政府任用官吏的标准之一。

总之,初兴的统一帝国在理想上是根据土地收益收取分成制租金,但在现实中却以征收人头税(货币形式)为主,以征收田赋(实物形式)为辅。这样一种方式被后世称为"舍地而税人"。程念祺评价道:"由于土地控制和管理需要极大的人力物力投入,一切有关限制土地占有、实行土地分配、界定土地产权,以及土地清查等制度措施,实际上是不可能实现的。这样,履亩而税的制度理想被束之高阁,起而代之的是'舍地而税人'。"②

"舍地而税人",既是兼顾帝国制度理想和当时现实的举措,也说明帝国初兴时期保留了一定的城邦特征,即一定程度上仍以人口要素为支撑点,依赖于税人。在汉初普遍授田("一夫授田百亩")的前提下,对人征税一定程度上可等同于对土地征税,或者说用授田加税人的方式,曲折达成税地。不过人若失去了土地,就失去了承担人头税的能力。

---

① 马大英:《汉代财政史》,中国财政经济出版社1983年版,第32页。
② 程念祺:《国家力量与中国经济的历史变迁》,新星出版社2006年版,第198页。

三、摆脱徭役的努力——代役金和更赋的出现

城邦时代的财政,主要是由劳动者本人提供劳役(另有部分人提供军役),由此生产的粮食成为主要的财政收入(即所谓"借民力以制公田")。这既是城邦时代以"人"为支撑点的现实体现,也是当时经济活动中缺乏货币的表现。随着城邦的瓦解和帝国的逐渐兴起,粮食生产中的这种亲身服役方式逐渐消失,但劳动者仍需在其他场合为国家提供亲身的服役(即徭役),包括军役(充当士兵)和力役(工程劳役)。由于直至汉代兵农仍在相当程度上实行合一,因此军役和力役在实践中区分并不明显,所以有时也直接称徭役为力役。

秦帝国的覆灭,与徭役负担过重有关。这是因为,徭役与农业生产竞争劳动力,派发徭役若违背农时会大大影响粮食生产;与此同时,徭役也因直接体现国家对民众的征服关系而不那么具备仁政的特征,用现代财政学的术语来说就是税痛感较强,特别是经常会带来生命的牺牲。于是在汉初,帝国政府降低了对徭役的要求。但从法律上看,其绝对数量仍不低。成年男子在23岁和24岁需接受两年军事训练,之后每年要服一个月的兵役(从25岁至56岁),另外还要戍边3天。除了服兵役外,还得服各种各样的力役,如建筑皇陵、供应皇帝出巡时的运输工具、建设公共工程(筑城、治理江河等)、从事运输(如从各地往边境运输粮食)等。这足以说明,汉代初期仍保留着要求民众为国家亲身服役的城邦财政特色。

由于帝国广大,加上货币经济的发展,亲身服役的必要性越来越低且成本过高,因此从汉代开始,帝国财政就进入了消灭亲身服役的轨道。兵役方面,从征发兵员戍边,改为收取代役金(雇人服役),戍边义务变成了纳税义务;力役方面,向应服役者征收更赋,从而以雇人服役代替亲身服役。就其实质而言,代役金和更赋都是一种人头税,因而是上述"舍地而税人"政策的延续。

在风调雨顺、国泰民安之际,国家对徭役的需求不大,征收代役金和更赋实际上是增加财政收入的一项措施。可问题是,到战争或社会发生危机之时,以代役金和更赋来募役无法满足国家对人力的数量和结构的需求。于是,现实中的官府尤其是地方政府往往抛开制度的规定而在民间派发力役。事实上,征发力役的权力在实践中也根本无从制约,官吏们总是习惯性地运用该权力而不受法律制度的制约。因此,帝国时代的一个显著现象是,在制度上不断地消灭力役,而在实践中力役却始终不绝。

四、承担一定公共职能的财政支出方向和渐趋严格的财政管理方式

汉帝国时期的财政,比起封建领主制时期和秦帝国时,已应目的性国家的要求而更多地表现出公共性。一方面,战争费用和官吏俸禄在两汉时期占到支出的绝对份额,这两项支出既满足了维持工具性国家的要求,又满足了目的性国家对安全和秩序的要求。另一方面,汉代财政在经济和民生方面,比起秦帝国来,也有较多的支出,如救济灾荒支出、农田水利支出、移民垦荒支出等。在修筑道路、积谷防灾(如"常平仓")等方面,汉代财政也承担了一定的责任。当然,维持工具性国家的费用仍是高昂的,皇室、外戚、宦官、官僚等消费支出,往往构成财政上重大的和不可控的支出项目。

在财政管理方面,汉代继承了秦帝国时期那种大家庭管理方式,保持了国家财政和皇室财政分立的原则。国家财政"赋于民",也称为"公赋税",财政收入主要为田赋与算赋,由大司农主管,"供军国之用",主要支付军费、百官俸禄和其他公共开支项目。皇室财政收入主要来自皇室土地收入以及商品税(过税或住税),另外还有口赋及诸侯王每年奉献的黄金等,这些都由少府主管,以作为"私奉养"(与"公赋税"相对)的"天子之费"。天子之费的支出项目包括食物、衣服、家具、器皿、医药、后宫等,以及皇帝对诸侯王、高官、幸臣、功臣等定期的或特殊的赏赐。同时,皇室支出中若有重大项目(如建造宫室、陵墓之类),由大司农掌管的国库也支拨款项,而在皇室收入有剩余时,也将一部分拨付国库周济急用。

专栏 4.4　皇家财政与国家财政的分离

一般认为,秦王朝既已实行皇家财政与国家财政的分离,即由治粟内史执掌国家财税,由少府管理皇室财税,但史书中对此记载不详。

汉承秦制,《汉书·食货志》对汉初皇家财政与国家财政分离做了比较详细的记载。《汉书》中这样记载汉高祖刘邦在这方面的建章立制:"上于是约法省禁,轻田租,什五而税一,量吏禄,度官用,以赋于民;而山川园池市肆租税之入,自天子以至封君汤沐邑,皆各为私奉养,不领于天下之经费。"

应该看到,皇家财政与国家财政的分离,是中国古代财政管理的智慧,也是帝国国家公共性提高的一种表现。它对于今天的财政制度建设,同样有借鉴意义。

第三节　汉武帝对第一帝国财政制度的完成

帝国以土地为自己的支撑要素,版图的延展性就是其内在要求。帝国扩张既能满足工具性国家权力扩张的内在冲动,又能满足目的性国家对集体安全和文明拓展的要求。对汉帝国而言,扩张主要体现为,在北方与匈奴等游牧民族争夺空间,在西方与西羌斗争,在南方与当地土著冲突。当然,在这些扩张中,以北方最为重要。

专栏 4.5　汉帝国与游牧民族

中华帝国的成长,一定程度上也是作为主体的农耕文明不断扩展的过程。在秦汉时期,北方游牧部落正不断地发展为游牧帝国,其中尤以匈奴为代表。由此在秦汉时期,中华帝国与北方游牧帝国作为两种文明的代表,不断地争夺土地,彼进此退,往复不休,焦点集中在漠南沃野、阴山以南黄河两侧的沃土,以及长城内侧的土地。

汉王朝初期,以公元前 200 年刘邦被匈奴围困于白登山的"白登之围"为代表,中华帝国在与北方游牧帝国争斗中暂时处于下风。以此为开端,汉帝国与北方游牧帝国斗争的策略有如下几种：和亲结盟；武力克伐；卑礼承事；威服臣畜；消极防御；和平相处等①。直到汉武帝时期，武力克伐才成为主导性方式。

一、汉武帝财政改革的背景

汉初，由于多年战争造成国力疲弱，面对北部游牧帝国时不得不采取忍让的策略，军事支出因此比较小，财政上能够保持平衡的状态。以今天眼光看，汉初的财政不仅是收支平衡的，甚至是相当盈余的。《史记·平准书》里说："京师之钱累巨万，贯朽而不可校。太仓之粟陈陈相因，充溢露积于外，至腐败不可食。"不过，在当时经济条件和政府融资手段匮乏的情况下，一定的盈余是财政能够平衡的条件保证。随着汉兴七十年，国力恢复，加上雄才大略的汉武帝掌握政权，汉帝国开始显露出对外扩张的本能。于是，在财政上军事支出大幅提升，在不长时间内就把前几代的积蓄消耗殆尽，此时急需新的财源进行补充。

与此同时，在国内汉武帝也遇到国家治理中的平衡问题，就是如何抑制豪强的势力，恢复政治秩序和社会势力的平衡。这里说的豪强是一个统称，对此马大英先生的说法是："豪强、豪右或豪富是一个复杂阶层，包括诸侯王、外戚、贵族、大臣、官僚、工商奴隶主等，他们凭借权力或财富，享有免税、免役特权。"②汉初"轻租重赋"，货币形式的财政收入占了大部分，民众需要出售粮食或其他实物方能获得货币，政府获得货币后需要购买物资，由此导致商业活动频繁发生。再加上汉初民生凋敝，管理能力薄弱，政府允许民间开发铜、铁、盐等自然资源，甚至一度允许民间势力铸造法定货币。所以，虽然法律上有"贱商"举措（如贬低商人的社会地位），但并没有从经济上限制工商业的发展，商人势力急剧扩张。商人势力扩张引发的问题，为官僚贵族、豪强地主和大商人三位一体的发展所加强。如汉初规定，家赀十万才能为吏（景帝时降为四万）。以今天的眼光看就是将经济精英纳入权力体制内，这样富裕地主大量地进入官僚阶层。虽然在法律上工商业者不能为官吏，但富裕工商业者可以通过购买土地成为地主而进入官僚阶层，或者与贵族、官僚勾结而获得权势。直到公元前104年，汉政权才向所有富民开放（可以入谷补官，郎官需六百石），容纳工商户参与政权。官僚贵族，也往往凭借其政治特权，参与到商业活动和土地兼并活动中去。这样就形成了富商大贾、豪强地主、官僚贵族三位一体的社会阶层，这一阶层势力庞大，在相当程度上破坏了社会的平衡，并因他们兼并土地的行为而导致农民大批流亡，威胁到社会秩序的稳定与政治的平衡。

二、汉武帝财政改革措施

汉初所建立的财政制度，到汉武帝时期已不能充分满足帝国扩张和防范侵略的要求，也不能作为国家治理手段来平衡各阶层力量以稳定政治与社会。所以，在桑弘羊的辅助下，汉武帝大力改革原有的财政制度，借以完善第一帝国的财政制度。

---

① 马大英：《汉代财政史》，中国财政经济出版社1983年版，第195页。
② 同上书，第18页。

> **专栏 4.6　治国理财名臣桑弘羊简介**
>
> 桑弘羊(？—前80年)是汉武帝时期主要财经政策的制定者与执行者,也是中国历史上著名的理财能臣之一。他出身于洛阳的商人家庭,因精于心算(即算术),十三岁就被任命为侍中陪伴当时的太子(即后来的汉武帝)读书,并进而成为武帝终身的得力助手。
>
> 公元前115年起,桑弘羊先后担任大农丞、治粟都尉(武帝时所设临时性军职,专管征集军粮,又称搜粟都尉)、大司农(由秦代治粟内史发展而来)、御史大夫等职务,执行或主持武帝时期的财政改革与财经政策,先后推行算缗、告缗、盐铁专卖、均输、平准、币制改革等,并组织大规模屯田戍边活动。桑弘羊的财政改革与财经活动是相当成功的,为武帝时对匈奴的大规模战争提供了财政支持,并奠定了后世一系列财政政策与制度的基础。
>
> 当然,桑弘羊的财政政策也存在问题,并在现实中带来许多不利的后果。下一讲将说到的"盐铁会议"对此进行了比较充分的讨论。新皇帝即位后,因政治斗争的失败,桑弘羊被牵连而至身死族诛。

大体来说,汉武帝时期的财政改革包括以下几个方面。

(一) 借货币改革之机,集权中央,夺取豪强财富

汉初在经济落后、统治能力薄弱,以及地方势力强大的情况下,中央政府以出让货币铸造权来作为笼络地方势力的条件,允许部分封国、贵族甚至宠臣自行铸造钱币。随着经济的恢复、商业的繁荣,铸造货币成为有利可图的事业。各郡官府、王侯宠臣、富商豪民竞相盗铸,甚至掺假、减重,这不仅造成"劣币驱逐良币"效应,扰乱市场,破坏经济秩序,更为严重的是通过操纵官、私货币比率来牟取巨额利益。这些人,也因此成为影响政治和社会稳定的重大势力。

武帝的改革,首先推行的货币改革方案是单纯敛财性质的,即白鹿皮币和白金币。白鹿皮币专门针对王侯宗室,规定他们在朝觐聘享时,必须使用产自皇家上林苑的白鹿皮作璧的垫子,每张皮币售价40万钱。白金币是用银、锡合铸而成,作价奇高,由中央政府专门向富商豪民发行。然后又推行更铸三铢钱、郡国五铢钱和赤仄(zè)五铢钱等多项改革方案。最后,于公元前113年,由桑弘羊主持新的币制改革,即"悉禁郡国毋铸钱,专令上林三官铸。钱既多,而令天下非三官钱不得行,诸郡国前所铸钱,皆废销之,输入其铜三官"(《汉书·食货志》)。这样,中央政府垄断了货币发行权,不仅增强了财政能力,削弱了豪强势力,而且也有利于社会经济的正常进行。

(二) 以算缗告缗,来增加财政收入,削弱豪强财力

算缗,就是对商贾、手工业者征收财产税,告缗是以鼓励告密的方式来打击逃漏算缗的行为。武帝之前,西汉政府已针对商贾,就其营业额(固定商铺)或交易行为(流动摊贩)征收"市租",并对其特定财产(如舟车等)征税。武帝时将特定财产税转变为一般财产税(公元前128年),就富人所拥有的动产(商货、车船、牲畜等)、不动产(田宅等)以及奴婢,一律估价,折算为钱,按规定税率征税。

到公元前119年,算缗钱发生质变,与告缗配合,成为打击豪强的利器。其具体操作是：让商人自报资产、车船、土地、奴婢等,对这些财产征税;禁止商人占有土地;对瞒产漏税者,一旦被告发,则没收其全部财产,并罚戍边一年;对主动告发者,以罚没人财产的一半为奖励。短期内,算缗和告缗的效果奇佳:"得民财物以亿计,奴婢以千万数,田大县数百顷,小县百余顷,宅亦如之。于是商贾中家以上大氐(抵)破"(《汉书·食货志》)。不过,这样的方式显然不可能持久。因此,告缗令推行五年后即由桑弘羊建议停止。

(三)调整财政管理方式,实行盐铁专卖

如前所述,在从城邦转向帝国的过程中,君主逐渐明确了自己对山川池泽的产权,将其设为禁地。在实际上无法禁止农民到禁地的情况下,由原来的按习惯共用,转为容许农民进入,但在重要道口设关置卡,课征商税(过税),或在市场设立市吏征收市税(住税)。这样的赋税,在管理上从属于王(皇)室财政。对盐、铁等资源商品,也是这样征税的。在汉初,政府开放盐铁山泽工商之利,于是豪强们通过占有和操纵盐、铁这样低需求弹性的生活必需品的买卖,获得巨额收益。汉武帝时,将少府所辖盐铁税转归大司农,这样盐铁收入就从皇室财政转入国家财政。

公元前119年前后,中央政府进一步宣布对盐铁实行专卖制度。实际上到公元前110年,这一专卖政策才由桑弘羊大力加以贯彻,其内容主要有:官府招募平民煮盐,生产及生活费用由平民自己承担,煮盐工具由官府提供,成盐之后官府全部收购;铁的开采、冶炼以及生产工具的锻造,一律由官府雇用的民工或服刑的囚犯来承担,生产出来的铁器全部归国家所有;任何人均不得私自冶铁煮盐,更不准擅自转运销卖;朝廷在盐铁产区设置专门的专卖机构,并派官吏专门主持盐铁的销售工作。这样的盐铁专卖政策,实际上实行的是一种对盐铁的全面官营垄断,以谋取垄断利润的方式获取财政收入。它的有利之处在于,不但增加了国家财政收入,使得国用饶给,而且民众的负担至少表面上增加并不明显,豪强的经济势力则受到一定的打击。当然,这一政策也有很多消极后果。对这样的低弹性商品实行专卖,其利弊得失问题是帝国财政的经典话题。下一讲将借助于《盐铁论》这一文本对此进一步地探讨。

(四)其他财政改革措施

汉武帝财政改革还有一些其他的措施。比如,创办均输法以另辟新财源,就是汉武帝改革的一项重要内容。所谓均输法,就是以诸侯国向中央朝廷上缴的贡赋为底本、由中央政府所设的官方商业机构从事地区间远程贩运贸易。其具体内容为:由中央政府在各地设立均输官,在诸侯向皇帝进贡时,一部分质优、价贵或体小轻便的贡品,由均输官直接运抵京师;其余物资不再输往京城,而一律交给各地均输官运至其他缺货地区出售。这样做表面上的理由是避免诸侯所供因物品价值低于运达京师的运输费造成的浪费,事实上是中央政府以此为借口开展官营商业活动,以谋取商业利润。平准政策是另一项措施,其目的是调节物资供求,平抑市场物价波动。

另外,汉武帝还大量采用了卖官鬻爵和入钱谷赎罪等有争议的措施,以获取特权收入来满足军事支出的需求。赎罪权是君主出售免刑特权,以若干金钱或谷物作为免受刑罚的代价。卖官既是豪强获取政治权力的手段,又是其以权力进一步获取经济利益(合法或非法)的前提。鬻爵则是兼二者而有之,既可免刑,又可以免役,在一定条件下还可以因此

而被任命为官吏,或被作为社会荣誉。卖官鬻爵和钱谷赎罪虽然有增加财政收入的作用(尤其是在短期内),并可将部分经济精英纳入体制内,但其消极影响也非常明显,即混淆了公权和私权的界限。因此,这些有争议的措施不断受到严厉的批评,甚至在当时被人认为是"纵虎食人"。

三、小结

综上所述,汉武帝财政改革是在第一帝国家财型财政的基础上,试图从工商业来获得有弹性的财政收入,以补充第一帝国财政"舍地而税人"的不足,满足帝国扩张的需要,并达到抑制豪强势力成长的国家治理目的。这一改革具有一定的成功性,也为后世创造了以来源于工商业的收入来弥补田赋收入不足的先例。至此,第一帝国的财政制度基本成形,从武帝后至东汉末,财政制度及救急措施基本上都沿用上述这些已有的内容,不再有新的创造来应对现实中的危机。

大致上,武帝之后,汉政府的国家财政,每年取自人民的财政收入有 40 多亿钱,一半用于官员俸禄等项目,一半储备起来以应急需。掌管皇室财政的少府,从山泽园池收取的岁入总数在 13 亿钱左右。

重点提示

1. 汉高祖"白马之盟"标志着中华帝国的君位奠定在可撤销的契约基础上以及帝国权力分配采用血缘制和功绩制两种原则。从此以后,一个王朝是否能够生存,不仅仅看它的统治者是否符合血统原则,也不仅仅看工具性国家是否强大,更为重要的是要考察它的德性基础。如果君主仍有德性,这一契约就仍然存在,该王朝就仍能生存;而一旦君主丧失德性,则契约就被解除,该王朝就要灭亡。与此同时,围绕着皇位继承和皇权运行,以血缘为原则构建起了最高权力的转移与运行制度;围绕着官僚的录用与升迁,以功绩为原则建立起了官僚治理权的授予与激励约束制度。

2. 以董仲舒为首的儒家学者,在综合先秦时代学者对即将来临的帝国所进行的思考基础上,结合秦帝国的经验教训,提出了适应于统一帝国的意识形态,以解决以下两个问题:(1)以君权为形式的公共权力所确立起来的制度为什么是合理的(帝国因此可以得到辩护)?(2)君权的行使需要遵循什么原则(以避免伤害帝国的长治久安)?

3. 战国至秦已初步于现实中呈现的以税地为正宗的家财型财政,在汉统一帝国中再次展现出来,表现在产权关系、财政收入、支出方式与管理制度上。不过,由于帝国初兴,管理能力欠缺,这种家财型财政不得不采取"舍地而税人"的方式。因此,第一帝国在财政方面仍残留着城邦时代的特征,即一定程度上仍以"人"为中心来组织财政收入,实行税人。

4. 汉武帝财政改革是在第一帝国家财型财政的基础上,试图从工商业来获得有弹性的财政收入,以补充第一帝国财政"舍地而税人"的不足,满足帝国扩张的需要,并达到抑制豪强势力成长的国家治理目的。

思考题

1. 搜集中国古代传统中的"游侠"材料,探讨"游侠"为"吏"所裁抑具有的历史意义。
2. 探讨"白马之盟"在中华帝国史上的地位。
3. 以董仲舒为代表的儒家学者,在汉代为帝国制度的完善做出了什么样的贡献?
4. 家财型财政展现在第一帝国时期是什么样态?
5. 汉武帝为什么要发动财政改革?从国家治理角度看效果如何?
6. 你怎么评价汉武帝发动的多次大规模对外战争?

第五讲

帝国初兴时期财政理论的反思

在第一帝国时期,由战国时秦国所奠定的财政原则演化为现实中一系列比较成形的家财型财政制度。经过汉武帝时期的财政改革,这一财政制度不但能维持正常时期的帝国运行,还能为帝国的扩张行动提供物质资源的支持,同时还可成为平衡社会各阶层势力的治国工具。当然,这些制度在现实运行中也暴露出诸多的问题。武帝去世后,对于是否应该继续坚持他制定的政策和制度,出现了广泛的争议。要解决这样的争议,就需要基于帝国已有的经验进行认真的反思,而这样的反思将决定今后帝国财政制度的基本形态。

汉昭帝始元六年(公元前81年),在首都长安召开的"盐铁会议"就提供了这样的反思机会。在《盐铁论》一书的"本议篇"中,载明了这次会议的起因:"惟始元六年,有诏书使丞相、御史与所举贤良、文学语。问民间所疾苦。"会议由丞相车千秋主持,御史大夫桑弘羊与丞相史、御史等在朝官吏组成官方阵营,六十余位饱读经书的贤良、文学组成民间阵营,双方就盐铁专卖等财政政策乃至治国方略等,展开了一场大辩论。对于这次会议在历史中的地位,葛兆光在《中国思想史》中评价道:"在儒家成为汉代国家意识形态地位的过程中,西汉昭帝始元六年'诏有司问郡国所举贤良文学民所疾苦,议罢盐铁榷酤'的所谓盐铁会议和宣帝甘露三年'诏诸儒讲五经异同'的所谓石渠阁议是两次重要的插曲。"①

专栏5.1　贤良、文学

"贤良"与"文学",是汉代选拔读书人做官的途径。汉文帝时期就开始察举"贤良方正"做官,此时贤良方正主要指能直言极谏者。武帝时,在董仲舒的影响下,只要有灾异发

---

① 葛兆光:《中国思想史》,复旦大学出版社2001年版,第270页。

生,君主就下诏书要求举荐贤良、征求意见、匡正过失,因而逐渐成为制度。

贤良方正有时与文学相连称,有时贤良与文学又并立为二科。就此次盐铁会议而言,贤良,基本上是从京畿三辅与太常之官所职掌的"诸陵园"地区诏举的知识分子,而文学全部来自山东(函谷关以东郡国)的知识分子("郡国文学高第各一人")。

根据"盐铁会议"上留下来的"议文",汉宣帝时的学者桓宽写出了财政史上的不朽名著《盐铁论》。对于桓宽,历史上未记载他的生卒年月,其他事迹的记载也很少。《汉书》中只是简略地提道:"汝南桓宽次公治《公羊春秋》,举为郎,至庐江太守丞",并说他写出了《盐铁论》这本书,"博通善属文,推衍盐铁之议,增广条目,极其论难,著数万言"。在盐铁会议上,出席的人很多。不过,《盐铁论》的作者桓宽在写作时却采取典型角色的形式,只列出大夫、御史、丞相、丞相史、文学、贤良等六种角色,而没有列出具体的发言人姓名。为了简便起见,本讲将前四者(大夫、御史、丞相、丞相史)通称为"公卿大夫",将后二者(文学、贤良)合称为"文学贤良"。

下面主要根据《盐铁论》这本书的内容,来考察帝国形成且运行一段时间后,对于帝国财政制度构建与财政运行,学者们有些什么样的看法。此时的学者,不再像战国时的学者那样只能对即将来临的帝国进行猜想,而能根据帝国的实践经验(虽然还不足百年)来思考国家运行的基本财政原则。

第一节 《盐铁论》这本书

本节对《盐铁论》这一文本做一点简单的介绍。

一、《盐铁论》的文本结构[①]

桓宽把这本书分为六十篇。其中第六十篇是以"客曰"引出一大段文字,交代本书写作的前因后果,并对盐铁会议及其出席者进行评价,其性质相当于今天著作中的序言。因此,除该序言外,全书的正文共五十九篇。在五十九篇正文中,又可以自然地分为"会上"和"会下"两大部分。

从第一篇《本议》至第四十一篇《取下》,为本书的第一大部分即"会上"部分。这一部分的内容,完整描述了"盐铁会议"从会议召集到会议开展,直至会议结束的全过程。如第一篇的开始,就交代本次会议的缘由,而第四十一篇末交代会议的结束,"于是遂罢议,止词。奏曰:'贤良、文学不明县官事,猥以盐、铁为不便。请且罢郡国榷沽、关内铁官。'奏,可"(《取下》)。在"会上"部分,文本基本上严格地按照会议议程而编排次序。

从第四十二篇《击之》至第五十九篇《大论》,为本书的第二大部分即"会下"部分。这

[①] 在本讲中凡是引自《盐铁论》文本中的文字,均在引文后直接注明篇名,不再一一标出书名。

一部分的内容,描述的是公卿大夫与文学贤良在会后的讨论。正如第四十二篇开头交代的,"贤良、文学既拜,咸取列大夫,辞丞相、御史"(《击之》)。就是说,文学贤良要回家了,先告别丞相,再告别御史大夫桑弘羊。在告别御史大夫时,双方觉得在会上的争论意犹未尽,于是再次展开讨论。由于在这一部分的文本中没有丞相和丞相史的发言,所以有不少学者猜测会后的这场讨论是在御史大夫处举行的。从人物关系看,"会下"部分大致安排如下:从第四十二篇至第五十四篇都是大夫与文学在对话;第五十五篇,御史在大夫无言应对之际接过话题,直到第五十八篇"默然不对";大夫不得不接过话题继续应对,但被说得"怃然内惭",不得不在第五十九篇结束话题,于是全书结束。

二、"臆造"问题与写作目的

在针对《盐铁论》的研究中,有一个常见的问题,那就是:该文本多大程度上反映了"盐铁会议"讨论时的真实情况?又有多大程度出自桓宽的"臆造"?清人姚鼐在《惜抱轩文后集》就评论《盐铁论》说,"此必宽臆造也"。

首先可以肯定的是,夹杂在文本中近20处简短的叙述或描述性文字(于论辩双方反复辩难的对话间出现的),毫无疑问属于作者的文学加工。然后可以合理地猜测,"会上"部分的文本,应该有当时会议"议文"的支持。这是因为,像这种正式会议应该有可供查阅的官方记录,而且这部分文字参差不齐,风格也更接近于会议发言。至于"会下"部分,看起来在文字上更整齐、内容上更具理论色彩,似乎更接近于书面文字。因此,另一个合理的猜测是,"会下"部分,可能更多的是作者根据当事人的回忆(如《杂论》说"汝南朱子伯为予言")和自己的写作目的,加工而成的结果。在"会下"这一部分创作的成分应该要多一些,但可能并非完全的"臆造"。

在《盐铁论》文本中,还有一个现象引起研究者的兴趣,因为它涉及桓宽写作《盐铁论》的目的。这个现象就是,59篇文章几乎全部都以文学或贤良做最后发言,或说以之作结(除《论诽》篇以丞相史作结,《利议》篇以大夫作结,《散不足》篇以丞相的问句作结)。对此现象,有学者认为,桓宽是"把桑弘羊置于被告席上,有意给以贬低"[1],因为最后的发言,常有总结全篇、盖棺定论的意味。这样的解读当然有一定道理,但可能过度了。一个相对合理的猜测是,这种编排方式,符合本次会议的目的,即"问民间所疾苦"。就是说以公卿提问、文学贤良回答的文本编排方式,能够更好地体现本次会议君臣问对的性质。

还应该交代的是,在最后一篇《杂论》篇中,作者给出了自己对这次会议的评价和写作此书的目的。在《杂论》中,桓宽既肯定了朝廷官员(如称赞桑弘羊为"博物通士")和民间人士("不畏强御"),又表达了自己的失望之情。对会议的参加者,桓宽认为丞相"当轴处中,括囊不言",大夫等人"不能正议,以辅宰相",只知道"务畜利长威",而文学、贤良"未能详备"。尤其是对本次会议结果,感到十分失望,认为"蔽于云雾,终废而不行"。因此,《汉书》对桓宽写作《盐铁论》的目的,给出了中肯的评价,说桓宽"亦欲以究治乱,成一家之法焉"。换言之,这本书的目的就是通过探讨财政问题而尝试追究"治乱"之术。

---

[1] 吴慧:《桑弘羊研究》,齐鲁书社1981年版,第482页。

三、《盐铁论》"奇"在何处？

一直以来都有人说《盐铁论》这本书是奇书，甚至有人称其为"一本空前绝后的奇书"①。原因可能主要有以下几个方面。

(1) 它涉及的事件奇。《盐铁论》是根据"盐铁会议"留下来的材料整理成的，而"盐铁会议"又是由朝廷下诏，丞相、御史大夫亲自参加，由朝廷官员与六十多名民间知识分子双方通过论辩来讨论国家治理的大会，这不仅在汉代而且在整个中国历史上都不多见。有学者高度评价本次"盐铁会议"说："盐铁会议说明最晚到昭帝时代，先秦时代自由论辩的民主意识或学术风气多少还得以保留，这是学术定于一尊之后的时代所不可能实现的。"②桓宽也对本次会议做出了高度评价："当此之时，豪俊并进，四方辐凑（辏）。贤良茂陵唐生、文学鲁万生之伦六十余人，咸聚阙庭，舒六艺之风，论太平之原。"（《杂论》）召集民间知识分子来朝廷议政，点评政治得失，无论如何都能算得上具有"民主"的色彩。这一事件，也可用来反驳一种观点，那就是把中国古代政治看得从头至尾都黑暗无比，甚至认为中国政治具有内在的专制基因等。由盐铁会议可以看到，持有这种观点的人，是多么地缺乏历史常识。

(2) 它涉及的人物奇。民间知识分子即文学贤良不畏强权，直言批评公卿大夫，体现了孟子所称赞的"大丈夫"风貌。比如他们批评，"今之在位者，见利不虞害，贪得不顾耻，以利易身，以财易死。无仁义之德，而有富贵之禄，若蹈坎阱，食于悬门之下"（《毁学》）。明代学者张之象在《盐铁论注》自序中就曾对汉代知识分子的风貌向往不已："汉兴百有余载，敦尚儒术。文学、贤良皆诵法孔、孟，知所自好，其议罢盐铁、酒榷、均输，愤切时政，贯综国体，至能以韦布直诋公卿，辩难侃侃，无少假借，不降其志，不馁其气，虽古称国士，何以加焉。"直诋公卿、侃侃而谈的文学贤良，在今天看来确实是奇人。不过，坚持以理服人、不仗势欺人（以大夫为首）的官员，也是本次会议上的亮点，他们也是奇人。以御史大夫桑弘羊为例，为了加强论辩的力量，他引用了《论语》18次、《孟子》5次、《诗经》8次、《春秋公羊传》7次、《周易》3次、《管子》6次，充分展现了博学与理性。官员论辩失败后，其表现也非常理性、有风度，而不是恼羞成怒、直接下令抓人："御史默不对"（《论儒》）；"大夫默然"（《园池》）；"御史默不答也"（《未通》）；"丞相史默然不对"（《谏议》）；"大夫不说，作色不应也"（《相刺》）；"怃然内惭，四据而不言"（《大论》）。当然，需要交代的是，由于这本书是作者桓宽根据会议材料整理而成的，因此对会议出席者行为的描述虽事出有因，但未必完全属实。

(3) 这本书的形式也奇。这是一本对话体的著作，通篇描述的是由辩论推动的会议进程，并展现出思想的交锋。以对话方式来展开全书，这种文本样式在古希腊学者特别是柏拉图那里是一种常态，但在中国古代书籍中却并不多见。中国古典典籍中可以见到的对话体，更多的是师生问答性质的（《论语》《孟子》等），这与平等性的辩论或对话是不太一

---

① 乔清举：《盐铁论注释》，华夏出版社2000年版，前言。
② 王永：《盐铁论研究》，宁夏人民出版社2009年版，第80页。

样的。在对话者处于平等地位的前提下,在辩论过程中,对话者为自己的观点提供论证,同时批驳对方的观点,这样的方式在柏拉图看来是发现真理的进程。对于辩论所具有的意义,该书也有深刻的认识,即通过辩论发现道(或义)而不是谋求口头的胜利:"论者相扶以义,相喻以道,从善不求胜,服义不耻穷。若相迷以伪,相乱以辞,相矜于后息,期于苟胜,非其贵者也。"(《论诽》)用对话体形式展开全书,王充在《论衡·案书篇》中就夸赞过:"两刃相割,利钝乃知;二论相订,是非乃见。是故韩非之《四难》,桓宽之《盐铁》,君山《新论》之类也。"由于用对话展开全书,又不举出人物具体姓名而使用典型人物(如文学、贤良、丞相史、御史等),这种形式被后人认为是戏剧形式,并指出它在文学史上极具意义。郭沫若对此评价说:"书中有六种人物,而问答也相当生动,并不那么呆板。这可以说是走向戏剧文学的发展,但可惜这一发展在汉代没有得到继承。"①在文体形式上,这本书也有其历史地位,充分显示了汉代赋体文学的美文特征,如"丽词雅义"、堆砌诡异文字或古文奇字、语言对仗工整、散对相错、多用韵语等。学者王永所著的《盐铁论研究》,主要就是从文学形式方面来研究《盐铁论》这本书的。

(4) 再有,这本书的内容也奇。召开盐铁会议的初衷,是讨论盐铁专卖政策是否该废除。与会者由对该项政策的讨论,延伸到对国家内外政策的全面检讨,进而将内容上升到治国方略与意识形态问题。从比例上看,真正讨论盐铁专卖政策及经济问题的篇数,只有7篇(全书正文内容59篇),而与治国方略和意识形态有关的篇数至少有19篇。因此,《盐铁论》这本书包含的内容极为丰富。明代学者金蟠在辑注《盐铁论》时,撰写的自序是这样来概括该书内容的:"上自礼乐刑法,下逮农耕商贾,内则少府颁赍,外及蛮夷战守,金筹石画,驳辩稽参,靡不恺至而精核。"王永评价这本书,说它"蕴涵着丰富的哲学、政治、经济、历史、民族、文学等多方面的思想文化资源与价值,是一部研究西汉社会思想学术变迁与政治经济发展乃至民族、历史观演进与文学创作嬗变的重要典籍"②。

(5) 最为奇特的莫过于这本书的命运。自汉代成书后,该书虽然历代流传,但直到明代才真正为人所重视,而其"人气高潮"竟然发生于学术荒芜的"文革"时期。从《汉书·艺文志》开始,《隋书·经括志》《旧唐书·经籍志》《新唐书·艺文志》《宋史·艺文志》《文献通考》等,对《盐铁论》都有著录。从现有资料看,该书真正引起古人的研究兴趣,始于明代而盛于清代。张之象所著《盐铁论注》(被收入《四库全书》),是现在能见到的关于《盐铁论》的最早注本。明清两代对《盐铁论》的研究多属校勘注释之作,而近代研究则开始于1938年唐庆增的《盐铁论选注》(节选42篇文本,加新式标点,在每段末加按语,多以西方现代经济学说来解说)。1949年后《盐铁论》的研究,则以郭沫若所著《盐铁论读本》(1956)、杨树达所著《盐铁论要释》(1957年)为代表。到20世纪六七十年代,由于受"文革"的影响,国内许多人都从儒法思想斗争的角度关注《盐铁论》。为配合这一需要,各种《盐铁论》注本、选注本大量涌现,从而掀起了《盐铁论》学习与使用的一个"人气高潮"。20世纪80年代后,关于《盐铁论》的研究开始理性化,出版的校注和注释版本不算多。但在

---

① 郭沫若:《盐铁论续本》,科学出版社1957年版,序。
② 王永:《盐铁论研究》,宁夏人民出版社2009年版,序。

20世纪80年代以来的中国思想史著作中,对《盐铁论》所包含的思想及其地位与影响,一般都安排有专门的章节来叙述。总体而言,《盐铁论》这本书仍未得到应有的充分研究。

四、《盐铁论》中的财政问题

财政领域的重大问题至少有以下几个,其中每一个都与帝国政治制度与国家治理的基本方面联系在一起:(1)财政支出规模是大好还是小好?这一问题涉及国家职能的积极与消极问题;(2)工商业是否可成为财政收入的来源?这涉及国家的经济基础与基本政策问题;(3)如何管理暴利性资源商品?这涉及财政对社会的管理与国家治理问题。对于这些问题,《盐铁论》均进行了深入的探讨。探讨及形成的答案,事实上成为支配后世帝国财政的基本原则。这些基本原则,不但主导了财政基本制度自身的重建与变异,也深刻影响到帝国整体制度的再生与转型。

接下来,本讲就从上述这三个问题入手来解读《盐铁论》,最后再探讨几个与财政相关的其他问题。

第二节 财政支出规模是大好还是小好?

帝国制度是中华先民们面对生存需要所进行的伟大创造,这一基本制度萌芽于春秋战国时期诸子百家的制度构想中,形成于秦皇汉武雄才大略的制度实践下。到了汉武帝去世时,中华帝国对外对内的基本格局已大体奠定。对外,向南和向西的版图扩张已大致达到极限,向北则处于战略优势中,由此确立了中华民族生存的基本空间;对内,通过官僚制度的深化和诸侯国问题的解决,确立了基本的政治秩序。

在基本生存空间与政治秩序奠定后,中华帝国的国家职能应该采取积极主义还是消极主义?国家职能的积极与消极,决定了财政支出额的多与少。这一问题,被盐铁会议的参与者们提了出来,并在二千年帝国史中被反复提及。

一、公卿大夫对扩大财政支出的支持

公卿大夫显然持有积极的国家职能观,提倡运用暴力与法治的工具,来实现对外的安全和对内的秩序,并要求积极地干预经济与社会。基于此,他们强烈主张大规模的财政支出方案,要求从多渠道去筹集财政收入以满足支出的需要。

在他们看来,对外安全的取得,显然来自国家显示的武力,外部威胁者"非服其德,畏其威也。力多则人朝,力寡则朝于人矣"(《诛秦》)。因此他们主张积极的征伐与充足的防备,"自古明王不能无征伐而服不义,不能无城垒而御强暴也"(《徭役》)。要实现对外的安全,要满足支出的需要,就必须大力地筹集财政收入,其基本方式显然是继续实行盐铁专卖等政策,"边用度不足,故兴盐、铁,设酒榷,置均输,蓄货长财,以佐助边费"(《本议》)。在他们看来,运用所谓的德性感化手段,对匈奴这样的异类无效;从长远看,武力征伐的成

本并不高，"当世之务，后世之利也。今四夷内侵，不攘，万世必有长患"(《结和》)。在他们的理性计算中，对外军事行动，不仅是防范侵略的需要，而且在经济上也是有收益的："孝武皇帝平百越以为园圃，却羌、胡以为苑囿，是以珍怪异物，充于后宫，駒駼(táo tú)駃騠(jué tī)，实于外厩，匹夫莫不乘坚良，而民间厌橘柚。由此观之：边郡之利亦饶矣！"(《未通》)

对内秩序的取得，在公卿大夫看来，主要是利用刑罚的力量惩罚作恶者，这样才能维护基本的社会秩序，"锄一害而众苗成，刑一恶而万民悦"(《后刑》)。只有大力提倡法治，严厉地惩罚犯罪，使民众畏惧，才能保证基本秩序，"令者所以教民也，法者所以督奸也。令严而民慎，法设而奸禁。……是以古者作五刑，刻肌肤而民不逾矩"(《刑德》)。为了维护基本秩序而扩大运用刑罚的力量，也可能会出现问题。但在公卿大夫看来，这些问题都是可以通过进一步地理性化就能解决的。比如他们承认吏治有问题，但认为整顿吏治仍应运用惩罚的手段："为吏既多不良矣，又侵渔百姓。长吏厉诸小吏，小吏厉诸百姓。故不患择之不熟，而患求之与得异也；不患其不足也，患其贪而无厌也。"(《疾贪》)在这种前提下，公卿大夫显然赞成在司法和行政管理方面的支出进一步地增加，并因此增加财政收入。

除了安全与秩序外，公卿大夫还特别地对财政支出所能发挥的经济和社会职能充满自信，"故人主积其食，守其用，制其有余，调其不足，禁溢羡，厄利涂，然后百姓可家给人足也"(《错币》)。为了应对这一类支出的需要，增加财政收入是有益的，"是以县官开园池，总山海，致利以助贡赋，修沟渠，立诸农，广田牧，盛苑囿"(《园池》)。他们将积极发挥国家职能所能达成的理想状况，设想为"使百姓咸足于衣食，无乏困之忧；风雨时，五谷熟，螟螣(míng téng)不生；天下安乐，盗贼不起；流人还归，各反其田里；吏皆廉正，敬以奉职，元元各得其理也"(《执务》)。为了实现这一理想状况，他们认为重点在于增加财政支出；对文学贤良提出的减少财政支出进而降低财政收入的要求，他们非常不满，认为这将使国家职能无法实现，并讽刺性地反问道："诸生若有能安集国中，怀来远方，使边境无寇虏之灾，租税尽为诸生除之，何况盐、铁、均输乎！"(《国疾》)

二、文学贤良对降低财政支出的要求

作为民间知识分子，文学贤良并非不通世务者，对时代的发展和帝国制度的来临，他们有非常清醒的认识，同意"明者因时而变，知者随世而制"(《忧边》)。不过，他们依然认为，治国仍应遵循过去时代的德治要求，用以身作则的教化手段，来实现对外的和平和同化，对内的秩序与和谐。他们认为，这样做就可以减少财政支出。

对外方面，文学贤良承认，安全与秩序的需要在财政上确实有其地位。不过，他们更多地强调，对外扩张不应是力的征服，而应是德的感化，像周王朝那样用和平的手段来处理问题，"周累世积德，天下莫不愿以为君，故不劳而王，恩施由近而远，而蛮、貊自至"(《诛秦》)。事实上，文学贤良并不反对国家的扩张，只是认为应该用文化渗透而非武力征服的手段，"既以义取之，以德守之。秦以力取之，以法守之，本末不得，故亡。夫文犹可长用，而武难久行也"(《徭役》)。显然，他们觉得文化渗透成本更低，对财政支出的要求更少，不会过分干扰民众的生活,"往者,匈奴结和亲,诸夷纳贡,即君臣外内相信,无胡、越之患。当此之时,上求寡而易赡,民安乐而无事"(《结和》)。特别地,他们提出了帝国扩张的自然边界问题,即国家扩张到一定程度,为扩张而付出的(边际)成本已远高于(边际)收益,继续扩张并不合算,"今去而侵边,多斥不毛寒苦之地,是犹弃江皋(gāo)河滨,而田于岭阪菹泽也。转仓廪之委,飞府库之财,以给边民。中国困于徭赋,边民苦于戍御"(《轻重》)。也就是说,文学贤良在考虑对外扩张问题时,并非纯从理想主义高调出发,事实上也有冷冰冰的功利计算在内。

在对内治理方面,他们认为国家职能最为重要的是要使人民有品德(仁义),而不是追逐利益与效率,"治人之道,防淫佚之原,广道德之端,抑末利而开仁义,毋示以利,然后教化可兴,而风俗可移也"(《本议》)。他们批评公卿大夫,"能刑人而不能使人廉,能杀人而不能使人仁"(《申韩》)。在他们看来,治国的关键在德治,即在上位者的模范带领下,民众遵循各种"礼"的要求,从而达到天下大治,"圣人假法以成教,教成而刑不施。故威厉而不杀,刑设而不犯"(《后刑》)。采用德治手段,自然对财政支出的要求就很小,特别地,治国者就不需要用种种与民争利的手段来增加财政收入,"是以王者不畜聚,下藏于民,远浮利,务民之义;义礼立,则民化上"(《禁耕》)。他们一再强调,在当时情况下,国家的职能已过度扩张,以至于财政负担过重,伤害到民众,"(今)郡国徭役,远至三辅,粟米贵,不足相赡。常居则匮于衣食,有故则卖畜鬻(yù)业"(《疾贪》)。因此,必须减少国家职能,降低财政支出对收入的要求,尤其是要废除盐铁等专卖政策,"方今之务,在除饥寒之患,罢盐、铁,退权利,分土地,趣本业,养桑麻,尽地力也。寡功节用,则民自富"(《水旱》)。

特别重要的是,文学贤良一再强调,政府和皇室消费扩大会对社会生产造成伤害,这也是后世中国财政史一再重复的话题:"方今公卿大夫子孙,诚能节车舆,适衣服,躬亲节俭,率以敦朴,罢园池,损田宅,内无事乎市列,外无事乎山泽,农夫有所施其功,女工有所鬻其业;如是,则气脉和平,无聚不足之病矣。"(《救匮》)这是因为,帝国制度是以君权来表现国家的公共权力的,由于君主和官僚的行动打着国家和公共的旗号,皇室与官僚的消费支出因此而缺乏可靠的制约机制。所以文学贤良一再坚持,财政支出规模小,才可以节约财富,财政征收减少,百姓才能富裕,"异时,县官修轻赋,公用饶,人富给"(《击之》)。

第三节　工商业是否可成为国家的财政收入来源?

经过秦皇汉武时期的大规模征战,中华帝国的主体疆域已大体确立,这就是长城一线以内的农耕区。在这一区域内,以家庭为单位的小农经济,成为帝国的主要经济基础。如前所述,按照杨宽先生的说法,从战国到清中期,占帝国经济主导地位的一直是五到八口之家的小农家庭,耕种32亩左右的土地(自有土地或租佃而来的土地)。因此,中华帝国的经济基础,一直是以家庭为单位的、有极强生命力的小农经济,帝国财政也因此主要依靠以农户为基础的田赋,这也是帝国财政的正统形式。

问题是：如何处理工商业？一方面，工商业可以动员和集中大量资源，可以因实行劳动分工而提高效率，从而创造出极大的财富，并可能成为国家财政收入的来源；另一方面，工商业从业者及其财富，在相当程度上属于自由资源，易于流动与集散，容易破坏社会的稳定与各阶层势力的平衡。对于工商业的处理，公卿大夫和文学贤良分别做出了不同的回答。

一、公卿大夫肯定工商业作为财政收入来源的意义，要求实行官营垄断

以今天的眼光看，公卿大夫显然更为正确地认识到工商业对社会财富的作用，认为社会财富的实现，"待商而通，待工而成"（《本议》），强调"故工不出，则农用乏；商不出，则宝货绝。农用乏，则谷不殖；宝货绝，则财用匮"（《本议》）。他们明确提出，"富国非一道，……富国何必用本农，足民何必井田也？"（《力耕》）在辩论中，公卿大夫列举了大量的事例，来说明富裕的城市与个人是如何通过工商业致富的，"诸殷富大都，无非街衢五通，商贾之所凑，万物之所殖者"（《力耕》）。现代经济学认识到，自愿交易对于经济有巨大的作用，如改善交易双方的效用，将资源投入到更有效率的地方，并因此实现总效用的提高和财富的增值等。对此，公卿大夫也有深刻的认识，并做出了很好的阐述："财物流通，有以均之。是以多者不独衍，少者不独馑。若各居其处，食其食，则是橘柚不鬻，胊(qú)卤之盐不出，旃罽(zhān jì，毡、毯一类毛织品)不市，而吴、唐之材不用也。"（《通有》）可见，公卿大夫更多地继承了《管子》中的商贸立国思想。

面对工商业带来的巨大财富，公卿大夫认为应该将其作为财政收入的源泉，以应对财政支出的需要。不过，他们并未像现代财政学所主张的那样对其征税，而是建议实行官营垄断。这种官营垄断，既对盐铁这样的特殊商品（消费的需求价格弹性比较低，财政可能获得暴利）进行，又对一般商品进行。对盐铁等特殊商品实行国家垄断，公卿大夫们认为可以在增加财政收入的同时不增加民众的负担，"今大夫君修太公、桓、管之术，总一盐、铁，通山川之利而万物殖。是以县官用饶足，民不困乏，本末并利，上下俱足，此筹计之所致，非独耕桑农也"（《轻重》）。对于一般商品的买卖实行国营（"均输"），他们认为也能以商业利润的形式增加财政收入，"往者财用不足，战士或不得禄，而山东被灾，齐、赵大饥，赖均输之畜，仓廪之积，战士以奉，饥民以赈。故均输之物，府库之财，非所贾万民而专奉兵师之用，亦所以赈困乏而备水旱之灾也"（《力耕》）。

二、文学贤良对工商业作为财政收入来源的反对

文学贤良对此时帝国的农耕基础，有着更为清醒的认识："草莱不辟，田畴不治，虽擅山海之财，通百末之利，犹不能赡也。是以古者尚力务本而种树繁，躬耕趣时而衣食足，虽累凶年而人不病也。故衣食者民之本，稼穑者民之务也。二者修，则国富而民安也"（《力耕》）。他们虽然也认识到工业对农业的重要性以及财富增值效应（"山海者，财用之宝路也；铁器者，农夫之死士也"〔《禁耕》〕），但其立场仍然是反对工商业特别是商业，反对将工商业作为财政的收入来源。文学贤良这一看法，与《商君书》的重农立国主张是一致的。

为什么文学贤良如此反对将工商业作为财政的收入来源？原因至少有两个方面：一

个方面,工商业的发展会败坏社会风气,破坏社会的道德基础,"散敦厚之朴,成贪鄙之化"(《本议》),这与工商业资源所具有的自由流动特性及工商业活动有一定的超出常识的特性(如需要保密等)相关;另一个方面,在成为政府及大小官吏盘剥百姓的工具方面,工商业显得更为便利,"于是兴利害,算车舡,以訾助边,赎罪告缗,与人以患矣。甲士死于军旅,中士罢于转漕,仍之以科适,吏征发极矣"(《击之》)。

第四节　如何管理暴利性资源商品?

有一些商品(主要为资源性商品),要么因为是生活必需品,要么因为有致瘾性,因而需求的价格弹性(即消费弹性)比较低。就是说即使这些商品的价格上升,消费者的消费量也不会减少或者减少不多。这样,政府可通过垄断方式(如实行专卖),制定垄断高价来牟取超额收益。这种做法,由于有商品自愿买卖的形式作掩护,因此被认为是一种良好的财政管理方式,政府可因此获得暴利。此处将这样的资源性商品,称为"暴利性资源商品"。在帝国早期,能够获得暴利的资源性商品主要是盐和铁两项,前者因为消费弹性低(人人都需要定量食盐),管理成本低(控制住盐场即可)而得到推崇,后者是因为汉初正处于铁器大推广时代,消费弹性显得比较低。从后世的经验来看,铁器因矿石分布分散和冶炼制作容易,管理成本又较高,国家很难真正实现垄断,因而不在暴利性资源商品的名单中。在暴利性资源商品名单上的,除了盐以外,后来又增添了茶、烟草、香料,以及近代的石油、煤炭等。

怎样管理这些暴利性资源商品?公卿大夫和文学贤良展开了广泛的争论,事实上本次会议就是为此召开的。以今天的眼光看,对暴利性资源商品,财政上的管理手段无非三种:要么在生产销售的所有环节,实行全面垄断以获取垄断利润,即官营(也称直接专卖);要么在部分环节实行许可以获取许可费(也称间接专卖);要么放开让民间经营,但征收特别税收(从量或从价征收特别商品税,或者征收暴利税等特殊收益税)。就盐铁会议的双方而言,争论的焦点主要为:是实行全面垄断还是放开经营?

一、公卿大夫赞成全面垄断

对于盐铁这样的暴利性资源商品,公卿大夫坚决主张继续实行公元前110年开始的全面垄断政策,坚持官营制度。他们提出的理由有两个方面,一个是财政收入方面的,另一个是国家治理方面的,即运用财政手段管理社会。显然,后一个理由更为他们所强调。

在财政收入方面,公卿大夫继承了《管子》书中利用盐铁等低弹性商品获取财政收入的观点,认为从这样的商品中获取财政收入,民众不会察觉,在提高政府财政收入的同时不会影响百姓的生活。他们认为,"盐、铁之利,所以佐百姓之急,足军旅之费,务蓄积以备乏绝,所给甚众,有益于国,无害于人"(《非鞅》)。

在运用财政手段管理社会方面,公卿大夫认为盐铁若由国家全面垄断,就可实施统一的标准化管理。用今天的经济学语言来描述就是,可以消除或减少信息不对称状况。这样做,可以给社会带来很多好处,如价格稳定、规格一致、杜绝欺诈行为等。他们说,"故有司请总盐、铁,一其用,平其贾,以便百姓公私。虽虞、夏之为治,不易于此。吏明其教,工致其事,则刚柔和,器用便"(《水旱》)。同时,"县官设衡立准,人从所欲,虽使五尺童子适市,莫之能欺"(《禁耕》)。

在运用财政手段治理国家、管理社会方面,公卿大夫还认为它能起到平衡社会势力的作用,该理由也最能为盐铁全面垄断提供辩护。就是说,如果这些暴利性资源商品落入私人手中,会使得部分豪强势力过于庞大,他们可能会压迫小民、危害国家稳定,"今意总一盐、铁,非独为利入也,将以建本抑末,离朋党,禁淫侈,绝并兼之路也。……往者,豪强大家,得管山海之利,采铁石鼓铸、煮盐。一家聚众,或至千余人,大抵尽收放流人民也。远去乡里,弃坟墓,依倚大家,聚深山穷泽之中,成奸伪之业,遂朋党之权,其轻为非亦大矣"(《复古》)。因此,盐铁若由国家垄断,暴利由国家获得,就可以避免社会势力的失衡。应该说防范社会势力的失衡,在今天都是公共管理的目标。不过,私人势力会不会发展成为压迫小民、造成社会不平衡的豪强,关键不在于私人的经济状况,而在于用来制约私人势力的政治与法律状况。只要政治权力能真正为民所用,法律公平公正,私人经济势力再强,也会受到公共权力的有效约束,而不至于沦为破坏社会平衡的恶势力。这一点,身为政治人物的公卿大夫未能充分认识到,而被文学贤良尖锐地指出来(下面将论及)。就今天的眼光看,权力为民所用、法律公正实施,有赖于整个国家制度的民主化和法治化,这是帝国政治所无法实现的。

二、文学贤良要求实行盐铁的民间经营

对于公卿大夫为盐铁的全面垄断所作的辩护,文学贤良给予了猛烈的抨击,强烈要求放弃这一政策,实行盐铁资源的民间经营。他们的批评是相当有力的,其列举的事例与揭示的道理,可谓与现代经济自由主义不谋而合。

文学贤良的批评,可分为以下几个层次。

第一个层次,与前面对工商业的批评相似,即他们批评盐铁由国家垄断,破坏了国家的真正基础(即道德基础与农耕基础),要求直接予以废除。"今郡国有盐、铁、酒榷、均输,与民争利。散敦厚之朴,成贪鄙之化。是以百姓就本者寡,趋末者众。……愿罢盐、铁、酒榷、均输,所以进本退末,广利农业,便也"(《本议》)。他们指出,国家基础的破坏,最终也会影响到当政者的利益,"筑城者先厚其基而后求其高,畜民者先厚其业而后求其赡。《论语》曰:'百姓足,君孰与不足乎?'"(《未通》)

第二个层次,他们鲜明地指出,对盐铁这样的低弹性商品实行国家垄断,只是增加了财政收入,虽然以自愿交易为形式掩盖了财政征收的实质,但却并不像公卿大夫所说的那样不影响百姓生活,事实上严重伤害了百姓。一方面,这种伤害体现为剥夺了民众的财富,毁坏了国家的财源基础,"且利不从天来,不从地出,一取之民间,谓之百倍,此计之失者也。无异于愚人反裘而负薪,爱其毛,不知其皮尽也"(《非鞅》)。另一方面,强制性地统一标准化管理盐铁,不能做到因地制宜,严重影响了百姓的生产和生活,"夫秦、楚、燕、齐,

土力不同,刚柔异势,巨小之用,居句(方圆曲直)之宜,党殊俗异,各有所便。县官(朝廷)笼而一之,则铁器失其宜,而农夫失其便"(《禁耕》)。

第三个层次,他们认为,盐铁由国家全面垄断,超出了国家的管理能力。这体现为以下两个方面。一方面,大小官吏并无能力真正经营盐铁业,而只是简单地将其转化为财政负担,加在百姓身上,"故盐冶之处,大傲皆依山川,近铁炭,其势咸远而作剧。郡中卒践更者多不勘,责取庸代。县邑或以户口赋铁,而贱其平准。良家以道次发僦(jiù)运盐铁,烦费,百姓病苦之"(《禁耕》)。另一方面,各级官吏没有能力从盐铁经营中获利,而只是简单地抬高盐铁价格,用垄断的力量获取暴利,导致百姓无力消费,"盐、铁贾贵,百姓不便。贫民或木耕手耨(nòu,除草),土耰(yōu,碎土农具)淡食"(《水旱》)。

第四个层次,他们驳斥盐铁国家垄断可抑制私人势力、维护社会平衡的说法。在文学贤良看来,将暴利性资源从民间转到国家手中,并未使这些暴利转为国家的财富,而只是将其转移到权力拥有者之手,最终使权贵阶层获得了巨额财富,"自利官之设,三业之起,贵人之家云行于涂,毂(gǔ,车轮)击于道,攘公法,申私利,跨山泽,擅官市,非特巨海鱼盐也;执国家之柄,以行海内,非特田常之势,陪臣之权也"(《刺权篇》)。因此,破坏社会势力均衡、影响国家稳定的,不是盐铁的民间经营者,而是因政府垄断盐铁而得到垄断权的官僚们,他们才是破坏国家稳定的力量,"工商之事,欧冶之任,何奸之能成? 三桓专鲁,六卿分晋,不以盐铁。故权利深者,不在山海,在朝廷;一家害百家,在萧墙,而不在胸邶(qú bǐng)也"(《禁耕》)。文学贤良的这一批评,在今天都能得到同情与反响。

第五节 《盐铁论》中其他重要财政问题

在上述财政基本问题上,公卿大夫的主张主要为三条:(1) 财政支出规模应大,以支持国家履行积极的职能;(2) 对工商业应该予以重视,并使之成为财政收入的主要来源;(3) 暴利性资源应该掌握在政府手中,实行国家全面垄断。而文学贤良的主张则与此相反,主要是:(1) 财政支出规模要小,国家在履行职能方面应该持消极主义;(2) 应该重农轻商,不应以工商业作为财政收入的来源;(3) 暴利性资源应该分散给民间,不应掌握在国家手中。

在帝国后来的发展中,上述观点反复交锋,并不断体现在实践中。有意思的是,支配后世帝国财政讨论话语权并体现在帝国财政制度重建及常态运行中的,是文学贤良的第一个观点(即财政支出规模要小,国家在履行职能方面应该持消极主义)和第二个观点(即应该重农轻商,不应以工商业作为财政收入的来源),以及公卿大夫的第三个观点(即暴利性资源应该掌握在政府手中)。而公卿大夫的第一个观点(财政支出规模应大,以支持国家履行积极的职能)和第二个观点(对工商业应该予以重视,并使之成为财政收入的主要来源),以及文学贤良的第三个观点(暴利性资源应该分散给民间经营,不应掌握在国家手中),在帝国财政讨论与制度实践中也始终未绝,只是隐伏在帝国财政支出、收入和管理诸方面的活动中,并在帝国危机、变异乃至转型时更多地体现出来。如果将主导中华帝国不断重生乃至向现代转型的内在机理比喻为基因的话,那么为帝国提供资源支持的财政制度,也自有能够支持其不断重生及转型的财政基因。上述文学贤良的第一个观点、第二个观点、公卿大夫的第三个观点,可以分别看作帝国财政在支出、收入和管理等方面的显基因;公卿大夫的第一个观点、第二个观点、文学贤良的第三个观点,可以分别看作帝国财政支出、收入和管理方面的隐基因。显基因,决定了帝国重建及常态运行时的主要样态;隐基因,在帝国危机、变异时更多体现出来,并在帝国近代转型中发挥着作用。

除了上述内容外,在《盐铁论》中还有许多问题也属于财政范畴。限于篇幅,此处只讨论两个比较重要的问题。

一、国富的源泉问题

国富或者说国家富强,是古今中外财政学的重要目标。说到"国富"这个名词,至少有两个方面的含义,一方面指国民通过财富创造而普遍地富裕,另一方面指以政府(或君主)为代表的统治集团掌握的财富大幅增长。在《盐铁论》中,对于国富,文学贤良和公卿大夫分别表达了自己的主张。事实上,对于这两方的主张,几乎可以全部套用17—18世纪在西欧兴起的重农主义与重商主义这一术语框架来概括。当然,要提醒注意的是,文学贤良与公卿大夫的主张,在时间上比重农主义和重商主义早了一千七百多年。

(一) 文学贤良的看法

文学贤良对国富的主张,与法国重农学派的思想高度相同。事实上,谈敏先生在他的著作《法国重农学派学说的中国渊源》中,就追溯过法国重农学派的思想有来自古代中国的成分。在文学贤良看来,只有土地(或者说农业)才能创造财富,政府要尽可能少地干预财富的创造过程。他们引用孟子的话说,"不违农时,谷不可胜食。蚕麻以时,布帛不可胜衣也。斧斤以时,材木不可胜用。田渔以时,鱼肉不可胜食"(《通有》)。也就是说,耕地、森林、池塘、桑蚕等,才是真正地创造财富的基础。人类要做的是,通过自己的劳动去收获土地上增长出来的财富;政府要做的,是尽量不去干扰上述生产过程。在财富增长的基础上,政府若能薄赋节支,就能掌握足够多的财富,"方今之务,在除饥寒之患,罢盐、铁,退权利,分土地,趣本业,养桑麻,尽地力也。寡功节用,则民自富。如是,则水旱不能忧,凶年不能累也"(《水旱》)。

在文学贤良看来,政府(君主)所掌握的财富,全然来自民间,因此君主富裕对民众来说一定意味着伤害,不存在公卿大夫所说的"县官用饶足,民不困乏"这样的情况。他们说:"昔文帝之时,无盐、铁之利而民富;今有之而百姓困乏,未见利之所利也,而见其害也。且利不从天来,不从地出,一取之民间,谓之百倍,此计之失者也。无异于愚人反裘而负薪,爱其毛,不知其皮尽也。"(《非鞅》)其中"利不从天来,不从地出"所表达的思想,在后世财政讨论中反复出现,并被用来反驳诸如"民不加赋而国用饶"的观点。

(二) 公卿大夫的看法

在公卿大夫看来,农业当然会带来一定的财富,但这需要工业的配合,"故工不出,则农用乏"(《本议》),并引用管子的话说:"国有沃野之饶而民不足于食者,器械不备也。"

《本议》)对于工业在财富创造中的作用,公卿大夫持肯定的态度。在前面我们也已看到,文学贤良对工业(在文学贤良那个时代指的是手工业)在财富创造尤其是农业生产方面有作用这一观点,也并不反对。

但是,对于商业在财富创造方面的作用,双方的意见出现了巨大的分歧。与欧洲的重商主义者一样,公卿大夫正确地认识到了商业在财富创造中的作用,比起文学贤良来这一点更接近于现代人的观念。在他们看来,"商不出,则宝货绝……宝货绝,则财用匮"(《本议》)。为什么商业能创造财富?公卿大夫的解释主要是互通有无,"农商交易,以利本末。山居泽处,蓬蒿墝埆(qiāo què),财物流通,有以均之。是以多者不独衍,少者不独馑(jǐn)。若各居其处,食其食,则是橘柚不鬻(yù),朐(qú)卤之盐不出,旃罽(zhān jì)不市,而吴、唐之材不用也"(《通有》)。可是,为什么仅仅交换(互通有无)就能增加财富?物资的数量似乎并没有增加啊?

(三)从主观效用论角度看商业的财富创造作用

事实上,这个问题在客观价值论思想体系中是无解的,只有在主观价值论(效用理论)体系中才能予以回答。从经济思想史的发展过程来看,虽然1854年德国学者戈森已在《人类交换规律与人类行为准则的发展》一书中对主观价值论进行了系统的阐释,但直到19世纪70年代边际革命发生以后,主观价值论(即效用论)才在学术界占了上风。到了这一时期,理论界才能真正回答商业是否创造财富的问题。商品交换可以创造财富,用主观效用论来简单地解释就是:商品的效用来自个人主观的评价,在自愿交换过程中,每个交易者用自己主观上低效用的商品换来自己主观上高效用的商品,由此主观效用总量得以增加;若用货币来计量这一交易中的效用状况,就会发现货币总量在增加,换言之就是财富在增长。这个道理,早在2 000多年前的"盐铁会议"上公卿大夫便已明白。

从主观效用论出发,也可以看看文学贤良所反对的"民不加赋而国用饶"这一说法是否正确。公卿大夫与欧洲当年的重商主义者一样,把君主财富的增加当成了国富,这当然是错误的。但他们为了增加君主财富而主张国家运用商业手段,认为这样做"县官用饶足,民不困乏"(《轻重》),从主观效用论的角度看并不全错。国家运用商业手段与民众打交道,在自愿交换的过程中,是有可能不但提高参与交换活动的民众效用,而且同时增加国家(君主)的财富的。这样看,"民不加赋而国用饶"是有实现的可能的,而"利不从天来,不从地出"的说法显然太绝对了。以第八讲要说的"王安石变法"中的"免役法"为例。该法律规定,不愿服役者可以花钱免役,而政府用免役钱来雇役。这样做,是可以在民众效用提高(不愿亲身服役者不用再去)的前提下,增加国家收入的(前提是雇役所花钱款少于免役钱)。这种可能性要变为现实性,关键是要保证交易过程的自愿性。可问题是,国家一旦能够垄断商业活动,往往就会破坏自愿交易,就是说,国家不愿仅作为民事主体来获取商业利润,而试图凭借特权、借助于强制力来获取收入。这样做,就会带来前述文学贤良批评盐铁专卖时指出的种种弊病。"免役法"实施的现实结果就是如此:原来不需要承担差役的人也被迫缴纳免役钱,缴纳了免役钱的人仍可能被官府以各种名义强制要求再次提供劳役。这样,以"免役法"为代表,王安石变法创造的种种财政工具,因政府强权得不到有效约束而逐渐成为盘剥民众的手段。

(四) 经济增长的方式

当然,除了自愿交换活动可以改善交易者双方效用而带来财富增长外,对于财富的增长到底源于何处,现代经济学还提出了其他的说法。第一种说法是劳动分工深化带来了财富增长,即斯密第二定理(与斯密第一定理即"看不见的手"定理同时提出)所揭示的,劳动分工受市场范围(即市场规模和市场深化)的限制,在市场范围扩大的基础上,劳动分工可以精细化,由此造成的专业化能够提高劳动生产率,从而增进国民财富。这种财富增长,也因此被人称为"斯密型增长"。第二种说法为"熊彼特型增长",指的是通常所说的创新带来的增长,即作为技术和制度创新造就的总产量与人均产出的同时增长。第三种则通常称为"粗放式增长",是因投入(原材料、设备与人工)的增加而带来的产出总量的增加,在经济资源大量闲置的状态下,粗放型增长带来的财富增值也是非常可观的。总体而言,上述三种增长提供了财富创造的三个来源:劳动分工、技术组织进步和资本投入。当然,这三个因素本身也彼此相互产生影响。其中,劳动分工可能最为重要,因为它能极大地提高劳动生产率,并相应地为资本积累、技术与制度进步提供可能。

二、奢侈消费问题

在《盐铁论》中还讨论了一个很重要的问题,那就是:奢侈消费是好事还是坏事?这个问题在道德上、在财政上迄今都有意义。事实上,当前中国政府对奢侈品征收高税率消费税,暗含的一个可能前提就是认为奢侈消费在道德上不是好事,因此用高消费税来抑制奢侈品的消费。这种看法是否正确呢?

(一) 文学贤良与公卿大夫对汉代奢侈消费的不同评价

汉代初期,由于长年战乱、社会普遍贫困,消费风气也因此比较简朴。但承平日久后,随着社会总体财富的增长,上位者也不断积累着巨额财富:皇室官僚通过财政渠道(特别是盐铁专卖)获取大量财富,而富商大贾通过商业渠道获得财富,大地主则通过田租取得财富。这些积累起来的财富,在当时的条件下无法顺利地转化为生产资本,加上其他种种原因,最后大多用于奢侈消费。对此,徐复观的说法是,"西汉由俭入奢,始于景帝,而大盛于武帝"[①]。

对于当时社会上的奢侈消费风气,文学贤良从以下几个方面给予了猛烈的抨击。

第一,他们认为,奢侈消费败坏了社会风气,勾起人们尤其是上位者的无穷贪欲。在这种贪欲作用下,权势阶层会进一步地运用手中掌握的公权力,更为凶狠地盘剥民众,并造成贫富分化的累积。"故一杯棬(quān,曲木做的饮器)用百人之力,一屏风就万人之功,其为害亦多矣!"(《散不足》)"今狗马之养,虫兽之食,岂特腐肉肥马之费哉!无用之官,不急之作,服淫侈之变,无功而衣食县官者众,是以上不足而下困乏也。"(《园池》)"今欲损有余,补不足,富者愈富,贫者愈贫矣。"(《轻重》)

第二,他们认为奢侈消费会严重浪费资源,并造成社会发展的不可持续。"若则饰宫室,增台榭,梓匠斫巨为小,以圆为方,上成云气,下成山林,则材木不足用也。男子去本为

---

① 徐复观:《两汉思想史》,华东师范大学出版社2001版,第265页。

末,雕文刻镂,以象禽兽,穷物究变,则谷不足食也。妇女饰微治细,以成文章,极伎尽巧,则丝布不足衣也。庖宰烹杀胎卵,煎炙齐和,穷极五味,则鱼肉不足食也。当今世,非患禽兽不损,材木不胜,患僭侈之无穷也;非患无狁蘜橘柚,患无狭庐糠糟也"(《通有》)。

第三,他们尤为大力批评当时奢侈风气中的厚葬与迷信,认为这是关系到国家治乱的大事。在《散不足》篇中,通过古今的对比,他们猛烈地抨击全社会的迷信、厚葬风气。"古者,事生尽爱,送死尽哀。故圣人为制节,非虚加之。今生不能致其爱敬,死以奢侈相高;虽无哀戚之心,而厚葬重币者,则称以为孝,显名立于世,光荣著于俗。故黎民相慕效,至于发屋卖业。"(《散不足》)

与文学贤良相反,公卿大夫则为财富积累与奢侈消费进行了积极的辩护。辩护主要集中在以下几个方面。

第一,公卿大夫强调,财富在相当程度上是上位者自己努力的结果(即获取时是正当的),而消费奢侈是符合其身份地位的正当要求。"官尊者禄厚,本美者枝茂。故文王德而子孙封,周公相而伯禽富。水广者鱼大,父尊者子贵。"(《刺权》)"君子节奢刺俭,俭则固。昔孙叔敖相楚,妻不衣帛,马不秣粟。孔子曰:'不可,大俭极下。'"(《通有》)

第二,公卿大夫强调,奢侈造就的华美象征着文明的程度与国家的尊严,对国家治理有积极的作用,"饰几杖,修樽俎,为宾,非为主也。炫耀奇怪,所以陈四夷,非为民也。夫家人有客,尚有倡优奇变之乐,而况县官乎?故列羽旄,陈戎马,所以示威武,奇虫珍怪,所以示怀广远、明盛德,远国莫不至也"(《崇礼》)。

第三,公卿大夫认为,奢侈消费有促进生产的积极作用。他们引用《管子》的话说:"不饰宫室,则材木不可胜用,不充庖厨,则禽兽不损其寿。无末利,则本业无所出,无鬵鬻,则女工不施。"(《通有》)

(二) 近现代学者对奢侈问题的看法

奢侈问题,在西方现代国家发展的过程中也是一个长期讨论的话题。18世纪法国重农学派的晚期代表杜尔阁,像文学贤良一样批评奢侈消费,认为资本积累来源于勤俭和节约。他的看法,成了支持节约、反对奢侈的理论渊源。亚当·斯密同样地支持这一观点。在他看来,资本是提高国民财富的重要途径之一,而资本的增加则出于节俭。与这些看法相反,重商主义学者像公卿大夫一样,认为奢侈对社会及经济增长有利。孟德斯鸠的下述名言,最为明确地表达了重商主义的观点:"富人不挥霍,穷人将饿死。"孟德维尔也公开反对政府强行节俭,认为这将抑制人们的消费欲望和消费范围,会使产品供给过剩,并减少财富的积累。

19世纪末20世纪初的德国学者桑巴特坚持认为,资本主义是奢侈的产物,资本主义迅速发展的国家都是在17世纪废除禁止奢侈法律的国家。在《奢侈与资本主义》一书中,他从以下几个方面强调奢侈与资本主义的关系:奢侈品生产具有特殊的生产工序,需要更多的知识、更广的见识和更卓越的管理才能,从而促进了专业分工和联合作业;奢侈品需求波动大(富人口味多变),促进了更加灵活的销售组织形式和产品创新的发展;欧洲历史上奢侈品工业大多由外国人在行会之外潜心建立,这种理性工业为新兴的、经济层次更高的工业体制发展提供了基础;只有奢侈品市场才能提供投资机会,这种合适的市场是维持这种工业体制的先决条件①。

到了20世纪,凯恩斯也论证过节俭的是非问题。在他看来,节俭虽然增加储蓄,但使消费减少,减少的消费需求必然压低消费品的价格,影响投资者的收入;如果每一个人都减少消费(节俭),势必会使总收入减少。萨缪尔森曾用"合成谬误"一词来概括这种节俭是非问题,声称对个人有益的事不一定就对全体有益,或者说个人节俭、增加储蓄的良好企图,可能造成所有人都收入不足的恶劣后果。

(三) 财税政策对奢侈消费的应有立场

今天我们如何来看待文学贤良和公卿大夫所争论的奢侈问题,并用之于财税政策中呢?

首先,应该承认每个人都有权使用自己通过正当途径获取的财富,哪怕用于奢侈消费。不过,同样应该赞同文学贤良抨击当权者利用强制权力掠夺财富而进行的奢侈消费。这里的关键已不是奢侈问题,而是赤裸裸的暴力掠夺;这样带来的奢侈消费,不可能(或基本不能)通过市场交换来达到如下良好目的:动员资源投入生产;通过市场深化而将财富机会渗透到贫穷阶层中去。就是说,孟德斯鸠所谓"富人不挥霍、穷人将饿死"的说法,有一个重要的前提,那就是存在着一个大体遵循自愿交换的市场结构。

其次,从经济学眼光看,资源总是有限的,不同领域的活动总会竞争有限的资源。如果在那些不能为社会积累未来生产性资本的领域消耗过多的资源(如文学贤良批评的"厚葬"),那肯定会减少未来的财富生产机会。这样的奢侈消费,可能在短期内会形成一定的生产拉动作用(比如说高档餐饮业的发达);但从长期来说,效果肯定不好,因为它减少了未来社会的生产性资本。

最后,从经济周期理论来看,需要根据经济的不同周期状况来判断奢侈的是与非。如果一国经济处在充分就业的状态,国民收入中用于当前消费的份额越多,那么可用于资本形成的份额就越少,未来国民收入的增加也就越少。而如果一国经济正处于萧条之中,社会上存在着大量的闲置资源和剩余产品,此时增加消费哪怕是奢侈消费都可以刺激投资,增加总需求,从而增加收入。

回到财政问题。今天如果坚持对奢侈品消费征收高税率消费税的话,那么主要理由恐怕不能是出于抑制奢侈消费这样的道德目的,而应从税收的量能原则出发来寻找辩护的理由。就是说,消费奢侈品越多的人,负担税收的能力越强,于是就可以将较高的税收份额分摊给这样的人,为此目的对奢侈品可征收更高税率的消费税。

重点提示

1. 汉昭帝始元六年(公元前81年),在首都长安召开的"盐铁会议"提供了反思汉武帝

---

① 桑巴特:《奢侈与资本主义》,王燕平、侯小河译,上海人民出版社2000年版,第212—215页。

时财政政策乃至帝国国家治理原则的机会。

2. 在盐铁会议上,直诋公卿、侃侃而谈的文学贤良,在今天看来确实是奇人。不过,坚持以理服人、不仗势欺人(以大夫为首)的官员,也是本次会议上的亮点,他们也是奇人。盐铁会议得以召开,说明最晚到昭帝时代,先秦时代自由论辩的民主意识或学术风气多少还得以保留。

3. 公卿大夫显然持有积极的国家职能观,提倡运用暴力与法治的工具,来实现对外的安全和对内的秩序,并要求积极地干预经济与社会。基于此,他们强烈主张大规模的财政支出方案,要求从多渠道筹集财政收入以满足支出的需要。

4. 作为民间知识分子,文学贤良认为,治国仍应遵循过去时代的德治要求,用以身作则的教化手段,来实现对外的和平和同化、对内的秩序与和谐。他们认为,这样做就可以减少财政支出。

5. 对暴利性资源商品,财政上的管理手段无非三种:要么在生产销售的所有环节,实行全面垄断以获取垄断利润,即官营(也称直接专卖);要么在部分环节实行许可以获取许可费(也称间接专卖);要么放开让民间经营,但征收特别税收(从量或从价征收特别商品税,或者征收暴利税等特殊收益税)。就盐铁会议的双方而言,公卿大夫赞成实行全面垄断,文学贤良主张放开经营。

6. 与欧洲的重商主义者一样,公卿大夫正确地认识到了商业在财富创造中的作用,比起文学贤良来,在这一点上更接近于现代人的观念。

思考题

1. 帝国的国家职能,与现代国家的国家职能有何异同之处?体现在财政支出方面,有什么样的区别?
2. 你认为文学贤良主张用和平的手段实现对外扩张与对内秩序是否过于迂腐?
3. 你认为中华帝国在早期有没有可能建立在重商主义的政策基础上?
4. 你认为帝国时期怎样才能更好地管理暴利性资源商品?
5. 你认为古今关于国富源泉问题的讨论,有没有本质性的区别?
6. 你认为"富人不挥霍,穷人将饿死"正确吗?

第六讲

第一帝国的衰亡与财政救治

在工具性国家与目的性国家互动协调的基础上,第一帝国得以生成与成长,这是中华民族在帝国制度史上第一次相对成功的尝试。初兴的帝国采用了家财型财政制度,在财政上依托于君主对天下土地的产权,以"舍地而税人"和政府特定时期垄断工商业为主要财政收入方式,获取了较为充足的财政资源。家财型财政为第一帝国的运行与扩张提供了资源保障。

但是,汉代的财政制度也给第一帝国的发展埋下了制度隐患。其中最为重要的隐患是,它为豪强的成长提供了条件。不断壮大的豪强势力最终破坏了帝国的稳定与统一,第一帝国及其财政制度因此而崩溃。

第一帝国崩溃后,中华帝国也因此进入了一个较长时期的分裂与战乱之中。这是一段黑暗的时期,频繁的战乱导致大规模的人口灭绝。这也是一段灿烂的时期,民族的融合、江南的开发使文明得以创新、发展。在这样一段时期,目的性国家对工具性国家提出了建立统一与高效的国家机器的要求,而工具性国家也不断地尝试塑造目的性国家,消除妨碍帝国统一与权力有效运行的障碍。在二者互动的基础上,中华共同体进行了极富创造力的政治制度探索。在此过程中,士族豪强势力被慢慢地抑制乃至消灭,帝国也慢慢地重新确立了君主对土地的产权,并找到了可以有效运作的包括财政制度在内的帝国制度体系。

第一节 第一帝国的制度病变与豪强的兴起

第一帝国政制在西汉中期大致达到了一种相对成熟的地步。但从后世的眼光看,在工具性国家和目的性国家方面该制度存在着一定程度的内在缺陷。这些缺陷，最终病变为威胁帝国稳定的因素。

第一帝国的病变，既与此时目的性国家的发展状况相关，在相当程度上又与帝国在工具性国家制度构建上经验不足有关。在这当中，豪强势力的兴起，是最终造成第一帝国崩溃的根本原因；而豪强势力的兴起，从财政上看，相当程度上源于第一帝国财政制度的内在缺陷。

一、工具性国家出现的病变

国家作为共同体，核心是公共权力。第一帝国时期制度建设着重探索的是，要有效行使公共权力就必须加强和稳固君权，使之有效地支配工具性国家。如前所述，为了加强君权，第一帝国在国家制度方面做出了种种努力。但在这些制度内部，也产生出病变的因子。

第一，皇帝制度方面。汉武帝时，以尚书台来加强君权，指挥和控制政府，从而导致内朝的出现。这一制度对加强君权有帮助，但问题在于，集中于尚书台的权力必须由皇帝本人亲自行使才能有效。如果皇帝自身年幼，君权就不得不委托给他人。汉武帝之后，西汉和东汉皇帝中有多位都是幼年继位，尤其是东汉后期几乎全都是幼年皇帝，这对皇权政治极其不利。由于外戚不具有皇位继承资格，加上汉代崇尚孝道而形成尊崇母氏的社会风气，因此受到后宫信任的外戚成为代行君权的角色。《后汉书》的作者范晔总结道："《春秋》之义，母以子贵，隆汉盛典，尊崇母氏，凡在外戚，莫不加宠。"（《后汉书·梁皇后传》）但是，外戚担任官职仅凭裙带关系，而非真才实学或治理业绩。外戚代行君权，不但使公共权力的行使不得其人，而且严重腐化了官场风气。到了西汉后期特别是到了东汉时期，代行君权的外戚，其专权行为严重威胁到了君权。内朝权重，皇帝要对外发号施令，或者逐渐成年的皇帝欲从外戚手中夺权，就不得不依赖于宦官的力量，宦官势力由此逐渐壮大。宦官获得权力或行使权力，更是凭借私恩，而非依靠制度与正当程序，因而宦官专权更加影响权力的公共性与正当性。特别地，宦官因与外戚争权、与士人相斗，严重扰乱了政治秩序。总而言之，发展内朝加强君权的结果，反而引起了外戚和宦官对君权的分割，埋下了君权崩溃的隐患。

第二，官僚制度方面。汉代选官任官制度的改革，其初衷是将官僚制度建成为工具性国家与目的性国家互动的平台：工具性国家从这里调控目的性国家，要求它接受官方意识形态，提供智力资源支持（并将精英纳入体制内以免威胁体制），以此赢得民众更普遍的支持；目的性国家则依靠官僚制度向国家输送民众的要求，影响国家的行政，并使"朝廷用人，渐渐走上一个客观的标准，使政府性质确然超出乎王室私关系之上而独立"①。汉武帝时开始的察举和征辟制度，在一定程度上发挥了上述作用。可是，一方面，由于当时的教育不普及，学术传承往往限于少数私家，察举制吸纳进入官僚队伍的人才往往限于少数家族的成员或者他们的门生（其中少不得权门请托和故旧报恩等舞弊情形），造成所谓累

---

① 钱穆：《国史大纲》（上册），商务印书馆1996年版，第175页。

世公卿或门生布天下；另一方面，此一时期各种官职还未完全成为国家公器，朝廷正官仍在一定程度上被视为皇帝个人的私臣，郡县属官被视为长官的私人仆从，这样高级长官自行辟除下属掾吏，被辟除者（即掾吏）与辟除人（即举主）之间就形成牢固的从属关系（即故吏与旧主）。于是，拥有门生故吏越多的家族，势力就越大，也因此越能控制察举与征辟制度。国家权力就这样不断地为私家所控制，官僚来源限于少数家族，以君权为形式的公共权力受到了严重威胁。

第三，郡县制度方面。由于帝国初兴，工具性国家对目的性国家的改造尚未彻底完成，各地方家族的势力庞大，并因下文将述及的财政原因而在经济实力上不断膨胀，所以从西汉中期开始，地方势力庞大的家族就逐渐地成为豪强，并在东汉期间向门阀转化。由于门阀大族在经济、政治、文化等方面拥有特权地位，朝廷任命的太守或县令往往只是名义上的地方官，门阀大族才是真正的地方权力拥有者，或者干脆就是门阀大族派出来的代表担任本地官员。郡县的设置，本来的目的是以皇帝任命郡县长官这一形式来加强皇权，但在此时郡县权位却逐渐为地方门阀大族所控制，这些地方豪族甚至可能拥有自己的武装（私兵、部曲）。特别是到东汉末年，豪族武装甚至派兵守界，拒绝地方官员入境，直至演变成为各地纷起的军阀势力。

二、目的性国家的病变

目的性国家是帝国的价值与利益的所在，但在第一帝国逐渐成长的过程中，目的性国家也发生了病变。

首先是价值方面。以董仲舒为代表的儒家学者，是在吸收诸子百家学说特别是阴阳五行、天人感应等学说之后，才发展了儒家学说；而这种发展了的儒家学说，在为工具性国家提供意识形态支持的同时，也以意识形态来对君主实行一定的约束，即以祯祥为君主合法性提供辩护，以灾异向统治者提出警告。正如萧公权所强调的，董仲舒其意"重在革命而轻受命"，所以"详灾异而略祯祥"[①]。不过，这一意识形态内在地处于二难悖论中：信奉这一学说、敬畏天鬼的君主，往往性格懦弱，容易被别有用心的权臣或近侍操纵，君权不但不能加强反而会被削弱；而性格强悍的雄才英主，能够加强君权，却往往不会相信这些迷信说法。特别地，董仲舒所吸收的天人感应、阴阳五行等学说，在武帝之后逐渐发展为所谓的谶纬之学。谶纬之学一方面使政治权力运行在荒诞无聊之中，脱离正常与正当的程序，另一方面为野心家大开方便之门，许多人因谶纬获得官职，而王莽、刘秀甚至借此夺得了皇位。因此，发展到谶纬之学的儒家学说，已部分丧失了作为意识形态的能力，不能继续为工具性国家提供价值基础。

专栏 6.1　谶纬之学

"谶"是宣称由天神而来，向人们昭告吉凶祸福、治乱兴衰的图书符箓，用诡秘的隐语、图案来表达神仙圣人的指示。"纬"相对于"经"（即儒家推崇的几部经典）而言，是采用神

---

① 汪荣祖：《中国现代学术经典·萧公权卷》，河北教育出版社1999年版，第253页。

秘主义观点解读"经"而形成的文本,其内容是揭示孔子等人隐含在经中的神意与预言。

在汉哀帝、汉平帝之际,谶纬迷信与今文经学中的阴阳五行、天人感应神学合流,并吸收社会上流传已久的天文占、五行占、杂占、符命、五德终始等思想,形成谶纬神学。王莽代汉,光武中兴,都利用过谶纬中的图谶符命。魏晋之后,谶纬之学逐渐衰落,并受到历代朝廷的严厉查禁。

其次是利益方面。就一个成熟的国家而言,目的性国家在经济利益方面的诉求应该与工具性国家的发展相协调,前者的经济发展成为后者的财政资源,后者的保护与服务成为前者进一步发展的因素。但是到了西汉后期特别是到了东汉,目的性国家中的经济逐渐被豪强控制而形成庄园经济。庄园经济的发展,虽然带来了经济总量的提高,却未成为工具性国家的财政资源。东汉时期,特别是中期以后,整体经济水平不断提高,主要体现在中小型水利工程不断得以建设,先进农耕工具逐渐推广,精耕细作的园艺技术进步明显。但这些经济发展大多集中在豪强所控制的田庄中,不能成为国家可以运用的财政资源,因此不能借此壮大工具性国家的力量,反而成为进一步损害工具性国家的手段。李军曾经评价说:"从西汉后期开始,士人开始获得和积累能够对皇权产生'硬性'制衡的权力资源——土地。这种资源的政治意义不仅在于为士权提供了必要的经济实力,还在于使士权的实际运作拥有了可靠的宗族支持和坚实的社会基础。士人权力基础的真正转折点是从东汉开始的。"①从削弱君权、减轻专制的弊害来说,这一评价是有道理的。但问题是,在当时历史条件下,君权是公共权力的表现形式,这样大规模地侵害君权也就伤害了公共权力的运行,让国家落入豪强私人之手,并因此陷入无政治秩序的状态中。豪强的田庄"池鱼牧畜,有求必给",内部闭门成市,对外筑壁自守,甚至拥有武装。这不但威胁了国家的统一与公共权力的集中,而且严重伤害贫民的利益。地方豪强拥有武装,多有危害的恶行,"强豪奸暴不禁"(《后汉书·郅寿传》),"各拥部曲,害于贫民"(《三国志·魏书·满宠传》)。换言之,目的性国家在此时开始与工具性国家日益脱离,并成为危害后者的力量。

三、财政视野下豪强势力的兴起

如前所述,初兴的帝国仍保留部分城邦的特征。"履亩而税"或"相地而衰征"是帝国以土地为支撑点的内在要求,但考虑到现实中工具性国家的能力(即相对于广大国土来说管理技术和能力低下),财政上虽然征收田赋,但同时不得不在更大程度上依赖于"税人"。相对而言,清查人口比清查土地要容易得多,因此"税人"在管理上手段简便、成本较低,并得到较完善的户籍制度的支持。这样,来自田赋的粮食和来自人头税的货币,构成了汉王朝的主要财政收入。在汉武帝垄断货币发行和牟取官营利润等财政方式的配合下,汉初的财政一定程度上支撑了第一帝国的制度,满足了帝国扩张的要求。

但是,第一帝国这种"舍地而税人"并高度依赖于国家垄断工商业的财政制度,也给豪强势力的不断成长埋下了隐患。

---

① 李军:《士权与君权》,广西师范大学出版社2001年版,第127页。

(一)"舍地而税人"不能将财政负担落在有能力的人身上,加速了豪强势力的成长

汉初田赋比率为十五税一,自公元前 155 年起调整为三十税一,至公元 204 年(曹操下令改为户调制)止,除中间停用 5 年外,该制度共实行了 353 年①。虽然,汉武帝后期田赋征收实质上由比率制改为定额制,不过总体而言田赋的负担一直相当轻。对田地收益"薄赋敛",既符合儒家教义,又是对现实征管技术和征管能力的无奈承认。在如此低的田赋水平下,购买田地是极其合算的买卖。与田赋的低水平相比,按照马大英的估计,商人要缴纳市租即交易税 2%(大致相当于 10% 的收益税)②。另外,商人要承担双倍的算赋,货物过关卡时要缴纳关税,还经常被征收各种资产税(算缗钱、算车船)等。因此,富商大贾倾向于利用手中的货币,并托庇于权力,大量买入田地,坐收"见税什五"(即 50%)的高额地租;即使不瞒报土地数量,也只需承担三十税一的田赋以及按人口计算的少量人头税。如西汉时,南阳孔氏一面私营冶铁业,一面大规模开发荒地、抢购良田;宣曲任氏一面靠囤积粮食发迹,一面不惜重金购买沃土肥田③。

如果一般的商人单纯地从事土地买卖,只要按照田亩数如实缴纳田赋并承担自己应付的人头税,那还不会带来太大的问题。但是,若享有政治经济特权的官吏与贵族参与其中,那就会带来重大问题:这些人在土地买卖上肆无忌惮,经常运用特权来掠夺土地;对于到手的土地也倾向于大量隐漏而不向国家如实缴纳田赋。这样,豪强因投资于土地、不负担(或很少负担)财政义务,势力加速壮大;卖出土地的农民,没有土地但必须承担人头税与劳役(或更赋),因财政负担过重以至于无法生存。一些农民选择逃亡到地主的土地上,接受豪强地主的荫庇,豪强势力因此进一步提升;国家因纳税人口和土地减少,不得不将人头税进一步提高。如此恶性循环,最终造成大量失地农民成为流民,这加剧了社会动荡,威胁到帝国的稳定。这就是传统史学一再强调的"土地兼并"问题。可以看到,单纯的土地买卖与集中并不会成为问题,成为问题的是豪强利用权力来掠夺土地并逃漏田赋义务,以及财政负担落在了没有承担能力的人身上。

(二)货币财政形式加剧了豪强势力的膨胀

西汉财政中,具有人头税性质的口赋、算赋、更赋等,都以货币形式征收。农民必须卖出大量的农副产品或出卖劳动力,甚至举借高利贷,才能完成缴纳任务。政府收到大量货币后,为了满足形形色色的财政支出需要,又需要大规模采购物资。这就需要有大批商人在农村、城镇从事农副产品收购和销售活动,或者从事货币借贷(高利贷)活动。一定的货币化商业经济,能够促进经济的发展,但汉代的货币化商业经济是畸形繁荣的。这是因为,在未进行工业革命的汉代,主要商品仍为农产品或其他初级产品(自然资源或粗加工品)而不是机器大生产下的工业品,产品难以大规模和有弹性地生产出来。这时过度货币化的商品经济,带来的可能是高度的市场投机。这是因为大商人获利,经常依靠的是"囤积居奇"手段,靠扰乱甚至操纵市场的手法来牟取暴利,并带来物资短缺、物价暴涨的后果。在商人暴富并因购入土地、获取官职而进一步积累财富的同时,普通民众日益贫困。

---

① 马大英:《汉代财政史》,中国财政经济出版社 1983 年版,第 30 页。
② 同上书,第 86 页。
③ 叶振鹏:《中国历代财政改革研究》,中国财政经济出版社 1999 年版,第 108 页。

由于农民缺乏货币,农产品又不能长期保存,农民在缴纳货币税收,或者遇到天灾疾病之时,只能以低贱价格大量出售农产品,在青黄不接之时再以高价买入粮食,陷入愈来愈贫困的境地;或者通过向高利贷者借贷来获得货币,这将因背负高昂利息而无法清偿,最终不得不出卖田宅而陷入困境。许多农民也因此放弃农田耕作,投入商业活动中(即《盐铁论》中文学贤良批评的"舍本逐末")。汉代人的说法是:"商贾求利,东西南北各用智巧,好衣美食,岁有十二之利,而不出租税;农夫父子暴露中野,不避寒暑,捽(zuó,拔)草耙土,手足胼胝(pián zhī,起老茧),已奉谷租,又出稿税,乡部私求,不可胜供。故民弃本逐末,耕者不能半,贫民虽赐之田,犹贱卖以贾。"(《汉书·贡禹传》)

这样的做法,不仅破坏了帝国的农业基础,而且进一步加深了商业的投机气氛,加剧了已有的侈靡消费风气。正如第五讲所述,在《盐铁论·散不足》中,文学贤良对这一时期由皇室引导的社会奢侈行为(建华宅、厚葬、婚娶靡费、衣着考究等),进行了严厉的批评。以今天的眼光看,如果奢侈消费发生在一个相对公平的市场交易环境中,那可能会带来资源开发、生产增长与民众富裕程度提高的效果;而如果发生在靠剥夺民众财富、将资源和劳动力投入纯消耗性消费行为中,那奢侈消费并不能促进经济的增长,只会造成贫富差距的加大,可用于生产的资源被无谓消耗,以及社会风气的败坏。马大英计算过,汉平帝时,共有 10 多万官奴婢,每四百到六百人就有一个是官奴婢,而豪富之家拥有的私奴婢更是不计其数,这样的奢侈行为导致大批劳动力不能从事生产性活动①。汉武帝时的财政改革虽然在一定程度上打击了商人势力,但其结果无非是以"官商"代替了"私商",把商业活动纳入国家的财政体系之中,而未改变汉帝国货币财政和畸形商业的实质。相反,正如《盐铁论》中文学贤良所言,因对商业实行官府全面垄断,商业成本越来越高,而为了保持一定的垄断利润,官商不断地抬高商品价格,最终破坏了社会的生产和消费。

武帝之后,官商垄断政策放松,但随之禁止官僚经商的禁令也遭废弛。自元帝时起,朝廷自"诸曹、侍中以上"之官吏,几乎没有不利用自己掌握的权力加入私运贩卖等商业活动中的。也有一些大商人进入政府,或者形成官商勾结关系。由于权力的介入,商业活动更加变质,成为盘剥小农和普通市民的工具。特别是到了东汉,政府再也没有对商贾采取较大的抑制行动,商贾势力得到了大发展的机会而空前膨胀。

(三) 选官任官制度加重了已有的危机

除了财政制度造就上述豪强势力加速壮大的问题外,选官任官制度还加重了已有的危机。选官任官制度的具体内容已如前所述。除了汉初军功阶层因军功获得官职,其子弟通过郎官途径被选任外,后世进入官僚阶层的途径主要有以下几方面。

(1) 买官,即用粮食或货币购买官职。这一做法开始于武帝,后来越来越频繁,至东汉时更加严重。买官需要钱财,因此富人商贾容易进入。

(2) 选举,在某一方面有成就或有某种才能的人(贤良方正、茂材异等、孝廉等),经过选拔、推荐、考试和试用后,可以正式授以一定的官职。这样被选举的人大多为读书人,在当时由于教育机会稀缺,读书人一般出自富裕家庭或官宦之家。

---

① 马大英:《汉代财政史》,中国财政经济出版社年版 1983 年版,第 372 页。

(3) 举荐（察举），对那些行为上有独特之处的，由丞相、御史、部刺史等举荐。举荐权在达官贵人之手，因而在位官员可能通过相互帮助而世代垄断出任官职的机会。

> **专栏6.2　汉代的选举制度**
>
> "选举"在中国是一个古已有之的概念，有两个方面的渊源：一是古代文献常说的自三代以来就存在的"乡举里选"行为（向上推荐人才）；二是指西汉起形成制度的察举（荐选）行为。在唐以后的文献中，科举（考选）也被称为"选举"，如历代正史中的"选举志"。
>
> 汉高帝十一年（公元前196年）下诏举"贤士大夫"，文帝二年（前178年）、十五年（前165年）分别诏举"贤良方正能直言极谏者"，开启了汉代的选举制度。不过，此时的选举仍属于特举。汉文帝时设立"贤良方正"等条目，要求地方举荐人才，虽不定时，但已渐成制度。董仲舒曾经反对当时任子、纳赀取士制度，而主张"使诸列侯、郡守、二千石各择其吏民之贤者，岁贡各二人以给宿卫"（《资治通鉴》第17卷），从而提出了一种经常性选举制度的设想。汉武帝元光元年（前134年）设立岁举孝廉的常行科目，选举正式成为制度。前面提到过的"贤良方正""贤良文学"等科目仍是不定时的特举。在有特殊需要时，还会下诏选举秀才（东汉时为避光武帝刘秀讳，改为"茂才"）异等（如文学高第、军事人才、水利人才、外交人才、司法人才等）。
>
> 东汉时，岁举茂才成为常例，孝廉的选举也成为制度（汉和帝时规定"郡国率二十万口岁举孝廉一人"）。相对而言，茂才由州及中央三公、将军、光禄、司隶举荐，品位上比郡国举荐的孝廉要高，人数也少（不及孝廉的十分之一）。

（四）四位一体的后果

在上述三种途径的影响下，再加上官僚贵族大量介入经商活动并兼并土地，由此造成了第一帝国自武帝之后的一个特殊现象，那就是官僚贵族、豪强地主、巨商大贾、教育世家有不少处于四位一体的状态。如汉成帝时的丞相张禹，既是大官僚，又是大商人和大地主，同时还是著名的儒生。《汉书·张禹传》说他"内殖货财，家以田为业"，他也曾以"鲁《论语》"的篇目为序，将"鲁《论语》"和"齐《论语》"两个本子融合在一起，成为直至今天仍在使用的通用版本。四位一体的最大弊害，是使豪强的势力得以进一步地加强。豪强们垄断了官职官位、教育机会、土地资源和商业机会，并由此成为一定程度上独立于皇权、影响帝国稳定的庞大力量。这样多位一体的豪强势力，最终发展为下文将述及的"士族"或门阀阶层。士族阶层垄断一切政治、经济与文化机会，给后世帝国国家治理带来了极为不利的后果。

第二节　挽救帝国的财政努力与帝国崩溃后的财政遗产

从西汉后期直至东汉，在帝国制度总体病变的前提下，四位一体的豪强势力不断壮大并严重威胁帝国的稳定。为此,夺位成功的王莽和继起的东汉诸帝,采取了诸多措施来挽救帝国,其中财政措施最为引人注目。

不过,从制度成长的角度看,新建的东汉却并没有制度上的新意。或者说,第一帝国已停止了生长,因为它没有新的创造去应对现有的挑战,即豪强势力对帝国基础的侵蚀。虽然东汉初在光武帝、明帝、章帝时期,仍有一些中兴气象,但其制度衰败的内因早已种下。因上述内部缺陷的存在,第一帝国的解体只是时间问题。

一、王莽的财政努力

如前所述,汉王朝与其他朝代相比,一个颇具特色的政治现象就是外戚势力十分强大。身为著名儒家学者、权臣、外戚和大地主的王莽,利用种种手段包括前述的"符命",获得了皇权。

出身于豪强的王莽,深知豪强对帝国的威胁,所以采取了一系列措施来抑制豪强的势力。其中他自己称之为"齐众庶、抑并兼"的财政举措有以下几个方面。

第一,限田与限奴,恢复国家的财政基础。第一帝国的财政基础在于,农民以一家一户为单位耕种田地,以此上缴田赋并承担人头税。由于豪强大肆兼并土地,其拥有的土地很少或者根本不向国家上缴田赋,甚至其拥有的奴婢(及荫庇的庄客)也不向国家上缴人头税,这样他们在挖空国家财政基础的同时,自身实力不断壮大。对此,朝野有识之士纷纷表示忧虑,如汉哀帝时的大臣师丹,就提出应该对豪强们占有的土地、奴隶数量加以限制。但是,他随后提出的限田限奴政策,在大官僚和众多豪强的反对下,并不能得到施行。王莽成为皇帝后不久,也实行限田与限奴,其方法是实行"王田制"和禁止奴婢买卖。所谓王田制,就是参照周代井田制,更名天下田为"王田",宣布不得买卖,以防兼并;同时规定一家限田九百亩,超过限额的田地必须分给九族、邻里、乡党;而原来无田的农民,可以重新得,即一夫一妇给田百亩。禁止奴婢买卖的做法是,将奴婢更名为"私属",禁止原主人自由买卖,认为买卖奴婢,或任意杀害奴婢,以及掠夺人之妻子为奴婢等行为,均不合于"天地之性人为贵"的理念。在他的禁止奴婢买卖的政策被证明无效之后,王莽又规定,蓄奴婢之家,应就每一奴婢纳口钱3 600钱(相当于汉初算赋的30倍),试图用财政的方式来达到限制私奴婢的目的。

第二,实行经济管制,从商业方面削弱豪强的势力。豪强不仅仅占有土地和人口,还利用商业机会来扩张势力。为此,王莽先后颁布了一系列工商业国有化或经济管制措施,以削弱豪强的扩张机会。具体有所谓的"五均""赊贷""六筦"等措施。五均是指政府对工商业经营与物价水平给予统制与管理,包括:评定物价(按商品质量,制定上、中、下三种标准价格),平准业务(商品价格上涨超过平价,政府按照平价抛售;若商品价格低于平价,则听其自由买卖),收购滞销商品,对农民及小生产者提供赊贷等。赊贷中的赊是指借钱予城市居民做非生产的消费之用(主要是祭祀丧葬),不收取利息,而贷是指借钱给小生产者做生产资金,收取利息。六筦主要是重新实行盐、铁、酒的政府专卖,同时冶铁、铜器具及钱币铸造也由国家主管,名山大泽由国家管理,开采销售必须经过政府许可,并缴纳收益税(称为"贡")等。作为王莽经济管制政策的总称,"六筦"言"六",除了前已实施的五均赊贷外,另外还有盐、酒、铁、名山大泽、铁布铜冶等五项专卖或管制。

第三,其他措施。如货币改革,即利用铸发大钱并频繁发行新币,来掠夺商人财富。王莽在短短八年中进行了四次币制改革,共发行28品货币,种类繁多,比值复杂,"每一易钱,民用破业"(《汉书·食货志》)。王莽还采取过一件既有趣亦无奈的举措来对付豪强,那就是长期不给天下官吏发放俸禄(名义上给他们分封土地以作为禄食来源,但几乎未实行)。没有俸禄,豪强们也乐意为官,可见当时为官者并不缺乏财富,任官时也不在乎俸禄,而在于获得权势和地位来垄断商业或获得搜刮民众的机会,因而"并为奸利,郡尹县宰家累千金"(《汉书·王莽传》)。

王莽的改革最终是失败的。他在即位后一年多时间里,先后推行王田制,禁止奴婢买卖,实行货币改革,还推行了全面管制商业的政策。上述政策既没有好好设计,又没有任用得力的官员去推行,因而政策效果很差。如禁止田地及奴婢买卖的规定,只在形式上维持了大约三年就被迫取消。货币改革中的宝货制,一开始即不能全部行得通,勉强拖了三年多不得不自行改变。只有六莞措施,勉强维持了十二年多。王莽利用严刑峻法推行改革,结果刑不胜刑,"自诸侯卿大夫至于庶民,抵罪者不可胜数"(《汉书·王莽传》)。在法不责众的情况下,他只能迁就事实,废止新法,并因而丧失威信。当然,王莽失败最为重要的原因在于,豪强已成长为皇权无法消灭或压服的力量,最终豪强势力纷纷起来反对王莽。普通民众既未从王莽改革中得到好处,又因这一改革自身的缺点而不满,如"制度又不定,吏缘为奸"(《汉书·食货志》)。因此,所有的人都对王莽感到不满,他的失败也势属必然。

二、东汉诸帝在财政上的努力

王莽的失败,使得身为豪强并受豪强支持的刘秀集团取得了政权,建立起史称的"东汉"。东汉诸帝,除了制度上采取种种措施加强君权(如加强尚书台,提升刺史职权等)外,也在财政上采取了如下一些措施来挽救帝国,应付豪强势力对帝国基础的侵蚀。

第一,将皇室财政并入国家财政。国家财政与皇室财政的分离,既是帝国制度中皇帝职位公、私二重性的体现,在效果上也有利于制约皇室支出的无节制扩张(皇室财政支出受制于皇室财政收入)。但由于西汉时期国家财政总是处于紧张状态,而皇室财政因土地较多而收入颇丰,因而从东汉初年起,光武帝就把皇室收入交付大司农(同时皇室支出亦由国库开支),以便加强国家财政。这一做法在初期确实有一定效果,缓解了国家财政的困境,但也引发了一个消极后果,那就是解除了皇室支出受到的自然制约(即皇室收入的上限)。到了东汉后期几个不负责任的皇帝统治时期,皇室支出不断扩张,反而侵蚀了国家财政。特别是到桓、灵二帝时期,皇帝又搞个人的财政,造成东汉末期财政上的混乱。

第二,在人口和土地方面竭力限制豪强势力。人口方面,在东汉初期的十几年中,政府6次颁布诏书来解放奴婢,还先后3次颁布诏书禁止虐杀奴婢,以增加农业劳动力,减少豪强荫庇的人口,限制其势力增长。土地方面,东汉政府曾下令"度田",核查豪强手中的耕地面积。建武十五年(39年),光武帝曾费尽心思尝试准确丈量全国土地,甚至为此处决了几十名官吏,因为他们在登记大地主土地时弄虚作假(公元40年)。他还镇压了几次地方豪强领导的暴动。后来的几位皇帝,也曾试图去推动度田。人口方面的诏令,在实践中得到了一定程度的遵行。但是,度田的命令却无法执行,一方面是因为豪强地主百般阻挠,另一方面是因为地方官员不认真执行。更为关键的原因是,东汉政权是在豪强协助下建立的,皇室的近亲、近臣都是豪强,兼具公私二重性的皇权,很难完全从公共利益出发实施对国家有利的措施。明帝时,皇帝还曾经试图禁止豪强兼营农业和商业,但是这一禁令不久就放松了,或者说无人理睬了。

第三,采取财政措施减少民众托庇于豪强的机会。一方面,东汉诸帝特别是初期几位皇帝,采取传统的轻徭薄赋、兴修水利工程等措施,恢复经济发展,以巩固农民作为国家编户齐民的地位。如光武帝刘秀在建武六年下诏恢复"三十税一"的旧制,建武十三年开始大幅减轻徭役负担。从光武帝到明帝、章帝,陆续都有水利工程的修建,尤其是明帝时对黄河的治理,功效显著。另一方面,东汉时期几位皇帝都允许贫民使用皇室土地或园池,以便能够生存下去而不至于成为流民,比如他们将部分皇室土地借予或赐予没有耕地的贫民使用。汉明帝永平九年(66年),诏令郡国以公田赐贫民;永平十二年(69年),又颁布诏书,宣布将滨渠埤下之田赐予贫民,言明不让豪强久占得利。汉章帝元和元年(84年),诏令郡国招募无田民众前往田土宽饶之地,政府赐给公田,借种子和农具,并减免五年田租,减免三年算钱。除了耕地外,永元五年(93年)二月,汉和帝还诏令将京师离宫上林、广成苑等地,都借给贫民,允许随意采捕,不收其税,其后还不断开放山林池泽给贫民从事渔业和林业,免于征税。这些措施的目的,都是将贫民变成国家的编户齐民,在减少贫民成为流民机会的同时,也降低其成为豪强的庄客或部曲的可能,从而在消极意义上限制豪强势力的增长。除了赐地、开放皇家园池外,政府帮助农民的第三种方法是直接救济。东汉时期至少给鳏寡孤独者发放过24次救济,并给遭受天灾者发放救济等。

第四,财政上加强中央对地方的监督,抑制地方官吏的权力。刘秀定制,向12州派遣作为中央监察官员的刺史(后来增加到13名),每年年底回京述职。在实践中,刺史的权力不断得到扩大,并有了固定的治所,从而成为州一级行政区的最高长官。刺史的一项重要工作,就是代表中央对地方财政实行控制,要求地方每年汇报当年郡内财政收入的准确数字,包括岁入、垦田和户口等。不过,需要说明的是,随着刺史权力不断扩大,州实质上成为管辖若干郡县的大行政区,并最终成为东汉末年地方割据的区域基础。

第五,重新运用西汉时期的部分财政措施。如更赋的征收在西汉时期并未正规化,始终处于探索过程中,东汉时将其作为成法。东汉政府还仿效西汉政府实行盐铁官营,以获取更多的财政收入,并抑制豪强的势力。不过,由于现实中再次出现《盐铁论》中文学贤良所批评的官吏管理能力与意愿问题,盐铁官营最终不得不作罢。扩大赎罪权出售和卖官鬻爵的范围以获取暂时性收入,也是对西汉财政措施的重新运用。正如前述,利用出售赎罪权、卖官鬻爵等方式获取收入,是以损害帝国的基础为代价的。

三、第一帝国的灭亡及其遗产

虽然从王莽到东汉诸帝在财政及其他方面对帝国制度进行了挽救,但第一帝国还是无可挽回地崩溃了。汉帝国的衰亡,就像罗马帝国的衰亡一样,引得后世无数的历史学家对其进行无尽的探讨。我们在此处只做一点简单探讨，然后再从财政角度概括一下第一帝国留下来的主要遗产。

（一）帝国灭亡的原因

第一帝国是如何灭亡的？"传统上有三种答案。有些历史学家指责某些皇帝个人，另有些历史学家怪罪于妇人和宦官，再有些则归罪于黄巾军"①。这些答案虽然都有些道理，但还不够。事实上，在导致第一帝国灭亡的原因中最为重要的是，以君权面貌出现的公共权力不够强，以至于为外戚和宦官所篡夺；同时它也无力压制豪强对社会经济的控制和对地方政权的把持。公共权力过于弱化，使得以公共权力为核心的国家共同体也无法维持。黄巾军起义，只是公共权力弱化在现实中的后果而已。

公共权力弱化，一个表现就是工具性国家呈现出末世常有的政治黑暗。由于帝国时期以君权来表现公共权力，对君权的篡夺和分割就会使政治权力运行失去公共性和至上性的特征。在东汉后期，工具性国家中出现了后世史家反复诟病的典型的王朝末期症状：皇帝本人奢侈荒淫，后宫和外戚把持朝政，宦官势力横行天下，文官集团结党营私。由于君权地位无法保证，权力公共性难以实现，各集团对权力的追求实质上分割了公共权力，最后形成分散的权力集团。除了外戚专权和宦官残酷压制士人外，高级官僚与门生故吏结成势力集团营私也伤害了帝国。他们彼此争权夺利，轮流操控朝政。灵帝时，"时卖官二千石，二千万；四百石，四百万。其以德次应选者半之，或三分之一。于西园立库以贮之"（《后汉书·灵帝纪》）。此一史实，既可如传统史学那样解读为灵帝的昏庸，也可解读为灵帝对豪强控制国家之现实的无奈承认，作为皇帝，他只能利用名位方面的形式特权来捞取些个人的好处。从财政看，东汉中后期财政收入获得的大部分还是货币形式（来自人头税），但国家所得硬通货（铜钱）却越来越少。其原因在于承担财政义务的农民不断减少，越来越多的小农身处地方上有权势的地主控制之下。为了增加财政收入，桓帝和灵帝时期，政府不得不加重田赋负担（对所有的土地每亩加征10钱）。在一定程度上，这是第二帝国开始以"税地"为核心获取主要财政收入的先声。

专栏6.3　帝国衰亡过程中的文官集团

东汉末期，文官集团在与外戚和宦官斗争中，既有正面的值得肯定的方面，如部分文人的高尚道德与担负政治责任的自觉意识，也有值得鄙视和叹息的地方，如部分官员的道德堕落，挽救帝国的无能和自身作为豪强对政治地位和经济利益的追逐等。此外，在帝国制度中，由文官集团的首领行使的相权过大，同样可能威胁到公共权力（此时表现为皇权）的稳定。

由于后世史书多由文官写作，因此对此时文官集团的地位与作用未免有过多的溢美之词，特别是高度推崇太学生运动（公元153年和162年，为了文官朱穆、皇甫规，太学生两次集体上书）和党锢之祸（公元166年和169年，宦官两次大规模抓捕文官）。对此时帝国制度的缺陷、对文官集团的自身责任，传统史书的反思是不够的，它们将帝国

---

① 崔瑞德、鲁惟一：《剑桥中国秦汉史》，杨品泉译，中国社会科学出版社1992年版，第390页。

衰亡的责任过多地归结到外戚与宦官身上。这是我们在阅读中国古代史书时需要注意的地方。

公共权力弱化，还体现在目的性国家中的经济繁荣与社会恶化的背离上，即公共权力无法将不断增长的经济资源转化为稳定社会的力量。东汉末年的经济，并未表现出末世的萧条特征。尽管发生了一些自然灾害（这是庞大帝国的固有特征），但经济运行仍是稳定的，整个生产呈现出不断发展的趋势。不过这种发展主要集中在豪强的庄园经济中，"对于大地主来说，这似乎是兴旺时期"①。在地主豪强的庄园之外，那些失去土地的流民到处迁徙流浪，社会秩序呈现出渐趋败坏的迹象。流民遍野，甚至充斥于经济比较发达的大平原，从而为黄巾军起义奠定了基础。政府权力无法控制豪强，税吏无力对他们的财产和田地征税，国家渐渐地丧失了救济流民与配置土地的能力，随后进一步丧失了维持特定地区秩序的能力。到最后，政府有效维持秩序的能力完全丧失，帝国就此崩溃。

如果说在工具性国家表现出的上述弊病是帝国崩溃的直接原因的话，那么豪强势力的成长则是帝国崩溃的根本原因。

（二）第一帝国的遗产

第一帝国的生长及其最后的崩溃，给后世历史学家留下无尽的探讨话题。就第一帝国给后世留下的遗产而言，在成功的方面，最为重要的是留下了统一帝国的观念以及以宗法文化为基础的意识形态；在失败的方面，其教训主要表现在未能解决好以下两个问题：（1）如何防止皇权（君权）不至于被外戚、宦官和权臣所侵夺？（2）如何防止豪强成长为分离帝国的力量？在魏晋南北朝直至隋王朝这一漫长时期，在改革帝国旧制度、创建新制度过程中，这两个问题不断地得到探讨与解答。

专栏 6.4　防止外戚与后宫侵夺皇权

汉代尤其是东汉时期外戚专权的问题，是后世帝国制度建设必须面对的。

在三国时期，鉴于汉代后妃与外戚集团乱政的教训，魏黄初三年九月曹丕下诏，自今以后，臣下不得向太后奏事，后族不许辅政，也不许无功受禄，若有违背者，天下共诛之。南朝刘宋时期，刘裕临死前也下诏，后世如果幼主继位，政事则专门委任宰相，母后不得临朝称制。由少数民族建立起来的北魏采取了更极端的办法：立太子即杀其生母，并且定为"常制"。外戚任官在后世实践中也受到严格的限制，一般不再允许外戚担任具有较高权能的职位。与此同时，宦官干政问题也受到高度重视并被加以制度的限制。

总之，通过一系列制度建设，外戚乱政甚至篡权与后宫干政在后世帝国制度现实中基本上得到了解决（元王朝是例外）。与之配合的是下文将提及的以群相（三省制）代替独相从而杜绝权臣问题。

---

① 崔瑞德、鲁惟一：《剑桥中国秦汉史》，杨品泉译，中国社会科学出版社1992年版，第591页。

在财政制度方面,第一帝国为后世帝国的制度建构奠定了如下原则:君权来源于对土地的产权,在法理上君主拥有一切土地,并可对土地配置状况进行调整;财政收入主要来源于土地(田赋),并可依靠工商业获取弹性收入;在财政支出方面,君主承担着大家长的责任,其目标是为全体民众的福利负责,并为此展开经济和社会管理活动;财政管理上除了一般的管理正规化要求外,最为重要的是利用暴利性资源商品来获取弹性财政收入、平衡社会集团的势力。这些财政制度方面的原则,是第一帝国稳定的重要基础,因而也是其宝贵的经验。这些支配后世帝国财政的基本原则,是经第一帝国时期学者对财政基本问题深入思考后发现的,并特别地体现在《盐铁论》一书中。至于教训,那就是由于财政制度建构时的缺陷,即为了财政管理的便利而采用了"舍地而税人",以至于促使豪强势力加速成长为威胁帝国的力量。

在财政上,第一帝国留下了以下一些特别的国家治理问题,要求后来者在思想上与实践中加以解决。

(1) 如何进一步确立君主在土地方面的产权?君主对土地的产权,是君权强大的基础。这就要求必须采取各种方式来实现君主对全国土地的产权,以实现公共权力对土地资源的支配。

(2) 如何实现"履亩而税",从而将财政收入真正建立在土地面积基础上?这样做可以让财政负担落实在有能力的人身上,既可以让财政收入获得可靠的基础,又可以限制豪强势力并将其土地控制在政府管理下。

(3) 如何处理流民问题?流民既使得生产缺乏劳动力,又带来社会秩序的不稳定。安置流民,无非有三个方面:给其配置适当土地;完善乡村政权组织以便对民众进行编组管理;或者将其招入军队控制起来。这三种方案,涉及土地分配、编户齐民以及财政集中供应等制度,因而对财政收支与管理在制度上提出了要求。

第三节 帝国崩溃后的财政探索

从208年赤壁之战(奠定三国鼎立局面)开始,到589年隋灭陈结束,这381年是中华帝国历史上时间最长、最为混乱的分裂时期。在此期间,战乱不休,没有战争的年份只有72年;同时灾害不已,共发生水、旱、蝗、疫619次。战乱与灾害的主因在于帝国的崩溃,割据的政权无力保障安全、维护秩序,也无力应对自然灾害。诸国并列,在史书上被记载为皇帝的人就有88个,不被后世正史承认的帝王则有上百人之多。

这是一段混乱时期,同时也是中华文明极富创造力的时期。来自北方的大量移民,开发了长江流域,创新了耕作技术(这一时代定型的农具被后世沿用了1000多年),使后来的统一帝国奠基在一个更为广阔的经济基础上。文化上也表现出高度的创造力,除了引进与改造佛教文明外,道教和儒家文明也得以发展,儒、道、佛三家的思想共同成为中华文明的有机组成部分。在政治制度方面,统一虽未出现,但帝国制度却不断地得到探索和重建,表现为各分立政权都致力于颁布更为成熟的法律,建立更可靠的财政制度。

此时帝国财政制度的探索,突出表现在重新确立君主对土地的产权,抑制豪强士族对土地和人口的占有,努力实现履亩而税。要注意的是,这样的探索是在南北方国家竞争背景下发生的,并以北方国家的胜利而告终。

专栏 6.5　南北朝时国家间的竞争

国家竞争往往是制度变革和文化发展的重要推动力量,南北朝时期是中国历史上又一个国家间激烈竞争的时期。此时的国家间竞争,除了直接表现为最为暴烈的战争外,还有种种其他表现,比如对于人才的争夺。

高欢在答复杜弼请求实行严刑峻法时,说过如下一段话:"天下浊乱,习俗已久,今督将家属多在关西,黑獭常相招诱,人情去留未定。江东复有吴儿老翁萧衍者,专事衣冠礼乐,中原士大夫望之以为正朔所在。我若急作法网、不相饶借,恐督将尽投黑獭,士子悉奔萧衍,则人物流散,何以为国。"(《北齐书·杜弼传》)

财政探索因南北方面临的问题不同而显示出差异。对南方政权而言,最为重要的财政问题是与由豪强发展而来的"士族"争夺土地与人口的控制权;对北方而言,最为关键的财政问题是确立君主对土地的产权。

一、"士族"盛极而衰背景下的南方财政

如前所述,第一帝国以"舍地而税人"为核心的财政政策,在选官制度的配合下,造就了集政治权力、经济势力和教育能力于一身的豪强阶层。这一豪强阶层发展到在魏、晋之间由一部分新出门户和一部分汉代高门形成最高等级的士族(又称"世族"或世家大族、门阀),它"已经是根深蒂固压倒一切而成为当日社会的核心"[1]。晋、宋之间,高门与寒门(即士族与庶族)的区分已经凝固,成为不可逾越的鸿沟。除了个别家族外,很少有上升的寒门能获得公认的士族地位[2]。这些士族广占耕地山泽,兼营商业和借贷活动,荫庇大量人口(以宗族、义故、门生、部曲、奴客等形式),占领文化高地。他们通过腐蚀选举制度而垄断了一切入仕的门路,甚至在相当程度上具备了决定政权更替和皇权稳固的能力。这一时期的选官制度通常称为"九品中正制",即"中正别贤否,吏部司升沉"(即由朝廷设置或地方官兼任的中正官来举荐人才,由吏部来进行选拔、提升或降黜)。这一分权选举制度由汉末选举发展而来,在实施初期被认为是"良法善政",但到南朝时期,因迁就士族利益而逐渐被腐化[3]。士族的存在,严重威胁了以君权为形式的公共权力。此时一个典型的现象是:在南方,家族的地位压倒了国家,孝道比忠君成为更高的道德标准。所以,不解决士族问题,公共权力就无法得到保障,国家就不能稳固,更不能实现帝国统一。

---

[1]　蒙思明:《魏晋南北朝的社会》,上海人民出版社 2007 年版,第 30 页。
[2]　唐长孺:《魏晋南北朝史论丛》,河北教育出版社 2000 年版,第 544 页。
[3]　蒙思明:《魏晋南北朝的社会》,上海人民出版社 2007 年版,第 38—41 页。

到了南北朝时期,士族开始盛极而衰,蒙思明先生认为这是此时极为重要的历史现象,"魏晋南北朝四百年的历史实即一部世族兴衰史"①。只有士族衰落,帝国才可能再生。士族的衰落,既有内部的原因也有外部的原因。内部的原因主要是士族制度发展出自我毁灭的因素,即士族自身的腐化堕落,如习于清谈,习于淫纵,不习法令,不亲庶事,不居外官,不任台郎,这样在政权内的士族代表们自动与现实政务隔离,政治能力严重退化,实际权力也随之丧失。寒族代表由于亲历政事,能力不断提高,并逐渐掌握了实际政治权力。外部原因,主要是来自帝国君权的打击。只要是能君能臣掌握政权,特别是寒族的代表(刘裕、陈霸先等)取得政权后,就会有意识地打击士族,包括政治打击和经济限制。另外,士族自身婚姻失类、籍贯伪乱、流移失门第等,也加速了士族的崩溃②。

在士族不断衰落的背景下,南方国家在财政制度方面进行了不断的调整与探索。南方财政制度变革的基础是在曹魏和西晋时期建立的,以此为起点南朝各政权不断地加以调整。调整的基点主要有以下几个方面:(1)明确以君权为形式的公共权力的地位,通过种种手段确认君主对土地的产权;(2)考虑现实的要求,在管理技术能力低下,战争期间人口迁移、货币难行的前提下,进行种种的制度和管理上的变通;(3)与士族争夺人口,抑制士族的力量,平衡国家内的各种势力。由于常年战乱,人口大量减少,相对于土地资源来说人口处于稀缺的状况,因而帝国君主与士族的斗争,在财政上集中表现为对士族所荫庇的人口进行争夺。

(一) 在财政制度调整中确认君主对土地的产权,探索财政收入的方式

帝国的支撑要素是土地,分裂动乱时期的帝国同样地从田制和收入方式入手进行财政改革,以此向豪强士族们重申帝国对土地的产权,并获取稳定的财政资源。

1. 在田制调整中确认君主产权

南方财政进行田制调整的起点,是短暂统一时期西晋所颁布的占田制,即王公官僚皆按其品级占有相应数额的田地,一般百姓按丁男、丁女人数各占相应数额的田地。《晋书·食货志》记载,"其官品第一至于第九各以贵贱占田(从第一品的五十顷至第九品的十顷,每降一品减五顷)","男丁一人占田七十亩,女子三十亩"。占田制的"占"字,有三种含义:"一当占有解,一当自报、登记和注册解,也即名田,第三种含义是限制的意思"③。实际上这三种解释中都含有限制的意思,即限制官僚贵族、士族豪强对土地的兼并。在现实中,这一制度是在各级豪强已占有大量土地并存在较多荒地的情况下,政府以承认豪强对土地的占有但限制其数额的方式,重申君主对土地的产权,并在分配荒地过程中向普通民众申明君主的产权。但在当时的条件下,政府对正转向士族的豪强能有多大限制作用,占田制能起到什么效果,实属疑问。

晋室南迁后,在南迁士族和原住士族扶持下的东晋朝廷更是"主弱臣强",对于士族占有田地也更无法限制。不过,政府在实践中仍未放弃重申君主对土地产权的努力,如咸康二年(336年)正式颁布的"占山法"就是这一努力的代表。该法令的精神,是在承认士族

---

① 蒙思明:《魏晋南北朝的社会》,上海人民出版社2007年版,绪言。
② 同上书,第154页。
③ 叶振鹏:《中国历代财政改革研究》,中国财政经济出版社1999年版,第244页。

占有山泽(传统上属于君主)的现实前提下,试图限制其数额,并对其所占山泽收取"赀税"①。"占山法"的主要内容有:

(1) 凡属以前占有的和经常投资修整的及既成事实的旧业不再追夺,仍为私人所有;否则一律禁止,犯者以常盗律论处。

(2) 对各级官僚占有的山泽给予明确规定,并登记造册,视为合法;以前已经占足的不得再占,不足者依规定占足。

(3) 除国家规定的占山额和承认的旧业之外的山林湖泊一律开放,任何人不得违法占有。

2. 财政收入方式的变化

南方财政在收入方式上主要有三种:以耕地为基础的谷物,以人户为基础的纺织品,以贸易为基础的关市税。

以耕地为基础缴纳谷物,如前所述,一般称田赋或田租,是帝国时代的正宗财政收入形式。南方财政在田赋制度上,一直在按亩征收和按人(口或丁)征收之间徘徊。按亩征收更符合帝国的内在要求,也有利于均平负担,但对土地丈量和征收管理(如地籍调整)的要求比较高;而按人征收,管理上虽然比较简单,但会造成富户和穷人之间不公平,而且要求户籍制度完整、人口流动规模小。早在曹魏时期,田赋制度的一项重大改革就是在制度上确立按亩定额征收的方法。如前所述,汉初田赋的缴纳在制度上实行的是分成制,但在汉武帝后期,现实中就已实行按亩定额征收,在实践中又往往变成简单地按户征收。到东汉桓帝、灵帝之际,出现了把按户征收改为按亩征收的做法。到曹魏时期,正式实施按亩定额征收的制度,其宗旨有二:一是要达到均平负担的目的,即占地多者多缴纳田赋,从而改变原来豪强兼并田地后却由贫民负担租赋的局面;二是由于在战乱条件下,户口版籍荡然无存,按户征收不具备现实基础。与此同时,按亩定额征收这一改革也体现了强力君主试图确认土地产权的企图。与曹魏同时期的孙吴政权,在南方也部分地实施了按亩征收田租的做法,不过沿用了东汉时按地力肥瘠征收差额田赋的办法。

西晋建立后,由于士族势力成长、君权衰落以及管理技术等原因,按亩征收定额田租的制度被废除,实行了按丁征收的制度(即一丁收租谷四斛),以简便手续。这一制度也与当时实行占田制后一般农民名义上受有同等土地有关(即丁男受田五十亩,丁女二十亩,次丁男半之)。东晋政府建立后不久,由于人口大量迁移,户籍资料不实,政府倾向于选用不容易隐瞒的田地作为征税对象。成帝咸和五年(330年)再次实行按亩征赋(租),"始度百姓田,取十分之一,率亩税米三升……哀帝即位,乃减田租,亩收二升"(《晋书·食货志》)。但按亩征收遭到世家大族的强烈反对和抵制,查验每户土地也存在管理上的难题,再加上东晋朝廷无力处理士族逃避财政义务的行为,田赋收入因此实际上呈亏空状态。相对而言,检括户口更容易一些,征收人头税更为简便。于是在太元二年(377年),晋孝武帝下令"废度田收租之制,王公以下,口税米三斛"(《晋书·食货志》),就是说将田赋征收改为以丁口为对象。按丁口征收田赋,也与此时户口整顿工作取得了一定成效有关。宋、齐延续了东晋按丁口计征田赋的做法,但到梁武帝时,按亩计征的田赋(每亩二斗)的

---

① 叶振鹏:《中国历代财政改革研究》,中国财政经济出版社1999年版,第247页。

做法又见于实践中,直至陈朝宣帝太建年间按亩征收田赋已有明确的记载。

以人户为基础征收纺织品,始于曹魏时改汉代的口赋、算赋和更赋为户调。户调在东汉建武中元二年(57年)就已出现过,不过当时的户调多属于临时征发,不具有重要地位。到东汉末,由于田赋不能正常征收,户调逐渐由临时变为经常。曹魏改革,正是在上述基础上进行的,户调也成为后来长期实行的制度。曹魏时期,户调全部按户征收(户出绢二匹,绵二斤),不论每户人口多少,但在实际征收时仍在一定程度上参考贫富差别进行(按赀平定)。西晋时期,户调与占田制配合,"丁男之户,岁输绢三匹,绵三斤。女及次丁男为户者半输。其诸边郡,或三分之二,远者三分之一"(《晋书·食货志》)。但在实际执行中,由于占田制并未成为普遍的田制,同时户口实际上不均,因此为了均平负担,征收户调时仍不得不根据户等高下,按资产有区别地征收(即"九品相通法")①。东晋直至宋、齐,在制度上,户调完全按家赀评定(按赀纳调),即每个地区户调总额固定,然后根据该地区贫富差等分配额度。但在实际执行过程中,地方官上下其手,流弊突出。到南齐梁武帝天监元年(502年),户调进行了彻底的改革,实行以丁口为标准来征收户调,"始去人赀,计丁为布",梁、陈时的户调是"丁男调布绢各二丈,丝三两,绵八两"(《隋书·食货志》)。南方财政中户调的变化,除了上述从按户征收变为按赀纳调,再改为按丁征调外,还经历了征收形式的变化。魏晋时期,户调主要征收绢和绵。晋室南迁后,由于当时的江南纺织业落后,东晋户调改为征收布,刘宋时也如此。随着江南经济发展,户调征布在齐武帝时又改为征布和钱(三分之二纳布,三分之一纳钱)。

上述田赋和户调,一直是南方财政的主要收入方式。由于南方大多是"谋朝篡位"式的朝代更替,战争相对于北方来说要少得多,因此商品经济得到长足的发展。南方政权以商品税获得的收入,相对于北方来说要多得多。如北魏人甄琛所言,南方"仍崇关廛之税,大魏恢博,惟受谷帛之输"(《魏书·甄琛传》)。东晋时期的关税(即过税),延续了曹魏和西晋的税率,大致为十分之一,到宋、齐、梁、陈四朝,税率有所加重。市税(即住税)在汉代为市租,对行商课征入市税,对坐商就店铺营业额分五等课税。东晋时,市税税率较原来为重,民甚苦之。刘裕即位初年,下令降低市税征收额。到南齐时市税的征收改为包税制,就是说,以上缴税额的多少来选择任命征税的司市;司市以家资为担保,向商贾征税并向政府交纳承包额。为了扩大自己的剩余,司市总是尽力多征税。显然,包税制的优点在于能够确保国家的财政收入,缺点在于混淆了征税中的私权和公权,并可能破坏商品经济的发展。除了关、市税以外,在财政收入方面,南方政府还对盐、铁、酒等低弹性商品征收特别商品税(此时的国家没有能力实行官营或许可制度)。另外,南方政权还征收多达十五六种苛捐杂税,甚至一度"借款"于民。

在南方财政的发展过程中,在士族势力盛极而衰的背景下,一个比较突出的现象是,东晋以来"主弱臣强"的局面有所改观。(南朝)宋齐前期的皇帝和中央政权都曾试图加强对财政的掌控。其中一个表现是,寒门出身的皇帝重用寒族出身的亲信任中书舍人,掌握财权,并成立专门机构,从士族掌管的机构那里夺权。另外,中央皇权还通过皇子或宗室

---

① 叶振鹏:《中国历代财政改革研究》,中国财政经济出版社1999年版,第254页。

出镇要州,加重典签的权力,设置台传机构等手段,增强对地方政府和财政收入的掌控能力。

> **专栏 6.6　中书舍人、典签与台传**[①]
>
> 　　中书舍人,原为"中书通事舍人",魏晋时设立,掌管传宣诏命。南朝梁除去"通事"二字,任起草诏令之职,参与机密,权力日重,并成为隋唐时中书省的先声。从宋齐时开始,就任用寒门出身的中书通事舍人参综朝政,并行使原属尚书省的部分职权,甚至形成专门机构。中书舍人的设置与扩大,是皇权试图夺回强臣控制的财权与政权的一种表现。
>
> 　　典签,原为府州经办向上级奏事的属吏。南朝宋齐时期,皇帝选派亲信担任典签,并赋予典签入朝密报的权力,以监视和牵制王侯方镇、州刺史,确保地方军政和财权不落入异己势力的手中。
>
> 　　台传,即台传御史,是自宋齐开始中央派往地方的专门财政机构,本为加速赋调的征收并转运上供中央财政而设置,后来又兼有和市(政府采购)的职能。台传在加强中央对地方财权的控制方面,发挥了一定的作用。

(二) 利用户籍整顿之机,与士族争夺人口

在三国两晋南北朝时期,目的性国家中出现了某种程度向城邦的回归。为了在混乱时期寻求人身保护,逃避国家的赋役负担,再加上可能受到强力逼迫,此时大量人口投奔世家大族,"流民多庇大姓以为客"(《南齐书·州郡志》),成为他们的荫附人口。世家大族荫庇人口有两种方法,一种是非法地隐户籍为荫户,另一种是假借名义大量收容人客(如奴客、部曲、门生、义故等)。这样,在帝国大地上,出现了一个个以世家大族的庄园、坞堡为聚居地的小共同体。因拥有大量人口,世家大族可以积极地从事土田山泽的开发,参与商业活动。由于士族拥有免除财政义务的特权,或虽无特权但可通过各种操作手段获得减免的机会,他们积累的财富脱离于国家财政征收范围之外,造成"国弊家丰"的局面。

在人口方面,除了世家大族荫庇人口外,南方财政还因人口大量流动而出现户籍管理的难题。东晋政权建立后,为了宣扬自身的正统性,在政策上鼓励北方人口迁入自己统治的长江流域。对从北方迁来的至少 70 万人口,政府设侨州、郡以安置。侨居州郡的人口,属于临时性的寄居人口,政府对他们单独以白纸造册登记,形成白籍,不征收租税,也不派发徭役。而原来居住在南方的正式人口被载于黄籍中,是国家征收赋税和征发徭役的对象。这样就形成了财政上两种不同的户籍人口。

两种户籍人口已造成财政管理的混乱,而进一步的混乱来自大量寒人庶族的行为。他们通过贿赂改变户籍、假冒士族,以获得免税免役的特权。在当时的户籍管理中,有以下几种流弊:"改注籍状,诈入士流";氓俗巧伪,户口不实;贿赂戍将,诈为部曲,以避公役;假称僧道;"或抱子并居,竟不编户";以"入勋"的名义来免除徭赋等[②]。

[①] 陈明光:《六朝财政史》,中国财政经济出版社 1997 年版,第三章第二节。
[②] 叶振鹏:《中国历代财政改革研究》,中国财政经济出版社 1999 年版,第 232 页。

为了重建帝国君权、加强政府的财力,南方各朝政府不断地进行户籍整顿,以便与士族争夺对人口的控制。正如蒙思明先生所言,"政府与世族的人口争夺,成了魏晋南北朝三四百年中政治经济上的长期斗争和主要论题"①。

户籍整顿的途径主要有以下三个方面。

第一,针对混乱时期士族豪强荫庇人口的普遍现象,南方政府从东晋开始就不断进行括检隐浮户口的工作。具体措施有:完善民间里伍基层组织,纠察户口,防止农民逃亡和流移人口的增加;括检士族豪强所隐匿的流亡人口,将士族荫庇超过国家规定数量的人口(隐户)编入国家编户,要求承担赋役;免奴为客和招抚流亡,即释放官方奴隶或夺取士族占有的奴隶,赦免逃亡罪人,将其变为承担国家赋役的良民或军人。在此过程中,强势君主不断与士族豪强斗争,甚至动用连坐等刑罚手段来打击士族豪强。随着士族的衰落,政府逐渐地将士族占有的大量人口变为承担赋役的国家编户。

第二,针对南方王朝特有的黄白籍之别造成的问题,南方政府采取的主要措施是"土断",就是把南下的侨居人户和浮浪人户断入国家户籍,同土著户一样成为国家的正式编户,承担相同的赋税和徭役。东晋政府连续进行了四次较大规模的土断,比较彻底地统一了黄白籍,并让流寓浮浪户入籍,从而实现了整顿、合并侨治郡县的预期目的②。东晋之后,因为北方民众不断南迁,江南本土也出现逃亡流寓民户,所以南方历代政府继续贯彻土断政策,在宋、齐、梁历朝,都"申土断之制"。南方最后一次土断是陈文帝天嘉元年(560年),土断对象不仅是侨民,而且包括江南本土流移户,所采取的政策是"不问侨旧",凡是"逐食流移者",随其乐居之地,全部编入国家户籍。至此,原来的白籍问题不复存在,全都变成了黄籍。国家的户籍得到了统一,黄籍承担财政义务而白籍不承担的问题也得到了解决。

第三,针对户籍管理的混乱,南方政府进行"检籍"来解决户籍篡改的问题。本来在东晋咸和二年,政府整理出来一份较清楚的户籍,以区分士族、庶族及南北土望。但从刘宋元嘉二十七年(450年)开始,户籍日渐混乱,大量寒人庶族假冒士族。南方政府不得不屡次整理户籍,设法严辨士、庶。齐高帝即位后,以元嘉二十七年户籍为据,更立明科,"检定簿籍",对反对检籍的地主豪强进行镇压。梁武帝时期,王僧孺改订《百家谱》,严格区分了士庶户籍,检籍工作基本宣告结束。之后南方政府只对《百家谱》上的士族给予优待措施,而户籍中不管什么阶层的人都不再享有特权,都要承担国家的赋役,使免赋免役户比以前大为减少。

□ 二、重建君主产权的北方财政

与晋室南迁后形成的南方政权相比,北方由胡族建立起来的政权欠缺的是合法性。因此需要在增强合法性的基础上,重建君主对土地的产权及对土地上人口的统治权。不过,与南方政权相比,北方胡族政权由于掌握工具性国家(本部族有武力且有自己的政权

---

① 蒙思明:《魏晋南北朝的社会》,上海人民出版社2007年版,第81页。
② 叶振鹏:《中国历代财政改革研究》,中国财政经济出版社1999年版,第267页。

体系),对汉人士族的依赖主要体现在道义或合法性(意识形态)上,而不像南方政权那样全面地依赖士族的经济与政治力量(至少一开始是这样)。

在增强合法性方面,北方政权主要通过以下几个方面来进行。

(1) 承认士族的地位与利益,大量任用汉人高门士族子弟为官,赢得他们的支持。

(2) 全面接受第一帝国形成的价值系统,尊崇孔子,引进礼治,甚至推行全面汉化。

(3) 采用帝国制度体系,建立法制化、官僚化的统治制度等。一个典型事例是,北魏在太和八年(484年)以前,官吏从中央到地方不实行俸禄制度,直到太和八年才正式施行了俸禄制,次年官吏的俸禄包括到国家的正式租调收入中,从而建立起较完善的官僚制度。

在重建国家对土地的产权和对土地上人口的统治权方面,北方政权主要通过财政制度变革来进行。在北方政权中,这样的行为最为典型的当数北魏。下面以北魏为例,来显示此一时期以君权为形式的公共权力,是如何通过财政改革来确认对土地的产权和对人民的统治权的。

(一) 颁布均田令,确立帝国君主对土地的产权

北方地区由于长年战争的摧残,在土地方面有两大问题需要解决:(1) 由于大量土地荒芜,加上人口流亡形成漂泊不定的流民,因而需要将荒地配置给劳动力,以发展农业生产,并借此在制度运行中确立君主对土地的产权;(2) 以庄园、坞堡而固守的士族豪强,在应对战乱的过程中,逐渐占据了大量土地,并以宗族合籍、奴婢佃客等形式荫庇大量人口,这些士族豪强及其荫庇人口几乎都不承担租赋徭役,国家的财政基础因此大大削弱。

专栏6.7　庄园与坞堡

庄园与坞堡是南北朝时期两种经济与社会组织。

庄园更多的是一种经济组织,里面的佃客或僮仆主要为庄园主耕作、放牧或从事手工劳动,还有部分人充当部曲武装。庄园具有比较高的自给自足性。

坞堡,或称堡坞、坞壁,更多的为一种军事组织,一般建在险要地区。在坞堡中,佃客和部曲可能从事必要的生产劳动,但其主要职能是军事方面的。

为了解决上述两大问题,鲜卑族建立起来的北魏政府,在全面推行汉化以取得政权合法性之后,又于孝文帝太和九年(485年)颁诏实行均田制。其内容主要有以下几方面[1]。

(1) 授露田:即以露田形式将耕地分给农民(男十五以上授田40亩、妇女20亩,奴婢同样授田,甚至耕牛1头也授田30亩,授田视轮休需要加倍或再加倍),不准买卖,年老或身死后还田给国家,奴婢和牛的授田随奴婢和牛的有无而授还;

(2) 授桑田:以桑田形式将用于经济作物(桑、麻、榆、枣等)种植的土地分配出去(成年男子一人给田20亩),桑田世业,不必还给国家,可传给子孙,可卖其多余的,也可买其不足部分;

---

[1] 叶振鹏:《中国历代财政改革研究》,中国财政经济出版社1999年版,第245—246页。

（3）授园宅地：以园宅地形式，分配居住地和菜地（新居者三口给地一亩，奴婢五口给一亩）；

（4）授职分田：对地方官吏，按官职高低，授给职分田（刺史十五顷，太守十顷，治中、别驾各八顷，县令、郡丞各六顷），不许买卖，所得用于办公经费，官吏离职时移交于接任官。

从均田制的内容可以看出，北魏政府通过均田法令和授田行为，在法律上确立了以下几个方面的内容。

（1）土地（特别是荒芜土地），在法理上毫不含糊地归君主所有，臣民占有土地只是出于君主的恩赐，君主也有权对士族豪强所占土地加以限制；

（2）对土地上所附着的人口，君主也毫不含糊地拥有统治权，不承认士族豪强对人口的占有，即使卑贱如奴婢，也能直接从政府获得土地。在一定程度上，这一做法也能吸引托庇于豪强的人口脱离出来成为国家的编户。

均田制在土地重新分配方面（或者说在"均"的方面），其功能只是表面的或形式上的，因为实践中不可能做到将所有土地进行均分。官府对掌握在自己手中的荒芜土地，可能进行了一定程度的分配，但不太可能夺取士族豪强之地进行均分。当然，虽然没有真正"均"田，但均田制所具有的深层意义仍不可忽视，因为它在法律上和行动上确认了君主对土地的产权。正如程念祺所言："能够代表均田制本质的，是它把土地确定为国有的法律意义。对于一个入主中原的少数民族政权来说，这是非同小可的。"①

（二）改革田租户调制度，增加国家编户

在北魏租调制改革之前，频繁更迭的北方政权在制度上大多沿用西晋的租调制，但在实践中既不规范（征收形式混乱，且太多临时性和掠夺性征收），也不公平（"九品相通法"稽理无方，小户不能承受）。北魏政府建立80余年，情形依旧。到太和十年（486年），在前述均田制基础上，北魏政府对沿用已久的租调制进行了较大的改革，主要有以下几个方面的内容。

（1）规范征收形式。改革前，北魏政府实行租调合一（有时全征谷物，有时全征绢帛）。这样，耕织相辅的小农家庭就需要从市场购、换所欠缺产品，来完成上缴任务。改革后，变为分别征收调帛和租粟，征收额长期稳定，不再只征收一种实物，适应了男耕女织的现实，也适应了战争时期实物经济运行的现实。

（2）减轻租调征收中的不公平程度。在此次改革之前，租调征收额颇高，如孝文帝即位初每户征租30石。这种征收显然带有一定的掠夺性，并使得大量人口聚居为一户，甚至三五十家合为一户。在均田制后，政府规定每户（一夫一妇）缴纳粟二石（即"田租"）、帛一匹（即"户调"），这样每户财政负担大大减轻。同时，针对西晋以来"九品相通法"流弊越来越突出的问题（如计赀定课的大权被士族豪强所把持），政府吸收了长期以来改革"九品相通法"的经验，最终确定"三等九品制"（将诸州民户分为上、中、下三等，每等各三品）。三等九品制按贫富差别分别制定不同的上缴数额，民户纳米纳粟，输纳各有远近，以此来

---

① 程念祺：《国家力量与中国经济的历史变迁》，新星出版社2006年版，第270页。

均衡负担,即"因民贫富,为租输三等九品之制。千里内纳粟,千里外纳米;上三品户入京师,中三品入他州要仓,下三品入本州"(《魏书·食货志》)。针对富户,还特别规定,奴婢和耕牛也要缴纳租调。

北魏此次租调制的改革,使财政制度大大完善。政府向农民征收租调,走上了正常化和正规化的道路,偷漏财政负担的现象得到一定程度的制止,财政收入也因此增加。对此次租调改革,历史的相关记载是:"初,百姓咸以为不若循常,豪富并兼者尤弗顾也。事施行后,计省昔十有余倍。于是海内安之。"(《魏书·食货志》)

以北魏为代表的北方政权,主要财政收入来自租调制。由于北方常年处于战乱之中,经济不发达,来自工商业的财政收入并不多。在部分时期或部分地区,曾实行过盐、铁、酒等低弹性商品的专卖制度,以获取垄断利润。除此之外,国家还从工商业经济活动中获取部分杂税收入,如关税、市税、矿冶税、牲畜税等。

(三)加强政权建设,与士族争夺人口

在财政上,第一帝国亡于豪强对土地和人口的占有。因此,帝国若要重生,就必须解决士族豪强占有大量人口的问题。在当时,一方面由于战乱,另一方面出于士族豪强的主动,人口大量集中于豪强大户之中,呈现所谓"百室合户""千丁共籍""游食之口,三分居二"等状况。

在均田制改革中,北魏政府将大量荒芜的土地分配给游食之民和隐漏之户,将其固着在土地上,成为国家掌握的编户。以宗族形式聚居的农户,也纷纷脱离宗主而成为国家的编户。因此,世家大族的荫庇人口大大减少。北魏亡后,接下来的北方政权继续实施均田制,士族豪强广占人口问题得以持续缓解。相比之下,南方政权因不掌握大量荒芜土地,就无法实施类似于均田这样的措施。

除了均田制,北魏政府还废除了宗主督护制。在宗主督护制下,宗主荫庇大量人口却不承担租赋和徭役。为了解决这一问题,北魏政府建立起三长制(五家立一邻长,五邻立一里长,五里立一党长),以国家任命的三长,来检查户口、督催租赋,防止豪强隐占人口和租赋。三长制实施后,士族豪强荫庇人口的行为得到有力限制,国家编户增多,财政收入因此增加。北魏亡后,三长制在北方政权统治下继续实施,利用三长制括检隐漏人口的工作也不断地进行。如东魏武定二年(544年),在河北各地检括无籍之民就达60余万户。大量被士族豪强占有的人口,因此得以成为国家的编户。

除了上述措施外,北方政权还采取了大量放免奴隶的措施。利用战争机会,北方政权大量解放了占领区的奴隶,或者将括检出来的奴隶放免,将其作为平民记入户籍中。这一做法,对增加国家编户和财政收入,打击士族豪强的势力,起了相当大的作用。

蒙思明先生对南北方士族崩溃的不同进行了比较后认为,"北方世族在艰苦患难中很能自固实力,他们的崩溃是外来压力大;南方是自然的崩烂,没有新生命的继起"[①]。这一看法,很能说明北方政权对士族豪强打击的有效程度,以及士族问题在南北方不同的解决方式。

[①] 蒙思明:《魏晋南北朝的社会》,上海人民出版社2007年版,第190页。

重点提示

1. 第一帝国时期制度建设着重探索的是,要有效行使公共权力就必须加强和稳固君权,使之有效地支配工具性国家。但为此而建立的皇帝制度、官僚制度、郡县制度等方面,也产生出病变的因子。

2. 董仲舒发展了的儒家学说,在为工具性国家提供意识形态支持的同时,也以意识形态来对君主实行一定的约束,即以祯祥为君主合法性提供辩护,以灾异向统治者提出警告。不过,这一意识形态内在地处于二难悖论中:信奉这一学说、敬畏天鬼的君主,往往性格懦弱,容易被别有用心的权臣或近侍操纵,君权不但不能加强反而会被削弱;而性格强悍的雄才英主,能够加强君权,却往往不会相信这些迷信说法。

3. 西汉后期特别是到了东汉,目的性国家中的经济逐渐被豪强控制而形成庄园经济。庄园经济的发展,虽然带来了经济总量的提高,却未成为工具性国家的财政资源。目的性国家在此时开始与工具性国家日益脱离,并成为危害后者的力量。

4. "舍地而税人"不能将财政负担落在有能力的人身上,加速了豪强势力的壮大。再加上官僚贵族大量介入经商活动并兼并土地,由此造成了第一帝国自武帝之后的一个特殊现象,那就是官僚贵族、豪强地主、巨商大贾、教育世家有不少处于四位一体的状态。

5. 从制度成长的角度看,新建的东汉却并没有制度上的新意。或者说,第一帝国已停止了生长,因为它没有新的创造去应对现有的挑战,即豪强势力对帝国基础的侵蚀。

6. 帝国崩溃后对财政制度的探索,突出表现在重新确立君主对土地的产权,抑制豪强士族对土地和人口的占有,努力实现履亩而税。这样的探索是在南北方国家竞争背景下发生的,并以北方国家的胜利而告终。

1. 大汉帝国是如何衰亡的?如果可能,你会给东汉末年的皇帝提供怎样的政策建议以避免帝国衰亡?
2. 第一帝国在财政上留下什么可供后世借鉴的经验与教训?
3. 在南北朝时期,君权是如何逐渐实现对土地的产权的?
4. 南北朝时期,争夺人口对南北方政权的财政来说有什么意义?从财政上看,南北双方各自在最后是如何实现君主对人口的统治权的?
5. 如何评价"士族"在历史上的地位与意义?
6. 比较南北朝时期南北方政权的财政制度与措施。你认为南方政权怎样才能赢得"以南统北"的机会?

第七讲

税地财政在第二帝国的实现

帝国以土地要素为自己的支撑点,其财政也应以土地为支撑点依靠"税地"来获取主要的收入。但由于历史的惯性和管理方面的困难,第一帝国虽然建立起以君主的土地产权为前提的家财型财政,将自己的支撑点建立在土地上,但财政上仍以"税人"为主要收入形式。这样的财政体系为帝国的稳定和版图的扩张提供了支持,但由于其内在的缺陷而成为豪强势力加速成长的诱因。豪强侵夺了君权所代表的公共权力,帝国制度因此而崩溃。

在帝国崩溃后的三国两晋南北朝时期,南北方政权分别进行包括财政在内的制度探索,以便重建帝国,隋王朝正是在此基础上建立起来的。隋虽二世而亡,但它奠定的政治、经济、社会基础,孕育出盛极一时的唐王朝,由此开启了中华帝国的第二帝国时期。不过,唐初形成的财政制度不足以为新帝国提供稳固的财政基础,在唐代中期"两税法"改革及唐宋间制度进一步发展的基础上,以税地为核心的帝国家财型财政不断得以发展。"税地"也因此成为中华帝国财政的基本制度,"两税"成为帝国正统的财政收入形式。

第一节 新帝国的财政基础

隋王朝生命虽然短暂,但却是第二帝国的先声。一方面,它继承了北方政权针对第一帝国制度缺陷所做的种种改进探索,巩固了帝国君主对土地的产权以及对附着在土地上的人口的统治权;另一方面,它开创或完善了许多制度,这些制度成为强盛一时的唐帝国的基础和前提。不过,在唐帝国初期,支撑强大帝国的财政基础却十分脆弱。

一、作为新帝国先声的隋朝财政

结束长期混乱并重新实现帝国统一的隋王朝,在制度建设与财政能力方面成就非凡。标志着隋王朝政治制度成就的一个突出现象,就是隋朝财政能力的强大,后世史书也一再称颂隋代国计之富。相比较而言,国富也是第二帝国的普遍特征。

专栏 7.1　隋朝国计之富

宋末元初学者马端临(约 1254—1323 年)曾说:"按古今称国计之富者,莫如隋。"(《文献通考·国用考一》)隋富不仅表现在人庶殷繁上,还表现在财政的库藏皆满。对此,隋文帝就曾奇怪自己怎么这么富:"朕既薄赋于人,又大径赐用,何得尔也?"(《隋书·食货志》)马端临同样表示:"然考之史传,未见其有富国之术也……何以殷富如此,史求其说而不可得。"(《文献通考·国用考一》)

范文澜先生曾将隋朝国富的原因归结如下:隋文帝自身的节俭,从地主豪强之处争夺了大量的人口和垦田。梁方仲对此所做的补充有:南北统一之战未经大的战祸,建立了谷仓制度,疏浚了运河等①。

大致而言,隋富的原因主要源于南北朝时期奠定的制度基础以及隋自身的制度创新,而这又表现在两个方面:一是打击了士族豪强势力,国家有效地控制了土地与人口;二是建立起有效的行政制度与财富的集中与分配体系,如三省六部制与运输仓储体系等。

在继承北方政权对士族豪强势力的打击、重建国家对土地的产权和对人口的统治权方面,隋王朝政府主要做了以下几个方面的事情。

(1)重颁均田制。从开皇元年(581 年)开始,隋文帝就不断地在原北方政权均田制基础上,颁布新的均田令,重申国家对土地的产权。例如,对士族或官僚所占土地在法律上进行严格限制,把荒芜的土地分给一般农民。均田令规定:自诸王以下至正七品的都督,受永业田从一百顷递减至四十顷;至于普通百姓,丁男一人受永业田二十亩,露田八十亩,奴婢亦同。其中涉及的土地有:永业田(可世代相袭)、露田(身殁后交还国家)、园宅地(住宅用地)、职分田(租金收入补给百官俸禄)和公廨田(所收租金用于地方政府办公经费)等。

(2)对户口进行全面整顿和检括。在以均田制鼓励无地农民脱离士族荫庇的基础上,隋帝还通过加强农村基层组织建设("三长制")、开展全国性括户运动("大索阅貌")以及"输籍定样"等方式,来消除户口隐漏现象,增加国家控制的人口。

专栏 7.2　三长制、大索阅貌、输籍定样②

三长制为北魏时所创,东西魏和北齐、北周继续实行,到隋代进一步完善。三长制的

---

① 叶振鹏:《20 世纪中国财政史研究概要》,湖南人民出版社 2005 年版,第 173 页。
② 同上书,第 174 页。

具体内容为:"五家为保,保有长。保五为闾,闾四为族,皆有正。畿外置里正,比闾正,党长比族正,以相检查焉。"(《隋书·食货志》)。

貌阅在隋代本来是每年都要进行的户口调查行为,通常由地方县令、刺史负责。貌阅时,由相关官员亲自当面检查丁口的年貌形状,查处那些已成丁却用诈小、诈老、诈疾的办法逃避赋役的人。隋代的"大索貌阅",不是一般性户口调查,它是配之以大搜捕行动的大规模户口检查。开皇三年(583年)令州县"大索貌阅,户口不实者,正长远配",同时实行纠告,鼓励检举揭发,并给予一定的奖励。

"输籍定样"是隋文帝采取的一项重要的财政制度,有人认为这是隋朝国富的重要原因之一。但对这一制度的具体内容,学者的解说不一。杜佑在《通典》中说,输籍之法是为了与豪强争夺浮客。多数意见认为,输籍之法将大户拆为小户,为小户制定轻税政策,使大量部曲转为自耕农。

(3) 改革赋役制度,减轻民众负担,鼓励人户脱离与士族的依附关系。隋代在均田制基础上,以丁男一床(一夫一妇)为纳税单位,负担较轻。文帝即位不久,就下令减轻赋税,"弛山泽之禁,除入市之税,罢酒坊,开放盐池盐井"(《隋书·食货志》)。开皇三年,又将成丁年龄从18岁提高到21岁,服役时间从30天改为20天,调绢一匹由四丈改为二丈。自开皇七年起,历时12年,先后进行了6次全国性或地区性的赋税减免。在隋文帝期间,国家在正赋之外很少有额外加征和增派杂捐。不但如此,隋王朝政府还通过各种办法减轻正赋,均平负担。同时,隋帝还减轻徭役负担,如实行府兵制(即在部分地区实行兵农合一)、减轻力役(一生服力役的时间从北齐、北周的1 260天减至760天,而且从50岁至60岁不用亲自服役而只需交一定的庸捐)。隋代农民负担不但比北朝要轻,而且也比豪强地主所收取的租役要轻得多,这样士族豪强所隐匿的人户和佃民就可能甘心成为国家的齐民。

在为第二帝国所做的开创性贡献方面,隋代在基本制度上主要有如下行政与财政制度改革。

(1) 改革中央职官制度,实行三省六部制。在第一帝国早期,中央职官制度以丞相制为核心,权力独大的丞相可能威胁皇权并进而影响帝国的稳定,因此丞相制度(或称宰相制度)被不断地改革,至南北朝时期演化出三省制。三省制形成后,相权不再由丞相独任,而由三省长官集体承担,消除了相权对君权的威胁和权臣危害帝国的可能。这一制度成果最终由隋王朝确立下来,并在尚书省下设吏、户、礼、兵、刑、工六部,形成三省六部制。当然,隋代的三省六部制尚未形成完整的运行模式,如门下省长官纳言与中书省长官内史令,在地位上还无法与尚书省长官尚书令、左右仆射相比。不过,因其分工合理、彼此制约,能够极大地提高中央政府的权能,三省六部制成为后世帝国的标准制度。

(2) 改革官员任免制,废除九品中正制,首创科举取士制度。全国所有官员的选任权,不再由地方州郡及中正官分散掌握,废除了州郡的辟举权,改由中央统一任命,选官权悉归吏部。特别是初仕途径,增加了中央统一进行的考试选拔制度,这就是尚处于草创阶段的科举制。这一制度,在相当大程度上巩固了帝国君主从士族夺权的胜利,为从根本上终结士族门阀制度奠定了基础。

专栏 7.3　科举制简史

科举的产生,有一个较长的过程。在此过程中,最为重要的是南北朝时对被举召的秀才考策问(有时兼及经文)、对孝廉考经义,二者就是后来进士、明经两科的来源。特别是在北朝,秀才和孝廉直接是寒族入仕的道路。

隋代初期开创了比较完整的科举制度,唐初对此予以恢复。在武周至开元天宝时期,科举制度得到进一步的发展。安史之乱后,科举制度出现过一段时期的反复,到唐宪宗以后基本确立。到了宋代,科举制度进行了更多的改革,如诸科目合一,内容慢慢限定在儒家经义。到明清时期,科举制达到比较完善的地步,考试内容以四书五经为主体,文体格式日益定型为八股。

(3) 建立相对有效和完善的财富运输与仓储体系。早在秦汉时期,驰道、漕运就得到了广泛的运用,并形成了专门的制度。隋统一天下后,也在全国各地大筑驰道,在南北间开挖运河,从而于帝国范围内形成较为有效的财富(粮食和纺织品等)运输与集中体系。同时,汉代就有的仓廪制度也得到进一步健全完善。通过设置常平仓、义仓等,隋政府可以调剂粮食等物资在时间和空间上的不均衡现象,以达到平抑物价、赈济灾荒及节约财政成本的目的。这种财富大规模运输与集中分配的能力,是中华帝国的重要特征,也是帝国得以长期存续的原因之一。

二、唐初强大的帝国与不可持续的财政

在隋末战争中成长起来的唐帝国,承接了前朝政治和经济的种种成就,在有为君主的努力下,发展为中华帝国的一个高峰,"盛唐气象"也广为后世所称道。唐初帝国的强大,有其政治制度的基础。但应看到,这种强大并不具备稳固的财政基础。

(一) 强大帝国的制度基础

唐帝国的强大,一方面表现为内部的秩序与富裕。不绝于史书的说法是,贞观时期行千里者不赍(jī,怀着)粮,断死刑岁仅 39 人。唐玄宗时百姓家中的储粮大都可以食用数年,政府仓储的粮食到天宝八载(749 年)约为 1 亿石,粮价长时间保持在历史的最低位。唐帝国的强大,另一方面表现在对外扩张上,这种扩张将帝国本性淋漓尽致地发挥出来。唐太宗时,在北方亡突厥(630 年)、灭薛延陀(644 年),在西域用兵于高昌及焉耆、龟兹,以龟兹、于阗、焉耆、疏勒为四镇,在西南则绥服了在今天青海的吐谷浑,交通吐蕃,通使于印度,在南方因海路交通,所至亦极广。唐高宗时,先后灭掉百济和高句丽(663 年、668 年两年),将帝国秩序扩至东北,并平定突厥西方的疆域,分置两个都督府,其所辖的羁縻府、州,西至波斯。中华帝国对外的声威,至此可谓达于最高峰。

帝国的强大,渊源于此时社会经济条件和基本制度。就社会经济条件而言,主要有前述的士族门阀的衰落(相形之下国家因能更好地控制广土众民而实力增强)、民族的融合(更多体现为战争能力的提高)、南方的开发与南北经济的联系加强等。就政治制度而言,此时帝国已建构起相对完善的制度体系,该体系集中并发挥出帝国的能力。

专栏 7.4　士族门阀的衰落

士族门阀的衰落,既因南北朝以来社会发展的潮流所及,也因唐初君主有意识的努力。唐太宗时令高士廉等编撰《氏族志》,以当朝冠冕代替旧族,王子婚配,公主择婿,都取新贵,不求旧族。高宗显庆四年(659 年)又诏改《氏族志》为《姓氏录》,进一步将晋升士流的范围扩大。此后神龙元年(705 年)、开元元年(713 年)、乾元元年(758 年),朝廷又三次重修《氏族谱》。许多传统的士族因政治地位丧失而慢慢失去了过去的地位。

科举制逐渐推行后,科举入仕成为重要途径,士族门阀在入仕途径上不再拥有垄断地位,也因此慢慢地丧失了原有的固定不变的社会政治身份。在唐宋之间,士族门阀势力基本上不再存在,中国进入许多学者所称道的"平民时代"。

具体来说,唐帝国加以完善并能体现出第二帝国特点的制度体系内容如下。

第一,完善了意识形态,在制度上成功地实现了"礼法融合"。汉代"罢黜百家,独尊儒术"后,经董仲舒等人改造后的儒家思想,已开始柔化僵硬的帝国制度,并广泛深入到民众思想文化和日常生活的各个领域。在法律方面的一个表现就是"引经决狱",即试图在司法层次上用儒家所倡导的价值理性来包装严酷法律所代表的工具理性。到唐代,儒家思想的地位被进一步地提高,其间的重要事件有:武德二年(619 年)唐高祖在国子学立周公庙和孔子庙,以周公为"先圣",孔子为"先师";贞观六年(632 年),唐太宗下令废除周公庙,以孔子为先圣,颜渊为先师;在官方主持下,孔颖达负责修撰的《五经正义》被作为意识形态的范本。"一准乎礼"的唐律,则是意识形态成熟更为重要的标志。作为第二帝国标志性成就并成为后世中华法系范本的唐律,以儒家倡导的礼为本,从而在立法层次上实现了礼法融合,正如《唐律疏议·名例》的前言所说:"德礼为政教之本。"

第二,完善了君主官僚制度。唐代皇帝制度继承了魏晋南北朝时期的探索成果,克服了第一帝国时期宗室、外戚、权臣等势力对君权的分割,在相当大程度保证了君权所代表的公共权力的独立性。在皇帝制度完善的基础上,官僚制度也得到了改进,体现为将隋代初建的三省六部制加以进一步细化和实化,形成第二帝国的基本制度,即由群相(由三省长官联合组成政事堂)行使宰相权力,由分工相对合理的六部(吏、户、礼、兵、刑、工)二十四司来执行政务。这一制度,不仅在相当程度上避免了过去君权和相权的内耗,使得国家治理能力增强(决策、复核、执行,三者分工配合),更为重要的是,它使得宰相职位和六部官职成为国家公职,帝国权力运行具有更高的公共性。就是说,相权从个人掌握转变为特定机构掌握,政府事务的处理者由王室私属之九卿转变为体现国家要务的六部。对这一变化,钱穆先生曾加以高度的肯定,将其称为内含王室的像样的政府,并认为此时的中央集权,可谓"政府地位之提高,而非王室地位之加隆"①。

> **专栏 7.5　三省长官的构成与群相制**
>
> 在三省中,中书省草拟诏敕、批答,门下省审查无误后,下达于尚书省执行。为了加快决策和执行,三省长官在政事堂事先进行商议。为了让有才识但资历不够、官位不高者参议政事,克服资位高者往往年龄大、较保守的缺点,从唐太宗开始,君主就让一些非三省的长官参议国政,给其加衔为"同中书、门下三品"(随后的帝王所加的类似衔为"同中书、门下平章事""同东西台三品"等)。后来,若尚书省长官(由于李世民曾担任尚书令,贞观后,尚书令职位空缺,尚书省长官为左、右仆射)不带"同中书、门下三品"等衔称,则不敢参议政事,只负责执行。三省长官皆为"相",甚至不为三省长官但带有"同中书门下三品"衔者,皆可视为"相"。第一帝国时期的独相制,此时变为"群相"制,相权对皇权的威胁渐趋消失。

第三,完善了选官制度。随着士族势力的衰微与中央集权的加强,唐初将隋王朝首创但不常举行的考试选官的做法,加以充实、完善,进而形成定期举行、分科考试的选官制度。此后,科举制一直是帝国正途选官制度,并成为中华帝国官僚制度的重要组成部分。选官制度也因此成为工具性国家与目的性国家互动的有力渠道,它将民众中的优秀人才不断输入帝国体制内,使各地民众都有参与政权的机会。这不但增强了帝国政府的治理能力,而且削弱了民众反抗国家的能力("野无遗才"且地方政府也无权控制人才)。同时,利用考试这一形式,工具性国家还可以引导知识界广泛地接受儒家思想,从而实现政治社会化,以稳定帝国。

第四,完善了对地方政府的监控。唐代中央政府对地方政府的集权,不但体现为健全州(大州称为"府")、县两级地方政府,以及以"道"为监察部门的政府体制建设,而且更重要的是采用了以下两方面的制度:一方面,唐代实现了尚书省对地方州府的直接领导,地方州府直接对应中央的六部,根据所奏报的事务性质,由州府向尚书省对口部门上报;另一方面,与秦汉时期长官自辟郡县佐吏(属吏与长官之间的关系如同君臣)不同,至此从隋代开始的中央任命州县佐吏的做法得以完全实现,此时属吏与长官之间只有行政统属关系而非君臣关系。

(二) 脆弱的财政基础

唐初帝国的强大,不仅源于上述制度建设,一定程度上也得到了此时财政制度的支持。这一财政制度主要是建立在均田制基础上的租庸调制和府兵制两个方面。不过这两个制度,起源于第一帝国崩溃后的混乱时期,因其内在的缺陷而不能用来长期支持统一的、和平的帝国。

唐初期实行的均田制,基本上沿用隋制。该制度的起因也相似,即一方面通过授田行

---

① 钱穆:《国史大纲》(上册),商务印书馆 1996 年版,第 393—397 页和 406 页。

动,将因战乱而掌握在政府手中的可耕地或荒地分配给农民耕种,另一方面通过宣布各色人等拥有田地的份额,重申君主对境内田地的产权,并由此落实对境内土地和人口的管理权。授田的行动,也是对境内土地和人口进行管理的契机。政府规定,授田之式,每岁一造计账,三年一造户籍。武德七年(624年)的均田制规定,每丁男(21岁至60岁)可得田100亩,其中80亩为口分田,20亩为永业田,工商业者减半给之(在狭乡即土地不足之地不给),老男、笃疾、废疾者给口分田40亩,寡妻妾给口分田30亩,其他如道士、女冠、僧尼亦给口分田。贵族、官吏皆给永业田,亲王100顷,职事官从正一品至九品从60顷依次至2顷,此外百官还按品级分给职分田。按规定,永业田可传子孙,不在收授之限,口分田在身死之后还归政府。

在上述均田制的基础上,初兴的唐帝国在财政上实行租庸调制,这是对曹魏租调制以来财政制度变革的一种延续和完成。制度要求,每丁每年纳粟二石,是为"租";每年每户纳绫或绢或绝(shī)二丈,绵三两,产布之乡纳布二丈五尺,麻三斤,是为"调";每丁岁役二旬,闰年加二日,无事或不愿服役者则收其"庸",每日折绢三尺,布加四分之一。上述租庸调制在唐初实施后,又经太宗整顿,使用到开元初年。从租庸调的征收依据看,三者都高度依赖于"丁口",事实上都是实物性质的人头税,因而此时财政状况的好坏与对人口的管理状况密切相关。

在均田制基础上,关中及部分其他地区还实行兵农合一(钱穆先生称为"全兵皆农")的府兵制。府兵制既是一种军事制度,也是一种财政制度,它起源于西魏、北周,在唐初推行均田制的同时也得以恢复和整顿。该制度的要点是,充当府兵的卫士为部分地区分到田地的壮丁(21至60岁),一般具有世兵(世代为兵)性质。府兵平时由各地折冲府管理,在家从事农业生产;农闲时这些壮丁接受军事训练,或轮流上番宿卫,战时由皇帝临时任命的将领率领,从事征防。从财政角度看,府兵制是一种将财政成本内部化的措施,府兵耕种田地不需向政府缴纳田赋或承担其他赋役,但在上番宿卫或征防时需要自备资粮,政府不付报酬(士兵可获得战利品或奖励)。需要说明的是,唐全盛时657个折冲府,分布在首都所在的关内道及邻近的河东、河南三道的府就达到526个。据此,许多人认为这是强干(首都地区)弱枝(其他地区)的做法,但也有人不同意这一说法①。

上述在均田制基础上建立的财政制度(租庸调制和府兵制),在一定程度上支持了初兴的唐帝国及其扩张,但对这一财政制度的评价却不能过高,更不能像过去某些论者那样,将唐中叶以后的衰败都归罪于君主破坏了这一制度。比如,中唐时期的陆贽曾高度评价该制度,认为"皆宗本前哲之规模,参考历代之利害,其取法也远,其立意也深,其敛财也均,其域人也固,其裁规也简,其备虑也周。有田则有租,有家则有调,有身则有庸。天下为家,法制均一,虽欲转徙,莫容其奸"(《翰苑集》卷22)。事实上,这一制度在唐初的成功是有前提的,那就是隋末战乱之后人口凋敝、土地荒芜、经济萎靡,因而推行这些制度有物质前提和社会前提。但在长期和平的统一帝国治下,该制度根本无法维续。

首先,均田制在实践中难以全面彻底实行,更难以持续。在人口分布不均的广大国土

---

① 岑仲勉:《隋唐史》,河北教育出版社2000年版,第202页。

范围内实行均田,这种做法对田地占有情况的复杂性估计过低,而对各级官府及官员的执行意愿、管理水平和技术能力要求过高。实际授田情况,根本达不到制度的要求。按岑仲勉先生的考察,即使在唐初,"口分之田,已多有名无实,其他永业、职分等田,更无论矣"①。即使实行了一定程度均田制的地方,均田本身也难以持续。自唐初实行均田制开始,就允许田地一定程度的自由买卖,如贫困无以葬可以卖永业田,愿意自狭乡(人多地少)迁往宽乡的人被允许卖永业和口分田等。在实践中,均田制的制度规定更可轻易地突破,并因此出现田地的集中。其中,有些属于田地的自然集中(如集中于耕作效率高者)而官怠造籍,不去纠正;有些因为豪强依其势力乘机兼并,官府不能纠正;有些则因新贵族官僚不断出现,政府将自己控制的田地作为永业田持续授予而出现大地产。在田地集中的趋势下,政府手中田地不断减少,又无力纠正田地的集中,最终导致了均田的不可行。特别是安史之乱后,庄园制成为主导的土地制度。当时有四类庄园制:私人田庄(官僚地主、士族豪强、富商大贾及一般地主和百姓)、官庄(国家诸司的田庄)、皇庄(皇家田庄,土地来源主要靠籍没)、寺院田庄等。此时,大量庄园又掌握在免税特权户手中。所谓免税特权户,按唐代政府的规定,贵族、官僚、孝子、顺孙、义夫、节妇以及鳏寡孤独等均为不课户;但由于管理松弛,许多没有身份的地主富室和豪强大族为了躲避租税,运用各种手段篡改户籍,成为不课户。这样,在均田前提下对每丁、每户征收租调也就失去了负担的基础,府兵制也不再可行。也就是说,由于不能持续地授田还田,政府难以准确地掌握人口状况,以人口为基础来获取财政收入也就越来越困难。

其次,租庸调制和府兵制都是具有战时特征的实物性财政制度,并不能适应于和平时期的帝国。由于魏晋南北朝以来战争长期持续,以粮食、衣料等实物和力役作为财政收入的形式,比货币财政更能适应现实。但在唐帝国长期和平条件下,商品经济已逐渐发达,此时在广大国土范围内运行实物财政的成本远远高于货币财政,而且亲身服役特别是军役也逐渐变得机会成本高且不受欢迎。正如钱穆先生所描述的,府兵原来出身优越,死后哀荣,地位很高,后来逐渐为人所耻,无人愿为,以至于不断有人逃亡②。特别地,亲身服役属于以人口为支撑点的具有城邦特色的制度,并非帝国的内在要求,正如钱穆先生所评价的,"唐代的租庸调制与府兵制,是两个古代社会蜕变未尽的制度"③。

第二节 两税法改革与第二帝国财政制度的初步成形

如前所述,初兴的第二帝国在行政制度上比较完备,但在财政制度上仍有欠缺,并不适应长期和平的统一帝国所需。于是,在唐宋之际,一种以"税地"为核心的财政制度开始成形。所谓"唐宋之际",指的是从唐开元、天宝之际,历经中晚唐、五代十国至北宋初这一

---

① 岑仲勉:《隋唐史》,河北教育出版社 2000 年版,第 333 页。
② 钱穆:《国史大纲》(上册),商务印书馆 1996 年版,第 421—423 页。
③ 同上书,第 424 页。

历史时期①。

正如前文一再强调的,帝国以土地为支撑点,其财政制度的理想是实现"履亩而税",即按实占土地面积进行财政征收。第一帝国虽然初步建立起依托田亩的田赋制度,但由于征收管理的难题,不得不转向以人头税为主要财政收入形式(即"舍地而税人")。这样一种财政制度,在相当程度上是豪强兴起的内在原因,而豪强的兴起又是引发第一帝国崩溃的内因。在长期的混乱中,依托于人口获取财政收入得到了一定程度的强化,并最终形成唐初的租庸调制。不过,租庸调制并不能为统一的帝国提供长期可靠的财政基础。于是,在唐代中期"两税法"应运而生。两税法改革奠定了以田亩为基础的财政制度,成为第二乃至第三帝国的标准制度,一直沿用到清代,被王亚南先生称为"支持(古代)官僚政治高度发展的第一大杠杆"②。就是说,在唐中期,经过两税法改革,家财帝国经历了一个重大的调整,在财政上从以"税人"为核心转向以"税地"为核心。

一、两税法兴起的契机

唐代中期两税法兴起的内因,当然是帝国以土地为支撑点的要求,而其外因或者说直接原因,则是唐初租庸调制的破产。虽然代宗时曾试图重建以往的租庸调制,但在现实中该制度已不具备实施的条件。这是因为,此时国家已无法有效地掌握人口,而租庸调制是以"税人"为核心的;国家之所以无法掌握人口,是由于土地兼并使得失去土地的百姓或逃亡他乡,或沦为地主官绅的庄客或奴婢,再加上有"安史之乱"这样的战争因素。到代宗广德二年(764年),国家掌握的人口仅占天宝十三载(754年)的32%。

由于租庸调制已事实上破产,唐代中期政府财力始终处于紧张状态。对此,欧阳修曾描述道:"租庸调之法,以人丁为本。自开元以后,天下户籍久不更造,丁口转死,田亩卖易,贫富升降不实。其后国家侈费无节,而大盗起,兵兴,财用益屈,而租庸调法弊坏。"(《新唐书·食货志》)也就是说,中唐财政破产的原因来自:(1)收入方面,由于均田制被破坏,小农承担田赋的基础丧失,加上户籍制被破坏,国家掌握的户口越来越少,原先的租庸调无法正常收取;(2)支出方面,由于皇室和朝廷的大量奢侈消费,以及战争等原因,财政支出日益增加。

除了以上原因外,引发中唐进行两税法改革的还有以下几个方面的契机。

(1)中唐时期中央财政高度依赖于南方经济,而南方又以租佃和雇佣经济为主,难以适用租庸调制。从李吉甫于宪宗元和年间(806—820年)所上国计簿来看,当时全国15道316州中,唐室能控制的不到1/6(浙江东西、宣歙、淮南、江西、鄂岳、福建、湖南8道49州),其他皆控制在各藩镇手中。唐中央政府控制的区域几乎都集中于东南,其财政收入90%也来自东南。江南由于鲜有战乱,故此经济得到长足发展。在此基础上,土地开发多,集中程度高,私人占有程度也高,土地租佃关系和雇佣制发达。在原先的租庸调制下,政府只对主户(地主)课征租庸调,不课及客户即佃户(客户只需向主户缴纳地租),而主户

---

① 吴树国:《唐宋之际田税制度变迁研究》,黑龙江大学出版社2007年版,第13页。
② 王亚南:《中国官僚政治研究》,中国社会科学出版社1981年版,第90页。

往往可免税或逃税,由此国家财政收入大量减少,佃户数量进一步增加。

(2) 户税和地税征收规模扩大。户税源于第一帝国时期的户赋,依据评定的家庭资产缴纳货币税("据赀定赋"),曹魏时改为户税(即户调)。唐初,户税规模不大。但自大历后,这种按家庭资产划分户等、按户等征收货币的税收(相当于今天的财产税),规模急剧扩大,并逐渐成为国家的重要财政收入。由于土地是家庭中最为重要的资产,因此这种户税具备了按土地数量征税的潜在可能。地税源于隋代开始设立的义仓制度,丰年时向民众征收以备荒年。这种税在唐朝贞观初年也得以建立,并按田亩缴纳("王公以下亩税二升"),称为义仓税。中宗神龙元年(705年)之后,义仓税改称"地税"。义仓税或地税,在制度上由土地占有者承担,但落实到基层,则由土地的实际耕作者承担,在一定程度上这是贯彻帝国"履亩而税"理想的税收。在玄宗时,地税成为国家的定制,安史之乱后规模扩大,大历五年将亩税率调整到五六升之间。户税、地税的扩大,奠定了根据家资和田亩征税、以田税为主的两税法基础。特别是在当时户籍制度凋敝的情况下,地税征收所依据的青苗簿成为统计土地和人口最为重要且具有实际操作价值的工具。

专栏7.6 义仓税、地税、青苗簿

义仓税和地税坚持了"见佃"原则(征收对象为现耕种者,无论这块土地是自己的还是租佃而来的),并借助"青苗簿"这样的土地统计方法与征管办法来实现有效的管理,使"履亩而税"落到实处。青苗簿的制作,经历了青苗案、青苗历和户青苗簿三个过程。青苗案由征收地税的"堰头",根据地亩情况登记地亩主人和佃人(有时甚至作物种类),以地统人;州县根据青苗案进一步加工成青苗历和户青苗簿,前者是以乡为单位的地亩和青苗统计,后者是以户为单位登记田亩和青苗①。

另外,唐政府还利用青苗簿征收地税的附加税,这早在地税改革之前就已开始。如代宗广德二年(764年)正月,就依田亩征收附加税——青苗钱,用于百官俸禄。青苗钱最初为亩税15文,后来又增加了类似的地头钱25文,直到大历八年才恢复到青苗地头钱15文的标准。

(3) 货币财政基础形成。唐中期以后,货币经济发展,尤其是唐中央政府财政所依赖的南方,在经济活动中大量地使用钱币。这样,以实物形式获取财政收入的租庸调制,在现实中的必要性已不大,以钱纳税、节约财政成本的货币财政制度已有了基础。

二、两税法改革

两税法在贯彻帝国"履亩而税"的理想、建立真正依田亩而征收的帝国财政方面,迈出了重要的一步。当然,两税法的出现有一个演变的过程,其中最重要的是前述地税和户税地位的上升。代宗大历四至五年(769—770年),财政上出现以亩定税、敛以夏秋的做法,

---

① 吴树国:《唐宋之际田税制度变迁研究》,黑龙江大学出版社2007年版,第24—25页。

这是两税法的初步形式。到德宗建中元年（780年），正式在全国推行两税法。为什么称为"两"税呢？按岑仲勉先生的说法，唐在建中以前，公私文件中已屡见"两税"字样，凡分两度征收者便可称两税，只是一种通名；两税成为专名，专指分夏、秋两次征税，乃在建中以后。因此对两税之"两"字的理解，不宜过于拘泥①。

两税法改革的内容，可从下述记载看出："凡百役之费，一钱之敛，先度其数而赋于人，量出以制入。户无主客，以见居为簿；人无丁中，以贫富为差，不居处而行商者，在所郡县税三十之一，度所与居者均，使无侥利。居人之税，秋夏两征之，俗有不便者正之，其租庸杂徭悉省，而丁额不废，申报出入如旧式。其田亩之税率以大历十四年垦田之数为准，而均征之，夏税无过六月，秋税无过十一月。"（《旧唐书·杨炎传》）

两税法实施后，效果还不错，"天下便之，人不土断而地著，赋不加敛而增入，版籍不造而得其虚实，贪吏不诚而无所取，自是轻重之权始归于朝廷"（《旧唐书·杨炎传》）。

根据上述文字以及实际情形，可以看出，通过两税法改革，帝国财政在以下两个方面发生了重大变化。

1. 财政收入基础出现了重大转折

如前所述，在唐中期以前，帝国财政虽然建立在君主对耕地和非耕地的产权基础上，但征收时却主要落实在人头上。唐初租庸调制的优点在于，将财政征收落实在有承担能力的"丁"基础上（计丁授田、有田有租、有家有调、有身有庸），但缺点在于"丁"承担财政征收的能力依赖于均田制所授予的田地。若均田制运行良好，则对"丁"征税与对田土征税效果一样。可在均田制崩坏、庄园制盛行以及租佃、雇佣关系普遍化的情形下，能够承担财政义务的基础只能着落在土地和家庭资产上。地税和户税因此得以进一步发展，并在两税法改革中得到全面推广。就是说，财政征收不再以人口或者丁口为基础，而以实际田亩（不论主户客户，只以耕作田亩数为基础征收，征夏税与秋税）和家庭资产（不论家庭人口数量，不分土著、流人，悉以现住为准，只看资产总额）为准。这一财政收入基础的重大转折，契合了帝国以土地为支撑点的内在要求，并使财政征收与负担能力一致，为帝国找到了巩固的财政基础。当然，这样的财政收入制度也对财政管理提出了较高的要求，即清丈田亩和核算家资。在当时的技术和管理水平及豪强拥有特权的条件下，帝国能否贯彻这一财政制度是有一定疑问的，清丈田亩也因此成为后世财政管理的长期难题。由地方政府来评估各户资产也存在着客观的困难，工作量非常繁重，因此尽管朝廷要求地方官员"三年一定户等"，但实际上地方长期不评定户等，只满足于据旧"两税文案"征税。正因为不能完全按照田亩和家资征税，所以将财政负担的一部分落实于一定的人口（特别是成年人口），实际上一直通行于后来的帝国财政实践中。

2. 财政收入管理制度的改进

两税法改革，虽然有中央对地方控制力不足等许多无奈的因素在起作用，但在财政管理方面却创造了许多新的做法，因此在帝国制度发展上取得了相当的进步。

具体说来，主要有以下几个方面。

---

① 岑仲勉：《隋唐史》，河北教育出版社2000年版，第345—346页。

(1) 量出制入。即"凡百役之费,一钱之敛,先度其数而赋于人",也就是说把中央政府每年所需支出数额(按大历十四年即 779 年为准),按人口、土地多少分配到各州县,再具体到每家每户进行征收。这种先定支后定收的财政原则,突破了帝国财政量入为出的传统。当然,中唐时期这一量出制入原则,在相当大程度上是对当时中央控制力下降的一种无奈承认,并未成为后来帝国的通用原则,但它却成为帝国财政向近代转型的一种历史渊源。

(2) 形式统一。一切赋役(户税、地税、青苗钱,以及过去的租、庸、调、杂徭等),皆纳入户、地两税,"其租庸杂徭悉省"。当然,这是一种制度理想,实际并未做到,如青苗钱和草税仍存在。户税,原来是多税目、多税率、多税额的复合形式税,如大税、小税、别税等,实行两税以后变成了统一的居人之税,并将其他杂税并至户税中,"大历中,非法赋敛、急备供军、折估、宣索、进奉之类者,既并收入两税矣"(《旧唐书·杨炎传》)。这种统一还表现在前述主户与客户均征、无固定住所行商与有固定住所的百姓均征,官僚也丧失了免税的特权,"其诸色浮客及权时寄住户等,无问有官无官,各所在为两等收税"(《旧唐书·杨炎传》)。在法律上官僚开始负担两税和杂徭,但实际上仍享有赋税减免的特权,直至后周世宗,才在制度上真正取消士大夫过去享有的赋税特权。

(3) 制度简化。制度的简化,不仅表现在前述以家资和田亩为对象来征收,"人不土断而地著","版籍不造而得其虚实",而且期限确定(夏、秋),手续简便。另外在征收过程中,还广泛地使用货币形式来进行征收。两税法改革之前,所征地税以谷缴纳,青苗钱和户税以钱缴纳。按照陆贽的说法,两税法实施时,"定税之初,皆计缗钱;纳税之时,多配绫绢"(《翰苑集》卷 22)。大体上,两税法最初实施时以征钱为主要手段,但因为地方官吏利用钱、物之间的波动牟利(对民众责其无而弃其有,反复折变,辗转增税),百姓负担加重,所以转向依赖绫绢、谷粟等实物形式,形成"定税计钱,折钱纳物"(中央政府在预算编制时以钱为税名,但在实际征纳时多用布帛谷粟)。两税法的出现反映了当时的社会经济已发生了深刻的转变,正从实物地租逐渐转为货币地租。虽然以货币交两税,事实上只推行了不到三十年即逐渐放弃,可正如陈明光先生所言,不能因此低估两税法改革中使用货币的社会经济意义[①]。

三、第二帝国财政制度的初步成形

唐中期上述"扫租庸调之成规,创两税新制"的改革,不仅是财政收入制度的变革,而且更重要的是它标志着第二帝国财政制度的初步成形。在两税法改革及后续制度调整的基础上,第二帝国财政制度形成了以下几个方面的要点(需要说明的是,这些财政制度要点,在相当程度上是对现实的一种妥协性安排,在实践中也未能得到有效的执行,但却是第二帝国财政运行的正式规则,并影响到第三帝国财政制度的安排)。

1. 以田亩为财政收入的基础

"履亩而税"始终是帝国财政的理想,即以田地占有而不是人口(丁)为依据来获取财

[①] 陈明光:《汉唐财政史论》,岳麓书社 2003 年版,第 262 页。

政收入,将帝国财政建立在君主拥有产权的土地基础上。这一理想,到两税法改革后才在制度层面上大体实现。主体财政收入方式的这一改变,意味着从此国家不必再直接占有人口,力役负担逐渐转化为货币负担,民众与君主(国家)之间的关系,从人身依附关系变为简单的财政关系。从财政视角来看,在国家类型上中国此时才真正走出了城邦时代。因此,两税法是帝国财政乃至帝国制度变迁的重要标志。内藤湖南对此评价说,两税法使人民摆脱了奴隶佃农地位,开启了新的时代①。

2. 以来自工商业的收入作为财政的弹性收入形式

如前所述,帝国"家天下"土地产权包括对耕地的产权和对非耕地(山海池泽)的产权。帝国财政因对耕地的产权而获得耕地出产的粮食,在两税法改革后"履亩而税"在制度层面上得以落实。对非耕地上出产的各种自然商品或在此基础上加工而成的商品,帝国根据君主对非耕地的产权,也要求在财政上获得部分收入。第一帝国曾一度通过国家垄断工商业(盐铁专卖和国营商业)来获取财政上的好处,但这种做法带来效率上的严重损失,并因官僚大量地介入商业活动而加速豪强势力的成长,最终影响到帝国的稳定。南北朝时期,南方财政对商品在生产、运输或消费环节征收的商品税,数量比较大,而北方财政这样的收入数量不多。唐初沿袭隋制,对商品甚少课税,国用所资,唯赖租调(财政上主要依赖租调)。直到开元年间起才开始对盐、铁征税(由民间生产和销售,国家征税),以弥补财政收入的不足。安史之乱后,为了挽救财政危机,由第五琦(第五为复姓)、刘晏等人陆续改革盐制,实行国家专卖,以获取盐利。两税法改革前夕,盐利达到六百万贯,"天下之赋,盐利居半,宫闱服御、军饷、百官俸禄皆仰给焉"(《新唐书》卷54)。

专栏7.7 治国理财名臣刘晏与唐代中期盐业体制改革

刘晏(715—780),唐中期理财名臣,历任侍御史、度支郎中、户部侍郎、御史中丞、吏部尚书、同中书门下平章事(宰相之一)等,长期主管度支、盐铁、转运、铸钱、租庸等事务。针对中唐时期的财政困难,刘晏采取了一系列措施(改善漕运、改革盐政、推行常平法并平抑粮价等),基本扭转了财政恶化的趋势,并为后世财政制度建设开创了局面。

就盐业改革而言,刘晏的做法是在第五琦盐政改革(758年)基础上推行的。为了取得盐利供给军用,第五琦首先在河北局部地区试行盐政新体制,然后加以推广。所谓新体制,指的是将唐初盐业的征税制(民间经营)改为汉武帝时期曾实行过的官营全面垄断制度(只不过将生产改由亭户进行但须受"监院"的监督),即民制、官收、官运、官销,排除商人的作用。这种专卖制度因为垄断得比较彻底,存在着效率低、价格高、贪污严重,并严重伤害百姓的利益。

在第五琦之后,刘晏整顿盐法(762年),将全面垄断制(官营)改为部分垄断制(即许可制,或称间接专卖制),实行民制、官收、商运、商销,取消了官运和官销两个环节,即生产环节由民众私人完成,在运输和零售方面引进商人的力量,政府只垄断收购和批发两个环节。这一做法取得较好的效果,百姓食盐供应改善,国家盐利收入骤增(从年收入40万贯

---

① 吴树国:《唐宋之际田税制度变迁研究》,黑龙江大学出版社2007年版,第13页。

增加到大历末年的600万贯)。唐中期之后直至晚清,盐业体制大体遵循了刘晏的做法。

两税法改革后,财政收入实行定额制,收入数量因固定而造成财政的捉襟见肘。财政收入若要获得必要的弹性,那就只能进一步地依赖来自工商业的收入(专卖或征税)。除了上述的盐专卖,两税法改革前后还对铁、银等矿产实行专卖制度,并长期执行(偶尔实行征税制),而茶和酒则在实行专卖制和征税制之间摇摆。除此之外,矿税、境内关税、市舶税(海关税)及杂税等,也基本上在安史之乱后陆续开征,成为补充性的财政收入。杂税及其他财政收入的名目日益繁多,此处仅举几例:率贷(对商人就其财产总额进行的强制性课征)、除陌钱(对交易所得及公私给付钱物所课的税)、借商(名为"借"但事实上永不归还)、卖告身(纳钱百千,赐明经出身)等。

3. 以漕运和仓储为财政分配手段

与同时期的西欧相比,第二帝国财政在职能上有一个非常突出的方面,那就是在国内进行大规模的再分配。这种再分配,在手段上主要依靠运河漕运和遍及全国的仓储系统来进行,并运用常平法与和籴政策予以调节。从中西比较立场出发,王国斌曾高度称赞这种再分配手段与仓储系统,认为它们"代表着官方对人民物质福利的责任"[①]。

唐代的漕运和仓储是在隋王朝奠定的基础上发展形成的。唐玄宗时期,裴耀卿实行了按运河和水路运输线沿途设仓、分段转运的方法,开启了帝国漕运的新阶段。刘晏在此基础上进一步地加以改革,将漕运从散运变为纲运(集装化和组织化运输),而且变民运为官营,变派役为雇佣,取得了更加显著的成就。此后,通过漕运和仓储系统,将粮食和物资在帝国范围内大规模再分配,成为帝国职能正常的标志;漕运和仓储系统失败,也往往成为王朝没落的标志。

除了漕运和仓储外,帝国还通过常平法与和籴政策,调剂粮食与物资的余缺,并稳定物价。常平仓在第一帝国时期已经成为国家政策,唐代国家也建立常平仓,本钱由财政提供,丰年时购进多余粮食,荒年时卖出,从而达到调剂粮食供应、控制粮价的目的。和籴政策即政府采购制度,最初用来解决边疆和京城粮食供应,后来在内地推广。刘晏对和籴政策也进行了改革,和籴的范围从单一的粮食发展到盐、绢帛以及手工业品等。常平仓与和籴政策,也是帝国履行自身职能的一种良好体现,但在政治混乱时期也容易败坏,前者常常因缺乏本钱而难以为继,后者往往成为变相的税收。

4. 以分税和会计账册为财政管理方式

在财政管理上,唐初无论租庸调还是其他税收,均由中央统一征收,支出也由中央来控制,地方州县只负责依律计征输纳,一般不许直接留占。安史之乱后,许多藩镇事实上取得了独立的地位,这些地方的财权也获得了独立。两税法改革后,中央政府正式改变了原来财权和赋税完全归中央的制度,采取中央对收支的定额管理和地方的定额包干制度,以州为单位,将两税收入划分为上供(地方直解中央的财赋)、送使(地方解交诸道节度使的财赋)、留州(留一部分于州以备自用)三分制。在这种三分制下,中央财政每年占总收

---

① 王国斌:《转变的中国》,李伯重、连玲玲译,江苏人民出版社1998年版,第105页。

入的三分之一,地方财政占三分之二。这一财政管理方式上的改革,是中央政府为保证一定的收入而对地方势力的一种妥协,将地方实际占有的财权加以合法化。中央只要求地方在进行财政征收后上供定额,具体向民众征收的标准则由州根据情况确定,因而地方实际上获得了在户税和地税方面的制税权。与税额密切相关的户口、垦田变动、户等升降等具体工作,也由基层政权负责。这一财政管理方式的改革,是帝国在现实逼迫下对中央与地方关系的一种尝试,虽然未在后世帝国财政中再现,却成为帝国财政向现代转型时建设分级财政的历史渊源。按照赵云旗的看法,除了国家分裂时期不论,在国家统一的前提下,从古至今真正在制度上划分中央与地方财权并实行分级财政,一共有过三次:第一次是唐中期实行的上述三分制财政体制,第二次就是民国初期的分级财政体制,第三次是1993年后实行的分税制①。

在帝国财政管理中,统一的会计制度一直是重要的内容。唐初承袭了汉帝国的上计制度,建立起较为严密的账册管理制度,包括对账册类别、报表编制机构及时间、程序等内容的规定。各级政府财政报表一年一造,层层上报,最后由户部总其成。自开元二十四年(736年)起,实行一种有固定格式的总账目健全的会计制度(即"长行旨符")。

另外,专款专用原则也在财政管理中有所体现。代宗时曾将青苗地头钱专列为百官的俸钱,从而形成了专款专用的做法。在唐中期财政改革中,专款专用制度得以进一步扩大,并实行专管。到唐代后期,国家重点财政开支项目首先是百官的俸禄,然后是军队开支,专款专用特性更为明显。

第三节　唐宋间财政制度的进一步发展

在中华帝国发展史上,中唐以后直至北宋初期是一个关键性的转折点。在此期间,政治、经济和文化都有重大的变化,后人称其为"唐宋变革期"。在这一变革期内,由于战乱频仍,军费支出巨大,各政权为了满足军需、壮大实力并赢得合法性,纷纷竞争性地实行改革。此时财政制度虽然存在着横征暴敛、杂税繁兴等弊病,但也出现了和平统一时期不多见的特点,如富有弹性、勇于创新等。总体上,此一时期财政变革的趋势是进一步地巩固"两税法"改革所确立的"税地"原则,其中做得最为彻底的是杨行密建立的杨吴政权以及鼎革后的南唐政权。到了北宋初期,以"税地"为核心的财政制度真正成形。

专栏7.8　唐宋变革期

"唐宋变革期"这一说法最早在1910年由日本学者内藤湖南提出。在他看来,"唐和宋在文化的性质上有显著差异",政治上则是"贵族政治的式微和君主独裁的出现"②。陈

---

① 赵云旗:《中国分税制财政体制研究》,经济科学出版社2005年版,第6—19页。
② 黄正建:《中晚唐社会与政治研究》,中国社会科学出版社2006年版,前言。

寅恪先生也有类似的说法,他说"唐代之史可分前后两期,前期结束南北朝相承之旧局面,后期开启赵宋以降之新局面,关于政治社会经济者如此,关于文化学术者亦莫不如此"①。黄正建同样认为,中晚唐政治与社会出现了巨大的变化,这种变化可概括为制度化、官僚化、实用化、世俗化和平民化、地方化、商品经济的发展等几个方面②。这些说法总体上形成了学术界所谓的"唐宋变革期"学说。

一、唐宋之际"税地"财政制度的发展

唐中期改革所奠定的以"税地"为核心的财政制度,在唐宋间得到了进一步的发展,这表现为如下几个方面。

第一,在制度上,进一步确认了两税作为国家正税的主体地位,甚至宣称它是唯一的正税。这是因为各政权在竞争中,统治者为了赢得合法性("民心"),显示自己轻徭薄赋的仁政特征,一再明示自己会坚持采用唐中期开创的这种收入额度固定、"租庸杂徭悉省"的两税制。如后梁太祖下令曰:"两税外,不得妄有科配。"(《全唐文·禁算配州县敕》)后唐庄宗说:"本朝征科,唯有两税。"(《全唐文·停折纳等税敕》)也就是说,在当时统治者的宣传中,只有两税才是正式国家收入,依此征收才是正统王朝,在两税外征收杂税的政权没有合法性。虽然在现实中,两税之外,杂税颇多,但这并不影响两税的正统地位。

第二,在财政收入基础方面,土地取得了更加重要的地位。这表现在两税中户税逐渐融入地税之中,其具体过程如下:一开始,地税依据田亩,户税依据户等(资产),但户税所依据的资产中包括土地;到唐后期直至五代,人口、土地流转频繁,户税征收所依据的非土地资产(浮财)越来越难以估计,土地逐渐地成为几乎唯一的可计税财产;在征税对象重合和现实中征税方式也趋同的情况下,户税和地税逐渐合一。到了宋代,作为国家正税的两税都是田亩税(分夏、秋两次缴纳)。按照吴树国的研究,户税融入田税(即地税),大致分为三个阶段:第一阶段为中晚唐时期,尽管已经出现了田税与户税融合的趋向,甚至部分地区完全"据地出税",但都属地方行为,尚未成为中央的税制模式,因此属于户税隐性消解阶段;第二阶段是五代十国时期,随着唐政权的解体,原来的藩镇分化组合后形成了五代十国诸割据政权,在这些政权内部,融合户税后的田税制度纷纷被各割据政权正式确立;第三阶段是北宋初,在北宋统一诸国后,原来各割据政权的田税制度模式不仅得以继承,还被有的放矢地加以厘革,从而使新的田税即两税成为天下通法③。

第三,在田亩成为国家正税的唯一征税对象前提下,土地管理成为财政管理中最为重要的工作。土地管理首先是土地面积的丈量,然后是土地自然差别(不同种类和肥瘠程度)的区分。不同种类是指将土地划分为水田、旱地、桑田、园池等类别,而不同肥瘠是指将土地分为三等(后来更细分为五等或更多),在此基础上缴纳不同的田税(实物或钱币)。

---

① 陈寅恪:"论韩愈",《历史研究》1954 年第 2 期。
② 黄正建:《中晚唐社会与政治研究》,中国社会科学出版社 2006 年版,前言。
③ 吴树国:《唐宋之际田税制度变迁研究》,黑龙江大学出版社 2007 年版,第 35—36 页。

对田亩面积和自然差别的统计，一开始主要依据居民自报的"手实"，由里正、书手等乡里人员负责监督，并鼓励告发，被告发的田地加倍征收田税；后来转向依靠地方官吏进行检田、方田。在田亩统计的基础上，政府建立管理土地的账册。在土地管理中还有一项重要的工作，就是对土地交易的登记。在两税法下，土地可以买卖，但必须及时到政府去登记土地流转情况并缴纳相关税费。从中唐以至北宋，以纳税来换取官方确认土地交易这一方式，被政府用来管理土地的流转及流转后的田赋缴纳。特别是到了宋代，这一程序更为严密，印契、离业、割税成为连贯的程序：土地买卖契纸由官府统一雕版印造，百姓必须缴纳典卖田地的税钱才能正式填写正契；契书完成后，还必须由买卖双方持契书同赴官府，由乡的书手代表官府在税租簿账上办理相应手续，将卖方出售田产所附带的赋税数额转入买户名下，才算完备手续，官府才予以认可，契约发生法定效力[1]。

第四，为求财政平衡，不断地探索弹性财政收入。两税法改革后，依田亩定额征税成为正统的财政观念，正式财政收入也因此难以大幅增长。有时候为了给农民减负，政府甚至会主动降低两税的征收额。不过在现实中，财政支出可能会有爆发性的增长（军费、赈灾或统治者的奢侈消费等），为了维持财政平衡，就不得不另寻收入途径。另寻收入途径，要么就是在正税之外加"杂税"，要么就是使用自汉代以来的旧法，即设法从暴利性资源商品中寻求财政收入。杂税主要有两种：一种来自工商业，即对普通商品在流通或交易过程中征税；另一种来自农业，即在田税上附加，如从后唐至五代陆续出现的函头、草耗、加耗、摊征等。从暴利性资源商品中获取的财政收入，基本上成为中央收入；对普通商品加征税，大多由地方政府获得。就田税附加而言，在中晚唐、五代十国和宋初形成三次高潮，在特定时期或一些地区，田税附加税的税额甚至超过了田税正额，成为"苛政"的象征。宋仁宗明道二年，对附着在土地上的多税种、多税率的附加税（杂税），"悉除诸名品，并为一物"，即试图简化杂税，建立单一性的田税附加税。直至熙宁改革后，它变成为按田亩征收、税额固定的单一独立税种"杂钱"[2]。这种来自农业的单一税种"杂钱"，显然已无法再发挥原先杂税所具有的弹性。此后，财政收入的弹性，只能进一步地依赖工商业，即要么依靠暴利性资源商品，要么依靠工商税收来增加财政收入。这就为宋王朝中期财政改革埋下了伏笔。

二、"履亩而税"在宋代的基本完成

土地是帝国的支撑点，"履亩而税"是帝国的财政理想。第一帝国时期这一理想因技术和管理原因，无法实现。中唐财政改革后，国家正式财政收入是征收于田亩的"两税"。这一财政收入方式在唐宋之际得以延续与巩固，并在宋代基本实现了"履亩而税"的目标。两税因此而成为宋代财政收入中的正统项目，其实物部分尤为宋代财政所倚重。

宋代的两税，只以钱、米两项立额，被称为"夏税秋苗"，意思是夏（六月）上交帛和钱，秋（十一月）输粟（或米）和草。由于南北方存在经济差异，北方往往不税钱而南方大都要

---

[1] 吴树国：《唐宋之际田税制度变迁研究》，黑龙江大学出版社2007年版，第210—211页。
[2] 同上书，第83—113页。

税钱,北方税粮以粟麦为主,南方以稻米为主。在制度上,两税皆依据田亩的数量与等级来征收。北宋前期,大体上中等田亩可收一石粮食,交给官府一斗。由于土地广泛地为私人占有,租佃经济发达,因此宋代的两税主要来自民田("民田之赋"),原则上由佃农首先把地租交给地主,再由地主向国家交两税,即所谓"农夫输于巨室,巨室输于州县"。除了这种民田之赋外,宋代的两税还包括对耕种公田(官庄、屯田、营田等)的农民征收的租("公田之赋",当时也称"税")、对城市(京城及诸州、县、寨、镇)宅基地征收的宅税和地税(即"城郭之赋")等。除此之外,与土地相关的财政收入还有附加在两税上的各种附加税("杂变之赋",后称杂税,并入田赋)、在南方部分地区征收的身丁钱米(人头税,"丁口之赋",后来逐步免除)等。

宋代两税的基础是田亩的数量与等级,而这又建立在宋代的土地丈量与土地管理基础上。五代周世宗时,就已开始派官员到各地检括土地,宋初继续这种做法。仁宗时期,"千步方田法"得以运用,并在神宗时期得到推广。这种土地管理的方法如下:把耕地划分为边长千步的方,以方为单位确定各民户的田亩数;再按肥瘠、土质、地形划分土地等级,然后汇总计算,确定各户土地亩数及各州县土地亩数;最后将各州县赋税按旧额摊到各户田亩上,据此填发庄账、户帖,交给民户以为凭。熙宁五年、崇宁三年、大观二年、政和二年,这一方田法不断地推行,在此过程中全国大部分土地都经过了丈量,并建立起土地账册。后来在南宋时期,对土地管理又用"经界法"进行土地丈量,丈量结果除制作税籍、丁产簿外,还造鱼鳞图,详细标写田色、田界、亩数等。虽然在土地丈量过程中确实存在着官吏不认真负责、与地主夤缘(yín yuán,攀附)为奸、土质难以区分等管理或技术问题,但总体上,"履亩而税"的帝国财政理想,至此已基本实现。

消灭徭役而将财政落实在田亩基础上,是帝国"税地"财政的理想。到了宋代,两税法的精神基本落实,不再征发普遍性的力役和兵役。不过,宋初针对相对富裕人群的差役负担依然存在。当时的政府,根据是否占有土地,把户籍分为主户与客户,主户又根据土地等资产多少划分为五等,职役(衙前、里正、户长、乡书手、耆长、弓手、壮丁等)由一、二、三等户承担,夫役由四、五等户承担。在王安石变法后,把所有应服的差役合并起来,由民户交免役钱,然后政府花钱雇役。这种做法,至少在制度上对消除全部力役负担作出了进一步的努力。在制度上,宋代财政上述消除全部力役负担(包括取消身丁钱米这样的人头税)且只依据田产征取财政收入的努力,有学者称其为最早的"摊丁入亩"[①]。需要交代的是,"摊丁入亩"和"摊丁入地"这两个说法在财政史文献中都比较常见,为了统一,除非引用他人文献,本教材在行文中一律使用"摊丁入地"这一名称。

当然,下文将进一步说明,虽然"税地"的理想在宋代得以完成,但仅凭两税收入却不足以支持帝国的运转,尤其是宋帝国处于严重的国家生存竞争的环境中。因此,宋代财政转向依靠工商业收入来获取财政收入的弹性。第二帝国财政也因这样的做法,显示出极高的创造性与艺术性。

---

① 叶振鹏:《20世纪中国财政史研究概要》,湖南人民出版社2005年版,第246页。

 **重点提示**

1. 隋统一天下后,在全国各地大筑驰道,在南北间开挖运河,从而于帝国范围内形成较为有效的财富(粮食和纺织品等)运输与集中体系。同时,汉代就有的仓廪制度,也得到进一步健全完善。这种财富大规模运输与集中分配的能力,是中华帝国的重要特征,也是帝国得以长期存续的原因之一。

2. 在均田制基础上建立的财政制度(租庸调制和府兵制),在一定程度上支持了初兴的唐帝国及其扩张。但是这一制度在唐初的成功是有前提的,那就是隋末战乱之后人口凋敝、土地荒芜、经济萎靡,因而推行这些制度有物质前提和社会前提。在长期和平的统一帝国治下,该制度根本无法维续。

3. 在唐代中期"两税法"应运而生。两税法改革奠定了以田亩为基础的财政制度,成为第二乃至第三帝国的标准制度,一直沿用到清代。就是说,在唐中期,经过两税法改革,家财帝国经历了一个重大的调整,在财政上从以"税人"为核心转向以"税地"为核心。

4. 在帝国财政管理中,统一的会计制度一直是重要的内容。唐初承袭了汉帝国的上计制度,建立起较为严密的账册管理制度,包括对账册类别、报表编制机构及时间、程序等内容的规定。各级政府财政报表一年一造,层层上报,最后由户部总其成。自开元二十四年(736年)起,实行一种有固定格式的总账目健全的会计制度(即"长行旨符")。

5. 在"唐宋变革期",由于战乱频仍,军费支出巨大,各政权为了满足军需、壮大实力并赢得合法性,纷纷竞争性地实行改革。此时财政制度虽然存在着横征暴敛、杂税繁兴等弊病,但也出现了和平统一时期不多见的特点,如富有弹性、勇于创新等。"两税法"改革所确立的"税地"原则因此进一步地巩固,直至北宋初期,以"税地"为核心的财政制度真正地成形。

 **思考题**

1. 在你看来,隋朝的"国富"有什么原因吗?
2. 为什么说唐初强大的帝国是建立在脆弱的财政基础之上的?
3. 你认为,士族门阀在唐代逐渐消失的原因有哪些?士族门阀的消失有什么历史意义吗?
4. 以"税地"为核心的财政制度,是如何在帝国逐渐成形的?
5. 漕运和仓储在中国财政史乃至中华帝国国家治理史中有什么样的地位?
6. 你认为真的存在着"唐宋变革期"吗?

第八讲

国家生存竞争下第二帝国的税商探索与失败

在借鉴和吸取第一帝国及第二帝国前期经验教训的基础上,在目的性国家与工具性国家互动之中,从五代十国烽火中走出来的宋帝国,在政治、经济、科技和文化诸方面取得了长足的进步。在不具备马匹产地、失去幽云十六州战略要地等军事条件下,宋帝国依靠其强大的制度能力,在发达的经济与科技水平基础上,调动了广泛的经济资源,培养着自觉的文化意识,维持着一支组织化程度极高、装备极其精良的军队,力抗辽、西夏、金乃至蒙古等游牧民族建立的帝国。宋代因此成为中华帝国光辉灿烂的时代,学者们尤其称颂宋代文化的发展,如邓广铭先生就说过:"宋代文化的发展,在中国封建社会历史时期之内达于顶峰,不但超越了前代,也为其后的元明之所不能及。"①

如前所述,税商是以工商业活动为税柄获取财政收入的一种方式,它针对商品交易额、商人财产与商业活动的收益征税,有时候政府也以官营或者许可等方式分享工商业收入。虽然在管仲学派主张的治国方略中,税商被重点推荐,但在中华帝国时期一般并不占有重要地位,只是作为补充性收入。汉武帝时期曾经一度主要依赖官营商业来获取财政收入,但该政策后来被大肆抨击,未能长期持续。但在宋代这一国家生存竞争的时期,虽然"两税"同样是宋帝国正统的财政收入形式,但税商取得了突破性的运用,长时间占据主要收入的地位。

就此而言,为了动员内部力量以应对国家间生存竞争,宋帝国在财政制度方面实施了大量的创新活动。与东汉时期缺乏制度创新来有效地面对国家危机不同,在生存竞争的压力下,宋帝国财政制度展现出勃勃的生机,不断地进行调整和完善,以支持帝国对外和

---

① 邓广铭:"宋代文化的高度发展与宋王朝的文化政策",《历史研究》1990 年第 1 期。

对内的支出需要。在这一过程中,财政充分显示出它的创造性与艺术性;与此同时,它也达到了财政盘剥的最高程度。

专栏8.1　改变对宋帝国的负面印象

传统上,总是用"积贫积弱"来形容宋帝国,但这样的评价有失公正。

就"弱"而言,主要指的是,与汉唐帝国相比,宋帝国未能恢复传统帝国疆域,更未能开疆拓土。但是造成这一结果是有原因的,比如说它失去了马匹(冷兵器时代极为重要的装备)的产地,也失去了长城一带的战略要地。更为关键的是,与汉唐时面对的游牧民族相比,宋代面对的游牧帝国显然更为强大,在组织化程度与技术能力等方面不可同日而语。因此,问题可能不是宋代为什么这么弱,而是为什么这么强,能够延续近三百年的生命?

就"贫"而言,宋代财政收入总量并不低,北宋始终拥有丰富的财赋,财政贫困只是短期的现象(建国80多年后发生,持续了近20年),并未持续下去。南宋的财政收入总量甚至超过了北宋。只是相对于巨大的支出需要而言,宋代财政始终面临着巨大的压力,虽然不断创造性地增加收入,但最终因承受不了这种压力而崩溃。

第一节　宋帝国财政运行的总体环境

宋帝国自诞生之日起,在制度设计方面就需要同时解决两个问题:一个是目的性国家对工具性国家的要求,即动员内部力量以应对国家间生存竞争;另一个是纠正汉唐帝国的政制缺陷,完善工具性国家。就前者而言,主要是壮大经济资源总量,并着力于提高资源的汲取能力等;就后者而言,主要是在制度上解决政治中的缺陷,如皇帝制度的缺陷(外戚干政和宦官擅权等)和地方政制的问题(地方藩镇割据等)。从宋初开始的国家制度建构,就尝试着创造性地解决这两个问题,尝试的结果后来被宋代君臣总结为"祖宗之法",第二帝国的制度也因此得以进一步完善。

一、工具性国家实现制度化集权

在一定意义上,宋初帝国面临着与西欧封建社会晚期同样的问题,即以制度的形式确立公共权力的地位、保障公共权力的运行,从而有效地动员国内资源参加国家间的生存竞争。宋初君主"事为之防,曲为之制",并由此建立起较为有效的权力运行制度。这些制度主要有以下几个方面:皇帝制度、军事制度、中枢制度、地方制度、官吏制度等。

就皇帝制度而言,主要涉及后宫、皇亲、外戚、宦官等主体,对这些主体之间的关系以制度来加以调整,从而制约相关人员的权势。宋代初期的君主,通过自身的言行及正式颁布的法规确立了一系列规范,这些规范在后来君主的亲身遵循下,逐渐成为有效的制度。元祐年间宰相吕大防所概括的"祖宗家法",包括事亲之法、事长之法、治内之法、待外戚之法、尚俭之法、勤身之法、尚礼之法、宽仁之法等八项,其主要内容都与皇帝制度有关①。与前朝相比,宋代皇帝制度最为鲜明的特征是,将这一制度纳入国家法律中,以法律的力量来确保制度的有效。有宋一代,后宫、皇亲、外戚、宦官等群体受到了有效的制约,不再像汉唐王朝那样成为干扰甚至危害国家权力运行与政治稳定的力量。

就军事制度而言,主要是继承和完善五代以来的枢密院制度和职业兵制度。五代时期,国家以军事斗争为中心,参与军机决策、行使军事职权的枢密院(由具有实际军政经验且为皇帝心腹者担任枢密使),地位逐渐重要起来,并从禁中发展为独立于宰相机构(中书门下)的正式外朝机构(控制着兵部),形成"枢密掌兵,中书主政"的格局。宋初,枢密院进一步地成为正式的运筹兵机、参与机要的专业机构,"参谋议、备事变"。枢密院长官也逐渐从武将变为文臣,实现了"以文统武",这也是制度稳定的要求。到南宋时,为了有效应对危机,宰相兼领枢密使,但枢密院仍作为制度化的机构存在。在兵制方面,宋代采用职业兵制度,将全国军队分为禁军、厢军、乡军、蕃军等。禁军受国家雇佣服兵役,是正规军和作战部队,直属朝廷,由诸州县选取才力武艺殊绝者组成。厢军留于地方,负责治安及杂役(从事牧业、手工业等)。乡军由民兵组成,蕃军则是由边境地区的少数民族士兵组成的专业军队。职业兵制度的存在,一方面使士兵(特别是禁军)受到专业化训练,以便能使用宋代在科技发展基础上形成的各种专业化武器;另一方面使广大直接生产者免受征战与屯驻之苦,同时也为流民提供出路以安定社会。在两宋期间,军队一直比较稳定,能大体有效地卫护国家,军人不再像唐末五代那样成为威胁国家与社会的力量,这是宋代军事制度相对成功的表现。

就中枢制度而言,其核心是由宰相和执政共同组成的政事堂行使宰相权力。在宋代,相权完成了从隋唐开始的、由个人掌权向特定机构掌权的转换。在北宋前期,宰相和参知政事等在中书门下(政事堂)办公,百官赴政事堂与宰臣议事。元丰改制后,中书、门下、尚书三省有各自的职权,三省合班奏事,同时以尚书令厅为都堂,作为三省议事的场所。在制度上,未经中书门下(或三省)和枢密院的商议,皇帝不可以将"圣旨"以"指挥"形式直接下达有关机构。中书门下(或三省)和枢密院在接到皇帝批发的"指挥"后,要参照前后敕令审度可否,然后行下。中书门下(或中书省)和枢密院宣奉皇帝的命令,还要录付门下省审读,借以驳正二府的失误。在宰执制度之外,台谏(御史台和谏院)监察系统和封驳监察系统也从行政机构中分化出来,成为专设机构以纠正执政大臣的错失。总体而言,在宋代,上述中枢制度虽屡经变更,但三省共同取旨、共预决策的制度基本保持不变,成为重要的制度内容,这也是中华帝国政制的成就。仁宗皇帝曾对宋代中枢机构设置及制度运行作出如下评价,道出了该制度的核心精神:"措置天下事,正不欲专从朕出。若自朕出,皆是则可,有一不然,难以遽改。不若付之公议,令宰相行之。行之而天下不以为便,则台谏公言其失,改之则易。"(《陈亮集》第2卷)

就地方制度而言,主要是"路"这一级组织的设立,以及"亲民官""厘务官"的分离。宋代的路,作为相对稳定的辖区,是一个地理的概念;同时,作为常设机关,它拥有固定且有弹性的职权(信息搜集、临事决断、财赋转运等),相当程度上又成为层级的概念。事实上,

---

① 邓小南:《祖宗之法——北宋前期政治述略》,生活·读书·新知三联书店2006年版,第70页。

"路"是从北宋初期一定程度上的地方监察区开始,逐渐向行政区过渡的。到北宋中期,路已不是朝廷派出视事的临时性职任,而成为国家官员职务晋升时固定的层次级别,具有了相对确定的员额。诸路分设帅(安抚使,掌一路之兵民)、漕(转运使,掌一路之财赋,领登耗、上供、经费、储积等)、宪(提刑按察使,掌一路之司法)、仓(提举常平使,掌一路之救恤,领常平、义仓、水利、敛散等)。路之下,为传统的州(或府、军、监)、县两级政府。州县两级官员可分为"亲民"与"厘务"两种,亲民官由中央差遣,厘务官专治一事,也直属中央。这样,全部官吏几乎在性质上或名义上都为中央服务,而没有正式特设的地方官。总体上,地方制度的上述变化,对中央有效动员资源、削弱地方分裂能力,起到了很大的作用。

就官吏制度来说,主要是科举制度的完善与"官、职、差遣"的区分。科举制在宋代的完善表现在以下几个方面:(1)在考试时实行"锁院、糊名、誊录",开始确立隔绝考官与举子、只凭程文不见本人的考试措施;(2)录取进士的名额大大增加,通常每次二三百人,这样科举在政治上的地位日益重要,其他入仕之途越来越失去分量;(3)考试内容重点由诗赋渐渐转向经义,评分趋向中立和客观;(4)禁止了"公荐""座主-门生"等传统形式与关系,并通过殿试等形式来确立国家公职的理念。所谓"官、职、差遣的分离",是指确立表示等级待遇的"官"、表示级别的"职"和真正负有职权的"差遣"三者分离,从而形成了职级与事类的分立体系,保证了事权的明确与集中,也有利于打破资历限制以任贤使能(在照顾高资历者的同时调派有能力者负实际责任)。总之,上述以公平竞争为特点的考试录用方式,以明确与集中事权为目的的"官、职、差遣"区分制度,以及其他种种人事管理和财务审计方面的制度,使宋代官吏制度显示出高度理性化的特征。

二、经济国策调整下目的性国家的发展

自第一帝国起,家财型产权方式与财政制度就是中华帝国政制的重要内容,预立田制与重农轻商是帝国的国策,其目的在于确保小农生产方式以及在此基础上形成的财政收入形式,以适应当时的经济状况与管理水平。但这两项国策,在宋代进行了重大的调整,使得帝国家财型财政有了变化,也因此进一步地促进了目的性国家的发展。

如前所述,君主以家天下方式建立起对一切土地的产权关系,这一关系的表现形式在唐代中期发生了变化:在此之前,君主通过田制来限制土地占有的数量,并确认君主对土地的产权;而在这之后,田制被放弃,人民占有田地的数量不再受限制,"兼并者不复追正,贫弱者不复田业,姑定额取税而已"(《文献通考》第3卷)。在原则上,占有田地者只要根据各自田亩数缴纳田赋即可。这一原则在宋初得到确立,即后人所概括的"不立田制,不抑兼并"的国策。在此国策下,土地产权方式在一定程度上已接近于后世的私有制,葛金芳称其为宋代"土地私有制潮流",并将其概括为三个方面:"一是小土地所有制逐步挣脱中古法权的层层束缚而日趋独立,也就是均田户变成小农,越来越独立;二是土地私有状况持续膨胀,终于在比重上独占鳌头,大土地所有制不断膨胀;三是急遽衰落中的国家官田——国家所有制——在数量上已经微不足道的这样一种趋向。"① 不过,由于此时私人

---

① 葛金芳:《宋代经济史讲演录》,广西师范大学出版社2008年版,第104页。

对土地的占有仍出于圣恩,是一项有意识的恩惠安排而不是制度性的权利,仍不脱家财型产权的范畴,因此尚不能将此时的土地产权方式完全看作今天的私有制,它最多只能算是一种准私有制。这样一种土地产权方式,既是中唐以来历史发展的延续,又是生产力发展对制度的一种要求。在宋代,农业生产工具得以革新,新品种大量引进,农产品耕作从单作制变成双熟制,生产率因此大幅提高。在一定程度上,有人将其称为"宋代农业革命"是有相当道理的[1]。不过,正如以道格拉斯·诺斯为代表人物的新经济史学一再强调的,生产效率不会无缘无故地提高,一定是因为组织和制度的改进使得个人努力所获得的私人收益率接近于社会收益率,才会出现生产率的提高与平均收入的有效增长。因此,宋代生产效率的提高与土地制度的变革是高度相关的。农业生产的发展为商业和手工业发展奠定了基础。在这样一种准私有制的土地产权制度下,契约性的土地租佃关系得以发展,土地和人口的流动性增强,经济商业化程度提高,土地和劳动力成为可交易的商品,农作物和经济作物广泛进入市场或者为市场而生产。与此同时,中唐以前主户与客户的庇护-依附关系至此基本消失,主户与客户都成为国家统治下的"齐民",整个社会进入了平民时代。这一点同样表现在官场中。在宋代,官员彼此之间在法律上都处于平等的地位,上自职位最高的宰相,下至职位最低的县尉、监当官,"比肩事主",对皇帝一人负责。上级官员不能随便对下级官员动用刑罚,下级官员也不须对上级官员行跪拜之礼[2]。

在土地与劳动力逐渐商品化的过程中,私营的以雇佣劳动为特征的手工业和矿业也不断地发展,从而整体性地提高了社会的商业化程度。宋代政府从建立起,就延续了五代以来的政策,将一定程度的重商作为国策。这种重商表现在以下几个方面。

(1) 基本取消了对商人在政治、经济和社会生活上的歧视政策。宋代政府在总体上肯定工商业的发展对国家有利,"富商大贾为国贸迁"、"(士农工商)四民皆本"等逐步成为这个时代基本的政治和社会观念。对此,马端临总结说:"古人之立法,恶商贾之趋末而欲抑之。后人(即宋人)之立法,妒商贾之获利而欲分之。"(《文献通考》第20卷)

(2) 经济领域广泛地向私人开放。在生产、贸易等经济活动中,政府允许和鼓励商人进入,也大量采用市场手段(和籴、和买、入中等)来调动商人协助完成国家活动。特别是在海外贸易中,私商更占据绝对主导的地位。

(3) 社会管理也向有利于商业活动的方向发展,完全废除了坊市制度(定时定点的交易制度),城市经济生活完全开放。

(4) 在商业经济广泛发展的基础上,宋代政府制定了系统的商税征收条例,建立起覆盖城乡各地的商税征收网络,商税和工商业收益成为重要的财政收入来源。宋太祖曾下令明立"商税则例"(建隆元年〔960年〕),并且公布于众,不许官吏擅自增税。宋太宗也不断重申政府的商业政策。政府还制定了不许勒索刁难商贾、严格市场管理、统一度量衡器、保护私人财产等政策法规。这些政策在执行中虽不能得到完全落实或者存在种种问题,但宋初建国者的某种重商主义倾向还是明显的。

---

[1] 葛金芳:《宋代经济史讲演录》,广西师范大学出版社2008年版,第41页。
[2] 白钢:《中国政治制度史》(下卷),天津人民出版社2002年版,第512页。

商业活动增强对宋代经济有很大的推动作用。在这个时代,农业产品和手工业产品多为市场而生产,市场范围扩大,并因此带来分工的发展以及生产效率的进一步提高。

三、工具性国家与目的性国家的和谐

自第一帝国起,帝国以君主为首的政府就建立了对土地上全部居民的统治权。但这种统治在第一帝国初期,只是工具性国家对目的性国家的简单征服,其基础非常薄弱,因而在现实中不得不由国家直接委派乡官,负责乡村的教化、征税和治安。就是说,此时中央政权并不能在基层扎下根,国家与民众的关系是赤裸裸的权力强制关系,工具性国家与目的性国家并未实现和谐。

汉武帝之后,国家通过推广儒学、吸收儒学知识精英进入政权体系等方式,来构建政权的基础,赢得目的性国家对工具性国家的认同。这样,民众中兼具经济实力(土地和商业)与知识能力的精英,要么进入中央政府为官,要么在地方充当掾吏或作为官吏的储备人员,成为联系工具性国家与目的性国家的中介。随着这些精英慢慢成为垄断政治权力和经济势力的豪强(及之后的士族),普通民众纷纷地托庇于豪强士族,造成国家对民众的直接统治不断瓦解。此时在基层的领袖,就是士族或地方豪族。最为典型的是北魏时期实行的宗主督护制,宗主对当地民众甚至拥有了一定的行政管辖权。

隋唐时期,通过均田制等方式,国家重建了对土地的产权及对民众的统治关系。同时,因士族势力衰微、科举制盛行等,整个帝国开始走向世俗化和平民化。这一趋势在均田制瓦解后,得以持续加强,从而引发工具性国家和目的性国家关系的进一步改变。

到了宋代,工具性国家与目的性国家处于相对和谐的状况,而这依靠的是士大夫平民化和富民阶层这样的中介。

所谓士大夫平民化,指的是这一时期的士大夫已基本出自平民阶层,依靠科举入仕,世袭性近乎为零。这些士大夫是一群以范仲淹为代表的精神觉醒的新儒家,他们将知识分子的个人修养与天下国家之兴亡联系起来。他们对国家的支持,一方面体现在精神方面的支持,如他们用明白朴质的古文,高唱华夷之防,又盛唱拥戴中央,强调加强伦理建设,减少阶级对立,强化理性价值体系①,另一方面还体现为组织性的支持,如倡议购买族田(如范仲淹所创的义庄)以加强宗族组织,在民间发起非正式的地方自治与自助(如订立"乡约",推行社仓等)。

所谓富民阶层,主要指的是在宋代商品经济普遍发展基础上形成的乡村富有者,他们拥有知识和财富,在基层的秩序构成和社会运行中发挥了核心的作用②。由于宋代在财政上要求民众按资纳税、按户等应役,以及通过商税制度和许可制度来实现国家在工商业领域与民分利共利,家富和国富在制度上达到了协调发展。就是说,不论是在农业,还是在工商业,民间财富的增长都不再意味着国家财富的流失,而是为国聚财。这样,在宋代就形成了一个与国家利益一致的富民阶层。乡村组织的头目(乡里制下的里正、户长、耆

---

① 钱穆:《国史大纲》(下册),商务印书馆 1996 年版,第 560 页。
② 林文勋:《中国古代"富民"阶层研究》,云南大学出版社 2008 年版,第 9—10 页。

长等,都保制下的都副保正、大小保长),不再是国家直接任命的乡官,而是充任职役的富民。他们没有官方身份,却以其财富和文化影响民众,承担着乡村赋税征收和治安管理的责任,在基层发挥着经济和精神支柱的作用。因此,富民阶层成为此一时期工具性国家与目的性国家互动的中介,是国家控制乡村、渗透社会的重要力量。

第二节 宋代财政的特色

在与游牧帝国的生存竞争中,宋帝国除了上述制度创新外,还积极地运用财政手段汲取物质资源来应对竞争。如第七讲第三节所述,宋代财政制度承接了中唐以来财政变革的成果,在此基础上完成了以"税地"为核心的财政制度。不过,依田亩而征收的两税虽是宋代财政的正式收入,但由此带来的金额在宋太宗至道年间(995—997年)就已达到了两宋时期的最高水平,此后不再增长。就是说,两税收入已不具备必要的弹性,不能有效地支持宋帝国去应对始终面临的生存危机。因此,第二帝国财政必须采取其他途径来获得财政收入的弹性,这种其他途径主要指来自工商业的财源,由此形成了颇具特色的宋代财政。宋代财政的成就,也因此达到了帝国时期的顶峰。

一、来自税商的财政收入扩大

宋代一定程度上的重商主义政策,以及工商业比较发达的现实,使得来自税商的财政收入,在宋代财政中占据比较重要的地位。在数量上,这部分收入多数时候超过了来自田亩的两税,因而提供了支持宋帝国参与国家间生存竞争的重要资源。与汉武帝改革时通过官商实施全面垄断官营政策不同,宋帝国商业活动的主体是私商。就是说,宋代政府从工商业获得财政收入的基础是民间商业活动。在形式上,政府来自税商的收入主要表现为源于暴利性资源商品的禁榷收入,以及向一般商品征收的商税。

(一) 禁榷收入

如前所述,对暴利性资源商品,政府获取财政收入可以通过三条途径:通过官营获取全面垄断利润;向私商在部分环节收取专卖许可费;向私商征收特别税等。在宋代,正如汪圣铎所强调的,政府对暴利性资源商品,往往混合采用这三种做法,即"官府将直接专卖、由专卖派生出来的官商合营分利、对某些商品在严峻法律和严密措施保证下征收高额产销税的制度混合使用",因此他主张,若在研究中将它们区别开,"既是困难的,又是意义不大的"。[①]于是,他将宋代针对暴利性资源商品获取的财政收入统称为"禁榷收入",以强调宋政府在此方面的创造性发展。

禁榷收入主要以货币形式获得,在宋代财政中地位非常重要,其数量与国家正税(两税)收入相当甚或超过,因此是宋代财政在收入方面具备必要弹性的主要原因。这一禁榷

[①] 汪圣铎:《两宋财政史》,中华书局1995年版,第243页。

收入,从过去王朝对盐、酒、茶、矾等暴利性资源商品的全面垄断(直接专卖)发展而来,同时因国际贸易的发展又增添了香等货物。相对于汉代那种官营全面垄断政策,宋代禁榷制度的最大特色是广泛运用"引法",即运用许可证的管理方法来广泛引进私商的力量,以提高效率、降低成本。对此,以欧阳修为代表的学者们有清醒的认识,欧阳修说:"夫欲十分之利皆归于公,至其亏少,十不得三。不若与商共之,常得其五也。"(《欧阳修全集·居士集》卷45)

榷盐收入,无论在数量上还是在重要性上,都占宋代禁榷收入的首位。榷盐的方法主要有两种:一种是实行官产官运官卖制,即官营全面垄断产销过程(也称直接专卖制),这是严格意义上的禁榷制,其收入往往成为地方政府财政收入的支柱;第二种是"钞盐制"(即许可制),在盐的产销过程中,引入私商的力量,官府控制产地的盐货,商贾向官府购买"钞引"(许可证)后,再从官府手中买入盐货,并在钞引所指定的区域内自由出售。由于盐产地分布较广,为了有效实行禁榷,宋政府将盐的产销地划分为九块,不同产销区实行不同的法令,在同一产销区内有时又因盐法的不同而细分为不同的区域,规定越境者即为非法。这样,官府通过出售"钞引"这一形式的许可证,既获得了财政收入,又不用介入具体的商品运输和零售过程中,由此提高了效率并节约了成本。钞盐制获得的财政收入,大多用于中央政府的国防开支。除了获取财政收入外,有时钞引还被用于其他用途,如吸引商贾运送粮食、物资至边境和战区,此即所谓的"入中"。入中制的内容是,商人持官府需要的物品入官场中卖,官府以现钱、实物或许可权(盐引、茶引等)偿值。入中制包括入中(中卖)和折中(偿值)两个环节,它事关沿边军需供给、边境稳定乃至国运的维系。因此,许可制(钞盐制)对于宋代国防具有重要的支持作用。除了全面垄断制与许可制外,在榷盐方面,部分地区还实行所谓的"通商法"(即征税制),即百姓自行贩卖,条件是输纳盐钱或者由产盐户输纳较高的课利(大致相当于征收特别交易税或收益税)。总体而言,在宋代各个时期甚至在同一时期同一区域实施的盐法,都是混合的,既有直接专卖制又有钞盐制,也可能实行通商法。

榷酒收入,在宋代财政收入中仅次于两税和榷盐收入,其岁入总额比榷茶收入要大好几倍,不过收入大多归地方财政使用。宋代榷酒条法的变更虽不如盐茶法那样引人注目,不过其地位仍很重要,正如杨师群所说:"宋朝榷酒的发展程度和在国家财政中的重要地位,都是前代所无法比拟的。"[①]宋政府实行的榷酒,在不同时期、不同区域采用不同的方法,总体而言主要依靠下述三种形式获取财政收入:成品专卖(官营酒店卖酒,相当于通过官营制实行全面垄断)、半成品专卖(百姓购买官商所造酒曲后,自行酿造,相当于许可制),或者通商法(民户纳钱后自产自卖,相当于征税制)。榷酒收入数量虽不菲,但增长的弹性却不甚佳,到真宗、仁宗两朝时增长潜力似已被挖尽。此后,宋朝廷虽屡次设法增加榷酒收入,均不见明显效果。

榷茶始于唐代,在宋代继续运用,并提供了可观的增量收入和对军费的重要支持,虽然在收入总量上它远不如榷盐、榷酒那么多。宋代政府屡次变更茶法,不断尝试寻找增

---

① 叶振鹏:《20世纪中国财政史研究概要》,湖南人民出版社2005年版,第261页。

财政收入的途径。按照汪圣铎的划分,宋朝茶法可划分为三个阶段:第一阶段为北宋前期的直接专卖(即通过官营全面垄断)和以茶为入中抵偿物(以茶代钱支付商人,鼓励他们运粮到边疆,是一种许可制)时期;第二阶段为嘉祐年以后的通商法时期(将一半茶利均摊于园户并征收茶的贩运税,即征税制);第三阶段为崇宁年恢复直接专卖、行合同场法及南宋的茶引法等多种方法并行时期①。

宋代的禁榷收入还包括榷矾和榷香两大收入。矾是宋代人不可缺少的重要商品,不仅可用来净化饮水,还是染织业不可缺少的原料。宋政府对矾采用官产官销和民产官销两种方式,这两种方式都需要通过垄断销售的方式来获得收入。榷香对进口的香药进行,由于香药主要靠海外运入,而香药贸易又是海外贸易的主要组成部分,因此榷香收入与市舶收入难分彼此。宋代所谓市舶收入,在性质上既有海关税收的成分,又有官营外贸利润收入的成分,又有禁榷收入的成分。榷香收入或市舶收入在宋王朝特别是南宋期间地位比较重要。陈高华、吴泰甚至认为它"在宋王朝财政危机最严重的时刻,支撑着整个财政,是使宋王朝免于财政崩溃的重要支柱",白寿彝的看法是"在南宋初年,市舶所入居然占全部岁入五分之一"②。

(二) 商税收入

宋政府在财政收入方面高度依赖于税商,除了表现为上述禁榷收入外,还表现在单纯的商税收入上。商税在数量上大约与榷酒收入不相上下,因而也是财政收入比较重要的来源。相对而言,疆土面积较小的南宋,在财政上政府更加倚重于商税。

宋初,政府就力图将各种征商行为法制化和规范化,并在中国历史上首次形成了一个系统的商税征收制度(即前述《征商则例》)。除了将商税法制化外,宋政府还在上至京城,下至县、镇、渡口、墟市、草市等地,广泛设置各级征收商税的机构,形成了一个较为完整的商税网。

就征税物品而言,宋代的商税几乎涉及生产、生活中的全部物品。《文献通考·征榷考一》的记载是"关市之税,凡布帛、什器、香药、宝货、羊、民间典卖庄田店宅、马牛、驴、骡、橐驼及商人贩茶盐皆算"。不过,贩运农器、粮食经常被免税,对于衣服、薪炭、油、耕牛等日常生产、生活用品也曾有免税的规定。另外,持有现钱(铜、铁钱)所过征税,但楮币(纸币)一般不征税。按征税环节来分,跟前代相似,商税主要有过税和住税两种。宋代的过税,是政府在交通要道、各枢纽处,对商人贩运货物在经过税卡时所征收的关税(一般为货值的2%),征税后发给商人文引以资证明。宋代的住税不仅包括对坐贾居市出鬻时征税,也包括对生产经营者(农民、手工业者、地主等)在出卖产品时征税,以及对行商将贩来货物出卖给坐贾时征税。换言之,凡属商品交易都要在交易地纳"住税",税率大约为3%。

除了通常的过税和住税外,宋政府还征收契税(货卖奴婢、马牛、田宅时征收,大约为货值的4%),这一过程也是政府承认并公证财产权利转移的过程。另外还有一种商税是

---

① 汪圣铎:《两宋财政史》,中华书局1995年版,第275页。
② 叶振鹏:《20世纪中国财政史研究概要》,湖南人民出版社2005年版,第262—263页。

榷场收入,是对汉族与少数民族在官方设立的榷场进行交易时征收的特殊商税。

与禁榷收入相比,单纯的商税是对需求弹性较大的商品征收的,若政府一味地提高税率或变相提高税率,并不能增加商税收入。也就是说,商税并不能作为财政紧张时的弹性收入形式。事实上,自英宗以后,商税收入额未见增加,或有减低。绍兴十年(1140年),高宗对秦桧说:"比闻州县多创添税务,因此商旅不行,所在货少,为公私之害。"[①]宋高宗的这一判断,颇有现代财政学中拉弗曲线所表达的含义。因此,商税的增加只能依托于工商业经济的发展,而这不仅需要政府的重商主义政策,更涉及政府职能乃至国家哲学的重大转变。这种转变实际上涉及帝国的边界问题,下文在探讨王安石变法时再予以讨论。

二、公共性突出的支出职能与富有创造性的管理方式

宋代国家在建立初期就面临着国家之间的生存竞争。因此与前代财政相比,宋代财政支出项目具有更强的公共性特征,以便借此赢得民众的支持。在财政管理上,为了实现对资源的大规模集中与调配,采取了诸多富有创造性的措施。

(一)凝聚内部力量的支出方向

宋代一直处于外部国家的威胁中,为了凝聚内部力量以有效应对外来危机,政府承担起养兵、养官、养民三大职能,由此造成财政支出方面有较强的公共性特征。包弼德的看法是,宋代与其他王朝相比之所以公共性特征更强,是与士人的积极作用分不开的:"(过去政府)只关心国家对于税收、劳役和国防这些老一套的制度需要,范仲淹和他的同道呼吁一个更主动的政府,……呼吁政府关心地方教育。"[②]

养兵职能,在财政上主要体现为军费开支,这是宋代财政最为重要的支出。军费开支在一般年份占总支出的一半以上,到战争时期更是高达百分之七八十以上。由于长期处于战争威胁下,加上国防形势的先天不足(缺少马匹、丧失地利等),因而宋王朝需要职业化士兵来抵抗强敌并长期备边,这样以往寓兵于农、有事征召的做法不再可行。如前所述,宋代实行募兵制,用职业军人服兵役,并承担起制造兵器、坑冶铸钱、修造器械等劳务。所募士兵强壮者组成禁军,一般士兵组成厢军。为了完成军事目标,宋政府大规模扩充军队,希望以数量来获得优势[③]。从宋太宗统一全国后算起,短短46年北宋军队人数增长了2倍,禁军人数增长了2.2倍。除了军队人数增长,人均军事费用的增加也是养兵费增长的一个重要方面。养兵费之大,甚至使得宋代大臣觉得与其打仗,不如委屈求和,正如王旦对真宗所言:"国家纳契丹和好已来,河朔生灵方获安堵。虽每岁赠遗,较于用兵之费,不及百分之一。"(《续资治通鉴长编》第70卷)

养官职能,指的是宋政府为了赢得忠诚而对官吏采取优待政策,它体现为仅次于军费开支的官俸支出。宋政府官俸支出庞大,是帝国财政史上的突出现象。宋代官员的俸禄实行以现金为主、实物为辅的双轨制,包括正俸(钱)、衣赐(服装)、禄粟(粮食)、茶酒厨料、薪炭、盐、随从衣粮、马匹刍粟、添支(增给)、职钱、公使钱以及恩赏等多种。地方官还分配

---

① 汪圣铎:《两宋财政史》,中华书局1995年版,第297页。
② 包弼德:《斯文——唐宋思想的转型》,刘宁译,江苏人民出版社2001年版,第178页。
③ 叶振鹏:《中国历代财政改革研究》,中国财政经济出版社1999年版,第428页。

职田,每员从40顷到1—2顷不等(南宋时大幅度减少)。清代学者赵翼对宋代官俸的评论是:"给赐过优,穷于国计易耗。恩逮于百官者惟恐不足,财取于万民者不留其余,此宋制之不可为法者也。"(《二十二史札记》第70卷)宋代官俸支出庞大,不仅源于上述官员俸禄较厚,而且还因为官吏的数量过多,官吏队伍膨胀。而这种膨胀首先源于科举大开、入仕多门。宋代入仕,有贡举(科举)、荫补(皇亲国戚、中高级官员的子弟、亲近做官)、军功及归顺、流外入官、买官等多种。之所以入仕多门,目的在于网罗天下英才进入政府,以降低民众反抗政府的能力,同时与辽、西夏竞争人才与民众支持,巩固政治的基础。官吏队伍膨胀还有一个原因,就是前述宋代官制中阶官与职官(元丰改制后为寄禄官与职官)的分离,这样客观需要的官吏数量与实际拥有的官吏数量二者脱节,形成了官多阙少(即需财政供养官员人数超过职位需要的人数)的现象。

养民职能,指的是宋政府不仅继承和发展了前代政府针对饥荒所举办的荒政("赈恤之政"),还发展出"由胎养到祭祀"①的福利制度。荒政是尽一切努力用粮食救济灾民,操作上以常平仓、广惠仓、广济仓的粮食储备为基础,不足时调运国库之粟,甚至用卖官鬻爵、出卖度牒等办法募集粮食,并配合使用财政减免、以工代赈等方法来救济灾民。而"由胎养到祭祀",说的是宋政府举办了各种社会福利项目,包括对孕妇赐谷粟、抚养弃婴、助学(由官办的学田、膏火田提供费用)、养老(居养院或养济院)、救治贫病、助葬等。政府还鼓励民间的互助行为,如宗族内的互助(以范仲淹的"义庄"为代表,利用义庄或义田的田租赡养族人),宗族外的惠及乡党(以朱熹所提倡的"社仓"为代表)等。虽然养民费用在宋代财政支出中的比重并不大,但其理念宣扬、制度建设和实际作为在帝国财政史上还是非常鲜明的,这也是宋政府能够赢得民众一定支持的一个原因。

除了上述养兵、养官、养民的支出外,宋代财政支出中比重较大的还有皇室支出与祭祀支出。前者为帝国的内在要求(帝国统一与主权的象征),后者是中华文明的一大特色(对天地和祖宗的信仰)。相比于其他王朝而言,除了个别昏庸君主外,宋代皇室支出和祭祀支出的数量并不大。

(二)管理制度中的高度集权与大规模的物资调配

为了应对外来军事危机,克服内部分裂危险,宋代财政管理中的突出方面,一是高度集权,二是大规模物资调配,并为此发展出专库管理、货币运用及官商合作等手段。

所谓高度集权,指的是财力集中于中央,财权集中于君主,财赋集中于内库。财力集中于中央,主要依靠"路"转运使的设置。各路转运使负责从本路州县征集财赋,供输中央,并监察各州县财务,调剂州县间财赋,以满足地方官府的财政开支。在中央,宋初延续五代时期的传统,设立负责各地贡赋和国家财政的最高机构——三司。三司是盐铁司、度支司、户部司的合称,这三部各设正使、副使、判官,其职能分工如下:盐铁司,掌天下山泽之货,及关市、河渠、军器之事;度支司,掌天下财赋之数,每岁均其有无,制其出入,以计邦国之用;户部司,掌天下户口、税赋之籍,及榷酒、工作、衣储之事,以供邦国之用。三司号称计省,其长官三司使被视为计相。三司直接向皇帝负责,与中书门下、枢密院分管财政、

---

① 侯家驹:《中国经济史》(下),新星出版社2008年版,第533页。

民政和军政，彼此各不相知。元丰改制，撤销三司，其职权分归户部和工部等部。此后，宰相虽获得部分财政权，但君主掌控财政的格局并未有太大改变，而这又得益于皇帝亲自掌管的内库系统。内库实际上是三司（户部）之外的又一套中央财政机构，收入很高，支出范围很广。在许多时候，朝廷正式财政部门财力严重不足，不得不在相当程度上仰赖内库。内库也因此成为皇帝全面控制国家财政的有力机构，从而在物质基础方面巩固了皇权的地位。

专栏 8.2　宋代财政的内库系统

内库起源于宋太祖时所建封桩库，在当时储存财富拟专门用于收复幽燕诸郡，从而形成专库管理的传统。太宗时，扩大而为内藏库，遂为长久之计。其后，内藏库规模不断扩大，库目续有增加，形成一个内库系统。内库完全控制在皇帝手中，动用内库之财的决定权只属于皇帝，并有一套保密的管理办法。内库的主管者多为内臣或专门委派的朝臣，只向皇帝一人负责。除了在京师设立内库，在地方有时也设立一些由中央支配的用于特定目的的库藏。

内库收入最初主要来自平定南方诸国的缴获，后来在收入来源上与朝廷财政并无明确的界限，实际上是对国家赋税收入的分成。内库的支出大致有六项：宫廷消费；郊祀之费；军费；协助支出国家日常费用；赈恤；充作市易、青苗、均输的本钱等。在两宋的几乎每一个时期，内库对军费、日常费用、郊祀等国家大宗开支，进行着平行于朝廷财政机构的拨款，其中郊祀、赈恤、市易本钱等项支出，常以内库为主。

由于宋代经济发展不均衡（东南提供了三分之二以上的财赋）、军事行动频繁，这就需要进行大规模的物资调配。这种大规模调配之所以能够进行，依赖于三个方面。第一，利用运河系统所提供的漕运，以及在陆路进行的转运，甚至部分海运，将粮食和财富从东南（包括四川）向北方（特别是京师和陕西）进行大规模转运。张方平曾经评价宋以开封为都的原因，就反映了这一转运的状况："大体利漕运而赡师旅，依重师而为国也。则是今日之势，国依兵而立，兵以食为命，食以漕运为本，漕运以河渠为主。"（《续资治通鉴长编》卷269）第二，广泛使用了货币形式，田赋、禁榷、商税的缴纳，以及财政支出的拨付，多运用货币形式以节约成本，特别是一度使用纸币（交子、会子、关子）。第三，广泛进行了官商合作，如使用和籴、和买及其他"政府采购"形式来获得相应物资或者将其调配到所需之处，国家还通过给商人高于市场利润的"加饶"来调动商人运输物资的积极性，或者通过上述"入中"手段来解决沿边庞大的军需供给等。比如，宋政府原来一直自己组织"纲运"来完成数量巨大的物资调配，后来越来越多地通过"入中"这样的市场手段来实现。有大臣对此比较过，认为政府组织的纲运在成本上要远高于入中[①]。

[①] 黄纯艳：《唐宋政治经济史论稿》，甘肃人民出版社2009年版，第110页。

第三节　王安石变法对帝国财政边界的挑战

在中华帝国史上，有一个突出的现象是，王朝中期大多会进行财政制度改革。大体上，一个王朝能否延续较长时间，取决于王朝中期能否"中兴"，而王朝能否中兴又在相当程度上取决于中期财政改革是否成功，即实现"财政中兴"。在历代财政改革中，"王安石变法"具有独特的地位，其变法的措施与后果在帝国财政史上也被反复地讨论。特别是近现代学者，大多对王安石变法持有同情的态度，对其失败抱有惋惜之情，纷纷从个人性格、官僚素质甚至阶级利益等方面，总结其中的经验和教训。

专栏8.3　治国理财名臣王安石简介

王安石(1021—1086年)是中国历史上罕见的兼备高洁品德、文学才能、经义学问、行政能力与政治勇气的学者。

王安石于庆历二年(1042年)进士及第。在科考成功后，他历任扬州签判、鄞县知县、舒州通判等职，在这些岗位上均政绩显著。熙宁二年(1069年)，王安石因多年来在品德和能力方面积累的巨大声望而被任命为参知政事，次年拜相，从此以超人的勇气开始他的毁誉不一的变法活动。因遭遇到巨大的反对，熙宁七年(1074年)他被罢相。一年后，他被宋神宗再次起用，旋又罢相，退居江宁。元祐元年(1086年)，王安石郁然病逝于钟山。

除了行政与政治的成就外，王安石在文学和经学方面也颇有造就。他的散文论点鲜明、逻辑严密、简洁峻切，因此被列为"唐宋八大家"之一。他的诗含蓄深沉、深婉不迫，在北宋诗坛上自成一家。他对古代经典的研究水平也很高，是宋代疑经变古学风的开创者之一，并曾利用对儒家经典的重新阐释来为变法辩护，并借此改革科举、培养和选拔人才。

王安石变法是宋代对帝国家财型财政进行调整并创造性解决现实问题的一部分。这一变法，既是历代王朝中期财政改革的一次重演，又具有自己的新意，因为它在相当程度上开始挑战帝国财政的边界。所以，王安石变法虽然仍在帝国财政范畴内，但已是帝国财政的某种变异，并成为晚清帝国财政向现代转型的历史先声。

一、王朝中期财政改革的常规路径与帝国财政的边界

历代王朝中期发生的财政改革，一般都从以下几个方面进行，并进而形成财政改革的常规路径。

第一，在财政收入方面，设法应对土地兼并后大量土地脱离田赋征收范围、正式财政收入大幅减少的问题。在王朝初期，国家通过各种方式(授卖官地、鼓励垦荒、承认对无主地的占有等)将荒地分给小农，以便重建一家一户的小农经济基础。随着经济的恢复，贫

富差距加大,富人开始收购穷人土地,皇族、官僚和豪强仗势侵夺地产,以及因生产效率原因而发生土地的自然流转。这样,到王朝中期就无可避免地出现土地的兼并和集中现象,一大批农民将因此失去土地。如果在财政上能真正实现"履亩而税"的理想,那么土地兼并不会造成严重的财政后果。但在现实中,土地兼并者大多为权势阶层,他们拥有免税特权或法外特权,其兼并的土地往往不在田赋征收范围之内,这就造成正式财政收入大量减少。针对这种情况,王朝中期进行的常规财政改革是:要么设法限制土地兼并,恢复小农对土地的分散占有,使其能够承担赋税;要么通过土地清丈与人口统计,整顿土地和人口账册,使得无田户的负担得以转移,使有田户真正负担田赋,即落实"履亩而税"。在实践中,前一种方法(即抑制兼并)被屡次提起但很难操作,正如第一帝国后期的经验所显示的。因此,宋代以后的财政改革主要采用后一种方法(即努力实现履亩而税)。这样的财政改革如果能成功,就会带来财政"中兴"。不过,如果遭遇到下文将述及的因外来威胁而致大规模财政支出增长时,这样的财政改革并不能很好应对王朝的危机。此时就需要另一种改革,即转换财政收入基础,向工商业寻求财政收入的大量增加。

第二,在财政支出方面,设法应对支出大规模增长带来的收不抵支问题。在帝国理想中,国家的职能是有限的,因而财政支出也是相对固定的,这样对财政收入的要求也不高,"量入为出"由此成为财政的最高原则。但在王朝中期,这种有限财政支出的理想大多破灭,因为支出往往会不断地增长以至于收不抵支。财政支出的增长可能有两个来源,一个是常规性的,另一个并非常规。所谓常规性的支出增长,指的是各王朝都可能出现的现象,即源于皇室支出与官俸支出的大幅度增长。这是因为,随着王朝的兴起与长期延续,依附于皇室的宗室人员以及官僚队伍会越来越庞大、奢侈消费程度越来越高,由此导致皇室支出与官俸支出的大幅增加。面对这种支出增长所引发的财政危机,王朝中期财政改革的应对办法也是常规性的,那就是在帝国财政框架内压缩皇室和官僚开支(即"节流"),加强收支管理,减少中间漏损等。另外,再用一些手段增加财政收入(即"开源"),如卖官鬻爵、开矿等。所谓非常规支出增长,就是说这种支出增长不是每一个王朝都遭遇到的,也不是通常的"开源节流"做法能解决的,即在特定时期,帝国可能会面临巨大的外部威胁而急需军事开支和其他支出的增长。此时不得不突破原先的量入为出原则,在财政上需要为不断增长的支出(主要是军事支出)寻找收入来源,而这种收入来源只能依赖于下文将述及的税商措施。显然,这样的财政改革也并非帝国的常规,主要发生在宋代和清末两个时期。

第三,在财政管理方面,设法就管理上的问题进行变革。管理上的问题主要有以下三个方面。第一方面,由于帝国权力源于君主,推动权力运行的源头也在君主,而这种权力运行到王朝中期时往往出现病变(如官僚阶层的怠惰无为与贪污腐化等),此时需要君主重新输入新的动力,整顿基本的约束与激励机制,恢复管理制度的活力。第二方面,有更好的管理方法(如漕运中的纲运)出现,可以在改善制度运行效率的前提下,确保甚至扩大财政收入,同时不增加民众负担。第三方面,就是大规模支出增长对财政收入产生了巨大的要求,此时必须改革收支的管理以应对这一要求。为了解决上述问题,财政管理改革常规性的做法是,加强一般性行政管理(如进一步集权),同时对暴利性资源商品的管理方法进行变革等。

帝国时期历代王朝的财政改革,几乎都在上文所述的常规路径中进行。汉代中期的汉武帝改革,主要集中于改革暴利性资源商品的管理方式。唐代中期两税法改革,主要集中于落实"履亩而税"。宋代中期在王安石之后实行"新法"的蔡京,主要也是在暴利性资源管理方式上做文章。明代中期的张居正改革,集中于节约开支、清丈田亩和加强行政管理。清代中期的雍正帝财政改革,所作所为集中于落实履亩而税(包括将丁银负担落实到田亩上)和加强行政管理。

在帝国家财型财政的总体框架下,上述财政改革的常规行为一再发生,实际上形成了或者说确认了帝国财政的如下基本边界:(1)财政改革的常规措施是要么保障小农家庭对土地的分散占有,要么将田赋负担落实在田亩基础上(实现履亩而税),由此财政收入的边界始终是以农户家庭上缴的田赋为主要收入形式(对工商业则实行一定的抑制);(2)财政支出改革的常规方法是压缩皇室和官僚支出,由此财政支出的边界是以有限的财政支出维持帝国相对固定的职能,贯彻量入为出原则;(3)财政管理改革的常规方法除了加强行政管理的正规化外,主要是尝试用不同的方法来管理暴利性资源商品以获得更多的财政收入,由此形成财政管理的边界是贯彻一般行政管理的要求,并用暴利性资源商品来获得财政收入的弹性。

二、王安石变法的现代解读

与上述王朝中期财政改革相比,北宋中期的王安石变法却颇有新意,在一定程度上挑战了上述财政改革的常规或者说帝国的财政边界。之所以如此,是因为王安石变法所应对的财政危机不同于通常王朝中期遭遇的危机——宋帝国始终面临着巨大的外部威胁,其遭遇的生存危机只有晚清可与之相提并论。

在两税收入无法增加,商税增长停滞,禁榷可能会盘剥民众的情况下,为应对生存危机带来的支出压力,王安石提出了"理财"的概念,即运用动态生财的办法,通过一种帕累托改进(在不伤害甚至增进一方效用的前提下,改进另一方的效用)的方法,以不伤害民众为前提,创造出更多的财政收入,即"民不加赋而国用饶"。

(一)理财收入的内涵

如何能够动态地生财?以现代财政的眼光看,主要的途径有以下几个方面:(1)通过发展生产,创造经济增值,这样政府增加财政收入,民众增加财富;(2)通过市场交易行为,使政府与民众之间因自愿交易而增加双方的效用;(3)通过商品深化,将政府手中原来未投入市场的资源转化为商品,由此获得收益;(4)通过财政管理的加强,将财政负担落实在有负担能力者(富户)身上,在不增加普通民众负担且富人牺牲不大的同时,增加财政收入。

王安石在神宗皇帝的支持下所实施的变法,就是试图从上述途径来动态生财。具体来说,主要表现为以下几个方面。

第一,"农田水利法"体现了发展生产、创造经济增值的途径。在帝国时代,农耕经济是财政的基础。王安石试图通过大力兴修农田水利(由官府和大户出钱,普通民众出力)、鼓励提高农业技术,以此来发展农业生产,实现官、民双方的利益增加。

第二,"免役法"和"保马法"体现了通过市场交易行为来增加官民双方效用的途径。"免役法"是允许那些苦于担任差役的人出钱免役,官府则花钱募役。这样既不影响政府的工程建设,原来担任差役的人因花钱免役而改进了效用,政府也因收支差额的存在而获得一定的财政收入,同时避免了与差役摊派相伴随的敲诈勒索行为。"保马法"是官府资助民间养马,以代替原来耗资巨大、效果极差的官方牧场养马,这样可以在节约政府开支的同时,增加养马户的收入。

第三,"青苗法""市易法"和"均输法",体现了通过商品深化而获取财政收入的途径。在宋代经济发展过程中,出现了对资本借贷的要求。私人提供的资本要么不足,要么成本过高,不能满足社会的要求。在当时,政府通过财政工具征收了大量的钱粮,集中在库房中。这些钱粮不是可交易的资本商品,也不能创造经济增值。于是,王安石通过"青苗法",将官府手中的钱粮,按低于民间高利贷的利率,每年分春秋两次贷给民众,帮助民众度过青黄不接之时,在抑制高利贷商人发展的同时,让政府获得利息收入。此外,王安石颁布"市易法",向商人提供低息贷款(以金银、地契为抵押),或者贷款给官营商号去收购商旅卖不出去的货物,待机转卖。也就是说,青苗法和市易法主要是将政府库房中尚未商品化的钱粮资源转化为资本性商品。另外,在当时条件下,相对于民间,政府手中掌握的信息资源与人才资源最为丰富,通过官营经济的方式,有可能将这样的信息资源与人才资源商品化。王安石的均输法和市易法,就大体符合这一目的。均输法是汉代旧法,王安石加以扩大,让相关机构利用信息优势,就上供之物"徙贵就贱、用近易远",在不增加税负的条件下增加向朝廷输送的财赋。市易法的内容,除了上述官方借贷外,还包括在京师及各地设立市易务,从事国营的商业活动。与汉代相比,王安石的国营商业至少在立法意图上,并未像汉武帝时那样试图由官府全面垄断商业。

第四,"方田均税法"体现了通过加强财政管理来扩大财政收入的途径。如果让财政负担落在真正有负担能力的人身上,那么普通民众的负担不大甚至减少,有负担能力的人因收入边际效用低,感受到的主观牺牲也不大。与此同时,由于欠税的可能性降低,实征率提高,财政收入总量就会增加。方田均税法的目的正在于此,即通过"方田"来整理土地账册、清丈田亩,检查漏赋,以落实"据地出税",从而实现田多者多缴田赋,无地者不缴田赋。这样,既能增加财政收入,又能均衡财政负担。

(二) 理财收入对帝国财政的挑战

王安石变法是在帝国财政制度基础上进行的。变法中提出的许多理财内容,仍停留在帝国财政的框架范围内,如方田均税法的目的是落实履亩而税,农田水利法是以农为本的传统措施,市易法、均输法在相当程度上是汉代旧法的运用。但是,该变法仍具有不同于其他朝代财政改革的新意。

在财政收入方面,王安石更为重视采取平等交易的商业行为来增加财政收入。如果说农田水利法和方田均税法都是通过改进农业生产和落实"据地出税"来增加财政收入的话,那么其他变法行为几乎都运用了商业手段,试图在民众自愿的前提下,通过市场交易行为,来谋取财政收入的增加。这些商业手段,要么是官民两便的合作,要么是将未商品化的资源投入市场。与其他朝代的财政改革相比,王安石变法显然更为重视运用市场交易,这种做法是相当独特的,既不同于汉代试图全面垄断商业的做法,又不像其他朝代那样经常排斥官民之间平等的商业交易。这样的做法,已在相当程度上突破了帝国财政的边界。

在财政支出方面,王安石在相当程度上突破了"量入为出"的原则。这种突破,一方面来源于宋代严峻的国防形势所带来的压力,另一方面来源于王安石不相信压缩官俸等支出对财政有意义。帝国在正常时期,军事开支比重虽大但相对稳定,财政在收入相对固定的情况下,最为重视的是压缩皇室支出与官俸支出。但在王安石看来,财政支出不需要压缩,只要理财得当,"开源"得法,就能大幅度增加财政收入并满足支出的需要(第九讲将说明王安石在此方面的想法)。因此,王安石变法已在相当程度上实行了"量出为入"原则,以不压缩支出为前提,去寻求财政收入的增加。

在财政管理方面,王安石变法并不依靠从暴利性资源商品增加收入的途径。在帝国财政史上,王朝中期财政改革除了落实"据地出税"(如唐、明、清中期改革)外,大多是通过调整暴利性资源商品管理体制来增加财政收入。但王安石未采取这样的途径,而是通过上述理财新法,以实现"民不加赋而国用饶"的目的,这在帝国财政史上颇有新意。到了号称继承王安石变法事业的蔡京,他所搞的理财新法只知道在盐、茶等暴利性资源商品方面做文章,从而将暴利性资源商品管理体制的变动转化为单纯的敛财手段。这一做法,事实上失去了王安石变法的新意。

三、王安石变法对帝国财政边界挑战的失败

以今天的眼光来考察,王安石变法是颇有新意的。但众所周知的是,该变法的结果在相当程度上只是增加了财政收入(变法后的元丰年间,比变法前的嘉祐年间,岁入增加63%以上),却未能真正做到不扰民甚或官民两利。本应该对生产影响最为直接的农田水利法,因各级官吏弄虚作假,大多以费官财、劳民力而告终。在免役法实施过程中,原来没有差役负担的下等户、女户、单丁等都要纳钱助役;征收免役钱后,官府又命保甲组织担负某些差役事务,却不支发雇募钱。这样,实行免役法的结果,人民不但需要缴纳免役钱,而且许多时候也没有减少差役负担。至于保马法,因官府支付的养马费用严重不足,民众也并非都善于养马,最终成为增加民众负担的工具。以借贷生息为指向的青苗法与市易法,也衍变成为单纯的敛财工具。如在青苗法实施过程中,官吏们只是简单地将青苗钱分发给辖区内的富户,要求他们到期还本付息,而不管他们的实际需要程度如何;富户们往往只能将其转贷给一般百姓,这笔贷款可能对百姓毫无益处,但官吏和富户却可从中作弊勒索。均输法和市易法,若在不实行国营商业垄断的情况下要求其盈利,则对官商素质与意愿的要求过高;若赋予官商垄断权,虽然短期内能够盈利,但却会造成长期的经济效率问题。

千百年来,人们都在追问王安石变法为什么会失败,他们所提出的种种解释,大多也有道理。不过,今天看来,王安石变法之所以失败,最为重要的原因显然是它开始突破帝国财政的边界,但其所要求的配合条件在帝国框架内却无法提供。这具体表现为以下几

个方面。

首先,财政收入方面试图以商业行为增加财政收入,在帝国框架内无法成功。要通过商业行为,以自愿交易为手段来增加交易双方的效用,至少有两个前提:一个是比较坚实的个人产权基础(如此才有交易的对象),另一个是比较健全的市场中间组织(如此才有交易的渠道)。帝国的经济组织方式是在君主以大家长身份支配一切资源的基础上,以一家一户为基础的小农来占有并耕种田地,其产权并非严格的个人私有制。虽然有商业交换,但并没有严格的法治基础保障个人产权。大规模的中间组织(银行、商业公司等)也非常缺乏,交易渠道极其狭窄、交易成本过高。如在上述青苗法实施过程中,官府库房中的钱财需要现代银行将其转化为资本,以完成借贷、回收本金及收取利息的过程。但此时显然缺乏这些条件,只能简单地由官吏派发给富户、再由富户转贷给百姓,其间没有任何产权的观念和法治的保障,只有赤裸裸的权力压榨行为。而坚实的个人产权基础以及健全的市场中间组织,则非帝国框架所能提供。

其次,财政支出方面突破"量入为出"原则,难以在帝国框架内成功。王安石变法试图通过开发财富源泉来增加收入,以应对支出的增加。而要开发财富源泉,就意味着帝国政府必须担负起更多的经济和社会职能,为经济和社会发展提供服务。这样,原先以相对固定职能为前提的财政支出方向,就需要转为以促进资源开发和工商业发展为主要支出方向。财政支出方向的这一变化,需要在国家制度与运行原则上有整体的转型,即从帝国转向现代国家,而这一转向显然是此时的宋帝国所无法完成的。

最后,在财政管理上,王安石变法对当时的官僚制度与官僚能力提出了无法完成的要求。要能实现王安石变法的目的,既需要各级官吏有为民众提供服务的愿望,又需要他们有为民众服务的能力。要让各级官吏以民众为导向提供服务,不仅需要在道德伦理上对他们进行教育和要求,更重要的是应由民众决定官吏的去留,而这就突破了帝国家天下理念中"父母官"的角色,而对民主制度提出了要求。要使官吏具备为民众服务的能力,就需要改变官吏的教育和选拔方式,这实际上对教育内容与科举方式的改变提出了要求(王安石也确实对科举方式进行了改革,但也不成功)。所有这一切,都不是帝国框架内能完成的。

综上所述,王安石变法已不是一般的王朝中期的财政改革。若要使其成功,需要对整个帝国制度进行改革并使其转型。或者说,王安石变法对帝国财政的边界乃至整体帝国制度形成了挑战,但这一挑战显然并不成功。

不过,以后世的眼光看,王安石变法却是晚清财政转型的先声。到晚清时期,在国家生存竞争威胁下,在西方国家制度的启发下,在世界工业革命的基础上,中华民族通过制度模仿和创新,才成功地突破了帝国财政的边界。首先,在军费、赔款和洋务压力下,财政支出突破了"量入为出"原则,以便为巨大的支出需要积极寻找财政收入来源,并为新的职能而转换支出方向;其次,突破了以农耕经济为基础的产权方式与财政收入形式,积极地向工商业活动以税收形式来寻求财政收入的增加;最后,为实现财政管理的理性化并赢得民众的支持,引进了现代预算制度与代议制度。清末财政在上述三个方面的变化,真正突破了帝国财政的边界,开启了中国财政向现代的转型之路。这一财政转型,也构成了帝国向现代国家转型的一部分。

第四节　财政视野下第二帝国的衰亡

对于第二帝国的灭亡，史学家们一直以来都抱有同情和惋惜的态度，并努力总结其中的成败得失。表面看来，第一帝国亡于内（内部豪强），第二帝国亡于外（蒙古入侵），呈现出不同的特征。但从更深层次看，对外战争的失败只是帝国灭亡的外部原因，而财政的崩溃则是值得关注的内因。正如汪圣铎所言，"军事失利、理财无方，是导致南宋灭亡的两个直接原因"①。基于本教材的目的，本节重点讨论第二帝国衰亡的内部财政原因，并尝试总结其中的财政教训。

一、宋帝国灭亡的财政原因

与东汉时期帝国在财政上没有创新来回应挑战不同，宋帝国一直积极地回应自己遭遇到的生存危机，在财政上做出了许多有创造性的回应，特别值得一提的是前述王安石变法中的"理财术"。但由于帝国框架的限制，财政创新的成果最终大多衍化为盘剥民众的工具。民生凋敝，财政丧失财源，帝国财政因损害了自身的基础而崩溃，就像唐太宗的名言"割股以啖腹，腹饱而身毙"描述的那样。

仅就财政而言，以下几个方面的原因，导致了宋帝国的灭亡。

（一）两税收入无法维持

两税是第二帝国财政的根本，虽然在宋代很多时候它占收入的比重不足二分之一，但它作为国家正税的地位从未动摇过。两税的基础在田地，在宋代除了因长期战争及大规模募兵使得农业劳动力缺乏这一客观因素外，尚有以下原因毁坏了两税的基础。

第一，特权阶层隐瞒土地。如前所述，这是帝国财政中的常规问题。两税法改革之后，按道理田赋征收只与土地的数量与等级相关，而与田主身份无关。可是掌握或分享到公权力的特权分子，除了正常买入土地外，还通过诱骗、伪券、高利贷甚至强占的方式夺取农民的土地，在土地转移之后，因其拥有的特权而不在官府有关账册中反映，以逃避田赋。按照葛金芳的估计，北宋初年，自耕农大概有五分之二以上，将近一半；到北宋中叶，自耕农的数量下降到五分之二到三分之一；南宋中叶，很多地方的自耕农连三分之一都达不到②。宋真宗天禧五年（1021年）垦田数约为525万顷，达到北宋建国以来登记在册的土地数字的最高额；到宋仁宗皇祐元年（1049年），登记在册的垦田数仅为215万多顷。未税田地的比重，《文献通考》作者马端临的估计是十分之七。由于州县上缴田赋数为定额，被隐瞒下来的土地应该负担的田赋，往往被地方官吏转嫁到无权势的百姓身上，由此造成普通农民的破产与逃亡，这就会加速土地的进一步转移。虽然政府屡次进行方田与经界，

---

① 汪圣铎：《两宋财政史》，中华书局1995年版，第157页。
② 葛金芳：《宋代经济史讲演录》，广西师范大学出版社2008年版，第162页。

但从北宋中期至南宋末,田赋不均和田赋总量下降一直是严重的财政问题。

第二,苛捐杂税残害人民。在两税征收时,本来就有附加税,最突出的是统归于"杂钱"名下的若干种以钱立额的杂税,它们多是由原先的"杂变""沿纳"之赋转化而来。杂钱虽为正税之外的附加税收,但数量却不少,有时甚至超过正税。除了上缴朝廷的附加税外,农民还不得不承受贪官污吏借附加税名义敛取钱财形成的其他负担。除了杂钱外,依托于两税的还有如折科(以钱为额的税收,征收时不征现钱而改征实物)、支移、折变、科敛等。因官府有意或官吏操弄,这些财政负担很多时候就成为盘剥农民、增加财政收入和官吏个人收入的工具。苛捐杂税众多,最终使民生疲敝,损害了国家正税的基础。

专栏8.4　宋代非税负担举例

宋代在正税之外,民众还需要承担很多非税负担,如支移、折变和科敛。

在财政上要求百姓将应纳实物输送到异地,若百姓不愿意,可缴纳一定费用来代替,由百姓输送或上缴费用形成的政府财政收入被称为"支移"。

如果官府要求百姓将原来制度上规定的应缴实物品种折成其他品种缴纳,那么因此而形成的财政收入则称为"折变"。折变,原本是为满足官府多方面临时需要,避免所收非所需、复行变换贸易所造成的麻烦而设置的变通性办法。然而,随着财政收支状况的恶化及政治的逐渐腐败,折变也就成为变相增加税额的手段。通常的办法就是高估本色,低估折变物,从而增加实际税收量。

科敛是宋代多种变相税收负担的统称,有两方面的含义:一是指临时性无偿征收,或实物,或货币,多因紧急情况起征;二是指强制性政府采购,此种采购价格往往不合理,有些采购是经常性的、有固定数额的,有些则演变为正式赋税。以和买(政府采购)中的"和预买绢"为例,从宋真宗到哲宗时期其性质是商业信用,徽宗至高宗绍兴八年其性质是高利贷,绍兴八年以后至宋末变为正式赋税。

(二) 商税与禁榷收入无法增加

宋代财政最为突出的方面在于,因商品经济的发展而带来源于税商的财政收入占据重要地位。如前所述,这一历史现象的出现,既有唐代以来经济发展的原因,更有宋政府重商主义政策的原因,当然最为重要的是因应国家生存竞争的要求。来自一般商品的商税与低弹性商品的禁榷收入,成为宋代能够应对国家间生存竞争的重要条件。

但问题是,商税的收入主要取决于商品经济的发达而不单纯来自高税率与强征管。事实上,一般商品的生产与流通,对税率的高低特别敏感。若税率高,商人无利可图,商业活动就会减少,商税将不增反减。从宋代实践来看,虽然商税的征收有渐趋苛重之势,但英宗以后商税数额却未见增加,或有减低。这一点也为当时的执政大臣所认识,如北宋陈襄即曾说,"近年商旅不行,税课亏折,由上好暴征也","其取愈多,下利之不见其赢"[①]。由

---

① 汪圣铎:《两宋财政史》,中华书局1995年版,第297页。

于商税苛重，再加上长年战争对商品经济的影响（尤其是南宋期间），商税在实践中难以增加。

禁榷收入是针对盐、酒、茶、矾、香等暴利性资源商品获取的，在一定条件下是比较稳定的财政收入。但这样的收入毕竟有一定的限度，在民生残破的情况下也难以增加。特别是榷盐这一相当于人头税的财政征收，在公平性方面严重不足。为了多取权利，官府往往采取变换盐法、提高盐价，以及拖欠、克扣盐民本钱等办法，从食盐者、生产者及商人三方面括取钱财。到了南宋后期，由于国土缩小、两税收入降低，榷盐收入成为财政最为重要的支柱。这在一定程度上意味着商业财源已经枯竭，只能依靠人头税来增加财政收入。

（三）理财工具成为盘剥手段

宋代财政最具创新性的是王安石变法中提出来的理财术，它试图在单纯的分配领域之外，通过生产和交换来创造增值，达到官民两利的结果。这一设想具有高度的现代性，不可能在帝国框架内实行，其结果正如南宋时陈良祐所做的总结："生财乃所以病民，国用愈见不足。"（《皇宋中兴两朝圣政》第29卷）

在王安石变法之外，可能成为理财手段的还有官营经济与货币发行。在官营经济中，无论是官营商业、工矿业还是农业，都因经营效率低而不能成为财政的可靠收入来源。只有像南宋末贾似道政府强买民田那样的手段，方才对财政有所助益（特别是为军队提供粮食保障）。但这一赤裸裸的掠夺措施严重伤害了民心，危及国本。在货币发行方面，如果准备金充足，并与经济发展、金融深化程度保持一致，那么货币发行（特别是纸币发行）可以给政府提供一定的收入，同时不伤害甚至促进经济的发展。但在当时，金融知识不足，官府权力也不受限制，如此条件下的货币发行只会变成单纯敛财的工具。如北宋屡次发行的大钱和纸币，都有明显的财政动机。南宋更是如此，不可兑换也非无限法偿的纸币"楮币"不断地滥印。虽然楮币的发行可给财政暂时救急，并为南宋后期弥补财政亏空提供了重要手段，但这种手段要么是一种通货膨胀税收，要么是一种赤裸裸的掠夺，破坏了社会的安定和正常的经济秩序。

（四）额外征敛竭泽而渔

南宋疆土面积大大缩小，但因战争等原因导致的开支却未减少，因此不得不用尽一切办法来获取财政收入。除了进一步扩大运用上述禁榷、纸币甚至一度强买民田等手段外，最为重要的是中央向地方加重征调财赋，如征调经总制钱（将存在地方听朝廷调用的、大多来源于附加税的财赋收归中央）、月桩钱（地方按月桩存支发供朝廷军备调用的财赋）、折帛钱（和预买绢留在地方的部分）等。同时，中央为了减轻自己的财政负担，往往把一些开支项目转移给地方。这样，地方政府能够留用的财赋大大减少，兴办地方事业、通融调剂财赋的能力大大降低，但支出责任却又加重，于是它们不得不以各种方式向民众额外征敛。

由于征敛的压力来自上级，因此各级官吏在为个人升迁或捞取好处而违法科敛时，上级也难以禁止，只好听之任之。这样，在种种额外征敛措施下，百姓的处境日趋恶化。对此，南宋学者叶适的评价是："昔固有以乏财为患矣，未有皇皇汲汲取之无度如今日之甚者也。"（《水心别集》第15卷）

专栏 8.5　辽、金、元的财政

与中华帝国其他时期不同的是,宋帝国始终要面对具有北方草原背景的强大军事帝国。它先后与辽、金、蒙古等政权进行国家生存竞争,另外还长时期与西夏政权处于军事冲突中。由于篇幅关系,本教材不再专门介绍与宋帝国同时期的辽、金等政权以及紧接宋王朝之后的元王朝的财政。

从财政上来说,辽、金等政权由于兼跨草原与汉地,收入状况比起汉帝国面临的匈奴帝国大为改善。在形式上,财政收入不仅有来自外部落集体的贡纳和本部落牧民的上缴(以牲畜为主),还有来自汉地民众缴纳的赋税(粮食与货币)。收入状况的改善,尤其是得到汉地民众稳定上缴的粮食、货币的支持,是辽、金等政权能持续生存并能对宋帝国保持军事优势的重要原因。不过,总体来说财政基础差异大、管理粗疏混乱,是这些政权的普遍特点。

元代实现了国家的统一,但在财政上统治者使用的仍是简陋粗疏的管理方式,行事时又往往随意突破规则。在收入形式上,元代财政既税地也税商:从北方收取粮食、丝料和钱钞,从南方征收两税(以秋粮为主)。即使加上各种附加,税地的收入规模也远远不如税商,甚至比盐利所得还要少。就税商来说,对象有两部分:一部分是通过类似宋代禁榷的形式,从盐、茶、酒、醋等特殊商品中获取财政收入。特别是盐利这一实质性的人头税,有时能占当年正式岁入的一半以上。另一部分就是商税,包括常课和额外课。在元代,如果说税商时税额变化不定,没有统一标准,官吏暴敛强征,都属于财政制度方面的恶的话,那么更大的恶是包税制和滥发纸币。包税是指由商人一次性地或定期地向政府缴纳固定金额以获取征税权,在当时就被耶律楚材批评为"民之穷困,将自此矣"。元朝政府以白银为本位发行纸币"银钞",滥发这样的纸币成为政府掠夺民众财富的方便工具,因此成为税商的特殊形式。元朝灭亡,和纸币制度破产关系密切。

二、第二帝国的财政遗产

经工具性国家与目的性国家的互动,在吸取第一帝国基本制度的经验教训基础上,第二帝国极富创造力地重建与革新了基本制度。这种重建与革新,既表现在官僚制度方面,又表现在财政制度方面,充分反映了中华帝国在面对生存压力时所表现出来的勃勃生机。

仅就财政制度而言,第二帝国成功地实现了履亩而税,将帝国的正统财政收入建立在土地基础上,从而真正建成了以君主对土地的产权为基础的帝国家财型财政制度。面对因帝国生存危机而导致的支出压力,帝国财政不得不在一定程度上"量出为入",努力从税商寻求财政收入的增加。除了在一定的"重商主义"政策基础上寻求商税和禁榷收入增加外,还创造性地提出"理财收入",试图通过市场深化等手段来新增财政收入。不过,由于帝国财政边界的存在、帝国权力在现实中得不到有效约束等原因,市场深化等做法无法有效实行。种种理财手段,也因此在现实中演变为盘剥民众的工具。民众被盘剥,财源基础被伤害,是第二帝国灭亡的重要原因。当然,宋代国家面临的外来入侵压力过大,宋代君臣的应对政策失当,也是值得重视的原因。

> **专栏8.6**　**外来压力与内部变革**
>
> 来自外部环境或外来敌国的压力(威胁或挑战),可能会刺激本国的政治、经济和社会制度的发展,这一现象早在孟子的名言"入则无法家拂士,出则无敌国外患者,国恒亡"之中就得以揭示。不过,应该看到的是,这种外来的压力要能促进内部变革,就有一个适度性的问题。就是说,要使国家内部能够有效地变革以应对外部的压力(威胁或挑战),这样的压力既不能太大(太大的话可能会压碎国家共同体),又不能太小(太小的话内部可能缺乏变革的动力)。英国历史学家汤因比先生据此归结出一个法则:"足以发挥最大刺激能力的挑战是在中间的一个点上,这一点是在强度不足和强度过分之间的某一个地方。"①
>
> 与宋代特别是南宋面临的外来压力过大相比,从晚清直至民国期间中国面临的外来压力相对是适度的(1937年后日本全面侵华除外)。外国列强的入侵并非突然性的、总体性的,而是逐步加深的,中华文明体能够因应外来挑战而不断地自我进化,以至于实现向现代国家的转型。

就财政而言,第二帝国为后世留下了什么样的遗产呢?大体上,可以从以下几个方面来概括。

第一,第二帝国在重新确立君主对天下土地产权的基础上,通过两税法改革,在制度理想上实现了"履亩而税",即依照民众占有的土地(数量与等级)来征收农业收益的一部分,以此形成正统的财政收入。但这一制度在现实运行中却出现了问题。由于特权(制度特权和法外特权)阶层的存在,大量田产不承担税赋,而没有田产的农民却无力承担税赋,帝国的正式财政收入因此无法得到保证。要稳固帝国的财政基础,就必须剥夺特权,实现权力的某种程度的公共化。在帝国时期,权力公共化的做法只能是:将权力进一步集中地到皇帝手中,以削弱各级官吏的权力。这实际上是第三帝国政制发展的主要趋势,即不断地向君主集权。由此引发出的问题是:如何保证皇帝有效地运用权力,如何在皇帝个人身份与公共职位之间作出适当的区分以保证权力的公共性?

第二,面对巨大的支出压力,第二帝国转向税商寻求财政收入的增加。要使工商业成为财政收入的基础,就需要在制度上作出一系列调整,以保障私人产权与市场运行,而这实际上挑战了帝国的边界。正如王安石变法的失败所显示的,这一帝国边界仍无法撼动,因此帝国无法以税商作为财政收入的基础。吸取了这一教训后,第三帝国避免从工商业寻求财政收入的增加,取而代之的是尝试减轻财政支出的压力。而要减轻财政支出压力,最为关键的是对外采取保守的防御态势以缩小军事支出,对内大力压缩皇室支出与官僚支出。财政支出的压缩,在相当程度上意味着国家职能的消极,这就是后来第三帝国整体显得保守而内敛的原因所在。

第三,在财政管理上,第二帝国的遗产有两个方面。一方面,鉴于第一帝国及晚唐五代的教训,以宋为代表的第二帝国实行了高度集权。另一方面,国家不断地改进对暴利性资源

---

① 汤因比:《历史研究》(上册),上海人民出版社1997年版,第174页。

的管理,来谋求财政收入的弹性。就前者而言,其成功之处在于地方再也无力反抗中央,避免了国家的分裂,但其失败之处在于地方政府能力极度弱化,没有财力兴办公共事业,更加无力抵抗外来入侵。就后者而言,对暴利性资源管理进行一定程度的调整,这是财政改革的常规,自有其有利之处。但不利之处在于,各级官府及官吏可利用这一机会大肆盘剥百姓,以至于削弱了国家的民众支持基础。对这两个方面的问题,第三帝国后来都作出了回应。

重点提示

1. 在不具备马匹产地、失去幽云十六州战略要地等军事条件下,宋帝国依靠其强大的制度能力,在发达的经济与科技水平基础上,调动了广泛的经济资源,培养着自觉的文化意识,装备出组织化程度极高的军队,力抗辽、西夏、金乃至蒙古等游牧民族建立的帝国,宋代也因此成为中华帝国光辉灿烂的时代。

2. 在宋代这一国家生存竞争的时期,虽然"两税"同样是宋帝国正统的财政收入形式,但税商政策取得了突破性的运用,长时间占据主要收入的地位。宋代财政充分显示出它的创造性与艺术性,与此同时它也达到了财政盘剥的最高程度。

3. 相对于汉代那种官营全面垄断政策,宋代禁榷制度的最大特色是广泛运用"引法",即运用许可证的管理方法来广泛引进私商的力量,以提高效率、降低成本。

4. 宋代一直处于外部国家的威胁中,为了凝聚内部力量以有效应对外来危机,政府承担起养兵、养官、养民三大职能,由此造成财政支出方面有较强的公共性特征。

5. 王安石变法是宋代对帝国家财型财政进行调整并创造性解决现实问题的一部分。这一变法,既是历代王朝中期财政改革的一次重演,又具有自己的新意,因为它在相当程度上开始挑战帝国财政的边界。所以,王安石变法虽然仍在帝国财政范畴内,但已是帝国财政的某种变异,并成为晚清帝国财政向现代转型的历史先声。

思考题

1. 为什么说第二帝国在财政上充满了勃勃的生机?这种生机来自何处?
2. 相对于其他文明共同体纷纷迅速倒在从契丹到蒙古等游牧帝国的马蹄下,你认为宋帝国为何能长期维续并创造出高度的文明?
3. 禁榷收入在宋代财政中占据什么样的地位?
4. 你认为王安石变法在王朝中期改革传统中具有独特的地位吗?
5. 宋帝国灭亡在财政上有何教训?

第九讲

帝国成长时期财政思想的争论①

在中华帝国成长史上，前面讨论过的商鞅、管仲学派等，表达的是帝国来临前一些伟大学者有关治国理财的设想，而盐铁会议反映的是帝国初期经由短暂实践而修正的治国理财思想。到了北宋两位学者司马光与王安石那里，反映出来的财政思想则有很大的不同。一方面，帝国已经历了长期的实践，制度内包含的各种原则已较为充分地展现出来；另一方面，以农耕为基础的中华帝国遭遇到强有力的游牧帝国施加的重大生存威胁，而这种威胁正是检验帝国各项治理原则是否可靠、帝国是否存在新的生长机会的最好时机。司马光与王安石正是这样两个对比鲜明的人物，前者大体代表的是一种（不含贬义的）保守主义思想，即尊重与固守长期形成的帝国治国原则；后者则代表一种激进主义思想，要求开发制度内原有的潜力并探索新的制度突破。

不过，应该说，这两个人理念有针锋相对甚至水火不容的地方，但也有相互契合、补充之处。他们二人对治国理财不同方式的选择，事实上也是中华帝国不同财政思想传统的集中体现，并影响到后世财政思想的继续发展。本讲将集中展现二人在财政思想方面表现出来的差异以及二人曾有过的交锋②。这样的思想交锋，大多围绕着前一讲所叙述的"王安石变法"这一重大事件而进行。

当然，在帝国的成长期，王安石、司马光只是为数众多的思想者的代表，唐代的刘晏、

---

① 本讲内容改写自笔者指导的硕士研究生贾杰的毕业论文（贾杰：《王安石与司马光"财政治国"思想比较研究》，上海财经大学硕士论文 2015 年）。

② 本讲叙述王安石与司马光的争论时，文本来源若不特别指明，均为李之亮：《司马温公集编年笺注》，巴蜀书社 2009 年版；李之亮：《王荆公文集笺注》，巴蜀书社 2005 年版。正文将在引文前后直接注出篇名，不再一一标出文集名。

杨炎，宋代的叶适、陈亮等著名学者，也参与到这一时期的财政政策与思想基础的争论中来，并为帝国财政在思想与制度诸方面的发展做出了贡献。由于篇幅关系，本讲不再一一介绍这些学者的思想。

专栏 9.1　司马光简介

司马光(1019—1086年)，字君实，号迂叟，陕州夏县(治今山西夏县)涑水乡人，世称涑水先生，北宋时期著名政治家、史学家与文学家。司马光幼年即以聪慧著称，留下"砸缸救友"的民间故事。宋仁宗宝元元年(1038年)，司马光登进士第，从此步入仕途。在他的一生中，因两件大事而闻名当时并影响至今：一是作为充分体现中国古代国家治理保守主义原则的代表，坚决反对王安石的各种变法措施，并在自己获得执政机会后废尽所谓的"新法"；二是作为史学家编撰了中国历史上第一部编年体通史《资治通鉴》，该书史料丰富、考订周详、文字流畅并因充分揭示治国智慧而长久流传。除了修撰《资治通鉴》外，司马光还有《温国文正公文集》《稽古录》等著作传世。

第一节　国家治理中的保守主义与激进主义之辩

对比司马光与王安石对于治国理财的看法与建议，一个鲜明的感觉是司马光的态度偏保守、稳健，而王安石的态度偏激进，或者用后世评价王安石变法时常说的话就是"求治过急"。如果我们使用今天的政治标签的话，那么司马光的思想大致可归为保守主义，而王安石思想大致为激进主义。钱穆先生曾经从南北方知识分子的思想差异来比较二人的激进主义与保守主义："王安石新政，似乎有些处是代表着当时南方知识分子一种开新与激进的气味，而司马光则似乎有些处是代表着当时北方知识分子一种传统与稳健的态度。除却人事偶然方面，似乎新旧党争，实在是中唐安史之乱以后，在中国南北经济文化之转动上，为一种应有之现象。"①

需要指出的是，此处的保守主义并非贬义词，而是与激进主义相对的一种政治态度，它强调制度的稳定，尊重传统，注重实践与经验。在当今中国改革的时代，有人曾因司马光的这种保守主义而给他贴上因循守旧、不知变通的标签。其实司马光并非一味地守旧，他同样主张变通，深知财政改革的必要性。在《乞合两省为一札子》中，他提出："臣等闻三王不相袭礼，五帝不相沿乐……何必事事循其陈迹，而失当今之宜也。"他还说过："固不可于饥馑之时，守丰登之法也。"(《乞听宰臣等辞免郊赐札子》)此处的激进主义或改革派也并非纯粹的褒义词，事实上并不能因王安石求新求变的改革形象就一味地对他的言行加以肯定。

应该说，在治国理财的过程中，保守主义与激进主义两种态度或策略都是必要的，应

---

① 钱穆：《国史大纲》(下册)，商务印书馆1996年版，第586页。

该随社会经济状况的变化而相应调整。在西方现代国家,一般是通过保守和激进两个党派的轮换,来实现国家治理策略的转换,而不需要执政集团自我的否定,这样既能在国家发展有必要时设法革弊,又能采取稳定措施应对因革弊而带来的社会动荡。

一、司马光与王安石对于变法的态度差异

司马光的保守主义与王安石的激进主义,首先体现在二人对变法的态度上。前者并不完全反对变法,只是强调需要小范围逐步进行,而后者要求大范围与快节奏地变法。

(一) 司马光渐进变革法度的主张

对于治国理财中适用的法度,需不需要改革以及需要怎样的改革,司马光有一个形象的比喻,他说:"且治天下譬如居室,弊则修之,非大坏而不更造也。大坏而更造,非得良匠美材不成。今二者皆无有,臣恐风雨之不庇也。"(《涑水记闻·辑佚》)在他看来,治国就像对待住房,要的是逐渐变革("弊则补之,倾则扶之"),只有在"大坏"的情况下才需"更造";而要进行较大范围的变革,"良匠"与"美材"两个条件缺一不可。在王安石变法时期,他认为这两个条件都不具备。

由此可见,司马光并非纯然的顽固、保守,他只是坚持改革必须缓步进行,"法相因则事易成,事有渐则民不惊"(《宋史·苏轼传》)。比如,对于当时行政决策权过度集中的现象,司马光便提出改革,要求放权:"臣伏见国家旧制,百司细事,如三司鞭一胥吏,开封府补一厢镇之类,往往皆须奏闻。……盖国初艰难权时之制,施于今日,颇伤烦碎。"(《上殿札子二道》)对于宋初为了应对战时用粮问题而定立的和籴法,他建议予以废除:"昔太宗平河东,立籴法,时米斗十钱,民乐与官为市",但是"其后物贵而和籴不解,逐为河东世世患。"(《宋史》第336卷)在《论两浙不宜增添弓手状》中,他分析了差役法的弊病:"版籍差误,户口异同,毫厘不当,互相告抉,追呼无时,狱讼不歇。则民未暇为公上给役,而先困于贪吏之诛求矣",并建议将衙前一役改为募役。在《论财利疏》中,他仔细地分析与建议差役法的改革:"衙前当募人为之,以优重相补,不足则以坊郭上户为之。彼坊郭之民,部送纲运,典领仓库,不费二三,而农民常费八九。何则?儇(xuān)利懛愚之性不同故也。其余轻役,则以农民为之。"

由此可见,司马光不主张彻底、剧烈的变革。比如,对于宗室法,他就提出"此诚当变更,但宜以渐,不可急尔"(《续资治通鉴长编拾补》第6卷)。即使对他一贯主张的节省国用的改革,他也建议渐变而不要剧变:"国用不足,在用度太奢,赏赐不节,宗室繁多,官职冗滥,军旅不精。必须陛下与两府大臣及三司官吏,深思救弊之术,磨以岁月,庶几有效,非愚臣一朝一夕所能裁减。"(《宋史·食货志》)在司马光看来,变革动作越大,社会反响就越大,这样做未必能取得好的结果。他批判王安石的变法"徒见目前之利,不顾永久之害",没有认识到"世俗之情,安于所习,骇所未见"(《谨习疏》)。

(二) 王安石主张大范围快节奏变革法度

王安石基于恢复汉唐旧境、实现天下一统的政治理想,力倡最大限度地创造财富,达到富国强兵的目的。因此,对于财政方面法度的改革,他主张对不合适的法度要进行彻底的变革。他提出:"变风俗,立法度,方今所急也。"(《宋史·王安石传》)为了给变法提供足

够的支撑,王安石还表达了著名的"三不足"的意思:"天变不足畏,祖宗不足法,流俗之言不足恤。"邓广铭先生认为,王安石绝不曾在宋神宗面前提到过"三不足"的口号,但这三句话为王安石亲口所说,却是绝无可疑的①。王安石在实施新政的三年内,先后制定了诸多新法令,如均输、青苗、农田水利、免役、市易、方田均税法等。《宋文鉴》中记载了刘挚对当时新政情况的描述:"二三年内,开辟动摇,举天地之内,无一民一物得安其所者。……数十百事,交举并作,欲以岁月变化天下。"

王安石的新政,变革的范围广,新法推行的速度也快,以至于很多新法并没有经过充分的酝酿试行,就在全国的范围内推广开来。对王安石变法"求治过急",韩琦指出"新制日下,更改无常,官吏茫然,不能详记"(《宋史·韩琦传》)。王安国(王安石的弟弟)也评价王安石在变法过程中"知人不明,聚敛太急尔"(《宋史·王安石传》)。

这样的快节奏,在实践中造成很多问题,也面临很大的阻力,使支持新政的君主最终也变得犹豫不决。对此,王安石曾评价过宋神宗的犹豫,说神宗"明智度,越前世人主,但刚健不足,未能一道德,以变风俗"(《续资治通鉴长编》第 215 卷)。事实上,宋神宗在变法的决心与毅力方面,并不亚于王安石。为了改变当时国家的危机局面,宋神宗在看到王安石写的《上仁宗皇帝言事书》后,便招他越次入对,起用他实施变法。为了推行变法,宋神宗还将诸多反对变法的保守派官员调离了帝国的政治中枢,包括当时的宰相韩琦、反变法派的代表官员司马光以及名满天下的苏轼等,手腕不可谓不强硬。但在新法招致民怨沸腾、反对的声音越来越大时,宋神宗出于帝国内部稳定的考虑对新法实施状况中暴露出的一些问题做了一些调整,却被王安石评价为"刚健不足",这是不太公正的。由此也能看到王安石本人在变革方面的激进主义立场。

(三)财政改革过程中的"理想"与"现实"

可见,在改革方面王安石与司马光有着鲜明的差异。以后世的眼光看,王安石之所以主张"突变",原因在于他认为当时的情况已经非常糟糕,而又对以自己为核心的改革团队的能力估计过高。司马光之所以主张"渐变",与他"为政中和"的保守主义指导思想分不开,也源于他对改革的客观条件的考虑。司马光对王安石变法最反对的一点是,在新政过程中起用了过多有才无德的官员,他认为根本不具备推动大变革所必需的条件"良匠"。与此同时,他也认为王安石的政令并不是"美材"。从一定意义上说,王安石站在了"理想"的一端,而司马光更多落脚于"现实";王安石更关注新法的设计,而司马光更关注新法落实的可行性。青苗法、免役法等新法的实施,都可以反映出这一点。尽管新法在理想上力求国富民强、公私两便,但在实行中却大为走样,非但达不到预想的效果,反而成为盘剥民众的工具。

二、司马光与王安石对于得人与变法之辩

基于保守主义与激进主义理念的差异,司马光与王安石对于治国理财的方略(依靠得人还是依靠法度)也发生了争辩,其焦点集中于影响治国效果好坏的关键因素究竟是"治国之法"还是"治国之人"。对这一问题的回答,大体上,司马光基于保守主义立场,侧重于得

---

① 邓广铭:《北宋政治改革家——王安石》,陕西师范大学出版社 2009 年版,第 95 页。

人,不主张对法度进行大改;而王安石基于激进主义立场,强烈要求制度上的大变革即变法。

(一) 司马光对"得人"的重视

对于治国理财过程中人治与法治的关系,司马光引用荀子的话来支持自己有关人治的结论:"荀卿曰:'有治人而无治法',故为治在得人,不在变法。"对此结论,宋神宗不太同意,他说:"人与法,亦相表里耳。"司马光反驳说:"苟得其人,则无患法之不善。不得其人,虽有善法,失先后之施矣。故当急于求人,而缓于立法也。"(《宋朝事实类苑》第15卷)由此可见,司马光认为治国理财的关键是寻求"善人"而不是"良法",他对神宗强调说:"富民之本在得人。县令最为亲民,欲知县令能否,莫若知州,欲知知州能否,莫若转运使。陛下但能择转运使,俾转运使案知州,知州案县令,何忧民不富也!"(《续资治通鉴·宋纪》)除此之外,在其编著的《资治通鉴》第57卷中,司马光也评论过:"法制不烦而天下大治。所以然者何哉?执其本故也","为治之要,莫先于用人"。可见,在司马光看来,"天下大治"的关键并不在王安石一再强调的"法度",而在于执其本,即其所说的"用人"。在《论财利疏》中,他表达了同样的意思:"夫宽恤民力,在于择人,不在立法。若守令得人,则民力虽欲毋宽,其可得乎?"可见他的这一保守主义态度是一贯的。

司马光重视"人治"的思想贯穿于他治国理财的实践中。就赈济灾荒的"荒政"问题,他指出,政府在应对"天灾"时之所以左支右绌,原因在于州县不事积蓄;而州县不事积蓄、小农不敢"力耕积田"则主要是因为地方官吏"不得人"(相应的法度早已存在)。基层政府官吏只知道"陵轹(lì)州里,骚扰百姓",使本来就在艰难困苦中生存的小农更加难以抵挡水旱两灾的侵袭。因此,司马光提出:"守令非其人,而徒立苛法,适所以扰民耳"(《论财利疏》),而"所以能使民不流移者,全在本县令佐得人"(《续资治通鉴长编》第374卷)。

在对待官营手工业方面,司马光倡导的是"贵用物而贱浮伪",而要真正能够将此贯彻落实下去,有赖于有司"得人"。他指出:"其百工在官者,亦当责人而监之,以工致为上,华靡为下,物勒工名,谨考其良苦而诛赏之。"(《论财利疏》)宋代在财政运行时,存在多头管理、号令不一的问题。元丰改制之后,三司事务归于户部,而户部又分为左右曹,仍不得总天下财赋。因此,司马光主张效古法,用宰相治财,利权归一,并回到"用人"这一执政之本上。他说:"如此,则利权归一。若更选用得人,则天下之财庶几可理矣。"(《论钱谷宜归一札子》)在《论财利疏》中,他也谈到了这个问题并给出相似的答案:"臣愿陛下复置总计使之官,使宰相领之。"

司马光坚决反对王安石变法中变卖常平、广惠仓的谷物为本钱来实施"青苗法",认为常平仓法乃"三代之良法也","物价常平,公私两利"(《续资治通鉴长编》第384卷)。针对当时许多人批评常平法存在弊病,司马光认为关键原因还是在人。在他看来,一方面,主管常平法的官吏消极怠惰,以致籴买粜卖均已失时;另一方面,牙人、行人与积蓄之家沆瀣(hàng xiè)一气,蒙蔽有司,导致常平仓主事高买低卖,结果厚利皆归积蓄之家,公私两不便。对此,司马光认为这是法因人坏,而不是法本身不善。他在《乞罢条例司常平使疏》一文中也说道:"比来所以隳(huī)废者,由官吏不得人,非法之失也。"

即使面对当时现实中的财政危机,司马光也认为这并非制度原因而是"治财"官员不得人,就是说国用不足是由于朝廷没有择用专晓钱谷的人。在《论财利疏》一文中,司马光充分讨论了他的这一观点。

当然，司马光重视"贤才"并不代表他不明白"法度"的重要性。司马光在《论钱谷宜归一札子》中便提道："祖宗之制天下钱谷，自非常平仓隶司农寺，其余皆总于三司"，"一文一勺以上悉申帐籍，非条例有定数者，不敢擅支。故能知其大数，量入为出。详度利害，变通法度，分画移用，取彼有余，济彼不足。指挥百司，转运使诸州，如臂使指"。针对当时中央财政管理体系混乱的现象，司马光对法度建设也提出了建议，他认为应效古法的"冢宰之制"，以宰相来管理财政。此外，他对宰相治财也提出要求，即"详度利害，变通法度"。可见，司马光对制度（"法度"）还是有认识的，只不过更重视"得人"罢了。

（二）王安石对治国理财过程中"善法"的重视

相对于司马光而言，王安石更重视"法治"。王安石在《上仁宗皇帝言事书》中就提道："宜其家给人足，天下大治。而效不至此，顾内则不能无以社稷为忧，外则不能无惧于夷狄，天下之财力日以困穷，而风俗日以衰坏，四方有志之士，偲偲（xǐ xǐ，担心害怕的样子）然常恐天下之久不安。此其故何也？患在不知法度故也。"就是说，他认为财力穷困、风俗衰坏的原因就在于不知"法度"。因此，要解决国用不足，需要"治法以权之"而非像司马光说的那样着力于选人。王安石在《度支副使厅壁题名记》中提出："夫合天下之众者财，理天下之财者法，守天下之法者吏也。吏不良则有法而莫守，法不善，则有财而莫理。……然则善吾法而择吏以守之，以理天下之财。"这段话体现了王安石对人治与法治间关系的认识，就是说为国理财需要依靠合理的法度，而官吏只是执行法的人；虽然官吏的选择"不得人"会使得"有法而莫守"，但如果没有好的"法度"，那么"为国理财"便无从谈起了。因此，王安石认为放在首位的还是"善吾法"，而后才是"择吏以守之"，"夫法度立，则人无独蒙其幸者"（《上仁宗皇帝言事书》）。

王安石重视"善法"的思想在他诸多的"新法"之中均有体现。比如，王安石认为，如果"治财"得法，那么"增吏禄不足以伤经费也"（《上仁宗皇帝言事书》）。在第十讲述及的王安石的"动态取财"观，也依托于他对"法度"的重视，即通过合理的"法度"制定来实现"民不加赋而国用饶"的目的。而这一观点在司马光看来是不切实际的，原因也在于司马光不像王安石那样重视"善法"，不相信"果得善法"即可以突破传统经济框架的限制。

虽然王安石更重视法治，但他并未完全忽视人的问题。比如在免役、保甲、市易三法中，王安石就认识到"得其人缓而谋之，则为大利；非其人急而成之，则为大害"（《上五事书》）。他也指出，"善法"能否得以执行并达到预期的效果，很大程度上取决于是否"得人"。王安石在《上时政书》中指出："盖夫天下至大器也，非大明法度，不足以维持，非众建贤才，不足以保守。"就是说，"法度"与"贤才"都是"天下大治"的关键所在。

第二节　对财政危机的不同态度

中华帝国事实上每到王朝中期都会出现一定程度的财政危机，这一危机大多源于皇室支出与官僚费用的膨胀，以及正式收入因兼并之家隐税漏田而不能应收尽收。在北宋时期，不同于其他王朝的特殊问题是，它始终面临着北方游牧帝国的强大压力以致军事开支不断增长。军费加上官俸、冗费等，形成了困扰宋代财政的"三冗"问题。到神宗即位之初，这样的财政问题直接表现为三司内藏捉襟见肘、国用匮乏。

面对国用的不足，司马光与王安石均进行了积极的探索，但却基于各自不同的态度而给出了两种针锋相对的答案。司马光侧重于节用，而王安石侧重于开源，认为广开财路才是解决问题的根本之道。他们意见的分歧，来自不同理财观的差别。不同的理财观以及由此产生的解决财政危机的两种不同方案，事实上也是中华帝国财政思想的两大传统，它们在历史的不同时空中反复出现。

一、司马光与王安石的不同理财观

在理财观方面，司马光的看法主要针对王安石所做的批评。接下来先看王安石的观点，这也是王安石变法的重要指导思想。

（一）王安石的"以义理财"与动态生财

在《盐铁论》中，文学贤良认为，《论语》中的"君子喻于义，小人喻于利"，孟子反复强调的"仁义而已矣，何必曰利"，才是真理性质的，因此治国应该"抑末利而开仁义，毋示以利"（《本议》）。对这样的帝国正统财政思想，王安石并不认同，因为他意识到"理财"对于治国来说非常重要。他对宋神宗说，"今所以未举事者，凡以财不足故。故臣以理财为方今先急。未暇理财而先举事，则事难济。臣固尝论天下事如弈棋，以下子先后当否为胜负"（《续资治通鉴长编》卷220）。在《上仁宗皇帝言事书》中，他对于当时国家潜在的危机分析认为，"患在不知法度也，患在治财无其道耳"，高度强调"治财"对于国家治理的重要性。在帝国财政思想中，王安石的理财观也并非异端邪说，同样具有正统的来源。正如王安石自己一直强调的，"一部《周礼》，理财居其半，周公岂为利哉？"（《答曾公立书》）因此他重新批注了《周礼》，欲借助古代典籍的权威来支持自己的理财思想。事实上，对于"义""利"关系这一传统话题，王安石并不认为二者存在着矛盾，因为可以"以义理财"。就是说，王安石将"理财"与"义"结合起来，消解了二者间可能的对立。相对于士大夫不言财利的传统而言，这无疑是一个创举。王安石曾向宋神宗进言："至于为国之体，摧兼并，收其赢余以兴功利，以救艰厄，乃先王政事，不名为好利也。"（《续资治通鉴长编》第240卷）王安石还提及"孟子所言利者，为利吾国。如曲防毋贰，利吾身耳。至狗彘(zhì)食人食则检之，野有饿莩(piǎo)则发之，是所谓政事。政事所以理财，理财乃所谓义也"（《答曾公立书》）。这些看法，充分体现了他的"以义理财"思想。在司马光批判王安石的新法是"生事"，只是"头会(kuài)箕敛(按人头征税)"，违反了"孟子之志"时，王安石反击道："举先王之政以兴利除害，不为生事；为天下理财，不为征利。"（《答司马谏议书》）《宋会要》中也有类似的记载："今陛下广常平储蓄、抑兼并、振贫弱，置官为天下理财，非所以佐私欲，则安可谓之兴利之臣乎？"（《宋会要·食货之二十》）

可见，王安石把治国理财提高到"为天下理财"的高度，这一认识是十分深刻的。在一定程度上，王安石"以义理财"的思想也避开了传统儒家"重义轻利"思想的桎梏，对于宋帝国扩大财政收入、应对国家生存危机提供了思想的支持,减轻了新法推行的阻力。那么如何实现以义理财并进而克服财用危机呢? 王安石提出的方案实际上是动态生财而非静态取财,就是说他认为财政收入是可以大幅增长的,其基础是生产的发展,"盖因天下之力以生天下之财,取天下之财以供天下之费。自古治世,未尝以不足为天下之公患也,患在治财无其道耳"(《上仁宗皇帝言事书》),"方今之所以穷空,不独费出之无节,又失所以生财之道故也"(《与马运判书》)。他指出,"富其家者资之国,富其国者资之天下,欲富天下,则资之天地"(《与马运判书》)。显然,这是一种"动态"取财的思想。

至少在财政理念上,王安石并不是司马光所批评的"箕敛之臣"。他同样不赞成单纯地从民众身上敛财,因为这种做法就像"阖门而与其子市,而门之外莫入焉,虽尽得子之财,犹不富也"(《与马运判书》)。王安石提倡的"富国之术"是要"民不加赋而国用饶",是动态地生财。

(二) 司马光对理财的态度

在王安石宣扬当时国家治理的症结在于缺乏"善理财者"时,《宋史》中记载了司马光著名的回应,"善理财者,不过头会箕敛尔"。这一回应反映了司马光对于王安石理财法的一种态度,也曾被不少学者解读为司马光属于因循守旧派的证据,因为他不重视为国"理财"。不过,以钱穆为代表的一批学者不赞成这种说法。钱穆在《论荆公温公理财见解之异同》一文中就提道:"荆公新法重理财,论史者遂疑温公论政不重理财,其实非也。"[①]从司马光留下的文字资料看,司马光本人也是十分重视"理财"的。他在《乞施行制国用疏上殿札子》中说:"何以临人,曰位;何以聚民,曰财。有位无财,斯民不来。所以洪范八政,食货惟先,天子四民,农商居半。"只不过,司马光不赞成王安石的理财方法。在《论财利疏》一文中,司马光集中而系统地阐述了他的财政观点。

司马光之所以说"善理财者,不过头会箕敛尔",更多的不是反对"理财",而是批评王安石理财新法在实践中导致"头会箕敛"。出于对北宋立国总体环境的考虑,当时的治国精英罕有不重视财利的,而司马光更是其中善谈理财的杰出代表。司马光告诉皇帝:"于天下钱谷常留圣心,有熟知天下钱谷利害,能使仓库充实,又不残民害物者,并许上书自言。"(《钱粮札子》)他还说:"王者以天下为家,天下之财皆其有也。阜天下之财以养天下之民,已必豫焉。"(《资治通鉴》第233卷)这些都充分体现了他依靠"理财"来治理天下的思想。

不过,司马光关于理财的看法,持有的是"静态取财"观,认为财政收入来源于相对缺乏弹性的农业,因而财富总量是有限的,不在民则在官。《宋史·司马光传》记载了王安石与司马光的一段著名的对话:"安石曰:'善理财者,不加赋而国用足。'光曰:'天下安有此理! 天地所生财货百物,不在民则在官。彼设法夺民,其害乃甚于加赋。'"这段对话充分反映出,在财政收入问题上司马光与王安石持有针锋相对的看法。司马光的"静态"取财观,充分体现在他所说的"天地所生财货百物,不在民则在官",就是说他认为财富总量是有限的、静态的。虽然他也认识到"农工商者,财之所自来",因而提倡"养民"与培养"税

---

① 钱穆:"论荆公温公理财见解之异同",《天津益世报读书周刊》1937年第89期。

源",但不认为主要来自农业的财源会大幅上升,也不认为可以通过积极的财政措施来实现国家与民众财富的共同增长。在他看来,由于能用来承担财政征收的经济剩余是有限的,所以"为国理财"的最好方式是"养其所自来而收其所有余"(《论财利疏》),政府要做的事情主要是"强本节用"。

二、财政危机的不同解决方案——"开源"与"节流"

基于以上理财观的不同,王安石与司马光对财政危机均积极地进行了探索,但却给出了两种针锋相对的答案。王安石认为广开财路才是解决问题的根本之道,而司马光的主张则侧重于节用。

对于这场财政危机,王安石说主要原因在于理财水平不高、未能创造出足够的财政收入,"患在治财无其道耳"(《上仁宗皇帝言事书》)。因此,只要找对方法,广开财源,就能"取天下之财以供天下之费"。在王安石看来,"方今之所以穷空",虽然有部分原因在于"费出之无节",但主要的原因却是"失所以生财之道"(《与马运判书》)。就是说,如果生财有道,收入足够多,那多一些官俸不足以"伤经费",帝王可以"以天下自奉","赏赉(lài)之资"也不会影响帝国财用的状况。

对这样的观点,司马光显然不能同意。在他看来,"培养税源"虽然重要(这需要实行"轻徭薄赋"),但单纯地增加财政收入则是取祸之道,前面引用过的"天地所生,财货百物,不在民则在官。设法夺民,害甚于加赋",正说明了这一点。他认为扭转"入不敷出"的财政局面,关键在于压缩财政支出,"裁减费用",即重点应放在"节流"上。这是因为,"国用不足,在于用度太奢,赏赐不节,宗室繁多,官职冗滥,军旅不精"(《宋史·食货志》)。因此,他在《论财利疏》中认为应对财政危机的关键在于"抑赐赉、去奇巧、反奢丽、正风俗,用廉良、退贪残、澄清庶官、选练战士、不禄无功、不食无用",最终达到的理想目标是"御府之财将朽蠹而无所容贮,太仓之粟将弥漫而不可盖藏。农夫弃粮于畎亩,商贾让财于道路"(《论财利疏》)。

王安石、司马光在"三冗"(冗官、冗兵、冗费)问题上的争论,充分反映了二人对解决当时财政危机的不同思路。简单地说,这种不同就是:王安石在相当程度上持有"量出为入"的主张,而司马光则坚持"量入为出"的原则。

(一) 在养官费用上的争论

北宋时期养官费用巨大,而且支出规模增长得极快。沈括对当时的吏禄岁支有如下的记载:"熙宁三年,京师诸司岁支吏禄钱三千八百三十四贯二百五十四。岁岁增广,至熙宁八年,岁支三十七万一千五百三十三贯一百七十八。"(《梦溪笔谈·官政》)

对于"冗官"问题,司马光有着清醒的认识,并一直表达其深切的担忧。他在《论财利疏》中提到"国家比来政令宽弛,百职隳废……又自古官有常员,而国家用磨勘之法。是以一官至数百人,则俸禄有增而无损……凡此数者,皆所以竭民财者也","府吏胥徒之属,居无廪禄,进无荣望,皆以啖民为生者也"。司马光竭力主张裁减官职,降低养官费用,特别针对恩荫制、特恩法的官员,他提出"其五服外亲及不系亲属者,并量赐金帛罢去,庶几少救滥官之失"(《论进贺表恩泽札子》)。

王安石显然并不赞成司马光裁损官费的主张。他在《上仁宗皇帝言事书》中说,"公私常以困穷为患者,殆以理财未得其道,而有司不能度世之宜而通其变耳。诚能理财以其道而通其变,臣虽愚,固知增吏禄不足以伤经费也。"这是因为,在以他为首的主张新法的人看来,"吏禄既厚,则人知自重,不敢冒法,可以省刑"(《宋史·食货志》)。就是说,王安石持有一种"高薪养廉"的观点。当然,王安石的主张是有前提的,即"诚能理财以其道而通其变",就是说只有能有效增加官府财政收入,官员俸禄的费用才不会"伤经费"。

(二)对养兵费用的不同意见

对于占"国家所费十之七八"的"冗兵"费用问题,王安石认为"兵省非所先"。他在《省兵》一诗中写道:"有客语省兵,兵省非所先。方今将不择,独以兵乘边。以众亢彼寡,虽危尤幸全。"面对北方游牧帝国带来的威胁,王安石力主进行军事准备,希望能通过军人数量优势来保证帝国的安全。针对宋政府的"养兵"政策,王安石虽然也认识到当时士兵大多"骄惰习已久,去归岂能田"(《省兵》),但其言论之中鲜有"省兵"的说法。不过,在"熙丰新政"中,他将宋帝国士兵免兵为民的年限由六十一岁下调到五十岁,这对减少军费支出、提高军队战斗力还是有一定帮助的。

司马光则直截了当地建议"省兵"。他向神宗进言,称兵"务精而不务多"。在《论财利疏》中,他十分明确地说:"是以每有营造贸买,其所费财物什倍于前,而所收功利曾不一二,此国用之所以尤不足也。……夫兵多而不精,则力用寡而衣粮费,衣粮费则府库耗,府库耗则赐赉稀。……凡此数者,皆所以竭民财者也。"司马光尤其反对毫无限制地招募兵士,要求根据国家财力来增养士兵,"边臣之请兵无穷,朝廷之募兵无已,仓库之束帛有限,百姓之膏血有涯"(《宋史全文》第10卷)。对于当时有大臣建议"广招兵士",他反对说:"臣不知建议之臣,曾不曾计较今日府库之积,以养今日旧有之兵,果为有余为不足乎?"(《招军札子》)为了节省军事开支,司马光不但反对过度蓄养士兵,也反对对外用兵。他在总结历代征战与和平对生产所产生的不同影响之后,肯定澶渊之盟使户口孳息,农桑丰茂,下结论说"由是观之,征伐之与怀柔,利害易见矣"(《续资治通鉴长编拾补》卷2)。这一看法,显然与《盐铁论》中的文学贤良相似。

(三)围绕皇室消费、郊祀赏赐、崇尚释老等费用的争论

宋代在皇室消费、郊祀赏赐、崇尚释老等活动中花去的费用,时人称为"冗费"。这一费用的规模是巨大的。司马光、王安石二人在处理这一费用问题上,也分别持有不同的观点。

1. 司马光对裁损冗费的倡导

在皇室权贵消费方面,司马光继承了文学贤良的观点,鲜明地提出:"夫府库者,聚天下之财以为民也,非以奉一人之私也!"(《论财利疏》)他提倡整个国家的消费一定要节制,并认为这应该是一个"自上而下"的过程:"方今国用不足,灾害荐臻,节省冗费,自当贵近为始,宜听两府辞赏为便。"(《国朝诸臣奏议》)司马光建议,"上自乘舆服御之物,下至亲王公主婚嫁之具悉加裁损,务从简薄","出六宫冗食之人,使之从便。罢后苑文思院所造淫巧服玩,止诸处不急之役。然后命有司求在外凡百浮费之事,皆一切除去。群臣非有显然功效,益国利民者,勿复滥加赏赐"(《节用札子》)。

针对当时的君主非常大方的赏赐问题,司马光更是直接提出批评:"陛下近日宫中燕饮,微为过差,赏赍之费,动以万计。"(《与杨攸论燕饮状》)对于御用与赏赐,司马光主张要遵循古制,要效法宋初的君主:"先朝公主在宫中,俸钱不过月五千,其余后宫,月给大抵仿此。非时未尝轻有赐予,赐予亦不甚丰……窃闻近日奉给赐予,比于先朝何啻数十倍矣。"(《论财利疏》)要解决"赏赐不节"问题,一方面需要君主裁减"赏赍之费",另一方面要赏罚严明,不能无故赏赐。司马光说:"夫明主之不妄赏赐,非吝之也,诚以赐一无功,则天下无功之人皆有徼(jiǎo)觊(jì)之心,有功之人皆怀怨望故也。"(《辞赐金第二札子》)

除了皇室的奢侈消费以及毫无节制的赏赐,司马光还反对君主崇尚释老,广置佛寺道观,认为此举徒费民财。他质疑皇帝:"方今元元贫困,衣食不赡,仁君在上,岂可复倡释老之教,以害其财用乎?"(《续资治通鉴长编》卷197)。在他看来,这样的耗费无穷无尽,空耗国家的财富。

2. 王安石对减损费用必要性的反对

对于"冗费",王安石的观点十分鲜明,他认为只要"取财""理财"有道,国家的财政收入完全可以支撑这些看似高额的消费。《宋史·杨时传》记载:"昔神宗尝称美汉文帝惜百金以罢露台,安石乃言:'陛下若能以尧、舜之道治天下,虽竭天下以自奉不为过,守财之言非正理。'"这充分说明,王安石对于保守的削减财用观点不以为然,认为"守财"的方式不占"正理",而通过开源来取财才是平衡财政收支的根本途径。

显然,王安石这种量出为入、通过"理财"来"竭以天下自奉"的言论,更能打动帝国的统治者。对于"赏赐不节"问题,王安石认为"大臣郊赉所费无几,而惜不之与。未足富国,徒伤国体"(《续资治通鉴长编拾补》第3卷下)。事实上,"所费无几"的言论是不符合当时的实际情况的,他本人也有"不独费之无节"的言论。只不过,王安石想强调的是,如果寄希望于节约"赏赐"这样的费用来达到富国的目的或者解决严峻的财政危机,无异于杯水车薪,反而白白损害了帝国的体面。

第三节 对财政制度作为治国平衡手段的争辩

国家治理活动的一个非常重要的内容,就是在多种目标、不同价值与利益之间进行平衡,正因如此,德国政治家俾斯麦才将政治定义为"平衡术"。作为历史悠久、治理成就突出的文明古国,中国在国家治理活动中也一直有效地使用着财政制度来发挥平衡的作用,在国家与民众间、富裕阶层与贫民阶层间、不同职业(或身份)集团间以及其他方面进行着财富与资源的配置。

经过从秦代至宋初上千年国家治理的实践后,如何基于丰富的经验而进一步地发挥财政制度的平衡作用?司马光与王安石展开了激烈的争辩,各自阐述不同的甚至针锋相对的治国理财思想。他们的看法,事实上也是那个时代的学者就运用财政手段实现治国平衡这一主题而持有的两种典型的思想。这样的思想,不仅影响了宋代直至明清两代治国理财的实践,也能为今天治国理财的思想与行为提供借鉴。

一、"国富"与"民富"之间的平衡问题

在国家与民众之间如何配置财富才能实现国家治理的目的?就国家的有效治理而言,"最廉价的政府是最好的政府"这一古典自由主义的名言并非任何时候都能成立,因为如果国家手中掌握的财政资源过少,或者像魏晋南北朝时期那样"国弊家丰",就容易招致外敌或内乱,也无法履行必要的社会和经济职能,最终伤害的仍是民众的利益。在司马光和王安石所处的北宋,国家拥有足够数量的财政资源是抵抗契丹、西夏等外敌入侵,赢得国家间生存竞争的必要条件。但是,如果财政征收过多,留在民众手中的财富过少,不但会损伤民众生产的积极性,破坏税源,而且会因民众穷困、民生苦难而引发社会动乱,从而彻底违背国家治理的目标。对这个问题,在中国财政思想传统中,一种看法侧重"民富",要求"藏富于民";而另一种看法侧重"国富",要求国家尽力掌握更多的财富。司马光和王安石二人,大致上分别是前后两种看法的代表。

(一)司马光"藏富于民"的思想

司马光在《论财利疏》中说:"善治财者,养其所自来而收其所有余,故用之不竭而上下交足也。不善治财者反此。"这句话不但体现了司马光对财富生产与国家财政收入之间关系的认识,还反映出他"藏富于民"的思想。他认为国富依赖于民富,财政政策要先使四民均富足而有余,然后国家再去获得财政收入,这样财政收入"彼有余而我取之,虽多不病矣"(《论财利疏》)。

司马光"藏富于民"的思想,主要集中在以下两个方面:第一,司马光反对给农民施加过重的赋役负担,要求国家改善小农的生存境况,鼓励力耕积田;第二,对于从事工商业的小民,司马光要求国家"不与细民争利"。

1. 司马光对改善小农生存条件的主张

司马光的"富民"思想,鲜明地体现在他对于当时小农极其恶劣的生存环境有深刻的认识与深切的同情。他认为"四民之中,惟农最苦",描述当时小农的生活是"所食者糠籺(hé)而不足,所衣者绨褐而不完"(《宋史·食货志》)。正因如此,小农往往容易弃业成为流民,"农者不过二三,而浮食者常七八矣"(《论财利疏》)。之所以"四民之中,惟农最苦",原因在于"公私之债,交争互夺"(《劝农札子》),"彼农者苦身劳力,衣粗食粝,官之百赋出焉,百役归焉。岁丰则贱粜其谷,以应官私之求;岁凶则流离冻馁,先众人填沟壑"(《论财利疏》)。就是说,一方面国家对小农的征敛过于沉重,另一方面当时的"兼并之家"通过"高利贷"等方式对小农进行了巧取豪夺。所以,司马光主张"轻徭薄赋",他对王安石说:"其所以养民者,不过轻租税,薄赋敛,已逋(bū)责(拖欠赋税或债务)也。"(《与王介甫书》)

对于国家当时的财政措施,司马光一方面认为正式财政收入中的"两税"偏重,另一方面觉得役法及其他征敛措施过于压迫小农。他痛斥当时的财政"使贫下之民,寒耕热耘,竭尽心力,所收斛斗,于正税之外,更以巧法,取之至尽,不问岁丰岁俭,常受饥寒"(《奏为乞不将米折青苗钱状》),而且"聚敛之臣,于租税之外,巧取百端,以邀功赏"(《宋史·食货志》)。特别地,他反对"荒年刺兵"的政策,认为这也是一种赋役的增加。他指出:"今既赋

敛农民之粟帛以赡正军,又籍农民之身以为兵,是一家独任二家之事也。如此,民之财力,安得不屈?"(《义勇第五札子》)

在王安石的变法活动中,尽管司马光反对王安石的免役法,但他并非没有认识到原先差役法的弊病,尤其是衙前役(负责官府物品的押运与供应,丢失或短缺需赔偿)常常使得应役的人家流离失所、家破人亡。司马光提倡的是有限度改革,他不赞成王安石以征收免役钱的形式全面废除差役,"衙前当募人为之,以优重相补,……其余轻役,则以农民为之"(《论财利疏》)。与此同时,司马光还认为现行根据户等的不同而区别对待的差役制度是不合理的,因为户等的划分没有严格的界限而在实践中容易受到官吏的操纵(如官吏可能下调户等的标准,以获得更多的差役等)。这样的后果是,一般的农户不敢稍作积蓄或者购置田产,"民无敢力田积谷,求致厚产",因为"今欲多种一桑,多置一牛,蓄二年之粮,藏十匹之帛,邻里已视为富室,指抉以为衙前,况敢益田畴,葺庐舍乎?"(《论衙前札子》)他希望国家减轻广大农民的负担,"务令百姓敢营生计",最终能够实现"家给人足"(《论衙前札子》)。

2. 司马光对国家不与细民争利的主张

北宋的商业相较前代有很大的发展,商税也因此成了国家财政收入的重要组成部分。对于从事工商业的民众,司马光的态度与对广大农民的态度相似,即主张养民、"藏富于民",国家"莫与细民争利"。比如,对于手工业从事者,他主张要鼓励手工业生产的发展,要使生产好产品的人获利("坚好便用者获利"〔《论财利疏》〕);对于从事商业的小民,他提出要"利悦小人"。在《乞听宰臣等辞免郊赐札子》中,司马光提出他的著名论断:"君子所尚者义也,小人所徇者利也。为国者当以义褒君子,利悦小人。"就是说,司马光虽然认为君子应该避谈财利,但细民还是应该用利益来引导。由此可见,在此处,司马光并没有一味地坚守文学贤良"毋示以利"的治国传统。

相较于王安石来说,司马光赞成的是让"细民"从事于商业活动,坚决反对国家垄断商业贸易。因此,他对王安石新法中颁布的"均输法""市易法"等法令持强烈的反对态度。在《革弊札子》中,司马光批评道:"置市易司,强市榷取,坐列贩卖,增商税色件及菜果,而商贾始贫困矣","下至菜果油面,驵侩(zǎng kuài,交易经纪人)所得,皆榷而夺之,使道路怨嗟,远近羞笑,商旅不行,酒税亏损,夺彼与此,得少失多"(《知永兴军谢上表》)。他还尖锐地批评说:"今赤子冻馁,滨于沟壑,奈何与之争锱铢之利,岂为民父母之意哉?"(《荒政札子》)。因此,他强烈建议"除市易、绝称贷,以惠工商"(《荒政札子》),其出发点仍是藏富于民。

总之,司马光认为国家不能以国富为目标而过度地盘剥民众,财富应该更多地藏诸民间,"古之王者,藏之于民,降而不能,乃藏于仓廪府库"(《论财利疏》)。民富而后国能富,四民均富足有余,那么国富也是顺理成章的事情,"农、工、商贾皆乐其业而安其富,则公家何求而不获乎?"(《论财利疏》)当然,以现代财政眼光看来,司马光的断言还是有逻辑漏洞的,因为在民富与国富之间还需要有效的征税手段;若缺乏征税能力,民富并不能导致国富,"国弊家丰"完全是有可能的。

(二)王安石的"富国"思想

王安石并不是没认识到民富的重要性,只是与司马光不同的是,他认为国富优先于民富并且是民富的条件,国富的手段主要在于商业而非农业。因此,王安石更为关心的是,如何才能实现"富国强兵",如何通过"民不加赋"的方式实现"国用饶"。

1. 王安石"国富"优先于"民富"的主张

在《与马运判书》中,王安石写道:"富其家者资之国,富其国者资之天下。"他的意思是,小家庭的富裕依赖于整个国家的富裕,而国家富裕需要从天下取财。王安石并不是对农民困苦生活不了解,相反他很清楚。比如针对河北民的辛苦,他写诗道:"家家养子学耕织,输于官家事夷狄。今年大寒千里赤,州县仍催给河役。"(《河北民》)只不过,他强调欲富家必先富国,因而在面临先富国还是先富民时,他优先选择了前者。正如在王安石变法的实践中显示出来的,免役法这一意图减轻小民差役的法令最终变成了王安石的"富国之术"。他本人也承认:"百姓卖房纳役钱,臣不能保其无此"(《文献通考·职役考》),"方今田桑之家,尤不可时得者,钱也。今责购而不可得,则其间必有鬻田以应责者"(《上运使孙司谏书》)。

"熙丰新政"的中后期,就连宋神宗也感觉到对小民的剥削压迫过重,担心民间均苦于新法。王安石则对宋神宗说:"祁寒暑雨,民犹怨咨者,岂足顾也?"宋神宗则说:"岂若并祁寒暑雨之怨亦无邪?"王安石不悦,退而称疾居家(《涑水记闻》卷16)。可见,在王安石看来,如果可以达到"富国强兵"的目的,即便一定程度上损伤到了小民的利益也是值得的。究其本源,还是因为王安石把国家的富强看得更为重要。当然,公平点说,王安石并不反对民富,并不像《商君书》中说的那样主张削弱民众以使其失去反抗能力而达到国家治理的目的,他只是觉得国富更加重要罢了。

2. 王安石采用商业经营增加国家财富的主张

与司马光主要关注农业财富的增长不同,王安石更重视利用商业经营来增加国家财富。如前所述,就现代眼光看,这一看法是有道理的,因为自愿的交易可以改进双方的效用并提高资源配置的效率,从而增加财富。而且,至少在变法初期,王安石并不赞成以国家垄断手段来经营商业。他在《议茶法》中便写道:"国家罢榷茶之法,而使民得自贩,于方今实为便,于古义实为宜,而有非之者,盖聚敛之臣,将尽财利于毫末之间,而不知与之为取之过也。"显然,他认为国家取消茶叶的专卖既便民又符合古法。类似的表述在《收盐》《茶商十二说》等文中都有所反映。

不过,在变法过程中,由于官营商业机构天生的低效率,要想产生盈利就只能依赖于垄断特权。因此,王安石采用商业经营手段来增加国家财富,到最后都变成了国家垄断,如在茶、盐、酒、矿冶等领域都是如此。

二、平衡巨室与小民之间的力量关系

北宋从一开始就"不立田制、不抑兼并",因此随着经济和社会的发展,土地流转得十分频繁。到了宋仁宗时期,巨室(又称"品官形势之家"或"兼并之家")因兼并而占有天下田地超过半数。《宋史》有载:"势官富姓,占田无限,兼并冒伪,习以成俗,重禁莫能止焉",这些兼并之家除了广蓄土地外,还垄断贸易,"乘时射利","擅轻重敛散之权"。除此之外,富者还"隐田漏税",将财政负担转到低收入阶层身上。"兼并之家"对社会平衡和财政收入具有消极的影响,对此司马光与王安石的认识基本相同,但二人在如何平衡"兼并之家"与"升斗小民"之间的关系上有很多不同的意见。

(一) 司马光就平衡巨室与小民关系的看法

司马光认识到"兼并之家"与普通小民之间在力量上应有所平衡,对这样的平衡关系,他的观点主要有两个方面:第一,他主张打击富者的隐田漏税行为,对王安石的均税做法是赞成的;第二,他对于巨室与小民该如何分担社会责任,包括税赋、力役等有一个明确的观点,即"力业相称"。

尽管司马光在言论中并不像王安石那样反复强调要"摧抑兼并",但他对于巨室富户欺行霸市、隐田漏税的做法并不持放纵的态度,因此他并不像过去有论者所言代表大地主大官僚的利益而反对王安石。王安石变法过程中几乎每一项法令都遭到司马光的反对,就连"农田水利法"这样一个符合传统重农思想的法令,也被他说成是"劳民伤财",但唯独对于"方田均税法",司马光认为是合理的。这是因为,司马光也注意到了当时"豪强征敛倍于公赋""田业多为豪右所占夺"(《宋会要辑稿·食货》)的现实,他本人在宋仁宗嘉祐年间便有过两次均税的实践:嘉祐四年,他与吕景初等人"并同详定"均税事宜;嘉祐六年七月就均税问题,他立条约并下令诸路监司施行。在庆历年间,他又在淮南、京西等地实行方田均税。

在倡导均税的实践过程中,司马光注意到了北魏实行的均田制,但与王安石一样,他也不赞成改变土地占有的状况,而是主张财政负担"宜更均量,使力业相称"(《资治通鉴》卷136)。所谓"力业相称",就是将财政负担落在真正有能力的人身上。在其《衙前札子》中司马光说道:"其所以劳逸不均,盖由衙前一概差遣,不以家业所直为准。若使直千贯者应副十分重难,直百贯者应副一分重难,则自然平均。"可见,司马光"力业相称"的思想试图实现的就是在巨室与小民之间平衡财政负担。与此同时,他坚决反对王安石的种种变法措施,认为它们只会残害民众而达不到其宣称的目的。

(二) 王安石"摧抑兼并"的思想

"摧抑兼并"是王安石最核心的思想之一,也是他用来平衡巨室与小民之间关系的重要手段。王安石的"抑兼并"主要体现为两个方面:一是针对富者兼并土地且凭借法内或法外特权逃避税赋的现象,开展方田均税;二是利用国营商业活动("均输市易法""青苗法"等)打击"兼并之家"攫取商业利润、压迫小工商业者的行为。

1. "摧抑兼并"是王安石"以义理财"思想的应有之义

王安石对兼并之家与兼并行为对国家治理的危害,认识是非常深刻的。他这样向神宗描述兼并之家的危害并进言抑制兼并之家:"今一州一县便须有兼并之家,一岁坐收息至数万贯者。此辈除侵牟编户齐民为奢侈外,于国何功,而享以厚奉?……天命陛下为神明主,驱天下民使守封疆,卫社稷,士民以死徇陛下不敢辞者,何也?以陛下能为之主,以政令均有无,使富不得侵贫,强不得凌弱故也。今富者兼并百姓,乃至过于王公,贫者或不免转死沟壑,陛下无乃于人主职事有所阙,何以报天下士民为陛下致死?"(《续资治通鉴长编》卷240)就是说,摧抑兼并可以实现"义"(即"报天下士民为陛下致死"),因而符合王安石提出的"以义理财"标准。

因此,从国家长远发展及获取天下四民民心的角度来考虑,王安石认为"摧抑兼并"是非常必要的。他认为"摧抑兼并"和"为国理财"一样重要,或者说"摧抑兼并"是"为国理财"的应有之义。他说:"有财而莫理,则阡陌闾巷之贱人,皆能私取予之势,擅万物之利,以与人主争黔首,而放其无穷之欲,非必贵强桀大而后能。"(《度之副使厅壁题名记》)

2. 王安石"摧抑兼并"思想在"新法"中的体现

王安石在制定新政法令时,对"兼并之家"的态度是十分强硬的,他甚至把"摧抑兼并"作为他的一大施政纲领。他在《风俗》一文中说道:"节义之民少,兼并之家多,富者财产满布州域,贫者困穷不免于沟壑。"因此,新政除了要增加财政收入外,还有一个目的就是要"摧兼并,收其赢余,以兴功利,以救艰厄"(《续资治通鉴长编》第240卷)。

秉承宋初"不立田制"的国策,王安石与司马光一样,并不赞成通过田制调整(即"均田")来抑制兼并。他说:"播种收获,补助不足,待兼并有力之人而后全具者甚众,如何可遽夺其田以赋贫民?此其势固不可行,纵可行亦未为利。"(《续资治通鉴长编》第213卷)他还说过:"今百姓占田或连阡陌,顾不可夺之。"(《续资治通鉴长编》第223卷)王安石主张的是,通过财政手段来抑制兼并之家的实力,并进而实现阶层间的势力平衡。比如方田均税法,是最为直接(也非常传统)的"摧抑兼并"措施,即通过土地丈量,将财政负担真正落实到田亩多的大户家庭,抑制其兼并的能力。事实上,王安石的不少改革措施都有这样的目的。

以均输法为例,其部分目的也在于此。针对"朝廷所用之物,多求于不产,责于非时",巨室富户便"因时乘公私之急,以擅轻重敛散之权"(《乞制置三司条例》)的现象,王安石颁布了均输法,其目的在于"稍收轻重敛散之权,归之公上,而制其有无,以便转输。省劳费,去重敛,宽农民,庶几国用可足,民财不匮矣"(《乞制置三司条例》)。王安石认为,富商巨室能够对商业贸易进行垄断是因为"去古既远,上无法以制之,而富商大室得以乘时射利,出纳敛散之权一切不归公上"(《续资治通鉴长编》第231卷)。因此,他通过市易法,以国营商业来限制"兼并之家"对贸易的垄断。

王安石变法中的青苗法,实施时有一个目的就是打击放高利贷的兼并之家,"使农人有以赴时趋事,而兼并不得乘其急"(《宋会要辑稿·食货》)。因此,由国家在青黄不接之时提供贷款,可以改变"人之困乏常在新陈不接之际,兼并之家乘其急以邀倍息,而贷者常苦于不得"(《宋会要辑稿·食货》)的现象,就能限制"兼并之家"毫无节制地通过高利贷来盘剥百姓。当然,青苗法对于限制兼并之家的作用可能并不大,王安石自己也承认青苗法"于治道极为毫末,岂能遽均天下之财,使百姓无贫?""今制法但一切因人情所便,未足操制兼并也"(《续资治通鉴长编》第223卷)。

免役法改革,也有"抑兼并,便趋农"的目的。本来巨室富户因为其特权的存在而不承担或甚少承担差役,而多由中下等民户承担。现在改纳助役钱,一定程度上可以使"兼并之家"分担力役。

三、农、工、商之间的平衡

在古代中国,从事农业、工业、商业活动不仅是一种职业,在一定程度上也是一种身份。在以农立国的国策影响下,至少原则上农民的身份地位比手工业者和商人要高。不过,相对于其他时代而言,宋代的工、商从业者地位还算是比较高的。如何处理好农、工、商各个阶层的关系并使之大体平衡,是历代国家治理的重要问题。对此,司马光与王安石的观点有相同之处,也有不同的地方。

(一) 司马光对农、工、商平衡的观点

司马光秉承了宋代国策中一定程度的重商主义思想,对工商阶层的评价明显地高于"盐铁会议"上文学贤良的看法。在《论财利疏》中,他指出,"夫农、工、商贾者,财之所自来也",承认农、工、商贾都为财富生产作出了贡献。从国家治理来说,他主张农、工、商三个阶层要均衡发展,使"农尽力、工尽巧、商贾流通","田善收而谷有余、器斯坚而用有余、有无交而货有余"(《论财利疏》)。不过,在这三个阶层中,司马光最重视的自然是农业阶层。

1. 司马光对农本的重视

司马光继承了"盐铁会议"上文学贤良视为正统的"农本"思想,他说:"夫农,天下之首务也","农者,天下之本"(《应诏言朝政阙失事》),"夫农蚕者,天下衣食之原"(《乞省览农民封事札子》),"国家所赖为根本者,莫若农民。农民者,衣食之原,国家不可不先存恤也"(《三省咨目》)。虽然在现行国策中农业与农民的地位也很重要,但他发现这些政策往往都是"徒有利民之名,而无利民之实",因此提醒神宗说:"今国家每下诏书,必以劝农为先,然而农夫日寡,游手日繁,岂非利害所驱邪?"(《劝农札子》)在他看来,四民之中农民最苦。大量农民寒耕热耘、昼夜劳作却衣食不足,以至于弃业而去,"以今天下之民度之,农者不过二三,而浮食者常七八矣"(《论财利疏》)。因此,司马光建议国家要重视农业的生产,多体恤农民的疾苦。

2. 司马光肯定工商业为国家创造财富

司马光重农,但并不排斥工商业活动。对于手工业的发展,司马光结合他的"强本节用"的观点,认为对于生产质量好、实用价值高的手工业者应给予大力的支持。前文已经提及,司马光继承了文学贤良的观点,认为手工业应该追求的目标是"器斯坚而用有余"而不是制造奢侈品,国家治理应该让"坚好便用者获利,浮伪侈靡者不售",因而建议"凡文思院、后苑作所为奇巧珍玩之物,不急而无用者,一皆罢省"(《论财利疏》)。

与对手工业的态度相似,司马光对商业也不像许多儒家学者那样视商贾为"末作之人"、视商业为"奇邪之业"。相反,他认为商贾也是国家财富的创造者,"夫农工商贾者,财之所自来也","商贾流通则有无交而货有余"(《论财利疏》)。对于商业的发展,司马光认识到逐利动机的重要性,"商贾者,志于利而已矣",如果政府"弃信而夺之,彼无利则弃业而从他,县官安能止之哉? 是以茶盐弃捐,征税损耗,凡以此也。然则县官之利,果何得哉?"(《论财利疏》)就是说,如果国家政策使得商人无利可图,那么他们就会弃业而去,国家的商税收入会大受减损,民众的生活也会变得不方便。因此,司马光反对王安石变法(均输、市易等新法)后出现的国家垄断商业的状况,要求给一般的小商人也留有一定的获取利润与谋求发展的空间。司马光一贯的观点是:"公家之利,舍其细而取其大,散诸近而收诸远,则商贾流通矣"(《论财利疏》)。以今天的眼光看,司马光对王安石变法中国家垄断商业的批评还是相当正确的。

（二）王安石对农、工、商平衡的看法

与司马光相似，王安石也持有农本的思想，反映了他作为那个时代的儒家学者的本色。只不过，正如王安石变法所显示出来的，王安石比司马光更加重视工商业，而且他强调的是由国家来经营工商业。

1. 王安石的农本与分工观点

在农、工、商三者的关系之中，王安石和司马光一样，也将农业放在了首位。王安石说："理财以农事为急"，国家要鼓励农业的发展，使"元元安土乐业，人致己力，以生天下之财"（《上仁宗皇帝言事书》）。与此同时，他希望通过抑制工商末业的方式来实现重本，"民见末业之无用，而又为纠罚困辱，不得不趋田亩；田亩辟，则民无饥矣"（《风俗》）。他的结论是："是以国家之势，苟修其法度，以使本盛而末衰，则天下之财不胜用，庸讵而必区区于此哉？"（《议茶法》）

对于帝国时期农、工、商的分工，王安石继承了《管子》一书中建议的"四民分业定居论"。他提出："夫人之才，成于专而毁于杂。故先王之处民才，处工于官府，处农于畎亩，处商贾于肆，而处士于庠序，使各专其业，而不见异物，惧异物之足以害其业也。"（《上仁宗皇帝言事书》）今天看来，王安石对"各专其业"的劳动分工观点是正确的，只是"不见异物"的分工主张未免过于机械。

2. 王安石对工商业的看法

对待手工业，王安石显然采用了《周礼》中工商食官的看法，认为应该"处工于官府"。就是说，虽然他并不完全反对私商，但更重视官营的手工业。对于当时的手工业，他还提出，"工者，治人之末者也"（《夔》），因此国家治理应该"重租税以困辱之"（《风俗》）。这些看法与司马光的看法（发展实用的产品，抑制奢侈品的生产）相比，还是很不同的。

对于商业，王安石在《答韩求仁书》中表达了国家治理商业活动的两难性："盖制商贾者恶其盛，盛则人去本者众；又恶其衰，衰则货不通。故制法以权之，稍盛则廛而不征，已衰则法而不廛。"就是说，一方面，他意识到商贾是社会分工中不可缺少的部门，商贾使得货物流通畅达，商业不能衰败；另一方面，他又担心商业发展过度繁荣，会使得末盛而本衰，以至于农民弃业，这是文学贤良在盐铁会议上就担心过的问题。在国家治理过程中，如何既能保留商业活动的益处又能避免它带来的危害？王安石的策略是，举办官营商业，加强国家对商业贸易的干预，打压富商巨贾垄断市场、控制价格的行为，从而使小商人有一个更为宽松的生存环境。王安石的这一想法过于理想主义，在实践中商业经营收归国家虽然打压了富商巨贾，但对小商人境地的改变没多大作用，而且带来了文学贤良批评过的官营商业的一切弊病，如"榷货卖冰，致民卖雪都不售……又闻买梳朴即梳朴贵，买脂麻即脂麻贵"（《续资治通鉴长编》卷236）。

第四节　治国理财官员的选择与使用

帝制时期的中国经历了长期成功的治理，传统学者对于如何选择与使用治国理财的

官员积累了丰富的经验与智慧。这样的经验与智慧,也由司马光和王安石这两位第一流的学者兼政治家分别加以表达。司马光的看法是,国用困乏与财政管理不善息息相关,而理财官员的选择又是财政管理好坏的关键。就是说,要慎重地选拔与使用理财官员。在这方面,王安石的观点与司马光是相同的,只不过王安石在选择官员时还多了要为自己变法提供支持的考虑。就当时的现实情况而言,北宋建立初期,对理财官员的选择标准是"三司使或以诸卫将军、诸司使为之,判官则朝士晓钱谷者皆得为之,不必用文辞之士也"(《论财利疏》),而到了司马光与王安石所处时代,"三司使、副使、判官,大率多用文辞之士为之,以为进用之资途。不复问其习与不习于钱谷也"(《论财利疏》)。对这一变化及其问题,司马光与王安石均进行了有力的批评,提倡任用专业人士担任财经官员并且使其久任。

□ 一、司马光"随材用人而久任之"的择用观

司马光的择人、用人观点是"慎选理财官员,用人专而任之久",这反映在《论财利疏》中所说的"养其本原而徐取之,减损浮冗而省用之,随才用人而久任之"。其中,"养其本原"与"减损浮冗"已在上文中有所论述,而"随才用人而久任之"是其择人、用人的核心观点。由此可见,司马光对于理财官员的择用主要有两方面的观点:选拔时,要求根据人才的才性特点来决定是否任用为理财官员;使用时,要求使官员久于其任,使其逐渐精于理财业务,并使其治财之效能够获得客观公允的评价。

在司马光看来,择用理财官员首先要"随材用人"。他提出:"夫人之材性,各有所宜,而官之职业,各有所守。"(《御臣》)不同的人才能不同,不同的官职担负的职能不同,择人就是要使得人的才干与官的职责相匹配。司马光说:"虽周、孔之材不能遍为人之所为,况其下乎?固当就其所长而用之。"(《上殿札子》)人无完人,尤其才性智慧不可能做到面面俱到。人才自身要挖掘发展自己的专长,而择人之人就要发现人才的专长,就其所长而用之。因此,司马光对其时用"文辞之士"理财治财十分反对,他提出:"彼文辞之士,习钱谷者固有之矣,然不能专也。"(《论财利疏》)所以,在司马光看来,择人而任之,此为政之本也(《资治通鉴》卷292)。具体到理财官员选择的标准,司马光认为合格的理财官员一方面要精通理财的业务,另一方面要勤勉刻苦。他在《体要疏》中建议:"精选晓知钱谷、忧公忘私之人,以为三司使、副、判官、诸路转运使。"此外,司马光还重视对理财官员的考察,认为理财官员是否称职的标准不仅仅在于能否直接使州县、国家财政收入增加,还在于有没有使民众各安其业、仓库充实。如果生产发展、农民殷实,那么国家的收入自然就能增加。他提出:"有功则进,无功则退,名不能乱实,伪不能掩真。安民勿扰,使之自富,处之有道,用之有节,何患财利之不丰哉?"(《体要疏》)

在司马光看来,择用理财官员还要让他们"久于其任"。他提出:"夫官久于其业而后明,功久于其事而后成。"(《论财利疏》)理财官员需"久于其任",才能习得钱粮知识、精通理财业务。司马光以陈恕的例子来说明"久于其任"对获得理财之术的重要性:"先朝陈恕领三司十余年,至今称能治财赋者以恕为首,岂恕之才智独异于人哉?盖得久从事于其职故也。"(《论财利疏》)比如,在当时,陈恕行使茶法,"行之数年,货财流通,公用足而民富

实。世称三司使之才,以陈公称首"(《续资治通鉴长编》卷196)。财政管理的好坏,显然跟理财官员的长期实践经验密切相关。与此同时,"久于其任"还可以让理财官员治理财赋的功绩得到更合理的评判。比如,一些有利于农业发展的治理政策,像沿边荒地的开垦、农田水利的兴修,都需要较长的周期才能够体现出功效。而现实中北宋对官员实行的是磨勘之法,一年一考,三年一任,因此官员的流动极其频繁。对此,司马光提出"凡百官,莫不欲久于其任,而食货为甚"(《论财利疏》),其根本原因在于:"二十七年耕,然后有九年之食。今居官者不满三岁,安得有二十七年之效乎?"(《论财利疏》)官员任期过短带来的问题是,当时的理财官员,作风多是"吾居官不日而迁,不立效于目前以自显,顾养财以遗后之人,使为功,吾何赖焉?"(《论财利疏》)因此,司马光呼吁要改变这样的士人风气。

在合理选取理财官员并使其久于其任之后,司马光认为,还需要赋予理财官员充分的治财之权。他在《谨习疏》中提出:"择人而授之职业,丛脞(丛脞 cuǒ,细碎、杂乱)之务不身亲之也",强调君主、宰相级的治国者不应事无巨细一律过问,而要充分利用财政管理制度,赋予理财官员相应权限,并对其职责予以监督考核。司马光对于理财官员的考核标准有十分明确的表述,一如他在《劝农札子》中所说:"遇丰岁能广谋籴入,官满之日,仓廪之实,比与始至,增羡多者赏之。其无水旱之灾、益兵之费,而蓄积耗减者黜之。"

二、王安石在择用理财官员方面的看法

尽管在治国理财方面王安石更为侧重"法治",但对于理财官员的择用,他同样认为关乎国之兴衰。在《材论》中,王安石写道:"夫材之用,国之栋梁也。得之则安以荣,失之则亡以辱。"

对于理财官员选用的原则,王安石与司马光基本一致,也认为理财官员的选拔任用需要"随材用任","人之才德高下厚薄不同,其所任有宜有不宜"(《上仁宗皇帝言事书》)。他还认为,当时对理财官员的选取缺少正确的方法,取材用人未考虑人的才干是否与官职相称,而只考虑其为官的年限、出身的好坏,甚至是历任官职的多寡。择人的标准进而又影响了官员的任用。王安石指出:"方今取之既不以其道,至于任之,又不问其德之所宜,而问其出身之后先,不论其才之称否,而论其历任之多少。以文学进者,且使之治财。已使之治财矣,又转而使之典狱。已使之典狱矣,又转而使之治礼。"(《上仁宗皇帝言事书》)他指出,当时大多数官员无法久于其任,"文辞之士"却在理财与刑狱等职务间辗转。因此,和司马光的观点一致,王安石同样赞成理财官员需要久任之,他说:"设官大抵皆当久于其任。"(《上仁宗皇帝言事书》)

不过,相较于司马光,王安石更加强调理财官员的行政能力,并要求这种能力能够为新政服务。他在《材论》一文中说道:"人之有才能者,其形何以异于人哉?惟其遇事而事治,画策而利害得,治国而国安利,此其所以异于人也。"特别是在新政中,王安石需要一批思维开阔、办事能力强且拥护新政的人才。因此,在对能人干吏的迫切需求中,王安石就不像司马光那样强调人才的德行与品质,这就引出所谓人才中"君子"与"小人"的问题。

三、治国理财人才中的"君子"与"小人"

后世研究者对王安石大多有"用人不明"的评价。这一评价自有其道理所在,但也应

看到,王安石之所以在变法过程中起用了一些在道德上有瑕疵的人,是有客观原因的。

中华帝国在治理过程中,一直强调人才选拔时须注重德才兼备,将人才的道德品质摆在首位。王安石与司马光作为北宋时期士大夫的杰出代表,在个人道德品质上,二人均为世人所称道。比如司马光,为人所尊崇的个人品质是俭朴、廉洁、博学、重名节、行忠信,历仕四朝"皆为人主所敬"。宋神宗曾夸奖说,"如光者,常在左右,人主自可无过矣"(《续资治通鉴长编》卷220)。王安石也称赞司马光说,"行义信于朝廷,文学称于天下"(《待制司马光礼部郎中制》)。此外,司马光建议"裁损节用,必自近始",他以身作则,再三对帝王的赏赐进行请辞,最终辞赏不成,就把赏赐充作公费使用。同样,王安石本人也是一心忧国为民,兢兢业业,不谋私利。《宋史·王安石传》记载道:"性不好华腴,自奉至俭。"对这两个人的道德,有人评价道,"荆公、温公不好声色,不爱官职,不殖货利皆同"(《邵氏闻见录》)。不过,尽管王安石本人有着极高的道德水平,但他在主持变法过程中的一些同僚和伙伴,却屡被人从道德上加以诟病。正因如此,司马光对王安石在变法过程中所用官员的才干与道德水平,持有激烈的批评与反对态度。

应该承认,王安石所择取的变法派官员大多有才干。如变法干将、王安石的左膀右臂、被称为"护法善神"的吕惠卿,《宋史》就说他"少有才名",欧阳修也曾认为他是非常难得的青年才俊。这些人之所以得到提拔,自然与王安石选拔官员的标准有关,即除了要拥护新政外,更重要的是要有业务能力。他在向宋神宗推荐吕惠卿时,着重说的也是其办事之才:"惠卿之贤,岂特今人,虽前世儒者未易比也。学先王之道而能用者,独惠卿而已。"(《宋史·吕惠卿传》)在吕惠卿成为变法派骨干之后,王安石"事无大小必谋之,凡所建请章奏皆其笔"(《宋史·吕惠卿传》)。

虽然王安石个人道德品质几乎无瑕,他重用之人也有能力且有变革的热情,但许多人确实在道德上存在瑕疵,有一些人甚至是野心家,例如吕惠卿就是如此。他分裂了变法派,严重影响了变法派官员之间的团结,甚至不惜排挤王安石来达到个人专权的目的,最终对变法事业造成了很大的破坏。也有一些在新政过程中被起用的人,确实是投机钻营者或者传统中所谓的"小人",其中以邓绾、蔡京最为典型。邓绾的为人反复无常,对得势者极尽阿谀奉承,对失势者则落井下石。在王安石被宋神宗起用以发动"熙丰新政"之初,邓绾便上书神宗称:"陛下得伊、吕之佐,作青苗、免役等法,民莫不歌舞圣泽。……诚不世之良法,愿勿移于浮议而坚行之。"(《宋史·邓绾列传》)。在王安石罢相、吕惠卿得势之时,他又去依附吕惠卿。而当王安石再度被起用后,邓绾又反过来向王安石揭发吕惠卿的过错。蔡京则是在变法派与反变法派之间首鼠两端,只求攀附得势的一方让自己得以平步青云。这些做法和这些人,在当时为士大夫所不齿。

王安石之所以会这样选择理财官员,其主观方面的原因是希望起用支持新法的官员来力推新法。这样的愿望虽属合理,但在做法上却显得过于粗糙、冒进。《宋史》中记载,有一个依靠恩荫而获得官位的官员唐坰为了迎合王安石,对王安石说"青苗法不行,宜斩大臣异议者一二人",王安石便"喜而荐之",完全把"任人唯才"的思想抛诸脑后。相反,对反对变法的官员,王安石不能做到兼容并蓄,而是建议神宗将反对派官员一一贬谪于地方。

当然,王安石选择起用"小人"也有客观原因,那就是自我标榜为"君子"、道德操守相

第九讲

帝国成长时期财政思想的争论

对较好的官员并不支持新法,以致他不得不使用小人。《元城语录》中记载了司马光与王安石对理财官员任用有一段争论:"老先生(司马光)尝谓金陵(王安石)曰:'介甫行新法,乃引用一副当小人,或在清要,或在监司,何也?'介甫曰:'方法行之初,旧时人不肯向前,因用一切有才力者,候法已成即逐之,却用老成者守之。所谓智者行之,仁者守之。'老先生:'介甫误矣。君子难进易退,小人反是。若小人得路,岂可去也,若欲去,必成仇敌,他日将悔之。'"从这一对话中可以看出,王安石并非没有认识到官员操守问题,只是想在新政之初,极力寻求有意愿、有才干者推行新法,并打算在新政成功后再选择老成持重、德才兼备的"君子"守之。不过,在客观上,由于变法造成的分裂,到后来王安石事实上已经无法寻得所谓的"君子"来守新法了,他不得不继续任用这些道德上有瑕疵的"小人"。

重点提示

1. 如何运用财政工具来治理国家,一直是中国古代财政思想中的重要内容。北宋中期王安石与司马光两人就"熙丰新政"而进行的争论,呈现出在国家面临着种种危机之时,王安石与司马光二人所分别代表的激进主义与保守主义对于"财政治国"之道的积极探求。

2. 司马光代表了一种静态的财政收入观,坚持帝国财政中的"量入为出"原则。虽然他也认识到帝国的传统财政收入缺乏增长弹性,但依然强调要依靠农业生产的发展来获取循序渐进的收入增长,针对当时的财政危机则坚持强调要依靠裁损节用的方式来解决。王安石代表的是一种动态取财的观点,他试图不依靠传统财政收入而积极地寻求在不扰民的前提下增加国家财用。王安石设计的财政制度,在理论层次上的确能够做到"民不加赋国用饶",也确实在短期内缓解了北宋的财政危机,但司马光对变法实践后果的批评也大多能成立。

3. 司马光代表了"藏富于民"的财政思想传统,强调国家不应与细民争利。他认为,只有民众富有、生产发展,国家财政收入才会增加。对于民众中的贫富之差,司马光主张"力业相称",以"能力原则"来分配贫富阶层各自的责任。王安石代表的则是"富国强兵"的财政思想传统,他认为首要的问题是保证国家的生存,要有足够的财政支出来组织军队保卫家园,同时国家还要有足够的资源来实现经济和社会的职能。当然,王安石并不认为自己寻求增加国家财富的做法会伤害民众,只不过在实践中却出现了相反的后果,即国家财富增加来源于对民众的剥夺。而对于贫富阶层的平衡问题,王安石主张"摧抑兼并"。在农、工、商之间的关系平衡方面,司马光与王安石均认为三个阶层的分工与责任分担是必不可少的,但王安石重视官商,对私商则试图"重租税困辱之",这与司马光强调不与商民争利的思想有所不同。

4. 对于理财官员的任用,王安石与司马光均认识到当时管理体系的弊病,都赞同要择才用人而且要久于其任,但二人仍体现了财政管理领域不同的思想传统。司马光对人才要求德才兼备,更重视"善人"而非"善法"。王安石的用人更倾向于才干以及党派立场(即支持变法),也因此起用了一些有才但无德之人,这也是王安石重"法度"甚于重"善人"的立场所致。对于改革的节奏,王安石主张对于不适宜的法度进行雷厉风行的变革,主张骤变,这当然也与王安石对"善法"的强调分不开。司马光认可变革的必要性,但主张渐变,他不断地批评王安石在变法过程中过快的改革节奏。

思考题

1. 司马光是如何看待王安石的"理财"方法的?你赞同司马光吗?
2. 你觉得在北宋当时的历史条件下,是否有可能解决财用危机问题?
3. 你认为国家与民众间的财富配置,是否有一个客观的标准?
4. 王安石与司马光对平衡巨室与小民之间关系的看法,在今天有借鉴意义吗?
5. 你认为对于人治与法治之间的关系,应该如何加以处理?
6. 如果你是王安石,你会使用吕惠卿这样的人吗?
7. 你认为把握财政制度变革的节奏有客观的标准吗?

第十讲 第三帝国成熟而低弹性的财政收入体系

面对国家生存危机与种种现实问题,第二帝国作出了积极的回应,对家财型财政制度进行了大胆的创新,从而建立起以"税地"为核心、高度依赖于税商收入的财政制度。以王安石、司马光为代表的一大批第一流政治家与思想家,也都在殚精竭虑地思考从财政入手治理国家甚至挽救帝国。不过,正如在王安石变法中显示出来的,对财政制度进行的创新,在相当程度上已经开始挑战帝国制度的界限。在当时的时代背景下,这种对帝国制度的挑战是难以成功的。财政的失败,加上游牧帝国强悍武力的打击,第二帝国最终崩溃,一个只接受中华帝国部分政治制度与政治理念的元王朝得以建立。在元末战争中,中华帝国理念再次浮现而出,帝国制度也在明初政治实践中得以重建与完善,由此形成了中华帝国史上的第三帝国。

在财政方面,第三帝国吸取了第二帝国及元王朝税商的教训,回归税地不再动摇,将税地产生的财政收入奉为主体收入并实行定额管理,排斥税商手段在正式财政收入制度中的运用。这种以"税地"为核心的家财型财政,在明清两代王朝的运行中达到最后的成熟,并因这种成熟而显得保守与内向,进而暴露出帝国框架内无法解决的问题与困境。这些问题和困境,构成了帝国转型的财政内因。

第一节 第三帝国财政的制度环境

从第三帝国的财政收入来源看,以土地为支撑点的帝国已发展到最为成熟的程度,家财型财政也因此达到其顶峰。那么这样的财政收入体系,处于怎样的制度环境中呢?

一、明王朝建立是中华帝国制度的回归

传统上将明朝取代元朝,看作是中国传统王朝兴衰的另一轮开始。但是,这一看法并不完全确切。事实上,元王朝的政治,在相当程度上偏离了中华帝国的传统,如元朝政府大量采用临时性安排代替正式的制度。除了照搬金朝的制度框架外,元统治者又糅合进了大量的草原旧制,制度上显得比较复杂、混乱,统治者行事时又往往随意突破制度,因而常被后世人讥为"最无制度"。此外,元王朝还实行民族歧视政策,大量任用家臣而非科举产生的公职人员为官,在意识形态上也常常弃用儒家传统。钱穆先生对此评价说:"故元之诸帝,多不习汉文,甚至所用官吏,有一行省之大而无人通文墨者。因此其政治情态,乃与中国历来传统政治,判然绝异。"①

相形之下,1368年建立的明王朝,不仅在口号上提出了"驱除胡虏,恢复中华",而且在制度上也重建并强化了中华帝国。就是说,通过明代开国统治者的努力,在制度上中华帝国传统得以回归,并进而形成了第三帝国财政的总体环境。与元王朝相比,清王朝全面继承了明王朝所体现的中华帝国理念与制度,特别是在财政方面。钱穆先生比较元和清两个王朝时说:"元人以武力自傲而鄙视汉化。清人则并无真可恃的武力,一进中国,即开科取士,公开政权,依照中国传统政体的惯例作实际的让步。"②在顺治三年,《洪武宝训》被译为满文,颁行天下,顺治帝为此作序,并提出与天下共遵明之祖训。就财政而言,顺治时期就下令天下田赋都按照万历年间的则例征收。对此,黄仁宇的说法是"在中国历史上还没有其他主要王朝像清朝这样几乎完全承袭前朝制度"③。

因此,明王朝及其忠实继承者清王朝,共同构成了第三帝国。相对而言,在坚持帝国制度与原则方面(如在确保皇权独立、防止宦官擅权和朋党之祸等),清王朝比明王朝执行得更为坚决,做得更成功。

二、明王朝对帝国制度的重建与强化

如上所述,虽然在官制名称与行政制度上与元王朝有一定的联系,但新生的明王朝代表的是中华帝国的复兴,其所建立的国家,在组织、制度、理念等各方面,都是第一、第二帝国的延续,并有所发展,使之达到了成熟的地步。

在以下几个方面,明政府重建并强化了帝国制度。

(一)皇帝制度的加强

国家有效治理的关键,是围绕公共权力建立并完善政治制度,实现统治权的独立性与至上性,特别重要的是实现权力的公共化,以免为各级官吏所私有。在帝国时期,政治上的安排是,以君权形式表现公共权力,将所有的权力与资源都交给君主,以君主个人利益来保障整体利益的实现,依靠君主对自身地位的重视来实现公共权力的独立性与公共化。

---

① 钱穆:《国史大纲》(下册),商务印书馆1996年版,第638页。
② 同上书,第849页。
③ 黄仁宇:《十六世纪明代中国之财政与税收》,生活·读书·新知三联书店2001年版,第427页。

在第一、第二帝国时代，君权所代表的公共权力开始逐渐实现对贵族、外戚、后宫的独立。在第三帝国初建时期，明太祖继续了这一进程，并着重解决以下两类问题：一类是元代政治所体现出来的贵族势力分裂、后宫干政与宦官乱政问题，另一类是唐宋政治中逐渐显现出来的权力为官吏私有的问题。

前一类问题事实上早已为中华帝国政治所解决，只是由于王朝更迭，才使得该问题再次凸显出来。明政府在借鉴传统政治智慧的基础上，通过王子分封但不涉军政、王室与平民通婚及限制后宫权力等做法，再一次解决了这些问题。只是在解决宦官专权问题方面，出现了始料未及的后果。开国皇帝朱元璋早已认识到宦官问题，曾立规矩："内臣不得干预政事"。但由于宰相制的废除和内阁的兴起，皇帝不得不依靠宦官协助处理政务，并以宦官集体力量约束内阁所代表的文官力量，由此导致宦官势力的膨胀。需要注意的是，明代宦官之祸与唐代不可比，前者只是皇权滥用的表现，后者则是皇权旁落的病症。因此，明代宦官权力并不独立于皇权，不可能废立君主，而唐代后期宦官却篡夺了皇权，甚至可随意废立君主。到了清代，传统威胁君权的现象，如后宫干政、外戚专权、宦官之祸等，基本上都没有重演。

针对第二类问题，明太祖的解决手段是，延续中华帝国史上相权不断削弱的趋势（从独相到群相，宰相地位和权力不断下降），果断废除了宰相制度，亲揽政务，六部直接向皇帝负责，从而以君权的地位来保证权力的公共化与独立性。但是，为了辅助皇帝亲自处理政务，现实中又逐渐兴起了内阁制度，在内阁制度及官僚政治发展过程中，又出现了朋党祸国的问题。通过种种努力，到清代朋党之祸也大体得到解决。比如说，雍正帝有意识地引入非科举出身官员来抗衡科举出身官员，再加上清代政治中特有的满、汉并立局面，使得有清一代，朋党发展不如明代，其为祸也轻。自此，皇帝制度基本达到了成熟状态。

（二）官僚政治的日益完善

官僚制度是在广大国土中实施统治的必然要求，也是权力公共化的体现。在中华帝国史上，官僚群体表现出两种时常矛盾的特性：一方面服务于君权和皇帝制度，表现为对君主的服从和忠君的思想与行为，另一方面在相当程度上又体现国家权力公共性的要求，强调公共服务和自身的自主性，并出于道义的要求或自身的私利，而与皇权形成一定的对立。

明初宰相制的废除，使传统的君权与相权对立关系消失，皇帝与官僚体系之间不断寻找新的平衡点。帝国的权力，在原则上毫不含糊地归于皇帝，但皇帝不可能实行一人之治。于是，以内阁—六部为核心的官僚体系和以皇帝—司礼监为核心的皇权体系，成为新的帝国权力分配的中枢。明代内阁获得的权力主要是票拟权（在奏折上为皇帝草拟答复），这样内阁成员不再是随事备顾问的角色，而从制度上获得了普遍预闻朝政的权力，甚至在相当程度上影响和左右了皇帝的决策，并通过六部去执行该决策。而内廷司礼监通过代皇帝"批红"，从制度上合法地加入了中枢决策程序，分享了一定的权力。在此基础上，从中央到地方设置起完整的官僚机构，进行了相当细密的合理化分工，其中官员任用与考核之复杂规范，政务运作机制之有序，反映了中国古代官僚政治发展达到了新的高度。清承明制,只是在雍正时期逐渐以军机处代替了内阁的作用,以提高效率。

官僚政治的完善,不仅体现在上述官僚制度的变化上,还体现在选官制度即科举制的发展上。此时的科举制,采用体现程朱理学观点的四书五经作为标准教材,将帝国意识形态与体系化的科举制度紧密结合在一起。同时,政府广泛设立学校制度(有定额的府、州、县学舍和无定额的乡、里学舍),官员候选人只从学校和科举中产生,不但强化了意识形态的宣传能力,而且也使科举在程序上更加合理,在来源上更为广泛和平民化。此时的官僚职位,在更大程度上成为面向民众开放的国家公职。以清代科举为例,此时已达到最为成熟的地步。每逢子、卯、午、酉年为乡试期,选出生员中前三等者及国学监生,赴省参加考试,中试者称举人。次年即丑、辰、未、戌年为会试期,由举人至京师会考,中式以后又赴紫禁城参加殿试(廷试),以点定名次。与此同时,还存在着不定时也无固定名额的荐举贤良方正、诏开博学鸿词和经济特科,以及巡幸召试等考选形式。这样,意识形态灌输与教育制度、选官制度紧密结合成为一个整体。

(三)中央与地方政府间的制度安排更为理性

第一帝国和第二帝国期间,在中央政府与府级政府之间,没有正式的政府层级,只有一些专门性组织或临时性的组织(如从事军事、财政等专项事务,或者在赈灾等临时性活动时设置)。明代继承了元代行省这一地方大行政区的设置,将其定型化,为中华帝国政制增添了新因素。不过,明代行省一开始没有专属长官,而是民政、司法与军事分立(布政使司、按察使司、都指挥使司),分别向中央负责。自明中期开始直至清代,巡抚作为一省最高长官的地位基本奠定,从而完成了将省作为正式政府层级的进程。

专栏10.1　省级政府的诞生

金初统治中心远在东北,为加强对中原地区的控制,模仿中原统治者曾设临时性组织"行台尚书省"的做法,在中原设置行台尚书省,以中央最高行政机构尚书省的权威来协调多个府级政府的行动。后来,金统治者逐渐将行台尚书省扩大化、经常化,以便全面用于军事目的。这是省级政府诞生的历史渊源。

蒙古在灭金的过程中,也学来了这一建制,设置行台尚书省对新占领土地实行军管。在忽必烈将中枢最高行政机构从尚书省改为"中书省"后,这一建制被改称为"行中书省",又被简称为行省。行省主要在江南原南宋疆域内的大片土地上设置,以便实行军事管制为主的统治行为。明代继承了元代的行省设置,从此形成了中国的省级政府。

(四)目的性国家与工具性国家间的关系更加协调

如前所述,第一帝国初期,工具性国家与目的性国家,在相当程度上是征服与被征服的关系,两者处于分离与对立的状态。自汉武帝开始大规模察举人才进入政府做官之后,两者的关系通过官僚制度而开始协调。唐代科举制加速了这一进程。到宋代,由于世家大族的消亡与普遍性科举的实行,拥有科举功名的富民阶层,既是目的性国家的代表,发挥着支持工具性国家的作用,又代表工具性国家,去协调目的性国家的活动。

明清时期,由于官方学校和科举规模的扩大,获得科举功名的人越来越多。经国家有意识的制度安排,在科举中获得功名的人拥有特权,从而与未获功名的人形成"士庶之别"。士庶之别在明以前还只是观念上而不是制度上的,明代则在制度上将科举身份固定化。明政府规定,有科举功名的人,不但是官僚集团的直接候选人,而且享有与官僚集团相似的特权(按等级递减),如可以减免税粮和徭役,以及在议罪、定刑、礼仪、居处、舆马、器用、服饰、冠婚、葬祭、宴会、蓄奴等方面享有特权。这样通过科举获得功名的人,无论是否有官职,都属于特权阶层,被称为士绅阶层。由于官学的普及化和身份的终身性,随着时间的推移,这一阶层的人数不断增多,形成庞大的集团。士绅居于乡里,则为乡绅,不包括现任在职官员。乡绅由闲住、守制、致仕等居家官员,再加上举、监、生员等有科举功名而未入仕者组成。

就这样,工具性国家与目的性国家互动的重要中介,从宋代的富民逐渐发展到明代的乡绅。一方面,乡绅协助工具性国家控制和管理中小庶民地主和农民,引导后者的政治、经济和文化活动;另一方面乡绅又是目的性国家中利益与价值的代表,在一定程度上充当乡民的代言人、保护伞。与此同时,许多乡绅还利用自己的地位和经济实力为地方谋福利,举办公共工程和慈善事业等,从而履行了政府的部分职能。

三、成熟帝国制度的消极后果

帝国发展到这一时期,政治制度已高度成熟,制度原则被不断地强化。但制度成熟与强化,也有消极的后果,那就是皇帝制度成熟带来君臣之间关系的冷漠,官僚政治成熟带来效率的损失,中央与地方制度的成熟引发地方力量的弱化,意识形态的成熟带来文明的保守等。当然,更为重要的是,由于公共权力表现为君权,皇帝私人的利益与意志往往会被装扮成公共利益与公共意志,从而危害权力的公共性。如前所述,君权本身就是一种特权,虽然在帝国框架中它代行公共权力,但并非真正的公共权力。帝国政制内在的缺陷正是根源于此,由此也内在地蕴含了帝国向另一种国家类型转型的动因。

第二节 帝国正式财政收入体系的重建

元代由于制度简陋、统治者素质低下,政府并不能对民众实施有效的统治,因而在相当程度上只是扮演了一个征服者和掠夺者的角色。在财政上,元代统治者依靠色目官员及商人,主要运用税商手段从民众那里掠夺财富。明代初期,鉴于宋、元的教训,帝国政府重申两税作为国家正宗财政收入的地位,从而以土地为支撑点,在全国重新建立一个简约的田赋制度。与此同时,明政府区分不同的民众群体,重建起亲身服役的差役体系。就是说,明政府以田土和人丁为基础,重建了一个以获取粮食和劳役等实物性收入为主的财政体系。相形之下,来自税商的财政收入为数极少,这是因为宋、元政府运用工商业获取财政收入的做法被明政府视为横征暴敛。在正式财政收入体系中,直至清代中期,取自工商业的财政收入仍只具有补充性的作用。

专栏 10.2　明王朝的商业态度

明太祖洪武十三年(1380 年)谕户部:"曩(nǎng,以往)者奸臣聚敛,深为民害,税及天下纤悉之物,朕甚耻焉。自今如军民嫁娶丧祭之物,舟车丝布之类皆勿税。尔户部其榜示天下,使其周知。"他还宣布:"凡商税,三十而取一,过者以违令论。"(《明史·食货志》)

万历年间,朝野广泛抵制万历皇帝派太监到各地征收矿税和商税,就是这一理念的反映。以今天的眼光来看,万历年间对工商业征税,其实无可厚非,税率也不算高,派出私臣去征税也实属无奈(官僚机构不配合)。当然,在征税程序、人物行为方面还是有问题的,并因此造成比较恶劣的后果。但太监收税事件之所以在朝野引起那么大的风波,主要的原因是它改变了明初形成的对工商业的态度。当然,可能还有一个原因是:由于各级官僚尤其是占据朝廷官员多数的江南地区官员或家族广泛地介入了商业活动,因而对工商业征税损害了他们私人的或家族的利益。

一、以土地为基础的夏税秋粮

帝国以土地为自己的支撑点,自然应该主要通过税地来获得财政收入。以现代财政学眼光看,依靠土地获得财政收入,可以用土地出产量、农产品交易量或土地价值中的任何一种作为计税依据来获取财政收入。但是,根据农产品交易量或土地价值来征收财政收入,只有在高度商业化的环境中才有可能,因此中华帝国以土地为基础获取财政收入,只能根据土地出产量来进行。可是,要衡量土地的真实出产量并据此进行财政征收,需要比较高的管理能力并花费比较大的成本。因此,在现实中往往只是按照田亩数并在区分一定土地等级的前提下,进行定额征收,这就是"履亩而税"的真实情形。如前所述,直到唐中期两税法改革之后,"履亩而税"才成为财政征收的主要做法。

(一) 夏税秋粮

第三帝国初期,正式恢复了第二帝国依照土地面积征收"两税(夏税秋粮)"的做法,并再次将两税确定为政府正赋。明初财政制度规定,夏税不得过八月,秋粮不得过次年二月。两税中缴纳的物品有多种形式,但以米麦为主,称"本色",丝织与钞为副,称"折色"。洪武时规定,官田每亩征收粮食五升三合五勺,民田减二升。这种单一税率,黄仁宇进一步估算为民田每亩 0.033 5 石,官田每亩 0.053 5 石。不过,这一税率只是确定税率课则的指导方针。根据他的看法,在北方,一个县可能分为五六个税则,南方税则不会少于 20 种,而 1543 年浙江湖州府上报的税则达 599 种[①]。另外,重租田八升五合五勺,芦田五合三勺四抄,草塌地三合一勺,没官田一斗二升,苏松嘉湖等府部分田地甚至达到每亩征收

---

① 黄仁宇:《十六世纪明代中国之财政与税收》,生活·读书·新知三联书店 2001 年版,第 44 页。

七斗五升。此外，还每亩征麻八两、木棉四两，对南京附近六府还征收草等实物。

专栏 10.3　苏松嘉湖等地的高田赋问题

苏州府、松江府、嘉兴府、湖州府等府的田地在明代初期多属官田。官田集中在江南，源于南宋末政府为解决财政危机而强买民田形成的公田，在元代被扩大而成官田。明初继承了元代的官田，在当时江南地区绝大部分土地为官田。典型的如常熟县，官田占耕地的 70% 以上。

江南田土肥沃、出产高，名义上又为官有，因而田赋畸重。由于耕种官田的民众多有逃亡，因此名义上的官田高田赋在实践中难以落实。从明初到明中期，官田土地因流转而出现了自发的民有化，慢慢地许多田地已不再是官田。到明英宗正统元年（1436 年），中央政府不得不规定苏松嘉湖等处官田"准民田起科"。到后来，中央政府事实上承认了官田在现实中的民有化进程，所有登记的田亩都被视为民田，只是要求过去官田多负担的田赋，必须在现有田主之间进行分摊。

明初建立起来的这种实物财政，其优点是适应自给自足、缺乏商业交易的农村经济现状，同时减少了大小官吏利用钱谷比例关系进行盘剥的可能。但实物财政的缺点也很明显，那就是它一方面增大了运输成本和损耗成本，另一方面不能适应各地区的实际情况。所以，洪武时，秋粮已可折色（即税粮可折算金银钞绢布），但直至英宗正统九年（1444年），方才采取大规模的折色行动，即"米麦一石折银二钱五分，南畿、浙江、江西、湖广、福建、广东、广西，米麦共四百余万石，折银百万余两，入内承运库，谓之金花银，其后概行天下"（《明史·食货志》）。

（二）土地丈量

由于田赋数额主要根据耕地面积决定，因此耕地面积的丈量是帝国财政管理中极为重要的内容。在广袤的国土和复杂多变的地形上进行土地清丈，是帝国田赋征收的一个巨大难题。学术界对明代土地丈量的范围与程度仍有争议，例如，黄仁宇就认为，说洪武年间进行全国性的土地清丈其实是一种误解，1386 年在浙江和南直隶开始进行的土地丈量既不是全国性的，也没有耗时多久（第二年初便丈量完毕）[①]。不过多数学者仍认为，明代至少在洪武年间和万历年间进行过两次土地丈量。第一次全国土地丈量，按照钱穆先生的说法，从洪武二十年开始并于二十六年在全国完成，"量度田亩方圆，次以字号，悉书主名，及田之丈尺，编类为册，状如鱼鳞"，在此基础上编定影响直至后世的"鱼鳞图册"[②]。第二次土地丈量发生于万历年间，由张居正主持完成，所形成的土地图册，也是清代田赋征收的基础。

田土计量的单位是亩，5 尺为 1 步，240 平方步（宽 1 步、长 240 步）为 1 亩。但由于土地肥瘠不同，以标准亩来统一征收田赋是不公平的，因此财政上选用税亩来代替。就是说，将产量正常或较好的土地每 1 标准亩界定为 1 税亩，这样产量较低的土地则以 1 亩

[①] 黄仁宇：《十六世纪明代中国之财政与税收》，生活·读书·新知三联书店 2001 年版，第 45 页。
[②] 钱穆：《国史大纲》（下册），商务印书馆 1996 年版，第 692 页。

半、2亩、3亩甚至8亩作为1税亩。这种折算并非由中央规定统一标准,而是由各地制定自己的标准,主要是确保1税亩的耕地每年最少能出产1石米(南方通常1亩农田每年能产米2石)或者同样价值的其他作物。

(三) 两税收入

第三帝国的财政理念是:从相对有限的田土中征取田赋来作为国家的正式财政收入,避免第二帝国时期在财政上巧立名目妄取百姓财富的做法。1502年,户部向弘治帝报告,财政收入中最重要的田赋正额大约为税粮2700万石,占全部财政收入的75%。事实上,明代正式田赋的计划收入一直保持在2700万石左右。与此形成鲜明对照的是,宋代11世纪中期每年国家的财政收入已经达到12 600万缗到15 000万缗之间(每缗铜钱与1石粮食大致相当)。可见,明代的财力要比4个世纪前的宋朝差了很多,也由此可见明代财政的特点与坚守田赋作为正赋的决心。

在实践中耕地面积也会有增加,但新增田亩很少上报。一般的做法是,地方官将新增田亩作为田赋额内部调整的缓冲,而不是作为增加田赋的依据。田赋的实际收入虽有波动,但基本坚持了数额固定的理念,认为这才是有利于百姓的仁政标准。这一理念同样也被清政府继承,如顺治年间规定,田赋按万历年间三饷加派前原额(即《赋役全书》中规定的赋税)征收。这一僵硬的财政收入政策,明显不同于第二帝国,一定程度上这也是帝国制度成熟的标志。

□ 二、以丁身和资产为基础的差役

如前所述,全体劳动力亲身服役(徭役)即税人,乃城邦时代的财政要求。但在中华帝国的初期,仍有这种徭役的要求。经汉唐时期更赋、庸等制度变革,人民对国家普遍性的徭役义务已渐渐消失。不过自宋代起,部分民户为政府承担差役负担的财政形式渐渐发展起来,其原则是根据资产状况来分配差役负担。资产状况的确定,以土地为主,也考虑其他资产(钱财、房屋、牲畜、车船等)。依照民户的资产状况,将他们分为上、中、下等多种户等,一般上户和中户要承担更多的差役,下等户不承担或少承担差役。这种差役有制度的规定,因而是正役。在实践中,差役负担逐渐转化为货币负担(出钱雇役),如王安石变法所显示的。这种转化有利于上中户,对下户中的闲散劳动力也有利。除了上述正役外,在现实中地方政府官吏也常常要求普通民众承担某种制度外的差役义务,这被称为杂役。虽然杂役不是法定的义务,但却成为维持地方政府运行至关重要的实物性财政收入。在第三帝国初期,差役在制度上也进行了重建,同样地仍按户等来安排差役,上、中、下三等户分任重役、中役、轻役等。

(一) 里甲及其衍生物

明初正式差役的种类,主要是里甲。"里甲"首先是一种人户组织方式的名称,意思是把所有人户编入里甲体系中,每110户为1里,推丁粮多者10户(富户)为长,余下百户为10甲,每甲有10户。其次,"里甲"也是一种正式差役的名称,这一正役每年由里甲中10户富户中的一户充任,每户10年轮一次,其任务主要是负责一里税粮的督催(包括税粮解运的短期差役),后来又增添了督催各种物资征用的任务。大体上,在明初,里甲正役除催征钱粮外,只承担勾摄人犯、承办词讼及买办之类的公务。大约到成化、弘治年间,里甲出办上供物料(地方政府办公用品如笔墨、纸、油、木炭、蜡,以及军需用品如剑、弓、箭、棉服等)才形成制度。除了正役外,在现实中官府还通过里甲向民众征派杂役。不过,明初杂役数量较少,征派也不定期,制度上甚至不允许(直到嘉靖时期还被朝廷视为非法)。但到了明中期,杂役征派渐趋频繁,名目也日渐增多,如有临时编佥的力役(兴修水利、修城筑宫室等),以及为地方政府充任的多种杂役(斫薪、抬柴、喂马等)。

在里甲制基础上,还发展出一种粮长制。粮长制兴起,其主要目的是负担财赋的解运任务。由于明初财政建立在实物财政基础上,财赋解运是一项额外的负担。粮长作为一种差役,初创于1371年,由每一区域内最大的税粮户担任,职责是收解所属粮区的田赋。一个粮长可能监管10、20或30个里,里长征收本里税粮,汇解交给粮长,并提供必要的人力。粮长组织护送税粮并确保后勤供应,粮食解运的运费按比例由纳税户提交。原则上,在解运过程中,任何物品的亏折与损毁都要由粮长赔补。梁方仲先生指出,并非每一个地方都实行了粮长制,他估计建立粮长制的省份不超过全国总数的2/3。随着里甲制的衰落,税粮逐渐改为官收官运,这样官方在运河上的运军组织基本上代替了粮长制度的功能。从15世纪中期开始,每一粮长的管区开始缩小,同时粮长还改由几户共同充任(中户也可能充为粮长)。粮长一职直到王朝终了还存在,如明末宫廷所需21万石白米都是由"解户"来完成的,解户即是粮长的变化形式①。

在里甲基础上,又逐渐发展出均徭、驿传、民壮等差役,与里甲合称为四差。其中均徭相当于宋代的职役,为全职、全年供官府役使的差役,有祗候、禁子、弓兵、厨役、解户、库子、包脚夫等。驿传主要是维护驿站,并为驿站提供服务。民壮则是一种军役,由每个里佥派2—3名充作民兵。

(二)军户与匠户

就其实质而言,明代的军户和匠户也是一种特殊的亲身服役制度。

军户是被编在卫所中的人户。政府要求军户中的一部分人丁亲身服军役,同时给他们一定的免除财政负担的土地,即以其田地收入充当服军役的报酬。军队实行卫所制始于明初,大抵五千六百人为一卫,一千一百二十人为一千户所,一百一十二人为一百户所。卫所遍布全国各地,有专门的军籍,子孙世袭,与民分治。对于卫所制及军户屯田在财政上的意义,历史上曾有很高的评价:"一军之田,足以赡一军之用,卫所官吏俸粮皆取给焉。"(《明史·食货志六》)不过,在黄仁宇看来,这一说法是一个神话②。

对编为匠户的人户,政府要求其以技艺亲身为政府服役。匠役分为两种:一为轮班,制度上规定三年一役,役期不过三个月;另一为坐班,月役一旬。不过,在现实中这两种匠役都经常超期。

(三)差役制度的后果

明初政府推行里甲制和各种亲身服役制度,是试图在实现财政征收的同时,达到以下

---

① 具体可参见梁方仲:《明代粮长制度》,中华书局2008年版。
② 黄仁宇:《十六世纪明代中国之财政与税收》,生活·读书·新知三联书店2001年版,第75页。

目的：(1)以民众亲身服役的形式，避免缴纳货币或由官府解送税粮而带来的地方官吏的侵贪问题；(2)在农村社会，形成以人口和土地结合为基础的相对封闭的社区。这样的制度设计，既可以减轻民众负担，又能实现对民众的管理。

但是，随着社会经济的发展，人口和土地不断流动，人户和土地的分布在空间上不断分离，里甲首领越来越难以确切掌握本里人户的人丁和财产状况。同时，由于里甲差役的负担，以及越来越严重的贫富分化，原来承担里甲义务的富户，可能再也无力承担这样的差役，而政府账册又没有及时反映这种变化，于是经常出现没有能力的民户承担里甲负担的状况。里甲制因此丧失基础，并趋于解体。

军户制度，由于军人的逃亡和军官对土地的侵占，也趋于解体。匠户制度，因为匠人的反抗及效率低下而纷纷解体。相应地，基于市场原则的募兵制与私营工匠制不断地兴起。

三、来自工商业的补充性财政收入

在第三帝国，来自工商业的税商收入也算正式收入，但在地位上只能算是补充性的，再也不如宋帝国时那么重要。这一方面是因为明代国土范围远远超过宋代，有可能在广土众民基础上单纯依靠赋役就获得足够的财政收入，另一方面源自前述第三帝国自身的退缩与内向，不以进取为能，不以扩大政府职能为目的，坚持量入为出，满足于相对固定的赋役收入。例如，朱元璋虽然认识到商业对国民经济流通的作用，但坚持认为"理财之道，莫先于农"(《明太祖实录》第6卷)，对于号称能办商税的官吏不以为意，并宣布以洪武十八年所收为定额，在他看来："地之所产有常数，官之所取有常制，商税自有定额，何俟恢办？若额外恢办，得无剥削于民？"(《明太祖实录》第106卷)因此，有明一代来自工商业的财政收入(包括暴利性资源商品收入、官营工商经济及各种工商税收)，大致只占财政收入的四分之一左右。这一做法同样为清政府所继承。

与前代政府相似，第三帝国从暴利性资源商品中获得的收入，最为重要的仍是盐课，总量约占财政收入的10%。如前所述，从盐这一暴利性资源商品中获取收入可以有多种方法，第三帝国总体而言采取许可制度(或称间接专卖制度)，即由经许可的民间商人承担运输与零售任务，政府通过出售许可证(即发售"引票")来获取收入，或运用许可证销售达到其他目的(如运粮输马到边境地)。大致上，这一过程如下：盐的制作由民间("灶户")进行，但产盐必须销售给政府官营商业机构或经政府特许的商人(即"场商")；运商或散商向政府有关部门输纳粮草等实物或者直接缴纳货币(钞或金银)，获得引票；商人凭"引"在指定地点向场商购盐，并运往规定的地区进行销售。以今天的眼光看，盐课收入实质上是一种人头税，只是以许可费为缴纳形式，缴纳者为盐商，负担者则是所有食盐者。

如前所述，从第一帝国至第三帝国，政府从盐业中获取财政收入的形式，有一个明显的变化趋势，即从获取垄断利润(官营机构全面垄断生产与经营)到获取许可费(即销售"引"票)，这样政府逐渐退出了直接的生产、运输与经营活动。在第一、第二帝国期间，政府间或实行征税制，即放开盐的生产经营，由私人(私商)竞争性地制作、运输与销售，政府则在生产环节或销售环节征收特别税。就效率而言,相对于官营制和许可制,征税制更有效。事实上,大学士丘濬(1421—1495年,字仲深。历官至礼部尚书,文渊阁大学士)早在15世纪末就曾建议,与其保持食盐专卖的虚像,还不如向所有食盐征收消费税[①]。

除了盐的专卖外,明政府也对茶叶这样的暴利性资源商品实行控制,其主要目的是以许可证形式("引")来获取马匹,或达成其他目的(如运米到特定地区)。清中期以后,由于草原被纳入帝国的范围,马匹逐渐够用,茶专卖的主要目的变为以许可形式获得货币财政收入。

官营工商经济,主要是指官营手工业、官营矿业和官营(包括皇家经营)商业机构。官营手工业集中于织造、造船、烧造和冶炼等,明初曾经兴盛一时。但是,由于服役工匠积极性低、企业经营效率低下等原因,官营手工业逐渐衰落。官营矿业主要集中于金、银、铜、铁等较贵重金属,明初、清初都曾一度禁止民间开矿,但到中期也都放开。明中期万历年间,皇帝派宦官为矿使、矿监前往各地开矿。如前所述,这一做法成为史上著名的扰民事件。与这一事件的知名程度相比,财政上所获得的收益却极少。清代统治者高度重视这样的教训,他们很少出于财政目的而建立官营产业,只是为皇室消费保留部分产业,如织造、营造及器械修造等。官营商业机构比较重要的,在明为皇商(依托皇家势力的商铺),在清为皇当(依托于皇家势力的当铺)。这些机构产生的收入,在相当程度上是皇室收入,而非国家财政收入。应该指出的是,由于效率低,官营工商业的利润往往微不足道。即使有利润,很多时候也只是其他收入形式的转化:如通过官营铸钱机构滥发的纸币、铜币,获得的实际上大多是通货膨胀收入;通过官营借贷机构获得的利息收入,大多是特权收入或垄断租金。当然,除了上述官营工商业,还有部分官营农业,即官田。除了前已述及的江南地区官田外,明清两代还有部分屯田,特别是清代在两金川与新疆等处的屯田有一定的规模。屯田的政治和军事意义重大,但在财政收入方面意义不大。另外,明清两代还有相当规模的皇庄(特别是明代中后期),不过皇庄属于皇室财政,由内务府掌管,脱离了国家财政的范围。

为防止工商税收成为"剥民"的工具,明清政府的正式工商税收种类并不多,税率也很低。因此,明代中后期和清代中期民间工商业的发展甚至一定程度的繁荣,未能成为国家有效的财政收入基础或者说可税资源。第三帝国的正式工商税收种类与前代类似,主要有两类:一类是针对行商或运输过程中的商品征收关税(即过税),有内地关税(在水陆路关卡征收)和国境关税(在海关征收);还有一类是针对坐商,或对销售特定商品、从事特定商业行为的商人征收的税(即住税),在性质上有营业税(如市肆门摊税)、特别商品税(如酒税)或行为税(如向经纪人征收的牙税)等。需要指出的是,正式法律制度中的轻税政策,由于制度实践者(官吏)的操弄,轻税未必是现实。正如时人评论:"于是所在搜刮,日增岁溢;上取一,下取二;官取一,群奸又取二。利则归下,怨则归上。"(《续文献通考》卷18)

---

① 黄仁宇:《十六世纪明代中国之财政与税收》,生活·读书·新知三联书店2001年版,第290页。

第三节　役归于地与帝国正式财政收入体系的完成

在第三帝国初期重建的正式财政收入体系中,亲身服役的差役制度并不合乎帝国的内在要求,在实践中很快显示出种种的弊病。于是在现实中出现了"役归于地、计亩征收"的发展趋势,该做法首先由明代地方官员倡导,后来经张居正"一条鞭法"改革初步实现。最终,清代"摊丁入地"改革在正式财政收入制度上消灭了"役"。

一、推动"役归于地"的动力

在制度上消灭力役是帝国的内在要求,而在明中期推动"役归于地"运动的力量,至少来自两个方面。

一个方面是社会经济变化带来的动力。明初,在战时经济影响下,政府对民众亲身服役在数量上需求很大。但随着和平的持续、社会经济的发展和商品化程度的加深,政府减弱了对实物形式财政收入的要求,而运用货币又能大大节约财政成本(仓储、调拨、运输等成本)。于是,政府提高了对货币财政收入的要求。从正德年间(1506—1521)开始,许多地方政府把差役改为征银。对民众而言,亲身服役花费的时间成本和其他成本(如要从居住地赶到服役地),是正役之外的沉重负担,有时甚至超过正役本身。因此,民众也愿意纳钱代役,以节约成本,或将节约的时间用在市场中获取劳务收入。

另一个方面则出于管理的需要。如前所述,明初建立的以里甲制度为基础的人民亲身服役制度,在货币经济不发达、政府所求差役结构简单且固定的情况下,是可行的。同时,这也为乡村闲散劳动力提供了出路,使民众免受官吏的盘剥。但是,这一差役制度严重地依赖于政府对民众资产(以土地为主)和人口的账册管理。有了这样的账册,政府才能根据人口和财产的多少来累进性地派差。但在现实中,由于官吏的懈怠和操弄,账册反映的情况与实际状况可能差别很大。对此,梁方仲先生有很好的描述:"攒造图册的里长、甲首、粮长,与州县衙门里誊写图册的书手、算手,及督造图册的官吏人等串同作弊,将黄册与鱼鳞图册洗抹涂改,甚至故意毁灭,以致与人户田地的实际情形毫不相符,于是百弊丛生,或则诡寄田地而飞洒税粮,或者隐瞒丁口而脱免差役,或者改变户籍而挪移人户应役的次序,亦有于开写过割田产时索取赃物者。黄册至此,只成具文,有司征税编役,往往自为一册,名曰白册,赋役情形便不可问了。里甲吏胥变乱图籍的行为,又多半是受了仕宦豪强之家的贿赂与请托而发生的。"[①]于是,政府掌握的农村人口和土地的情况越来越不真实,差役制就失去了基础。特别地,"放富差贫"(官府在征收赋税或派遣差役时故意放掉富者,而分派在贫者身上)情况严重,贫民负担加重,而富户往往逃避负担,这就违背了差役制度建立时的初衷。与此同时,如前所述,地方政府与各级官吏还在正役之外征派

---

① 梁方仲:《明代赋役制度》,中华书局2008年版,第17页。

了大量不定期的杂役,这使得负担不均的情况更加严重。除此之外,原来的差役制度在管理上还存在一个问题,那就是过于复杂琐碎。于是,以银代役、合并缴纳在管理上就内在地具有了动力。

以上两个方面的问题及内蕴的动力,引发了对役法变革的要求。变革的一个方向,就是将亲自服役(力差)逐渐转为交钱代役(银差),民众不用亲身服役,政府获得货币化的财政收入。因官民两便,银差范围日益扩大。变革的另一个方向是,将银差负担与田土面积更多地联系起来,以均平负担。由于田土面积的有限性,银差数额逐渐被固定成为丁银负担。

以上主要是针对里甲等差役而言的,兵役和匠役也存在类似的改革动因。由于卫所制遭到破坏(卫所屯田被兼并,军人逃亡),政府不得不以募兵代替军户制。建立在匠户制度上的官营手工业,由于效率低,明宪宗成化年间(1465—1487年)就开始允许工匠以银代役,到嘉靖年间(1522—1566年),匠户一律以银代役的政策正式出台。

二、"役归于地"的完成

在"役归于地"的运动过程中,一开始由地方政府分散进行,后来由张居正通过一条鞭法改革在全国推广,并最终完成于清代摊丁入地的改革中。

(一)地方政府对役法的改革

地方政府最早对"役"的改革,实际上是后来成为"四差"之一的均徭法。在明初的里甲制度下,负担差役的人户,每十年承担一次提供劳役、物资并负责税粮解运的任务。1443年起,有地方官员将这种十年一循环的任务,分成两个五年一循环,一次提供物资和解运税粮(仍叫里甲),一次服劳役(称为均徭)。均徭的派发,更看重民户的财产,而有财产者更愿意缴银来代替亲身服役,这就为均徭法改革奠定了基础。到16世纪初,许多地方已经把均徭分为两类:一类是不需亲自服役而可纳银代替的(称为银差,包括知县的抬轿夫、官学膳夫、府衙号手等),另一类必须有人亲自服役(称为力差,包括狱卒、门子、巡栏等,可自己请人代)。

与里甲和均徭相比,四差中的驿传与民壮,可以比较方便地转化为纳银代役,并归由田亩负担。在实践中,这两项负担的改革陆续得以实行。驿传从1490年起就开始在各地进行改革。如1520年,福建漳州府就每石粮食附加征收0.12两白银用于驿传,这项负担由此就完全归入了耕地之中。民壮的转化也比较简单,即由承担民壮义务的人出钱免役,再由政府雇人服役。16世纪中期的抗倭斗争,大大加速了这一进程,因为花钱雇募的士兵比民壮的战斗力更强。

但将里甲与均徭转为田地负担,相对而言有些困难。因为这不仅涉及物资供应,还涉及物资解运等多项任务,特别是物资种类、使用部门与用途、解运路线与仓储地点,都已被事先严格地规定好。

在地方官员的分散试验下,里甲与均徭的改革还是在不断地进行。例如,周忱(1381—1453年,字恂如。1430—1450年任南直隶巡抚,明朝初年名臣,财税学家。)在15世纪开始征收"平米",潘季驯(1521—1595年,字时良。明朝中期官员,水利学家。)在16世纪推行"均平银",其他官员也分别试行了所谓"征一法""纲银法""提编法""十段锦法"

等。这些做法,都是试图将繁杂的"役"改为单一的"银",并摊入田亩中。梁方仲先生从各地尝试的办法中总结出四个相同点:(1)摊力役于田赋;(2)赋、役皆折纳为银两;(3)赋役的催征、收纳与解运,一向责成民众助理的,今改由政府统筹自办;(4)明初订定的里甲十年一役的轮充制度,今改为每年一役,即每年出银代役。这些做法,都是在将繁杂的赋役项目并为一条,按亩征纳,故称"一条编",其后演变成为"一条鞭"这一说法①。

(二)一条鞭法改革及其效果

"役归于地"运动中的高潮,显然是张居正推动的一条鞭法改革。张居正在改革中所做的,大多只是把地方官员"役归于地"的做法予以正式化或加以推广。他的说法是:"条鞭之法,连旨已尽事理,其中言不便,十之一二耳。法当宣民,政以人举,民苟宜之,何分南北。"②

专栏 10.4 治国理财名家张居正简介

张居正(1525—1582年),明代著名政治家、"万历新政"的主要发动者。

张居正于嘉靖二十六年(1547年,时年22岁)考中进士,历任吏部左侍郎、吏部尚书,万历时任内阁首辅。在任内阁首辅10年中,他辅佐万历帝朱翊钧发动了新政改革。新政包括省议论、振纪纲、重诏令、核名实、固邦本、饬武备等六个方面,内容涉及政治、经济、军事等,但其核心内容集中于财政领域,即尝试解决国家的"财用大匮"问题。

在财政上,张居正推动了田地清丈,推行了"一条鞭法"改革,从而改善了明中期的财政状况。在军事上他任用戚继光、李成梁等名将镇守边关、削平叛乱。在吏治上,他实行综核名实,采取"考成法"考核各级官吏,改善了行政管理的效率。因此在一定程度上,张居正实现了富国强兵的目的。不过,不能不看到,张居正之所以能推动改革,不是源于他作为首辅的权力或内阁的组织,而是由于他自己受到皇太后私人的信任,与首席宦官建立起个人的默契,同时自己作为年幼皇帝的导师,由此获得对皇帝诏旨的影响以至于掌握了较大的人事任免权。这样,张居正就得以绕过法理与正式的组织,以个人升迁为饵来笼络官员,推行改革。事实上,张居正是用篡取的权力来推动公务,用人身的努力来弥补制度的不足。正因如此,他屡受弹劾,改革没有持续性,以致人亡政息。

1581年,在土地清丈的基础上,张居正开始将一条鞭法向全国推广,以此作为万历新政的一部分。其主要内容有:(1)赋役(夏税、秋粮、里甲、均徭、杂役等)和传统的土贡被合在一起,算出一个以银计量的总数;(2)上述总数统一计亩征收并官收官解,官府用役也全部雇人从役;(3)保留国家必需的米麦丝绢以实物征收,一部分丁银仍归人丁承担。

在这一时期,前述民众应承担的差役负担,大都转化为"丁银"形式的负担,形成了货币化财政收入。丁银的征收采用三种方式:第一种广泛应用于浙江、福建和广东,是以正赋钱粮的石数作为基本单位,添上一个附加费用;第二种方式,是将役直接添加到每亩纳税土地中,实际上创造了一项总量的增加,这种做法在中国北方广泛应用;第三种方式是

---

① 梁方仲:《明代赋役制度》,中华书局2008年版,第250页。
② 叶振鹏:《中国历代财政改革研究》,中国财政经济出版社1999年版,第510页。

将以上两种合并编派,比如在长江三角洲的苏州府和松江府就是这样,在当地里甲和均徭依据田亩征收,而驿传和民壮则对每石平米征收附加税①。

以事后的眼光看,一条鞭法虽然有它的历史成就,但在现实中并没有得到完全的实行,如粮长和里长等,名罢实存。而且,尽管一条鞭法有管理简单、征输便利,以及容易确定税额并使其负担公平等优点,但当时许多反对者的意见并非没有道理。比如,反对者认为,用银对农民不便,混一征收与输送容易造成官吏侵贪,合丁徭杂项于田亩将启加赋之先声,还有在现实中事实上做不到负担公平等。黄仁宇的看法是,"一条鞭法的改革用的时间更长,甚至到王朝灭亡,它还没有达到一种最终的、明确的形式","中央政府既没有建立一个区域性的银库,也没有一个通常的采买机构。尽管地方政府的后勤保障能力有所提高,却仍然不足,还必须由民众无偿应役。预算也没有任何增加。税收解运仍然是由专门的接受部门对应专门的分配部门,没有什么变化"②。

(三) 清代"摊丁入地"改革

"役归于地"运动的真正完成,要到清代雍正年间,即下文将述及的雍正帝时期的"摊丁入地"改革。这一改革,在制度上彻底废除了徭役,终结了民众对政府的人身依附关系。因此,梁启超先生称这一改革为奴隶制度在中国的消灭。不过,这一评价似乎过高。

三、"役归于地"的意义

"役归于地"的完成,标志着帝国的财政收入,在制度上几乎全部依赖于田亩。田赋及摊于田亩的丁银(合成"地丁钱粮"或"地丁银")是帝国政府获得的几乎全部正式财政收入,它们全都依托于土地面积而征收,从而真正做到了"履亩而税"。这说明,以土地为支撑要素的帝国制度、以税地为正宗收入的财政制度都达到了成熟的状态。

第四节 非正式财政收入体系与帝国财政收入的弹性

与第二帝国长时期经受生存压力不同,第三帝国面临的危机总体上没那么强,在立国理念上也缺乏对外扩张的欲望,因而显得保守而内向。在财政上,如前所述,从一开始第三帝国就以相对固定的田赋收入为起点来设计正式收入体系,以履行保守的政府职能。但这样的设计过分简单,只能适应战乱之后粗朴的农村环境。随着经济和社会的发展,政府职能有扩张的必要,这就要求增加政府雇员、扩大支出。特别地,政府职能有可能突破原来的预计,例如在遭遇到战争或大饥荒的时候。此时,原有的固定财政收入就会显得不足,需要临时、大量地增加财政收入。由于第三帝国的保守理念,正式财政收入制度很难加以变动,这就需要另一种有弹性的收入体系,来补充正式财政收入的不足。

---

① 黄仁宇:《十六世纪明代中国之财政与税收》,生活·读书·新知三联书店 2001 年版,第 155 页。
② 同上书,第 6、151 页。

这另一种有弹性的、发挥补充性作用的收入体系,在第三帝国由非正式财政收入体系(或称非正式经费体系)来充当。更准确地说,相对僵硬的正式财政收入体系之所以能在第三帝国得以维持,是因为有非正式财政收入体系的存在。

非正式财政收入位于正式收入体系之外,大体上有附加、捐献和操纵折纳关系等形式。除此之外,还有其他形式提供少量财政收入,如通货膨胀收入(如明初、清初政府都曾发行过纸钞)等。

一、附加

附加有两个起源:一个从明初实物财政活动中物资解运的额外需要发展而来;另一个更为重要,来自地方政府办公经费所需。

(一) 起源于物资解运之需的附加

明初财政体系的运行,以实物流转为基础,这既是延续战时经济的习惯而来,也是明太祖为避免官吏苛索百姓而有意设计的。不过,这种以里甲来解运粮食与物资的制度,在设计时并没有考虑解运的成本。例如,粮长在解运之前,要对里甲交来的粮食,点看现数,加以包装,并临时保管,接下来还要安排行程、拣选和征用运输工具,最后才能实施解运。在这一过程中,会发生时间成本与物资成本。另外,在解运过程中,还会发生其他费用(过桥过路费、人员吃食等)和损耗。例如漕粮解运最远的湖广行省,解运成本与损耗要占基本税粮的80%。这些成本肯定不能由里长、甲长或粮长独自承担,否则他们就会破产,事实上因此而破产的粮长为数也不少。于是,在现实中需要将相关费用摊给相关民户,这就产生了所谓的"加耗"。

这些额外的加耗,一开始大多按各种名目征收实物,如耗米、芦席费、过湖米、过江米等。在16世纪实物财政向货币财政的转型过程中,这些加耗也逐渐被折纳成各色名目的白银。在差役要求被正式折为纳银义务后,或者由专门的运输组织(如运河上的运军)来承担民间解运义务后,加耗银的数量进一步地增加。随着"役归于地"改革的进行,加耗也就逐渐成为依托于田赋并按田亩而征收的附加,即田赋附加。

(二) 起源于地方政府办公经费所需的附加

地方政府直接服务于民众,要完成它的基本职能(维持治安、修筑城池、治理水利等),以及部分福利职能(赈灾、救济等),就必须拥有一定的经费。除了自己分内的这些职能外,在现实中地方政府还常被要求承担中央政府的一些职责,如驿站维护、坐办物资等。所谓坐办物资,指的是中央政府中的工部,若需要相应的物资,多数时候并不由自己购买或收集,而是要求物资所在地的官员完成相应的物资供给任务。原则上,坐办需要的开支可在各省应上交中央的税粮中抵扣,但通常允许的抵扣并不能涵盖物资成本及运输费用,需要地方政府想办法弥补差额。就是说,地方政府承担了中央政府的某些职责,却得不到经费的支持或者得到的经费不足,需要有附加的收入。

更为重要的是,地方政府需要补充正式官吏的收入以使薪水相对合理(正式的薪酬水平过低),另外还要支付非正式工作人员的薪酬。明清两代,政府正式工作人员严重不足。以明代的县为例,最大的县也不会设置超过30个有薪俸的职位。可是,这么少的人手,却要负责所有的地方行政事务,如收税、审判、治安、交通、教育、公共工程和社会赈济等。而且,科举出身的官员不通实务,无法完成各项实际工作。于是,各级政府不得不增雇非正式人员(包括师爷和皂隶)来完成任务,但这些人员的薪酬在正式财政收入中都没有考虑。这就意味着,地方政府需要在国家正式财政收入之外,创造非正式收入渠道,以支持公务所需的补充性薪酬。在宋代,地方政府的经费很大程度上可来自官员任职期间支配的职田或公廨田收入。到了明代,这一收入来源已基本不存在。当然,除了上述的公务所需,各级官吏还要从中捞取额外的个人好处。这些因素,进一步促成了附加的产生。

就亲民的州县政府而言,为公务所需的非正式收入,在明初大多以正役之外的杂役方式(如到地方衙门供职)获得,或者在正赋之外要求里甲组织额外输送实物(笔墨、纸、油、木炭、蜡等)来获得。在 15 世纪开始的各地役法改革中,杂役及额外的实物上供逐渐转化为货币负担。而在省级与府级这样的政府层级,官员的薪酬、办公经费及公共事业经费等同样不足,需要由州县政府来解决。解决的方式是,州县政府以"摊捐"(指令性捐献)或馈赠等形式向府级、省级政府提供。这些摊捐或馈赠,最终当然也成为民众的货币负担。需要交代的是,州县官员以节礼等形式给予上级官员的馈赠,或者民众以某种礼物形式给书吏、衙役或州县官的赠予,一般被称为"陋规"。陋规的意思是,虽然不合法("陋"),但也并非随意收取,根据习惯有一定之规("规")。后来将所有的有惯例支持与约束、但不归政府正式掌控的收费项目,统称为陋规。

上述非正式收入,在一条鞭法改革后大多以尚属合法的火耗形式从农户中获得。"火耗",或者说"耗银""耗羡",按照 17 世纪中期顾炎武的说法,不知道起于何时。火耗一开始是一种技术的或管理的要求,因为民众缴纳的散碎银两需要熔化后重新铸造成整银,这期间总有些损耗(一般为 2%),需要向民众额外收取来弥补。但后来地方政府官员以火耗为名义收取的费用,早已超出了技术的要求而成为一种收入来源。在现实中,火耗最终也成为田亩的负担,是计亩征银的田赋附加的一种形式。

除了火耗形式外,为弥补地方办公经费不足或者单纯增加官吏个人的收入,还运用了种种其他的方式。这些方式大多是非法的,常被认为是"贪贿",但是被广泛运用。例如,通过书吏、衙役向民户收取额外费用(如"草鞋钱"之类的辛苦费),或者使用超重砝码和超标准的容器向民众多收,或者在民众缴银时要求其到"官匠"那里付费盖花押(以证明所缴银两的重量与纯度)。另外还有各种征多报少的形式,如用特别设计的钩子将钱袋从民众纳税时所用银柜中取出,向百姓发放未盖官印的收据,或者发给百姓加盖官印的收据上数字少于衙门保存的收据上的数字,或者直接在账册上做手脚等。

(三)其他附加

由于操作的简便,计亩征银的田赋附加(包括火耗),成为地方政府非正式收入的主要来源。事实上,它也是中央政府寻求额外收入的主要来源,其中最为著名的是明末所加征的"三饷"。

专栏 10.5　明末三饷

为了在辽东抗击后金政权的入侵,万历四十六年(1618 年),明政府加派直省正赋(贵州除外),每亩加银三厘五毫,开启了加饷的大门;次年,再加三厘五毫;四十八年(1620年)每亩再加二厘(畿内八府与贵州除外)。三次加在一起,每亩共增田赋附加九厘,遂为岁额。崇祯三年(1630年),每亩在前述基础上再增三厘,崇祯八年概征每两一钱,名曰"助饷"。崇祯十年,因粮输饷,亩计米六合,石折银八钱(即每亩增征银四厘八毫),又亩加征银一分四厘九丝,称为"剿饷"。崇祯十二年(1639年),每亩再加"练饷"一分。

明末"助饷""剿饷""练饷"三饷,是传统中国财政史上经常列举的苛政象征。清政府也因此大肆渲染这一苛政,并宣布废除三饷以增强自身的合法性。

除了上述田赋附加外,还有一部分附加是通过商税附加的形式获得的,即在正式的工商税收基础上,通过附加等形式获得的收入。

最重要的商税附加是对盐课和关税的加征。这些加征,有些是中央政府下令实行的,有些则是地方政府官员以盐政"赢余""关差"等形式索取的。中央政府实行的加征,比如康熙时曾对盐课临时实行的"加征五分银""加斤增课银""遇闰加课银""计丁加引"等,而对关税,往往以"溢额议叙法"(所收税额超出定额者,加级记录)来鼓励关税的加抽。地方政府的加征,与下文将述及的地方政府官员向富户、商人索取的报效款相类似,只是在形式上更正式一些。

另外还有一些商税,如房契税、牙税等,也会出现附加。这些商税附加,有些是正式加征,成为财政收入的一部分;更多的是以各种陋规或贪贿形式,形成各级地方官吏的个人收入。

二、捐献

捐献包括两种形式,一种被称为捐纳,另一种是报效。

(一) 捐纳

所谓捐纳(或称捐输),实际上是传统卖官鬻爵形式的一种发展,就是将国家的某一官职、特权(考试等级、加级议叙优先等)、荣誉(旌奖、荣誉职衔等)出售,以获取临时性财政收入,满足军事、河工、赈灾等事件所需。

捐纳又分常开事例和暂开事例。前者具有经常性,以出售名义为主(考试等级、荣誉职衔);后者是在特殊情况下(如河工或某个军事行动)需要经费而特开的捐纳项目,以出售官职为主。

15世纪起,捐纳制度就开始被运用。到18世纪后期和19世纪前期,常开事例的捐纳收入大约每年有300万两,暂开事例的捐纳每次的收入从200万两至3 000万两不等。捐纳所得(不包括各省用掉的部分)在雍正年间(1723—1735年)占到了国库总收入(漕粮不包括在内)的9%,在乾隆年间(1736—1795年)约占17%,嘉庆年间(1796—1820年)占54%,道光年间(1821—1850年)占36%,咸丰年间(1851—1861年)占23%[①]。

捐纳制度在临时性增加财政收入的同时,开辟了富人地位变动的另一个渠道,扩大了

---

① 王业键:《清代田赋刍论》,人民出版社2008年版,第11页。

国家的民众支持基础。在一定条件下,捐纳制度也可成为君主用来制约科举出身官员的一种措施。王亚南先生就深刻地指出,君主一定需要任意拔擢人的特殊权力,如果走上仕途全凭考试,做官的人就不会对君主"竭智尽心,以邀恩宠"①。当然,与卖官鬻爵行为一样,捐纳制度也有严重的消极后果。一方面,它将国家公职和荣誉当作商品买卖,败坏了制度的严肃性和社会的风气;另一方面,捐纳者没有荣誉感,只是将捐纳当作投资行为,上任后对民众不断搜刮,加重了官场中的贪腐风气。

(二) 报效

所谓报效,主要是指巨商(通常是产盐区的盐商和广东十三行的行商)在政府财政困难之际,向政府捐献资金的一种方式。显然,除了极少数出于爱国心的捐献行为外,多数捐献要么出于维持特权地位(在盐业销售或外贸方面的垄断权)的需要,要么是政府明示暗派、勒索钱财的结果。报效有军需报效、水利报效、赈济报效和备皇室之需的备公报效四种,其中军需报效最为重要,占报效总额的60%以上。乾隆、嘉庆两朝,盐商报效银达6 500余万两之巨。

(三) 地方政府层次的捐赠

捐纳和报效都是中央政府发展出来的两种非正式财政收入形式。在地方,也有类似的名为捐赠、实为强迫的非正式财政收入形式。一种是上级地方政府(通常为省级、府级政府)要求下级政府捐献,比如要求下级政府的官员"捐俸"或者捐赠某些办公物品,以解决经费困难或用来弥补财政亏空、平衡账目。另一种就是底层政府(州县)要求下辖的富户捐赠,或者要求有地位的个人和家族独立捐助,以解决地方经费困难,或者获取捐给上级部门的款项,并借此捞取个人好处。显然,如果上级政府的亏空弥补和办公经费出自下属的资助,那么上下级政府之间就形成了某种合谋或庇护关系,正常的监督机制就失去了作用。

三、操纵折纳关系

所谓操纵折纳关系,就是说各级官吏凭借权力在钱和物、银和铜等相互折纳行为中,采取有利于自己的比例关系来获取收益。而这么做,并不违律。

钱和物的折纳关系,主要体现在明代中期实物财政向货币财政的转型过程中。在当时,"粮食石"作为记账单位始终不变,但每石粮食到底该缴纳多少货币,则由中央政府或地方官吏来规定,由此可获得额外的收入。例如,1443年山西纳税户,每石税粮被折成0.25两白银,到1457年变成每石税粮折白银1两,实际财政负担提高到4倍。

银和铜折纳关系的产生,主要是由于普通民众收入低,拥有的货币往往是铜钱,而官府要求缴纳的是银两。于是,铜钱与银两之间就出现了折纳关系,可以为官吏所操纵。如在清代,中央政府名义上规定1两白银兑换1 000文铜钱,但在18世纪中期,市场上750铜钱兑1两白银,而到19世纪中期,市场上2 000文铜钱兑换1两白银。地方官吏利用政府规定与市场行情的差异,采取有利于自己的折纳比例,来获得更多的收入。

---

① 王亚南:《中国官僚政治研究》,中国社会科学出版社1981年版,第110页。

第五节　第三帝国的财政收入体系与内在紧张

综上所述,在第一、第二帝国经验与教训的基础上,第三帝国通过基本制度的变革将权力进一步地集中到皇帝手中,并以此来实现对广土众民的统治。在财政上这种统治体现为:以君主拥有天下一切土地的产权为基础,以"税地"为核心来获取正式的财政收入,然后再从非正式收入体系来获得必要的弹性。总体上,从第三帝国的财政收入来源看,以土地为支撑点的帝国已发展到最为成熟的程度,家财型财政也达到其高峰。但是,这一成熟的财政收入体系也包含着内部的紧张,而这种紧张已无法在帝国制度框架内解决。

一、第三帝国财政收入体系的总体状况

在第三帝国时期,"履亩而税"的田赋作为国家正税的地位得到完全的确认。鉴于第二帝国在财政方面对帝国边界挑战的教训,第三帝国虽然社会经济基础不断地商业化,但在税商方面却趋于保守。从15世纪开始直至清代雍正年间结束的赋役征银、役归于地的运动,将"税地"原则进一步地巩固,表现为财政收入额基本上被确定为一个常数,并摊入田亩中。至此,"履亩而税"的财政理想基本实现,以"税地"为核心的帝国家财型财政达到了成熟的地步。但这样的财政收入是严重缺乏弹性的,其制度也因不能应对现实变化而日益僵化,配合着日趋保守的国家职能定位。

对第三帝国这样广大的国土进行治理,要满足国防与公共事业的需要,这些财政收入显然是不足的。以如此低的财政收入水平维系一个庞大的帝国,其途径一方面是弱化国家职能、压缩财政支出水平,另一方面则是发挥非正式财政收入体系的作用。除此之外,以低税负来维系庞大帝国,还有一个奥秘就是地方官员广泛利用乡绅力量来兴办福利事业。乡绅(往往也是富户)通过捐助或带头集资,来兴修水利、赈灾扶贫或提供某种公共品。在现实中,这种地方官员动员的乡绅捐助,有时也被当作非正式财政收入的一部分。

因此,第三帝国整体上显得保守而内敛,其财政收入水平大大低于第二帝国。按照黄仁宇的估计,即使计入非正式收入(不包括政府无法掌控的部分),16世纪后期明代政府拥有的财政收入,每年总共约3700万两白银。17世纪早期,政府加征了"三饷",财政收入一年最多可达到5800万两白银[①]。这一不高的财政收入水平,延续到了清代。根据王业键的估计,1753年清政府可以掌控的正式收入与非正式收入合计约7379万两(其中因附加而获得的约为1763万两)[②]。

非正式财政收入,当然源于对普通百姓的加派,但却不能简单地看作腐败。毋宁说,这是在中央政府默许下的一种财政安排,以一种相对分散的、成本可视性低的方式,供给

---

① 黄仁宇:《十六世纪明代中国之财政与税收》,生活·读书·新知三联书店2001年版,第363、410页。
② 王业键:《清代田赋刍论》,人民出版社2008年版,第93页。

有关方面资金,来完成各级政府部门的需要(贴补官吏俸禄、补充办公经费、举办公共事业)。这样,第三帝国可以在贯彻帝国"轻徭薄赋"仁政理想(体现为正式财政收入水平低)的前提下,依靠非正式收入来有弹性地运转庞大帝国。也可以说,正式财政收入体系,是依靠非正式财政收入体系的存在而得以维持的。

总之,第三帝国已成功地将自己的财政收入建立在土地基础上,根据田地的面积,以货币的形式来获取自己的主要财政收入。在此基础上,依靠非正式收入体系来获得弹性财政收入。正式财政收入体系与非正式财政收入体系一起,构建出一个简朴的、适应农村要求的财政体系。工商业经济只是被视为农业经济活动不可缺少的但并不重要的补充,正如来自工商业的财政收入在财政中的地位一样。这样一种安排是第三帝国的成功,是自第一帝国以来财政制度不断探索所能达到的成熟地步,明清帝国也因此成为工业化之前世界上最为成功的国家。

由此可见,第三帝国财政收入体系的理想基础,在经济上主要是粮食和经济作物的耕作而不是工业制造和商品交易,在田制上以自耕农而不是租佃制为主,在组织上依托政府行政体系而非自发组织。不过,需要注意的是,财政收入基础的理想并不能在现实中完全达到,帝国财政乃至帝国制度也因此受到挑战。例如,江南地区恰恰在经济上表现为较发达的商品生产与交易活动、在田制上以租佃和雇佣为主要内容,并在组织上依托以宗祠、族谱和族田为支柱的宗族。因此,类似于江南这样的地区成为帝国的异类,也使帝国财政制度不可能做到真正的理性化。对这一点将在第十二讲予以进一步的说明。

二、第三帝国财政收入体系的内在紧张

第三帝国财政收入体系虽然达到了成熟的状态,但仍存在着两个重大问题。一个问题是,由于其制度的僵化和收入的有限,帝国无法有效地应对外来的挑战,明末和清末的表现皆是如此。在帝国没有遭遇重大的外部威胁时,这样的财政收入制度能够维持帝国;而一旦帝国面临外来入侵,这样的制度就无法保障中华文明共同体的生存。另一个问题是,这样的财政制度在其内部存在着种种的紧张关系,这些紧张关系很难在帝国制度框架内得到解决。紧张关系形成的张力,成为推动帝国财政进一步变革的内因。特别地,内因的存在,将会因外在条件(外来威胁)的诱发,最终促使帝国财政向现代转型。

帝国财政收入体系内部存在的紧张关系,表现为如下三个方面。

第一,正式收入体系中官僚阶层对帝国财政既支撑又削弱的紧张。帝国君主依靠官僚阶层,实现对广土众民的治理。因此,官僚阶层是帝国制度的重要支柱,是支撑和运转财政制度的主体力量。但是,官僚阶层同时又是削弱帝国财政基础的主要力量。这是因为,以官僚阶层为核心的缙绅地主,一方面在制度上拥有少缴钱粮、免除力役的优免特权,另一方面又利用手中的权力去寻求法外特权,在兼并土地过程中想方设法破坏土地账册的登记与调整,少承担甚至不承担所兼并土地的田赋负担。黄仁宇先生观察到的一个有趣现象是:明代税收总量不足、税负不高,但当时的文人与官僚却总是抱怨税赋过高。对此,他解释为"他们许多人来自小土地所有者家庭……低水平税收能够留给他们一定的农业收入剩余……当他们谈起税收时,其公正感常常受制于地主阶级的社会价值观,他们关

心的不是现代意义上纯粹的经济公平"①。这样,随着土地不断集中到官僚阶层或受其庇护的豪强手中,国家能够收取的田赋就越来越少。在现实中,这表现为各地方政府日趋严重的田赋"民欠"问题。田赋不能应收尽收,民欠越积越多,最终严重损害了帝国的正式财政收入基础。因此,官僚阶层既支撑着帝国财政的运行,又削弱了帝国财政的基础。

第二,非正式收入体系中公与私的紧张。作为维系财政收入体系弹性的非正式收入,它产生于公务的需要,因而具有一定的公共性。陋规的收取,也并非没有规矩,而是有一定的惯例和规则,因而也具有某种公共性。但是,收取陋规毕竟是一项"私"行为,在收取陋规和贪污纳贿之间并没有明确的分界线,对于利用收取陋规的机会大肆贪污、捞取个人好处的行为,并无可靠的制约。这样,陋规的存在就极大地败坏了吏治,腐化了风气,伤害到民众的利益。就是说,兼具公私两重性的非正式收入体系,既维系了帝国的运行,又损害了帝国的基础。

第三,特权对工商业经济发展既保护又破坏的紧张。第三帝国成功地建立起以"税地"为核心的财政收入体系,工商业经济不是帝国财政收入的基础。在此前提下,帝国在对商人的人身和产权制度的保护、对市场规则与中间组织的建设方面存在严重不足。没有权利保护,没有法律保障的规则与组织,自愿的商品交易就难以有效地进行,特别是在大规模商品交易中。在现实中活动的商人,往往局限在当地市场中,靠个人的力量从事交易,并保护权利与履行规则,这表现为明清时期存在的汪洋大海般的小规模市场活动与小商人。正如布罗代尔所观察到的,"中国之(商品)交换是一方无峰无丘、削平了的地盘",只有数量庞大的小规模市场活动(以集市、店铺和商贩为特征),而没有高级复杂的具有支配性的资本主义经济②。商人还有一种选择,就是依托于特权阶层的保护,或者自己就是权力拥有者(皇商或官商),这样才可以从事大规模、跨时期商品交易或远程交易。在权力的夹缝中,或者在特权阶层所掌握的权力庇护下,明清两代工商业经济也确实有所发展。但是,在这些夹缝中生存的工商业经济,很容易被权力破坏。特权阶层出于私人利益所提供的庇护,往往也会因私利而撤销,或者自觉不自觉地攫取短期商业利益而破坏长期发展的潜力。更不用说,特权阶层自己举办的工商业,往往是靠操纵或破坏市场规则来获利的,这就损害了工商业经济长期发展的基础。因此,明清两代工商业经济发展离不开特权的庇护,但从长期来看特权也常常破坏了工商业的发展。

重点提示

1. 元王朝的政治,在相当程度上偏离了中华帝国的传统。1368 年建立的明王朝,在制度上也重建并强化了中华帝国。通过明代开国统治者的努力,在制度上中华帝国传统

---

① 黄仁宇:《十六世纪明代中国之财政与税收》,三联书店 2001 年版,第 241 页。
② 布罗代尔:《资本主义的动力》,杨起译,生活·读书·新知三联书店 1997 年版,第 21—22 页。

得以回归,并进而形成了第三帝国财政的总体环境。

2. 明代初期,鉴于宋、元的教训,帝国政府重申两税作为国家正宗财政收入的地位,以土地为支撑点,在全国重新建立一个简约的田赋制度和亲身服役的差役体系,从而以田土和人丁为基础,重建了一个以获取粮食和劳役等实物性收入为主的财政体系。相形之下,来自税商的财政收入为数极少,这是因为宋、元政府运用工商业获取财政收入的做法被明政府视为横征暴敛。直至清代中期,取自工商业的财政收入仍只具有补充性的作用。

3. 亲身服役的差役制度并不合乎帝国的内在要求,在实践中很快显示出种种的弊病。于是在现实中出现了"役归于地、计亩征收"的发展趋势。该做法首先由明代地方官员倡导,后来经张居正"一条鞭法"改革初步实现,最终清代"摊丁入地"改革在正式财政收入制度上消灭了"役"。

4. 张居正之所以能推动改革,不是源于他作为首辅的权力或内阁的组织,而是由于他自己受到皇太后私人的信任,与首席宦官建立起个人的默契,同时自己作为年幼皇帝的导师,由此获得对皇帝诏旨的影响以至于掌握了较大的人事任免权。这样,张居正得以绕过法理与正式的组织,以个人升迁为饵来笼络官员,推行改革。事实上,张居正用篡取的权力来推动公务,用人身的努力来弥补制度的不足。正因如此,他屡受弹劾,改革没有持续性,以致人亡政息。

5. 相对僵硬的正式财政收入体系之所以能在第三帝国得以维持,是因为有非正式财政收入体系的存在。非正式财政收入位列正式收入体系之外,大体上有附加、捐献和操纵折纳关系等形式。

6. 帝国财政收入体系内部存在的紧张关系,表现为如下三个方面:正式收入体系中官僚阶层对帝国财政既支撑又削弱的紧张;非正式收入体系中公与私的紧张;特权对工商业经济发展既保护又破坏的紧张。

思考题

1. 为什么说明王朝的建立是中华帝国在制度上的回归?
2. 明代初期为什么要重建以实物财政为核心的财政收入体系?
3. 差役体系是怎样逐渐解体的?
4. 如何评价张居正的历史贡献?
5. 推动非正式财政收入体系形成的原因有哪些?
6. 为什么说第三帝国财政收入体系既是成熟的又是存在内在紧张的?
7. 在帝国时代,能否彻底消灭非正式财政收入体系?

第十一讲

第三帝国消极主义职能观支配下的财政支出体系

与第二帝国相比,第三帝国面临的外部威胁总体而言并不大,君主在领土问题上的雄心也不高,基本上只以恢复汉唐旧域为满足。在国家内部治理方面,明清两代也总是拿自己与汉唐作对比。在第三帝国身上,似乎已见不到第一和第二帝国时期那种勃勃的扩张生机和勇于创造新事物的能力。这样的帝国大体上已达到成熟的地步,并因此显得保守而内向。

专栏 11.1　中国疆域的基本形成

今天中国的疆域,大体是在第三帝国尤其是清王朝时奠定的。就是说,中华共同体与外部民族经过长期的互动,大致确立了各自的领土范围。

对于这样的疆域范围,当时的执政者也有自我的认知。以第三帝国时期武功最盛的乾隆帝为例,在他看来,准噶尔是汉唐旧土,因而属于中国疆域,在此之外就超出了中国疆界。他的这一想法体现在乾隆二十二年(1757 年)诫谕哈萨克阿布赉汗的信中,他确认并认真践行自守中国的疆界[①]。自此中华民族的生存空间基本确定。

这一时期对帝国职能的理解,相当程度上体现了《盐铁论》中文学贤良的观点,即采用消极主义的国家职能观。在财政支出上,第三帝国遵循着量入为出的原则,设定国家财政收入的总量相对固定,以此收入履行相对固定的政府职能并限定财政支出的规模。在财政上,这些职能体现为军事、官僚、经济和社会等各项支出。在量入为出原则的支配下,帝

[①] 陈桦:《多元视野下的清代社会》,黄山书社 2008 年版,第 26 页

国财政以相对固定的财政收入支持着相对有限的支出,然后以临时性的收入作为补充来应对突发性的支出需要,以非正式收入体系支持着非正式的职能需要。

由此,第三帝国以相对僵化的财政支出原则,维持着帝国的消极职能;帝国职能能否保持消极,是帝国制度可否维系的关键。

第一节 量入为出:第三帝国财政支出的总原则

量入为出,本是农业社会中家庭的财务原则,即粮食消费只能以扣除为下一年留存的种子后的余额为限,其目的在于控制消费支出不超出农业生产能力。中华国家早期在建构财政体系的过程中,量入为出成为国家财政的标准原则,如《礼记》中的"王制"篇就明确提出了"量入以为出"。需要注意的是,这一原则既反映了目的性国家中农业立国的现实,也有基本的政治考虑,即以财政收入的相对有限性来约束君主的权力。在儒家的学说中,充满着这样的教导,如《论语》中孔子的下述言论已广为人知:"敛从其薄","使民以时","节用而爱人","百姓足,君孰与不足?"

即使在帝国生长时期,虽然君主因现实需要而在行为上经常突破这一原则,但理念上仍高度认同"量入为出"。如唐代陆贽所言,"夫地力之生物有大数,人力之成物有大限,取之有度,用之有节,则常足;取之无度,用之无节,则常不足","是以圣王量入以为出,无量出以为入"(《陆宣公奏议全集》第4卷)。到了明清时期,帝国已进入成熟期,量入为出更是被当作正统的财政原则反复宣扬,在实践中也大体得到遵守。如明太祖强调,"今日之计,当定赋以节用,则民力可以不困;崇本而祛末,则国计可以恒舒"(《明太祖实录》第20卷)。

仔细分析下来,为中华帝国所坚持并为第三帝国所贯彻的"量入为出"原则,有两个层面的含义:一个层面在数量上,另一个层面在结构上。

一、数量层面的量入为出

所谓数量层面的量入为出,是要求财政支出总量不突破财政收入的总额,这样的话就要求政府能够约束自己的行为、控制支出的增长。

张居正的下述言论,可以鲜明地体现帝国时代关于财政收支的一般思想:"与其设法征求,索之于有限之数以病民,孰若加意省俭,取之于自足之中以厚下。"(《张文忠公全集》奏疏第5卷)最能反映这一原则正统地位的,是晚清国家面临生存威胁而亟须增加财政收入之时,它仍为人所强调:"与其正赋之外别费经营,何若于正赋之中核实筹划?"(《清文宗实录》第7卷)被视为清末保守派,在"三千年未有之大变局"中仍坚持这一财政原则的刘锡鸿则声称:"然求帑藏之充实,亦只宜节用以储财,万不可于财源设想","财源已无可开,能节财流,即是富国第一善策"[①]

---

① 彭立峰:《晚清财政思想史》,社会科学文献出版社2010年版,第25页。

除非到了王朝晚期为形势所迫外,量入为出原则在国家财政运行时大多得到了坚持。特别是在清王朝的雍正时期,得益于国家正赋的支持,以及第十二讲将述及的财政改革的影响,雍正帝虽屡次用兵,而经费不虞匮乏,国库还能积蓄 2 400 多万两白银。

二、结构层面的量入为出

所谓结构层面的量入为出,是指财政上具体的支出项目由具体的收入项目来对应,这样为履行特定职能而进行的支出,也受到固定收入的限制。以今天的财政眼光来看,这种做法显然太僵化,也使得财政收入不能集中统一使用,特别是在遭遇到财政危机时不利于财政资源的集中与调剂。但考虑到帝国时期的现实,这种做法也自有其优点:它使得某一项支出得到了特定收入的支持,在一定程度上能限制皇室的挥霍和官吏的贪污;同时它也使得实物财政运行的管理成本内部化,适应于当时粗糙简单的管理体制与有限的能力。

用固定的财政收入项目来支持某项财政支出,如第二讲所述,这一原则早在《周礼》中就有设想,即"式法制财",以九赋收入供九式支出。到了明代,这一原则被广泛地采用,一个部门在履行特定职能时所需要的财政支出,往往由特定地区或指定部门的物资或货币来供应;某一个财政收入的征集机构,可能要将物资或货币供应给指定的几个部门,并负责解运。如此,收入与开支项目相抵就可以销注,完成财政收支过程。黄仁宇给这样的体制起了个名称叫"侧面收受"或"交错补给线",并评论道:"在这种体制下,大宗赋税解运并不多见,遍及帝国多为中等规模的物资、商品输纳……一个接收的仓库可能要同时面对很多不同的解运者,而一个解运者也可能要为很多部门服务。解运的数量总是要保持最低程度以避免运输和贮存的困难。"①比如说 1578 年,南京国子监从常州府得到 3 500 石米,从宁国府得到 100 石小麦,从应天府得到 100 石绿豆,从湖广布政使司得到 2 万余斤干鱼。

即使在现实中实物财政逐渐转为货币财政后,财政收入的集中与转运相对于过去容易得多,这种结构上的量入为出原则也同样得到坚持。如 1592 年,宛平县要将不到 2 000 两白银,送到中央政府指定的 27 个不同的仓库和部门,供有关部门使用。清代在明代的基础上有所改善,但结构层面的量入为出原则仍在维持。王业键将清代这种具体收支对应的体制形容为"呆板僵硬",他说:"各类开支均由法规详加规定,每项开支有特定的一笔款项……政府开支的项目和为每项开支分类拨出的金额历经数百年毫无变动。"②对这一财政原则,瞿同祖先生的概括是:"每一类支出由一项确定的税费来源去满足;特别资金被特别指定给政府的每一特定用途。如果没有特定资金去供给某一项特定费用,官员们就不得不寻找别的某种途径去筹敛。"③

三、小结

总体而言,量入为出在帝国时代是一项较为合理的财政原则,它在帝国体制内对皇权

---

① 黄仁宇:《十六世纪明代中国之财政与税收》,生活・读书・新知三联书店 2001 年版,第 5、15 页。
② 王业键:《清代田赋刍论》,人民出版社 2008 年版,第 69 页。
③ 瞿同祖:《清代地方政府》,法律出版社 2003 年版,第 47 页。

和官吏权力有一定的限制作用,也适应帝国经济与社会的现实状况。因此,量入为出原则标志着帝国财政支出制度的成熟。当然,这一原则所固有的僵硬性,在现实中也确实问题频出。特别是到了晚清国家遭遇生存危机之时,财政上迫切需要增加和集中财力,该原则的僵硬性就更加严重地凸显出来。

第二节 日趋成熟帝国中的军事支出

帝国以土地为支撑点,版图扩张有其内在的驱动力。这种扩张在两种情况下可能终止:一种是国与国之间谁也征服不了谁,于是在战争的铁砧板上打造出国家间的边界,如三十年战争(1618—1648)后欧洲各国通过签订《威斯特发利亚和约》来宣示国家边界不可侵犯的原则;另一种则是遇到扩张的自然边界,即在自然条件约束下帝国再行扩张的(边际)成本明显高于(边际)收益,如《盐铁论》中文学贤良所强调的。到了第三帝国时期,相当程度上是因为自然边界的约束、部分地是因为跟游牧帝国的互动大致达到双方力量的均衡,中华帝国看上去失去了对外扩张的意愿与能力。

一、第三帝国的军事取向

以农耕民族为主体的中华帝国,经过第一、第二帝国时期与游牧民族的竞争,向北在相当大程度上接受了自然的边界,这表现为明代的重修长城。长城与400毫米等降雨量线高度重合,这实际上标志着农耕文明与游牧文明之间分界线的确立。

相比较而言,明帝国并未真正地征服草原,而只是简单地将其纳入朝贡体系;而到了清帝国,由于清政权是由多民族联合入主中原而建立起来的,这就在相当程度上为中华帝国缓解了内部游牧民族与农耕民族的矛盾。如前所述,清帝国是中华帝国的一个组成部分,这是由清初建国者所持有的政治理念决定的。他们认识到,中华帝国是延续的,但从汉高祖刘邦以来"中国"之君却不是万世一姓的;四夷与中原的冲突与恩怨,只不过是中华帝国内部的家事;大清既然"仰承天命"、"抚定中华",那理所当然地继大明为"中国"之主。正如陈桦注意到的,"《尼布楚条约》中凡与俄国对称,一律用中国,这足以证明广袤的东北地区早在清开国时期已纳入大清版图,随着清朝皇帝入关为'中国'之主,那里的土地和人民自然为'中国'的土地和人民"[①]。清初统治者的上述观念与实际政治行动,最终奠定了作为历史共同体的中国之领土疆界范围。

由于对领土疆界范围不再持有扩张的立场,帝国统治者在领土方面的最高目标仅是恢复汉唐旧土,因此第三帝国总体而言是保守和内向的,没有对外扩张的欲望和能力。在此基础上,作为最大财政支出的军费开支也就相对固定。这种固定,事实上也是前述第三帝国财政收支相对固定的前提;没有军费开支的相对固定,就不可能有财政收支总额的相

---

① 陈桦:《多元视野下的清代社会》,黄山书社2008年版,第6—9、13页。

对固定。不过,到了明末特别是清末,情况发生了变化,军费支出呈现出大幅度增长的态势,并威胁到财政的安全,由此引发了财政乃至国家的一系列变化。

二、军费供应方式的演变

帝国时期军费的筹措与供给,主要有两种制度:一种是实行兵农合一,即授田于全体或部分农民,他们平时耕种所受土地,战时自带装备参加战争,国家不支付薪酬;第二种是实行募兵制度,由专业化的士兵从事战争,薪酬与装备由财政集中供给。

第一帝国初期,自战国以来的兵农合一传统得以延续,即实行普遍性兵役(徭役)制度。政府在授田基础上要求所有成年男子都要服一段时间的军役,并且自带装备,从而将财政负担内化为分散的民众家庭的成本。但是,兵农合一制度并不适合庞大的帝国与经常性的对外战争。这是因为,庞大帝国要求的物资调运与兵员配备任务巨大,而经常战争则要求士兵具备一定的战争技术、保持一定数量并长时期脱离农业生产,这些要求是兵农合一制度难以满足的。于是,从汉代开始政府就征收代役金,并以此建立起由财政集中供给的、符合专业与效率标准的职业化军队。

第二帝国初期,在长期战争影响下以及考虑到"以关内制天下"的特殊要求,政府实行了以关内百姓为主的"府兵制",实行授田、免赋及不支付薪酬的方式,再次试图将军费负担分散和内化为民众的家庭负担。同样地,这一做法在唐中期又被逐渐地放弃,财政集中供给的募兵制代替府兵制成为主要的军事制度。到了宋代,这种募兵制被全面地继承。

但是在第三帝国初期,明政府以卫所和军户制度为主体,在一定程度上再度恢复兵农合一、财政负担内化的传统。但到明中期,该制度又一次为财政集中供给的募兵制大量代替。募兵制延续到了清代,由八旗军队和以满族、蒙古族人为主的绿营军队组成了专业性武装力量,由财政实行集中供给。

由此可见,兵农合一制不符合专业与效率的标准,可募兵制在本质上是把士兵当作雇佣兵,雇佣兵往往只对军饷感兴趣而无忠诚可言。从今天眼光可知,唯一可靠的军事制度是组建马基雅维里所主张的国民军。可要让国民愿意纳税供养并参与这样的国民军,前提一定是这个国家基于公意成立且为公共利益服务。这样的国家显然是现代国家而不是帝国。

三、第三帝国的军事支出

在募兵制和财政集中供给制度下,军费开支成为帝国的主要财政支出,尤其是在发生军事行动之时。明代初期,帝国强大,外来威胁不明显,再加上实行卫所和军屯制度,军费开支额并不高。在供应上,明初设立太仓库,其银两"专备兵荒及听征马匹、草价、军士冬衣布匹之用"。成化、弘治以后,太仓银主要支出方向仍是庞大的军费,太仓库成为明朝管理国家行政经费和军费开支的重要机构。在数量上,按崇祯初年户部尚书毕自严的说法,明初边关年例不过46万两。到明代中后期,军费开支逐渐增加。一开始,最为重要的军费支出是供应防蒙古人南下而设的"九边"(辽东、宣府、大同、延绥、宁夏、甘肃、蓟州、太原、固原)。隆庆年间(1567—1572),九镇共驻军62万人,年例银281万两,而隆庆元年各处夏税秋粮等折银116万两,各运司盐银共103万两,一共岁入约219万余两,尚不足以支付边饷。万历二十三年(1595年),边饷增至357万两。若有战争发生,军事费用将更大。以上的数据主要指饷银,若是计入粮草费及运费,则上述数目将更为庞大。以延绥镇为例,其所用粮草及运费,一年即达800余万两。至崇祯二年(1629年),单是辽饷支出即达513万两,四年更增至7 181万两①。到了崇祯末年,国库已经因军费开支而空虚,军事行动只能依靠皇室财政(内帑)来维持。

到了清代,清初在帝国统一过程中,由于连年用兵,军费开支占据财政支出的比重极大。如康熙初年,财政收入2 500万两,军费支出占百分之八十。在此之后,军费支出比重下降,多数时期在财政支出中占据一个相对固定的比重,只会在短时期有突发性增长,如康熙平定三藩之乱、雍正对西北用兵、乾隆在西部用兵等时期。由于军费支出相对固定,帝国财政也渐入佳境,表现为财政结余。至康熙十二年(1673年),户部存款已达2 100余万两,三藩之乱后,年结余额200万两左右,户部存款最多时达到4 700万两,雍正年间户部存银最多时曾达到6 200余万两。可是,到了晚清,财政的好时光一去不复返,在对外战争与不断赔款的情况下,加上内部叛乱不止,军费支出呈现爆发性增长趋势,财政陷入大危机中。

在军费支出大规模增长、帝国财政收入不敷使用之际,第三帝国主要依靠第十讲所述的非正式财政收入体系来应对。非正式财政收入,除了依田亩增收田赋附加税或增加商税(包括盐课)附加外,其他方式主要有:(1)捐纳(即出售特权,如官爵、赎罪、免役权与僧道度牒等);(2)报效(动员民众捐献,多数带有强迫性质或许诺给予某种特权);(3)发行大钱纸钞,获得货币发行收入与通货膨胀收入;(4)预征挪用,即向人民预征未来的租税,挪借其他用途的政府钱物;(5)节用减薪,宫中府中节约消费,硬性扣减官吏薪俸;(6)卖产发帑(出售国有财产,皇室拿出私房钱)等。第三帝国不断使用这些措施中的一种或多种,以度过因军费开支增长引发的临时性财政危机。只是到了晚清时期,运用上述措施再也无法应对军费开支增长引起的财政大危机。

第三节 再分配特征明显的经济和社会支出

财政支出的一项重要任务是筹集资源进行再分配,因而再分配常被视为财政职能中极为重要的方面。在中华帝国时期,这种再分配事实上有三个方面,体现在阶层间、时间上和空间中。到了第三帝国时期,财政支出在这三个方面都有发展,与同时期的世界其他国家相比,中华帝国在再分配方面所发挥的功能独具特色。正是在这一意义上,波兰尼将古代中国的经济称为再分配经济,并将其与互惠经济、自给自足经济并列为现代市场经济

---

① 侯家驹:《中国经济史》,新星出版社2008年版,第653—656页。需要注意,侯先生说的这些数字主要来自文献记载,与前述黄仁宇对财政实际收支的数字估计并不一致。不过,根据相关比例关系,可以反映军费开支对财政的影响。

诞生之前的三种经济形式。波兰尼认为,中国这样的"再分配经济",通过掌握在政府手中的粮仓和货仓,利用大规模的运河系统,实现了对全国物品的集中和贮存,并运用了这些仓库及运河将各种物品分配出去①。不过,在帝国时期,上述这些财政支出虽然在帝国理念中非常重要,但在财政实践上却是不足的并且容易受到冲击,即在财政资金不足时,支出方面首先削弱或砍去的就是再分配方面的支出。正如黄仁宇所言,第三帝国时期的经济支出是严重不足的,"公共服务事业缺乏资金,这一因素不可避免妨碍技术进步和经济的全面改善"②。

在现代财政学体系中,帝国时期再分配性质的支出分别被划入社会支出和经济支出,前者主要是用于救济和赈灾的支出,后者主要是用于水利、河道整治等支出。

一、阶层间的再分配支出

阶层之间的财富或资源的转移,是财政发挥再分配功能的主要手段。在现代世界,政府通过累进性的税收,从中高收入人群或富裕阶层获取财富,再通过转移支付或提供公共产品等手段,将财富转移给低收入阶层,从而实现财富或资源的再分配。通过这种转移,国家作为平衡器,平衡着社会各阶层的经济力量,从而使社会秩序得以维持,国家共同体得以稳定。

在帝国时代,通过财政手段来平衡各社会阶层的力量,同样是国家所要发挥的重要治理功能。在相当程度上,"履亩而税"就是这样的财政工具,田亩多的多缴田赋、田亩少的少缴,于是财政负担落实到资产(田亩)上,可以实现负担的纵向公平。在此基础上,再通过定向的财政支出项目,进一步发挥平衡社会各阶层的作用。

在第三帝国时期,阶层之间的平衡,一方面继续体现在田赋负担的分配上,即落实"履亩而税",另一方面还体现在明初一度实行的与家庭资产相联系的差役负担分配上。与此同时,还体现在财政对弱者的各种社会救助措施上。

明代政府的社会救助体现在财政支出方面,就内容来说有婴幼救助、贫病救治、济贫助学、赡养鳏寡老人、死葬相恤等。在这方面,明代政府的主要举措有:洪武初,令天下置养济院,以帮助孤贫残疾无依者;宣德三年(1428年),令惠民药局对天下军民贫病者,给予医药;天顺元年,令收养贫民于大兴、宛平二县,每县设养济院一所寺观,日给二餐,有疾者拨医调治,死者给予棺木;嘉靖六年,设在京师的养济院,只收宛、大二县孤老,各处流来男妇笃废残疾之人,于五城地方各备置养济院一区,尽数收养,每人日给米一升。此外,对于鳏寡孤独也颇为照顾:洪武十九年(1386年),对于这些弱者,免田粮,若不能自养,则每年给米六石;有田之孤儿,免差役,责令亲戚收养,无亲戚,邻里养之,无田孤儿,每年给米六石。在死葬方面,洪武三年(1370年),令民间立义冢③。就机构来说,有专门的婴幼救助机构、理丧恤葬机构(漏泽园)、贫病救治机构(惠民药局)、赡养鳏寡老人的机构(养济院)、济贫助学的机构等。在清代,《清会典》(卷19)将这一类救助生活困难的财政支出列

---

① 波兰尼:《大转型——我们时代的政治与经济起源》,冯钢、刘阳译,浙江人民出版社2007年版,第44—45页。
② 黄仁宇:《十六世纪明代中国之财政与税收》,生活·读书·新知三联书店2001年版,第422页。
③ 侯家驹:《中国经济史》(下册),新星出版社2008年版,第674页。

为"赏恤之款",其行为称为保息之政(与救荒之政并立),主要有养济院、育婴堂与普济堂等支出,另外还在立义学、立义冢、建救生船等方面有规定。法律还规定,地方官必须在秋冬收养没有依靠的幼孩,到春季再由其亲属领回。

学校制度,也较以前更为完善。明清两代重视学校,学校有中央的和地方的。中央的是国学,或称太学、国子监,地方的是府、州、县、卫学,镇集农村则有社学、义学等。此外,还有宗学、武学、书院、私塾等学校。宣慰、安抚等土官处,亦设儒学。在第十讲已经提及,不仅学校的设立与维持受到财政的支持,而且在学生通过资格考试进入相应学校后,其生活也有财政的支持,如可以领取一定的粮食或货币作为生活费。学校不仅是入仕做官的养成所,实行政治社会化的重要工具,同时也是分配权力资源的渠道。就是说,在这一方面的财政支出,不仅发挥了选拔人才、扩大国家统治的民众基础等作用,而且将国家权力以及相应的资源,向低收入阶层做更多的配置。从明清两代官员的经历看,有许多出自中低收入家庭,他们的社会地位升迁,得益于财政所支持的学校制度。

不过,正如前人反复指出的,由于财政收入相对固定,明清政府通过财政支出进行赈济和办学在能力上是有限的。尤其是到王朝中后期,政府投入明显减少,在赈济和学校资助方面,支出越发薄弱。与此相应的是,在政府要求或鼓励下的民间富户,在赈济和办学方面发挥了越来越大的作用,参与比例不断提高。前已述及的诸如义庄(宗族内设立,主要进行救贫、恤孤、公积及义务教育等事业)、社仓(在乡村中对饥饿者进行赈恤)、书院(其学田多由民间捐纳)、乡约(在对民间进行道德教化的同时实行患难相恤)等,大致皆为此类组织。在这方面,明显呈现出政府权力向下的一种转移,反映了士族门第消灭后,以乡绅为主的富民阶层在日趋平等的民众中崛起。在乡村,这些人承担起主持和领导公益事业的责任,这是目的性国家变迁的重要内容。

二、时间上的再分配支出

所谓时间上的再分配,主要有两个方面:一个是在一年内青黄不接季节与粮食收获季节之间的平衡,另一个是在不同年份中丰收年份与歉收年份之间的平衡。

就一年内而言,在分散的小农经济下,不少农民不具备良好的仓储条件,再加上可能要向政府交纳货币税,这样在粮食收获之后,急需卖出粮食,粮价往往极低,而在粮食收获之前又因缺乏粮食(即青黄不接时)而挨饿,粮价也因此极高。这就需要政府财政出面,在粮食收获季节与青黄不接时期进行平衡。在王安石变法中实行的青苗法,实际上就是政府的一种财政措施,即在青黄不接之际(一般多在春夏间),借给贫民粟粮,到秋熟要求其偿还,同时支付部分利息。这一方法实际上历代政府均在运用,但大多由地方政府官员分散地进行,而王安石变法则以中央政府法令的形式,在全国强制性地推广。因其强制推广,以及对盈利有硬性的要求,该做法最终成为盘剥民众的工具。政府实施借贷,一般基于各种仓储而进行,这些仓储包括中华帝国古已有之的以官府为主的常平仓,以及以民间为主的社仓。在第三帝国时期,这样的借贷行为仍然在进行。如清代,顺治十七年(1660年)规定,政府的常平仓春夏出粜粮食,秋冬籴还,平价生息,以期便民。同时规定,民间的社仓,在收获时任由民户出粟麦,建仓贮之,以备乡里借贷。常平仓中的粮食,一部分由财政获得的实物形成,如截漕(将部分民众缴纳的粮食贮留在各州、县、卫),还有一部分来自政府出库藏资金于粟贱时市籴,以及鼓励富民出升斗来补充。常平仓的贮粮标准,也有明确的规定。如清代规定,常平仓贮粮标准按当地人口等情况而分为三万、两万、一万六千石三等。光绪年间,全国常平仓在账面上共储粮约三千四百万石。不过,在现实中这些仓储往往亏空。正如梁方仲先生评论所说:"我国以农立国,素重仓庾之积,如汉的常平,隋的义仓,宋的社仓,皆为世人所称道。而明的预备仓,其规制尤善。惜行之未收实效(南方官仓储谷,十处九空),而不获与以前诸仓并称。"①

就不同年份间而言,由于季风性气候常导致中国的水资源在时间上分布不均,风调雨顺年份粮食将会丰收,而雨水过多及过少将导致粮食歉收。因此,在丰歉年份之间进行平衡,是帝国财政的又一项传统责任。应对雨水过多或过少而形成的水灾旱灾,以及其他灾害(如风灾、雹害与病虫害等),是帝国自早期开始就具备的智慧,由此而建立的相应制度与措施,被称为"荒政"。荒政大致上有两个方面:一个是消极的,即在灾害发生时对相关地区的民众蠲免赋税,如弘治三年(1490年)朝廷出台《灾伤应免粮草事例》,规定发生灾害时的田赋优免政策:"全灾者免七分,九分者免六分,八分者免五分,七分者免四分,六分者免三分,五分者免二分,四分者免一分";另一个则是积极的,即基于备荒基础的赈贷。备荒主要是前述常平仓和各种预备仓的建设,赈贷就是将仓储中的粮食无偿赈济灾民或有偿贷给他们(地方官有先赈后奏的权限),或者实行以工代赈。在仓储粮不足的情况下,还会向富民摊派或劝借。明清两代,越是到王朝后期,政府在财政上承担救灾的能力就越不足,与此相应就越依赖于向富户筹集赈粮,有时甚至将其作为唯一的备荒措施。

三、空间中的再分配支出

空间中的分配,指的是对水资源、物资和财富等在不同地理空间中的分布进行调配。水资源的空间分配,在财政上的措施就是各种水利工程建设,而物资和财富的空间分配,在财政上主要体现为大规模的漕运系统建设。在地理空间中的分配,还有一个方面是将政治资源在南北方之间进行平衡配置,这与南北经济和文化发展水平有差距相关。由于南方经济发达,文化教育水平高,因而在科举中南方人占据绝对优势。为了平衡出仕任官及特权乡绅在南北方之间的人数差异,一般采用分卷考试、分别录取的形式。如明代宣德以后,中央层级的科举按地区分南、北、中三种试卷,分别按 55%、35%、10% 录取。下面只讨论水资源、物资和财富在空间中的再分配。

(一) 水资源的再分配

在现实中,由于河道既是水利设施,又是漕运载体,同时还可能是自然灾害发生地(最典型的就是黄河),因而对河道的整治在帝国时期极具财政意义。在黄仁宇看来,16世纪明代政府由于税收收入不足,不能造福于民,因而将帝国政府最该做的河道整治工作,优先性首先偏向于保证大运河的畅通(以便漕运),而不是侧重于水利灌溉之改善。他引用当时人归有光的言论评论说,不通过增加税收收入来投资水利建设项目,非养民、富民之

---

① 梁方仲:《明清赋税与社会经济》,中华书局 2008 年版,第 113 页。

道,仅仅周济水灾饥民只不过是"小惠"①。

通过大规模水利灌溉设施的建设,将水资源相对均匀地在不同地理空间中进行分配,这是中华帝国区别于世界上其他帝国的一项突出性标志,也因此中华帝国常被人称为"东方治水社会"。通过各种水利灌溉设施,中国人发展出高度成熟的农耕文明。在这方面,最为突出的是水利发达的江南地区所取得的农业成就。自中唐以后,尤其在第三帝国时期,江南地区提供的稻米和纺织品供应了全国所需。正如明代学者吴岩所言:"窃以为国家财赋多出于东南,而东南财赋皆资于水利,是故禹之治水也,以四海为壑,而尽力于沟洫。宋元以来,诸儒以开江治闸治田为东南第一义,有由然也。"②

专栏 11.2　钱穆论南北方经济差距的原因

在探讨中唐以后南北方经济差距越来越大的原因时,钱穆先生提出以往归因于北方气候(古代较温暖,以后逐渐寒冷),或北方雨量(古代较多,以后逐渐减退),或北方民族血统(古代为华夏族,后代混杂渐多),都没有确切的证据。在他看来,由于人事原因而导致北方整个水利网的破坏,才是北方经济落后的主因。南方由于有士人在积极发挥作用,使得水利得以整治(尤其苏、松、常、嘉、湖五府一带),因而渐渐发达。

钱穆强调,两汉期间直至中唐以前,"北方经济文物,尚在盛时,沟洫河渠,时有兴修,故水不为害而为利。黄河为中国患,其事始于宋,历元、明、清三代千年不绝,却正是北方社会经济文化已在逐渐落后的时期。可见水患由于人事之不尽"③。就是说,在钱穆先生看来,自中唐以后南北方经济差距的产生,主要源于北方水利设施的荒废和南方水利设施的发达。

水利设施建设,除了用于灌溉外,也是防止水灾的重要工具。在帝国史上,具有标志性意义的是黄河的治理。第三帝国时期,黄河祸患日烈,河工或治河是重要的财政支出项目。譬如乾隆三十一年,岁入银4 000多万两,河工支出就达380余万两。

(二) 物资和财富的再分配

在庞大帝国范围内,经济发展水平不均衡是很自然的现象。为了帝国的稳定,就有必要在地区之间进行物资和财富大规模的集中与调运(即再分配),以便保持地区间一定程度的平衡。这种为平衡而进行的财政调度,是"中国古代财政史中的一个突出特点"④。在广义上,漕运、折纳、和籴、存留解运、轮班应役、入中折中、屯田等方式均属于这种财政调度的范围。第三帝国时期,在南北方之间继续进行着地区间的物资与财富的再分配。大量的物资与财富,从南方(特别是江南地区)输送到北方(以京师和北部边境为主)。在输送的物品中,最为重要的自然是粮食。例如,明代从1472年开始,漕粮基本上固定为每

---

① 黄仁宇:《十六世纪明代中国之财政与税收》,生活·读书·新知三联书店2001年版,第239页。
② 朱子彦:《多维视野的大明帝国》,黄山书社2009年版,第319页。
③ 钱穆:《国史大纲》(下册),商务印书馆1996年版,第747页。
④ 叶振鹏:《20世纪中国财政史研究概要》,湖南人民出版社2005年版,第347页。

年400万石,其中30万石被直接运到边境军镇,在京师可用于支配的漕粮约有370万石。大体上,输送到北方的粮食主要有正兑米(运到京师,定额四百万石)、改兑米(运至通州仓,定额七十万石)、改征(将漕粮改征为其他品种)、折征(将漕粮折算成银)等四种形式。除漕粮外,苏、松、常三府,太仓一州,浙江嘉、湖等地,每年都要向皇宫输纳糯米,谓之"白粮"。

上述输送主要通过漕运体系进行。漕运体系包括陆运、河运和海运等运输路线,沿线分布着仓储系统、漕船修造等机构,以及运军等人力组织。明代丘濬曾比较过陆、河、海三种运输路线的成本情况,认为"窃以为自古漕运所从之道有三:曰陆,曰河,曰海,河槽视陆运之费省十三四,海运视陆运之费省十七八"①。不过,在第三帝国时期,由于帝国的保守性格,认为海运风险过大,并且海洋经济会扰乱帝国安定,因此很快就弃用了元代曾广泛使用的海运,而以河运为主要漕运手段,河运又以大运河为主。为此需要经常对大运河进行整治,而大运河的整治基本上与黄河治理一体进行(运河的淤塞大多由黄河泛滥引起),这样漕运就与水灾防治联系在一起。因此,明清财政在大运河的整治上支出颇大,它不仅体现为用财政拨款去雇工、购买物料,而且还体现在隐形收支(无偿征发民工或按亩派捐)上。如永乐时期政府疏通南北运河,使之完全畅通,全长三千余里。宣宗、武宗时,政府也曾广发军民疏通部分河段。清代财政在运河整治和黄河治理上支出同样甚大,有时甚至超出官俸支出。魏源的评论可资为证:"人知国朝以来,无一岁不治河,抑知乾隆四十七年(1782年)以后之河费,既数倍于国初;而嘉庆十一年(1806年)之河费,又大倍于乾隆;至今日而底高淤厚,日险一日,其费又浮于嘉庆,远在宗禄、名粮、民欠之上。"②另外,仓储系统的维持、运粮船只的修造,以及运军人力的雇佣等,都需要巨额财政支出的支持。当然,有些成本并未体现为直接的财政经费,而是以差役(匠役、军役)、征发船料等实物形式,直接加派给民众,形成财政的隐形收支。

第三帝国时期的漕运系统,具有重要的历史意义。正如彭云鹤所认为的,明代漕运"其规模之大、组织之严、影响之广,均为历代所不及",明代及其他朝代巨额漕粮的筹措、征收和组织调拨、解运等"例行公事",是"一门深奥的财政经济管理学问",明清漕运制度不仅是"维系自身统治的经济命脉和重要支柱",甚至"明清两代中央政府对全国绝大部分地区的有效统治,则主要都是通过京杭大运河为主体的水运网络之漕运而实现的"③。

第四节　日形桎梏的皇室费用与官俸支出

皇室与官僚是帝国统治的标志性特征,帝国制度设计就是由皇帝个人来行使公共权力、由官僚从旁协助,孔飞力称这一制度为官僚君主制④。第一帝国时期发展出遵循宗法

---

① 朱子彦:《多维视野的大明帝国》,黄山书社2009年版,第344页。
② 魏源:《魏源集》(上册),中华书局1976年版,第365页。
③ 叶振鹏:《20世纪中国财政史研究概要》,湖南人民出版社2005年版,第348页。
④ 孔飞力:《叫魂》,陈兼、刘昶译,生活·读书·新知三联书店上海分店1999年版,第246页。

原则继承但可通过革命来更换的皇帝制度,以及按能力入仕并照功绩原则晋升的官僚制度,这些制度成为中华帝国不断生长的领导力量。到第三帝国时期,皇帝代表国家掌握公共权力,在制度上已达到帝国时期的最高水平,而按标准化的科举程序入仕并按严格考核程序升职的官僚制度,也已达到世界上其他帝国从未有过的水平。

帝国的发展依赖于皇帝制度与官僚制度的完善,财政上不断地对此进行制度保障的探索,以保障上至帝王、下至百官的生活与公务所需。帝国得以发展,与这种探索获得一定的成功有关。到了第三帝国,皇室费用与官俸支出的制度,在第一、第二帝国基础上得以进一步地完善。但与此同时,也带来了新的问题。这些问题使得皇帝制度与官僚制度日益成为国家成长的桎梏。

□ 一、皇室费用

中华帝国的制度设计,是出于君主个人对自己和家庭负责的原则,将帝国内的土地产权授予帝王,建构起家国一体的制度形式。围绕着帝国君主,产生出一个庞大的形似同心圆的附属集团,包括后妃、皇子皇女、宗室和外戚,以及宦官、宫女等服务人员。在财政上,为维持这一集团产生的支出被称为"皇室费用",包括皇室生活费、建设费用与宗室费用等。为了防止君主出于个人意志而损害国家利益,财政上一直以来都区分皇室财政与国家财政。虽然在实践中皇室财政与国家财政的区分屡被违反,但该原则并没有被动摇。皇室支出多数来自皇室财政,但也有一部分来自国家财政,如有品级的嫔妃(皇太后、皇后等)、宗藩和外戚的俸禄。

在皇室生活费方面,总体而言第三帝国体现出较强的控制意识(特别是清代),宫廷消费相较前代更为节约。皇室生活费的开支,包括日用品消耗、奢侈品消费、节庆典礼(如皇帝婚礼)的花费与赏赐等。不过,宫廷消费的控制,在相当程度上依赖于皇帝自身对财政原则的坚守,并无真正法律上的控制。在明代中期,宫廷开支曾经一度失控,嘉靖、万历时期,宫廷支出近400万两,宫女至9千人,内监至10万人。此时皇室财政的收入(皇庄、皇家产业、户部拨入、杂税)不敷使用,往往挪用国家财政(如从太仓库借银),或增派杂税,或向地方索派实物,或向京师铺户贱买商品等。挪用国家财政,会削弱国家储备和财政应急能力,增税、索派或贱买都会无端地增加普通民众负担。更为严重的是,明中期曾括取民众田地为皇庄,以扩大皇室财政收入。皇庄提供的收入虽然供给了君主的消费,但皇庄扩张是以民众失地和国家田赋减少为代价的。上行下效,诸王、贵戚也纷纷扩张自己的庄田,《明史》中批评说,"而为民厉者,莫如皇庄及诸王、勋戚、中官庄田为甚"(《明史·食货志》)。明代中期君主的侈靡行为,有多重后果,如引起民怨,招致外敌,特别是诱发君主怠政之心。怠政的君主,会使帝国政治运转失灵,出现像明中期表现出来的宦官专权等现象。鉴于明亡的教训,清代帝王比较自觉地控制宫廷消费支出,宫廷生活费用远远低于明代。清代皇室收入主要依靠内务府所辖田庄、牧场和各种报效银两,偶尔也要户部拨银支援,特别是遇到皇帝祝寿、巡幸等盛大活动时。

在建设费用方面,宫殿、宗庙、陵寝的建设占用了皇室财政支出中比较大的部分。宫殿建造,自然是为活着的帝王所用。在这方面,明代远远高于清代,清代宫殿建筑费用不及明代的30%。这主要是因为明代新建了南北两京的宫殿,而清则承继了明代的宫殿。相对而言,宫殿建设仍属短期行为,为了满足宗法礼仪要求而建设的家庙、陵寝等,是长期进行的项目。在汉代"汉天子即位一年而为陵,天下贡赋三分之,一供宗庙,一供宾客,一充山陵。"(《晋书·索靖传》)第三帝国时期,山陵(即陵寝)虽然未达到汉代的比例,但费用仍较高,如明神宗建造定陵,花费白银800万两。除了建设费用外,宗庙祭祀与其他祭祀、典礼,也需要花费大量的金钱。事实上,中华帝国君主的一个主要职责就是在宫殿、家庙、天坛等豪华的地方,举行无休止的典礼活动。这些活动耗资巨大,很难与举行典礼的场所建造费用严格分开,也难以确切地区分哪些是皇帝个人开销,哪些是国家开支。

在宗法制度下,君主既对祖先尽孝,又要荫及子孙,由荫及子孙而产生了巨大的宗室费用。宗室世世代代皆食岁禄,费用一部分来自皇室财政(血缘关系近者),另外一部分从国家财政(户部)支取。明初封王,一开始赐给诸王田庄,以其租米代替禄米,后来改为按品级赐予禄米,如亲王一万石、郡王二千石等。随着宗室人数以几何级数增加,宗禄成为国家财政的巨大负担。明代御史林润说道:"天下之事,极弊而大可虑者,莫甚于亲藩禄廪。天下岁供京师粮四百万石,而诸王十二万石,而宗禄百九十二万。"(《明史·食货志》)如嘉靖末年,山西宗室禄米已达212万石,山西存留田赋只有152万石;天下全部宗禄总计853万石,而供京师之田赋只有400万石。清代初期,宗亲仍依亲疏远近封以爵位,并按爵位分给土地建立庄田,此外还支付世爵俸禄。与明代不同的是,宗亲可以经任命而进入政府机构任职,并享受高于同级官吏的俸禄。虽然清代宗室支出总体比明代少,但如果加上给满族人的恩给(旗营的世袭之饷),那么这方面支出的总量很可能与明代不相上下。皇室优待宗室,依据同样的宗法原则,也优遇开国元勋及各级职官的子孙(即"任子"或"荫子"之法)。由于第三帝国时期文臣选取比较严格,因此宗亲、宠臣及荫子往往在军队中任武职。随着宗室、荫子人数的自然增长,为此付出的财政支出就像滚雪球一样,越来越大。问题的关键还不在于财政支出的金额,而在于这些宗室、勋臣及其子孙会利用地位和权力,分窃国财,如通过奏讨、接受土地投献或利用权势侵占土地等,使国家丧失田赋收入,使民众流离失所。此外,宗室还占有大量厂矿、店肆等,垄断了流通渠道。宗室集中巨大财富却不承担税赋,对国家财政及农业、工商业发展皆有不良影响。

二、官俸支出

自第一帝国开始从爵本位向官本位过渡,以及到第二帝国将科举制度标准化后,中华帝国的官职日益成为国家的公职,而较少君主私人恩宠或私相授受的色彩。爵本位下,官员收入大多来自君主封赐的、与爵位相关的土地(或相应的食户)收入;而官本位下,官员收入主要来自俸禄。这一按品级支付的文武百官的俸禄就构成了官俸支出,它是为维持官僚制度而付出的正项支出,资金基本上来自国家财政。

第二帝国时期,官员除俸禄外,还拥有职田或公廨田,以补充俸禄或办公经费的不足。此外,他们还经常性地获得君主的恩赏,官员收入与君主个人的关系较为密切。

到第三帝国时期,官员们基本上失去了职田或公廨田,也很少像宋帝国那样以君主恩赏为重要的收入来源。此时官员的正式收入,只有与官职紧密相关的俸禄,君主赏赐已不是经常的收入。换言之,此时的官职显得更像是真正的国家公职。官俸是国家财政支出的一部分,与过去相比,第三帝国时期官俸低微是突出的现象。明初洪武十年(1377年)曾一度以公田(官田)做百官职田,以其收入充当俸饷,后来很快还田给俸米(间以钱钞)。洪武二十五年,重定文武官员岁给俸禄之制,正一品1044石,逐级递减,至从九品60石,未入流者36石,俱以米、钞本折兼支,后来禄米折银支付。这一标准几乎200年未变,使得明代官俸显得极为微薄。清代,官员按品颁发俸银和俸米,如最高级正一品、从一品岁给俸银180两、禄米90石,最低从九品包括未入流,岁给俸银31.5两、禄米15.75石,这一俸禄标准也非常低。虽然俸禄标准比较低,但由于第三帝国为扩大统治基础而大大增加科举名额,官员人数超过以往任何朝代,因此官俸支出的总量并不少。当然,反过来说也成立,即因为官员人数多,财政收入有限,导致出现官俸低微以及办公经费不足等现象。

第三帝国时期,科举强调标准化,选用统一的标准(以朱熹批注的《四书集注》为内容、以八股为形式)来选拔人才。由此带来的一个后果是,官员自身不通实务。为此,科举产生的官员不得不任用一批幕客、胥吏协助办理公务。幕客、胥吏从事的是公务活动,却不能从财政上获得正式薪俸,而由官员个人承担他们的薪金。支付这些薪金,事实上超出官员个人的收入水平。如清代师爷的年薪为100两至2 000两不等,但知县们的年薪却仅为45两至80两。除了幕客、胥吏的薪金,各级政府部门的办公经费也严重不足。正如第十讲曾述及的,上级政府官员一般将非正式人员的薪金负担及所缺办公经费分摊给下级政府官员,要求他们采用某种形式(摊捐、规费、礼品等)上缴。而直接与民众打交道的州县官员,只能通过种种手段,将所有的负担加诸百姓身上,以某种附加税或习惯性差费形式来获得。这些费用,形成前述的非正式财政收入。

非正式收入体系,介于合法与非法之间,因而各级官员运用这种手段捞取个人利益就难以避免,从而造成大规模的贪污受贿行为。为了从制度上解决各级政府官员办公经费不足的问题,并有效地惩治贪污,清代雍正帝进行了"火耗归公"改革(第十二讲将述及)。通过这一改革,官员除正俸外还可获得养廉银收入。由于养廉银不仅要贴补官员生活,还要支持公务,因而其数额远超正俸。如从一品的总督,年得养廉银在一万五千两至三万两之间,正七品知县是四百两到两千两,比之俸银高出一二十倍甚至上百倍。在现实中,雍正改革并未消灭非正式收入体系,事实上这一体系越到后来越膨胀,成为民众的巨大负担和经济发展的严重桎梏。就是说,这种非正式收入体系往往成为官僚们榨取社会剩余、垄断经济机会的工具,由此进一步地影响了经济和社会的发展。

第五节　僵化的支出安排与潜在的危机

财政是履行帝国职能的重要工具,只有通过种种财政支出项目,才能运行国家,使其发挥必要的治理作用。用雍正帝的话说就是:"上自郊庙、社稷祭祀大典,下至百官之俸、吏役之需,外而兵丁之粮饷,河防之修筑,何事不取资于国帑？""经画不周,以致国用不敷,必反致于重累百姓。此失算之甚者！"①

但明显地,第三帝国已失去了第一帝国及第二帝国初期那种对外扩张的欲望,也缺乏第二帝国后期面临巨大生存压力时表现出来的生机与活力。在总体上,第三帝国面临的外部威胁不大,并鉴于第二帝国后期支出压力过大伤害民众这一教训,在国家职能方面采取了消极主义的态度。由于这种消极,第三帝国不再尝试突破帝国的基本原则与制度,反而进一步地加以强化。在强化制度与原则的过程中,中华帝国达到较为成熟的地步,并因此显得保守和内向。财政上的表现,就是坚持"量入为出"的原则,甚至将这种原则坚持到僵化的境地；相反,积极"开源"的政策受到摒弃,从税商寻求增加财政收入的做法被放弃。

由于国家职能上的消极主义、财政支出上的量入为出,第三帝国只能固守既有的疆域,中华国家的领土范围得以基本确立。在财政上,军事支出虽然占比较大的比例,但却不再像过去那样占有压倒性的地位。除明、清王朝末期外,第三帝国的财政收支平衡状况大体表现为结余。此时帝国最为显著的职能是内部的再分配,即通过现代财政中归为经济支出和社会支出的项目,在阶层间、时间上和空间中实行财富与物资的再分配。虽然在理念上和行动上这一再分配职能十分突出,但在帝国时代,并没有有效的制度保证财政会作有利于民众的再分配。在现实中,一旦财政紧张,有利于普通民众的再分配活动总是首当其冲地受到削减。

随着帝国的成熟,由皇帝个人行使公共权力、官僚协助的官僚君主制也达到较为完善的地步。在财政上,皇帝的公务活动与个人生活继续得到有效的区分,国家财政与皇室财政在理念上被严格地分开,在实践中也大体得到坚持。不过,帝国制度安排皇帝个人行使公共权力,以对其个人(及家族)的激励来约束其施政行为,这一制度的有效性严重依赖于帝王的个人素质。对君主公、私行为的原则区分,在现实中并不能得到有效的保障。在财政上的表现就是,帝国君主扩大支出并没有受到制度上有效的制约,特别是依附于皇帝的皇室支出,成为财政越来越严重的负担,并成为经济和社会发展的桎梏。

帝国官僚们具有双重身份：一方面,他们承担着协助皇帝治理国家的任务,代表着工具性国家对目的性国家行使权力；另一方面,他们作为民众的代表,被科举制度选拔出来,代表着目的性国家对工具性国家的支持。作为统治基础扩大的一个后果,第三帝国的士绅规模大扩张,在朝士人和在野乡绅共同发挥着治理社会的功能。不过,由于人员的扩张,加上财政收入的有限,第三帝国在财政支出上一个显著的表现就是：官俸支出总量虽不低,但每一个官员的俸禄却很微薄。为此,帝国财政发展出一种非正式收入体系来加以补充,从而使帝国完成了仅依靠正式收入体系不可能完成的各种职能。但由于非正式收入在合法与非法之间并没有严格的界限,因此该体系在现实中往往成为官僚们榨取民众财富、垄断经济机会的工具。换言之,帝国官僚制也慢慢地成为帝国经济和社会发展的桎梏。

---

① 叶振鹏：《中国历代财政改革研究》,中国财政经济出版社1999年版,第546—547页。

第三帝国上述财政支出安排,是在消极主义国家职能观支配下作出的,而消极主义国家职能又是以国家外部安全和内部稳定为条件的。一旦这样的条件不再具备,需要国家积极地行动去应对国内外危机时,就需要为急剧增长的支出寻求新的收入来源。正如第二帝国后期所显示的,这种新收入来源只能从工商业去寻找。要让工商业成为不断增长的稳固财源,国家就要积极地行动去发展工商业;要发展工商业,最为关键的是要确立个人产权与市场规则,以及为此提供保障的政治与法律制度,这意味着帝国制度需要整体转型。因此,帝国转型的动力,内在地蕴含于帝国职能能否保持消极的决定条件中。

重点提示

1. 量入为出在帝国时代是一项较为合理的财政原则,它在帝国体制内对皇权和官吏权力有一定的限制作用,也适应帝国经济与社会的现实状况。因此,量入为出原则标志着帝国财政支出制度的成熟。当然,这一原则所固有的僵硬性,在现实中也确实暴露出不少问题。

2. 帝国时期军费的筹措与供给,主要有两种制度并在两种制度之间摇摆:一种是实行兵农合一,即授田于全体或部分农民,他们平时耕种所受土地,战时自带装备参加战争,国家不支付薪酬;第二种是实行募兵制度,由专业化的士兵从事战争,薪酬与装备由财政集中供给。不过,兵农合一制不符合专业与效率的标准,到帝国后期实行的基本都是募兵制,可募兵制在本质上是把士兵当作雇佣兵,而雇佣兵往往只对军饷感兴趣,并无忠诚可言。

3. 帝国时期,财政支出中的再分配支出有三个方面,体现在阶层间(富裕阶层向低收入阶层的收入转移)、时间上(一年内青黄不接季节与粮食收获季节之间的平衡;在不同年份中丰收年份与歉收年份之间的平衡)和空间中(对水资源、物资和财富等在不同地理空间中的分布进行调配)。到了第三帝国时期,财政支出在这三个方面都有发展。与同时期的世界其他国家相比,中华帝国在再分配方面所发挥的功能独具特色。

4. 到了第三帝国,皇室费用与官俸支出的制度,在第一、第二帝国基础上得以进一步地完善。但与此同时,也带来了新的问题:皇室财政集中巨大财富却不承担税赋,对国家财政及农业、工商业发展却有不良影响;官俸支出给予官员的俸禄过于微薄以至于不得不发展出非正式收入体系予以补充,可非正式收入体系却会成为官僚们榨取社会剩余、垄断经济机会的工具。

5. 第三帝国时期财政支出安排,是在消极主义国家职能观支配下作出的,而消极主义国家职能又是以国家外部安全和内部稳定为条件的。一旦这样的条件不再具备,需要国家积极地行动去应对国内外危机时,就需要为急剧增长的支出寻求新的收入来源。

 思考题

1. 财政上的量入为出原则对帝国国家治理而言,具有什么样的意义?
2. 在中华帝国范围内,能否长期保持兵农合一的军事财政制度?
3. 帝国依靠什么手段来筹集国家危急时刻的军费开支?
4. 为什么中华帝国时期财政上的再分配支出,受到西方学者的广泛重视?
5. 为什么在三国时期,冀州是"兵精粮足"之地,而到中唐以后江南才是主要的钱粮重地?
6. 为什么明清时期像海瑞那样的清官,生活过得非常辛苦?
7. 宗室及宗禄在中华帝国政治中具有什么样的意义?

第十二讲 第三帝国不断集权却难以理性化的财政管理体系

财政管理既涉及对政府部门的管理活动,又涉及政府对民众的管理,前者可称为内部管理,后者可称为外部管理。在财政管理制度建设方面,第三帝国延续着第一、第二帝国集权化的趋势,并取得明显的进展,表现在财政管理机构进一步完善、中央对地方控制更为有力、政府运用财政手段管理民众更加有效等几个方面。特别地,最终在第三帝国时期完成的货币财政,既是财政管理演进的后果,又成为财政管理进一步发展的工具。

不过,第三帝国财政管理体系虽然呈现出不断集权的趋势,但在帝国框架内却难以真正地实现权力运行的理性化。事实上,财政管理制度及其现实运行所表现出来的种种非理性问题,在帝国制度框架内是难以真正解决的。

第一节 货币作为财政管理工具之发展

货币是一种重要的财政管理工具,货币财政的发展是中华帝国财政史上的重要事件。在第三帝国,依托于海外流入的白银,货币财政制度得以真正地确立。

一、货币的财政功能

从财政的视角看,货币的作用体现为以下三个方面。

(1)增加财政收入。货币发行所形成的购买力减去货币制造成本之后产生的差额,就形成了财政收入。如果这种货币购买力不是由市场决定,而是由政府强制规定,那么货币就成为隐形的税收工具,成为政府掠夺民众财富的手段;如果这种货币购买力由市场决定,但国家垄断货币发行权,由此产生的收入包含了垄断租金。

(2)管理社会经济。社会经济运行需要货币来发挥媒介的作用,用国家统一发行的货币代替市场自发产生的货币,可以减少社会经济成本,促进社会经济的发展。政府也可以通过货币和实物之间的关系,来调节生产和流通。在《管子》和《盐铁论》中,有相当篇幅的文本在讨论货币在财政中的运用,它们是中国古代财政管理的智慧。

(3)实行国家储备。为了实现在时间和空间上的再分配,就需要进行必要的仓储。在保证基本实物仓储量的前提下,财政上进一步储藏货币显然比储藏实物更有优势(如易于运输、不会腐烂等)。

基于以上原因,帝国时期的财政一直高度重视货币的使用,并发展出许多管理的艺术。如《管子》中说到的"轻重之术",就是中国古代财政管理中运用货币的智慧结晶。如第三讲所述,"轻重"本指金属货币的轻重,它不仅会改变货币价值的大小,同时也会从相反方向引起商品价格的涨落。从战国时代起,中国学者就运用"轻重"这一范畴来探讨和揭示商品与货币的相互关系,并利用这一关系来管理经济与社会。这样的管理艺术,构成所谓的"轻重之术"。

二、第三帝国以前货币的发展

在第三帝国以前,国家发行的货币大多为铜币,金银等贵金属只是在特殊场合(朝廷赏赐、大宗贸易特别是对外贸易)中使用。而以铁等贱金属铸币,在帝国时期也曾出现过,但使用时间和范围都很有限。在财政上,铜币的制造成本高,由此获得的财政收入并不多,收入多少主要取决于铜矿的发现与开采能力,以及铸造成本等。随着商品经济的发展,在越来越大的商品流通量要求下,铜币因其笨重低值而不再适合充当交易媒介。特别地,金属货币的数量受金属矿藏开采量的限制,当经济增长速度超过金属货币发行速度时,就可能出现通货紧缩效应,这不利于经济的发展。

正因如此,在两宋期间纸币被创造出来,以充当交易的手段。纸币的出现是有现实基础的,它既能让财政获得发行收入(制造成本低),又能充当低成本地商品交易媒介(金属货币携带成本高),适应了宋代经济快速发展的现实。到了元代,纸币甚至一度成为商品交易的重要手段,以至于到明初商民还多喜用钞(政府也乘机发行宝钞)。但正如宋、元的历史所显现的,由于此时的政府既缺乏金融知识(如发行准备金和发行量等),更缺乏有效的手段来约束自己滥发纸钞的冲动,因而纸币发行往往成为赤裸裸地掠夺民众财富的手段。

在中国的地理空间中,金银储藏并不丰富,因而在早期金银并未成为主要货币。不过,据史书记载,西汉时期盛行黄金,但到东汉,黄金量急剧减少,有一个具体表现就是东汉皇帝的赏赐很少用黄金。东汉黄金急剧减少,有时被称为中国历史上的"一个谜"。彭信威先生曾从黄金国有政策、黄金外流、工艺耗用、殉葬入土等多方面,来破解这个谜[①]。汉

---

① 彭信威:《中国货币史》,上海人民出版社 2007 年版,第 103—109 页。

武帝时期,也曾用白金币(银锡合金)来掠夺豪强财富。总体而言,金银因自然特性(价值贵重、物理性质稳定),适合当作储藏手段和帝王赏赐的工具。如前所述,在帝国早期的大宗贸易(特别是对外贸易)中,金银也曾以其价值贵重而成为支付的手段。到了第二帝国时期的宋代,由于经济发达而使流通中的铜钱数量不足,金银(特别是白银)开始在少数场合具有了流通手段的功能。官方用它来收兑纸币、支付禄饷,因而部分地承认了它的货币职能。南宋时期,对外贸易发达且长期为出超状态,这样由外部(日本、中亚和欧洲)流入了不少金银,补充了中国本土储量的不足。其中一个表现是,13世纪前后欧洲白银产量特别增加,而此时中国银价相对跌落①。也就是说,在宋代铜钱虽仍是统一的财政标准,但是民间已开始使用金银(特别是白银)。中亚地区曾经长期广泛地使用银币,因此征服中亚之后又征服中原的蒙古政权,就在中原地区大量地使用白银,并以其作为财政单位。这样,中原地区开始有了大规模使用白银作为流通手段的习惯。不过,作为征服政权的元政府,大量使用的货币并不是白银而是以银为本位的纸钞,以图在短期内增加财政收入。就是说,元代的财政标准,虽常以银为单位,但在实践中官方却普遍用钞。

三、第三帝国时期白银货币的兴起

到了第三帝国初期,明政府以实物为基本财政单位("粮食石")。不过,在王朝初期政府沿用了一段时间的元代旧习,明定钞法,发行宝钞。与此同时,"禁民间不得以金银物货交易,违者罪之,以金银易钞者听"(《明史·食货志五》)。在永乐、宣德年间,多次重申"交易用金银之禁"。可是宝钞由于滥发而失败,到了15世纪早期,宝钞价值仅仅相当于其最初价值的1/4到1/7,甚至更低。相对而言,民间对用银作为交易手段最有信心,因其辨别容易,价值稳定,且不像铜钱那样笨重。事实上,铜钱不仅笨重,而且发行量不能满足经济发展的要求。例如,根据北宋的经验,要想保证货币供应充足,国家每年要铸造20亿到30亿文铜钱(每人每年大约需用50文新钱)。可按明朝官方记录,即使在产量最高的14世纪,国家每年也仅能铸钱1.9亿文②。于是,在英宗时开始"弛用银之禁。朝野率皆用银,其小者乃用钱"(《明史·食货志五》)。从此,白银渐渐成为民间交易的通用货币。

这一时期,白银不仅慢慢地成为主要交易手段,而且还成为明中期赋役改革的主要手段(赋役折银)。之所以能够如此,显然主要是因为通过长期海外贸易而流入的白银已经有了一定的蓄积,民间也对白银作为交易手段普遍加以接受。折银是明朝成化、弘治年间以后,从地方到中央赋役改革的主题之一。这场改革,先以民间的呼吁为主,后来大臣在奏疏中也大量反映民间的这种呼吁。伴随改革推向深入,各地都有折银后"从民便""民称便"的记录。因此,如果没有民间的基础,没有社会的需求,折银趋势就不可能这样势不可当,白银货币化也不会如此迅速。当然,赋役折银或者说财政货币化又进一步地促进了境外白银的流入。1570—1644年,美洲白银总共大约有12 620吨流入了中国,而1540—1644年的100多年间,日本流入中国的白银约有7 500吨左右。这一时期,日本白银产量

---

① 彭信威:《中国货币史》,上海人民出版社2007年版,第375页。
② 黄仁宇:《十六世纪明代中国之财政与税收》,生活·读书·新知三联书店2001年版,第89页。

的绝大部分和美洲白银产量的一半左右流入了中国①。与此相对照,国内对白银的开采,并未成为政府重要的收入来源,最多时一年也只有10万至12万两。

也就是说,依托于境外白银的大量流入,在明朝中后期第三帝国基本建成了货币财政。政府在财政征收时使用白银,在财政支付时也使用白银。这样做,大大减少了中间层次的积压和可能的实物毁损,从而节约了财政征收、储藏和运输的成本。这一使用白银的做法被清政府全面地继承。虽然清政府也曾发行纸币(顺治时期应江南军需发行钞贯),但只在短期和有限区域内使用。因此,第三帝国开始成为真正的白银帝国,白银成为国家财政收支和民间经济交易的主要货币手段。

需要注意以下两个方面的情况。

第一,明代中期开始,财政收支虽然全面以银为单位,但作为小额单位的货币铜钱,在民间仍大量使用。特别地,地方政府偏爱收取铜钱,以便操纵铜钱与银两的兑换比例以增加收入。不过,明政府铸造的铜钱并不多,甚至在法律上一度长期禁止铜钱流通,直到1435年后铜钱使用才合法化。隆庆元年(1567年)规定,买卖货物值银一钱以上,银、铜钱皆可使用,而一钱以下的货物交易只准用铜钱。

第二,明代并没有宣布将白银作为官方标准,在正式财政单位中,国家仍然以粮食的石数作为基本单位。这一方面反映了明政府的保守性,另一方面则是因为可通过操纵粮食石与白银之间的折纳比例来增加财政收入。

清代延续明代的做法,以白银作为财政的基本收支手段。与明代相同,它只是以白银重量为计量单位,并未建立起真正的银币制。银两制的缺点有:形状与重量不一,不方便使用;成色高下不齐,使用者易遭剥削与暗算;平砝不一,计算繁难等②。在铜钱定制和铸造方面,清政府做得比明代要好,白银货币能够较为有效地依托铜钱的发行与流通。如顺治二年(1645年)立钱制,规定每文重一钱二分,凡七文准银一分。这一制度后来多次更迭,至雍正十二年(1734年)每文铜钱重一钱二分基本成为定制。这样,民间小额交易与民户纳税以铜钱为主,而政府财政安排则以白银为主。银钱之间的比例关系,既有官方规定标准,也有市场标准。如第十讲所述,各级官吏经常有意识地操纵兑换比率,以获取额外收益。

在货币发展的基础上,资本与金融机构也有所发展。如经营银钱兑换与借贷业务的钱庄,自明代开始产生,并于清代大为流行。此外,主要以兑换和熔炼纹银为业务的银号,也从事部分资金融通业务。从事资金融通业务的还有当铺,依资金来源可将其分为三类,即皇当(皇帝或皇室出资)、官当(各级军政衙门出资或由贵族官僚拥有)、民当(百姓拥有与经营)。到清代,当铺遍布全国。明清政府对资金融通的利息与计息方法,实行管理和限制。如明代规定,"凡私放钱债及典当财物,每月取利不得过三分,年月虽多,不过一本一利"(《明律·户律》)。清代像明代一样,规定每月取利,不得过三分。在民间,这一限制很少得到执行,月利率经常达到3%—9%,甚至更高。如此高的利率,说明资本的缺乏。

---

① 万明:《晚明社会变迁问题与研究》,商务印书馆2005年版,第240—241页。
② 千家驹、郭彦岗:《中国货币演变史》,上海人民出版社2005年版,第181页。

也就是说白银货币化未能带来资本的深化,未能发展出有效的货币金融机构与资本市场。

四、第三帝国时期货币发展的影响

白银成为主要货币,是中华帝国目的性国家变迁的一个标志性事件,它说明经济货币化程度的加深以及商品经济发展程度的提高。白银货币化及货币财政的完成,也对工具性国家有积极的影响,如节约了财政管理与财政调运的成本,提高了政府调控经济和社会的能力等。

以现代眼光看,贵金属白银成为流通领域中的主币,除了自身具有相对于贱金属而言的优势外,还有正反两方面的意义:从正面来说,相对于纸币发行,货币量取决于金属量,使政府丧失对货币的绝对控制和垄断权,因而可避免因政府滥发货币而伤害经济;从反面来说,由于不能随经济增长程度而增加货币,会出现通货紧缩的危害,特别是第三帝国的货币量严重受制于国外流入的白银数量。就是说,当外部流入白银持续大量减少时,就会对国内社会经济运行产生严重的影响。明末中国社会危机的总爆发,与世界通货危机有着不可否认的联系。就是说,明亡除了政治、军事的原因外,还与17世纪中期世界白银开采量锐减而致流入中国的白银减少有关[1]。清代道光时期因鸦片流入而导致白银外流并引发经济社会危机,更是中国历史上的深刻教训。货币问题的真正解决,有待于现代中央银行机制与纸币制度的出现[2]。

第二节 财政在内部管理制度上的完善

财政机构,是实施内部财政管理的主体。第三帝国在借鉴前人经验与教训的基础上,健全了自上而下的财政收支与监察机构。在此基础上,设立了一整套相对完善的核算制度,以此确保财政管理活动严格地进行。

一、从中央到地方的财政机构

帝国财政以君主家天下产权方式为基础建构起制度体系,这就内在地要求所有管理机构设置都必须保证君主对财政资源的支配权,所有的制度安排都必须保证各级财经官员对君主负责,从而形成一种集权性质的财政管理体系。不过,在一个国土广袤、地区差异极大的帝国实现集权,是一件非常困难的事情,需要中央政府与地方政府在财政权力与财政责任等多方面进行多方探索。从第一帝国至第二帝国,财政管理制度建设都围绕集权化目标进行。到了第三帝国,这一制度达到比较健全的地步,首先表现出来的就是财政机构从中央到地方的健全。

---

[1] 万明:《晚明社会变迁问题与研究》,商务印书馆2005年版,第245页。
[2] 波兰尼:《大转型——我们时代的政治与经济起源》,冯钢、刘阳译,浙江人民出版社2007年版,第167—168页。

（一）中央财政机构

第三帝国财政机构得以健全，一个关键的环节是户部在机构设置与职能完善上取得了重要的进展。由于第三帝国废除了宰相制度，户部直接对皇帝负责，这就在制度原则上保证了户部的权威。在原则上，户部的职能非常重要，"掌天下之地政，与其版籍，以赞上养万民。凡赋税征课之则，俸饷颁给之制，仓库出纳之数，川陆转运之宜，百司以达于部。尚书、侍郎率其属以定议。大事上之，小事则行，以足邦用"（《大清会典·光绪朝》第13卷）。王天有甚至认为此时的户部"才真正成为管理全国财政、经济的最高机构"[①]。当然，与现代国家相比，制度实践中的户部权力，只是皇权的延伸，并不具备独立的制度性权力。

与过去以任务为导向不同，第三帝国的户部在下设机构时以地区为导向，即按行省设置清吏司（明代为十三个、清前期为十四个），司之下再设民科、度支、金科、仓科，分别管理户口、赋税与仓库等相应事务。具体说来，民科负责地理、田土、户口、物产多寡登耗之数等，度支负责夏税、秋粮、存留、起运及赏赉、禄秩经费，金科负责市舶、渔盐、茶钞税课及赃罚之收折，仓科负责漕运、军储出纳料粮等。各司除掌管其所管分省之事外，还分别兼领所分贡赋及诸司卫俸禄，边镇粮饷，并各仓场盐课、钞关等事务。另外，户部还下设都转运司、市舶司、茶马司等管理全国的盐务、外贸、茶马等事项，并设一些专门机构征收特别税收。

这些机构在户部尚书领导下，共同完成以下职能。

（1）作为专业机构，为皇帝实施财经政策，特别是临时性再分配政策，提供咨询意见，同时管理专卖、铸币等事项，并直接征收部分税收。这些税收主要是就内陆商业交通水道征收船钞（向从事水路运输的船主征收），其中特别重要的是1429年后陆续在大运河上设立的七个钞关（通行税），它们都由户部派出主事加以管理。后来，钞关还逐渐接管码头地区的商税管理。另外，户部还直接派人管理北京崇文门的税关（征收通行税）。

（2）作为国库、会计及出纳的主管，收取通过漕运而来的各省上缴钱粮物资，加以仓储（如银库、绸缎库、颜料库，以及贮藏漕粮、白粮的京通各仓等），并对相关账目进行管理。

（3）作为上级监督机构，对各省的财政工作进行监管，审核它们的年度财政报告。在清代，各省首长必须每年向户部提交三种财政报告：全省下一年开支预估报告，半年一度的省库报告，以及一份称为奏销册的年度收支报告。

（4）作为协调者，就有关税赋、仓储等事项，与工部、内务府等中央机构或皇室机构进行必要的工作协调和资源调配。工部不但负有工程建设的责任，而且还有金融职能（下设宝源局可以铸币）与部分财政职能。如明代，原来地方负责上供给工部的工程物料、劳役被折银后，地方就将这部分银两直接上交给工部。役归于地后，这些银两与田赋一并征收，这样工部与户部就有了一定的竞争关系。另外，工部还在部分关卡收取特定税收，如竹木抽分，它原来向造船原料征收的实物税（限于竹木），后来向包括麻绳、钉子等造船涉及的一切项目以白银征税。

在中央政府的层次上，户部负责国家财政，而内务府负责皇室财政。第三帝国时期，

[①] 叶振鹏：《20世纪中国财政史研究概要》，湖南人民出版社2005年版，第307页。

国家财政与皇室财政在原则上做了比较明确的区分，但明中后期这一区分原则常被突破，表现在管理上就是宦官管理的赋税衙门和仓库一再地膨胀。清代帝王吸取了明代国家财富多为宫中耗尽的教训，对内府库藏的收入来源与用途进行了明确的划分，比较有效地限制了皇室财政对国家财政的占用。这样，清代负责国家财政的户部就基本上能够正常地运行，内务府也能相对独立地运转。大体上，内务府的经费来源有：来自国家财政拨入的皇室经费、来自盐业的收入、来自榷关的收入、贡品、没收、罚赎、捐纳、内务府的商业活动、生息银两等。盐业收入大都归为国家财政，但清政府特准两淮盐运史、粤海关监督等盐政、海关官为内务差遣专缺，从这些地方得到的收入，除按规定上缴户部外，另有相当部分以"报效"方式进入内务府库藏。内务府负责的经费支出有：皇室日常膳食和服饰用品、赏赐、节日庆典、修缮祭祀、出巡、衙门办公费和官员差役人员的薪资等。

（二）地方财政机构

第三帝国时期，实行省区财政、道府财政、州县财政三级，其中省区与州县是更为基本的管理层次，前者直接对中央负责，并综理一方；后者则被视为财政体制的基础和最基本的财政实施单位。

具体分工如下：

（1）在省级，由布政使司负责总掌一省之户口、钱粮、田数、禄饷、均贡、赋、役于各府州县，在布政使司之下设有参政、参议分守各道，派管粮储、屯田、水利等事务；

（2）府由知府总管赋役、籍帐、仓库、水利等事务，下有同知、通判分管粮政、农田、水利等事务；

（3）县由知县督征贡、赋、役，下有县丞、主簿分理。

事实上，只有州县级地方官员才是真正的财税官：在他之上的官员，基本上都是监察官员（府级的税课司征收部分工商税、田宅买卖税，督抚一级分享盐政等管理权）；在他之下的，是民间的里甲、粮长或乡绅，他们是县官征税的协助者。这样，以县级地方官员为中心，形成了一套自上而下（从户部到各司、各布政使司、府、州县、里甲）的财政管理机构体系。黄仁宇先生对明代财政机构的评论，大体适用于整个第三帝国："县是一个基本的税粮征收单位，府是一个基本会计单位，省是一个中转运输单位。"①

（三）财政监督机构

在财政机构方面，除了设置中央与地方财政机构外，还有定期、不定期的御史巡查监督制度与机构设置。如明代，在中央层次上，由都察院御史查勘每年之存留、起解数目，还巡视仓场、内库、盐政、茶马、漕运等，由各部给事中巡视太仓库、甲字诸库等。明代在地方层次上，各布政使司、都司、直省府县卫所贮金银等库，由巡按御史三年一盘查；各运司贮银之库，年终由巡盐御史委官盘查。此外，巡按所到之处，均视察仓库、查算钱粮，对贪污者绳以峻法。在清代，御史对财政监察的任务，与明代相比变化不大。

（四）在中央与地方财政机构间寻求集权与分权的平衡

在中央政府与地方政府之间寻求合理的权力划分，一直是中华帝国制度探索的重要

---

① 黄仁宇：《十六世纪明代中国之财政与税收》，生活·读书·新知三联书店2001年版，第24页。

主题,其中关键的问题是试图在集权与分权之间寻求某种平衡:中央过度集权,就不能适应各地方的差异;而给予地方过多的权力(分权),则可能导致国家的分裂与公共权力的分割。

在描述和概括中华帝国中央与地方财政管理权方面,学者们历来有两种不同的观点。一种以梁方仲先生的观点为代表,在他看来,帝国财政管理"在历史上地方从来没有独立的财政(割据时例外)"。另一种观点则以周伯棣先生为代表,在他看来,帝国时期"理论上是中央集权,实际上常常是地方分权。其次,开国之初,统治力量较强,则中央财政常常压倒地方财政;到了末叶季世,统治力量衰落,则地方财政又常常破坏了中央财政"①。

上述两种看似相反的观点,验之于第三帝国的财政,似乎都能找到例证。要理解这种表面矛盾的现象,其关键是要把握第十讲所述的正式财政收入体系与非正式财政收入体系的区分。一方面,从第三帝国的正式财政制度看,其制度的精巧与严密已达到很高的成就,在相当程度上实现了集权,符合梁方仲先生的说法。另一方面,从非正式收入体系来说,地方政府官员在控制非正式收入、用非正式收入来举办地方事务等方面,有极大的灵活性,与此同时他们也常常突破制度约束为个人捞取好处,这符合周伯棣先生的说法。

也就是说,通过正式与非正式收入制度的配合,为寻求中央集权和地方分权间的平衡提供了一种可能,即在保持帝国统一与财政集权的前提下,为地方因地制宜发展公共事务提供了条件。但是,如前所述,非正式收入体系的存在,在相当程度上又破坏了正式制度的统一性与严肃性。由于始终介于非法和合法之间,它为官民行为留下许多不可预期的空间。因此,帝国财政制度在表面集权化理性化的同时,仍存在大量非理性的特征。

二、会计核算制度

自第一帝国起,帝国财政管理就注意运用较为严密的会计核算手段。到第三帝国时期,会计手段发展得更为严密与完善,这主要体现为会计录的编制与奏销制度的健全。

(一) 会计录

在第三帝国,上级政府和下级政府之间就赋税的征收与解送情况,实行较为严格的起运(上解)和存留(保留)制度,目的在于加强中央的财力。在明代,各省级政府把用来支付内地军费、藩禄、驿站、官俸及教育经费等钱粮留下后(存留),其他部分全部解送到中央或九边(起运)。起运到中央的部分,分储于户部太仓库等五类仓库中,起运到九边的包括民运税粮和盐引两项。上述起运与存留的规定,被认为"是明代财政制度的核心内容"②。这一制度在清代得到了保留与完善。在清代,省级政府的起运,除了将财赋运送到京师外,还有一部分可能按中央的要求送往其他省份,前者被叫作解饷或京饷,后者被称为协饷。如康熙二十四年(1685 年),起运银与存留银所占全国赋税银总数的比例分别为 77.7% 与 22.3%,起运银是存留银的 3.5 倍。嘉庆末年(19 世纪初)全国所征赋税银中,地方留存仅是起运银的 17.4%,起运银是留存银的 4.7 倍。至 18 世纪初,清政府发展出了一套较为完整的解款和协款制度。它将所有省份分为自足的、不足的和有余的三种。自

---

① 叶振鹏:《20 世纪中国财政史研究概要》,湖南人民出版社 2005 年版,第 303—304 页。
② 同上书,第 305 页。

足省份(福建、广东、广西)的财赋(不包括盐课和常关税收入),刚够应付军饷和政府机构开支,无需上交京师或协济他省。不足省份(陕西、甘肃、四川、云南、贵州)不用上缴财赋,还有权从其他省份得到补助。有余省份(山西、河南、直隶、山东、江西、湖北、湖南、浙江),其财赋超过了开支的要求,需要将剩余收入上缴京师或协济其他省份。

为了反映上述起运、存留及仓储情况,户部每年编制会计录,分岁征、岁收、岁支、岁储四大项,于年底进呈皇帝,并作为次年岁派实征、通融节缩的参考。会计录反映各省上缴的财赋(如地丁银),以及户部自收的商税、盐专卖收入等,并在会计上反映其他部门(如工部)所收税赋。除了收入外,会记录还反映财政支出与仓储情况。在户部与各省级政府之间,无论是征收、支出,还是调拨、储库,在制度上都有严格的规定。如课征地丁钱粮,均照《赋役全书》开载经征,大体过程如下:每年开征前,州县衙门先将《钱粮会计册》呈户部查核;开征时,由布政使司钤印的红簿,需和经征花户填写的串簿进行对验,然后再送省磨勘用印;所纳钱粮,各州县随征随解,为的是防止挪移偷盗。

(二)奏销制度

在明代财政管理基础上,清代自顺治、康熙时起,就着手在财政管理方面建立一套完整的财务奏销审计制度。奏销制度通过一系列下级官员对上级官员上缴清册(奏销册)的行为来体现,最为重要的是各省督抚给户部上缴清册。每年年终,州县地方官编制已征与未征赋税的清册,然后将这些清册上缴给布政使(有时通过知府或道员等中间官员呈递)。布政使亲自填写全省的四种清册,即开列的旧管(上年余额)、新收(本年收入)、开除(本年支出)、实在(本年余额)四项,接着向督抚承缴文稿,而督抚衙门人员则誊抄黄册上呈皇帝,并誊抄"清册"上缴户部。这些报告包括地丁钱粮征收、开支、欠征、起运京师、省里存留、划拨军队费用、为京师购买土产等各数目,以及剩余的数目。在这些奏销册里,下级官员(特别是各省官员)必须对他们簿册中的数据作出解释和说明。那些正式经费在拨款时,要上报确切的数目,否则不能支出;未得户部批准,任何地方存留经费都不可以支用。户部收到奏销册后,会将地方官员的奏销与京中的那些收据相比照,以确保所有的收入与支出相等,并且所有的支出都是事先经过同意的。在对有关数据逐项进行审核后,户部或准或驳,并将清册发还督抚修订,或要求其对有关问题进行解释。

除了"奏销册"外,各省官员还将记载经征钱粮情况的"考成册"交给吏部,以备最后考核驳查。这样,虽然户部不能向地方督抚直接下命令,但在地方收入的日常支用问题上,它的权威得到了保障。除了地丁钱粮外,其他如关税、盐课、茶课的征收与支用,亦都各有相应的奏销制度。在支出方面,中央和地方的额外开支,经奏准后,向户部实支实销,一些临时性的收支项目,采取尽征尽解、实用实销的方式加以解决。

奏销制度是帝国财政管理发展的标志性成果。正如曾小萍评价的,它"确确实实为地方和各省,为以后的皇帝们强化公共财政领域的责任制定了标准。特别是,它通过将监督征缴和支出的权力赋予一个机构,对明朝的制度作了进一步的改进"[①]。

---

① 曾小萍:《州县官的银两——18世纪中国的合理化财政改革》,董建中译,中国人民大学出版社2005年版,第17页。

第三节　财政对目的性国家的管理

上述财政管理制度,主要是财政针对内部的管理制度。它的完善,既是工具性国家自身发展的后果,在一定程度上也是受到目的性国家推动的结果。与此同时,财政管理活动还含有外部管理活动的内容,它是帝国工具性国家对目的性国家行使财政权力的体现,其有效性依赖于一定的基础和条件。中华帝国财政的外部管理,其设定的目的性国家的理想基础,是一家一户的小农经济活动,家家户户占有不大一块田地,男耕女织,以此完成纳粮服役的财政义务。在第三帝国初期,该理想基础也有一定的实现可能,即战后初期大量荒芜土地的存在以及明太祖恢复小自耕农局面的努力。

但在现实中,上述理想却会有所偏差,出现变形。之所以如此,一方面是因为作为工具性国家的一部分,财政管理制度本身存在着缺陷,另一方面则是因为目的性国家处于变迁过程中。

一、财政对目的性国家进行管理的制度基础

第三帝国初期,土地占有状况因战乱而得到一定程度的重新配置,小农对土地分散占有的理想状况大体得以恢复。在此基础上重建的财政制度,也成为适应这一时期目的性国家状况并对其进行管理的重要手段。人口土地图册(即黄册与鱼鳞册)和里甲、粮长制度,是其中最为重要的两个环节。

(一) 人口土地图册

人口土地图册的重建,开始于明初洪武年间(1368—1398年)对人口和土地进行的调查活动。洪武三年(1370年),调查登记人口的图册实行半印勘合户帖制度。户帖大小不到三尺,内容包括姓名、年龄、籍贯、人口、男子已成丁或未成丁数、妇女与小孩数,产业田亩数、瓦、草房间数、牛畜数等。编制时,由地方官和户部尚书押名,以字号编为勘合,用骑缝印;半印勘合交由户主收执,而户籍名册则上交户部备查。以后凡人口有增减变动,均得申报。如不申报或隐瞒年龄的,家长要受杖100以下的处分。

在户帖制基础上,洪武十四年(1381年)又建立了更为严密的黄册制度。黄册制度以户为单位,登载各户乡贯、姓名、年龄、丁口、田宅、财产,并以元朝版籍为准,进一步地按职业强制固定人口的籍属。户籍名色很多,划分很细,主要可归纳为军、民、匠、灶(即盐户)四大类,各类不准转籍、析居和过继,以保证赋役的征收。黄册以里为单位汇总装订,送户部的以黄纸装面,故称黄册或户口黄册。册首有一总图,每甲有一全图,不足十户有半图。一里中鳏寡孤独不服徭役的则附于册尾,称"畸零带管"。黄册每十年一造,经核定后,一式四份分别送户部、布政使司、府、县,并成为征派钱粮、佥发徭役的依据。

上述黄册中有土地状况的记载,不过登记土地的主要为鱼鳞册,它起源于宋代的土地清丈与地籍登记活动。洪武二十年(1387年),土地登记进行了制册活动,形成鱼鳞图册。

册上开载田主姓名、田之丈尺与四至,并绘成图,详细注明土质之类别、肥瘠,位置高低等。每户照册上的钱粮田段,各给号单一纸收执,开明坐落、亩数、四至图形,以后遇有交易推收,即将号单粘入契内,以防弊漏。

就制度而言,明代实行的黄册和鱼鳞图册,将第三帝国财政管理水平提到空前的高度。正如梁方仲先生所说,它使中国古代田赋制度"到了明代达到一种空前的严密结构"①,也为后来清政府对人口和土地的管理提供了条件。

(二) 里甲、粮长制度

在人口土地账册的基础上,明代初期建立了体系严密的里甲制度和粮长制度。同样的,这既是财政管理的工具,也是工具性国家对目的性国家进行管理的手段。早在明朝建立之初,苏州、湖州等地就已经以不同形式实施了与里甲相类似的制度。到洪武十四年(1381年),这一制度以比较统一的形式推行至全国。大致上,在黄册编造时建立里甲制。一个甲长、十个甲首,管一里之民政、礼教、生产、赋役等事,以10年为一周期,称"排年"。里甲制首先应履行的是财政上的职责,已如第十讲所述。与此同时,里甲制也是强化基层统治以稳定社会秩序的工具。政府要求,里甲中的各户要了解彼此的丁口、职业,互为担保。逃亡、流徙均属非法,出入邻里要互相告知,离境他住要领取"文凭""路引"方能通行,否则要受到杖责并押回原籍处分。一人违法,全家受牵连;邻里知情不报,便要连坐。在里甲制的基础上,部分地区还推出粮长制。粮长的主要任务是前已述及的田赋催征、经收和解运事宜,但也承担了一些诸如教化乡里的管理职责。

从以上可见,明初建立里甲制的目的,是试图在人口相对均匀配置、家庭状况被政府大致掌握的前提下,建立一个个相对封闭的、易于管理的社区。但随着各级官员对黄册和鱼鳞册的编制消极应对,以及社会经济变化带来人口、土地的不断流动,地方政府越来越难以掌握人户和土地的准确分布。特别地,随着经济状况发生变化并被里甲制拖累,原来的里甲首领(农村富户)日趋没落或大量破产。"役归于地"之后,土地成为财政征收的主要依据,编制人口黄册的必要性越来越弱。于是,地方政府经常地不再更新黄册;没有账册基础,基于人口编制而建立的里甲体系也就日益破产。

清代初期,在战争造成的人地关系重新缓和的前提下,清政府试图恢复里甲组织,重申编审之法。顺治三年(1646年),清廷下令修造《赋役全书》,实行"因田定赋,计丁授役"的制度。顺治五年,要求编审天下户口,"照旧例攒造黄册",重建里甲体系。真正大规模的行动,在顺治十二年(1655年)以后展开。到了顺治十四年,在账册编审基础上形成的《赋役全书》宣告完成。从顺治十三年起,制度规定编审人口黄册每五年进行一次。具体步骤是:先以户为单位,将本户的丁口、地产依式填写,交予甲长,然后汇集成册,由甲至里、至州县(附有田地、山、水、道路的地图)、至府、至省、至户部,最后由户部具报皇帝后收贮于府。大体上,在人口黄册重订基础上,清代又重建了里甲制。

清政府重建里甲制,主要目的已不像明初那样据以征收实物形式的"役",而是征收货币形式的、基于人丁数与财产价值的"丁银"。如前所述,从明中期开始,许多地方丁银负

---

① 叶振鹏:《20世纪中国财政史研究概要》,湖南人民出版社2005年版,第31页。

担已摊入田亩中。到了康熙五十一年(1712年),清廷实行"滋生人丁,永不加赋"政策。雍正时又全面推行"摊丁入地",把原征丁银摊入地亩或地粮中征收。此时,正式财政收入大多依托于田亩征收,在财政上人口统计失去了价值。于是,在现实中人口账册常常几十年得不到修订,以人口统计与乡村组织为基础的里甲制,又失去了存在的基础。

从对目的性国家的管理来说,清代中期开始主要依靠保甲制。保甲组织虽然在宋、明时代就已出现,但其体系形成、全面推广则是在清代。保甲组织的形式是十户为甲、十甲为保,属两级制,后来在甲之下又加进了牌,成为牌、甲、保三级,仍为十进制,分别设牌头、甲头(甲长)和保长。每户发有印牌一份,上书户长及成员的姓名,凡有出入都要一一注明。为了强化保甲组织,还有所谓连保或互保,连保与连坐联结在一起。在一定意义上,保甲制相当于不再负担财政职能的明初里甲制。

二、财政对目的性国家进行管理的实践

上述制度,既是财政征收的依据,又是工具性国家管理目的性国家的手段。在此前提下,财政对目的性国家的管理活动,主要体现在田赋征收中。

康熙时期开始,田赋催科的方法就被总结为四种:"以分限(分期征输)之法纾民力,以输催(滚单)之法免追呼,以印票(三联票)之法征民信,以亲输(自封投柜)之法防中饱"①。其内容大致如下:以五户、十户人家共用一单,在民户名下注明田亩和应征银米数字,春秋两季各应完税若干,分作十限,由甲内首名挨次滚催,一限即完,二限接起;采用三联印票(即增加截票的一联),一存州县,一付差徭应比,一付花户执照(民户手里拿到一联作为凭据);催征钱粮之际,花户必须亲到官府交纳,县衙前排列大木柜,纳户将所交银钱自己封好投入柜中,地方主要官吏到场共视;起运开柜之日,也有地方官当场观验并开封起解。

在制度上,财政征收的启动由知县指示主簿(管田赋账目)开出易知由单(即征收通知,具体写明一定时限内应缴纳的赋税数额)开始,然后在县衙门设立储放税款的钱柜若干。收到田赋后,县衙再将从每一户纳税人那里收来的税款数额,记录在账上。当然制度上还有规定,对拖欠或拖延缴纳田赋的民户给予必要的惩罚,如派遣"催差"下乡催税(要额外收取差费),传唤拖欠交税的纳税人,对其施以体罚、罚款等。上述种种做法,无非是在财政领域中建立起国家对民众的直接统治,避免官吏在此间的操纵和对国家权力的截留,减少营私舞弊的机会,也减轻民众的负担。

不过,让分散在各乡村的广大民户都到县衙门口自封投柜,只是一种制度理想,在现实中这样做显然成本太大。于是,知县可能采取以下两种办法加以补充。

一是在广大农村设立银柜(称"乡柜",与此相对,设在县衙门口的为"城柜")。这样农民可在当地将税银自封投柜,不过要负担前来收税的书吏和衙役们的费用以及将税款运至县衙的开支。

二是通过中间包税人来操作,即通过知县与包税人的约定(也可能由纳税民户与包税人约定),知县只获得预先商定的定额,包税人负责向分散的民户征税并获得超出定额的部分。

---

① 何孝荣:《清史十五讲》,凤凰出版社2010年版,第122页。

充当包税人的,可能有衙门的书吏衙役,也可能是民间乡绅或有实力的商人、富户等。

三、财政对目的性国家进行管理在制度上的缺陷

如前所述,第三帝国财政管理的理想,是在相对均匀的人口与土地配置基础上(分散的小自耕农局面),由田粮较多的富户承担起额外的义务(收集、解运等差役),并承担起社会管理的职责(监控与教化)。但是,这一理想受到财政制度缺陷的影响而难以实现。

所谓财政制度缺陷,指的是该制度内在地既不能保证相对均匀的人口与土地配置状况,以维持分散的小自耕农的基础,又不能提供足够的财政收入以维持该制度自身的存在。前者说的是财政史上的一个传统命题,即土地兼并对小农基础的破坏,后者说的主要是前文提及的非正式收入体系的存在及其对正式财政制度的侵蚀。

(一) 土地兼并与法外特权导致田赋不能应征尽征

土地流转与集中,本来是经济运行过程中的正常现象。如果土地账册能够及时地加以调整,将田赋负担真正落实在田地上,那么对财政来说土地流转并不是什么问题。但是,在中华帝国史上,土地流转与集中之所以会发展成为所谓的"兼并"问题并进而影响到帝国的稳定,关键在于由官吏的法内特权衍生出法外特权并威胁到田赋的征收。

明清两代也是如此。政府对于获得科举功名的缙绅地主,为了提升他们的社会经济地位,在财政上给予一定的制度特权。制度特权主要有两项:一是可以少缴或欠缴田赋;二是可以免除徭役。依赖于这两项特权,缙绅地主发展出种种法外权力,如:通过诡寄、投献于贵族豪强等行为,设法扩大自己的赋役优免田的范围;突破法律允许的免役范围,抗命不服里甲正役;勾结官府或通过种种手段,不纳应负担的税粮,而将其转嫁给无特权户承担;接受民众向自己的投献,或强占白夺民户的土地和财产;利用自己的身份包揽别户的田赋(代其交纳),以便从中取利等。托庇于贵族豪强等权势阶层而获得税赋优免的行为,在明代困扰着地方官员,特别是江南一带的地方官。时人冯琦就曾经抱怨:"吴中抚台之难,倍于两浙者,独以催科一事耳。催科事难,不在士大夫,亦不在民,难在以民而托之士大夫。"① 清代初期,为了赢得士绅支持,也同样依照官员品级,优免官户一定量的丁役,免除士人(官户、儒户、宦户即监生)本身的差役和一切杂办,缙绅地主的法外特权也由此衍生出来。

缙绅们的上述行为,一般也受到当地知县或主动或被动的配合。许多地方的知县,干脆将民户分为两类:一类是享有特权的乡绅人家(或称大户人家),知县们不但承认他们的法内特权,也往往默认他们的法外特权,向他们征收的赋役少于应有的数量,有时甚至不征;另一类是没有特权的普通人家(或小户人家),知县们对普通人家的征收往往超出法定的标准,让其承担因乡绅人家不承担或少承担财政义务而转嫁来的负担。这样做,往往会造成小户人家的破产,或者促使他们将土地投献于大户人家,以求得赋役优免。这就会进一步壮大大户人家的实力,加剧土地账册的混乱,从而破坏国家的赋税基础,也使得财政的制度理想不能实现。

上述做法,在财政征收上带来一个突出的现象,那就是大规模的应收田赋不能尽收,

---

① 黄仁宇:《十六世纪明代中国之财政与税收》,生活·读书·新知三联书店2001年版,第207页。

形成所谓的"民欠"。以江苏为例,自康熙五十一年起至雍正四年(1712—1726年),民欠规模达到1 111.63万两(清政府一年财政收入不过3 000多万两)。这一数据来自当时人的计算,在他看来江苏的这一"民欠",源于地方官吏侵蚀、大户包揽造成的有47%,真正属于民欠的占53%[①]。而真正的民欠,又有相当一部分是由于前已述及的账册混乱造成的。账册混乱表现为:土地已经卖出,而赋税交割不清,仍然留存户下;或者富者已为贫户,税粮却未削减;又或由于自然灾害,耕地变为瘠荒,赋税依旧征收。只存在于土地账册而不能实收的税粮,当时的人称为"浮粮"。张居正时期,试图通过清丈土地纠正这一现象,使"豪猾不得欺隐,里甲免赔累,而小民无虚粮",清丈以后"总计田数七百一万三千九百七十六顷,视弘治时赢三百万顷"(《明史·食货志》)。不过,土地清丈并不能真正解决问题,因为有技术和管理上的难题。正如黄仁宇先生所强调的,实际的土地清丈工作不是由专门训练的人员来进行的,而是由政府从农村征召的人役进行的,这些人甚至连土地分类的地方标准也不能理解,更不用说全国性的标准[②]。清代在顺治中后期,运用政治手段来打击这些拥有特权的大户,特别是在江南地区。顺治十四年至十八年(1657—1661年),清政府在江南地区屡兴大狱,共发生诸如科场案、通海案、哭庙案、奏销案等多次大案,镇压江南地区的士人与缙绅大户,"缙绅之家无免者"。这样做的目的,正如钱穆先生所评论的:"此等事对晚明积弊,固多所矫正,惟清廷则藉以痛压士大夫而取悦民众,实自有其统治上之一番用意也。"[③]到了雍正时期,又对民欠问题进行了大规模的治理,这是雍正帝财政改革的部分内容(详见下文)。雍正时期的改革措施发挥了一定的作用,但将要说明的是,这一问题本身在帝国框架内是无法彻底解决的。

(二)非正式财政收入体系侵蚀正式财政的基础

财政管理在制度上的缺陷,第二个重要的方面就是前文已述及的非正式收入体系的存在。第三帝国在财政制度设计上,从相对不变的政府职能出发,设计出相对固定的财政收支体系。但在现实中,如果不突破朝廷严格的正式收入体系,去寻求非正式收入,那么没有一个地方政府能履行其基本职能,更不用说满足一些必要的但未反映在制度中的公共需求。实际上,中央政府各部门的运转,也同样需要这些非正式收入。

这样,在财政管理(特别是地方田赋管理)中,就存在两种制度、两套规则或做法:一是正式的或法定的,一是非正式的或非法定的。依靠正式的或法定的财政制度,地方政府征收正式财政收入(以数额基本固定的田赋为主),并将其按照制度要求或起运或存留,存留部分主要供养正式行政人员与下属官员,以及少量有编制的吏员,并履行有限的政府法定职能。按照非正式或非法定规则,地方政府获取非正式收入,以此从事非正式但必要的公共服务,并供养师爷、书吏和衙役等非法定的人员,同时以陋规等形式上缴给上级政府的官员。第十讲说过,非正式收入也可分为两类。一类有一定之规,一般合乎传统惯例,或者经过当地士绅同意;这种符合一定之规的收入,通常也得到上级的认可(至少是默认),如为供养必要的非正式政府雇员、兴修水利、向上级政府上缴陋规等收取的收入。另

[①] 陈桦:《多元视野下的清代社会》,黄山书社2008年版,第48页。
[②] 黄仁宇:《十六世纪明代中国之财政与税收》,生活·读书·新知三联书店2001年版,第417页。
[③] 钱穆:《国史大纲》(下册),商务印书馆1996年版,第831页。

一类非正式收入却不合规矩,大多情况下是地方官员纯粹为捞取个人好处而征收的,如明确违反上级意愿的做法、或不与地方士绅协商、或不经上级批准就征收。

问题的关键在于,在两类非正式规则之间,并没有一道清晰的界线。地方官吏热衷于利用非正式收入捞取个人好处,并以分享这种好处为条件来谋求上级官员的庇护,由此形成一种对民众的超级压榨。社会剩余几乎都被用上述非法形式中的一种或多种,转移到政府官吏或特权者手中,而没有形成有利于社会经济发展的有效资本。在帝国框架内,除非得到某种权力的庇护或本身拥有权力,否则社会剩余很难转化为资本。拥有某种经济剩余的地主或商人,可以通过科举参与权力,也可以通过捐纳而获得某种权力或地位(官职或监生资格等);或者通过某种形式的利益输送或合作,而与有权力者建立庇护关系。可是,与权力结合的、受庇护的资本,不是现代意义上的独立资本。所以,帝国时代的经济剩余无法成为独立的、可以自我发展的资本。例如在清代,当时盐商的财富除了用于奢侈消费的挥霍外,只能投向盐场、药铺、贩米业,向企业的投资基本上没有。换言之,在此时他们不能将财富转化为产业资本[①]。这样的做法,不但破坏了第三帝国所设计的财政体系,侵蚀了正式财政收入的基础,而且耗尽了社会经济进一步发展的潜力。

四、财政对目的性国家管理基础的变化

第三帝国的外部财政管理制度,其设定的理想基础是:耕地相对均质、面积大体相等、由小农户分散耕种。但这一设定的理想基础,仅在部分地区(如河南、直隶等北方省份)和部分时期(如战争结束时政府重新分配荒地后)接近于现实,在其他地区(特别是冲积地形与密布河网的江南)和其他时期(特别是土地大规模流转后),则距现实甚远。

因此,在理想基础上设计的财政管理制度,只能是最低水平的,远远不能适应复杂的和不断变动的现实状况。说复杂,主要就自然地理而言,在帝国范围内各地的气候、土壤、地形各异,农作物更是多种多样,简单笼统划一的财政管理制度无法适应;说不断变动,主要指的是农户结构并非凝固的小自耕农状态,而是随经济发展和社会组织再造不断出现新的状况。接下来就对此处说的"新的状况"做一些探讨。

(一)因土地流转而引发的复杂产权状况与身份结构

第三帝国设定的外部财政管理制度,事实上并不能适应复杂多变的现实土地产权状况与身份结构。比如说,跟北方相对均质的土地状况与不太活跃的土地流转不同,江南地区的土地状况是多样的,土地交易因商品经济发达而极其活跃;又因为文化发达、科举成功者多,一大批人拥有法内(及衍生出来的法外)特权。这一切使得江南土地产权状况极其复杂,人员身份结构也不再限于小自耕农,而有地主、自耕农与佃农等多种身份形式。

专栏 12.1　江南地区的"一田三主"制

明清时期,在土地交易过程中,由于财政负担的影响,江南地区发展出来一种"一田三主"制,使得现实中的土地产权关系格外复杂。所谓"一田三主",就是说一块土地有三个

[①] 陈锋:《清代财政史论稿》,商务印书馆 2010 年版,第 53 页。

主人,分别是业主、大租主和粪主。

业主一般是外居地主,他为了减轻财政义务及附带的役,将土地以较低的价格在名义上卖给第二个人(即大租主),买卖时约定他(业主)可以从这块土地中每年获得一定额度的地租。

大租主是田地名义上的买主,在法律上他是土地的实际所有者,需要承担附着在土地上的一切财政义务。但是,因为他自身拥有法内特权(及衍生的法外特权),所以他实际上不承担或少承担财政义务。大租主需要承担的义务,基本上就是在买地契约中承诺的给土地原主(即业主)每年缴纳地租。大租主一般自己并不耕种土地,而将其永久租给某个佃户。

佃户是第三"主",被称为"粪主"。之所以成为粪主,是因为他施粪于耕地,意思是说他是实际耕种者。佃户获得实际的永久耕种权,向大租主缴纳田租,但不承担应由田主负担的一切财政义务。

在现实中,上述复杂的产权状况与多变的身份结构,一方面加快了建立在身份基础上的实物性财政收入"役"的消亡,使得一切财政负担都逐渐归于田亩(即役归于地),实质性地改变了明初财政制度的基础;另一方面又使得按实际田亩情况(面积与等级)征收田赋变得困难,这不仅是因为土地账册不能随实际状况而调整,而且由于地方官员三年任期制使他们难以了解地方实际状况,而被当地的乡村士绅和胥吏操纵。

(二) 宗族等组织发展带来的社会结构复杂化

明初财政管理制度的构建,其设定的结构基础是以政府任命的里长、甲长来统领分散的小自耕农。在北方和西北地区,这一结构大体能保持,小自耕农与政府任命的里甲领袖大致占据着社会结构的主导地位。但在南方(特别是岭南和东南),随着经济社会的发展,出现了基于血缘关系而组织起来的宗族。对南、北宗族组织发展的不同程度,秦晖评价说:"越是闭塞、不发达、自然经济的古老传统所在,宗族越不活跃,而越是外向、商品关系发达的后起之区反而多宗族。从时间看,明清甚于宋元,从空间看,东南沿海甚于长江流域,长江流域又甚于黄河流域。"①

专栏 12.2　宗族的发展

中唐以前,乡村社会以世家大族为核心进行组织。到了唐末和五代,世家大族基本上覆灭。此时亲族成员之间的关系也变得日益疏松淡薄。为此,宋代士大夫大力宣扬宗法伦理,倡导立宗子、立家庙、修宗谱、建族产(田),试图在新的社会基础上重建家族社会。

到了明代,士大夫以及受过教育的庶民,在一些地区更进一步地开展"敬宗收族"的活动。特别是嘉靖十九年,礼部尚书夏言上疏要求朝廷许民间联宗立庙,于是宗祠遍天下。在此基础上,宗族组织在部分地区成为新的社会组织甚至实质性的政权组织。

---

① 秦晖:《传统十论》,复旦大学出版社 2003 年版,第 77 页。

以宗祠、族谱和族田为支柱的宗族,在第三帝国时期已不仅仅是一个祭祀组织,其实际功能已重点转向以经济利益(族产)和组织权威来控制族众,并代表族众与政府打交道。就是说,宗族取代了里甲组织的大部分功能。官府为了统治民众,不得不在相当程度上依赖宗族行使权力。部分地区的宗族组织甚至在一定程度上接管了地方公共事务,拥有了对基层社会的控制权。这样,宗族在某种意义上成为基层的政权组织。宗族组织的出现,改变了第三帝国的社会结构基础,部分地使国家丧失了对民众的直接统治能力。

除了宗族组织外,有些地方还存在着由地方乡绅或当地精英组建的、以"乡约"等为形式的社会组织。这些组织除了提供地方公共品外,还充当政府与民众之间的中介,使社会基础结构进一步地复杂化。

(三) 工商业经济发展消解了传统的财政基础,但自身却未成为财政的新基础

由于第三帝国将自己的财政建立在农业经济基础上(正如《盐铁论》中文学贤良的主张),而赋役改革的结果使财政更进一步地依赖田赋。这样做,不但使帝国财政因田赋的有限性而导致财政收入的固定性,而且由于对工商税收设定了限额而放弃了对工商业经济的征税权,丧失了随工商业发展而增加财政收入的潜力。

事实上,明代中后期及清中期,工商业的发展颇具规模。比如在张居正改革时,就有人说富商大贾不置土田。就是说,由于财政义务主要由田亩承担,富商大贾就将资金投入负担极轻的工商业中。同时,无田产的农民,也会因工商业财政负担轻而进入工商经济活动中。事实上,工商业经济在明代中后期有相当大的发展,表现为工商业城镇兴起、商品种类空前增长、专业商人出现、民间(尤其江南地区)普遍富裕等。在18世纪的清代,工商业经济发展也有类似的表现。对于明清工商业发展的这一状况,中国史学界过去曾将其称为"资本主义萌芽"。

目的性国家中的这些变化,使得大量财富流出财政征收的范围,国家征收田赋无法触及这些财富,帝国财政的正统基础因此消解。由于工商业的轻税政策,发展了的工商业不能成为帝国新的财政基础。国家不以工商业为自己的重要收入来源,因此也不对其采取必要的保护政策(尤其是产权保护)和奖励政策。于是,工商业发展只能在贵族和官僚的个人特权庇护下取得一定的发展,得不到正式的法律保护;由此发展而形成的经济剩余也大多流入贵族和官僚手中,不能成为有效的经济资本。

与此相反,正如诺斯等经济史学家观察到的,17—18世纪的英国,由于将财政收入建立在商业经济基础上,凭借商业税收来分享经济发展的成果,于是商业发展与财政收入"同呼吸、共命运"。也因如此,国家颁布了一系列针对商人的产权保护措施;这些产权保护措施又进一步推动了英国商业的发展,提高了国家的税收量,并因此推动了中央集权制与现代国家制度的发展①。反观第三帝国财政制度的设计,就未能形成财政收入与商业发展的"命运共同体"关系。中国历史上曾经有过的几次商业经济发展,并不是来自国家的产权保护措施,而大多得自国家的有意放弃(如第三帝国时期)或缺乏能力(如汉代初

---

① 诺斯、托马斯:《西方世界的兴起》,张炳九译,华夏出版社1999年版,第12章。

期),也就是侯家驹先生所概括的"网疏而民富"①。但这种因国家管制的罗网稀疏而非国家积极的产权保护制度得来的富裕,是缺乏可靠基础的。

明清时期有一个典型的例子可资验证,那就是前文反复提到的江南地区的富裕。因为江南在财政上的重要性,所以明清时期政府不得不有意识地采取种种保护政策。比如说,从明初开始政府就严禁在东南封藩,规定宦官不许在江南买地,同时重视对江南水利的兴修。这些积极的保护措施,反过来进一步地促进了江南地区的经济发展。可惜的是,就第三帝国整体而言,并未能形成这样的产权保护与经济发展的良性互动机制,特别是在工商业经济方面。

第四节 雍正帝财政管理改革及其限度

如前所述,中华帝国史上有一个突出的现象,那就是能够延续较长时间的王朝,一般在中期都会进行财政改革。或者说,王朝能否延续,相当程度上取决于王朝中期财政改革的效果。清代中期,个性强硬的雍正帝(1678—1735年,1723—1735年在位)也主导了一场针对财政管理的改革。这场改革完成了帝国财政"摊丁入地"的长期发展过程,增强了正式财政管理体系的汲取能力,同时对非正式收入管理体系进行了理性化的改革。但雍正帝改革的结果却表明,由于帝国制度框架的约束,这一改革存在着难以突破的限度,不可能真正地实现财政管理的理性化。

一、雍正帝财政改革的传统内容

从财政史的角度看,雍正帝在财政上的改革主要有三个方面:(1)制度化消灭力役,即完成"摊丁入地"改革;(2)改善正式财政收入的管理,即清理民欠、追究亏空;(3)尝试消灭非正式收入体系,即"火耗归公"改革。前两项改革在相当程度上属于帝国财政改革的传统内容,只有第三项才具有新意,带有美国学者曾小萍所欣赏的现代理性特征。在本节的这一部分先讨论前两项改革,到下一部分再详细讨论第三项改革。

(一)制度化消灭力役:对"摊丁入地"改革的完成

如前所述,帝国财政以土地为支撑点,因而在原则上不应以"税人"为基础,但要求民众亲身服役这一城邦时代的财政形式,却在帝国时期一再出现。不过,从整个帝国财政史来看,其总体趋势是,政府对劳动者亲身服役的要求不断降低,民众的力役负担呈现出不断减轻的趋势。就具体某个王朝而言,一般在王朝初期,军事和工程需要量大,商品经济化程度低,民众为国家亲身服役是很重要的财政收入形式;而到了王朝中期,军事和工程需求降低,经济市场化程度提高,容易雇募到必要的劳动力,此时以征收货币来代替民众亲身服役,对政府来说更为合算。因此,绝大多数王朝都存在一个趋势,就是在王朝中期,

---

① 侯家驹:《中国经济史》(下),新星出版社2008年版,第788页。

用货币征收来代替劳动者亲身服役,以增加货币财政收入。

清代亦是如此。明王朝中期将民众应承担的差役负担改为货币形式的"丁银",并将其与田土面积建立起一定的联系。清初继承了这一做法,规定16—60岁男丁为国家所服的力役,每年折银征收,丁银总额在330万两左右。到清中期,通过"摊丁入地"改革再次对这种人丁负担进行改革,并在制度上完成了帝国时代消灭民众力役负担的长期发展趋势。

这一摊丁入地改革,开始于康熙五十二年(1713年)的"永不加赋"政策,即以康熙五十年(1711年)全国人丁数为准(该年所征丁银为335万两),此后新增人丁不再承担丁役,丁银固定为335万两。不过这一政策只是将丁银总额加以固定,没有涉及丁银负担的具体分配。于是,一些地方官员纷纷在本地试点基于田亩而均平丁银负担的做法。

雍正皇帝即位后,不断地批准地方政府发起的"按亩均派"丁银负担的做法。雍正二年(1724年),在皇帝亲自主持下,直隶正式推行摊丁入地。此后,各省纷纷仿效这一做法。到雍正十三年(1735年),全国大部分地区都实行了摊丁入地改革。只有部分地区如山西、贵州,迟至乾隆年间才开始推行,而盛京、吉林等个别地区至光绪年间才试行。

摊丁入地改革,是中华帝国史上制度化消灭徭役的最后努力,也是以田亩为基础获取税地收入的帝国财政制度的最后完成。这样,原来分别征收的田赋和丁银,现在统一转化为依田亩而征收的正式收入(统称为"地丁钱粮")。从此,至少在制度理想上,财政获取收入依靠"履亩而税",财政负担主要落在有田地的富户和自耕农身上。在理想状态下,这种做法不仅有利于平衡各社会集团的经济实力,而且由于将丁银负担落在能力强的人户身上,收入基础更为可靠。

(二)改善正式财政收入的管理:清理民欠、追究亏空

帝国财政将正式收入最终建立在田亩基础上,如果土地丈量清楚、地籍账册登记及时,那么财政将有可靠的收入基础。即使土地出现流转或集中,也不会影响田赋的征收。不过,如前所述,由于法内特权和法外特权的存在,缙绅地主缴纳的田赋往往少于其应缴纳的数量,甚至根本不缴,这样就形成了大规模的"民欠"。

到了清代中期,雍正帝再次面对这一问题。雍正二年(1724年)二月,皇帝在制度上下令革除儒户、宦户名目,不许监生包揽同姓钱粮,不准他们拖欠钱粮,从而在制度上剥夺部分缙绅地主的特权并设法消除其法外特权。两年后,雍正帝再次重申严禁缙绅地主规避丁粮负担,要求各级官吏严查。为此,雍正帝还采取了一些具体的政策措施来清欠,如要求士民一体当差、严禁缙绅包纳钱粮和抗粮、严惩缙绅地主拖欠粮赋等。同时,雍正帝还在一些地区采用自首与清丈的办法,以期查出隐匿的垦田,并特别地在江南地区重点实施清欠。

清理民欠与追缴官员的亏空是联系在一起的,因为各级官吏经常将钱粮亏空归咎为"民欠",隐瞒自己贪贿的行为。雍正帝即位后,通过严查钱粮亏空来整顿吏治,具体措施有:建立专门机构"会考府"、派遣钦差、严格考成等,以强制官员赔补财政亏空,甚至对贪赃官员采取抄家办法以追还赃银。

雍正帝在财政上的这些努力(清理民欠、清丈田亩、追缴亏空),相当程度上改善了对正式财政收入的管理,减少了应收未收的数量,从而巩固了正式收入在帝国财政中的地位。

二、雍正帝财政改革中的理性化内容:以"火耗归公"来消灭非正式收入

如前所述,非正式收入体系的存在,满足了合理的财政支出需要,因此它是正式收入体系能够维持、帝国得以运转的关键。但非正式收入的征收,又确实败坏了政府官员的风气、加重了能力弱的民众的负担,从而削弱了帝国的基础。为此,雍正帝在改革过程中,试图将部分非正式收入合法化,从而以正式收入的扩大来满足合理支出的需要。与此同时,他还尝试消灭非正式收入体系,如取缔陋规、禁止加派,以达到纯洁政治风气、减轻民众负担、巩固帝国基础的目的。

如何将部分非正式收入合法化?雍正帝的办法是,实行火耗归公改革。在操作上,各地方官员被授权可对所有向中央政府解送的地丁钱粮,征收一定比例的额外费用(以"火耗"为名义)。这些以火耗名义获得的收入,统一集中于省级财政,由省级财政根据一定的标准分配给其下的各级政府,要求它们按以下原则使用:首先用于补足亏空,然后用于补充各级官员的收入(即"养廉银")和从事公务活动(即"公费")。这样的做法,体现了"以公完公"的原则,即通过公开、正式的手段取得收入,来履行符合公共目的和公务要求的职责。火耗的征收,仍然由州县官员进行,但因为该收入全部上缴给省级财政,因而在制度理想上杜绝了州县官员的截留与贪污的途径。

雍正帝上述火耗归公改革是颇具理性特征的,他的做法是通过将地方财政基础理性化来消除腐败问题。在他看来,地方财政不稳定的根源在于省内官员依靠非正式的途径来筹措经费,而不是因为人民无力或不情愿缴税。特别地,雍正帝将亏空视为制度问题而不是道德问题,这同样体现了理性的特征。曾小萍从以下几个方面揭示了雍正帝改革所包含的理性特征[①]。

(1) 区分了中央与省级地方的财政收入与管理权限。就是说,雍正帝"在国家和各省的税收收入间做了区分……在改革中,创造出了一种新的、来源于各省并由各省使用的赋税种类。这种赋税主要来源于火耗,但也包括了其他类型的征收,统称为'公项'。这一术语将它们与向国家缴纳并用于中央政府职责内开支的'正项'区别开来。"

(2) 肯定了地方政府职能所蕴含的公务需要并强调应以合法收入来加以保障。曾小萍说,"'以公完公'是对各省各级行政机构以它们自己的合法收入来源执行自己公务需求的肯定","在经费的分配方式上,它第一次在官员的私人开支和用于其辖区的行政开支间做了区别","在火耗归公改革中引入的两个主要的结构性革新是养廉银和公费银。将省内资源划分为这两种类别,在巡抚和布政使的监督之下,既为各级政府提供了一个固定额度的拨款,同时也提供了一笔更有弹性、以工程为出发点的经费。"

(3) 要求地方政府官员对自己所治理的区域及合理的公务需求有基本的了解。曾小

---

① 曾小萍:《州县官的银两——18世纪中国的合理化财政改革》,董建中译,中国人民大学出版社2005年版,第106—110页。

萍概括道:"官员的开销将建立在对地方需求的理性考虑之上,而不在于一个人对他辖区内特别的榨取伎俩。经费不是针对个人,而是随着官缺和地方的不同而有所增减。"

(4) 国家职能扩大,尤其是提供基础条件的公共工程增加,为国家进一步发展创造了条件。曾小萍说:"'以公完公'的必然结果是扩大了政府对于公共工程的责任。随着火耗归公的改革,大量先前进入官员私囊的经费现今用于公共目的。"

雍正帝的上述改革措施,不仅在理念上是理性化的,而且实践效果也不错,在短时期内取得了很大的成功。它不但使地方公务活动有了资金支持并改善了官场风气,同时也使以往的财政亏欠得以弥补,国库因此而充裕。

三、雍正帝财政改革的限度

在中华帝国财政史上,雍正帝改革最具有成功的条件,如由掌握最高权力且个性强硬的君主亲自发动、能君能臣的相互配合,以及中央政权相对独立于旧有的特殊利益集团等。这场改革也确实取得了一定的成效,如促进了帝国财政的成熟、使财政出现连续多年的结余等。因此,雍正时期的财政几乎取得了帝国时代的最高成就。不过,帝国框架内的这场改革仍是有限度的,这些限度最终导致改革的成效只是一时的。

首先,"摊丁入地"改革在相当程度上只是延续了帝国制度化消灭民众亲身服役的趋势,对这一成就评价过高似乎并不合适。摊丁入地改革后,虽然在制度上确实已消灭了民众的亲身服役,但在现实中,大大小小的官吏向民众征求力役的做法并未消失,帝国也无力约束各级官吏在制度外向普通民众强求力役的行为。特别地,正如反对"一条鞭法"改革的人当时所担心的,摊丁入地后一切苛捐杂税都可能并入田赋中,这就为后来以各种田赋附加的方式再征收苛捐杂税打开了方便之门。

其次,清理民欠、追究亏空的效果也只是一时的。以严刑峻法整顿吏治、减少特权,以便完善正式财政收入的基础,这种做法的效果虽炫目却难以持久。事实上,雍正帝改革后不久,民欠和亏空等问题再次严重起来,并成为侵蚀正式财政收入、削弱财政职能的毒瘤。其中的主要原因是,君权自身就是特权,本质上它是源于土地占有的特权而非公共权力,因而以君权为中心建构起来的帝国,自然无法在制度上摒弃特权。为了管理帝国、征收财政收入,皇帝必须依赖于各级官吏;行使特权的皇帝,自然难以要求各级官吏在行使权力时不顾皇室利益而做到真正的公共性。这是帝国制度的根本缺陷,也是前述官吏对帝国制度既支撑又削弱紧张关系的渊源所在。摊丁入地改革在现实中之所以不能真正消除力役,也源于此。

最后,"火耗归公"改革在消除非正式收入体系、促进财政收入制度理性化方面的成就也是有限的。这可以从以下几个方面来分别地加以考察。

(1) 这种做法所要求的前提条件不具备。火耗归公要能成功,必备的前提有:各地基于田亩的地丁钱粮数额较大并应收尽收(如此才能获得满足公务所需的数额);地丁钱粮的比率与形式整齐划一(如此既公平又不给地方官员腐败留下空间)。在北方,一些省份大体符合这一前提,由于正项税额多、土地租佃少、土地和赋税清册完整,火耗归公改革因此取得了成功。但应该看到各地田赋情况差异极大,事实上不可能在全国范围内以统一比率提取田赋附加。户部后来承认了地方条件有差异,允许各省之间火耗加征率不一致(但要求各省内部火耗率相同)。比如,火耗加征占正额钱粮的比例,江苏为5%—10%,湖南为10%—30%,山西为30%—40%,陕西为20%—50%,山东为80%,河南为80%。但有些省份田赋数量极低,依靠田赋附加无法达到"以公完公"的目的,这就需要寻找其他收入来源。比如云南、贵州、广西等地,最后不得不以商税附加或矿产资源税附加的形式来实现火耗归公改革。就是说,因经济和社会类型的差别,造成了各省在实施火耗归公时拥有不同的田赋附加比率甚至不同的附加类型,无法满足改革所必需的前提条件。

(2) 这种做法超出了帝国的能力与理念。改革要能成功,就必须确定养廉银数目与合理公务活动所需的经费数量。可是,哪些费用可以构成合法的行政经费?它实际上需要多少?多少养廉银能让官吏们过上体面且廉洁的生活而不至于加重民众负担?在帝国条件下没有能力去解决这些问题。不能解决这些问题,事实上就无法去制定火耗收取的合理比率(田赋附加率)。官员及衙门职员总是会用各种手段,发出增加火耗比率以满足需求的呼声。这一呼声可能是真实的,也可能是虚假的,但中央政府无从得知。如果满足地方官吏的呼声,就无异于为所有的加派合法化打开大门。特别地,火耗归公这种理性化改革在相当程度上已突破了帝国财政量入为出的理念,事实上允许了政府以支定收(即根据支出需求寻求资金支持)。这就意味着各级官员必须对民众的公共服务需求有切实的了解,这不仅是一个认识能力的问题,更重要的是要改变帝国制度的理念。就是说,要将帝国朝向君主的政治制度结构扭转向下,建立一个基于民意的财政制度。这在帝国理念中是做不到的。另外,由布政使在省内统一调配火耗加征部分,使帝国中出现了不能由皇帝统一支配的财力,在理念上也突破了所有财富均属于帝国君主的传统,到了乾隆年间这样的做法就被改变,火耗加征产生的资金虽然留在本省,但与正项资金一样接受中央的监督。

(3) 这一改革得以进行的长期动力也不具备。在这场改革中,"以公完公",杜绝其他非正式收入来源,依靠的是自上而下的监督,最终来自君主的推动。如前所述,皇权本身就是特权而非公共权力,很难长期有效地约束各级官吏的特权。一旦失去强势君主的推动,各级政府官吏都有可能运用特权,寻求制度外的收入。地方乡绅或其他中间人员也会就此寻求好处,从而破坏这一制度。特别地,在帝国框架中,君主不可能长期对官吏阶层保持高压,否则一家一姓的统治无法持续。因此,现实中的火耗归公改革,最终结果只是将部分非正式收入转化为正式收入,并没有也不能杜绝其他非正式收入的征收。

第五节　难以理性化的财政管理与帝国财政转型的动因

综上所述,在货币财政的运用、财政管理机构的加强、会计核算体系的健全、财政对目的性国家管理手段的丰富等多方面,第三帝国都取得了帝国时期财政管理的最高成就,也因此配合和加强了第三帝国总体集权化的制度趋势。但有这样的成就,并不能说明此时的财政管理就达到了完美的程度。事实上,第三帝国财政管理中存在着诸多的问题,如财政结构僵化、财政运行中腐败严重等,在明清作家那里就得到广泛的揭露,更为现代作者所批评。上述雍正时期的"火耗归公"改革成果有限,也充分说明了财政管理的理性化难以在帝国时期真正地实现。

一、帝国财政管理难以理性化的原因

如果将财政管理理性化界定为在财政管理过程中实现统一性、直接性、平等性与规范性标准的话,那么可以发现第三帝国的财政管理虽然不断地进行制度化集权,却依然不能做到理性化。而这一后果,在相当程度上是帝国的现实状况及制度框架造成的。帝国财政管理难以实现理性化表现为以下几个方面。

首先,受制于复杂的现实,第三帝国的财政管理不能实现统一性。在帝国家天下的理念基础上,君主有权也必须调用国内的一切财政资源来履行必要的政府职责(对普天之下的民众福利负责)。但正如前文所述,在帝国广袤的土地上,地形各异,民情不一,农作物多种多样,经济类型差异极大。要在这样的土地与民众基础上实施普遍与统一的管理,采用的制度就需要有某种通用性,比如按照最低标准对所有的田亩征收统一的田赋(在相当程度上还需摒弃工商业经济),然后将特殊性交由各地方政府官员去处理。于是,第三帝国的财政管理发展出正式制度与非正式制度两套体系,前者是上层制定的、普遍适用但一般为最低的要求,后者往往由下层发展而来,是前者的变通与补充,目的是为适应各地特殊的情况,并使前者能够得以运转。但后者的出现与不断壮大,又破坏了帝国统一性的要求。事实上,即使是正式制度在现实中的运转,也远远达不到统一。正如第三帝国财政管理所表现出来的种种乱象,如分头管理、令出多门、零散不一。应该掌握统一财政管理权的户部,在相当程度上只是一个记账部门,户部尚书只能对收支进行有限的调配。对此,黄仁宇曾做过精彩的评述:"这样的财政制度,即中央指令、分散管理。上交的赋税,无论实物还是货币,很少进行大规模运输。出现在官方文件中的各项合计数字绝大多数仅仅是为了统计的目的。实际上,一个接收的仓库可能同时要面对很多不同的解运者,而一个解运者也可能要为很多部门服务。解运的数量总是要保持最低程度以避免运输和贮存的困难。此外解运的物品种类之多,很难在账册上进行合并。这种管理制度造成账簿累积甚多,户部必须详细地审阅所有的账目,常常到县一级。"①

其次,运行成本的存在,使得财政管理失去了直接性。第三帝国一开始,试图通过正式官僚体系与官方任命的民间富户,直接向分散的小自耕农征税。这一点,与同时代的欧洲、日本相比,明显地不同。中世纪的西欧王室,常常通过诸侯、庄园主或附庸进贡或代理的方式来实现征税,而日本德川幕府则通常以村落共同体为单位来征收土地税,两者都不能实现向单个纳税人(或家庭)直接地征税。从现代性这一维度来衡量,直接征税显然更符合国家对民众直接统治的要求,似乎更为先进。但是在农业经济条件下、在广袤复杂的国土范围内,由政府工作人员和经政府任命的民间领袖来收集田赋并支付给特定的项目,

---

① 黄仁宇:《十六世纪明代中国之财政与税收》,生活·读书·新知三联书店2001年版,第15页。

显然需要巨大的运行成本。第三帝国初期，政府将这种运行成本转嫁到里甲组织的领袖即乡村富户身上，累至富户动辄破产，削弱了该制度的基础。后来，这一制度以某种变通的形式，如赋役折银、官收官解、田赋附加等，大致运行起来。但在其背后，却是通过编外书吏、衙役等非正式政府工作人员的协助（如乡柜的设立及其运行）、乡村富户的代理（如当地士绅代表村民集体缴纳赋税）、有权势人员的揽纳（如包税行为）等进行的。也就是说，表面上的直接征税，实际是依靠大量间接组织或人员的协助才维持的。这些间接组织或人员，从积极方面来看，节约了政府征税的成本，从消极方面来看，又加大了民众的负担。更为重要的是，它使直接统治名不副实。

再次，特权的存在破坏了财政管理的平等性。在帝国理念中，普天之下的民众在君主面前都是平等的。因此，第三帝国财政管理制度的设计，也试图实现横向平等与纵向平等原则，体现为帝国田赋征收实行"履亩而税"，即根据田亩面积、区别土地类别征收田赋。在此基础上，将役的负担加到富户身上，给贫者、弱者以帮助，从而实现平等的要求。在实际财政管理过程中，帝王也一再要求各级政府官员，抑制豪强权势、保护小民免受不公平做法和敲诈勒索行为的损害。但问题是，皇权自身就是一种特权，它源自土地占有，并依血缘原则而继承。为了维护这种特权，就必须给予各级官吏一定的特权，以卫护皇权。虽然帝国消灭了制度化的贵族，但依附皇室的宗室成员、各级官吏及在野士人仍然拥有各种法律特权，并在现实中衍生出种种法外特权。法内和法外特权的存在，不但破坏了帝国财政管理所要求的平等性，而且更因为他们兼并土地、垄断商业机会，使得国家丧失了田赋基础与财政潜力。

最后，能力问题使财政管理无法做到规范性。规范的财政管理，应该是从政府必须履行的各项职责出发，核算实现职能所需的经费支持，然后按照统一、直接、平等的要求，依事先确定的标准从社会中收取该项收入。这是现代财政中的以支定收原则，在预算中表现为"零基预算"。而要这样做，应按以下步骤进行：第一，必须对政府职能有一个清晰的界定，以此建构政府组织结构、安排必要的政务活动、核算各项费用；第二，要对社会经济状况做一个全盘的调查统计，弄清可税的资源与途径；第三，在上述信息充分和可计算的基础上，决定税收的征收方式与分配途径。第三帝国时期的财政管理，虽然发展出较为完善的财政机构与会计核算手段，但远远不能达到上述规范性的要求。它不但不能对可征收的税收有基本的统计，更不能将全部税收集中起来进行合理的配置。第三帝国现实中的财政管理，在资金配置上显然是现代预算所谓的"基数法"，即按照过去情况安排今后的财政资源配置，特别是按照低层面的分散要求，简单生硬地将财政资源配置出去。事实上，帝国此时并不具备规范财政管理所需要的复杂的统计能力，也没有大规模市场交换与金融组织作为基础，所以不可能实现财政资源在帝国范围内进行规范配置的要求。

二、帝国财政转型内因

帝国财政管理尽管存在着上述缺陷，但仅从内部因素看，持有消极主义职能观的中华帝国似乎仍能长期维续，而不管王朝的兴衰状况如何。如果在一个王朝的生存期，君主对外征伐的雄心不大（这样军事费用不会爆发性增长），帝国君主又能够有力地控制宗室（在财政上使皇室经费不至于侵蚀国家财政)和官僚(使非正式收入体系不破坏正式收入体系)的行为,那么量入为出原则就不会被突破。这样财政上就会有结余,王朝就能生存,帝国也因此处于稳定期。如果上述条件不成立,那么量入为出原则就会被突破,王朝会随着财政一起崩溃。在经历了一段时间的曲折后,帝国将会随王朝的更替而重生,帝国财政也因此得以重建。

可见,帝国能够长期维续是以国家外部威胁不大为条件的。一旦这样的条件不再具备,需要国家积极行动去应对生存危机时,上述财政管理的缺陷均将暴露出来。一个不能实现理性化管理的财政制度,无法为急剧增长的支出寻求新的收入来源,它既不能实现原有正式收入的应收尽收,也不能促进工商业发展以开辟富有剩余及弹性的工商业税源。如果财政要依靠迅速发展的工商业所提供的税收(和以此为基础的公债),那就需要帝国财政乃至帝国制度的巨大转型。这种转型,最为关键的是需要政府履行积极的职能,以确立个人产权、保护经济交易规则与经济组织。或者说,要建立一个基于个人权利和财产保护的财政管理制度,只有这样的制度才能有效地促进财政管理的理性化。因此,帝国财政管理的内在缺陷,将会因国家外部生存危机的诱发,变成促进帝国财政乃至帝国向现代转型的动因。

重点提示

1. 从财政的视角看,货币发挥了增加财政收入、管理社会经济、实行国家储备等作用。自战国起,中国学者就运用"轻重"这一范畴来探讨和揭示商品与货币的相互关系,并利用这一关系来管理经济与社会。这样的管理艺术,构成所谓的"轻重之术"。

2. 第三帝国时期户部直接对皇帝负责,承担了以下职能:(1) 作为专业机构,为皇帝实施财经政策,特别是临时性再分配政策,提供咨询意见,同时管理专卖、铸币等事项,并直接征收部分税收。(2) 作为国库、会计及出纳的主管,收取通过漕运而来的各省上缴钱粮物资,加以仓储,并对相关账目进行管理。(3) 作为上级监督机构,对各省的财政工作进行监管,审核它们的年度财政报告。(4) 作为协调者,就有关税赋、仓储等事项,与工部、内务府等中央机构或皇室机构进行必要的工作协调和资源调配。

3. 第三帝国财政管理的理想,是在相对均匀的人口与土地配置基础上,由田粮较多的富户承担起额外的义务,并承担起社会管理的职责。但是,这一理想受到财政制度缺陷的影响而难以实现。而所谓财政制度缺陷,指的是该制度内在地既不能保证相对均匀的人口与土地配置状况,以维持分散的小自耕农的基础,又不能提供足够的财政收入以维持该制度自身的存在。

4. 明代中后期及清中期,工商业的发展颇具规模。工商业发展形成的大量财富流出财政征收的范围,国家征收田赋无法触及这些财富,帝国财政的正统基础因此消解。由于工商业的轻税政策,发展了的工商业不能成为帝国新的财政基础,未能形成产权保护与经济发展的良性互动机制。

5. 清代中期,个性强硬的雍正帝主导了一场针对财政管理的改革。这场改革完成了帝国财政"摊丁入地"的长期发展过程,增强了正式财政管理体系的汲取能力,同时对非正式收入管理体系进行了理性化的改革。但雍正帝改革的结果却表明,由于帝国制度框架的约束,这一改革存在着难以突破的限度,不可能真正地实现财政管理的理性化。

思考题

1. 如果你能穿越到明清时代,会以银行业作为自己的生存之道吗?为什么?
2. 在第三帝国财政管理机构中,户部处于一个什么样的位置?
3. 中华帝国能否依靠自身的力量实现从农业经济向工商业经济的转型?
4. 在第三帝国时期,从财政上看,江南到底有什么特殊?
5. 你认为在帝国时期如何才能消灭非正式收入体系?
6. 你认为雍正帝的财政改革是一场失败吗?

第十三讲 晚清财政转型与工具性国家的现代变革

帝国家财型财政为帝国成长供给资源，家财帝国能否稳定地持续，其条件在于财政上的量入为出原则不被突破。到清代中期，这一条件大体能得到满足，表现在财政上就是结余的存在。家财帝国也因此呈现出稳定的样态，迸发出最后的光彩。不过，帝国财政在收入、支出与管理等方面的内在缺陷，依然存在。

到了清代后期（1840年以后），中华帝国遭遇到大规模的外来入侵，财政支出急剧地增长。为了满足支出的需要，财政上必须提供充足的、有弹性的收入。在非正式收入体系不足以应对局面之时，帝国财政不得不转向从工商业寻求税商收入的增加。于是，帝国家财型财政开始缓慢地转向以税收作为主要收入来源的"税收型财政"。伴随着晚清财政的这一转型活动，中华帝国也开始踏上向现代国家的转型道路，致力于从一个家财帝国转型为税收国家。不过，在晚清阶段，国家转型活动仍主要集中在工具性国家层次上，即主要表现为组织与制度的变革。

第一节 财政大危机与帝国财政的终结

在中华帝国时期，财政危机也时有爆发。那时的危机引发的是王朝中期的财政改革，或者王朝末期的改朝换代，并未对帝国整体造成根本的威胁。但自1840年以来，晚清财政遭受到一重又一重的压力，正常收入总是与支出需要相差很远，财政平衡始终处于危机状态中。这种危机不再像过去那样源于帝国君主（军事雄心超出财政能力，未能有效约束宗室和官僚等），也无法像过去那样通过中期改革甚或改朝换代来解决。这样的危机可称为财政大危机，它已不是简单的收不抵支，而是根本的制度性危机，表现为制度性的正常收入长期不能满足支出的需要，而且缺额极大。这就使得帝国财政的基本原则受到严重的挑战，这一挑战要求财政制度必须整体重建。要重建财政，就不仅仅是财政改革甚或王朝更新能解决的，而需要整个国家的转型。

一、帝国框架内已无法解决财政大危机

1840年以后中国所遭遇的国家生存危机是逐渐加深的，直至19世纪末期（特别是1895年之后），中国人开始认识到，自己所面临的危机是"亡国灭种"问题。在这一过程中，帝国财政不断暴露出自身的内在缺陷，不能提供充足的财政资源去应对帝国遭遇到的种种危机与挑战。因此，这一时期是财政危机引领着国家危机。

（一）屡次危机累积而成的财政大危机

如前所述，第三帝国的财政，以基于土地的地丁钱粮为自己的主要收入来源，以此满足国家的正常需要。在帝国整体趋于保守且帝国制度成熟的情况下，这一财政制度是成功的，表现为鸦片战争前的财政，除个别年份外基本都是结余的。可是在1840—1841年的鸦片战争中，清政府战败，军费开支与战争赔款使得财政状况急转直下，几乎年年财政亏空，直至1850年前后才有好转。这是晚清财政遭遇到的第一次重大危机。战争赔款毕竟还是一次性的（至少当时没有人意识到后来会出现屡次的赔款），比较缓慢但时间更长的财政压力有：鸦片贸易带来的白银外流，各省拖欠应上缴中央的钱粮。鸦片贸易方面，即使不考虑鸦片本身对国民身体与心理的不良影响，它使得大量白银外流，给贵金属稀缺的帝国也造成了灾难性的影响。由于缺乏现代财政的融资手段（如公债），此时的帝国又非建立在自下而上的民众同意基础上，因此若没有财政资源自上而下地推动，国家就难以有效地运转。

此次财政危机的影响虽非致命，却是推动中华帝国走上转型之路的标志性事件。接下来，晚清政府所面临的财政危机一个接着一个，直至积累而成为无法在原有制度框架内克服的制度性危机。第二次财政危机，是外战（第二次鸦片战争，1856—1860年）与内战（太平军起义，1851—1864年）交加带来的。外战失败带来赔款支出与军费支出，内战在使清廷军费开支激增的同时又失去了传统的赋税重地（江南地区）。因此，这一次财政危机比上次更为严重。太平军失败以后，清政府财政有过一段恢复时期，但1894年甲午战争失败，军费支出及随后的巨额赔款，第三次将清政府财政推入财政危机中。最后，1900年八国联军侵华战争及随后的庚子赔款，给清政府带来第四次也是最为严重的危机。

屡次出现的财政危机，已说明帝国财政的问题是根本性的而不是一时性的，这样的问题主要是征税能力过低与中间环节漏损太大。从数据来看，1894年晚清中央政府统计的（账面上的）财政收入大概只占国民生产总值的2%左右，政府部门实际掌握的财力大约占国民生产总值的4%（与账面收入的差额主要为地方政府隐匿收入）。若将各级政府官员贪污中饱部分算上，实际的财政负担大约是国民生产总值的6%[①]。换言之，中央政府

[①] 周志初：《晚清财政经济研究》，齐鲁书社2002年版，第259—264页。

真正能支配的财政收入只占民众上缴收入的1/3。即使以6%的财政负担率来衡量,这一比例也远远低于同一时期日本中央政府的财政收入占国民收入的比例(超过30%)。这充分说明,与逐渐成为现代国家的日本相比,作为帝国的晚清国家是一个失败的征税者,晚清财政是失败的财政,不能有效地动员国内经济资源参与国家间的生存竞争。

(二)应对财政危机的措施

面对一波又一波的财政危机,清政府一开始也试图在帝国财政框架内解决问题。比如说,在应对第一次财政危机时就是如此。清政府的做法主要有:大开捐献之门以获得临时性收入,通过对相关官吏进行罚赔、减薪、没收规费等形式来弥补亏空,并通过催缴积欠、压缩开支以及由皇室财政接济,来勉强应对。上述措施形成了弥补财政赤字的主要收入,另外还采取了一些其他措施,但由此形成的收入并不多,如改革票盐制度、追缴清欠和整顿漕政(改征粮为征银,改河运为海运)等。应该说明的是,在此时,一些与传统帝国财政不同的因素已开始出现,如因五口通商而使商品进出口贸易量大增,在此基础上根据新的税则统一征收的海关进出口关税收入,在地位上越来越重要。

应对第二次财政危机,清政府的主要措施有:捐献、铸发大钱与印发宝钞、举债、创办厘金等。捐献、铸发大钱与印发宝钞,仍是帝国财政的传统措施,而有新气象的措施则是举借公债和创办厘金。除此之外,海关(洋关)税的数量也不断增长。厘金和关税二者重要性的上升,意味着帝国财政依赖土地的传统开始有了变化。正如后来的历史所显示的,从工商业获取增长性财政收入,是晚清财政转型的关键。

针对第三次财政危机,传统帝国财政的办法已近乎全盘失效,清政府的主要应对方法是向外国借款及在国内向商民借款。为归还借款而采取的措施,一方面是传统的,如压缩开支、整顿财政(特别是将一部分地方财政权收归中央),另一方面则是对传统措施的某种发展,如向各省摊派(再由各省以田赋附加的形式向下摊派)、新增捐税(对茶、糖、鸦片等进一步加厘捐),以及创办新式企业来获利等。不过,为财政支出需要而长期大规模地增加田赋、摊派捐税等做法,已说明在现实逼迫下,帝国量入为出、轻徭薄赋的财政理想一去难以复返了,直接向各农户"履亩而税"的理想也被放弃了。特别值得注意的是,此时海关税收入有了实质性的增长,逐渐成为第一大工商税种,并成为中国财政转型的先导。

在面对最为严重的第四次财政危机时,清王朝除了以关税、盐税为担保大举外债之外,几乎所有重大的筹款措施,都是通过向地方摊派进行的。此时的财政,已不可能依靠以裁省冗官、节约经费为宗旨的旧模式来解决问题了。要解决这样的财政大危机,必须跳出帝国财政框架,寻求财政类型的转换,而这首先是财政收入类型的变化。

二、财政收入向新的类型转化

如上所述,晚清政府财政支出的压力,主要来自军费开支、对外赔款与债务利息三大需要。甲午战争后,清政府在实业和交通等洋务方面的支出也不小。从1841年到1911年这70年中,财政支出总量从3 700多万两白银增长到3.39亿两白银,增长了8倍多。越来越大的财政支出压力带来了一波又一波的财政危机,晚清财政不得不在收入方面进行一开始被动然后逐渐主动的应对,财政收入数量大幅增长,结构发生了类型的变化。换言之,晚清财政踏上了转型之路。

晚清财政收入数量上的大规模增长,是由财政支出增长的要求引发的。鸦片战争前后,清中央政府掌握的财政收入每年仅为白银 4 000 万两左右,同治年间(1862—1874 年)为 6 000 万两,甲午战争之际增至 8 000 余万两,1903 年增至 1 亿余两,1910 年高达 3 亿余两。即使考虑到 1902 年以前地方隐匿了大量财政收入以及因通货膨胀导致白银贬值等因素,也能看到晚清政府对国民的征税能力确实得到了提高。传统帝国"轻徭薄赋"与"履亩而税"的财政理想逐步被放弃,以有效动员国内资源参与国家生存竞争为特征的现代财政慢慢出现。

与财政收入数量增长同时,财政结构也有了相当大的变化,事实上这种结构的变化也是收入总量能够增长的原因。如表 13.1 所示,拿晚清时期的财政收入结构与清朝前中期相比,传统财政收入的主要部分田赋的比重大大降低,从 1766 年占财政收入的 71.83% 下降为 1903 年的 33.80% 左右,盐税、关税、厘金等与工商业相关的具有现代色彩的税收占财政收入的比重大大增加,如关税厘金比重从 9.73% 上升到 50.90%。之所以说"具有现代色彩的税收"而不称之为现代税收,是因为这几种商品税都有些特殊:盐税在相当大程度上是一种人头税(盐税从量征收,而穷人和富人吃盐的数量差别不大),厘金又是一种非常低效的商品税(下文将分析),关税与国内经济关联度不大且晚清关税具有特殊性(包含了进口鸦片的税厘)。

表 13.1 清代前后期财政收入结构情况　　　　　　　　　　单位:万两、%

	田赋		盐税		关税厘金		杂税项收入		总计	
	数额	比重	数额	比重	数额	比重	数额	比重	数额	比重
1766 年	3 986	71.83	574	10.35	540	9.73	449	8.09	5 549	100
1903 年	3 546	33.80	1 250	11.91	5 340	50.90	356	3.39	10 492	100

资料来源:周志初,《晚清财政经济研究》,齐鲁书社 2002 年版,第 187 页。

下面来一一考察比较重要的财政收入项目。

(一) 田赋

上面的表 13.1 中反映了周志初对田赋数据的估计,他的估计主要依靠的是一些正式文献。在王业键看来,20 世纪初晚清政府的各项财政收入,都应该区分上报的财政收入与实际的财政收入。表 13.2 是他的研究成果,其中田赋收入上报的 1903 年数据与周志初的数据略有差别,1908 年数据则是他所估计的实际数据。

表 13.2 晚清政府上报的与估计的财政收入比较　　　　　　　　单位:万两

	田赋	盐税	厘金	海关税	内地关税	杂税	总计
上报的 1903 年数据	3 536	1 300	1 820	3 150	390	350	10 546
估计的 1908 年数据	10 240	4 500	4 000	3 290	670	6 500	29 200

资料来源:王业键,《清代田赋刍论》,人民出版社 2008 年版,第 97 页。

在上述两表中,最大的差异来自田赋收入。在制度上田赋是定额征收的,因而 1908 年田赋应该与 1903 年大致相同,即 3 500 万两左右。但是,田赋的估计数几乎是上报数的

3倍。在王业键看来,这主要是因为上报的数据没有包含田赋附加。除了传统上地方政府为行政管理与地方福利需要而征收田赋附加外,晚清政府还为现代化建设和庚子赔款向地方摊捐,允许地方政府为此征收田赋附加,因此实际的田赋收入要远远高于上报的田赋定额。

专栏13.1 晚清为庚子赔款和现代化而增加的附加税

为了庚子赔款,晚清政府征收的附加税有:粮捐或随粮捐(随田赋一起征收的捐款);丁漕加捐(随地丁税和漕粮一起征收的捐款)。

为洋务和现代化发展所用,晚清政府征收的附加税有以下几种。

(1) 为建立现代化学校和警察部队所用:亩捐(按亩加收的捐款)、学捐或学堂捐(建立学校的捐款)、巡警捐(建立警察部队的捐款);

(2) 为修建铁路所用:铁路捐(铁路修建的捐款)、租股(从地租中拿出的捐款);

(3) 为训练军队所用:团费或团练费;

(4) 为筹备自治政府所用:自治捐(自治政府所用的款项)①。

王业键的估计是:1753—1908年,全国平均税率由每地丁额1.2两增至2.4两,从每石谷物折付1.9两增至4.3两;到1908年,在全部田赋中,传统的定额只占53%,附加税大约要占47%(而原来少于20%)②。田赋附加一方面确实加重了民众的负担,但在另一方面它也促进了工具性国家的发展与统治能力增强,最为突出的是县以下组织(乡和村)为了征税而开始发展。

(二) 厘金

表13.1与表13.2都反映出厘金大幅增长的事实,这是一种与传统财政有关系但却具有新色彩的财政收入。

专栏13.2 厘金的产生

厘金由1853年专门负责镇压太平军的江南大营创办,这是一种向工商业寻求财政收入的行为。但这一收入起初在形式上仍是传统的,源于帝国工商税收中的住税或过税。征收厘金,最初是对"大行铺户"征收坐厘,这在相当程度上只是传统杂税的一种(住税)。在实践中,坐厘的征收者也自认为这并非正税,承诺军务结束后即停止。

后来,"坐厘"发展为"行厘",由各省政府征收,对过关卡的货物就商品价值,值百抽一(税率1%),究其实这仍是传统的内陆关税(过税)。不过,传统的内地关税是中央政府征收的,且从未具有如此重要的地位。

---

① 王业键:《清代田赋刍论》,人民出版社2008年版,第66—67页。
② 同上书,第67、105页。

由于厘金在财政收入中的比重越来越大,在征收上越来越长期化,因而渐渐地具有了新意。厘金的规模,估计占全国财政收入的14%以上。需要说明的是,依收取地点的不同,厘金实际上有三类:产地厘金、通过地厘金及销售地厘金。在这三类厘金中,通过地厘金(即内地关税)收入最巨,影响最大。厘金的征收大体解决了各省军饷缺乏的困难,"是清廷逃过了一次覆亡危机的重要原因之所在"①。

厘金收入之所以远远超过传统的内陆关税,原因在于其所设关卡比内陆关税多得多,税率也重得多。晚清时期的厘金由各地的总督或巡抚主持,同时各地征课厘金的货物及税率互不相同。由于缺乏统一管理,厘金抽收以官吏中饱、苛扰商民、诸弊丛生而著称。《清朝续文献通考·征榷考·厘金》云:"商民以十输,公家所入三四而已,其六七皆官私所耗费,而鱼肉之于关市为暴客,于国家直盗臣耳!"

除了一般的百货厘金外,还有针对特别商品(如盐和鸦片)的厘金。盐厘是在传统盐课基础上附加产生的,就是说运盐出售的商人,除了在产盐区交传统的许可费(盐课)外,还得再交纳叫作"盐厘"的内地通过税。这样,盐厘实质上就变成了一种商品税。虽然征收盐厘表明民众负担在增加,但其行为本身却有一定的积极意义。它意味着政府从盐业中获取收入,在形式上正从许可制转向征税制。这种转变有利于商品经济的发展,符合现代财政的做法。对鸦片征税,一开始是在海关进行的,即针对进口鸦片征收,因而是海关税的一部分。后来内地广泛种植和销售鸦片后,对内地鸦片由厘金局或各省设立的特别机构征收鸦片厘金。1906年后,此项厘金的管理权大部分移交给中央政府,只留一部分收入给各省。

专栏13.3　鸦片税的沿革

鸦片贸易长期以来处于非法状态。咸丰八年(1858年),在列强逼迫下清政府签订《通商章程善后条约》,才将原来属于非法走私性质的鸦片进口合法化。该条约规定:"洋药(即进口鸦片)准其进口,议定每百斤纳税银三十两。"此后,鸦片烟税征收额不断上升,咸丰年间大致在270万两,光绪朝鸦片的税、厘并征后大致在900万两。后来,国内也广泛种植鸦片,这就是土药(即国产鸦片),并因此带来土药的税厘。清朝末期进口与国产鸦片提供的财政收入每年在1500万两以上。

鸦片税收虽然在财政上有一定的地位,但显然这种商品的社会与经济影响非常恶劣。

(三) 海关税

比较具有新意的是海关税。帝国财政中的关税,原是指针对内陆贸易商品在经过境内关卡时征收的税,分别由户部和工部主管,前者收入进国库,后者收入供修建战船、粮船所用。在清代前期,针对进出国(关)境商品征收的海关税数量很少,主要集中在广州这个长期唯一的对外通商口岸。第一次鸦片战争后,清政府被迫对外开放通商口岸,同时在口

---

① 陈锋:《清代财政史论稿》,商务印书馆2010年版,第121页。

岸针对进出口商品征税。此后,针对国内贸易在过关卡时课税的税关被称为旧关或常关,管理权仍控制在清政府手中,而针对进出口商品征税的税关被称为新关或洋关(即海关),管理权逐渐落入外国人手中。

专栏 13.4　清末海关管理权的变化

清末海关的行政权,一开始仍控制在清政府手中,不过税则制定权已落入列强手中。由皇帝任命或由督抚委派的专门人员,根据中央政府的指示负责关税的征收、保管和处分。而由外国人选派的外国税务司,一开始只负责估定与核算海关税款。

上海小刀会起义后,上海通商口岸的英国和其他外国领事冒称清政府于1854年就已允许外国人代表清廷管理海关。于是,外国人篡夺了全部海关管理权,并于1858年建立一个统一的管理机构——总税务司,行使海关管辖权。就这样,清政府逐渐丧失了海关的全部行政权。1900年之后,甚至洋关50里内的常关行政权,也被西方列强掌握的海关所控制。

海关税在清政府财政收入中的地位越来越重要,这也是晚清财政越来越依靠现代税收的一个标志。海关税的变化大体如下:"洋关岁征各税,咸丰末年,只四百九十余万。同治末年,增至千一百四十余万。光绪十三年,兼征洋药厘金,增为二千五十余万。三十四年,增至三千二百九十余万。宣统末年,都三千六百十七万有奇,为岁入大宗。"(《清史稿·食货志六·征榷》)海关税的大幅增长,为清政府度过财政危机提供了极大的帮助,并构成晚清财政转型进程的一部分。

但是,与现代税收相比,这一税收也是有严重缺陷的。一方面,晚清海关税对进出口货物同等征收,这不同于现代国家为扶持本国产业发展而采取的鼓励出口、限制进口的关税政策,说明此时的海关税是一种纯粹出于财政目的而无经济目的的税收。另一方面,海关税的数额增加并日益成为财政收入的重要部分,是以国家主权的丧失为代价的。晚清的海关税不但关税税则由外国人决定,海关管理由外国人进行,而且甲午战争后更进一步地被指定为偿还巨额债款的担保。这样一来,海关税一定程度上就成为债权国掠夺中国资源的手段。

(四) 其他工商税

除了厘金和海关税外,晚清政府还征收了一些新生出来的工商税,如烟酒税、屠宰税、各种店铺的执照税等。咸丰年间,还于京师暂收房租(房产税),试办布捐等。

这些工商税收渊源于传统的杂税,但由于被广泛地和经常地征收,因而渐渐地为社会所接受,并因此奠定了现代工商税收的社会心理基础。正是在这样的基础上,许多学者建议,应学习西方,引进他们的印花税、营业税、所得税、遗产税等税收形式。也就是说,帝国财政以田赋为正统收入,至此已在实践上和观念上得以全面地改变。

(五) 公债

如前所述,在财政上除了上述收入外,还有一项非常重要的、帮助清政府度过财政危机的收入形式,那就是公债。除了少量内债外,清政府一再举借的是外债,以便缓解财政困难。根据有关学者的统计,晚清时举借的外债,可以确认有208笔,债务总额为13.06亿两(库平银)①。

在帝国传统中,国家是不举债的,以君主或政府的名义借钱的行为极其罕见。这是因为在帝国的理念中,所有的财富都属于君主所有,公债债权人并没有真正意义上的权利,不具备可靠的法律救济措施保障私人财产权。帝国时期在现实中出现的"借商""率贷"等行为,往往都是只借不还,成为一种变相的摊派甚至是勒索,或者与捐输相结合。自1853年起,江苏、福建、广东等省向外国商人举借外债,才有了以平等身份进行民事借贷的味道,具有了新意,由此开启了中国公债发展之门。

以今天的眼光看,公债发展是帝国财政转型的一个标志,它意味着帝国君主放弃了传统的家天下理念,开始以平等的身份在市场上融资。对外借款,标志着帝国君主放弃了曾有的天下共主的观念,对内借款("息借商款"和"昭信股票"等)比起对外借款来,进一步地突破了帝国君主家长制的理念。鉴于举借外债所遭遇的苛刻待遇,以郑观应、钟天纬、汤寿潜等人为代表,纷纷建议清政府举借内债,甚至认为"国债愈多,则民心愈固"②。这是传统理财观向现代理财观转变的一个明显标志。

三、财政管理方面的变化

在财政管理方面的变化,具有转型意义的有四个方面:改革币制、改组机构、试办预算与尝试财政分权。改组机构将在本讲第三节集中阐述,此处先讨论其他三个方面。

(一) 改革币制

第三帝国时期中国成为白银帝国,但此时白银仍采用银两制,如元宝、中锭、碎银等。帝国也曾铸银钱,如乾隆年间铸乾隆宝藏,每枚重一钱五分。其后也有各式各样的银饼出现,但银两制仍占据绝对主流的地位。银两制的缺点是:一方面在商品交易时因其零碎不一、易于掺假而颇多不便之处,另一方面政府不能获得铸币收入,因而缺乏财政意义。为了便利商品交易,特别是为了获取铸币收入和资金调度能力,晚清政府尝试改革币制。赵丰田在评论晚清时各种"增岁入说"时总结道:"诸家所论增加岁入之法,约而言之,有三大端:一曰改币制,二曰增税收,三曰借国债。而改币制一项中,复包括铸银圆、行钞票、改本位、设银行四端。"③

确实,币制改革主要包括铸银圆、行钞票、改本位、设银行四个方面。其中,铸银元和发钞票,政府都可能获得发行收入(源于货币购买力与铸币成本的差距)。改本位,主要是避免政府因通货膨胀而损失收入,因为此时白银在跌价。设银行,主要是试图获得资金调度的能力以及银行利润。银元的试铸,在光绪十三年由广东进行,重七钱三分,其后湖北跟进,各省相继铸造。纸币曾在清初顺治八年发行过,但十年后停止。之后,政府未再发

---

① 许毅等:《清代外债史论》,中国财政经济出版社1996年版,第672页。
② 姜良芹:《南京国民政府内债问题研究(1927～1937)——以内债政策及运作绩效为中心》,南京大学出版社2003年版,第17—18页。
③ 叶振鹏:《20世纪中国财政史研究概要》,湖南人民出版社2005年版,第435页。

行纸币,在市面上流通的是民间典当业及钱庄发行的会票、银票与钱票等,还出现了外国银行发行的钞票。直至咸丰三年(1853年),清政府发行两种纸币:一为大清宝钞,以制钱为单位;一为户部官票,以银两为单位,咸丰末年就停止使用。光绪二十三年(1897年),中国通商银行成立,并发行纸币(实为兑换券),这是我国发行现代钞票的正式开始。在此基础上,大清银行建立,中央银行制度在中国慢慢地确立。清政府赋予大清银行经理国库事务,主管国家一切款项,并代理经营管理公债证券和纸币发行等职权。国家银行的设立,确立了国家金库制度,为财政提供了集中统一的国库管理机构,同时也具有了及时便利的资金调度能力。

专栏 13.5　晚清中央银行的兴起

光绪三十一年(1905年),户部在天津设立造币总厂,并成立大清户部银行,作为财政流转总汇的机构,这是中国创办国家银行之始。1906年,户部银行于北京发行钞票,分库平银一百、五十、十、五、一两等五种面额。1908年,户部银行易名为大清银行,发行一、五、十圆钞票,有五成现金为准备。至宣统二年(1910年),大清银行先后在天津、上海等20多个地方设立分行或分号50多处。

与帝国其他时期一样,清代财政机构(如户部和各省布政使司),在过去既是行政管理机构,又负责钱物保管与支出。这种财务行政与财物保管合二为一的做法,自然是弊端丛生。作为国家银行的大清银行成立后,财政资金方才有专业的国库保管机构。

(二) 试办预算

在财政改革中,预算制度的探索特别具有向现代转型的色彩。预算制度不仅涉及政府对财政资源的总体支配和对政府工作的理性化安排,而且意味着民众可以通过代议机构来讨论预算安排、评议政府工作、监督政府官员,从而实现制约政府的现代理念。在晚清现实语境下,预算制度改革还被赋予了划分中央与地方各自财权、保证中央权力与约束地方督抚权力的目的。因此,晚清预算改革,与清理财政、预备立宪等活动紧密地联系在一起。

在调查全国财政收支数额(即第三节将述及的"清理财政"活动)的基础上,清政府开始试办财政预决算。宣统二年(1910年),财政预算案在资政院要求下进行修正,之后议决批准。宣统三年初,颁布了《试办全国预算暂行章程》。

对于清末试办预算的历史意义,陈锋先生的评价是:"清末的预算,从立宪的酝酿、实施,到财政机构的重新设置,从财政事项的调查,到财政预算的编制,大都前所未有,是接受西方预算思想和预算制度的产物,具有明显的近现代色彩,与中国古代的所谓'预算(奏销)'并不同。"①

(三) 尝试财政分权

财政管理方面重要的改革,还有在中央与地方之间尝试财政分权。所谓尝试财政分权,就是说在中央财政与地方财政关系上,以确保中央财政一定的集中度为前提,探索地

---

① 陈锋:《清代财政史论稿》,商务印书馆2010年版,第350页。

方自治财力的保障,寻求集权与分权之间的平衡。集权与分权的平衡问题,一直是帝国政治的难题,如顾炎武分析的"封建之失,其专在下;郡县之失,其专在上"①。但是,他提出的"寓封建之意于郡县之中",在当时仍是一个原则性的设想。

第三帝国时期,在正式财政体系中体现出高度集权的性质,而在非正式财政体系中却又呈现出高度的分权特征。由于人事权的集中,帝国仍保持着高度的统一。晚清开始,由于中央政府无力镇压农民起义、发展洋务运动,做这些事情的资源与人才,需要地方督抚自己去发掘和组织。因此,财政权与人事权逐渐地转移到地方政府手中。地方财政机构的组建,始于湘军创建的地方粮台,这样地方督抚对钱粮就有了自筹自用的权力。于是,地方粮台成为地方政府扩张财权的平台。随着地方财权的扩大,地方督抚又进一步地侵蚀中央财权,不但占有财政收入,甚至还分解中央的货币发行权、公债发行权等。财权分散,中国不但无力对抗外来威胁,而且陷入内部的分裂危险之中。在这种情况下,中央政府自然要奋力夺回财权。

中央政府为了收回财权,除了上述改革财政机构、试办预算外,还采取了一些其他措施,如整顿盐政、集中铸币权等。中央回收财权,自然受到了地方督抚的反对。《东方杂志》在1910年第12期就曾评论道:"夫集权之事以财政为最显。督抚对于地方之事,无一不与财政有关。财政既为中央所干涉,即无事不受中央之干涉。督抚既抱此恶感,于是督抚与中央情意分离。而督抚与督抚,因同病之故,乃相怜相亲焉,盖一人之力不足与中央抗,思互相联合,以为与中央争持之基础也。"②

在中央政府与地方政府就财政问题争执不下之时,于财政管理中引入一定的西方联邦主义(在当时称为"地方自治")思想,就成了应有之义。具体的设计是:在划分中央与地方事权的基础上,区分中央财政收入(国税)与地方财政收入(地税),中央以国税来完成中央事务,维护国家统一;地方以自己的财力(地税)来完成地方事务,实现地方自治。1908年,宪政编查馆和资政院会奏《进呈宪法、议院选举各纲要,暨议院未开以前逐年应行筹备事宜》折,第一次提出了划分国、地两税的建议。同年开始的清理财政工作有一个重要的使命,那就是为划分国家税与地方税提供意见。度支部也为国家税与地方税划分提出了一些意见,并于1911年开始正式厘定国家税和地方税的有关章程,准备送内阁复查后,交资政院审议。在划分中央与地方财权的同时,清政府还在财政上推进地方自治。1908年,清政府宣布实行地方自治;1909年,颁布《城镇乡地方自治章程》,规定地方议事会有权议决自治经费岁入出预算及预算正额外预备费之支出、自治经费岁出入决算报告、自治经费筹集方法以及自治经费处理办法等事项。

专栏 13.6　清末地方自治的思想

奉命考察各国宪政的大臣端方在《请改定官制以为立宪预备折》中,对地方自治的思想有清晰的说明:"各国行政,大概可分为中央集权、地方分权二种。中央集权,例如日本。

---

① 顾炎武:"郡县论",载于《顾亭林诗文集》,中华书局1983年版。
② 彭立峰:《晚清财政思想史》,社会科学文献出版社2010年版,第292页。

地方分权,例如美国,中央政府仅掌军事、外交、交通、关税荦荦诸大政,其余大小诸务,悉归各省巡抚自行办理。二者各有所长,不容轩轾,要皆各有其职守,而不能越出于范围……治泱泱之中国万不能不假督抚以重权,而各部为全国政令所出,亦不能置之不理,视为具文。诚宜明定职权,划分限制。"

当时的税收大省江苏省就对此做出了响应,它列举了六条国家税标准:普及性税种应归中央;税源广大的税种归中央;国有资产及关税归中央;有关受国家法律之制裁或保护的行为而产生的税收归中央;维护人民公益而产生的税收归中央;因税率提高或税目增加而产生的税收归中央。它还列出两条地方税标准。第一标准为中央税的"附加",即"地方税附加定率,惟自治公益捐,已奉宪政编查馆规定为原有捐税十分之一,地方上级税尚无规定明文"。第二条标准是地方独立税,即"地方独立税法应分二义:一曰一般税,二曰目的税。一般税当与国税不相抵触,目的税则有限定之用途者也"①。

度支部对此的想法是:"中国向来入款,同为民财,同归国用,历代从未区分,及汉之上计,唐之上供、留州,但于支出时区别用途,未尝于收入时划分税项。近因东西各国财政始有中央、地方之分,然税源各别,学说互歧,界划既未易分明,标准亦殊难确当。现既分国家、地方经费,则收入即不容令其混合,业经臣部酌拟办法通行各省,列表系说,送部核定,并于预算册内令将国家岁入、地方岁入详究性质,暂行划分。"②

清政府尝试财政分权、实行地方自治,既是中央力图收回地方督抚权力的过程,也是中国财政整体现代化的一部分,即理性地划分中央与地方的事权、财权,以宪政方式处理中央与地方的关系。当然,地方自治的内容不仅仅是财政方面的,它还包括由地方居民选举产生自治机关,由自治机关管理地方事务等内容。这些内容涉及基层政府与民众组织建设,以及国家统治民众方式的变化等多个方面。

第二节 家财帝国向现代转型的思想探索

面对财政大危机以及整个国家所遭遇的"三千年未有之大变局",晚清知识分子纷纷探索应对之道,最终达成的共识性意见是,应进行财政转型乃至国家转型。或者说,他们认识到有必要终结帝国家财型财政和帝国国家类型在中国地理空间中的存在,并转向现代财政和现代国家。

专栏 13.7 知识分子与中国国家转型

在清末,先于时代而感受到中国正处于国家转型之中的知识分子,并非外来的新力

---

① 邹进文:"清末财政思想的近代转型:以预算和财政分权思想为中心",《中南财经政法大学学报》2005年第4期。
② 同上。

量,而是由一部分传统士人(包括在朝士人和在野士人)发展而来的。他们像《盐铁论》中的文学贤良一样,为当时中国的现状而感到内心焦灼。于是,他们自觉地担当起"天下兴亡"的责任,潜心思索,并不断地从外界获取思想资源,最终达成对中国的认识,然后付诸行动。由此生发出晚清之后中国面向现代化的一系列努力。

正如姜义华先生所说,孙中山等人发动辛亥革命的内在动力,并不是什么阶级利益,而是中国知识分子自觉担当天下兴亡的责任意识。因此,士人或者说知识分子所具有的"家国共同体和贯穿其中的以天下国家为己任的责任伦理,可以说,正是中华文明长久存在、持续不衰的奥秘之所在"①。士人或者知识分子的责任意识与中国国家转型的关系,是中国历史研究中的重要话题。

一、对财政转型的认识

晚清时期知识分子关于财政转型的认识,体现在三个方面:一是对量出为入原则的接受,二是开始将工商业作为财政收入的主要来源,三是要求实行西方式预算制度。

(一) 对量出为入原则的接受

如第十一讲所述,量入为出,即以相对固定的收入支持国家承担相对固定的职能,是帝国财政的基本原则。在一定程度上,坚持该原则就意味着对帝国制度的坚守和对国家转型的拒斥。面对1840年以后日益严重的财政大危机,朝野上下一开始仍坚持着这一帝国财政原则。正如彭立峰所强调的:"晚清最高统治者以上谕的形式自始至终强调量入为出,至少在表面上从来没有放弃对量入为出原则的坚守……在各级官员上报的各种奏疏中,量入为出字样及相关表述屡见不鲜,量入为出原则至少在表面上得到了各级官员的普遍拥护。"②但在现实面前,清政府被迫实行"量出为入",为不断增长的支出寻找收入支持。如1852年,面对巨大的支出压力,咸丰皇帝在上谕中说:"国家经费有常,自道光二十年以后即已日形短绌,近复军兴三载,糜饷已至二千九百六十三万两。部库之款原以各省为来源,乃地丁多不足额,税课竟存虚名!"因此不得不谕令地方:"无论何款,赶紧设法筹备。"③什么钱都行,这种做法是面对支出压力而被迫放弃财政原则的典型表现。此处表现的还只是在总量上突破量入为出原则,在结构上该原则也同样为现实做法所突破。由于支出压力巨大,靠削减"不急之需"的支出能够获得的空间极为有限,于是在现实中不得不违背常例支出不得牵混使用的原则,开始将财政收入集中在一起,再统一使用。

随着总量上和结构上"量出为入"行为的经常化,特别是随着西方财政思想与实践的传入,思想界在逐步引入西方文明的同时也接受了量出为入原则,肯定该原则的合理性。最为重要的表现是,强调财政支出的目的应该是担负必要的国家职能,特别是强调政府要为民众提供服务,并以此获取财政收入。如王韬强调,英国财政"其所抽虽若繁琐,而每岁

---

① 姜义华:"中华天下国家责任伦理与辛亥革命",《社会科学》,2011年第9期。
② 彭立峰:《晚清财政思想史》,社会科学文献出版社2010年版,第22—23页。本节对晚清财政思想演变过程的描述及文献来源,多处参考了彭立峰的研究。
③ 同上书,第36页。

量出以为入,一切善堂经费以及桥梁道路,悉皆拨自官库,借以养民而便民。故取诸民而民不怨,奉诸君而君无私焉"①。

到了20世纪初,在空前的财政危机下,量出为入在实践中势属必然,在思想上也被广泛接受,甚至被高度肯定为是一种不同于家庭、不同于传统的现代财政原则。如《东方杂志》1905年第2期就从家庭财政与国家财政的比较立论说:"一家之预算,量入以为出;一国之预算,量出以为入,此治财政者之恒言也。"1910年,大臣徐世昌则从古今区别来肯定量出为入原则:"古之制国用者,量入以为出;今之制国用者,量出以为入。盖以财限事则庶政坐困,因事理财则百废兴举。"②甚至身属最高统治阶层的庆亲王奕劻,也接受了类似的看法:"一则量入为出,于节流之意为多,而政策常偏于保守;一则量出为入,于开源之道为重,而政策常主于进行。所谓积极与消极主义,既有不同办法,遂以各别。"③

量出为入原则被全面接受,从消极的方面看,它是对现实中巨大支出压力的无奈承认,从积极的方面看,它是对政府应承担现代职能、国家该转向现代的一种清醒认识。量出为入原则的背后,是对传统"轻徭薄赋"仁政理想的放弃。这既是由于现实的逼迫,也有理性的思考。黄遵宪的看法非常具有典型性,在其所著的《日本国志》中,他主张中国应实行重税,认为如属取之于民、用之于民,则重税"非惟无害,而损富以益贫,调盈以济虚,盖又利存焉"。对此,严复在《原富》(《国富论》的严复译本)一书中更是给出明确的说法,认为"赋无厚薄,惟其宜",而是否"宜"的标准,不在于税率的高低,而在于人民的负担能力,因此国家应积极地"为民开利源,而使之胜重赋"。

以今天的眼光看,上述财政支出原则的改变,已不是简单地对支出方向与收支平衡关系的调整主张,而是对国家职能重大转变的深刻认识。就是说,此时朝野上下持有的已不是维持现状的消极主义财政职能取向,而是已转变为想方设法地发展经济、调节社会的积极主义财政职能观。

(二) 从工商业寻求主要财政收入

在巨大的支出压力下,通过传统措施来"节流"已无计可施,朝野上下不得不想方设法去"开源"。一开始,对开源的设想还是相当传统的,如魏源提出来的屯垦、采矿等措施。受西方影响的洋务派提出由政府创办军事工业和民用工业的做法,也不脱谋求官营利润的传统做法的影子。

不过,随着在现实中源于商业的厘金、海关税等财政收入的重要性日益凸显,加上西方商业富国的经验影响,思想界日益强调商业以及民营工业的作用,将其提到富国的高度,并认为财政应该以工商业为收入源泉。拿此时思想界的主张与王安石变法相比,相似的是,两者都是在国家生存危机状态中向工商业寻求财政收入的增加;不同的是,王安石变法只是挑战了帝国财政边界,并很快遭遇失败,而晚清开始的财政变革则是对帝国财政边界的成功突破。

作为洋务运动的领军人物,李鸿章高度重视工商业对于财政的重要意义。他认为:

---

① 王韬:《弢园文录外编》,中州古籍出版社1998年版,第178页。
② 彭立峰:《晚清财政思想史》,社会科学文献出版社2010年版,第46页。
③ 同上书,第47页。

"欲自强必先裕饷,欲浚饷源,莫如振兴商务","西洋方千里数百里之国,岁入财赋动以数万万计,无非取资于煤铁五金之矿、铁路电报信局丁口等税"①。郑观应在《盛世危言·商务》中强调,"国以商为本",中国必须"振工商以求富","振兴商务为开辟利源之要端"。他强调商业对于财政具有重要的意义:"我中国自军兴而后,厘金、洋税收数溢于地丁,中外度支仰给于此。夫用出于税,而税出于商,苟无商,何有税?然中外司会计之臣,苟不留心商务,设法维持,他日必致税商交困而后已。四海困穷,民贫财尽,斯历代之所由衰乱也。"身为李鸿章的幕僚并积极参与早期洋务派引进坚船利炮活动的马建忠,在被派往欧洲学习之后,认识也有了相当大的改变,这种改变典型地反映了中国知识界此时思想意识的变化。他说:"初到之时,以为欧洲各国富强专在制造之精,兵纪之严;及批其律例,考其文事,而知其讲富者以护商会为本,求强者以得民心为要。护商会而赋税可加,则盍藏自足;得民心则忠爱倍切,而敌忾可期。"②就是说,政府的职能首先应该是护商会、得民心,由此发挥职能,国家才能求得富强。稍后的陈炽,对此也反复强调,认为培护工商业作为税源,才是增加财政收入的根本:"无商是无税也,无税是无国也","工者,商之本也,生人之利用之源也"(《庸书·外篇》)。

至此,工商业可以强国富国已得到全面的认同。相比之下,严复更为强调的是,只有给民众自由的空间,让他们以自己的私利来引导发展工商业,才会真正地具有效率。在《原强》中他说:"夫所谓富强云者,质而言之,不外利民云尔。然政欲利民,必自民各能自利始;民各能自利,又必自皆得自由始。"在《原富》中,他警告说,如果国家干预经济,"强物情,就己意,执不平以为平,则大乱之道也"。

如前所述,如果将财政收入来源转向工商业,那意味着帝国财政与帝国政制将发生根本性的变化。这种变化体现为两个方面:一是经济要转型,要从农业国转向工业国,并发展商业活动;二是政府要将财政命脉系于普通民众身上,因为工商业资产是流动的,其盈利水平由从业者的积极性决定,没有对个人财产权和人身权的保障,工商企业就不可能有可靠的发展。

就前一个方面而言,工业化的重要性在当时已被人充分认识,并一再为后世政治家所肯定。如康有为就认识到富民强国的根本就是要发展工业,并提出了"定为工国"的工业化思想。他说,"凡一统之世,必以农立国,可靖民心;并争之世,必以商立国,可侔敌利",而"今已入工业之世矣,已为日新尚智之宇宙矣"。换言之,康有为认为,立国基础的变化顺序是由农到商再到工,当前应以工立国。因为有这样的看法,康有为被评价为中国近代史上"最先提出工业化主张的人"③。不过也可以看出,康有为对商业化(市场化)的认识仍有局限性,以为只要有了工业,商业就没那么重要。当然,这样的认识事实上也非康有为所独有,它实际上成为不少人的主要观点,以至于在中国发展出没有市场化(商业化)的工业化,或者说建起了缺乏市场机制的工业体系。这一局面直到1978年后,才逐渐改变。

---

① 彭立峰:《晚清财政思想史》,社会科学文献出版社2010年版,第243页。
② 马建忠:"上李伯相言出洋工课书",载于《适可斋记言》,中华书局1960年版。
③ 赵靖:《中国经济思想通史续集——中国近代经济思想史》,北京大学出版社2004年版,第318页。

就后一个方面而言,要以工商业为基础获取财政收入,不能仅仅依靠转换财政收入体系,更重要的是需要目的性国家的根本改变,即要从以家族为本位的农业国,变成以个人为本位的工商业国家,与此同时,工具性国家也要以个人权利本位为原则而重造。只有以个人本位建立起现代国家,才能真正地促进工商业的发展。

(三) 现代预算的引进

在量出为入的现实要求与西方国家经验的映照下,为了弥补不断增长的支出需要,清政府除了增收田赋附加外,还致力于从工商业获取税商收入,为此开征了各种税捐。收支两方面的变化,对财政管理提出了新要求,要求对收支管理进行一定的合理化整顿。这种合理化整顿,自然可借鉴前述帝国财政管理的思想与制度资源,不过在当时来自西方现代国家的预算思想与制度受到了更多的重视。这是因为,此时中国财政管理改革的目的是要统一、完整、公开、理性地安排财政收支,发端于西方国家的现代预算被认为具备了这些特征。

西方国家的预算制度,在晚清时期被有识之士反复地鼓吹。监察御史赵秉麟的下述言论,典型地反映了晚清财政管理思想的两个渊源:"《周礼·冢宰》以九式节财,岁终制用,立司会为计官长,司书贰之……皆有会计……近泰西各国岁出岁入,年终布告国人,每岁国用,妇孺咸晓。考泰西列邦,所以国人咸知国用者,在有预算以为会计之初,有决算以为会计之终。其承诺之任,监财之权,悉议会担之。……近奉明谕,预备立宪,设资政院以司预算,设审计院以掌检查,远符周礼,旁采列邦,用意至善。"①黄遵宪在1887年定稿的《日本国志》中,就介绍了西方的预算制度,高度肯定西方预算所具有的理性计算、向社会公开等特征:"泰西理财之法,预计一岁之入,某物课税若干,某事课税若干,一一普告于众,名曰预算。及其支用已毕,又计一岁之出,某项费若干,某款费若干,亦一一普告于众,名曰决算。"实行财政预算制度,在郑观应看来,优点主要在于可保证财政收支平衡,并使管理理性化,如杜绝滥收滥支,"胥吏不得上下其手,官司不得中饱其囊橐,部书无由驳沮其报销矣",使"商民不相加纳"(《盛世危言·度支》)。

1894年,郑观应在《盛世危言·度支》中,详细列出了合理化预算的步骤,体现出对现代预算所应有的统一性、完整性的重视。

(1) 首先,应确定支出数,"当仿泰西国例,议定一国岁用度支之数","先举其大纲,次列其条目,畴为必需,畴为可省,畴属无益,畴尚缺乏。滥者节之,乏者增之,必需者补之,无益者削之。合京省内外而通计之,则经常之数可得也"。

(2) 然后再确定财政收入之数:"检查行省二十一部每岁田赋所入者几何,地丁所入者几何,洋关税所入者几何,常关税所入者几何,厘捐所入者几何,盐政所入者几何,沙田捐、房屋捐、海防捐、筹防台炮捐所入者几何,油捐、茶税、丝税及一切行贴、典贴、契尾杂款所入者几何,每省立一分册,核定入款,详列其条目,刊布天下。"

(3) 最后编制平衡表:"凡一出一入,编立清册,综核比较为赋财出入表,出有逾则节之,不可任其渐亏也;入有余则储之,不可供其虚耗也。"这就是"合国内各省通盘理财之法"。

---

① 陈锋:《清代财政史论稿》,商务印书馆2010年版,第350页。

康有为重点强调的是预算的公开性,他说:"泰西国计,年年公布,有预算决算之表……今吾户部出入,百官无得而知焉……是益以愚我百官而已。与民共者生爱力,不与民共者生散力。"①

除了运用预算进行财政管理外,有识之士还提出以银行代理国库、在中央与地方间划分权力等财政管理方面的要求。

二、对国家转型的要求

财政转型,内容不仅仅是收支项目及其管理制度的调整,更为重要的是,它要求对财政的合法性基础进行新的论证。在帝国所有权与统治权合一的家财型财政中,子民耕种兼有君、父二重性的皇帝的土地,并因此纳粮服役,可以说是向君主这个地主交租金,也可以说是给大家庭尽义务。可在现代财政中,主要源于工商业的税收却来自百姓的私人收益,需要对百姓为什么纳税作出说明。这种对税收型财政作理论上说明的需要,最终带来了对国家转型的要求。

(一) 对征税原因与程序的现代说明

百姓为什么要向政府交税?陈炽的答案是:因为政府给予了商民保护。换言之,政府也只有在保护了商民的前提下才能征税。他在所著《庸书》中说,"泰西各国,上下一心,保护商民,无微不至,而税则一事,稳操轻重之大权"。黄遵宪在《日本国志》中强调:"能以民之财,治民之事,以大公之心,行一切行政,则上下交利,而用无不足。"梁启超的看法是,"凡赋税于民者,苟为民,作事虽多不怨","苟不为民,作事虽轻,亦怨矣"②。1907 年 4 月 21 日《时报》发表文章《论国民当知预算之理由及其根据》,也对此做出了说明:"欲维持国家之生存发达,不得不征收租税以应支用。然租税之负担在于国民,非得国民之承诺而徒恃强制力以征收之,未免为无理之举动。故立宪国家所以必待议会承诺者,盖恐国家流于专断有伤人民之感情也。"

受西方思想影响颇深的严复,在《原富》(《国富论》的严复译本)中给出了最为理论化的说明:"民生而有群,徒群不足以相保,于是乎有国家君吏之设。国家君吏者,所以治此群也。治人者势不能以自养,于是乎养于治于人之人。而凡一群所资之公利……皆毕待财力而后举。故曰:赋税贡助者,国民之公职也。"可见,严复的论证是从社会契约论立场出发的,这是现代政治的逻辑基础。在此基础上,国家征收赋税不是"为私",而是要"取之于民者,还为其民"。受到西方思想影响但其学术资源主要来自中国传统的谭嗣同,也做出了基本相同的说明,"生民之初,本无所谓君臣,则皆民也。民不能相治,亦不暇治,于是共举一民为君。夫曰共举之,则非君择民,而民择君也","君也者,为民办事者也;臣也者,助办民事者也。赋税之取于民,所以为办民事之资也。……事不办而易其人,亦天下之通义也"③。

也就是说,上述言论从论证税收合法性的要求出发,得出了对现代国家的要求,其逻辑过程如下:国家建立在拥有权利和财产的民众基础上,应民众的需要而成立;只有为民

---

① 陈光焱:《中国财政通史》,中国财政经济出版社 2001 年版,第 109 页。
② 项怀诚:《中国财政通史》(第 8 卷),中国财政经济出版社 2006 年版,第 322 页。
③ 蔡尚思、方行:《谭嗣同全集》,中华书局 1981 年版,第 339 页。

众提供服务的政府,才能从民众中获取税收。这一理论说明所针对的国家,显然是现代国家而非帝国,而这样的财政是现代财政,而不是过去以君主产权为前提的家财型财政。

怎样才能让百姓愿意交税?学者们提出的方法是开议会和预算公开。开议会是要让民众决定预算的构成,预算公开是要让民众监督预算的进行。这是因为:在现代财政中,纳税人不是被动的纳粮应役的黔首,而是财政收支的最终决策者、监督者与受益者。只有开议会和预算公开,才能证明民众缴税实际上是为自己的事情提供资金支持。如陈炽在《庸书·议院》中指出,中国设议院就可"合亿万人为一心","夫民心即天心也,下协民情,即上符天道"。他指出,议院的主要职能就是"朝章国政,及岁需之款,概决于民,而君亦几同守府者也"。郑观应在《盛世危言》中强调,每年年终应把该年预算执行情况"刊列清账,布告天下",以保证国家财政收支的平衡;由于国家财政收支公之于众,即使取民稍重,而"百姓不怨"。黄遵宪在《日本国志》中对现代财政的说法是:"其征敛有制,其出纳有程,其支销各有实数,于预计之数无所增,于实用之数不能滥,取之于民,布之于民,既公且明,上下孚信。"

1906年,《南方报》发文《论中国于实行立宪之前宜速行预算法》,对现代预算与现代国家之间的关系作出了最为清晰的说明:"所谓预算者,国家预定收入、支出之大计划也。盖国用之收入,收入于民也。收入自民,故不能不求民之允诺,不能不示以信用。预算者,示民以信用之契据也。国用之支出,亦以为民也,支出为民,故不得不邀民之许可。欲民许可,不得不受其监督。预算者,授民以监督之凭证也。"

不仅民间,官员也有如此看法。1906年,御史赵秉麟指出:"东西各国之财务、行政,必须国民以两种监察:一、期前监察,承诺次年度之预算也。二、期后监察,审查经过年度之决算是也。故国民知租税为己用,皆乐尽义务;官吏知国用有纠察,皆不敢侵蚀。"①

预算制定与监督,只能由议会来进行,或者说从对预算的要求,得出了(至少是加强了)对议会的要求。正如《时报》1908年4月29日刊文指出的,因为财政监督权是议会"相依为命而不可须臾离者","议会对财政的监督被看作全部监督权的灵魂,是议会职能的命脉"。就是说,因为税收源于纳税人的财产,所以必须以预算公开与纳税人代表(议会)监督的形式来承认这一点,所以应该建立自下而上的监督制度。这实际上是要求帝国财政和帝国政治制度向现代财政与现代国家制度转型。

总而言之,晚清知识界从对财政转型的探索,最终得出了对国家转型的要求。严复以现代国家的眼光来考察中华帝国财政,他在《辟韩》中的发现是,"秦以来之君,正所谓大盗窃国耳","转相窃于民而已"。通过中西方的对比,他强调了有两种不同的国家:"西洋之言治者曰:'国者,斯民之公产也。王侯将相者,通国之公仆隶也。'而中国之尊王者曰:'天子富有四海,臣妾亿兆。'臣妾者,其文之故训犹奴虏也。夫如是,则西洋之民,其尊且贵也,过于王侯将相,而我中国之民,其卑且贱,皆奴虏子也。"当然,站在今天的立场看,国家的基础在君主还是在民众,不是中西的差别,而是帝国与现代国家的区别。因此,通过中西的对比,最终得到的是对中国从传统国家向现代国家转型的要求。

---

① 彭立峰:《晚清财政思想史》,社会科学文献出版社2010年版,第301页。

(二) 现代国家的特别之处

向现代国家转型的要求,其核心是将国家的支撑点从土地转为公共权力,因而组织化公共权力(即主权)建设是这一时期国家转型的中心。如前所述,国家共同体的核心是公共权力,在不同的国家类型中公共权力的表现形式不同。在帝国,公共权力表现为君权,而现代国家的公共权力表现为主权。现代国家的主权与帝国的君权,从形式上看是相似的,都强调权力的至上性与神圣性,但在合法性和有效性方面有非常大的差距。

就合法性而言:在现代国家,主权的合法性源自它是由组成共同体的民众授权而形成的,这种授权不是虚拟的或一次性的,而是由常设组织与定期选举(即代议制)来表达民众同意的。这不同于中国古代思想中经民众推举产生君主,因为这种推举是一次性的或者说是虚拟的,君主产生后,权力移交就是世袭的(最多私相授受,如禅让)而不再是公众推举。与此同时,主权行使的目的是目的性国家中的人,即由受选举制约的公共组织行使主权并向公众提供服务,这样的权力才真正成为公共权力。帝国的君权,其合法性起源于君主对土地的产权,即"打天下者坐天下",这实际上是一种特权而非真正的公共权力。为了自身利益及家族的长久执政,君主不得不承担起家国共同体中大家长的责任("为公"),为民众提供一定的服务,这种承担起家长责任的君权在一定意义上也表现了部分公共性。但君权是由世袭的个人行使的,是否"为公"并无组织与制度的保证,因此君权并非真正的公共权力。

就有效性而言:现代国家主权的运行,动力源于民众(通过定期选举与政治组织来表达),依托于分工明确和高效协作的理性化制度体系。帝国时期,君权运行的动力,源于君主对个人和家国天下的责任,虽然也依托于官僚体系而运行,但这种为完成相对有限职能而形成的制度既是简陋的,又不能做到真正的理性化。这是因为,从根本上讲它是为维护一家一姓的地位而设置的相互牵制的制度,正如洪武九年(1376 年)朱元璋对自己新建制度在原则上所作的概括说明:"上下相维,小大相制,防耳目之壅蔽,谨威福之下移,则无权臣之患。"(《明太祖实录》第 110 卷)

因此,晚清时期对国家转型的认识,逐渐集中到主权的建设上,即构建有效的官制、反映民意的代议制等行使主权的组织。从这样的认识出发,最终得出了消灭帝制的要求,就是说,在制度上彻底将君权转化为主权。下文将述及,这些转型要求在相当程度上仍集中于工具性国家层面上,尚未真正深入目的性国家的层面。

第三节 晚清工具性国家的变革:以度支部为例[①]

晚清开始的国家转型活动,以今天的眼光看来,主要集中在工具性国家层面上。以总理各国事务衙门的新设为起点,晚清时期的国家机构不断地变化,要么新设政府机构,要

[①] 本节内容改写自笔者指导的硕士研究生王相龙的毕业论文(王相龙:《从户部到度支部——晚清中央财政机构改革研究》,上海财经大学硕士论文 2013 年)。

么将传统机构进行现代改造。光绪二十七年(1901年)后的"新政"改革(特别是1906年的官制改革),更是将工具性国家的转型推向高潮。通过这些改革,司法机构得以初步独立,行政机构按现代要求进行了合并与裁撤,科举制度也被废除(以使人才培养符合新机构的需要)。以政府中的经济机构为例,变革进展颇大,光绪二十四年(1898年)设矿务铁路总局,再设农工商总局,1903年设商部,并将此二局并入,1907年再与工部合并,称农工商部,下设农务、工务、商务、庶务四司。在机构改革时,政府还另设了邮传部,下有船政、路政、电政、邮政、庶务五司,辖有邮政、电政、铁路总局与交通银行,并将原隶属于北洋大臣的船政、招商局,以及原隶属于工部的内地商船,改属邮传部。

在这一过程中,财政机构的改革被视为政府机构整体现代化的先行部分,它为其他机构的改革提供了资源与条件。事实上,自1840年之后,清政府的财政机构,已先于其他机构逐步进行了现代化,即从合理化的职能划分出发新设机构或改造旧机构。前述海关的建立,1897年税务处的设立(下辖总税务司),以及1903年财政处的设立,都是财政机构改革进程的一部分。在财政机构改革中,最具有标志意义的是1906年将户部改为度支部,并将原来外设的财政处、税务处并入。度支部的设立,有极为重要的历史意义,它标志着帝国财政向现代的转型获得了阶段性的成功,因而是晚清国家转型中特别有成绩的地方。对此,袁世凯曾评价说:"前清预备立宪,惟度支部最有成绩,余皆敷衍耳。"①

一、帝国财政中的户部机构设置

如第十二讲所述,第三帝国时期的户部成为国家最高的财政管理机关,负责管理全国疆土、户口、田亩、财赋。清代的户部,设尚书二人(满、汉各一人),为从一品;左右侍郎各二人(满、汉各二人),为正二品;堂官共六名。户部的机构设置可分为部内办公机构、职能机构和直属机构三大部分。

(一)部内办公机构

户部的部内办公机构,主管部内的行政事务,由南、北档房和司务厅、督催所、当月处、监印处组成,分别掌收外省和在京衙门文书,呈堂官画阅后分司办理②。

在户部部内办公机构中,最为重要的是北档房,它是整个户部的核心部门。北档房有三个主要职能:(1)负责草拟本部所有题本、奏章;(2)负责指拨各省报解的京饷;(3)统计各省岁入岁出。

由于直至光绪时期户部尚书阎敬铭改革人事制度之前,北档房无汉族司员行走,而满族官员多不谙计算,因此该部门很多事情被户部的胥吏把持,弊端丛生。阎敬铭任户部尚书后,对户部进行了严厉的整顿,准许汉族司员在北档房行走,自此国家收支状况才大体为执政者所掌握。

(二)职能机构

户部的职能机构,实行按行省分司管理,下设十四个清吏司,分管各省财政及特定的

---

① 周育民:《晚清财政与社会变迁》,上海人民出版社2000年版,第419页。
② 李鹏年等:《清代中央国家机关概述》,黑龙江人民出版社1983年版,第151—152页。

事宜。总体来说,各司职能划分并无理性化标准,而是试图达到互相监督、互相牵制和保证由满人控制中央财政机构的目的。

这主要表现为以下几个方面①。

(1) 各清吏司除分管本省钱粮外,还兼管其他省份的钱粮。如福建清吏司兼管直隶的钱粮,山东清吏司兼管东三省的钱粮,陕西清吏司兼管甘肃和新疆的钱粮。

(2) 有些清吏司除分管本省和别省钱粮外,还兼管某一项或几项属于全国性的财政事务。如山西清吏司兼管各省的岁出和岁入银数奏销,江西清吏司兼管各省协饷动支银数,湖广清吏司兼管全国耗羡银两,陕西清吏司兼管八旗俸饷,广西清吏司兼管全国矿政和钱法,云南清吏司兼管全国盐课,贵州清吏司兼管全国关税等。

(3) 同一性质的职能,由几个清吏司分别掌管。如江宁、苏州两处织造奏销由江南清吏司兼管,而杭州织造奏销由浙江清吏司兼管;八旗官的养廉银由山东清吏司兼管,而在京官俸兵饷则由陕西清吏司兼管。

(4) 各清吏司中满族官缺(即编制)居多数。

(三) 直属机构

除了上述部内办公部门和职能部门外,户部还有很多承担特定事务的直属机构。如井田科,掌管入官八旗土田、内府庄户及官房地租等事宜。八旗俸饷处,负责八旗官兵俸饷及赏恤事务,兼管八旗户籍档册。现审处,负责八旗田房、户口诉讼之事,对需刑讯者,会同刑部办理。饭银处,掌核各省岁解户部饭食银收支。捐纳房,掌办捐纳事宜。钱法堂及宝泉局,掌钱币铸造事务。银库、缎匹库及颜料库,即所谓"户部三库",掌管银钱、缎匹、颜料等之出纳。仓场衙门,负责漕粮积储及北运河运粮的事务。各地户部所属常关,负责征收货物通过税等。

(四) 户部机构设置的缺陷

通过以上对户部机构设置与职能分配的简单介绍,可以发现第三帝国时期的户部,在机构设置与财政管理方面虽然达到了帝国时期的成熟水平,但与理性要求尤其是现代国家的要求差距甚远。正如清末出国考察五大臣之一戴鸿慈所评论的,"户部徒掌本部收支,而各部岁计出入之当否,户部无从过问,各省奏销则凡外销一项,亦皆无从稽核,是全国财政无一监督之机关也"②。具体来说,户部作为中央财政管理机构,有以下几个方面的缺陷。

(1) 在机构设置与职能划分上,过于重视对地方财政的控制,而忽视专业化分工,也不能真正抓住重要的财政事务。如十四个清吏司均以省区命名,按省分司,兼辖其他省份的赋税,虽有利于各地区间相互牵制,但却造成职责不明,特别是国内许多特别重要的财政事务(如关税和盐税),由某一清吏司兼管,却无专司管理,职能比较混乱。

(2) 在人员配备与职权分工上,未能形成金字塔形的有效行政结构,大大降低了行政效率。如户部满、汉尚书各一名,侍郎满、汉各两名,尚书与侍郎之间不是上下隶属关系,

---

① 彭泽益:"清代财政管理体制与收支结构",《中国社会科学院研究生院学报》1990年第2期。
② 故宫博物院明清档案部:《清末筹备立宪档案史料》(上册),中华书局1979年版,第373页。

他们都直接听命于皇帝,有向皇帝直接奏陈的权力,他们也都是户部堂官。这样的行政过程,容易形成事权不分、相互扯皮、无人负责等弊端。

(3)户部与其他部门之间的职能划分也不合理,不但削弱了户部作为最高财政机关的作用,而且造成了财力的分散与管理的混乱。如工部自设四关征税,内务府设立了办理捐输助赈事宜处,都在分享户部的财政收入管理权。

(4)清代政府特有的维护和突出满族人的地位与控制力的制度设计,进一步加剧了上述的缺陷。如井田科、八旗俸饷处、现审处等,均为专理满族财政事务的机构。南档房掌八旗档案,由满人专管。北档房司员按定例,无汉人司员行走。户部三库除管理大臣设汉员二名外,余均为满人等。

二、度支部的设立

度支部的设立,是前述晚清财政转型及国家转型中的标志性事件,是当时官制改革及预备立宪的重要组成部分。对中央财政机构从户部到度支部的发展,戴鸿慈于光绪三十二年(1906年)七月在《奏请改定全国官制以为立宪预备折》中说得很清楚:"户部掌财务行政,为旧制所固有,然以户名其部者,盖缘旧日财政以户田为其专务,今征诸各国所掌,则自国税、关税至货币、国债、银行,其事甚繁,户田一端实不足以尽之。"[①]这说明,将户部改为度支部所具有的财政转型意义,在当时已有自觉,即它意味着财政开始从帝国时期依赖于人口土地的家财型财政,转向依靠税收和公债的现代财政。

度支部的职能,被确定为综理全国财政和管理各省田赋、关税、榷课、漕仓、公债、货币、银行、会计等事务,监督本部特设各局、厂、学堂,以及调查各省财政等事宜。度支部初设尚书一人,侍郎二人,后来(宣统三年〔1911年〕)改尚书为大臣,侍郎为副大臣。为了与前述户部进行对比,下面仍从部内办公机构、职能机构、直属机构三方面加以简单介绍。稍有不同的是度支部所成立的清理财政处,此机构比较特殊,它是临时性的财政清理机构。

(一)部内办公机构

户部改称度支部后,其部内办公机构的设置和职能得到了重新调整,设置了丞政、参议二厅,以综核部务。原先户部众多的部内事务性机构全部裁撤,归于丞政、参议二厅。这样做,不但大大精简了机构,在节约行政成本的同时提高了行政效率,而且两厅的职能也大大增加并显得更为合理。

比起户部所设的南、北档房来,丞政、参议二厅增加的职能(如"佐理一切机密事宜""办理本部职官升迁奖惩""审议各司重要事务"),使其成为度支部内重要事务的总汇和处理机构。在一定程度上,它们不仅是办公事务机构,而且是制定部门章程、监督各司、审议全国财政事务的具有决策职能的机构。

对此,曾在度支部担任过参议的杨寿枏先生作过如下评价:"户部之权以北档房为最重,司员中才望卓著者始派此差。光绪末年,改为丞、参厅[②]……各司公事,先送丞、参厅

---

① 彭立峰:《晚清财政思想史》,社会科学文献出版社2010年版,第287页。
② 杨寿枏:《觉花寮杂记》,载于苏同炳《中国近代史上的关键人物》(下),百花文艺出版社2000年版,第858页。

核定,丞参画诺,然后呈堂。机要奏牍皆参议主稿。大事则尚(书)侍(郎)召集丞参会议施行。全部要政以丞、参厅为总汇之区。"①

(二) 职能机构

度支部的职能机构改革,是将原来的户部十四清吏司改为度支部十司,从原来的依地区变为按任务设置职能机构,十司的名称依次为田赋司、漕仓司、税课司、筦榷司、通阜司、库藏司、廉俸司、军饷司、制用司、会计司。

这种以事名司的机构设置,显然能够做出更为合理的职能分工。对此,度支部在奏折中阐述了如此设置的原因:"臣部专管职掌既繁,旧时之以一清吏司领一布政司揆之事势,殊难允惬,自不能不因时变通,求之执简御繁之法。所有各司拟从新厘定,以事名司。今统十四司职掌及新增各要政,以类相从,列为十司。分配繁简,各以类附。"(《清朝续文献通考》第121卷)这段话表明原来的清吏司比较烦琐,不能适应实际情况,现在重新厘定,以事名司,并管理新增的财政事务。

(三) 直属机构

度支部的直属机构,有些是原户部所设,改称度支部后沿设下来的,有些是度支部成立后新设的。前者有宝泉局、土药统税总局、造币厂等,后者有金银库、统计处、财政学堂、印刷局、造纸厂、币制调查局等。

度支部还有一个特别设置的临时机构叫"清理财政处",起源如下。由于清末以"清理财政为预备立宪第一要政",因而对度支部而言短期内最为重要的任务就是对全国财政进行清理,弄清楚全国财政的状况。于是1909年1月,度支部设立清理财政处,各省设立清理财政局,专门办清理财政事宜。在清理财政过程中,还将部分地方督抚的财权上收,以增加中央财政收入,为预备立宪提供财力基础。

(四) 其他机构

还有两个机构虽然不是度支部的机构,但是与度支部有特别的关系,这就是税务处与督办盐政处,二者分别负责海关与盐政事务。1906年官制改革时,本来打算将税务处并入度支部并由其进行直接管理,但由于海关税务控制在洋人手中,这一设想遭到西方列强的反对。于是,税务处仍然作为一个独立机构而存在,而其名下的总税务司依然置于"特殊"的位置,没有真正纳入中央财政管理机构中。只是税务处的最高领导督办税务大臣,由度支部尚书兼任。盐政一向是帝国财政重要的收入来源,甲午战争后,盐业收入虽然庞大,但大多控制在地方督抚手中。为了将盐务收归中央,清廷于1909年设督办盐政处,指派度支部尚书兼任督办盐务大臣,试图将各省督抚手中的用人权和盐税征管权集中于中央。

(五) 小结

于是,以度支部设立为中心,晚清政府以一部(即度支部)三处(即清理财政处、税务处、督办盐务处)的制度架构,并以度支部尚书兼任税务处、督办盐务处长官的人事安排,初步实现了中央财政管理机构的现代化,并使中央财政管理的事权呈现出统一的面貌。

---

① 杨寿柟:《近代人物年谱辑刊》第15册,国家图书馆出版社2012年版,第200页。

三、从户部到度支部的转型意义

从户部到度支部,是中华帝国财政向现代转型在管理机构上的表现,也是中华帝国向现代转型在工具性国家层面上的体现。这一转型的意义主要体现在以下几个方面。

(一) 在机构设置与职能划分方面

如前所述,从户部到度支部的变革,在机构设置上最为明显的是从按区分司到以事名司,不再像过去那样以一清吏司领一省财政,而代之以一个机构行使一类职能,使内部分工得以合理化。在度支部成立后,部内还进行了机构精简,将户部原先的机构进行裁撤归并,并裁减冗员。与此同时,成立新的机构来管理新兴财政事务,如税课司负责管理厘金、会计司负责管理公债,财政学堂培养精通财政业务的专门人才等。这些新的机构与职能,都具有现代财政的色彩,体现了国家转型过程中对财政职能的新要求。

机构设置与职能划分,还实现了从事权分散到事权统一的变化。原来的户部,事实上并没有掌握全部的财政事权。如工部自设四关征税,分享了户部的财权。漕运、盐务等事实上都是财政事务,却不由户部掌管,最多由户部进行一定的监管等。度支部成立后,一定程度上改变了上面的状况:第一,官制改革中确定了"分权以定限"和"分职以专任"的原则,行政之事,专门由内阁各部大臣掌管;第二,如上文所述,税务处与督办盐政处虽不隶属于度支部,但由度支部尚书兼任最高长官,使中央财政管理权至少在制度原则上得到了统一。

(二) 在人员配备与人事任用方面

从户部到度支部,在人员编制方面首先实现了从多头领导制向单一领导制的变化。在原来的户部体制下,"尚书似为主任官,而侍郎则其辅佐官也。惟是尚、侍职处平等,既不能受其指挥,即不可命为辅佐。而一部之中有二尚书、四侍郎,又加以管部之亲王、大学士,则以一部而有七主任官矣,绝无分劳赴功之效,惟有推诿牵制之能",这样做后果很严重,"夫主任既已事权不一,又无人为之承乏指挥,安得不以一部之权,付诸吏胥之手"①。度支部设立后,部臣不分满汉,置尚书、左右侍郎各一人(后改为大臣、副大臣),明确尚书为主任官,侍郎为辅佐官,这样就由原先的多头领导制变为单一领导制,初步实现了行政部门的首长负责制,有利于行政效率的提高。

人员编制方面的另一个变化是出现了专门的职员。如度支部直属机构造币总厂和分厂,设置了专门从事货币设计和铸造的艺师和艺士。他们被称为"专门职员",并且只有那些具有专科毕业文凭者才得以委用,这是户部所没有的。行政机构内部设置专门的技术岗位和人员,为新学人才进入政府提供了渠道,也为中央机构行政走向专业化、技术化创造了可能,表明了行政专业化、技术化的趋势。

在人员任用上也出现了新的变化。比如说,明确表明不分满汉,无论是尚书、侍郎,还是各司郎中、员外郎等,都废除了原先户部所旧有的满缺、蒙缺、汉缺,而代之以按才能论人给职。

---

① 故宫博物院明清档案部:《清末筹备立宪档案史料》(上册),中华书局 1979 年版,第 370 页。

(三) 理性化职能的发挥：以清理财政为例

从户部到度支部，是国家机构理性化的重要体现，而这集中体现为度支部进行的清理财政工作。在当时，财政清理工作被视为预备立宪活动的先行部分，正如针对财政清理的上谕所宣告的，"清理财政，为预备立宪第一要政"。

清理财政的目的是摸清现有财政资源，并在中央与地方之间合理划分财权、规范各自行为，这具有宪政的意义。清理财政与预备立宪的相关进展，大体如下。光绪三十四年(1908年)八月，宪政编查馆、资政院开始提出清理财政的具体计划和预决算进程。同年十二月，宪政编查馆又奏定户部草拟的《清理财政章程》，该章程共有 8 章 35 条，内容涉及中央与各省清理财政的诸项事宜。宣统元年(1909年)，度支部又奏定了《清理财政处章程》和《各省清理财政局章程》，要求裁撤咸丰以来陆续设立的厘金、军需、善后、支应各局所，同时设立清理财政处和清理财政局，对其设员分职、职务权限以及奖惩等都作了具体规定，并要求各省财政清理局将收支存储粮银各数，编造册籍及盈亏计算表(即各省《财政说明书》)送部，以便于统一编制。各省清理财政局在核查岁出岁入、造送报告册、编撰《财政说明书》的同时，着手整顿财政的混乱状况，并提出改进的措施。

清理财政最为重要的成果，是各省提交的共 20 卷名为《财政说明书》的财政报告。王业键对这一报告给了高度的评价，认为其有三个特点："第一，由各省专设的一个叫做清理财政局的临时机构汇辑而成的，大体反映了中央和各省政府以及地方团体(以乡绅为代表)力图建立国家公共经济秩序的最初尝试；第二，此次调查力求完全彻底；第三，这些报告里的资料是极其详尽的，特别是有关田赋的资料。"①

就今天的眼光看，进行财政清理，将财政资源完整、统一、公开地呈现出来，以便知情、支配与运用，这是国家理性化的重要一步，也是建立现代预算的前提。光绪三十二年(1906年)十二月度支部议复御史赵秉麟的一段话就可说明，当时的人对此实际上已有一定的认识："请谕令度支部选精通计学者制定中国预算决算表，分遣司员，往各省调查各项租税及一切行政经费，上自皇室，下至地方，钩稽综核，巨细无遗，定自何年何月起，作为会计年度开始期。预算、决算既定，提纲挈领，一目了然。然后将皇室费、中央行政费、地方行政费通盘筹算，界限分明。"②当然，对整个国家进行理性化调查，不仅仅是财政方面。光绪三十三年(1907年)九月，宪政编查馆所上奏的《办事章程十三条》，要求在各省设立调查局，专职调查各省民情、风俗、商事、民政、财政、行政规章等一切事情。无论是从当时的意图还是从事后的结果看，做这些事情都是在为构建一个现代国家奠定基础。

重点提示

1. 自 1840 年以来，晚清财政遭受到一重又一重的压力，正常收入总是与支出需要相

---

① 王业键：《清代田赋刍论》，人民出版社 2008 年版，第 3 页。
② 陈锋：《清代财政史论稿》，商务印书馆 2010 年版，第 359—360 页。

差很远,财政平衡始终处于危机状态中。这种危机不再像过去那样源于帝国君主,也无法像过去那样通过中期改革甚或改朝换代来解决。这种财政大危机已不是简单的收不抵支,而是根本的制度性危机,表现为制度性的正常收入长期不能满足支出的需要,而且缺额极大。这就使得帝国财政的基本原则受到严重的挑战,要求财政制度必须整体重建。要重建财政,就不仅仅是财政改革甚或王朝更新能解决的,而需要整个国家的转型。因此,晚清财政危机引导着国家的转型。

2. 晚清财政收入数量上的大规模增长,是由财政支出增长的要求引发的。鸦片战争前后,清中央政府掌握的财政收入每年仅为白银4 000万两左右,到1910年高达3亿余两。传统帝国"轻徭薄赋"与"履亩而税"的财政理想逐步被放弃,以有效动员国内资源参与国家生存竞争为特征的现代财政慢慢出现。与财政收入数量增长同时,财政结构也有了相当大的变化,事实上这种结构的变化也是收入总量能够增长的原因。传统财政收入的主要部分田赋的比重大大降低,盐税、关税、厘金等与工商业相关的具有现代色彩的税收占财政收入的比重大大增加。

3. 面对财政大危机以及整个国家所遭遇的"三千年未有之大变局",晚清知识分子纷纷探索应对之道,最终达成的共识性意见是,应进行财政转型乃至国家转型。关于财政转型,晚清时期知识分子的认识,体现在三个方面:一是对量出为入原则的接受,二是开始将工商业作为财政收入的主要来源,三是要求实行西方式预算制度。

4. 晚清开始的国家转型活动,以今天的眼光看来,主要集中在工具性国家这一层面上。在这一过程中,财政机构的改革被视为政府机构整体现代化的先行部分,它为其他机构的改革提供了资源与条件。在财政机构改革中,最具有标志意义的是光绪三十二年(1906年)将户部改为度支部,并将原来外设的财政处、税务处并入。度支部的设立有极为重要的历史意义,它标志着帝国财政向现代的转型获得了阶段性的成功,因而是晚清国家转型中特别有成绩的地方。

思考题

1. 为什么说在帝国框架内已无法克服晚清遭遇的财政大危机?
2. 你认为在中国古代财政中为什么没有公债的大规模发展,而西欧中世纪后期的国王却频繁地举债?
3. 晚清税收是怎样发展起来的?
4. 怎样评价士人(知识分子)在中国财政转型及国家转型中的作用?
5. 为什么财政转型需要国家转型的配合?
6. 从户部变为度支部有什么样的历史意义?

第十四讲 目的性国家的变化与民国财政转型的失败

在外部列强入侵的威胁下,晚清时期帝国制度的固有缺陷暴露无遗,集中表现为财政上无法提供充足且有弹性的资源去支持国家克服生存危机。于是,帝国财政的收支管理制度都在向现代转型。这一转型既是整体国家转型的一部分,又在一定程度上引领着国家的转型活动。当然,如第十三讲所言,国家转型一开始侧重于工具性国家的层面,即国家机构的改革,还没有深入目的性国家的层面。

不过,随着工具性国家的转型,目的性国家也发生了一些积极的变化,主要体现为在价值观上利益原则的合法化以及现代重商主义的兴起。这样的财政转型与国家转型,一直延续到民国。从国家转型的视角看,直至民国时仍主要集中在工具性国家层面上的转型活动,缺乏目的性国家的有力支持。由此形成的税收型财政,并不能为现代国家构建提供稳固的财力支持,因而是一种失败的财政类型。与此相伴随的是,这样的国家转型也因缺乏目的性国家的支持而陷于困境。财政转型与国家构建,必须寻求新的路径。

第一节 利益原则的合法化

从晚清到民国初年,士人或者说知识分子对中国所面临的危机及大变局的理解,有一个明显的话题转变。原来的话题是就中西方性质的差异展开的,呼吁中国人要学习西方以挽救国家,后来的话题集中于国家发展阶段的不同,强调中国应该实现国家的升级。就是说,原来认为中国与西方在器物、制度、文化等方面的差异,是国与国(或者文明与文明性质的差异（即中西之别），常用的比较语词是"中华"与"泰西"，强调"师夷长技"或者"中学为体，西学为用"；到后来（特别是新文化运动之后）认识到，差异不是国家间的性质差异，而是社会发展阶段高低不同（即古今之别），是中国仍处于落后或传统阶段而西方已达到"先进"或现代阶段，中国人必须学习西方（极端者认为应"全盘西化"），才能使国家或中华文明升级。话题的转变，实际上反映出那一时代学者对中华国家从工具性国家转型扩大为目的性国家转型的朦胧认识。那时的精英人士已经认识到，仅仅是国家制度与组织机构的转变是不够的，整个国家的经济基础与价值观念也应该向现代转型。

在现代国家至少通行着两大基本法则：一个是资本法则，即追求利益的增值或者经济的增长；另一个是个人法则，即以个人权利为本位构建社会秩序与政治制度。这两大法则决定了现代工具性国家需要为目的性国家提供两大服务或者说履行两大基本职能，即追求经济增长和保护个人权利。晚清学者认识上的变化，就集中表现在这两个方面：一是对现代目的性国家中以个人为本位的价值观的接受，二是对现代目的性国家中经济观的接受，即要求国家的目标应转向追求经济增长。此处单就第二个方面而言，追求经济增长，或者说追求资本的增值，是中国接受现代资本法则的体现，表明中国开始逐步进入现代世界。资本法则的接受，又涉及社会心理层面上义利观转换的完成。

所谓义利观，即对"义"和"利"之间关系的看法，在传统上被表述为"义利之辩"。如果将"义利之辩"中的"义"的含义，理解得稍微宽泛一点，即把"义"解释为道德，那么"义利之辩"就是"道德与利益之争"。值得注意的是，这样的争论在世界各传统文明中都存在，而在进入近代世界的过程中，这一争论也都以利益原则（即资本法则）的胜利而告终。事实上，只有肯定"利"的合法性，或者说奠定资本法则在近代的全面胜利，一个文明共同体才能走向现代。不过，与西欧相比，中国终结"义利之辩"的过程具有不同的特点。这种不同造成中西方经济现代化的起点差异，并由此给现代国家制度的发展带来不一样的影响。

一、参照背景：寻求个人得救的西欧"义利之辩"及其终结[①]

在《欲望与利益》一书的开始，作者赫希曼引用了马克斯·韦伯的一个问题："商业、银行业和诸如此类的赚钱职业，在遭受几个世纪的谴责或被贬为贪心、爱财和贪得无厌之后，怎么到了现代在某种程度上变得受人尊敬起来了呢？"（第2页）这个问题的核心，就是利益原则怎么在现代变得合法的。在该书的自序中，赫希曼引用了孟德斯鸠的一句话："幸运的是，人们处于这样的情境之中：虽然人们的欲望可能会促使其做坏人，但是其利益却阻止他们这样做。"这句话是理解利益原则在西欧合法化的关键，那就是说追求利益自身不一定什么好，但对利益的追逐却可以带来良好的后果，如压制其他不好的欲望（会让人做坏事的欲望）。

在中世纪早期的西欧，存在着类似于"义利之辩"的争议。世俗社会中的义利之辩，是骑士对于个人的荣誉与财富的取舍，当时主流的看法是荣誉高于利益。而在教会的思想

[①] 本部分引用欧洲相关思想家的文字，均转引自赫希曼的《欲望与利益——资本主义走向胜利前的政治争论》，李新华、朱进东译，上海文艺出版社2003年版）。由于引用文字内容比较琐碎，因而将直接在引文后注明书中页码，不再以脚注形式一一标出版本信息。

中,个人得救是"义",它高于其他一切,所有尘世间的诱惑都是罪恶。因此教会认为,不管是对荣誉的追求还是对财富的追求,都是罪恶,都不及个人得救重要。不过,在奥古斯丁(354—430年)看来,在追求荣誉和追逐财富这两种罪恶中,前者的罪恶程度要轻一些。于是,他设想了用一种罪恶抵制另一种罪恶的可能,即用对荣誉的追求"压抑对财富和许多其他罪恶之事的渴求"(第3页),以帮助个人提高道德水平。这一设想可称为"奥古斯丁公式",它影响到后世西欧"义利之辩"问题的解决。

到了中世纪晚期,随着世俗生活的价值逐渐得到人们的肯定,天国的意义在现实生活中的地位越来越低。此时的人们,不再相信可以用教化式的宗教(或哲学)来约束个人的破坏欲,于是提出应该寻找约束个人欲望的新方法。运用前述奥古斯丁公式,17世纪的一些道德学家提出,可以用有害程度低的欲望来制衡另一些更具危险性和破坏性的欲望。如斯宾诺莎提出:"除非借助一种相反的、更为强烈的欲望,否则欲望不能被克制或消灭。"(第18页)此时,用个人对利益的欲望,来压制其他的欲望,以成就个人的道德,这一做法被广泛推荐。就像爱尔维修说的:"(道德学家们)这种欲望有害的说教并不能成功抑制人类的情感……如果道德学家以有关利益的说教代替欲望有害的说教,他们可能会成功地使人们接受其箴言。"(第23页)休谟明确地提出一个建议,即应该"用爱财的罪恶来抑制贪乐的罪恶"(第35页)。于是在18世纪,利益一词渐渐被狭义化为对物质经济利益的追求,并被赋予抑制其他欲望的使命。特别地,对利益的追求不但被认为危害程度较小,而且渐渐地被认为是一种温和的欲望,甚至可带来道德的后果。如约翰逊博士认为:"几乎没有比使一个人忙于赚钱更无害的方法。"(第53页)斯图尔特的说法是,由自利支配的个人行为不仅比由欲望支配的个人行为更可取,而且甚至比符合道德的行为更可取(第44页)。众所周知,亚当·斯密"看不见的手"的比喻,说的也是这一结论。它试图说明,每一个人追求自身利益可自动引致社会普遍利益的实现,只不过它隐含了一个前提,那就是存在着由政治修明保障的相对公正的市场。

于是,到了18、19世纪,对利益的追求不但被看作是无害的,是实现个人道德的有效手段,还被进一步认为是造成良好社会和优良政治的手段。利益支配的世界,在当时被认为具有如下的优点:可预见性、恒久性。如孟德斯鸠所言:"哪里有商业,哪里就有善良的风俗。"(第55页)斯图尔特说:"现代经济是曾被设想出来的对抗专制政府愚蠢行为的最有效的手段。"(第79页)亚当·斯密的类似看法是:"工商业逐渐使农村居民有秩序、有好政府,并由此使他们的个人自由和安全有了保障。"(第94页)就是说,在思想演进过程中,追求个人利益已被进一步地认为可以造就道德的个人、良好的风俗与优良的政治。

在上述思想演进的过程中,利益首先以危害小、可制衡其他危害大的欲望的面貌出现,目的是消极地阻止个人更大罪恶(不道德的行为)的发生,然后以无危害的面貌出现,可以带来积极的道德后果,最后进一步被认为是最为可靠的有益手段,能够带来优良的政治。考察这一发展进程,可以看到西欧历史上出现的义利之辩,在思想渊源上主要侧重于个人的得救。在基督教看来,除了个人得救,家庭的、集体的价值或利益都不重要。而到了中世纪晚期,西欧思想家设想以追求个人利益来抑制其他欲望,并逐渐赋予利益以造就有道德个人及优良社会与政治的重任。通过这些环节,个人利益的合法化得以成功地实现,西欧逐渐接受了资本法则,进入现代。顺理成章地,在大体公正的市场规则约束下,对个人利益与个人权利的追求,被普遍认为可以促进整体利益和社会秩序的实现。因此,对个人权利与市场规则的尊重,是西欧结束"义利之辩"的必然结果。

二、传统中国的"义利之辩"①

"义利之辩"也是中国传统思想的重要话题。在这一话题中,早期占据主导地位的思想显然认为道德相对于利益具有优越性,即义高于利。如《论语》中教导:"君子喻于义,小人喻于利。"董仲舒的表达更为明确,即"正其谊(义)不谋其利,明其道不计其功"(《汉书·董仲舒传》)。在盐铁会议上,代表目的性国家价值要求的文学们,他们的相关陈述是,治理国家应该"抑末利而开仁义,毋示以利"(《盐铁论·本议》)。

不过,虽然传统思想觉得个人私利的地位不高,但在某种程度上还是肯定和认可作为类的人(或称"民")或国家的利益,或者说肯定整体利益(可将其称为"公利")的重要性。虽然这种对公利的追求在总体上不及造就"道德人"重要,但对"君子"或当政者而言,公利仍比他们的个人利益重要,因而反对执政者"与民争利"。如孔子在《论语》中就教导说"因民之所利而利之",以及《礼记·儒行》中的教导"苟利国家,不求富贵"的说法。到了明末清初,黄宗羲在《原君》中更是精辟地将儒家对君子或执政者的要求总结为众所周知的名言:"不以一己之利为利,而使天下受其利。"

当然,在思想发展过程中,对一般老百姓追求利益,多数时候还是持认可态度的,如第九讲引述过的司马光的名言:"为国者,当以义褒君子,利悦小人。"只是对于执政者自身或者以国家名义追求利益,司马光等人仍持反对的态度。但是与司马光展开争论的王安石表示不同意,他提倡执政者应为国取财,并宣称:"学者不能推明先王法意,更以为人主不当与民争利,今欲理财,则当修泉府之法,以收利权。"应该看到的是,为国求财的王安石在后来的历史中一直受到广泛的批评,因此他的想法并非思想界的主流。

总之,在中国传统思想中,虽然肯定义高于利,但对追求公利(作为类的人的利益)是持高度肯定意见的,并在一定程度上将其等同于"义"。就是说,在特定场合下,只要符合公利,就可视作"义"。这就为近代用公利(即国富)作为过渡来解决"义利之辩"问题奠定了基础,"公利等同于义"也因此可以视为中国的"奥古斯丁公式"。

三、义利观转换的完成②

在晚清国家生存竞争的压力下,中国的知识分子发现,国家不富强、没有一定的财力,就不能抵抗外敌入侵,中华共同体也就无法生存。于是,他们慢慢转变了传统不言利或罕言利的主流思想。在转变过程中,中国知识分子继承了传统"义利观"中对"公利"的肯定,将公利界定为国家富强,并将其等同于"义"。在他们看来,只要是为国家富强而不是个人

---

① 本部分所引述中国思想家的相关论述,未注明来源的,均转引自赵靖的《中国经济思想通史》(四卷本,北京大学出版社1991—1998年版)的相关章节。由于引文比较琐碎,内容又几乎广为人知,因而不再逐一注明书中页码。

② 本部分所引有关思想家的论述,未注明来源的,均转引自赵靖的《中国经济思想通史续集——中国近代经济思想史》(北京大学出版社2004年版)的相关章节,不再一一注明。

私利来言"利",就不再被认为违背"义"。这样,延续"义高于利"的思维结构,中国思想界慢慢地接受了利益原则,认为可以为国家富强而追求"利"。如王韬提出的富国主张:"诸利既兴,而中国不富强者,未之有也。"陈炽表示:"治国平天下之经,不讳言利。"李鸿章的意见是:"古今国势,必先富而后强,尤必富在民生,而国本乃可益固。"梁启超表示:"凡立国于天地者,无不以增殖国富为第一要务。"

让老百姓追求个人的利益,可以获得国家的富强,这一思想为严复等人引进的西方经济学思想所加强。例如在严复翻译的《国富论》中表达了这样的思想,即"企业主求利会增加国家财富"。也因如此,严复一再地表达"国之所急,在为民开利源"。

"求利"的行为,此时已被广泛地接受。不过,这里的"利"仍被理解为"公利",或者虽然是私利但有利于"公利"的实现。即使是在当时创办各种工商企业的企业家,也往往以"实业救国"或"为国求财"作为自己的旗号,不愿或不敢将追求纯粹的个人私利作为自己鲜明的目标。到了新文化运动时期,"重义轻利"已被进一步地作为传统的糟粕来批判。思想界在这一时期广为接受的是,之所以让人民"求利",是因为可以以此振兴实业、发展经济,从而达到国家富强("公利")的目的。换言之,在中国,资本法则的接纳是通过"公利"作为过渡而完成的:可以追求"利",以便完成资本法则的要求;但这个"利"必须是公利,即必须为国家富强而求利。这样,传统"义高于利"的心理结构仍然得到保留,只不过此时的"义"是公利,而"利"只是个人私利;新的"义高于利"意味着,公利在地位上远远高于私利,国家富强远比个人利益更重要。

经过上述义利观的转换,中国全面接受了资本法则,进入了现代世界。国家职能因此被界定为追求经济增长,以此为起点,广泛的呼声要求重建政治和经济制度,以便促进经济增长。财政制度当然包括在这一重建过程中,财政收支与管理制度也被要求以此为目标而进一步地转型。不过,需要注意的是,在此过程中,对"利"的追求围绕着"公利"或者说国家富强这一目标,个人权利以及公正市场规则这些个人法则的核心内容被有意无意地忽略了。

第二节 现代重商主义的兴起①

如第三讲所述,管仲学派曾经大力主张商贸立国的治国方略,这种重视工商业超过农业的思想可以称为重商主义。在第五讲所述"盐铁会议"上,公卿大夫与文学贤良也曾就工商业是否应该成为国家的经济基础进行了争论,其结果是文学贤良观点的胜出,那就是帝国应以农业而不是工商业作为自己的正统经济基础。虽然在宋代、元代等特殊时期,某种形式的重商主义主张实际上冒头甚至成为主导性国策,但总体上重农抑商观点是漫长

---

① 本节内容是在笔者所指导的硕士研究生沈凯飞的毕业论文(沈凯飞:《晚清重商经济政策的兴起》,上海财经大学硕士论文2013年)基础上改写而成的。

帝国时期的正统经济观念，并特别体现在国家治理行动中。

从晚清至民国，兴起了一种现代重商主义，与管仲学派与公卿大夫等人的重商主义不同，现代重商主义重视工业超过商业，重视私商超过官商。这样的现代重商主义，在晚清、民国时期主要包括两个方面的内容：一是国家经济政策转向肯定和扶持工商业活动的发展，这体现了国家职能向现代的转变；二是私营工商业的壮大及其逐步现代化。因此，从清末到民国，现代重商主义在实践中的表现是，政府以发展工商业为政策出发点，民间以创办工商业企业为经济活动重点。

不过需要强调的是，以私营工商业为对象的现代重商主义之所以能够逐渐兴起，是经过了洋务运动的过渡而成的，而这又是以前一节所述利益原则的合法化为前提的。

一、向现代重商主义过渡：洋务运动

如前所述，"重农抑商"虽是第三帝国时期的国策，但在明清王朝的中后期都存在着较为发达的工商业活动。除了汪洋大海般的小工商业活动外，大规模的工商业活动要么由特权阶层自己进行（如官商和皇商），要么托庇于官僚与皇室（如传统的晋商、徽商、广东十三行等）进行。商业和商人的地位都不高，即使是富比王侯的广东行商领袖，也随时可能被地方政府官员套上枷锁问话，这一现象曾令19世纪初来华贸易的西方商人大惑不解。

1840年之后，随着五口通商，外国工业产品大量输入。于是商业与商人有了跟以往不同的特征：商业交易的对象从传统农副产品、手工业产品转向机械工业制造品（即"洋货"），商业活动也更加深入内地城市和乡村；商人中出现新式商人，他们大多由买办商人（受雇于外国洋行、为外国商人服务）转化而来，这些买办商人通过自立商号、创办工业企业，成为近代工商活动的创办者。由于在财政上和经济上的地位越来越重要，这样的商业活动与商人的地位也随之逐渐提高。

不过，真正决定晚清国家从重农抑商政策向现代重商主义转变的关键是"洋务运动"。这一运动，大体可分为前后两个阶段：19世纪60—70年代为第一阶段，以"自强"为口号，主要是兴办官营军事企业（如安庆军械所、江南制造局、金陵制造局、天津机器局等）；19世纪70—90年代中期为第二阶段，以"求富"为口号，在继续兴办官营军事企业的同时，又兴办了一些官营或官督商办的民用企业（如开平煤矿、汉阳铁厂、湖北织布局等）。洋务运动不仅引进了西方先进工业技术与组织，更为重要的是拉开了现代重商主义的序幕。它把工商业活动肯定为国家"自强"和"求富"的手段，于是工商业活动的地位达到了一个前所未有的高度。

洋务运动承上启下的意义，最为突出地体现在洋务派提出的"官督商办"政策主张上，即在政府监督下，以招商形式引进商人资本创办工业企业。官督商办政策接续了帝国的某些传统（如官民合作），又有极强的开创性，为转向重商主义奠定了基础，因此而具有以下几个方面的意义。

1. 在官方层面上正式肯定了商人和私人资本的地位

官督商办政策允许和鼓励在官营企业中引入民间资本和买办商人管理者，特别是在那些传统商人或官僚不能胜任的管理活动（如筹资、定价和策略制定等）中，这使那些具有专业能力的真正商人(一开始主要是买办商人)被高度肯定和重视。商人的地位因此得到提升,部分官员在监督过程中也慢慢学会了经营和投资技巧,由此一个新的具有较高地位的工商实业阶层开始出现,他们拥有的资本得到重视,其代表人物有盛宣怀、张謇、周学熙等人。

2. 充当了重商经济政策的试验田

在帝国国家职能中,从未有过促进工商业发展的经验。由于官督商办企业有政府利益在内,因而得到了大量的免税、减税、贷款、缓息、专利等优惠。这些政策措施对工商企业发展具有促进作用,并成为后来政府在制定重商经济政策时的有益借鉴。

3. 部分解决了创办近代工业企业的资金与物质基础问题

通过合作创办近代工业企业,政府引进了民间商业资本来发展近代工业。如 1862—1873 年,上海轮船招商局引进的买办商人资本占总资本的 77.8%。另外,官督商办企业虽然由于产权模糊、监督官僚腐败无能而致亏损,最终不得不转为民营企业,但它毕竟为民营工业企业的发展奠定了物质基础。

到 19 世纪 90 年代后期,像上海的华新纺织新局这样的由民间资本投资的企业,政府已不再要求实行正式的官方督办。到 20 世纪头 10 年,由商人和士绅倡导者创办的现代工业公司大量涌现,引入机器、私人投资、私人管理,已成为这些公司的普遍特征。与此同时,政府也以立法和实际行动来鼓励民间商人和实业家投资创办企业,从而完成了向现代重商主义的过渡。

二、现代重商主义经济政策的确立

摆脱传统的重农抑商行为,将国家的经济基础奠定在近代工商业上,这是中国国家转型的重要要求。19 世纪末开始形成的重商主义政策,反映了这一要求。于清末新政时期,现代重商主义经济政策最终确立,在国家层面上它包括机构组织设置、法律法规制定、行业政策调整等多个方面。

1. 在机构组织设置方面

帝国时期,政府不曾设立专门的行政机构来管理工商业活动,也不将促进工商业发展作为自己的职能。但到 19 世纪末,已成为朝野共识的是,工商业是富国强兵的基础,政府应致力于促进工商业的发展。特别地,官方创办的洋务企业大多经营不成功,这样的教训使得促进民营工商业发展成为几乎唯一的选择。1896 年 2 月,清廷正式通饬各督抚在省会城市设立商务局。到了 20 世纪初,商务局或农工商局已普遍设立。它们在推动工商实业发展、沟通官商关系、联络工商从业者、调查商情、保护工商业者利益等方面,都采取了具有实际意义的政策措施,发挥了积极的作用。1903 年,中央政府设立商部,以此作为管理全国商务的行政机构。在优先等级上,商部仅次于外务部。1906 年,商部与传统的工部合并改组为农工商部,该部是统管全国农工商路矿各事务的最高行政部门。商部还通过颁行《商会简明章程》(1904 年),倡导在各省省城、各大商埠设立商人自己的组织即商务总会,以此为主体来沟通商商关系,突破传统的行会体制壁垒,并以集体合作的力量参与外贸竞争。

2. 在工商业法律法规制定方面

工商业的发展需要必要的市场规则与权利保障,洋务运动中官办或官督商办企业的失败,证明仅仅依靠最高统治者的谕令和部分官员的个人行动不足以为工商业发展提供可靠的保障。于是,在清末新政时期,政府通过制定工商业法律法规来提供这一保障。1904年后,《商人通例》《公司律》《公司注册试办章程》《商标注册试办章程》《破产律》等陆续出台,专为商业活动提供指引与保护。与此同时,清政府还颁布"奖商章程",采取种种奖励办法,鼓励工商业的发展。比如说,《振兴工艺给奖章程》(1898年),对有各种发明创造者分别给予10—50年的专利;《爵赏章程》(1907年),对不同投资额的企业给予企业主不同的官爵奖赏。

3. 在工商业行业政策调整方面

甲午战争之后,清政府的对外贸易政策也发生了变化,主要的表现是:从清初严格地限制对外贸易,转变为鼓励对外贸易发展,如推动货品改良和出口增加。围绕这一基本政策,清政府还采取了一些具体措施,如鼓励工商业者参加国际商品博览会以改进生产、扩大出口,并积极寻找对策来改进茶叶和生丝的生产以恢复传统的优势地位等。清政府至此完全改变了原来的海禁政策,确认出国华商的合法地位并鼓励其回国投资。最初通商口岸是在外国列强不平等条约的逼迫下开设的,但在重商主义经济政策下,清政府积极主动地自开商埠,促进商业贸易的发展。如1898年3月,清政府开湖南岳州、福建三都澳为商埠。不久,又自开秦皇岛、吴淞为商埠。同年8月,清政府颁发"广开口岸"上谕,命沿江沿海各省将军督抚,察看地方情形,在形势扼要、商贾辐辏之区,广开口岸,展拓商埠。除此之外,清政府还改变了原来的矿务官营政策和铁路借洋款官办政策,鼓励私营采矿业和商办铁路的发展。

4. 其他重商经济政策

晚清政府还采取了一些其他的重商经济政策。如举办商品赛会(也称为劝业会、奖进会),让各地商人展示各地具有不同特色的商品,以促进商品的不断改进与更新。还有像招商承办原有官办企业,即把亏损累累的官办企业私有化,用私人的力量来办企业。清政府还为民营企业发展提供借款或参与公股,以支持工商业的发展。如1905年矿务局对入不敷出的山东招远金矿公司"准拨万金"予以支持,1910年农工商部拨给湖南华昌炼矿公司官款16万两作为采用新工艺试炼纯锑的补助。

三、晚清重商主义与国家转型

从中华国家转型的视角来看,晚清重商主义的兴起具有极为重要的意义。虽然在经济政策的设计与执行等方面仍有种种的缺陷,但重商主义在此一时期的兴起,至少在以下几个方面具有积极的意义。

第一,它标志着中华国家的经济基础开始从农耕国向工商国转变。现代国家建立在工商业经济基础上,只有在此基础上才能构建起以资本法则与个人法则为主导的社会政治制度。晚清政府推行现代重商主义经济政策,进一步加强了1840年以来由外国商品开始的对传统经济基础的瓦解之路,推动了整个社会工业化和商品化的进程。工商业活动在地位上不断得以提升,其重要性远远超过了农业,被认为是富国强兵的唯一手段。在此重商主义影响下,全国掀起开办工商企业的高潮。1905—1908年,全国新设厂家年均数分别超过洋务运动30年的20多倍和甲午战争后的2.5倍,投资额分别超过5.7倍与2.9倍①。第十三讲说到的晚清以关税、厘金等形式来获取工商税收,正是建立在此基础上(虽然该基础与理想状况相比还差得很远)。

第二,它标志着中国传统社会结构开始出现变化。在中华帝国"重农抑商"国策的影响下,工商业从业者的地位绝大多数时候都比较低,处于士农工商之末,居于社会结构的底层,其权利和利益谈不上受到多少保护。现代重商主义兴起后,原有的等级结构开始动摇,"士商平等"在观念上开始慢慢确立。工商业从业者纷纷兴实业、扩商权、通商情、开商智,引导着时代潮流,从而为社会各阶层所瞩目。这一现代的社会力量虽然就整体而言还比较小,但却是引领中国国家转型的重要力量。

第三,它标志着中国工商业经济结构内在格局的一种变化,即从官方垄断工商业向私营工商业经济发展。虽然中华帝国时期总体上重农抑商,但官方从未放弃垄断工商业经济的企图。晚清重商主义的兴起,是在洋务运动的经验和教训基础上进行的,其中一个重要的方面就是政府发现私营工商业的效率远远高于国营工商业,为此从经济政策上对私营工商业给予大力扶持。在此基础上,1904—1910年出现了私人投资设厂的高潮,如铁路行业,共成立了18家民办铁路公司,实收股款约6 000万元。1895—1913年间,私商投资额是官商投资额的3倍。

第三节　民国时期财政转型的继续与最终失败

晚清国家转型,最为显著的变化集中于工具性国家的转型,前述目的性国家的变化虽然重要但尚未产生"质"的影响。工具性国家的转型在清末遭遇到的一个特别困境,就是皇帝制度的存在。由于皇帝的君权是一种基于土地产权而形成的特权,由此特权形成的国家机构(如宫廷事务机构等)难以进行彻底的理性化改革,皇权也因此无法得到有效的制度约束。民国的建立,在制度上消灭了皇帝,这样国家转型就可以在新的平台上进行。在国家转型的过程中,财政转型仍在继续。

一、继续财政转型的总体设想

从财政的视角看,推翻帝制、建立起以"民权"为基础的民国,给这一时期学者带来的最大影响是,可以重新设计财政制度,而不必局限在原有帝国制度框架内进行修补。此处且以1912年民国财政总长周学熙的《整理财政总计划书》为例,来说明此时思想界对财政

---

① 汪敬虞:《中国近代工业史资料》(第2辑下),科学出版社1957年版,第912—918页。

转型的认识和对新财政类型的设想①。这份计划书的主要内容包括以下部分：

一是在收入上致力于系统引进西方的近代税种，废除与之相关的旧税，从而通过税制整理，使"租税统系分明"，使"文明先进国最良之税制推行于吾国"；

二是在财政支出方面致力于工商业的发展，以培养税源，"今日理财须以培养税源为第一义，而培养税源须以保护产业为第一义"；

三是在财政管理方面，主要是划分国家税与地方税（国税、地税各自征收，以防止地方侵蚀），加强中央财力，以及厘定税目，"以删繁就简为改良税目之要策"，解决重复课税和苛捐杂税等问题。

解读上述计划书，可以发现，当时执政者对于中国财政类型的理念，已有相当大的变化，这表现为如下几个方面。

第一，在财政收入方面。此时着力建设的税收型财政，与帝国家财型财政相比，不仅在收入制度取向上不同，更重要的是国家的社会经济基础有差异。晚清时期，向工商业寻求税商收入多多少少是被迫进行的，而民国时期以工商税收为主要形式来获取收入已成为主动的行为，并视之为"文明先进"的象征，这当然极具转型的意义。应该强调的是，工商税收的基础是动产及动产收益，而动产是以私有制为基础的。正如马克思所指出的："真正的私有制只是随着动产的出现才开始的。……即变为抛弃了共同体的一切外观并消除了国家对所有制发展的任何影响的纯粹私有制。现代国家是与这种现代私有制相适应的。"②就是说，以工商税收为财政收入形式，就意味着原来君主以家天下产权方式建立起来的帝国家财型财政类型已被彻底抛弃，新的财政类型以纯粹私有制为基础，并主要以向资本和劳动收益征税来获取收入。

第二，在财政支出方面。帝国时期的财政支出，前期主要是满足君主对外扩张的雄心或应对帝国生存的威胁，后期则主要是满足帝国内向与保守的职能需要。而到民国时期，则以保护产业、发展经济为主要目的。虽然这种培养税源在形式上与传统财政中"放水养鱼"的道理貌似一致，但其实质根本不同。现代财政中保护经济、发展产业的行为，不是财政上的权宜之计，而是财政乃至国家的主要目的与主要职能。这实际上是资本法则的要求，是现代社会的特征。民国刚建立，有关执政者就一再强调，国家以发展实业为先。从中央政府的工商部到省政府的实业厅，也都相继制定实业计划，召开工商会议。南京国民政府成立之初，曾召集工商业者举行全国经济会议，政府有关部门也因此制定、颁布了一系列促进经济发展的法规，但实施效果欠佳。这是国家职能发生转变的具体体现。

第三，在财政管理方面。上述计划中提出的改良税目、划分国税与地税等，也是现代财政的要求。改良税目，主要针对的是晚清遗留下来的弊病丛生的旧税，特别是田赋与厘金。对于田赋的改革，当时的设想与实践主要集中于土地清丈以及按地价收税（特别是城市宅地税）。土地清丈是传统财政管理的一种方式，此时也引入了新的丈量与计算方式。按地价收税，虽然总体上还停留在设想阶段，却是将土地资源资本化并对土地收益征税的

---

① 夏国祥：《近代中国税制改革思想研究》，上海财经大学出版社2006年版，第42—43页。
② 《马克思恩格斯选集》（第1卷），人民出版社2012年版，第583页。

新方式,是现代财政中结合了税商元素的一种新型税地方式,体现出新的时代特征。厘金改革,主要是指"废厘改统",把厘金改为商品税,对所有商品在产地或销售地征收一次性统税。这实际上是传统过税向现代统一商品税转型的重要体现。上述改良税目的设想与实践,既是管理上进一步理性化的要求,更是职能转型的表现。就是说,此时财政已将促进产业发展、公平税收负担作为自己的职能目标。国税与地税的划分,延续了清末的设想。这一做法,既源于因地方政府分食国家财力而不得不加强中央财力建设的现实,又源于重构中央与地方间关系的现代思想,即建立一种以地方为基础,承认民众权利和地方自治的新权力结构。另外,民国初年在财政管理方面还延续了晚清在预算方面的努力。预算制度受到进一步重视,体现在当时颁布的多部宪法中都重申了预算制度,以及在议会政治中对预算过程进行的实践。

二、从北洋政府到国民政府的财政努力

在从北洋政府到国民政府这一时期,作为国家转型引领者,财政转型持续进行,表现在现实中就是这一时期财政制度建设方面的种种努力。

(一) 北洋政府时期的财政建设

在北洋政府时期,财政制度继承了清末财政改革的成果,并加以进一步的完善。单纯从财政收入形式看,此时的财政已经更加远离依靠田赋的传统,转而主要依赖工商税收。在正式预算中,税收收入已占总预算收入的80%以上。因此仅就形式而言,北洋政府已建立起税收型财政。

1. 财政收入方面

从财政收入看,北洋时期的中国已成为一个"税收国家"。

北洋政府第一和第二大收入,分别是关税和盐税。这里的关税收入,既包括由海关征收的针对进出口商品的海关税(即现代意义上的关税),也包括由海关控制或监督的针对国内商品流转所征的部分常关税。关税收入在数量水平上不断地增长,1926年达到1912年的1.9倍(共1.29亿元)。这一时期的盐税,经过整顿后,已更接近于现代税收,收入相对于清代而言大大增加,成为仅次于关税的收入项目(1921年后每年都在1亿元以上)。

专栏 14.1　从盐专卖到盐税

帝国时期的盐政绝大多数时候实行的是专卖制度,财政上获取收入要么实行完全官营垄断以谋取直接利润,要么实行许可制以获取许可费收入。在自由贸易基础上对盐业实行征税制,只偶尔进行。清末对盐业虽经票盐制改革,但仍存在许多弊端。1913年在英国人丁恩的协助下,北洋政府以"就场征税、自由贸易"为原则整顿盐税,并于当年12月颁布《盐税条例》,从而在财政上正式确立了对盐业实行征税制的形式。虽然遭到各地方政府与盐商、盐官的反对,但在外国势力干预及社会舆论的压力下,盐业征税和自由贸易在不少区域陆续得到施行,中央政府获得的盐税收入因此大大提高。

1928年国民政府接管北洋政府的盐务机构,将其置于财政部之下,并于1929年重建

盐务管理机关,按统一税率征收盐税,以"就场征税、自由贸易"为原则。1931年颁布《盐法》,再次重申统一税率、自由贸易的原则。1932年盐务会议后,新《盐法》虽未完全实行,但在许多区域按新《盐法》原则整顿盐务,盐税收入也因此逐年增加。全面抗战时期,盐业专卖制度一度恢复。1946年财政部制定《盐政条例》,再次恢复就场就仓征税制度,对盐务实行民制、民运、民销,但国家在产制、配运等环节仍保留一定的控制权。

在收入地位上仅次于关税和盐税的,是田赋与厘金。田赋是传统的财政收入形式,民国初年也对其进行了大力的改造与整顿,在性质上已更接近于现代税收而非租金,在数量上则为第三大财政收入(每年约0.9亿元),并逐渐成为省级政府的专有收入。晚清时期开征的厘金,仍是北洋政府财政收入的重要来源(一般年收入在0.5亿元),由于存在着种种弊端,厘金广受批评。

在其他税收方面,北洋政府除了继承清代的一些正税和杂税外,也做出了一些新的努力,如尝试开征所得税、印花税、遗产税、烟酒税等税种。总体而言,这些征收于工商业的新税种,在创新意义上值得肯定,但占财政收入的比重却不高。这几种税收的历史进展大体如下。

(1)所得税。1911年清政府拟订《所得税章程》,对公司、工薪等所得征税,但未及实行。1914年北洋政府在借鉴日本所得税制的基础上,公布了《所得税条例》,但也难以在实践中执行。1920年北洋政府设立所得税筹备处,并发布通告将于1921年实行1914年的《所得税条例》。由于遭到各省议会和商会的反对,该条例的实施不得不延缓,并在北洋政府时期事实上处于停顿状态。直到1928年,国民政府才再行所得税,并于1936年实际开征。

(2)印花税。在清末引进西方税种的进程中,印花税受到特别的关注。在当时,仿行印花税以代替厘金,成为普遍的看法。印花税源于荷兰,其征收办法是:税务机关向法定纳税人销售印花税票,要求他们对商业行为产生的文书或凭证粘贴印花税票。这一税收在当时被认为是一种税源普遍、负担轻微、征收简便的良税。开征印花税之议,始于1896年甲午战败后财政紧张之时,但当时该建议未被采纳。1902年庚子赔款使得财政捉襟见肘之时,有人再次提议开征印花税,但因群臣反对又搁浅。1907年,度支部拟定《印花税则》及《印花税办事章程》,并打算次年在直隶省试办,但因商人反对,不得不中止。民国初年(1912年)公布了《印花税法》,并真正开始征收印花税。1914年底和1920年,又对《印花税法》做了修订,扩大了征税范围并提高了税率。

(3)遗产税。1915年民国政府拟定了《遗产税条例(草案)》,该草案经参议院修正后通过。但该法案在北洋时期并未实行。直到全国性抗战爆发后,国民政府颁布《遗产税暂行条例》,并于1940年后才真正开始征收该税。

(4)烟酒税。烟酒税起源于袁世凯练兵筹饷时所设的烟酒捐,随后各省都对烟酒实行专税(捐)征收。北洋时期,政府特别重视烟酒收入,除了允许各省征收烟酒捐(税)外,还设立烟酒牌照税作为中央专款收入。1915年北洋政府实行烟酒公卖,在烟酒捐(税)、烟酒牌照税基础上征收公卖费,由各省所设的烟酒公卖局代收。这样,烟酒税事实上包括烟酒捐(税)、烟酒牌照税、烟酒公卖费三项,成为一个混合税种,为北洋政府提供了可观的财政收入,每年大约在1 500万元以上。

北洋时期的地方政府,除了上述田赋、厘金等收入外,其他来源的收入主要是在正税之外征收各种附加与预征。与此同时,北洋时期的中国也是一个"公债国家",中央政府获得财政收入的弹性主要依靠举借公债(15年间共举外债总额9.9亿元)。不过,在这一时期,公债的运行得到了新兴的公债管理机制与银行系统的支持。

2. 财政支出方面

从财政支出看,北洋政府也具有了现代政府的职能取向,不过此时应对国家生存危机仍是最为重要的任务。

最急迫和最庞大的财政支出项目,显然是军费开支。中央政府的军费开支占财政支出的比重不断地提升,几乎一半以上的财政支出都要用在军事上。地方政府或各路军阀支配下的地方杂牌军队和团练部队,消耗的经费更是不计其数,也难以统计。

债务支出是北洋时期的另一大支出,大体占财政支出总额的30%左右,有时比重甚至超过军费开支。

第三大支出是政务费支出,包括立法费、官厅费、内务费、外交费、司法费、财政费等,其中以财政费用(即公债发行费用)为最大。

除了这三大支出外,北洋政府财政支出的其他部分微不足道,主要有教育费和实业费等。公平点说,虽然北洋时期政府投入经济建设中的财政资金并不多,但其工商建设的方针政策对当时的经济还是有促进作用的。再加上第一次世界大战创造的机会(不少外国企业退出中国),中国的民族工商业在当时得到了一定程度的发展。

3. 财政管理

从财政管理来看,北洋政府也已基本具备了现代财政管理的形式。

现代预算在制度上的确立,是北洋政府财政管理正走向现代化的一个显著标志。民国初年,北洋政府为贯彻其立宪主张,在清政府有关预算制度规定的基础上,于1914年公布了《会计法》,其中单列一章对预算制度做出进一步的法律规定,此为民国政府推行预算制度的开始。预算的规定颁布后,最初几年也得到了实施。但从1920年开始,由于政治和军事原因,如政府机构变更频繁、地方割据等,财政部门难以全面掌握和控制财政变更的情况。直至1925年,北洋政府才根据财政部的预算账册和各种途径的调查统计结果,追编了1920—1925年各年度的预算。

中国审计制度草创于清末时期。1906年清廷草拟了《审计院官制草案》,这是我国第一部审计专业法规。它虽未及实行,但突破了传统的审计制度,开始引进了西方体制,标志着近代审计的发端。在此基础上,1912年9月北洋政府设立审计处。该处隶属国务总理,并在各省设置审计分处,专职进行预算监督与决算审计工作。1914年审计处升为审计院,直属于大总统,与国务院、平政院、大理院平行。

北洋政府财政管理走向现代化的另一个标志,是开始建设分级财政。1913年北洋政府财政部制定了《国家税地方税法》草案,1914年进一步修正后公布实施,从而奠定了划分国家和地方之间的税收及开支范围的基础。1923年《中华民国宪法》再次确认了分级财政体制,并将收入颇为充裕的田赋划归地方收入。

(二) 国民政府时期的财政建设

国民党利用政党及军队所组织起来的政府,比单纯依靠军事力量组织起来的北洋政府,在工具性国家建设方面成就更大,因而政府结构、政治法律制度更具现代化的特征。与此同时,国民政府在推动目的性国家转型方面也取得了一定的成绩,如使工商经济得到进一步的发展,使现代价值观更为普及等。国民政府在现代国家建设方面的努力,在财政领域表现为以下几个方面。

1. 财政的独立与统一是国民政府构建现代国家的突出成绩

首先,晚清以来逐渐失落的关税自主权,经过艰苦的努力被国民政府收回。国民政府成立后,就设立了专门的关税自主权委员会。通过谈判,1929年国民政府从西方列强手中正式收回了关税自主权。不过,国民政府的关税自主仍有一些限制条件,如修订关税税率需要列强同意,海关总税务司及各地海关的主要职位仍由列强派人担任等。收回关税自主权后,进口关税税率有所提高,出口税率相应降低。这不仅大大提高了财政收入,而且保护了民族经济。

其次,国民政府还成功地进行了货币制度改革。纸币在清末就得以试行,北洋政府期间也曾发行纸币,但发行管理都很混乱,由此变成掠夺民众的工具。由于纸币的混乱,民间多用银两,或用袁世凯时期铸造的银元。货币不一,民众非常不满。1927年国民政府成立后,国家银行制度得到发展,从而有效控制了全国金融业。在此基础上,1933年3月,国民政府废两改元(实行银元本位制)。1933—1934年世界白银价格上涨,中国白银大量外流,造成国内银根奇紧,信用紧缩,财政经济大受打击,而外国银行与投机商人大获其利。这一事件使得中国政府下定决心实行法币制度,于1935年正式实行纸币制(法币)。法币制度的实施,是中国财政现代化的标志之一,它使货币(从而也使财政)既摆脱了实物产量的约束,又独立于世界其他货币,从此具备了独立实施货币政策的条件。

最后,在财政统一方面也有成绩。1931年国民政府设立财政委员会,从事财政统一与整顿工作,到1934年这一工作基本完成。财政整顿和统一表现在裁厘改统(1931年以一次征税后行销全国的统税代替厘金)、裁汰和改良旧税种(废除牙税、当税等)、贯彻和实施新税种(如营业税、所得税、遗产税等)、整顿晚清与北洋时期遗留下来的旧公债并发行新公债,以及统一和整顿预算制度、国库制度和行政人事制度等多个方面。由此,统一的、初步现代化的税收制度得以建立,正式财政收入由关税、盐税和统税这三大税构成主体部分。

2. 国民政府延续了北洋政府建立分级财政制度的努力

国民政府明确划分了中央政府与地方政府的财政权限以及财政收支,1928年公布了《划分国家收入地方收入标准案》,这意味着中国分级财政制度的真正确立。政府预算也分中央政府和地方政府两级,两级政府独立编制自己的预算,有自己较固定的收支,也分别有自己的财政机构。需要指出的是,国民政府实行分级财政制度有比较明确的理论指导,那就是孙中山三民主义理论中的地方自治理论。不过,孙中山构想的地方自治以县为单位,而1937年前分级财政制度更多地对省一级政府财力给予保障。全面抗战期间,为了集中财力,国民政府将省财政并入国家财政(1941年),而将县财政独立为自治财政。抗战结束后,1946年7月国民政府将财政分为中央、省及院辖市县、县市及相当于县市之局三级,建立起三级分级财政制度。

3. 国民政府财政制度的正规化和法制化程度有了很大的提高

由于中央政府权威有所加强(尤其自20世纪20年代后期到30年代中期),国民政府从多方面提高了财政制度的正规化和法制化水平,如运用立法程序来规范政府的财政活动。这一时期新税种的设置、分级财政体制的建立、预算及财政管理工作程序的确立等,基本上都遵循了下述严格的程序:政府部门制定草案,通过立法程序将其转为相关法律,然后再由相关部门予以实施。

三、财政失败及目的性国家转型的要求

总体而言,民国时期在现代国家构建方面是失败的。财政方面的失败,既是国家建构失败的体现,一定程度上又成为国家构建失败的原因。

(一)财政失败

1. 北洋政府

在财政收入上,北洋政府的财政基础极其脆弱,主要收入关税和盐税是举借外债的担保物,控制在外国列强手中,政府既不能有效控制,更不能加以依赖。最终,北洋政府只能依靠公债收入,外债带来的是国家主权的出卖,而内债则由于缺乏健康的税收基础而带来市场的高度投机。这是因为,内债债信不高,政府常常不能按条件还本付息,甚至政府本身也经常垮台,北洋政府就在内债的利息方面或者在销售价格的折价方面,给予非常优厚的条件,银行业常常投机于这一市场。

在财政支出上,北洋政府徒有现代财政的形式,主要财政支出为军费支出和债务支出,用于经济建设和民生项目上的费用极少。这既是当时国家生存危机的反应,同时又进一步加剧了国家的生存危机。

从财政管理看,北洋政府中央权威不足,很难建立起有效的财政管理。为了解决财政危机,北洋政府曾努力统一财政体制,如先后三次提出税制整改方案,但均不能付诸实施。

专栏14.2　北洋政府的三次税制整改方案

第一次在1912年11月,公布国家税及地方税税法草案,并于1912年开征印花税。

第二次在1914年6月,这次整理主要是停止第一次整理方案的实施,取消国家税和地方税的划分,租税仍归各省财政厅直接管理,恢复向中央解款制度,并于1915年又建立了"专款制度",指定若干税种为中央专款(如印花税、烟酒牌照税、烟酒附加税、验契税、契税等)。

第三次在1923年12月,这次整理主要规定了国家税和地方税税种划分的内容,以关税、盐税、印花税及其他消费税等全国税率应划一的税种为国家税,田赋、契税及其他各税为地方税。

2. 国民政府

就财政收入形式来看,此时的中国更像"税收国家",但仍是一个特殊的"税收国家"。税收收入虽已占财政收入的80%左右,但高度依赖于关税、盐税这样的特殊税收(近一半税收来源于此)。关税与国内经济、政权建设联系得并不紧密,盐税则因具有人头税性质而显得不公平。比较规范并能促进国内政治经济发展的统税(后改为货物税),份额虽然在增长(从1928年不到税收总额的8%增长为1936年的近15%),但总体而言比例仍偏低。货物税是国民政府把过去的统税和烟酒税合并而成的一种新税,该新税还扩大了课征范围,并将原先主要为从量征收改为一律从价征收。部分货物税在全面抗战期间改征实物(面纱、麦粉、糖等)。国民政府的债务收入,其重要性比起北洋政府来已有所降低,但比重仍较大(占财政收入的20%以上)[①]。

就财政支出来看,国民政府1937年以前依然没有摆脱"战争政府"和"公债政府"的影子,军事支出和借款本息支出占据了财政支出的70%左右[②]。

就财政管理来看,国民政府虽然建立了相对规范完整的制度与组织,但是由于内部的分裂与外部的威胁,这样的制度与组织并不能发挥应有的效果。事实上,国民政府有效施政的范围始终有限,财政管理工具对目的性国家的影响范围与程度也很有限。最终,战争拖垮了国民政府的财政,财政与政权一起崩溃。

(二)目的性国家转型的要求

自晚清以来,在外来入侵的威胁下,因中华帝国制度内在缺陷的存在,中华共同体面临着生存的危机。在财政上,这一危机表现为帝国家财型财政不能为国家应对生存危机提供充足且有弹性的财政收入,这既是财政的又是国家制度的根本危机。于是,财政率先转型,它突破了帝国财政的边界,改从工商业获取财政收入,以此出发牵动财政制度发生了一系列的变革。与之相伴随的是,国家机构与制度开始变革,思想意识上也对资本法则不断地接纳。以事后的眼光看,这样的变革或变化,至国民政府时期,其主要成就是在中国初步形成了相对现代化的工具性国家。

当然,国家转型的历史任务迄今并未完成。一方面,工具性国家的有效性和合法性仍不足,它表现在军事、政治等各方面,特别是政党自身的领导能力不足上(国民党内部派系林立、腐败无能)。在财政上则表现为,此时依托工商经济的现代税收,既不能有效征收也不足以支撑国家。从公共权力的视角看,工具性国家建设的失败,表现为帝制推翻之后君权消散,而行使主权的组织建设不足,公共权力失去了载体而无法具有至上性与神圣性,权力分散而不能集中。另一方面,就目的性国家而言,此时的中华共同体,其经济仍以农业经济为主,尚未实现工业化,社会结构也保持传统状态,以个人法则为主导的现代思想意识也尚未深入。因此,国民政府虽然在财政上模仿西方建立起税收型财政,将自己建立于城市工商业基础上,但此时的工商业却不足以支撑工具性国家,也不能支持中华共同体克服生存危机。因此,中华共同体的历史任务是:运用工具性国家的力量,对目的性国家

---

① 费正清:《剑桥中华民国史(1912—1949)》(上卷),杨品泉等译,中国社会科学出版社1994年版,第121页。
② 同上。

加以改造,将旧的社会结构、价值取向和经济基础转为现代所需,从而实现目的性国家的重构。事实上,国民政府也曾尝试进行一定的社会改造,如在乡村改造传统的保甲组织,在城市致力于改造原本自发的民众团体。对此,郭圣莉评价道:"它试图在不彻底改变原有社会结构并依赖旧式精英的情况下建立新的国家政权,这使得国民党的现代国家政权建设的举措更多地具有现代国家的上层框架的形式意义,无法将国家意志深入社会之中,也就无法实现对社会的现代建设。"①

总之,中华国家转型的重点,已从晚清、民国时工具性国家的转型,变为目的性国家的转型;只有实现目的性国家的转型,方能完成总体国家转型的历史使命。

重点提示

1. 晚清、民国时期的知识分子,原来认为中国与西方在器物、制度、文化等方面的差异,是国与国(或者文明与文明)性质的差异(即中西之别),强调"师夷长技"或者"中学为体,西学为用"。到后来(特别是新文化运动之后)认识到,差异不是国家间的性质差异,而是社会发展阶段高低不同(即古今之别),是中国仍处于落后或传统阶段而西方已达到"先进"或现代阶段,中国人必须学习西方(极端者认为应"全盘西化"),才能使国家或中华文明升级。

2. 现代国家至少通行着两大基本法则:一个是资本法则,即追求利益的增值或者经济的增长;另一个是个人法则,即以个人权利为本位构建社会秩序与政治制度。这两大法则决定了现代工具性国家需要为目的性国家提供两大服务或者说履行两大基本职能,即追求经济增长和保护个人权利。

3. 在西方世界现代化过程中,利益首先以危害小、可制衡其他危害大的欲望的面貌出现,目的是消极地阻止个人更大罪恶(不道德的行为)的发生,然后以无危害的面貌出现,可以带来积极的道德后果,最后进一步被认为是最为可靠的有益手段,能够带来优良的政治。

4. 在晚清国家生存竞争的压力下,中国的知识分子发现,国家不富强、没有一定的财力,就不能抵抗外敌入侵,中华共同体也就无法生存。于是,他们慢慢转变了传统不言利或罕言利的主流思想。在转变过程中,中国知识分子继承了传统"义利观"中对"公利"的肯定,将公利界定为国家富强,并将其等同于"义"。在他们看来,只要是为国家富强而不是个人私利来言"利",就不再被认为违背"义"。这样,延续"义高于利"的思维结构,中国思想界慢慢地接受了利益原则,认为可以为国家富强而追求"利"。

5. 从晚清至民国,兴起了一种现代重商主义。现代重商主义重视工业超过商业,重视私商超过官商。这样的现代重商主义,在晚清民国时期主要包括两个方面的内容:一是

————————
① 郭圣莉:《城市社会重构与国家政权建设——建国初期上海国家政权建设分析》,天津人民出版社2006年版,第15页。

国家经济政策转向肯定和扶持工商业活动的发展,这体现了国家职能向现代的转变;二是私营工商业的壮大及其逐步现代化。

 **思考题**

1. 就实现利益原则(资本法则)合法化而言,中西方经历的道路有什么相同与不同之处?
2. 你认为是否存在着一种无需将"利益"合法化的现代化模式?
3. 从财政转型视野看,"洋务运动"有什么样的历史意义?
4. 民国建立为中国财政转型提供了怎样的平台?
5. 财政转型为什么会在民国时期失败?

第十五讲 现代家财型财政的兴衰与税收国家的再造[①]

民国时期现代国家构建的失败,使得运用社会主义原则重构国家成为替代性选择。与民国替代晚清不同,新中国是通过长期的军事斗争并以彻底摧毁旧政权的方式建立起来的。虽然延续着国家转型的历史使命,但是新中国在国家建设方面却有自己鲜明的特色,那就是行使主权的组织体系与领导军事斗争的政党组织高度融合。由此,一种以高度集权为特征的工具性国家形成,并对目的性国家进行了彻底的改造和重塑。

在国家构建过程中,财政制度也得以重构,由此一种以国营工商业单位为基本活动主体、以行政命令为主要运行动力的现代家财型财政兴起,并在相当大程度上保障了此时的工具性国家对目的性国家的改造活动,促进了中国国家转型的总体进展。但是,这样一种缺乏个人权利与自愿交易基础的财政类型,在完成它的历史使命后,也陷入困境中,不断地衰落。

1978年后,伴随着现代家财型财政的衰落,以个人权利和自愿交易为核心的市场经济在中国不断地兴起。与此相应,依赖于私人财产与个人收益的税收型财政,也不断地复兴。依靠现代税商手段的税收国家由此取得稳步的进展,并在财政支出与管理制度等方面逐步实现了现代财政的要求。这一财政转型所获得的成功,在一定程度上标志着而且引领着国家的转型,由此一种以利益原则与个人权利为核心的现代国家正在成形中。

[①] 本讲内容大多缩略自笔者所著《国家成长的财政逻辑——近现代中国财政转型与政治发展》一书(天津人民出版社2009年版)。1949年后中国财政转型与政治发展的详细内容,可参见该书。

第一节　财政重构的总体环境与思想渊源

在长期军事斗争过程中,中国共产党运用军队组织将分散的公共权力收集起来以形成主权,并依此重建工具性国家。这一以高度集权为特征的工具性国家,有效地克服了近代中国国家构建中始终伴随的两大危机:国家领导力量的衰败和国家的分裂[①]。以此为起点,新的工具性国家开始塑造目的性国家,力图完成国家转型的历史使命。在塑造目的性国家的过程中,一种没有市场活动的国有工业体系建立起来;而没有市场活动的国有工业体系,又是在前现代、现代与后现代三种思潮合流下发生的。正是在这样的总体环境与思想基础上,财政重构才得以发生。

一、财政重构的总体环境

与晚清民国时期的国家建构活动相比,新中国成立后,面向现代的国家建构活动有三个方面的显著之处:一是形成了权力高度集中的政治制度,提供了一个较为有效的工具性国家;二是工具性国家对目的性国家进行了深度改造;三是构造了一个虽无个人权利保障却有孤立地位的个人以及以此为基础的单位制社会结构。这三个方面,成为财政重构的总体环境。

所谓形成了权力高度集中的政治制度,表现在两个方面:一是在央地关系上,中央政府在人事、政策和财政上对地方政府实行权力的高度集中;二是在党政关系方面,党的中央具有绝对的领导权威地位。以下两个标志性事件代表了第一个方面的完成:1950年起,财政经济体制实现集中;1954年底,大行政区撤销工作结束。而第二个方面,通过一个逐步发展的过程直至1958年方始完成[②]。由此,一种新型的高度集权性质的工具性国家形成,党委高度统合着政府,各级政府权力掌握在同级党委手中,而地方党委完全服从于上级党委直至党的中央。这种工具性国家,其有利之处在于有效地克服了近代以来中国的主权危机,加强了工具性国家改造目的性国家的能力。但也有不利之处,如以党代政弱化了国家制度,党中央集权易于病变为党的领袖个人集权等[③]。

所谓对目的性国家进行深度改造,又可分为团体再造与经济公有两个方面。这种改造,既是中国国家转型的历史要求,即在目的性国家层面上实现转型,又是出于政权稳固的现实需要,即为新政权提供足够的人、财、物的支持。团体再造主要有两个方面:一是将原有的经国民党改造过的地方自治机制——保甲组织,逐步改造为在基层党组织领导下的乡村村民和城市居民的自治组织,城乡基层组织及其干部的经费被纳入国家财政经费体制中,基层组织及其运作也被统一纳入国家政权体系中,发挥着政治控制和社会管理

[①] 林尚立:《当代中国政治形态研究》,天津人民出版社2000年版,第74页。
[②] 姜义华:"论五十年代党对国家领导方式的演变",《开放时代》1998年第2期。
[③] 林尚立:《当代中国政治形态研究》,天津人民出版社2000年版,第七章。

的职能;二是将原来承担经济功能、补充性功能的社会团体,改造为人民团体,将原来曾带有一定独立性的社会组织彻底纳入国家体系中,成为服务于国家意志的工具。将社会团体改造为人民团体又可分为两个方面:一是成立新的人民团体,如工商联、行业协会、工会、妇联等带有行政性的组织,以取代旧的商会、公会、行业公会等职业团体;二是对大量的救济福利性的"旧社会团体",在压缩其生存空间、逐渐清理的同时,建立国家的救济福利体系来加以代替①。而经济公有,则是利用工具性国家的力量,对农业、手工业和资本主义工商业进行"社会主义改造",其目的是将晚清民国以来形成的个人产权收归国有,建立国有产权体系,其目的是实现工业化,而工业化是当时执政者所理解的现代化的主要标志。

所谓构造新社会结构,就是力图构建起一种单位制社会,这样政府可经由各种各样的单位结构来控制每个孤立的个人。通过历次的政治运动,新中国政府努力消灭各种旧社会结构,清除每一个人身上所具有的旧社会关系(租佃关系、宗教关系、宗族关系,甚至家庭关系等),将人改造成为高度原子化的个人,再将其纳入由政府控制的某个生产或非生产单位中。在城市,单位首先是政府主管部门控制下的生产性单位,如各工商企业或合作社,然后是附属于政府的各个人民团体和基层组织,如工会、妇联、作协和居委会等。在农村,单位是人民公社,而"政社合一"的人民公社既是生产单位又是行政组织。生产性单位不仅从事经济生产,还从事社会活动、政治活动。在单位中的个人,几乎不具有任何私人的空间,而只能成为单位活动的一分子。单位的领导核心是党的组织,单位之间的联系则由党的组织体系来完成。通过各级党组织的政治联系,原本横向分散独立的各个单位,被连接成为集中统一的整体。在这样的空间中活动,其原则是个人服从单位,下级单位服从上级单位。单位的利益和要求,几乎是唯一可以合法表达并通过适当途径上传的呼声。以今天的眼光看,这样改造社会结构的努力,消灭了旧的社会关系,为目的性国家的转型奠定了一定的基础。但是这一改造也有不利的后果,那就是消灭了以个人权利为核心的自主社会的生存可能性。

从公共权力的视角看,显然此时公共权力的行使者并非国家机构而是政党组织。党的组织履行着国家的职能,政府成为党委的一个办事机构,政府间关系变成了党的上下级组织间的绝对领导和绝对服从关系。这样,国家制度就不可避免地被党的领导制度全面取代,在国家治理过程中,临时性的或者易于变化的政策代替了法律和制度。

二、财政重构的思想渊源

在上述国家构建的背景下,财政也相应进行了重构。其中最为重要的有两个方面:一是以权力命令作为财政运行的唯一推动力量(即计划经济),以此控制一切资源、支配一切经济活动,消灭了市场方式在财政运行中的使用,也消灭了自主交易活动的正式基础;二是以国营企业作为财政活动的主体(即公有制),它收集并运用几乎所有领域内的可能资金。以此为前提,下一节将予以讨论的现代家财型财政制度逐渐地成形。此处要讨论

---

① 郭圣莉:《城市社会重构与国家政权建设》,天津人民出版社2006年版,第108页。

的问题是:是怎样的思想在支撑这样一种财政重构?

从思想层面来说,财政重构的背景或前提显然是第十四讲所叙述的利益原则的合法化。如前所言,经由"公利"的转换,传统的"义利之辩"以利益原则被接受而在近代中国宣告结束。因此在思想上,中国人与所有进入现代世界的民族一样,逐渐接纳了资本法则。但此时仍然留下了一个问题,那就是用什么手段来实现"公利",追求国家的富强?

虽然重商主义在清末的兴起主要体现为对私人从事工商业活动的肯定与扶持,但1949年后国家重构的结果却是形成了排斥私人的、没有市场活动的工业化,并带来严重的非市场化倾向的国有产业结构。姜义华先生认为,这是"现代化、反现代化、后现代化三种取向渐趋合流"的结果,因为清末开始的现代化过程是以浓重非市场化的军工产业为主导的,由此形成的以国家名义掌握的现代化产业,又被认为可以以共同体形式保持旧式的农村与手工业经济(即"反现代化"),并救治欧美现代化过程中产生的弊病(即"后现代化")。就是说,非市场化倾向的国有工业产业结构同时满足了现代化、反现代化和后现代化三种思想取向的要求[①]。

专栏15.1 现代化、反现代化与后现代化

"现代化""反现代化""后现代化"是根据对现代化的态度而划分思想类别的一种分析框架。

这里的"现代化",主要是指以社会生产力高度发展为取向的要求实现工业化、城市化、世俗化、社会中产化的思想。

这里的"反现代化",指的是一种反对现代化提倡的工业化、城市化等内容的思想,如坚持重农而反对工商立国、坚持乡村式淳朴而反对城市式机巧等。

这里的"后现代化",主要是指那些揭示西方现代化过程中暴露出来的弊病,在肯定工业化、城市化的前提下要求超越现行现代化模式的思想。

这一框架可进一步地用于分析。不过,为了更清晰地表达"反现代化"所包含的思想并与"后现代化"相对,下文将用"前现代"来代替。这是因为,后现代思想实际上也是反现代的,只是与"前现代"所指示的方向正好相反。

姜义华先生运用上述框架分析了非市场化倾向是如何在近现代中国形成的,其内容已涉及公有制(即国有产业)的诞生问题。接下来,本教材用这一框架进一步地探讨公有制(与计划经济)产生的思想渊源。公有制(与计划经济)之所以在中国诞生,是前现代思想(传统的家国一体的政治经济思想)、现代思想(正在兴起中的发展经济学)和后现代思想(逐渐引入中国的苏联式社会主义思想)合流的结果。就是说,前现代、现代、后现代三种思潮在当时都认为,要实现"公利"(国富),就必须发展公有制(与计划经济)。

[①] 姜义华:"中国社会的三种取向与现代化目标模式的择定",载于姜义华:《理性缺位的启蒙》,生活·读书·新知三联书店上海分店2000年版。

(一) 传统思想渊源

公有制与中国传统家国一体的帝国制度与理念是契合的。如前所述,在帝国思想渊源中,君主拥有一切资源与财富,有权调整私人对土地的占有。除了土地外,对于其他自然资源,特别是其中需求弹性比较低的资源或商品,传统上更是主张由帝国国家直接占有,以获取财政收入,并达到削弱豪强、抑制割据势力的目的。第五讲对《盐铁论》相关内容的讨论,可以清晰地显示这样的思想渊源。另外还有很多思想反映了这一渊源,如第三讲所说《管子·轻重篇》中主张的"官山海""官天财","为人君而不能谨守其山林、菹泽、草莱,不可以立为天下王"等,这些都是公有制在中国产生的传统思想渊源。

在中国古代,生产是由分散的小农家庭进行的,现实中当然不存在所谓的计划经济(以命令推动经济运行),因此计划经济是一个现代的现象。但在传统思想中,以命令来推动经济运行也是有渊源的,如第三讲说到的《管子·国蓄》中强调"籍于号令",就是以行政命令(强制性规定和下达指令性任务)来控制经济的想法。同时,正如本教材一再强调的,中华帝国时期的宏观经济运行,相当程度上就是在政府支配下,于阶层间、时间上和空间中进行再分配活动。因此,计划经济在传统思想中也有基础。

到了晚清时期,李鸿章、张之洞等人在"求强""致富"的活动中,主要致力于创办官营煤铁矿、官营军工厂、官营铁路航运等事业。这种以国家所有、行政控制为特征的经济现代化方式,正是中国传统思想的延续和反映。

(二) 苏联传来的社会主义思想

公有制(与计划经济)在中国的兴起,当然离不开苏联传来的社会主义经济思想的影响。苏联式社会主义经济思想,源自马克思主义学者对公有制与计划经济在经济优越性上的设想。当然,马克思主义学者对公有制与计划经济优越性的设想,既有经济效率上的理由,也有道德上的理由。道德上的理由主要是消除劳动异化[①],而经济思想上的理由至少有以下几个。

(1) 资源配置效率将因此而提高。由于消灭了私有财产,人人凭劳动获取报酬,个人利益和集团利益与整个社会利益高度统一,个人对待工作和其他责任持积极的和富有创造性的态度,对共同利益充分关心。由于没有利益的冲突,合作是充分的,没有导致大量资源浪费的过度竞争,生产能力将由于高度专业化而得到最充分的利用。任何阻碍创新的因素都不存在,中央计划者热衷于激励发明以提高要素生产率,对商业秘密的废除也有利于技术和组织信息的传播以及经验的交流。计划者可以合理地组织经济,不再因为自发的市场调节造成资源的浪费。

(2) 经济波动和经济周期消失。由于实行公有制与计划经济,整个社会能够按比例地分配劳动,直接地、自觉地控制社会劳动时间。中央计划对经济活动可以事先在宏观范围内,使两大部类生产保持协调。生产和消费之间也不存在矛盾,需求和投资由代表社会利益的计划者直接确定。这样,国民产出和产出潜力很好地协调起来,实际劳动收入实现的消费足以吸收全部产品,因此彻底消灭了经济周期和经济危机。

---

① 刘守刚:《中国公共生产探源及其政策选择》,上海财经大学出版社2003年版,第2章。

(3) 社会公正与无产阶级贫困化的消除。由于实行了公有制,资本收入(不劳而获的收入)消失了,收入分配更公正了。用公有制提供的社会服务和收益,将与整个社会的产出增长得一样快或者更快。无产阶级的贫困化问题得到彻底解决,不再有消费不足的问题。

(三) 发展经济学提供的思想资源

发展经济学是现代经济学的一个分支。现代经济学产生于现代化过程中的西方世界,一般将1776年亚当·斯密所著《国富论》一书的出版,视为现代经济学诞生的标志。到20世纪上半叶,西方国家的经济学界普遍认为,国营企业能够促进落后国家的经济发展。到二战结束后,这一思潮逐渐形成了发展经济学这一学科类别,并在20世纪50年代以后达到其影响力的高峰。虽然在理论渊源上,发展经济学与苏联式社会主义思想不尽相同,更不同于中国传统的经济思想,但它同样大力主张,政府应大规模建立国营企业,以各种发展计划和政策指导,来推动本国工业化建设和经济增长。

国民政府时期,政府制定和实施了以国有资本垄断为主导的建设计划。这一计划虽然受到当时流行的社会主义思想的一定影响,但主要思想资源却来自现代经济学。民国时期受现代经济学影响所进行的国营企业建设,事实上影响了1949年后新中国公有制经济的建立。

在20世纪上半叶的现代经济学及后来的发展经济学看来,发展中国家举办国营企业的经济理由至少有以下两点。

(1) 动员储蓄。发展中国家由于经济落后,难以摆脱贫困陷阱即贫穷的恶性循环。所谓贫困的恶性循环,指的是以下一种现象:低收入(贫困)导致低储蓄,低储蓄削弱了资本增长,资本不足限制了生产率迅速提高,生产率低下导致低收入,低收入再次引发低储蓄。发展经济学建议,在国民收入水平低,行政管理软弱无能,同时有限的资本又往往被国内资本家挥霍或将其投资到国外的前提下,发展中国家可以利用国营企业强制性地动员储蓄进行投资,再以国营企业的盈余为投资继续提供资金。

(2) 迅速工业化。西方发达国家通过私有制和市场机制实现的发展,需要的时间较长、速度太慢。为了实现跳跃式发展,发展经济学建议发展中国家的政府优先投资于引擎产业(主要是重工业),来带动其他产业的发展和经济增长,以实现快速工业化。这些产业要么是因为需要的投资额巨大,私人无力承担,要么是由于资源的比较优势,投资于这些产业盈利不大,难以吸引私人投资。不管怎样,都只能由政府来进行投资并经营。

第二节 现代家财型财政的兴衰

在国家重构过程中,伴随着公有制与计划经济的形成,财政也进行重构,其类型也不再是晚清民国时期的税收型财政,而兴起一种"现代家财型财政"。公有制所构造的国营单位成为现代家财型财政活动的主体,计划制度中的行政命令成为经济运行的基本动力,二者构成现代家财型财政活动的基本方式。但在完成其历史使命后,现代家财型财政陷入了困境,并于1978年后处于不断的解体过程中。

一、现代家财型财政的兴起

以税收作为主要财政收入形式是现代财政的标志,晚清民国时期财政转型的重要途径就是从西方不断地引入新税种以建立税收型财政。新中国成立后,与政治法律制度上彻底废除"伪法统"的做法不同,国民政府时期的税制并没有被彻底推翻,新的工商税制是在延续旧税制基础上形成的。随着上述"经济公有"改造的进行,越来越多的企业成为国家所有且国家经营的企业。这样,国营企业收入上缴慢慢成为财政收入的主要形式,原来的主要收入形式税收也因此衰落。

专栏 15.2　税收的衰落过程

在1950年、1951年两年间,根据《全国税政实施要则》的精神,新中国政府在旧中国工商税种的基础上建起以14种工商税收为主的税收制度,形成了一套较为完整的税制体系。

随着政治经济形势的变化,此后不久就开始了税制简化的工作:1953年1月起试行商品流通税,简化货物税和工商业税,并将印花税、营业税等尽量归并;1958年起把原来的商品流通税、货物税、营业税和印花税等四种税合并成一种"工商统一税",到1958年底工商税收已减为8种。1959年开始,就在国营企业试点税收与利润合并缴纳。到1973年为止,国营企业事实上只征收工商税一种税,而集体企业征收工商税和企业所得税两种税。这样,税收种类几近于无。

新中国成立初所建立的相对系统的税制,到1973年前后基本消失,税务机关的建制与功能也大大弱化。此时,国家财政收入主要由国营企业的收入上缴来提供,财政在收入形式上发生了巨大的变化,并在支出目的和管理方式上发生了相当大的变化。事实上,此时构建出来的是一个新的财政类型,可将其称为"现代家财型财政"。从转型的视角看,财政从民国时期"失败的"税收型财政转为新中国的现代家财型财政。

具体而言,所谓现代家财型财政,指的是这样一种财政类型:它的财政收入的主要形式是政府控制的国营工商企业的收入上缴(以利润和折旧费等为形式),财政支出主要用于基本经济建设(新建国营企业)和现有国营企业的经营活动(流动资金、挖潜改造资金等),财政管理上权力高度集中,一切决策权都毫不含糊地属于中央,地方政府只负责执行,单位(企业、机关、团体和学校等)的收支政策由上级政府部门乃至中央政府决定。如前所提及的,在这样的财政类型下,行政命令是财政运行的几乎唯一动力,国营企业是财政活动的主体,财政工具收集并运用几乎所有领域内的可能资金。显然,这种财政类型与税收型财政具有明显的不同,后者的活动虽存在着命令方式但高度依赖于市场的自愿交易,财政活动中的对象是拥有财产和收入的个人,财政收集与运用的资金只占社会资金的一部分。

> **专栏 15.3　现代家财型财政中的财政收入**
>
> 在正式名称中,国营企业上缴的资金被称为"利润"。但需要说明的是,国营企业上缴给政府并形成财政收入的大多并非依靠自身经营效率而产生的利润,而主要来自其他渠道,如工农产品价格剪刀差、工人低工资、垄断租金、部分折旧费与资源补偿费等。
>
> 此时国营企业也向政府上交工商税收,但这样的税收已经失去了"税收国家"中政府依赖于个人收入和私有财产的意义,而只是政府获得财政收入或调节生产销售更为方便的工具而已。农村虽然也以公社为单位上缴农业税形成财政收入(同时获得一部分财政投入),但主要以工农产品价格剪刀差的形式向工商业企业输入农村剩余(甚至部分生活资料),形成工商企业的利润。

以历史的眼光来看,现代家财型财政是中国向现代国家转型的一种重要财政工具,其最为重要的成就是使当时的政府能汲取近 1/3 的国民生产总值作为财政收入,这远远超过了晚清政府和民国政府的成绩。如 1957—1978 年国家财政收入占国内生产总值的比重,最高为 39.3%(1960 年),最低为 21.0%(1968 年),一般在 30% 左右[①]。新中国也因此具备了必要的资源条件,去构建有效的工具性国家,以克服近代以来的主权危机(外来入侵与内部分裂),为后续的现代国家构建活动提供了可靠的政权基础。同时,现代家财型财政也使中国的积累率在 1978 年以前始终保持在 30% 以上,从而相对顺利地完成了工业化,奠定了国家建设的经济基础。就是说,新中国的社会经济改造,虽然消灭了资本家,但并未消除现代社会所赖以维系的资本法则;在此基础上建起的现代家财型财政,以更强的动力贯彻着资本法则,不断地追求经济增长。

事实上,现代家财型财政还帮助创造了现代国家所需的个人法则基础。如前所述,在传统中国并不存在明确的权利意识和个人独立地位,社会主义改造及随后现代家财型财政所支持的国家活动,将民众塑造为原子化的个人。这样的个人虽然没有独立的地位与权利,却被单位组织及政治权力聚合在一起。这就为后来通过放权让利改革解散单位组织、创造受各种契约和机制保护的独立个人与自愿交易,奠定了基础。

从上述分析公有制(与计划经济)诞生的框架来看,现代家财型财政也是这三种思潮合流的产物。就是说,现代家财型财政的诞生,既有社会主义思想所代表的后现代要求,又符合近代以来现代化潮流的要求,同时还得到传统家财型财政思想资源的支持。不过,在这多种思潮的要求中,现代化思潮所要求的贯彻资本法则(即实现经济增长),显然占据了主导的地位。就是说,现代家财型财政是被作为促进国家现代化、实现经济增长的工具而引入的,如果它不能完成这一历史任务,就失去了存在的基础,需要加以现实的改变。

二、现代家财型财政的困境

现代家财型财政的根基建立在国营企业缴纳的收入上,只有国营企业不断地健康发

[①] 楼继伟:《新中国 50 年财政统计》,经济科学出版社 2000 年版,第 59—60 页。

展,并能向国家上交越来越多的收入,这一财政类型的基础才能巩固。而国营企业健康发展并为国家不断提供财政收入的真正前提,或者说国营企业盈利的最可靠来源,应该是企业效率的提高。但在现代,没有独立个人、自由竞争以及必要的法治环境,经济主体就不会获得有效的激励,企业也就不会有效率。因此,以国营企业为主的中国经济,效率上一直处于较低的水平。1978年以前中国经济的全要素生产率的增长,不但远远低于发达国家,而且也低于发展中国家。按照世界银行的估计,1952—1981年,中国全要素生产率的年增长最多只有0.53%,不但低于同期12个市场经济国家的平均数(2.7%),也低于同期19个发展中国家的平均数(2.0%)[①]。

专栏15.4　企业效率与制度结构

　　用产权经济学的语言来说,企业并不天然地追求效率(即利润最大化)。效率主要来自剩余索取权与剩余控制权配置形成的企业内各主体的激励相容,比如给拥有剩余索取权者配置剩余控制权。就是说,如果企业结构构建得好,企业内各主体追求自身效用最大化行为合力的结果,就能使企业表现出追求效率的行为。

　　对剩余收益的要求权,称为剩余索取权,而剩余收益是指企业收入在扣除所有固定的合同支付(如原材料成本、固定工资、利息等)之后的余额。

　　剩余控制权,又称剩余权力,是指在契约中除明确限定的权力归属外,没有特别规定的决策权力,主要体现为对企业重大人事安排、重要投资的最后决策权或投票权。

　　产权经济学认为,剩余索取权与剩余控制权的有效配置,应该是产权私有化(至少私人拥有控股权)及可靠的法治保障,而这实际上意味着有法治保障的自由资本与独立个人,或者说是前已述及的现代社会通行的两大法则(资本法则与个人法则)。

可见,1978年前中国的国营工业企业之所以能为国家提供财政收入,并不是企业自身效率提高的结果。事实上,在此期间中国所取得的经济增长速度,是靠大量的投入而非经济效率的提升带来的。以1971—1975年为例,在此期间积累占国民收入的比率为33%,边际投入产出率为6.27(最后一元钱的产出需要6.27元投入)[②]。这样低效率、高积累率和高边际投入产出率的经济增长,是无法依靠增加投入而简单地维持下去的。

需要注意的是,国营企业的四个收入来源(工农产品价格剪刀差、工人低工资、垄断利润、折旧与资源补偿费)并不可靠,更不可能长期持续。除了折旧费、资源补偿费属于明显不可持续的短期来源外,其他三种来源也难以为继,实际上到1978年前后就无法再继续下去了:工农产品价格剪刀差无法继续,是由于农村人民公社制度在农业生产方面的效率越来越低,农村陷入绝对的贫困中;利用工人低工资政策来增加财政收入难以继续,是

[①] The World Bank, *China: Economic Structure in International Perspective*, Annex 5 to China: Long-term Issues and Options (A World Bank Country Study), Washington D. C., 1985.

[②] 麦克法夸尔、费正清:《剑桥中华人民共和国史(1966—1982)》,李向前、韩钢等译,上海人民出版社1992年版,第560页。

由于"文革"结束后政府无法再依靠意识形态的宣传及阶级斗争运动来维持低工资;工业垄断政策难以继续,是由于企业效率十分低下,政府无力继续扩大对国营企业的投入。

也就是说,1978年前后的现代家财型财政,虽然没有出现财政赤字,没有呈现出像晚清那样的财政危机,但由于国营企业收入上缴的几个盈利来源无法继续,财政处于事实上的危机状态,表现为现实中国营企业大量亏损和经济效益的全面下降。企业没有利润,就无法再像过去那样提供财政收入,该财政类型也因此难以维持。除了企业亏损与效益问题外,当时国民经济比例关系失调、人民生活困苦、公共事业发展滞后等,都是这一财政类型遭遇困境的表现。

三、现代家财型财政在实践中的解体

1978年后的中国经济改革,其初始是一场放权让利的改革运动。放权让利的对象,是当时几乎仅存的合法利益主体,即国有企事业单位与地方政府。正是这场运动,最终解体了现代家财型财政。从财政的视角看,"放权让利"改革在相当大程度上是一场财政改革。这是因为,在现代家财型财政中,所有的"权"和"利"都在国家手中,并被用来维持家财型财政的运转。为了将"权"和"利"配置给各主体,并赋予其行动的能力,该项改革不得不通过种种"契约"的形式来加以实现。就是说,在财政领域,广泛运用了农村改革得来的"一包就灵"的经验,以"承包""包干""合同"等契约形式,来处理政府与企业之间、上下级政府之间的多种关系。正是通过这些财政契约,国家得以实现放权让利,现代家财型财政也因此不断地解体。

专栏 15.5　放权让利改革与党政关系调整

放权让利改革有一个大的政治背景,就是中国共产党对国家领导制度的改革。

在1978年以前,党领导国家的方式是将政府的力量和社会的力量统统吸纳到政党体系内,一切在政党体系内部讨论、决定,然后再指导政府,动员社会。

1978年后力图构建的方式是,将党的领导体现为建立和健全法制、国家制度,在法律和国家制度范围内进行党的活动,并代表和统合社会力量,影响政治运作,参与政治过程。这一过程实际上是将原先集中在政党手中的权力还给国家,重建行使主权的国家机构(工具性国家),以运转和发展国家制度。

---

(1) 在企业方面。1978年后的国营企业改革,一开始主要是调整政府与企业之间的经济利益关系,以利润留成和扩大企业自主权为改革的主要内容,目的在于扭转国营企业大面积亏损的状况。但这一改革并未解决企业自主权不足、竞争条件不公平等问题,企业亏损局面依旧。于是政府寻求用统一规范的办法,来扩大企业领导人的自主权,使其更多地分享企业利润,并使企业间竞争条件基本平等。这个办法,就是1983—1984年试行的"利改税"(国营企业以所得税形式固定上缴利润的55%,同时上缴产品税、增值税或营业税等工商税收),以及其后进一步扩大企业自主权的尝试。从增强企业活力、解决企业亏

损来看,这一改革的效果仍不佳。于是,中央政府不得不从1987年开始,在政府与企业之间广泛实行承包制,以企业相对固定的财政上缴(利、税),来赢得企业领导人对剩余收益和剩余权力的控制。于是,企业的自主权有了一定的落实,政府的随意干预有所减少。虽然对国营企业的放权让利措施在实践中并未能扭转其普遍亏损的局面,但国营企业日益失去了主要财政收入提供者的地位,由此带来现代家财型财政的现实终结;而且,通过与政府的承包契约谈判和市场的供销合同谈判,国营企业领导人越来越多地学会像一个企业家那样去利用市场机会、经营企业。此时,政府倡导区分企业的所有权与经营权,将一直以来"国营企业"的名称改为"国有企业"。特别重要的是,这一改革带来一个始料未及的后果,那就是原来国有企业一统天下的僵硬壁垒被打破,其他各种经济成分的企业获得成长的缝隙和空间,从而奠定了中国非国有制企业不断成长的基础。因此,政府与企业之间运用契约形式进行上述改革的结果,是将原来归属于政府的权力不断地分解给企业,从而为塑造企业内行动者的市场主体地位以及以自愿交易为原则的市场机制奠定了基础。

(2) 在地方政府方面。1949年后,新中国政府重建主权中心,消除了地方割据的可能,但在相当程度上也使地方政府成为中央政府的附属物,缺乏自主行动的能力。到了20世纪80年代,中央与地方关系改革的主旋律是财政包干,也就是运用某种契约形式,相对固化中央与地方的财政关系,使地方在相当程度上获得财政的剩余收入索取权与地方经济管理的剩余控制权。这一财政包干制度,开始于1980年在大部分地区实行的"分灶吃饭"财政体制,通过该体制,中央向地方下放财权。在财政包干之后,地方财政就获得了较为充分的自主权。由于当时各级政府的主要财政收入来自工业企业,因此要让地方政府积极扩大财政收入并承担起必要的财政支出责任,中央就不得不将大批国有企业下放给地方。于是,地方政府获得了与企业经营管理有关的人、财、物的支配权。为了进一步扩大财政收入,地方政府积极主动地参与到经济活动中去,并成为经济活动的重要角色。在这当中,地方政府最重要的工作就是投资,在80年代主要是政府自己出面投资,在财政中努力扩大基本建设的投资,而到90年代中期以后,主要工作就是招商引资,吸引外来资本参与本地区的建设。地方政府在本地区投资方面所起的促进作用,是中国现代化过程中的重要特征。财政包干制度,实质上是以某种契约形式来固化中央与地方之间的关系,从而为地方政府的自主行动留下一定的空间。当然,政府只是一个集合体的概念。地方政府之所以成为经济发展的主角和积极行动的主体,主要还是在特定体制(财政包干体制)下政府领导人行动的结果。

因此,以事后眼光来看,1978年后财政制度的改革与探索,是在尚没有法律和制度保障的前提下,运用私法中的契约关系,将原来掌握在政党组织(甚至领导人)手中高度集中统一的权力分解开来,配置给企业、地方政府甚至个人,试图将它(他)们逐渐塑造成能自主行动的独立主体。在这样的分权过程中,现代家财型财政被逐渐解体。

当然,企业和地方政府并不是真正的独立行动主体。通过上述改革,个体(独立的资本和劳动)逐渐成为经济活动和社会活动的主体,一个相对独立于政治活动和政治机构的市场经济开始形成。换言之,一个不同于以往的目的性国家逐渐形成,其中最为重要的方面就是市场经济体系的形成。以私人财产权制度为基础形成的私人企业及各种利益团体,成为经济社会生活的主体。独立的利益个体、自主的经济活动(生产、贸易与定价等)、明确的产权归属和平等的契约主体,这一切在中国的出现,意味着目的性国家的逐步现代化。此时的中国人,因市场经济塑造出自主权与个人的独立意识而成为市民,并作为微观结构和基本细胞构成了市民社会。这一切为目的性国家的进一步现代化奠定了基础。

也可以从公共权力的成长视角,来考察上述国家转型活动。在帝国时期以高度集中的君权为形式的公共权力,在帝制被推翻后分散性地存在。中国共产党通过武装斗争将分散的权力集中到政党组织中,建立起较为有效的行使权力的工具。在完成目的性国家改造的历史任务后,通过上述分权运动,政党所集中的权力被不断地转移给国家组织与民众,从而为形成能够有效行使主权的工具性国家以及拥有个人权利的目的性国家奠定了基础。中国现代国家的成长,有赖于日益有效的工具性国家与日益成熟的目的性国家的互动,这种互动最终形成基于民意而行使主权的组织体系与国家制度,即完成向现代国家的转型。

第三节 税收型财政的再建与现代财政的基本成形

随着现代家财型财政的解体,财政收入的主体部分不再是国有企业上缴的收入,而是非国有经济主体上缴的税收,国有企业在财政上的贡献越来越小。就是说,在财政类型上,税收型财政处于不断再建的过程中。这种再建,不是对晚清、民国时期税收型财政的简单历史重演,而是在新的目的性国家(市场经济与个人权利)基础上进行的,代表着现代财政制度在中国的逐渐成形;而现代财政的基本成形,反映了中国走向现代国家取得了重要的进展。

一、税收型财政再建的思想基础

1978年后,财政方面一个显著的现象就是现代家财型财政不断地解体和税收型财政不断地再建。这一现象在学术上的思想资源,主要来自中国经济思想界的反思和西方经济学的引入。它的社会心理基础仍在于义利观转换的结果,就是说,由于现代家财型财政无法担任实现"公利"(国富)这一目的而被放弃,于是税收型财政再次兴起。

(一)对现代家财型财政运行制度的反思

现代家财型财政,在现实中的运行主要依托于以行政命令推动经济运行(计划经济)以及国营经济单位(公有制)这两种制度。学术界对它的反思,一开始主要集中在计划经济制度上,而公有制作为近乎唯一的所有制形式,一直在经济思想中占据主流的地位,直到20世纪90年代后才逐渐被《以公有制为主导的多种所有制形式并存》这样的提法所代替。

遵照苏联模式建起的计划经济制度,在运行初期就在理论上遭到一些怀疑,也得到一些修正。例如,薛暮桥在1953年第9期《学习》杂志上发表了《价值规律在中国经济中的作用》,孙冶方在1956年第6期《经济研究》中发表《把计划和统计放在价值规律的基础上》,顾准在1957年第5期《经济研究》上发表《试论社会主义制度下的商品生产和价值规律》,这些论文都对运用行政命令来运行经济提出怀疑,并建议更多地使用物质刺激与自愿的交换机制。

1978年后,经济思想界对计划经济进行了更多的反思。该年10月23日,人民日报刊登孙冶方的文章《要理直气壮地抓社会主义利润》。与此同时,薛暮桥也连续著文,要求学会利用价值规律、利用市场的作用。1979年4月,约400名经济学家在江苏无锡举行了近半个月的大讨论,题目是《社会主义经济中的价值规律问题》。这次讨论会涉及了计划与市场、国营企业的地位、价格形成机制等一系列重大的经济问题,这些问题在后来改革过程中反复地出现。特别是许多学者主张,社会主义经济是商品经济,必须充分肯定价值规律和市场调节。在思想界反思的基础上,多种政策上的提法得以形成,如计划经济为主、市场调节为辅,有计划的商品经济等。

现实的原因、理论的反思加上政治领导人的决策,使得计划经济出现一定程度的松动。在此基础上,以自愿交换为基础的市场缓慢形成,并带来外资企业以及以个体户为起点的私有制的发展空间。到了20世纪90年代,在市场扩大和非国有制经济成为经济增长重要力量的前提下,决策层最终提出建设市场经济,并开始肯定以私有制为代表的其他所有制形式。由此,纯粹公有制与计划经济在正面意义上被否定,现代家财型财政具备了终结的思想基础。

(二) 来自西方经济学的思想资源

20世纪90年代后,税收型财政的两大支柱性制度(市场经济与私有制)的发展,在思想资源上除了上述理论反思外,还有一个重要的方面,那就是西方经济学的引入。西方经济学从经济人假定出发,认为在个人理性行动基础上形成的交换与分工行为,将会推动市场的形成,而市场形成又将进一步地推动分工的发展与创新的出现。于是,个人追逐利益的行为,可以推动整个社会利益的实现。就是说,实现国富,应该由分散拥有财产的个人在市场上的逐利行为完成,而不必由政府通过计划经济与国营企业来实现。这一曾经由斯密阐发过的"看不见的手"的原理,成为具有广泛影响的思想资源。

与此同时,传统发展经济学主张的国有制和国家主导性经济发展政策,在思想上遭到了经济学界的强烈反对,在实践中也制约了发展中国家工业化的进程。到20世纪80年代,传统发展经济学陷入困境中。经过反思后,发展经济学家普遍达成的共识是,经济要发展,就必须进行全球化、私有化、市场化。在他们看来,发展中国家要取得发展,应该从国有企业私有化开始,建立能保护个人基本财产权的法律体系,并依靠一种开放的市场制度(向私人、向外资开放)来解决工业化过程中的资源配置问题。正如格莱尔德·斯库利所指出的:"制度结构的选择对经济效率和增长有深远的影响。法律条例、个人财产、资源市场配置相结合的开放社会,与那些自由被限制和剥夺的社会相比,其增长率是后者的3倍,其效率是后者的2.5倍。"[①]

[①] 道·汉科、瓦尔特斯:《发展经济学的革命》,黄祖辉、蒋文华译,上海三联书店、上海人民出版社2000年版,第9—10页。

上述不同于传统发展经济学的看法形成后,在经济学界被称为"发展经济学的革命"。发展经济学的这一场革命,也影响到中国所有制和市场机制的选择。就是说,只有建立在私有产权及自主的市场经济基础上,经济才能得到发展。这一思想资源否定了现代家财型财政的基础(纯粹公有制和计划经济),在思想上进一步终结了现代家财型财政,确立了现代国家以自愿交换和个人权利为基础的经济运行方式,从而为现代财政在中国的兴起奠定了基础。

二、现代财政的基本成形

伴随现代家财型财政的解体,税收型财政在中国不断地得以重建。这种重建事实上标志着现代财政的逐渐成形,因为在重建过程中不仅收入来源在变化,而且支出目标和管理方式等方面也在向现代的方向转变。

(一)财政收入方面

用税收制度来处理工具性国家与目的性国家之间的财政关系,事实上是晚清民国以来国家转型的一部分。如前所述,新中国成立伊始,税收是主要的财政收入形式,这是历史的惯性,一定程度上也是当时目的性国家中私人产权大量存在的现实反映。随着工具性国家对目的性国家改造任务的完成,私人产权被基本消灭,税收也就因此逐渐衰落。1978年后,伴随着国家各项制度的正常化,特别是现代家财型财政的逐渐解体,一度处于衰落状态中的税收也开始其复兴的进程。在此基础上,中国也从家财国家逐步成为税收国家,表现为财政收入的主体来自大众税收。

1978年后税收的复兴并不是刻意设计的结果,而是在财政工作理性化、国营企业改革、多元经济主体兴起等现实要求下产生的。在现实中的表现,就是政府不断地在税制方面做出改革尝试。在1983—1984年两步"利改税"改革后,中国已大体建起完整的工商税制,这标志着1949年后衰亡的工商税制开始复兴。至20世纪90年代初,初步建成了包括32个税种的税制体系,税收复兴工作至此有了一个结果。尽管此时的税制仍存在着种种缺陷,但税收作为财政收入的主要形式,到90年代初得到了全面恢复。1990年前后以工商税收和所得税形式从公司法人和个人那里得到的财政收入,占到了预算内财政收入的绝对份额(95%左右)。

严格地说,此时的税收还不是现代税收,中国还不能称为真正的税收国家。这是因为,1993年以前的税收,大都还来自国营(有)企业,而国营企业此时并未建立起资本金制度。不能以企业资本金对自己的行动负责,这样的国营企业不是真正的独立法人,此时它上缴的税收也不是真正的来源于独立主体的税收,而只是因行政命令而在上下级机构之间进行的资金转移。直到1993年7月1日起,新的《企业财务通则》《企业会计通则》和各项企业财务制度实行,企业资本金制度和科学合理的折旧制度、成本制度开始建立,这时的税收才能被视为真正的税收。在1994年集中进行的税制改革和2004年后逐渐开展的税制改革基础上,来源于大众财产或收入的规范性税收,才真正成为主要财政收入来源。在此过程中,国有企业已成为单纯的纳税人而不承担过多的政治责任,公债成为以税收为基础的平衡性收入手段,非税收入改革初见成效,税收征管制度不断完善。经历如此种种变革后,税收型财政才成形,中国也因此成为税收国家。

(二) 财政支出方面

财政支出的项目种类与结构安排,是一个国家政府职能的真正反映,从中可以看出国家的真正性质与所处的发展阶段。现代国家本质上是福利国家,需要政府在财政支出上为保障社会的安全与福利提供资金。同时,福利国家也是税收国家的直接后果,"取之于民"的税收就应该"用之于民",而民众对财政支出的要求不是去投资营利性企业,而是提供公共服务与社会福利。

新中国是在落后的经济基础上建立起来的,政府在经济发展和社会福利两方面的责任一开始就存在着紧张关系:社会主义意识形态要求国家必须为劳动阶级提供良好的社会福利,但落后的经济又使政府没有充裕的财力进行社会福利制度建设,而要把有限的财力投入经济建设中去。1978年以前,整个中国由政府控制的单位组织构成,福利的职能被内化到各单位中,每一个单位都承担起福利提供的责任。当然,在承担福利责任方面,严格地说此时不是社会保障而是单位保障。1978年后,福利责任逐渐地从单位剥离,原有的国营工商企业慢慢地成为纯粹的生产组织,而剥离出来的各种福利责任碎片,经过政府的重组,并在政府的控制与帮助下,逐渐组成为社会保障体系。由此,中国逐渐从专注于经济建设的生产国家,走向重视民众社会福利的福利国家,政府也逐渐以提供公共服务为自己的主要施政目标。当然,就总体而言,目前财政支出中用于社会保障的比重仍未达到民众的要求。

(三) 财政管理方面

财政管理鲜明地体现了上级政府与下级政府、工具性国家与目的性国家之间的权力关系,以及理性化、民主化的程度。1978年后中国财政管理方面的主要变化有两个:一是中央政府与地方政府间的关系通过财政而重塑,二是预算制度的理性化与民主化取得进展。

1. 中央政府与地方政府间的关系

如何处理中央政府与地方政府之间的关系,是中国政治长久以来的难题。从历史上看,二者间关系的调整明显受到财政的推动,在1978年后同样如此。因财政原因,1978年后中央政府与地方政府之间的关系得到进一步塑造,并趋于合理化,这集中体现在分税制改革与财政层级调整两个领域。

就分税制改革而言。如第十二讲所述,第三帝国时期正式财政制度表现为高度集权,而非正式财政制度又表现为高度分权。到晚清时,地方督抚的权力日重,最终到民国初年发展为军阀事实上的独立。即使到了国民政府后期,内部分裂的危险也没有得到彻底的解决。新中国成立前,各革命根据地也相对独立,分权的色彩颇浓。但到1949年后,随着政治经济体制的重构,这一状况很快得以改变,整个中国建起高度集权的纵向结构。这种结构克服了近代以来的内部分裂危机,但在运行时的不便与低效,也再一次地显现出来,并成为国家结构调整的动因。1978年后,为了发展经济,中央政府在财政上向地方政府不断地分权(即"财政大包干"制度),试图在保证中央统一领导的前提下,发挥地方政府的积极性和责任心。由于通过讨价还价制度来安排中央与地方之间的收入分成,在经济总量增长的条件下,中央财权被逐渐地削弱,中央政府的权威和宏观调控能力也随之下降。1994年实行的分税制改革,为中央与地方关系问题的解决提供了一种可能的途径。分税制的制度内容并不限于分税,还包括政府间分权、职能划分、转移支付等多方面内容。分税制的实施,将80年代财政分权的结果制度化,建立起相对规范的中央与地方关系,从而为单一制的中国国家结构注入了某些联邦主义的因素。

就财政层级调整而言。上下级政府间财政关系的调整,不仅推动了财政制度的理性化,而且还会推动地方政府层级的调整。历史上,在中国这样一个超大规模国家,地方政府层级的设置一直受到财政因素的强大推动。宋代出现过的接近于正式政府层级的"路",民国出现的正式政府层级"乡",都是在财政因素推动下形成的。1949年后,除了在中央与省级之间短暂设置过大区外,正式的地方政府层级一般为省级、县级、乡级(或人民公社)三级。这一设置,为1982年宪法所肯定。不过,乡政府在财政层次上并无可靠的保障。事实上,直到20世纪80年代在财政包干制推动下,正式的乡镇财政才普遍地建立起来。随着改革开放的进行和经济的发展,在财政层级探索的推动下,许多地方出现了在财政层级调整基础上对政府层级的改变,或者对此提出改变的要求。在这里,有两个方面的变化值得关注,即计划单列市的探索和市管县体制的出现。2002年以后,地方政府层级在财政体制上又有新的探索,主要体现为两个方面,一方面是"乡财县管",另一方面就是财政"省管县"。这两种财政体制的改革,在一定程度上再次推动政府层级的变化,并引发对"撤市(地级市)改乡(改为县级政府派出机构)"的呼声。

2. 预算的理性化与民主化

预算是现代财政管理的工具,它既是政府管理自身活动的工具,反映着工具性国家自身的建设状况,又是民众管理政府的工具,代表着目的性国家对工具性国家的要求与制约,因此有理性化和民主化两方面的要求。预算方式与制度的变化,不仅反映了预算技术和管理能力的变化,更体现着财政管理观念的变化和财政转型乃至国家转型的发生。

如前所述,预算制度自清末引入中国后,在民国期间也有所发展。但由于种种原因,理性化、民主化的预算并未得到真正的确立。新中国成立后,现代家财型财政的预算,只是计划的附庸,其地位和作用都不显著。尽管预算活动作为政府管理活动的一部分确实存在,但由于国家政治生活的不正常,预算活动也难以正常。

1978年后,随着财政的转型,预算的地位和作用也不断地上升。特别是1998年以后,一种理性化的预算在中国逐渐成长起来。2000年前后,中央政府进行了编制部门预算的改革。以此为起点,一系列配套制度的改革随后进行,如国库集中收付制度、政府采购制度、收支两条线管理制度、政府收支分类制度等都进行了改革。这些改革,使中国的预算呈现出越来越理性化的特征。虽然在现实中运行的预算制度仍有种种非理性的缺陷,但是预算作为政府进行规范而有效管理的理性工具,已大体成形。

在预算理性化的基础上,预算民主化也有进展,突出反映在人民代表大会对预算监督工作的加强。1999年以后,全国人大常委会和省市级人大的常委会,都成立了协助人大进行预算审查的工作机构——预算工作委员会,从而在机构上加强了人大对预算审查的能力。预算审批方面另一个重要的进展是,人大财经委员会和常委会预算工作委员会开始提前1—2个月对政府预算进行预审,从而加强了预算审查的实效。众多地方人大机构纷纷开展了预算监督的改革,不少人大代表也积极参与预算监督活动。在此推动下,全国人大不断地加强预算立法、机构建设、草案审批和执行监督等方面的工作,回应和参与预算理性化和民主化的潮流。

三、目的性国家对工具性国家的反向塑造:以推动财政进步的民众行动为例

走向现代国家,不仅体现在工具性国家的发展上,还体现在目的性国家的发展上。现代国家制度,是工具性国家与目的性国家互动的结果。新中国的成立,标志着工具性国家建设达到一个高峰。运用这一工具性国家的力量,中华共同体对目的性国家进行了改造,进一步地贯彻了资本法则并创造出原子化个人,使其适应现代化的要求。1978年至今的中国现代化进程,集中体现为以资本法则和个人本位为基础的市场经济不断兴起,这标志着中华共同体在目的性国家发展方面的成就。

于是,发展了的目的性国家,开始对工具性国家的进一步发展提出要求,或者说目的性国家开始对工具性国家进行反向塑造。只有在工具性国家与目的性国家不断互动的基础上,中国现代国家制度才会渐趋成熟。此处且以目的性国家中推动财政管理进步的民众行动为例,来显示当前目的性国家对工具性国家进行塑造的过程。

民众的行动,在当前对中国财政转型乃至国家转型进程起着越来越大的作用。或者说,如果没有民众的行动,中国财政转型就无法彻底地完成,中国也无法成长为现代国家。这里所说的民众行动,其行动主体是指作为个人身份出现的人大代表与政协委员、网络公民、专业群体和媒体等多种。他们的行动,推动着财政制度乃至国家制度的现代化进程。

1. 作为个人身份出现的人大代表和政协委员

人大和政协,作为宪法性制度机构,在中国财政现代化中发挥着特定的作用。但就总体而言,它们在财政中的作用仍未达到制度设计的要求,或者说制度在财政实践中未能完全运转起来。不过,近些年来,一些人大代表与政协委员开始成为推动中国财政进步的积极力量。他们利用大会平台和个人的政治身份,屡次批评财政制度、提出改进意见。

2. 网络公民

如今,网络作为新媒体,在促进财政进步的社会运动中,发挥着特别重要的作用。近些年来,与财政支出相关的事件,如公共资金被挪用或滥用、形象工程劳民伤财、职务消费奢侈浪费等,屡次成为网络热点事项。这些偶然发生的新闻,经过网络的广泛传播和公民的广泛参与,成为具有重大社会影响的事件。在强大的舆论压力下,这些地方政府最终都对外披露了相关事件的调查结果,公布事后追责的具体情况。在舆论传播过程中,网络公民群体已成为一股不容忽视的生力军。针对大大小小的地方新闻事件,他们使用微信、微博、博客、影音等网络工具,即时传输追踪报道,撰写评论,抒发情绪。这种对特定主题的集中关注与互动参与,发挥了传统媒体所不具备的巨大作用。网络舆情的监督威力,给地

方政府带来了巨大的压力,使得隐藏的问题进入了快速解决的通道。在一定程度上,网络公民成功迫使一些地方政府公开必要的财政信息,澄清事实、回应质疑、引导社会舆论,由此取得了财政制度的进步。

3. 专业群体

所谓专业群体,指的是具备较强专业素质、追求公益价值的公民、学者、律师和公益机构等。如2008年以来的连续十年,上海财经大学公共政策研究中心每年都通过公开申请的法定程序,向全国31个省级人民政府申请相关财政信息,并依据所获信息情况对其财政透明度状况进行专业评分与排名。这一做法,引起了社会对政府财政信息公开状况的广泛关注。公益律师也参与到这一行列中来,他们向政府部门提起有关财政信息公开的申请,甚至提起行政诉讼,从而发挥了极大的示范效应,有着良好的社会效果。公益组织在推动政府信息披露方面,也发挥了特定作用,并将发挥越来越大的作用。此外,一些公民个人及个人组成的非正式团体,也都以自己的力量参与到财政现代化进程中去。

4. 媒体

媒体的作用自然至关重要。出于利益驱动和职责所在,对于一些可以获得社会认同和关注的"新闻素材"进行深刻的披露,是媒体天然的举动。而与民众利益密切相关的财税事务,则显然是良好的新闻素材。事实上,上述作为个人出现的人大代表与政协委员、网络公民、专业群体等人的行动,只有在媒体的积极参与下,才能发挥作用。从财政知识和财政意识的宣传,到相关案例的深度报道,以及对财政现代化的呼吁等,媒体始终发挥着至关重要的作用。财税方面很多个案的解决,媒体都提供了巨大的推动力;而个案的频繁发生,又给社会带来持续的累积的影响,这对公众的权利意识与法治观念的提升,甚至对立法和司法方面的进步,都有积极的意义。

上述推动财政信息公开和财政改革的民众行动,从政治角度看已涉及财政制度中的价值问题。就是说,在资本法则与个人法则支配下的民众,已成熟到开始关注自己上缴税收的决定程序、关注税收的使用方向与过程。他们要求税收的使用者(即政府)确保税收"取之于民、用之于民",要求政府说明征税的正当性,要求财政过程透明公开,要求财政制度既理性又民主。在他们看来,只有在财政上达到这些要求,政府才具有合法性。民众对财政价值的关注及政府的相关回应,将推动政治合法性的提高。相对于1949年后工具性国家对目的性国家的改造而言,这样的行为是目的性国家对工具性国家的反向塑造,它将在中国国家转型过程中发挥越来越大的作用。

 重点提示

1. 与晚清民国时期的国家建构活动相比,新中国成立后,面向现代的国家建构活动有三个方面的显著之处:一是形成了权力高度集中的政治制度,提供了一个较为有效的工具性国家;二是工具性国家对目的性国家进行了深度改造;三是构造了一个虽无权利保障

却有孤立地位的个人及以此为基础的单位制社会结构。

2. 公有制与计划经济之所以在中国诞生,是前现代思想(传统的家国一体的政治经济思想)、现代思想(正在兴起中的发展经济学)和后现代思想(逐渐引入中国的苏联式社会主义思想)合流的结果。就是说,前现代、现代、后现代三种思潮在当时都认为,要实现"公利"(国富),就必须发展公有制与计划经济。

3. 新中国成立后财政从民国时期"失败的"税收型财政转为现代家财型财政。所谓现代家财型财政,指的是这样一种财政类型:它的财政收入的主要形式是政府控制的国营工商企业的收入上缴(以利润和折旧费等为形式),财政支出主要用于基本经济建设(新建国营企业)和现有国营企业的经营活动(流动资金、挖潜改造资金等),财政管理上权力高度集中,一切决策权都毫不含糊地属于中央。在这样的财政类型下,行政命令是财政运行的几乎唯一动力,国营企业是财政活动的主体,财政工具收集并运用几乎所有领域内的可能资金。

4. 现代家财型财政的根基建立在国营企业缴纳的收入上,只有国营企业不断地健康发展,并能向国家上交越来越多的收入,这一财政类型的基础才能巩固。但是国营企业的四个收入来源(工农产品价格剪刀差、工人低工资、垄断利润、折旧与资源补偿费)并不可靠,更不可能长期持续。除了折旧费、资源补偿费属于明显不可持续的短期来源外,其他三种来源也难以为继,实际上到1978年前后就无法再继续下去了。

5. 从财政的视角看,1978年后的"放权让利"改革在相当大程度上是一场财政改革。在现代家财型财政中,所有的"权"和"利"都在国家手中,并被用来维持家财型财政的运转。为了将"权"和"利"配置给各主体,并赋予其行动的能力,该项改革不得不通过种种"契约"的形式来加以实现:在财政领域,广泛运用了农村改革得来的"一包就灵"的经验,以"承包""包干""合同"等契约形式,来处理政府与企业之间、上下级政府之间的多种关系。正是通过这些财政契约,国家得以实现放权让利,现代家财型财政也因此不断地解体。

6. 随着现代家财型财政的解体,财政收入的主体部分不再是国有企业上缴的收入,而是非国有经济主体上缴的税收,国有企业在财政上的贡献越来越小。在财政类型上,1978年后税收型财政处于不断再建的过程中。这种再建,不是对晚清、民国时期税收型财政的简单历史重演,而是在新的目的性国家(市场经济与个人权利)基础上进行的,代表着现代财政制度在中国的逐渐成形;而现代财政的基本成形,反映了中国走向现代国家取得了重要的进展。

7. 1978年至今的中国现代化进程,集中体现为以资本法则和个人本位为基础的市场经济不断兴起,这标志着中华共同体在目的性国家发展方面的成就。于是,发展了的目的性国家,开始对工具性国家的进一步发展提出要求,或者说目的性国家开始对工具性国家进行反向塑造,集中反映在目的性国家中推动财政管理进步的民众行动上。这里所说的民众行动,其行动主体是指作为个人身份出现的人大代表与政协委员、网络公民、专业群体和媒体等多种。他们的行动,推动着财政制度乃至国家制度的现代化进程。

 思考题

1. 新中国为什么要重构财政制度?
2. 现代家财型财政制度在中国向现代国家转型过程中,具有怎样的历史意义?
3. 你认为,现代财政在中国已经成形了吗?
4. 为什么会有一部分民众积极参与到推动财政进步的行动中去?
5. 中国财政转型与政治发展之间有怎样的关系?

第十六讲 中国国家成长的财政逻辑

本教材的目的是从财政政治学的视角来阐释中国财政自古及今的变迁过程,其主体内容是基于中华国家的发展历程来讲解财政制度变迁与思想演进的历史。本教材已经呈现了财政与中国国家成长之间的历史关系,本讲的目的是对全书进行总结,以揭示教材中已经展现的历史脉络与逻辑关系。这一总结也是对以下问题的回答:从财政上看,中国国家是怎么成长起来的,又是怎样实现向现代国家转型的?

第一节 "双轨"的帝国家财型财政

帝国以土地为自己的支撑点,国家共同体以君主的名义宣布对土地的产权关系并依此建立起帝国制度,在财政上表现为帝国政府以自己拥有的土地为基本财政收入来源,由此构建起家国式家财型财政。在这一家财型财政的发展过程中,财政制度不断地为中华帝国工具性国家的维续提供资源,并对目的性国家实施管理。与此同时,这一财政类型的制度缺陷及其针对性改革也影响着帝国的生存与发展,并进而影响帝国的近代转型。本节要揭示的是,帝国家财型财政的"双轨"特征及其在中华帝国成长过程中的作用。

一、"双轨"的帝国家财型财政

自战国起逐步成长起来的中华帝国,构建出家财型财政来实施国家治理、维持中华民族的生存与繁荣。这样的家财型财政制度,原点是在战国时期的秦国奠定的,秦统一天下之后制度内容又在帝国长期实践中屡经调整,为的是完成国家治理的任务。大致上,这样的调整是由帝国财政制度中的正式机制和非正式机制相互补充、相互对抗,不断互动形成的,并在帝国的历史长河中发生着变化,直至第三帝国时期达到最为成熟的地步。为表明正式财政机制与非正式财政机制之间的关系及帝国财政的总体特征,此处将这样的财政命名为"双轨财政"①,并依此来考察帝国时期治国理财的变迁轨迹。

专栏 16.1　制度中的正式制度与非正式制度

严格地说,任何制度皆有正式与非正式两部分。在现代国家,二者一般体现为前者不断地消灭、替代和约束后者,这一过程就是通常说的理性化或制度化。但在传统中国,财政制度中正式制度与非正式制度二者的关系不是简单的消灭与代替关系,而在相当程度上是互补与共存关系。这种关系,与中国传统哲学中对阴、阳二者关系(并非相互消灭而是共存与互补,当然也有冲突的一面)的认知是一致的。

费孝通先生运用"双轨政治"一词来说明,传统中国治理是通过两条平行的轨道进行的(自上而下的中央集权的正式体制、自下而上的地方自治的非正式体制),并认为这双重治理体制之间是相互渗透、嵌入和依赖的关系。根据费先生的说法,此处确定了"双轨财政"这一名称。不过,本教材所说的财政中非正式体制的内容,要比费先生所说的政治中非正式体制广泛得多。

具体说来,这种双轨的家财型财政有以下几个方面的内容。

(一) 产权方式方面

在征服基础上形成并在当时宗法结构与文化影响下,中华帝国共同体被视为一个大家庭,君主对共同体行使的公共权力与宗法文化下的大家长权力混为一体,君主有权拥有并支配大家庭中所有的财产(耕地及非耕地资源)。只是在管理上,君主将大家庭财产区分为自用与公用部分,自用部分留给自己支配,公用部分交由其他臣民使用。由此,中华帝国形成了一种与罗马法中严格的所有权形式不同的产权方式:在大家长(君主)支配下的诸多小家庭,可以占有并使用经"大家长"许可的土地,作为生存繁衍的基础,甚至可以对这些土地进行买卖和租赁(因而小家庭之间的权利边界是清晰的),使这些土地的产权方式呈现出类似于今天"私有"的样态;但在理念上,这些土地仍属君主所有,小家庭对这些土地的占有只是源自君主的恩惠,并非严格的私有权利,民众并无相对于君主而言的清晰的权利边界,而君主完全有权调整臣民对土地的占有状况,这又使土地产权呈现出今天"国有"的样子。

由此形成了中华帝国时期家财型产权方式,包括正式机制与非正式机制两根轨道:在正式机制中,帝国土地及全部财富毫不含糊地归属于君主所有;但在非正式机制中,土地及财富除了部分地由君主(及家庭)支配外,大多数仍由民众占有并使用,但这种权利是

---

① "双轨"的说法,来自费孝通先生对中华帝国"双轨政治"的分析(费孝通:《乡土中国》,上海人民出版社2006年版,第145—160页)。

含糊的,可以由君主或其代理人(官僚)进行调整甚至剥夺。从历史趋势看,秦、汉王朝直至唐王朝,帝国君主经常尝试对民众使用土地的状况(即"田制")进行调整。到宋代以后,政府已很少尝试去调整田制,但君主在理念上仍然保有对全部土地的支配权,有权进行田制的调整。

这样一种产权方式有其积极的意义。一方面,正式机制在相当程度上使帝国君权呈现出今天主权的样态,君主可以支配境内的所有财产(乃至人口),为中华帝国成长提供了稳定的基础。在今天的主权国家,土地私有权一般可以转让,甚至可以卖给外国人,但转让行为并不会带来国家领土范围的改变。就是说,国家实质上拥有土地的终极所有权,这是主权的表现。这种终极所有权与私人所有权之区分,与中华帝国君主对全部土地的支配权与可转让的私人占有权之间的区分,非常相似。以西欧12世纪阿基坦的女公爵埃莉诺(1121—1204年)为例,她与法国国王离婚并嫁给英国国王后,占当时法国国土近1/3面积的阿基坦公国,就跟着她作为嫁妆转移到了英国,这大大改变了英法两国的实力对比。在中华帝国时期,这是不可想象的。那些和亲的公主,婚前的封地是不可能带到她所嫁的国家去的,因为原则上所有的土地都属于皇帝。因此,跟封建时期的西欧相比,中华共同体的完整始终得以保证,可以维持长期的统一与和平。另一方面,非正式机制又使得小农家庭获得支配耕地的能力,一家一户小农分散地进行生产和生活,从而使中华帝国的经济活动和文明发展具有极强的韧性和恢复能力,这是中华共同体能够灵活调整和顽强生存的原因所在。

(二) 财政收入方面

帝国以土地为其支撑点,在农耕经济基础上中华帝国建立起家财型产权方式,因此帝国的财政收入自然以税地或者说源自田地的田赋为主。在今天的术语体系下,这种田赋在经济性质上更接近于地租。显然,根据民众的收获情况按比例收取田赋(分成制租金),最为符合家财型土地产权方式的要求。但是,由于计量民众收获状况并据以按比例分成超出了政府的管理能力,因此虽然帝国初期(秦、汉王朝)曾实行过"十税一""十五税一",甚至"三十税一",但在实践中很快转向按土地面积(区分土地的等级)收取定额租金。这一做法在唐中期两税法改革后被进一步地确立为财政收入的正式机制和制度正宗,从此两税(即根据土地面积及等级缴纳"夏税秋粮")成为一个王朝是否正统的财政标志。

由于农业经济增长弹性不足,加上正式收入机制具有刚性,现实中的政府不得不一再地求助于非正式机制来谋求财政收入的增加与弹性。在历史上,这样的非正式机制主要有以下四类。

(1) 基于正式田赋而产生的附加。即在正式田赋征收基础上额外增加一定的比例,用于额外公务需要(如明清时期以火耗名义征收的办公经费)或者临时性需要(如明末和清末为战争而征收的附加)。

(2) 基于人身的收入。例如,汉代征收的算赋、口赋,以及各个帝国时期都存在的代役金(汉代的更赋、唐代的庸、宋代的免役钱、明代的银差等),这一收入直至清中期"摊丁入地"改革后才在制度上终结。基于人身的收入,有的时候在制度上是正式收入,甚至像第一帝国时期更是出现"舍地而税人"那样大量依赖于人头税的现象,但它作为城邦时代的残留,在制度上总是处于被消灭过程中,特别表现在第三帝国时期"役归于地"的运动中。

(3) 基于君主特权的收入。这些收入是基于君主的特权和恩惠而产生的,主要有卖官鬻爵收入(清王朝时期发展为制度性的捐纳)、赎罪收入、民众捐献收入(如"报效")等。

(4) 来源于工商业的税商收入。包括官营、许可等专卖收入(针对暴利性资源商品)和工商杂税(针对运输与销售过程中的普通商品)等。这些收入是一种特权收入(至少一开始是这样),源于帝国初期设定的君主对山海池泽的支配权。但是,与其他基于君主特权的收入有所不同,征收工商杂税在很多时候也可以有制度保障,并且具有公共性,它与现代条件下运用公共权力征收的税收在形式上最为相似,因而成为现代税收发展的历史基础。

在上述财政收入中正式机制与非正式机制这双轨相互配合,使帝国财政制度能够建立在当时条件下较为可靠的小农经济基础上,并契合家庭生产生活方式基础上产生的文化价值观。与此同时,它又能够获得财政收入的弹性,有助于帝国政府因地制宜地对广土众民实施治理,灵活地应对各种突发状况。当然,这里说的正式机制与非正式机制,是就帝国财政的正统理念而言的;非正式机制中的部分收入,有不少在实践中也有正式制度的规定或者被纳入正项收入。

(三) 财政支出方面

中华帝国时期财政上主要有三大支出项目,即军费支出、官俸支出和再分配支出。同样地,这三大支出也是由正式机制与非正式机制双轨构成的。

在春秋之前的城邦时代,民众亲身服军役,军费支出并未表现为主要的财政支出项目。但到了帝国时代,以财政经费供养常备军从事战争的行为,已成为财政支出的正式机制。这些通常直属于中央政府的专业军事力量(主要驻扎在京城、边境和其他重要地点),是维持帝国内外安全的主要力量,对其进行供养的支出安排也是财政支出正式机制的重点。同时,由民众自行负担或者地方政府自筹经费负担的民兵组织(如乡兵、团练、保甲等),在帝国时代始终未绝,并成为军费支出非正式机制的内容。

官俸支出也很早就成为中华帝国正式财政支出项目,在秦汉时期甚至官吏品级就是用官俸支出数目来标识(如在汉代用"二千石"的粮食俸禄来通称郡守级别的官职)。虽然偶尔也曾出现过不给官吏发放俸禄的行为,但帝国正常运行时期官俸始终是重要的正式支出项目。特别是到了明清时期,只要通过初级科举考试者皆可获得财政的供养(至少是补贴)。帝国时期,正式机制提供的官俸支出只是一部分,非正式机制也提供了很大一部分的官俸支出,如不在国家财政之列的君主恩赏,以及办公经费与官俸经费难以区分的项目(如唐宋时的公廨田收入),还有明清时期大规模的陋规与摊捐等项目。

"再分配支出"泛指政府通过财政支出在阶层间、时间上和空间中进行的资源与财富的调配活动。显然,帝国财政支出中的济贫赈灾、治理水利、举办常平仓等正式项目,都是再分配支出的正式机制。随着历史的进展,再分配支出对于帝国治理而言越来越重要,并因此成为中华帝国区别于其他帝国的重要特征。但在帝国时代完全依靠正式机制来完成财政再分配任务是不现实的,因此唐宋以前的宗族、宋代以后的富民、士绅,在官府的要求和支持下,成为运行再分配支出的补充性力量,形成了再分配支出的非正式机制。

(四)财政管理方面

在财政管理方面,正式体制与非正式体制双轨共存互补体现在以下几个方面。

第一,国家财政与皇室财政。国家财政与皇室财政分立,可以约束君主消费行为不侵蚀国家财政,这是中华帝国自早期就发展出来的制度原则,体现了中华民族的政治智慧。相对而言,国家财政机制的运行比较正规,有较为严格的制度要求和会计核查,越是到帝国后期这一制度就越为正式,如清代严格的奏销制度。而皇室财政机制的运行比较灵活,利用向国库拨入内帑、恩赏有功之臣、赈济特定地区等形式,它弥补了国家财政制度因刚性而造成的不足。

第二,官府管理与乡绅自治。帝国早期,工具性国家对目的性国家采取征服的态度,政府任命县以下的乡官来直接治理民众。随着工具性国家与目的性国家的和解,政府逐渐将县以下的事务交由民间自理,特别是科举制实施后,逐渐形成了民间的乡绅自治。这种乡绅自治,就是费孝通先生所说的双轨政治中的非正式机制,与正式官僚机制一起构成双轨。财政管理也是如此。州县以上的财政管理,由经任命产生的官员主持,主要以公文为载体通过行政命令来进行,从而形成正式的财政管理制度;州县以下的财政管理,则由拥有功名的乡绅、民间富户或其他代理人来进行,从而形成非正式财政管理制度。

第三,官、吏分途。帝国早期官、吏一途,吏为官私人辟除并可顺利升为官。在当时经济落后与教育资源稀缺的情况下,官吏职位逐渐地为豪强士族所垄断。科举制度的实施,打破了士族对国家公职的垄断,但带来了官员专业性薄弱的问题。因此,相对专业性的"吏"阶层兴起,对"官"进行补充。官、吏分途,在一定程度上与现代公共管理中政治性官员与专业性官员的分工类似,并享有类似分工存在的益处。在财政管理方面,来自科举正途的官员,在幕僚的帮助下运转着财政管理中自上而下的正式机制,承担着财政管理的主要责任,并体现着政治性的要求;而来自非正途的"吏"(甚至还有在一定程度上被视为贱业的"役"),协助正途官员,运转着财政管理中的非正式机制,从事着财政管理中的事务性工作与实际的征收活动(催科钱粮、支付款项等),体现了专业性的要求。

专栏 16.2　政治性官员(政务官)与专业性官员(事务官)的分离

在西方现代国家,至少存在着两种性质的官员。一种是选举产生的政治性官员(一般为立法官员和各级政府的首脑),也称政治家或政务官。政治家的职责在于代表选民行使权力,制定法律和政策。因此,政治家必须通过赢取选民的支持来获取权力,同时为政府带来理想、激情与社会呼声。另一种是经考试产生的官员,也称文官或事务官。文官是国家的仆人,其职责在于忠实地执行国家的法律和政治家们制定的政策。他们主要依靠专业技能维持终身任职的资格,同时为政府带来稳定性与专业知识。

在西方现代国家,实际上还存在第三种性质的官员,即经任命产生的官员。他们是政治家的个人助手,其职责在于帮助立法官员和政府首脑有效地行使权力,主要依靠取悦于政治家来获得连任,一般也与政治家共进退。

上述三类官员在现代政治中扮演着不同的角色,有不同的产生方式,因而需要不同的管理方式。总体而言,三类人员的结合,体现了民主原则与效率原则的结合;三者的不同地位安排,体现了西方现代国家中民主原则对效率原则的支配。

二、家财型财政的双轨互动与帝国制度的调适

上述正式机制与非正式机制双轨相互配合、互相补充而形成的帝国家财型财政,是在特定历史条件下形成的。正式机制部分,是帝国政制的重要组成部分,为帝国的维系与发展提供了相对稳固的财政资源,并形成了帝国财政的正式边界。非正式机制部分,具有一定的灵活性,使帝国制度具有容纳变化的弹性,并进而激发帝国财政制度发生调整与变迁。帝国财政的双轨,彼此不断地互动,使财政制度发生调适,并进而促进了帝国的成长。

(一)双轨的优点与缺点

在上述双轨财政基础上,与西欧君主相比,中华帝国的皇帝能够行使近似于今天主权的权力,如作为唯一的权力来源(没有平行的权力中心)、有组织化的官僚机构的支持等。因此帝国君主能够相对有效地控制境内的资源与人口。于是,中华国家很早就被塑造成统一的共同体,绝大多数时候都能保持和平与秩序,而不像西罗马帝国崩溃后的欧洲那样无力维持超过百年的和平。中华帝国也因此取得了同一时期所有帝国中最高的治理成就,如国家统一、内部和平、经济富庶、文化繁荣等。

不过,中华帝国这一双轨家财型财政也有缺陷,这些缺陷构成帝国财政制度的内在紧张,表现为如下几个方面。

第一,君主"家天下"的产权方式决定了民众缺乏真正的权利。在君主"家天下"的产权方式下,天下的土地及资源为君主所有,臣民只能源于君父之恩而加以使用。这一产权安排,虽然较早形成了今天主权的雏形,使之能够保持统一并得到相对有效的治理,但却使民众缺乏类似于西欧中世纪民众拥有的不受君主权力任意侵犯的主体性权利。例如,宋代虽然将"不立田制"作为国策,但在南宋末政府以回购民众"超限田"的形式,又大量地剥夺民众对土地的权利。这是中华帝国在向现代国家转型时不同于西欧的历史基础。

第二,由产权方式带来的财政收入问题。在上述产权基础上,帝国财政以土地使用者上缴田赋为正式收入形式,以非正式收入作为补充。这种安排在现实中存在两大问题:(1)由于小农对土地并无真正的权利,不能有效抵制皇室、官僚对土地的兼并,而被兼并的土地往往并不承担田赋,帝国财政的正式收入基础常常因此被破坏,最后只能寄希望于下一个王朝来纠正积重难返的问题;(2)工商业者对财产没有真正的权利,无从保护其所创造的经济剩余,因此发展大规模、远距离、长时期商业活动的条件不充分,无法充分寻求经济剩余的积累,而君主及官僚却有种种制度权力或法外特权来掠夺工商业自由资源或将其纳入特权保护之下。上述缺乏权利保护的现实,要么造成"国富民穷"或"官富民穷"的局面,要么带来工商业中大量依靠特权的"皇商""官商"或"红顶商人",这样就几乎不可能实现资本的可靠积累,目的性国家因此丧失自我转型的机会,难以转向更能创造物质财富的工商业经济。

第三,财政支出增长使"量入为出"难以实现。"量入为出"是帝国正统支出原则,它包含着用来自农业经济的财政收入有限性来约束君主权力滥用的智慧,但这一原则往往因为有限的收入不能支持不断增长的现实支出而被突破。帝国时期财政支出规模的大幅增长,一般有两个原因:一是王朝稳定建立后都会出现的现象,即由皇室人员与官吏队伍膨胀带来的支出增长;二是在面临巨大的外部威胁时军事和其他支出大幅增长。针对前者,各王朝在中期都会进行"节流"性质的财政改革,即压缩皇室和官僚开支,加强收支管理,减少中间漏损等。针对后者,一般依靠"开源",即通过非正式收入的增加以及运用非正式支出手段来应对;但在特定时期,这样的办法不再奏效,财政就会遭遇到重大的危机,而应对危机的举措往往构成对帝国财政制度的挑战。

第四,财政管理方面非正式机制破坏正式机制。财政管理是工具性国家对自身及对目的性国家运行公共权力的一种表现,但在帝国体制下权力并没有真正地公共化。虽然正式机制不断地加强,管理制度的理性化程度不断地提高,但非正式机制随之也不断地成长,在给正式机制带来一定灵活性的同时,也破坏了正式机制运行中的理性,如皇室财政对国家财政的侵蚀、官绅勾结盘剥小农、官吏合谋捞取私利等。

(二)双轨互动与制度调适

上述缺陷的存在,影响了帝国财政制度的运行甚至帝国的稳定,最为极端的后果就是成为王朝覆灭的重要原因。为了帝国的延续,各王朝统治者也对这一财政制度不断地进行改革,调适财政双轨之间的关系。这种改革大体集中在以下四个方面。

第一,产权方面进一步虚化正式产权(君主对土地的产权)的地位。就是说,巩固非正式产权的地位,即进一步确保民众对土地的占有权或使用权,如宋代以后各王朝不立田制、不抑兼并。

第二,财政收入方面努力确保正式收入的地位。如加强土地清丈与账册管理,部分地剥夺士绅的制度特权、压缩法外特权等,以落实"履亩而税"。与此同时,在制度上消灭基于人身的收入,加强对非正式收入体制的控制,不断地将一些非正式收入纳入制度框架内予以正规化,对工商业则实行一定的保护,甚至在特定时刻严重依赖工商业提供的收入。

第三,在财政支出的正式体制方面强化"量入为出"原则。比如说,约束君主对外扩张的雄心,竭力压缩皇室、官吏的开支,同时在一定程度上健全再分配性质的支出。在不得不依赖非正式机制的前提下,对其在财政支出方面的作用加以一定的控制。

第四,财政管理方面加强正式制度的正规化。这种正规化体现在管理中就是集权化与理性化,如清代奏销制度的出现。同时,正规化还体现在运行效率的提高,如对暴利性资源商品的管理进行调整,不断将民间力量和商业化机制引入财政管理领域。与此同时,也加强对非正式机制的约束,甚至将其中部分非正式机制予以正式化,如清代的"火耗归公"改革。

显然,财政改革的目的是纠正前述制度缺陷或限制缺陷的影响,这些改革大多发生在王朝初期和中期,而尤以王朝中期的财政改革更为醒目。王朝中期财政改革若能成功,则构成"财政中兴",并成为王朝延续的重要条件。

财政改革是帝国财政的自我调适,由此形成了财政制度变迁及帝国制度调适的重要组成部分。在中华帝国史上，家财型财政伴随着帝国制度的调适而发展，从财政制度的核心内容看，发展进程依次表现为"舍地而税人"（即以人头税而非田赋作为财政收入的主要来源）的第一帝国时期的财政、探索以"税地"为核心（即通过两税法来实现履亩而税）并依靠税商的第二帝国时期的财政，以及重归以"税地"为核心（即田赋成为主要财政收入形式）的第三帝国时期的财政。在此过程中，帝国的双轨财政也不断地成熟。

不过，应该看到，帝国财政制度的缺陷来自帝国制度自身。帝国以土地为支撑点，君权是来自土地的特权而非真正的公共权力，这就决定了君主（及其助手官僚阶层）个人意志与公共意志之间始终存在着偏差，君主的个人利益与公共利益也常常不一致，君权因此也就无法真正成为公共权力。由此出发，帝国财政的缺陷也就不可能得到真正的纠正，双轨财政也就不可能成为现代国家中的公共财政。这一内在的缺陷，正是促使帝国财政乃至帝国制度向现代转型的内因。

第二节 通向现代国家的财政道路

从帝国到现代国家，是人类政治文明发展中所普遍经历的国家转型活动，表现在财政上就是从家财型财政向税收型财政转型。不过，由于历史条件的不同，中国这一国家转型活动所经历的财政路径与西方有所不同。因此，有必要以西欧为参照背景，探讨中国走向现代国家的财政道路问题。

一、从助税到税收：基于权利的西欧道路[①]

西欧现代国家制度的诞生，是君主所掌握的工具性国家与先期现代化的目的性国家（以较为发达的商业经济及兴起中的第三等级为标志）互动形成的，而其起点则是中世纪早期（9—12世纪）的封建国家。在财政上，这一从传统国家向现代国家的转型，是基于权利而表现出来的从助税向税收的变形。

（一）西欧封建国家中的"权利"

西欧封建国家，是由日耳曼诸部落征服原西罗马帝国领土与人口而分别形成的。在国家与社会的互动过程中，经由土地的层层分封，一种结合了日耳曼部落武士原先的人身依附关系与罗马帝国原有的财产权观念的封建制度，通过封君-封臣之间的契约关系而构建起来。严格地说，封建国家并不是真正意义上的"国家"，而是一个众领主分立的疆域。只不过因为其中一个大领主拥有了王冠，从而给这样的疆域以今天"国家"的形式。

在这样的封建国家，上至各级领主，下至自由民和农奴，都有自己特定的封建"权利"。各级领主对上级领主只履行有限的封建义务（主要是军役），在自己领地里可以行使基于

[①] 此处对西欧财政从助税到税收的描述是相当简略的，详细的考察可参见刘守刚：《国家成长的财政逻辑——近现代中国财政转型与政治发展》，天津人民出版社2009年版，附录一。

土地所有而产生的统治权(即今天的军事权力、行政权力和司法权力等),这样的权力上级领主不能任意剥夺,因而成为各领主的封建权利(贵族的权利)。生活在各领地的农民(自由农或农奴),耕种领主的土地,承担的义务(每周的劳役时间或者应缴的货币地租)是相对固定的,对义务之外的劳动时间和生产剩余有支配的权利,这样的权利受到庄园法庭的维护。领主与佃户(包括农奴)之间发生权利和义务之间的争议时,都必须依照庄园法在庄园法庭范围内解决。庄园法庭由领主或其代理人主持,出席者是在庄园内生活的全体男性成员(包括农奴在内)。庄园法庭判决的依据,是传统的习惯。在习惯上,领主要制裁一个农奴,不能直接动手,必须经由庄园法庭裁决后才能实施。理论上,在庄园法庭上的被告不是接受领主,而是接受法庭出席人全体的审判,这就为保护庄园内农民的权利提供了基础。庄园法庭甚至不厌其烦地规定一些偶然事项,以免被领主随意加重负担。比如说,服劳役当天如果下雨,工作量的计算就有多种方法和细致的规定。生活在城市中的商人,则以金钱向国王或其他封建领主购买市民权利,主要包括免除封建依附关系和劳役、在城市中实行自治等权利。

总之,在这样的封建关系中,各主体几乎都拥有适合自己身份的"主体性权利"[①]。所谓主体性权利,是指中世纪西欧社会中不同等级的人所拥有的权利,包括原始的个人权利、村社权利、市民权利、商人权利乃至不同封建等级的权利。这些"权利"在受到侵犯时有相对可靠的救济措施(就那个时代而言的"可靠"),因而是一种"权利"而非纯粹的"恩惠"。这也与此时的封建国家内存在多种竞争性的司法管辖权和法律体系高度相关。任何封建主体的权利受到侵犯而又得不到当地法庭(如庄园法庭)保护时,都可以越过当地法庭,向领主的上级领主或者直接向王室法庭申诉。各级领主法庭、教会法庭和王室法庭为了扩大自己的权力,获取司法收入(诉讼费),也乐于接受上诉,争夺有关裁判权。教会法甚至规定,任何人都可以以"世俗审判的缺陷"为理由,在教会法庭提起诉讼,或者将案件从世俗法院移送到教会法院,而不顾另一方当事人的反对。

上述这样的权利,均与各主体拥有的财产(特别是土地)紧密相关:农奴积累了财产才能赎买到自由,自由民的地位依赖于财产,更别说各级封建主(贵族)的权力直接来源于自己的土地财产。在封建关系中,国王和封建主的权力来源是相同的,都来源于土地。他们之间的关系,是私人与私人间的关系,不存在上下级权力隶属关系。除了在封建契约中相互承诺的权利和义务外,国王与贵族、各级封建主之间,在人格上和权利上完全是平等的。此时西欧封建国家中各主体对财产拥有的权利,虽然比起现代私人财产权仍有不及,但远远超出了同时代的其他帝国。因此,这一时期直接"剥夺"部分财产权的税收,几乎没有存在的基础。从财政上看,此时的君主和各级领主一样,靠自己的收入生活,其主要收入来自自己封地的租金收入(农奴所生产的农作物、自由农所缴纳的实物地租,以及森林采集物和捕获物等)。基于封君-封臣关系,领主特别是国王还可获得少量特权收入。这些收入有:敕封采邑时,封臣缴纳的封建赋税和特殊间接税;封臣死后,继承人交纳的封地继承金;以科罚金、没收等形式获得的司法权收入。1215年,在贵族逼迫下,英国国王

[①] 侯建新:《社会转型时期的西欧和中国》,济南出版社2001年版,第20页。

在《大宪章》中保证，除非得到贵族们的允许，否则只在以下三种情况下才向贵族收取钱财：筹集战争时被俘国王的赎身费用；国王长子受封骑士；国王长女出嫁。另外，各级领主特别是国王还可以征收部分封建捐税，如向集市、商路征收的收入，在紧急情况下对教会的征收等。这些封建捐税，在形式上与今天的税收相像，某种程度上也是后世税收发展的基础。但在当时，它们是基于领主（封君）权利的特权收入。因此，中世纪早期君主和各领主的收入，都是私人收入，根源于私有财产（土地）权，它们不是今天公法意义上源于公共权力的收入。

（二）税收因私人财产权与谈判而出现

从中世纪中期（12世纪起）开始，西欧封建国家在财政上逐渐出现了从君主私人收入向国家公共收入转化的趋势，原因在于此时出现了对公共职能的需要，其中最为重要的是因秩序的要求而从事战争。既然以战争来维护秩序是所有人的事，那么战争费用显然也不能由国王（武士们的头领）一人以其领地收入来承担，而应该由所有人（教会、贵族和自由民）来分担。不过，在当时的历史条件下，国王并没有向全国收集经费的机构和人员。此时，各国国王纷纷利用日耳曼部落原有的集会议事传统，召开各等级共同参加的等级会议，以商议给国王打仗缴纳助税（以"帮助"国王为目的的税收），其主要征收方式是根据各主体的财产或者城市中商品销售额来进行。一开始，等级会议所发挥的作用，主要是对国王的某次战争行动表示同意，并决定助税的形式和数量。在国王征税人员缺乏的情况下，等级会议也帮助收集税收。后来，等级会议也用于商讨国事、为国王提供咨询意见，或者成为向国王请求某种法律或权利的讲坛。最后，等级会议变成国王团结全国、创造国家意识并实施统治的工具。

助税的征收，是对各等级财产权的一种"侵犯"，但其使用目的是公共需要，并在程序上得到了各等级的同意，因此具有封建关系下的合法性。国王们宣称，助税是为了战争目的而进行的一次性征收（战争结束后就停止），各等级代表可以对助税的使用进行监督（看是否用于所宣称的目的）。各等级代表也愿意以缴纳助税为代价，通过谈判获取国王对相关权利的肯定并颁布相应法律。以英格兰国王爱德华三世（1327—1377年在位）时期为例。此时英格兰与苏格兰、法国屡次开战，爱德华三世不得不屡次要求各等级缴纳助税以补充军资，而等级会议的代表们则乘机要求国王颁布种种法律以确保他们相应的权利。由于爱德华三世的性格刚强雄大、不拘小事，所以愿作让步，只要等级会议能供军资，对他们所请之事，无不裁可。而等级会议也以税收作饵，要求通过种种法律约束。这些法律，虽然分散开来似乎每一条都独立、不见效果，但综合起来，就可以大大确保相应的权利。英国的等级会议也就慢慢地成为世界上最早的议会，成为统治者与被统治者之间进行谈判的场所。

由于战争频繁发生，助税不断被征收，而名义上用于战争的助税收入在实践中发生流用也很平常。因此，频繁征收的助税，在社会公众的心理上就成为一种常规，税收也不再被视为一次性的、需要等级会议特别批准的事务，每一笔钱款也无需用于特别的用途。这样，助税慢慢就有了一种与先前截然不同的性质，而成为常规性的税收。

（三）控制征税权与现代国家的诞生

到中世纪晚期（16—17世纪），在国家生存竞争威胁下，西欧各国纷纷开始君主集权化的进程。此时君主获取财政收入,越来越依赖常规化、普遍性的税收,而不是临时性、特殊性的收入。社会公众(包括各封建等级)也普遍接受了将税收作为常规的、义务的、为了公共目的而对私人财产及收入所进行的征收。在税收的支持下,各国君主建立起常设的、专业的、附属的官僚机构、司法机构和军队。当然,在这一过程中由富裕农民、城市市民和资产阶级组成的第三等级的兴起,已成为目的性国家先期转型的标志。逐步转型的目的性国家,对工具性国家的变革产生了要求。在财政方面最为重要的成就是,要求以代议制机构来控制逐渐集权化的君主政府的征税权和用税权。相对而言,英国在这一方面最早获得成功。经过17世纪的革命,英国基本实现了由选举产生的代议机构来控制行政机构这一重要的国家转型要求,其中特别包括了以代议机构控制政府征税权和用税权的制度。

经过18—19世纪的政治革命或政治改革,西欧普遍完成了国家转型,建立了代议制机构。此时,按普遍、平等、直接、规范等原则征收的税收,成为财政的主要收入。随着货币经济的发达、股份公司的成熟与簿记技术的发展,所得税成为主要的税种,从而完成了从间接税制向直接税制的结构转型。同时,因为代议民主制公共性强、信誉好,所以基于未来税收与议会批准而获取的公债收入也日益显示出重要性。

由此可见,西欧实现向现代国家的转型,在财政上表现为从助税转向税收。无论是助税还是税收,都承认征税是对纳税人财产权利的一种"侵犯",其征收需要进行谈判,得到纳税人主体的同意后方能征收,而且税收的使用只能是为了公共需要。因此,西欧税收的诞生,与代议机构天然地联系在一起,即以选举产生的代议机构来表达对征税的同意以及对用税的监督。换言之,以代议民主机构来有效控制政府征税权,是现代国家诞生在财政上的标志。

西欧通向现代国家的财政道路,得到了同时兴起的社会契约理论的说明和支持。在社会契约理论看来,国家诞生之前财产权就是个人所拥有的权利,国家诞生后财产权成为个人的法律权利。换言之,在现代国家,财产应为个人分散持有,政府本身并不拥有财产。政府存在的目的,是执行立法机关做出的决定,其经费支持也只能来自立法机关所批准的税收。立法机关所行使的主权,具有支配境内人口与土地等资源的能力,由于它依公共意志而成立,因而实质上是民众对自己的支配。立法机关运用主权支配公民的(部分)财产或收入,就形成征税权。征税权的实质,是公民运用自己的权力支配自己的部分财产,用自己的钱来支持自己的事业;只不过征税权的运用是通过代议机制来表示,由行政机构来执行。因此,国家在财政上的合法性,其现实表现就是以代议机构来控制政府的征税权与用税权。

□ 二、从租金到税收:基于责任的中国道路

与西欧以封建制度与主体性权利为发展起点不同,中华帝国走向现代的起点是君主承担大家长的角色与责任,并由此确立相应的产权方式与财政制度。在这样的制度结构下,臣民相对于君主并无真正的不可侵犯的私人财产权利,因而不可能像西方那样在权利基础上经谈判而诞生税收与现代国家。所以,中国走了一条有别于西欧的通向现代国家

的财政道路。

（一）基于责任的中国财政转型

公共权力以君权为形式的中华帝国，自早期就建立起以君主为中心的家国一体的制度结构。帝国制度围绕君主的大家长身份与责任而建构，君主有权支配一切土地和资源，但也承担起对所有人的大家长责任。在财政上，虽然为了管理的需要区分了国家财政与皇家财政，但君主仍有效地支配着国家财政，凭借君主对土地的产权而向广土众民实行广泛的财政征收，在财政支出方面需要对所有子民的福利状况负责。帝国财政在收入方面，有两项是常规性的，即基于君主对耕地的产权而征收的田赋，以及基于君主对非耕地的产权而对出产物与加工物收取的专卖收入与工商税收。在上述产权体系下，这两项常规收入在性质上是租金，尽管其形式（针对广土众民固定地征收）与现代税收很相似。在非正式机制的配合下，这样的产权方式及租金性质的财政收入支撑了中华帝国的生存与发展。与世界上其他帝国相比，中华帝国的财政支出更好地履行了对民众的福利责任。

在中华帝国财政中，消极主义国家职能观以及由此支配的财政支出有限性观念一直占据着上风，而保持财政支出有限的责任在相当程度上落在君主身上，要求君主去控制皇室支出与官俸支出的增长。在国家外部威胁不大的前提下，在以田赋为正统的财政收入支持下，这种财政支出有限性的观念帮助中华帝国长期维续与发展，并通过王朝的兴衰来激励与约束君主履行相应的财政支出责任。不过，如果国家外部威胁不大这一前提不再具备，需要国家积极行动起来去应对生存危机之时，消极主义国家职能观也就无法继续保持。此时，为了国家共同体的生存，财政上就需要为急剧增长的支出寻求新的收入来源。这种新的收入来源，只能从具有大量剩余及富有弹性的工商业去寻找。而要让工商业成为不断增长的财政收入来源，国家就要采取积极行动去发展工商业。这就意味着帝国财政必须放弃财政支出有限性的设定，为积极履行国家职能（应对外来威胁、促进工商业发展等等）而征取现代税收。就是说，财政收入形式要从租金转变为税收。这样，帝国财政的边界就会被突破，帝国财政乃至帝国制度就会发生整体转型。在相当程度上，这种为国家共同体生存而实现国家转型的责任，仍然落在以君主为核心的执政集团身上。

现实中的状况，正是如此。在晚清国家共同体生存遭遇巨大危机之时，为了避免"亡国灭种"的危险，财政上不得不尽力扩大支出；而为了支持财政支出，不得不去发展有厚利的工商业并征收工商税收，以实现国家富强，从而完成了从租金到税收的转型过程。要发展"逐利"的工商业，中国人在社会心理上就需要接受资本法则，而现实中接受资本法则是经由"公利（国富）"而完成"义利观"的转换的。于是，由财政转型引发了工具性国家与目的性国家的一系列变化，从而带来了国家的转型。在当时的历史条件下，以君主为核心的执政集团未能很好地承担这一责任，于是以孙中山为代表的精英士人继续自觉地承担起国家转型的历史责任。正如姜义华先生认为的，孙中山等人发动辛亥革命的内在动力正是这种自觉的责任意识，一种"以天下国家为己任的责任伦理"，即要求"每一个人都必须自觉地承担起对于家庭、乡里、国家、天下的责任"[①]。可见，中国财政向现代的转型，其基

[①] 姜义华："中华天下国家责任伦理与辛亥革命"，《社会科学》2011年第9期。

础是家国一体下君主的大家长地位与责任，其动力是君主和精英士人对于一体化家国的责任，而不是像西方那样以主体权利为基础、以谈判为动力机制。

综上所述，中华帝国是以君权为核心的家国共同体，君主对家国共同体有大家长的地位和大家长的责任，并因此建构起帝国家财型财政制度。在近代国家共同体遭遇生存危机之时，中国的精英士人仍借助"以天下国家为己任的责任伦理"来推动财政转型乃至国家转型。鉴于"责任"原则在帝国财政及其现代转型过程中的重要性，本教材此处将中国通向现代国家的财政道路命名为基于"责任"的道路。

(二) 中国财政转型道路的曲折性

中国财政转型的道路呈现出与西方非常不同的特征，不仅体现在上述不同的基础与动力机制上，而且还体现在这一道路的艰难曲折上。西方通向现代国家的财政道路，只经历了一次从家财型财政向税收型财政的转型，就在个人法则和资本法则基础上形成了现代国家。而中国虽然在"公利"责任驱动下接受了资本法则，但对个人法则的接受却显得艰难得多，财政转型也复杂得多。

如前所述，虽然严复等人引进的西方经济学说明了个人产权对经济发展的重要性，但执政集团却并没有将个人法则作为主导性原则来接受。在前现代思想（君主家天下的产权方式传统）、后现代思想（消灭私有制以救治现代化弊病的社会主义）、现代发展经济学思想合流影响下，在中国兴起了公有制及计划经济的思潮。这一思潮，在1949年之前依西方模式而展开国家转型的艰难实践的现实作用下，于1949年后发展成为由国家掌握一切生产资料、依靠命令方式驱动经济运行的实践。当然，这一变化仍是在实现"公利"目标（即实现国家富强）的责任意识驱动下完成的。

在此基础上，财政转型也表现出与西方不一样的路径，即不是从家财型财政转为税收型财政即告结束，而是又从民国时期相对失败的税收型财政，转为新中国时期的现代家财型财政。一定程度上，这是对传统家财型财政的回归。在形式上，现代家财型财政与帝国家财型财政的相似性表现如下：

(1) 产权方式都是国家（或政府）拥有或支配全部的资源或财富，政治权力与所有权合一；

(2) 经济运行上都运用权力和命令进行资源配置，排斥自愿交易的市场方式。

不过，之所以将这样的财政类型命名为"现代"，是因为它与帝国家财型财政在实质上还是相当不同的，体现为：

(1) 经济基础不同，帝国家财型财政的基础是农业经济，而现代家财型财政则为工业经济；

(2) 权力性质不同，帝国家财型财政的权力性质是君主的特权，以帝王个人代表共同体拥有和支配全部资源，而现代家财型财政的权力性质是公共权力，由执政党以国家共同体的名义支配全部的资源；

(3) 目标不同，帝国家财型财政的目标是维持帝国内外秩序，持一种消极主义国家职能观，而现代家财型财政的目标是尽一切能力促进经济增长，持有积极主义国家职能观。

同样地，1978年后在计划经济体制实际运行效果不佳、不能依此实现国富这一"公利"目标的前提下,在西方经济实践和理论的影响下,在寻求富强这样的责任意识驱动下,中国再次逐步引入了市场机制(自愿交易)及私有产权(个人权利)制度,以便改善经济效率(解放和发展生产力)。在此基础上,现代家财型财政不断地解体,税收型财政不断地成形。就是说,1978年后的中国,再一次经历了从家财型财政向税收型财政的转型。在此期间,现代家财型财政的解体与晚清时期帝国家财型财政的解体又具有相似性,表现为以下几个方面:

(1) 起点都是家财型产权方式,经济资源在理念上都属于国家所有;
(2) 都是在财政压力下,力图寻求更可靠的收入来源;
(3) 初始意图都不是要解体家财型财政,但结果都是建成了税收型财政。

不过,显然这种相似性只是表面的,深入的考察表明,晚清时帝国家财型财政解体与1978年后现代家财型财政解体,二者有相当大的不同:

(1) 权力性质方面,前者的基础是作为一种特权的君权,目的是维护一家一姓的统治,直到最后才愿意以保留皇位为条件交出君权,而后者是一种致力于使建构出来的国家制度能够有效运转的公共权力,目的是在中国实现现代国家;
(2) 经济基础方面,前者仍是农业经济为主,虽然致力于发展工商税收,但却难以以工商税收为基础建立现代财政,后者已经实现了工业化,完全可能以工商业为基础建立现代财政;
(3) 社会结构方面,前者还是官僚君主制统治下,乡村社会仍是一种士绅、宗族主导下的自治或半自治状态,社会深受家族伦理关系协调,后者无论乡村还是城市,社会结构都已被简单化为单位和个人,并全部在政治权力支配下;
(4) 前者的初始目的是扩大财政收入,以应对支出的压力,后者的初始目的是增强经济活力,以应对企业普遍亏损的状况。

因此,1978年后现代家财型财政的解体与税收型财政的再建,并不是简单重复晚清民国时期的历史,在发展的维度上它是在新基础上的螺旋式上升。这一次的财政转型,在形成现代国家方面具有更为显著的意义。

(三) 尚未彻底完成的财政转型

如前所述,中国财政转型迄今为止已取得重要的成果,与此相应的是国家转型也取得了重大的进展。在此期间,最为重要的财政转型成果是基于个人收入与私人财产的税收型财政成形,最为重要的国家转型成果是目的性国家中市场经济的发展。伴随着财政转型与国家转型的进展,在目的性国家中逐渐兴起了对个人权利的强烈要求。这种对个人权利的要求,实际上是对至今仍欠缺的个人法则的呼唤。按照个人法则的要求,当前中国财政转型仍未彻底完成,国家转型也还需要更多的进展。

这可以从以下几个方面来考察。

1. 从财政支出所体现的国家职能与国家性质来看

在个人法则的要求下,现代国家的职能应该是保障个人权利,财政应该为大众安全与福利而支出,这样的国家才是真正的现代国家。与这一标准相比,在当前中国财政支出中,用于公共服务类的支出项目与比重远远不能满足公众的要求,尤其是对不符合这一要求的国企投资、"三公"消费之数量,公众舆论保持着强烈的批评态度。财政支出领域所反映出来的国家职能现状,反映了中国国家仍未完全建立在"权利"基础上、没有与纳税人平等谈判的理念。

中国财政转型及国家转型是基于"责任"而进行的,虽然利益原则、市场经济与私有产权已成为当今中国不言而喻的思想观念,社会中对利益和逐利行为的肯定也达到历史上从未有过的高度,但是现代国家所要求的个人权利基础并未彻底奠定。在当前,国家职能的确定、财政支出的安排,仍是基于责任而要求的"公利"目标,延续着传统的格局,而未落实在个人权利与谈判机制上。因此,今天的中国应该反思这种经由"公利"责任而进行的现代国家建设与市场经济发展。这是因为,由此形成的国家制度与市场经济,存在一个危险倾向,那就是以"公利"责任为衡量标准,剥夺个人的权利,不与纳税人谈判。如果任由这一倾向发展,可能会损害个人权利、不利于国家与纳税人之间平等谈判,甚至阻碍中国式现代化的推进进程。

当然,此处绝非否定经由"公利"责任而导入的中国现代国家的道路,也并非否定责任伦理在今后中国现代国家建设中的意义。只是强调在市场经济日益成熟的今天,个人权利与谈判机制将在现代国家建设中越来越具有重要性甚至神圣性。

2. 从财政收入所体现的国家基础与权力来源来看

个人法则要求现代国家建立在个人权利基础上,要求现代财政以源于私人财产权的大众税收为基础。这样,国家的权力来源于民众,国家的财政依赖于个人收入与私有财产。由此形成了一种税收法定主义的要求,即财政收入应以税收为形式,非税收入应尽可能减少,无论税收还是非税收入都只能由公民选举产生的代议机构来决定,并需受纳税人及其代表的有效监督(以保证其用于公共利益)。

与这一标准相比,当前中国财政仍有不小的差距。一方面,财政收入中仍有大量非税收入存在,尤其是近几年越发严重的地方政府获取的土地出让金收入以及由地方投融资平台获得的债务收入,它受到纳税人普遍的诟病;另一方面,现代财政的一些要求,在现实中往往也不能完全满足,表现为当前人大机构自身的缺陷,以及在税收立法工作方面的不足、在预算决策方面的功能缺位等。

特别地,在基于纳税人收入与财产而获得的税收已成为主要财政收入的情况下,在家财型财政下由国家基于大家长的角色而掌握暴利性资源的思想与实践仍未根绝,甚至有所蔓延。表现在现实中,就是当前中国政府并没有放弃庞大的营利性资产,它拥有以暴利性资源商品为经营对象的庞大国企,而且这些企业所拥有的国有资产规模不断地膨胀。

3. 从财政管理所体现的公共权力成长看

从公共权力的视角看,国家成长表现为权力越来越公共化,统治民众的权力最终为民众所掌握,即实现人的自我统治。在财政管理上,公共权力的成长就是财政征收与资金使用越来越透明、公开,并且逐渐为经由民众普选产生的代议机构所控制,这样财政管理中的权力就越来越成为公共权力。在制度形式上,公共权力成长体现为预算制度的理性化和民主化。

如前所述,当前中国预算制度在理性化和民主化方面虽有进步,但离公众的要求还有很大的距离。近些年来,作为个人身份出现的人大代表与政协委员、网络公民、专业群体和媒体,对于预算制度的改革提出了强烈的要求。这种要求,事实上形成了下文将述及的当前财政的价值危机。财政价值危机的存在,既是财政转型尚未完全成功的表现,又是下一步财政转型的动力。

第三节　中国国家成长的财政动因

本教材运用工具性国家与目的性国家的互动来阐释迄今为止中华国家的成长,并重点关注财政制度在工具性国家与目的性国家互动过程中的渠道作用。进一步而言,财政与国家的内在关系,一方面体现在财政日常对国家的资源支持和对社会的管理作用,另一方面则体现为财政危机对国家成长的推动作用。前一方面关系是本书的主要内容,后一方面关系还需要再加阐明。

一、财政危机的种类

财政危机是国家成长的动因,已有很多研究说明了这样的关系。细加区分的话,财政危机至少有以下三种或者说三个层次:第一种是收支危机,它是通常所说的财政危机,表现为财政收不抵支而出现短期的赤字;第二种是制度危机,它不仅表现为长期的收支赤字,而且表现为制度性和根本性的危机,即该财政类型中的主要收入已无法支持不断攀升的支出,需要将主要收入形式加以更换(即实现财政转型);第三种是价值危机,它意味着财政义务承担者对财政征收合法性产生怀疑,要求国家在价值系统方面提供令人满意的解释,多数时候与制度危机同时出现,但也可能单独发生(此时财政收支方面没有赤字)。

财政危机迫使统治当局在行为方面甚至制度方面做出改变,如果这样的改变能够有效地应对危机,国家制度就会得到发展甚至发生转型,国家共同体也就呈现出成长的态势;如果无力应对这些危机,国家共同体就会崩溃或发展出现停滞。因此,国家成长的财政动因,最为突出地表现在财政危机对国家制度变革的推动作用上。

上述三种财政危机在中华国家的不同阶段都发生过,对国家成长也都发挥了重要的推动作用。

二、财政危机与中华帝国成长

在中华帝国史上,上述三种或三个层次的危机都曾分别或者同时出现过。成功地应对这些危机,是中华帝国成长的重要动因。

(一)应对收支危机带来的政治进步

收支危机是最为常见的财政危机。如前所述,在中华帝国史上,它可能分别或同时来自以下两个方面:一是支出大幅增长,如因为君主对外征伐的雄心、突发性外来入侵或内部叛乱等导致军事支出增加,或者因大规模工程建设或大范围灾荒而带来支出增加,当然也包括本教材一再述及的因王朝长期延续而带来皇室支出和官俸支出的增加;二是来自收入的减少,如灾荒或叛乱导致的田赋等正式收入减少,管理能力下降或官吏特权阶层的操弄而导致应收未收等。

应对上述收支危机,传统的做法无非是"节流"和"开源"两个方面。所谓"节流",主要是降低军事活动的频率与力度(减少征伐、更多采用怀柔手段等)、减少工程建设、降低皇室消费与官俸支出、将再分配方面的支出责任更多地转移给下级政府或民间来承担、改善财政支出管理以减少中间漏损等。所谓"开源",主要有以下几个方面:以正税附加(田赋附加、商税附加等)的形式,获取额外收入;扩大特权收入(如早期帝国的卖官鬻爵收入,后期更正式的捐纳报效制度等);向下级政府摊派或将原由下级政府支配的收入划归上级政府(特别是中央政府);扩大来自工商业的收入(增加捐税种类或提高税率,扩大专卖商品种类或提高上缴比例);改善收入管理,如减少优免范围,减少中间漏损,减少"民欠"的数额等。

在应对收支危机的过程中,虽然有些做法呈现出一再重复(或循环)的特征,但仍有许多做法呈现出制度改进的态势,因而构成了中华帝国制度发展的重要方面。

这表现为如下几个方面。

1. 中央集权程度不断提高

帝国中央集权程度的提高,不仅体现为基本政治制度安排的改进(如威胁君权的相权不断遭到削弱直至消失、人事任免与监察机制不断完善等)上,还体现在财政制度方面。财政制度上中央集权程度的提高,主要体现为在财赋的上解、存留、奏销等层层制度制约下,地方政府留用财力不断降低,支出权限受到中央政府日益严格的监控。由于中央集权程度提高,帝国君主所行使的权力越来越接近于现代国家中的主权。在此前提下,中央政府调配财政资源、改善财政收支管理的能力大大加强,由此带来财政制度在今天主权意义上的发展。

2. 财政管理水平不断提高

从帝国早期的大司农到对宰相负责的户部,再到帝国后期直接对皇帝负责的户部,财政管理机构正规化水平不断地上升。从帝国早期的"上计"到会计,直到帝国后期的奏销,财政的内控与监察制度也在不断地发展。从帝国早期着重人口登记的户籍到后期着重于土地登记的鱼鳞图册,财政对目的性国家的管理和调控能力也在不断地提升。这些制度的改进,是中国传统财政制度理性化的发展。

3. 支出控制水平不断提高

在相对有限的帝国职能理想制约下,帝国是否稳定在相当程度上取决于财政支出规模能否得到有效的控制。虽然不同的君主在控制财政支出规模的意愿和能力方面有所不同,但就总体而言,帝国财政支出控制水平还是呈现出不断提高的趋势。这既表现为帝国君主对外扩张的军事雄心不断地降低(由此带来军事支出规模得到控制),也表现在帝国后期在皇室消费水平和官俸支出水平等方面控制能力大大提高上。在相当程度上,这是中华责任伦理在传统财政方面的表现,体现了财政制度责任性的发展。

4. 市场化社会化程度不断提高

从帝国早期至晚期,在应对一系列危机过程中,财政收支及其管理制度的市场化和社会化程度不断地提高。原先帝国政府依靠任命乡官对目的性国家实行直接统治和财政管理,后来越来越依靠富民和乡绅的自愿合作来征集财赋、调控社会,以至于第三帝国被人普遍认为实现了乡绅自治(虽然并无法律上明确的自治权利)。政府的收支管理和职能实现,也越来越依赖于市场化的手段,如前文一再述及的盐业管理从全面垄断向部分垄断(许可制)直至征税制的发展,以及政府对种种"入中"手段的运用等。这既体现了财政管理艺术水平的提高,又体现了工具性国家与目的性国家的和解水平,代表着财政制度公共性的提高。

(二)制度危机应对中的国家转型

在中华国家史上,财政中的制度危机出现过两次,即春秋战国时期和晚清民国时期,并由此带来了财政转型及国家转型。此处先讨论前一个,而将晚清民国时期的财政制度危机留到后面再讨论。此外,在宋代尤其是南宋时期,财政危机也接近于制度危机,只不过此时并未真正带来财政转型乃至国家转型。

春秋战国时期的财政危机,起源于城邦时代的贡助型财政类型不适应正在来临中的帝国的要求,而这一要求在相当大程度上又是由正在变动中的目的性国家带来的。财政危机的直接表现就是,当时君主领地内民众以劳役方式提供的"助",以及领地外封臣或臣服部落上缴的"贡",已无法满足列国间生存竞争对集中性和大规模财政收入的要求。于是,各国对基本制度特别是财政制度纷纷进行改革(即"变法"),财政改革的主旨是"通公私"(以土地为君主所有、小农家庭占有使用为产权方式)和"履亩而税"(小农家庭依其土地面积而上缴田赋),从而构建起帝国家财型财政。到战国后期,这一财政类型的制度内容大体奠定,并在秦汉时期成形。虽然在帝国发展过程中这一家财型财政也屡有变革,但其基本内容未变,从而为帝国的稳固提供着关键性的支持。

到了宋代特别是在南宋时期,中华国家遭遇大规模入侵的威胁,以田赋为主要形式的税地财政收入已无法支持帝国的财政支出要求,这样财政不得不设法税商而转向工商业寻求收入来源,由此带来某种程度上财政转型的要求。宋代政府对工商业的重视、王安石变法以及后来的财政制度调整,就是因应这种要求的结果。也正因如此,宋代工商业经济之繁荣,以及财政中来源于工商业的收入比重之高,都是帝国时期少有的现象。不过,由于帝国框架的约束,此时家财型财政未能真正地实现转型,由此带来了财政的失败和帝国的崩溃。

(三)价值危机应对中政治合法性的提升

财政征收是对民众财产的一种"剥夺",只有在相当程度上民众能自愿服从(心理上有义务感而非全然出于恐惧),征收成本才不会过大。而要使民众产生财政上缴的义务感,就必须给予财政征收一种价值的说明以使其具有正当性。只有建立起价值观的财政,才能低成本地运行,并维持国家的长治久安。从中华帝国史来看,财政上重大的价值危机主要有两次,一次发生在秦代,一次发生在下文将述及的清末民初时期甚至直至当代。

在秦代,工具性国家对目的性国家采取直接的暴力征服,在财政征收方面主要依赖直接体现征服关系的徭役,其所采用的法家理论不能充分地对财政征收做出正当性说明。因此,初生的帝国财政遭遇到价值危机。在这一缺乏价值说明、过于暴力的工具性国家被推翻后,在汉代朝廷与民间学者的合作下,在工具性国家与目的性国家的互动过程中,以董仲舒为首的儒家学者,改造并形成了契合于当时目的性国家中生产生活方式与民众心理结构的儒术,来为帝国制度(包括财政制度)辩护。在这样的价值中,君权源于天,君主要像大家长对孩子一样对民众的利益负责,为此民众必须承担起对国家(以君主为代表)必要的财政上缴任务。这样的价值说明,在相当程度上是具有说服力的,因而能够得到民众的认同。正如明代学者丘濬在《大学衍义补》中总结的,"自古帝王莫不以养民为先务",他说:"以天下之民、之力、之财,奉一人以为君,非私之也,将赖之以治之、教之、养之也。为人君者,受天下之奉,乃殚其力、竭其财,以自养其一身而不恤民焉,岂天立君之意哉?"在他的解说中,上天立君的目的在于养民,君主养民要依靠天下的财力,这一前后贯通的逻辑为帝国时期财政征收提供了价值说明。需要强调的是,丘濬这样的儒家学者,既是为帝国财政提供价值说明的承担者,又是运行包括财政制度在内的帝国制度的操作者。

三、财政危机与中国现代国家转型

从晚清开始,中国走上了通向现代国家的转型之路。在此过程中,上述三种或三个层次的财政危机先后或同时出现,并因此成为推动国家向现代转型的重要力量。

如前所述,晚清财政危机首先表现为收支危机。在军费、赔款等支出的压力下,原先依靠非正式收入给予补充的正式收入,已不足以满足维持国家共同体生存的需要。收入相对固定、且依赖于结余(库存银)而运转的国家财政,逐渐陷入困境中。虽然清代朝廷在收支两方面都进行了积极的应对,如开捐输、清库、裁减经费开支等,但显然在传统财政框架内已无法解决这样的收支危机。只有积极地税商(从工商业寻求财政收入的增加),方能应对这样的支出增长压力。于是,财政的收支危机发展为制度危机。

也就是说,要使中华共同体得以生存(避免亡国灭种),就必须增加财政收入(突破量入为出原则);要增加财政收入,只能转换主要收入形式,从工商业寻求收入的增加(突破重农抑商);要增加来源于工商业的财政收入,就必须以国家的力量来帮助实现目的性国家的经济和社会现代化(突破消极国家职能观);而要实现经济和社会现代化,就必须对传统经济和社会进行改造,而改造之先首先要实现工具性国家的现代化。因此,晚清民国时期财政的制度危机,对工具性国家变革以及运用工具性国家改造目的性国家提出了要求。这是财政的制度性危机对国家转型的推动。

在现实中,上述财政制度危机,首先推动的就是以海关税为代表的现代工商税收在中国的成长。从清末开始直至民国,来自工商业的税收已占(正式)财政收入的绝大部分,在形式上中国已建成税收型财政。这是中国财政向现代转型时期,也是国家转型之际。不过,由于此时目的性国家尚未进行现代化改造,不能为工具性国家提供可靠的支持,表现在财政上就是税收型财政缺乏坚实的工商业经济基础而遭遇失败。这种失败的标志就是收支危机始终存在,财政不能提供充足而有弹性的收入来帮助国家克服主权危机。1949年后,一种以高度集权为特征并致力于对目的性国家进行改造的现代家财型财政,代替了失败的税收型财政，它将国民收入的30%以上转化为工商企业利润或其他形式然后再上交给财政形成财政收入，从而有效地克服了收支危机，并最终为中国克服主权危机、实现工业化提供了资源支持。在完成其历史使命后，现代家财型财政也遭遇到危机，此次危机并未表现为直接的收支危机，而是一种制度危机，即成为财政收入（国营企业利润上缴）来源的几个渠道已无法维续。于是，1978年后现代家财型财政逐渐解体，市场经济及私人产权逐渐出现，与此相伴的是税收型财政的再建及现代财政在中国的基本成形。

与晚清以来的收支危机与制度危机先后或同时，在西方现代国家的制度与思想冲击下，中国财政与中国国家也遭遇到极大的价值危机。这种价值危机体现在，需要提供合法性说明来解释为什么要抛弃传统财政，并接受工商税收、工商经济乃至服务于工商经济的现代国家制度。在这样的要求支配下，中国的"义利观"经由"公利"这样的责任伦理而得以成功的转换，从而为中国财政转型与国家转型奠定了资本法则的价值基础。只有这样，积极的国家职能观才得以形成，财政才会以积极的支出来促进经济的增长。在为引入现代税收及现代国家制度提供辩护方面，政府行为应经民众同意、要为民众服务的理念得到广泛认同，因此以代议机构为核心的民主制度也不断地引入。不过，引入的税收型财政及国家制度无法使中华共同体有效地应对"亡国灭种"的危机，在前现代、后现代和现代三种思潮的综合作用下，中国接受了公有制和计划经济思想，以便为实现"公利"目标提供价值支持。在实现了一定程度的"公利"目标之后，在现实中计划经济越来越显示出经济效率低下的前提下，以自愿交换为特征的市场经济及私有产权思想逐渐得以被接受，中国现代化的进程也因此被大大地促进。

总之，在上述过程中，以中华责任伦理中久已有之的"公利"（国家富强、救亡图存、民族复兴等）责任思想为过渡，现代国家所需的资本法则被相对成功地引进中国，从而比较有效地应对了这一历史时期的价值危机。虽然这一时期也从西方启蒙思想中引进了个人权利和社会契约的观念，但这样的观念并未成为价值观的主导性原则。就是说，由于国家共同体生存的危机，资本法则率先引进以促进经济增长，但个人法则并未成为在逐步现代化的中国起主导作用的法则。

随着工具性国家的逐步现代化，目的性国家经工具性国家改造后也在不断发展，特别是1978年后在市场经济基础上发展出个人权利的要求。就是说，个人法则在中国现代国家发展中的重要性日益凸显出来。在财政方面，其突出表现就是当前诸多要求财政进步的民众行动。民众的这些行动及其表达的要求，是目的性国家对工具性国家的价值要求，即要求国家对财政征收做出合法性说明或者按照现代价值观进行改革。这一价值要求，在相当程度上也可看作当前中国有待解决的财政价值危机问题。

在现代国家，政治的价值或正义性来自体现个人法则的社会契约。因此，中国财政价值危机的化解，需要引入基于个人权利而谈判产生的财政社会契约观念。就是说，以拥有权利的独立个人为基础，经过民众与国家之间的平等谈判，在工具性国家与目的性国家之间形成一种有关财政的社会契约，其内容至少包括：（1）国家征税由民众定期选举产生的代表来控制；（2）民众所纳税收由代议机构决定并运用于民众的福利；（3）征税与用税的过程应该透明公开并受代议机构的监控等。

这样形成的财政社会契约,意味着工具性国家是目的性国家成员自我统治的工具,税收是民众用于解决自身共同福利问题的经费。只有这样的财政社会契约,才能真正为财政与政治的合法性提供最终的论证与支持。如果能够以财政社会契约来有效应对上述价值危机,中国现代国家的政治合法性将会进一步地提升,国家转型将会获得更进一步的成功。

重点提示

1. 帝国家财型财政由正式机制与非正式机制双轨相互配合、互相补充而形成。正式机制部分是帝国政制的重要组成部分,为帝国的维系与发展提供了相对稳固的财政资源,并形成了帝国财政的正式边界。非正式机制部分具有一定的灵活性,使帝国制度具有容纳变化的弹性,并进而激发帝国财政制度发生调整与变迁。帝国财政的双轨,彼此不断地互动,使财政制度发生调适,并进而促进了帝国的成长。

2. 西欧以封建制度与主体性权利为发展起点,在权利基础上经谈判而诞生税收与现代国家。中华帝国是以君权为核心的家国共同体,君主对家国共同体有大家长的地位和大家长的责任,并因此建构起帝国家财型财政制度。在近代国家共同体遭遇生存危机之时,中国的精英士人仍借助"以天下国家为己任的责任伦理"来推动财政转型乃至国家转型。鉴于"责任"原则在帝国财政及其现代转型过程中的重要性,中国通向现代国家的财政道路可以命名为基于"责任"的道路。

3. 从晚清开始,中国走上了通向现代国家的转型之路。在此过程中,收支危机、制度危机、价值危机三个层次的财政危机先后或同时出现,并因此成为推动国家向现代转型的重要力量。1978年后在市场经济发展的基础上,个人法则在中国国家发展中的重要性日益凸显出来。在财政方面,其突出表现就是当前诸多要求财政进步的民众行动。这些行动要求国家对财政征收做出合法性说明或者按照现代价值观进行改革。这一价值要求,在相当程度上也可看作当前中国有待解决的财政价值危机问题。

思考题

1. 你认为中华帝国财政是否存在着"双轨"?
2. 你认为中华帝国之所以能够长期维系,在财政上有什么成功的秘诀吗?
3. 从财政上看,中西方走向现代国家的道路有什么不同?
4. 为什么说财政危机是促进中国国家成长的动因?

参 考 文 献

一、论文类

[1] John L. Cambell：*The State and Fiscal Sociology*，Annual Review of Sociology. 1993，Vol.19

[2] 陈寅恪："论韩愈"，《历史研究》1954年第2期

[3] 邓广铭："宋代文化的高度发展与宋王朝的文化政策"，《历史研究》1990年第1期

[4] 顾炎武："郡县论"，载于《顾亭林诗文集》，中华书局1983年版

[5] 谷宇：《轴心制度与政治体系》，复旦大学博士论文2007年

[6] 姜义华："论五十年代党对国家领导方式的演变"，《开放时代》1998年第2期

[7] 姜义华："中华天下国家责任伦理与辛亥革命"，《社会科学》2011年第9期

[8] 刘守刚："财政类型与现代国家构建"，《公共行政评论》2008年第1期

[9] 刘守刚："现代家财型财政与中国国家构建"，《公共行政评论》2010年第1期

[10] 刘守刚："略论西欧财政演进过程中公共性的成长与形成"，《现代财经》2010年第3期

[11] 刘守刚："家财型财政的概念及其运用"，《经济与管理评论》2012年第1期

[12] 马建忠："上李伯相言出洋工课书"，载于《适可斋记言》，中华书局1960年版

[13] Mick Moore：*Revenues, State Formation, and the Quality of Governance in Developing Countries*，International Political Science Review. 2004，Vol. 25，No.3

[14] 彭泽益："清代财政管理体制与收支结构"，《中国社会科学院研究生院学报》1990年第2期

[15] 钱穆："论荆公温公理财见解之异同"，《天津益世报读书周刊》1937年第89期

[16] Joseph Schumpeter：*The Crisis of the Tax State*，in *The Economics and Sociology of Capitalism*，edited by Richard Swedberg，Princeton University Press，1991

[17] 王国维："殷周制度论"，载于《王国维学术论著》，浙江人民出版社1998年版

[18] The World Bank：*China: Economic Structure in International Perspective*，*Annex 5 to China: Long-Term Issues and Options*（A World Bank Country Study），Washington D. C.，1985

[19] 张星久："论帝制中国的君权合法性信仰"，《武汉大学学报》2005年第4期

[20] 邹进文："清末财政思想的近代转型：以预算和财政分权思想为中心"，《中南财经政法大学学报》2005年第4期

[21] 朱柏铭："中国财政学的革命"，《经济学家》2000年第2期

[22] 董爽：《商鞅变法与帝国基础的形成》，上海财经大学硕士论文2016年

[23] 贾杰：《王安石与司马光"财政治国"思想比较研究》，上海财经大学硕士论文2015年

[24] 王相龙：《从户部到度支部——晚清中央财政机构改革研究》，上海财经大学硕士

论文 2013 年
[25] 沈凯飞:《晚清重商经济政策的兴起》,上海财经大学硕士论文 2013 年
[26] 杨寿枬:《觉花寮杂记》,载于苏同炳《中国近代史上的关键人物》(下),百花文艺出版社 2000 年版

二、著作类

[27] 白钢:《中国政治制度史》,天津人民出版社 2002 年版
[28] 包弼德:《斯文——唐宋思想的转型》,刘宁译,江苏人民出版社 2001 年版
[29] 波兰尼:《大转型——我们时代的政治与经济起源》,冯钢、刘阳译,浙江人民出版社 2007 年版
[30] 布罗代尔:《资本主义的动力》,生活·读书·新知三联书店 1997 年版
[31] 《谭嗣同全集》,蔡尚思、方行编,中华书局 1981 年版
[32] 岑仲勉:《隋唐史》,河北教育出版社 2000 年版
[33] 陈锋:《清代财政史论稿》,商务印书馆 2010 年版
[34] 陈鼓应:《管子四篇诠释》,中华书局 2015 年版
[35] 陈光焱等:《中国财政通史》,中国财政经济出版社 2001 年版
[36] 陈亮:《陈亮集》(增订本),中华书局 1987 年版
[37] 陈明光:《六朝财政史》,中国财政经济出版社 1997 年版
[38] 陈明光:《汉唐财政史论》,岳麓书社 2003 年版
[39] 陈弱水:《公共意识与中国文化》,新星出版社 2006 年版
[40] 陈桦:《多元视野下的清代社会》,黄山书社 2008 年版
[41] 程念祺:《国家力量与中国经济的历史变迁》,新星出版社 2006 年版
[42] 崔瑞德、鲁惟一:《剑桥中国秦汉史》,杨品泉等译,中国社会科学出版社 1992 年版
[43] 道、汉科、瓦尔特斯:《发展经济学的革命》,黄祖辉、蒋文华译,上海三联书店、上海人民出版社 2000 年版
[44] 邓广铭:《北宋政治改革家——王安石》,陕西师范大学出版社 2009 年版
[45] 邓小南:《祖宗之法——北宋前期政治述略》,三联书店 2006 年版
[46] 蒂利:《强制、资本和欧洲国家》,魏洪钟译,上海人民出版社 2007 年版
[47] 费孝通:《乡土中国》,上海人民出版社 2006 年版
[48] 费正清:《剑桥中华民国史(1912—1949)》(上卷),杨品泉等译,中国社会科学出版社 1994 年版
[49] 干春松:《制度化儒家及其解体》,中国人民大学出版社 2003 年版
[50] 葛金芳:《宋代经济史讲演录》,广西师范大学出版社 2008 年版
[51] 葛兆光:《中国思想史》,复旦大学出版社 1998 年版
[52] 故宫博物院明清档案部:《清末筹备立宪档案史料》(上册),中华书局 1979 年版
[53] 郭克莎:《中国:改革中的经济增长与结构变动》,生活·读书·新知三联书店上海分店、上海人民出版社 1996 年版

[54] 郭圣莉：《城市社会重构与国家政权建设——建国初期上海国家政权建设分析》，天津人民出版社 2006 年版
[55] 哈耶克：《致命的自负》，冯克利、胡晋华等译，胡中国社会科学出版社 2000 年版
[56] 何孝荣：《清史十五讲》，凤凰出版社 2010 年版
[57] 赫希曼：《欲望与利益——资本主义走向胜利前的政治争论》，李新华、朱进东译，上海文艺出版社 2003 年版
[58] 黑格尔：《法哲学原理》，商务印书馆 1961 年版
[59] 侯家驹：《中国经济史》，新星出版社 2008 年版
[60] 侯建新：《社会转型时期的西欧和中国》，济南出版社 2001 年版
[61] 黄纯艳：《唐宋政治经济史论稿》，甘肃人民出版社 2009 年版
[62] 黄仁宇：《中国大历史》，生活·读书·新知三联书店 1997 年版
[63] 黄仁宇：《十六世纪明代中国之财政与税收》，生活·读书·新知三联书店 2001 年版
[64] 黄仁宇：《放宽历史的视界》，生活·读书·新知三联书店 2001 年版
[65] 黄天华：《中国税收制度史》，华东师范大学出版社 2007 年版
[66] 黄天华：《中国财政制度史》，上海人民出版社、格致出版社 2017 年版
[67] 黄正建：《中晚唐社会与政治研究》，中国社会科学出版社 2006 年版
[68] 姜良芹：《南京国民政府内债问题研究（1927～1937）——以内债政策及运作绩效为中心》，南京大学出版社 2003 年版
[69] 姜义华：《理性缺位的启蒙》，生活·读书·新知三联书店上海分店 2000 年版
[70] 孔飞力：《叫魂》，生活·读书·新知三联书店上海分店 1999 年版
[71] 李峰：《西周的灭亡——中国早期国家的地理和政治危机》，何峰译，上海古籍出版社 2007 年版
[72] 李军：《士权与君权》，广西师范大学出版社 2001 年版
[73] 李开元：《汉帝国的建立与刘邦集团——军功受益阶层研究》，生活·读书·新知三联书店 2000 年版
[74] 李鹏年等：《清代中央国家机关概述》，黑龙江人民出版社 1983 年版
[75] 李之亮：《王荆公文集笺注》，巴蜀书社 2005 年版
[76] 李之亮：《司马温公集编年笺注》，巴蜀书社 2009 年版
[77] 梁方仲：《明代粮长制度》，中华书局 2008 年版
[78] 梁方仲：《明代赋役制度》，中华书局 2008 年版
[79] 梁方仲：《明清赋税与社会经济》，中华书局 2008 年版
[80] 梁启超：《先秦政治思想史》，天津古籍出版社 2003 年版
[81] 林尚立：《当代中国政治形态研究》，天津人民出版社 2000 年版
[82] 林文勋：《中国古代"富民"阶层研究》，云南大学出版社 2008 年版
[83] 刘锦藻：《清朝续文献通考》，商务印书馆 1936 年版
[84] 刘守刚：《中国公共生产探源及其政策选择》，上海财经大学出版社 2003 年版
[85] 刘守刚：《国家成长的财政逻辑——近现代中国财政转型与政治发展》，天津人民

出版社 2009 年版
- [86] 刘玉峰：《资政通鉴——中国历代经济政策得失》，泰山出版社 2009 年版
- [87] 刘泽华：《中国传统政治哲学与社会整合》，中国社会科学出版社 2000 年版
- [88] 楼继伟：《新中国 50 年财政统计》，经济科学出版社 2000 年版
- [89] 马大英：《汉代财政史》，中国财政经济出版社 1983 年版
- [90] 《马克思恩格斯全集》（第 3 卷），人民出版社 2002 年版
- [91] 《马克思恩格斯选集》（第 1 卷），人民出版社 2012 年版
- [92] 《马克思恩格斯选集》（第 2 卷），人民出版社 2012 年版
- [93] 马金华、许敏：《财政史研究》（第 1 辑），中国财政经济出版社 2008 年版
- [94] 麦克法夸尔、费正清：《剑桥中华人民共和国史（1966—1982）》，李向前、韩钢等译，上海人民出版社 1992 版
- [95] 蒙思明：《魏晋南北朝的社会》，上海人民出版社 2007 年版
- [96] 诺斯、托马斯：《西方世界的兴起》，华夏出版社 1999 年版
- [97] 彭立峰：《晚清财政思想史》，社会科学文献出版社 2010 年版
- [98] 彭信威：《中国货币史》，上海人民出版社 2007 年版
- [99] 千家驹、郭彦岗：《中国货币演变史》，上海人民出版社 2005 年版
- [100] 钱穆：《国史大纲》（上下册），商务印书馆 1996 年版
- [101] 钱穆：《国史新论》，生活·读书·新知三联书店 2001 年版
- [102] 乔清举：《盐铁论注释》，华夏出版社 2000 年版
- [103] 秦晖：《传统十论》，复旦大学出版社 2003 年版
- [104] 瞿同祖：《清代地方政府》，法律出版社 2003 年版
- [105] 桑巴特：《奢侈与资本主义》，上海人民出版社 2000 年版
- [106] 沈长云、张渭莲：《中国古代国家起源与形成研究》，人民出版社 2009 年版
- [107] 《商君书》，石磊译注，中华书局 2009 年版
- [108] 唐长孺：《魏晋南北朝史论丛》，河北教育出版社 2000 年版
- [109] 田浩：《功利主义儒家——陈亮对朱熹的挑战》，江苏人民出版社 2012 年版
- [110] 万明：《晚明社会变迁问题与研究》，商务印书馆 2005 年版
- [111] 汪敬虞：《中国近代工业史资料》（第 2 辑下册），科学出版社 1957 年版
- [112] 王国斌：《转变的中国》，江苏人民出版社 1998 年版
- [113] 王萍：《从清教神坛到福利国家》，中央编译出版社 2016 年版
- [114] 《王安石全集》，王水照主编，复旦大学出版社 2017 年版
- [115] 王韬：《弢园文录外编》，中州古籍出版社 1998 年版
- [116] 王永：《盐铁论研究》，宁夏人民出版社 2009 年版
- [117] 王亚南：《中国官僚政治研究》，中国社会科学出版社 1981 年版
- [118] 王业键：《清代田赋刍论》，人民出版社 2008 年版
- [119] 汪荣祖：《中国现代学术经典：萧公权卷》，河北教育出版社 1999 年版
- [120] 汪圣铎：《两宋财政史》，中华书局 1995 年版

[121] 魏源：《魏源集》，中华书局 1976 年版
[122] 吴慧：《桑弘羊研究》，齐鲁书社 1981 年版
[123] 吴树国：《唐宋之际田税制度变迁研究》，黑龙江大学出版社 2007 年版
[124] 夏国祥：《近代中国税制改革思想研究》，上海财经大学出版社 2006 年版
[125] 项怀诚：《中国财政通史》（第 8 卷），中国财政经济出版社 2006 年版
[126] 谢浩范、朱迎平：《管子全译》，贵州人民出版社 1996 年版
[127] 徐复观：《两汉思想史》，华东师范大学出版社 2001 年版
[128] 许毅等：《清代外债史论》，中国财政经济出版社 1996 年版
[129] 亚当斯：《善与恶——税收在文明进程中的影响》，中国政法大学出版社 2013 年版
[130] 亚里士多德：《政治学》，商务印书馆 1965 年版
[131] 阎步克：《从爵本位到官本位》，生活·读书·新知三联书店 2009 年版
[132] 杨宽：《战国史》，上海人民出版社 2003 年版
[133] 杨寿枏：《近代人物年谱辑刊》（第 15 册），国家图书馆出版社 2012 年版
[134] 叶振鹏：《中国历代财政改革研究》，中国财政经济出版社 1999 年版
[135] 叶振鹏：《20 世纪中国财政史研究概要》，湖南人民出版社 2005 年版
[136] 曾小萍：《州县官的银两——18 世纪中国的合理化财政改革》，董建中译，中国人民大学出版社 2005 年版
[137] 张觉等：《商君书导读》，中国国际广播出版社 2008 年版
[138] 张友直：《〈管子〉货币思想考释》，北京大学出版社 2002 年版
[139] 张馨、杨志勇、郝联峰等：《当代财政与财政学主流》，东北财经大学出版社 2000 年版
[140] 赵明：《大变革时代的立法者——商鞅的政治人生》，北京大学出版社 2013 年版
[141] 赵鼎新：《东周战争与儒法国家的诞生》，华东师范大学出版社、上海三联书店 2006 年版
[142] 赵靖：《中国经济思想通史》（四卷本），北京大学出版社 1991—1998 年版
[143] 赵靖：《中国经济思想通史续集——中国近代经济思想史》，北京大学出版社 2004 年版
[144] 赵云旗：《中国分税制财政体制研究》，经济科学出版社 2005 年版
[145] 郑学檬：《中国赋役制度史》，上海人民出版社 2000 年版
[146] 周育民：《晚清财政与社会变迁》，上海人民出版社 2000 年版
[147] 周志初：《晚清财政经济研究》，齐鲁书社 2002 年版
[148] 朱子彦：《多维视野的大明帝国》，黄山书社 2009 年版

第二版后记

在电影《阿甘正传》中，主人公阿甘有一句台词，"你不知道下一颗巧克力是什么滋味"。教材《中国财政史十六讲——基于财政政治学的历史重撰》（简称《中国财政史十六讲》）的命运变化，正如这句台词所示。

2009年上半年，学院领导安排我接下即将退休的黄天华老师所上的"中国财政史"课程。从此以后，作为半路出家者，我贸然地闯入了中国财政史的教学与研究领域。在沉浸于财政史料阅读之时，我一直不断地思考如何上这门课。由于自己并非史学出身，讲授史料非我所长；由于听课的对象是财政专业的学生，理论分析更能引起他们的兴趣。于是我决定扬长避短，着手建设一本不同于现有中国财政史的教材，以便为传承已久的财政专业财政史教学添加点色彩。基于我自己对财政的理解，即财政在根本上是政治活动，我尝试着运用政治学的理路去把握中华国家的财政史发展。在2009—2016年这7年时间里，我边学习前辈们的财政史著作，边编著教材，努力让一本叙述财政制度要素变迁、内容高度压缩的教材，能够在16周（每周2课时）的教学时间里，引导财政专业同学理解中华国家的成长和公共权力的实现。

2017年《中国财政史十六讲》出版后，我就用它为财政专业同学授课。但让我没有想到的是，原本设计用于平静校园内部的教材，却有点"出圈"。"罗辑思维"节目不知怎么就看中了这本书，主持人罗振宇先生在节目中连续推荐了五天。教材销量因此大增，我从财政史来洞察民族史、思考中华国家发展规律的想法，也由此传达给更多学术圈外的朋友，并得到了他们的肯定。在这本教材的基础上，我又修订、增补并出版了50多万字的学术专著《财政中国三千年》和10多万字的通俗小册子《何以帝国：从财政视角再看中华史》，后两本书也受到了不少朋友的欢迎。

当然，在此过程中，这本《中国财政史十六讲》教材也受到不少朋友的批评，并承蒙他们赐予了宝贵的建议。正是在朋友们的批评与建议的基础上，如今我推出了《中国财政史十六讲》的第二版。与第一版相比，主要有以下变化：(1) 合并了原来的第一讲"导论"与第二讲"概念与理论"，将其改造为新的第一讲"导论"，大大简化了第一版中的理论论述；(2) 增补了《管子》一书的财政思想内容，与原来讨论商鞅变法的内容合并构成新的第三讲，并将其作为反映帝国来临之际学者们两种不同的制度设计；(3) 在每一讲的结尾，增加提示该讲重点的内容，以便于学生的复习并增强他们的知识获得感；(4) 增补了一些专栏，以补充比较重要但正文不方便或者无篇幅叙述的内容，比如辽、西夏、金的财政；(5) 调整了部分细节性的文字，特别是出版社编辑帮我改正了不少文字错误，还补充了一些原来缺失的文献来源交代。

感谢读者朋友使用这本修订版教材，愿您能跟我一样领略中国历史的美妙之处，学会用财政之眼透视教材所及的三千多年中华国家的命运。与此同时，恳请赐予更多的批评与建议。

刘守刚

2023年7月

图书在版编目(CIP)数据

中国财政史十六讲:基于财政政治学的历史重撰/刘守刚编著. —2版. —上海:复旦大学出版社,2023.8
(公共经济与管理. 财政学系列)
ISBN 978-7-309-16456-5

Ⅰ.①中… Ⅱ.①刘… Ⅲ.①财政史-研究-中国 Ⅳ.①F812.9

中国版本图书馆 CIP 数据核字(2022)第 194550 号

中国财政史十六讲——基于财政政治学的历史重撰(第 2 版)
ZHONGGUO CAIZHENGSHI SHILIUJIANG—JIYU CAIZHENG ZHENGZHIXUE DE LISHI CHONGZHUAN
刘守刚　编著
责任编辑/方毅超

复旦大学出版社有限公司出版发行
上海市国权路 579 号　邮编:200433
网址:fupnet@fudanpress.com　http://www.fudanpress.com
门市零售:86-21-65102580　　团体订购:86-21-65104505
出版部电话:86-21-65642845
上海新艺印刷有限公司

开本 787×1092　1/16　印张 22.25　字数 501 千
2023 年 8 月第 2 版
2023 年 8 月第 2 版第 1 次印刷

ISBN 978-7-309-16456-5/F·2924
定价:68.00 元

如有印装质量问题,请向复旦大学出版社有限公司出版部调换。
版权所有　侵权必究